WAIGUO JIAOYUSHI
外国教育史

主 编 杨 捷
副主编 赵红亚 段晓明

河南大学出版社
·开封·

图书在版编目(CIP)数据

外国教育史/杨捷主编. —开封:河南大学出版社,2010.12
ISBN 978-7-5649-0342-8

Ⅰ.①外…　Ⅱ.①杨…　Ⅲ.①教育史－外国－高等学校－教材　Ⅳ.①G519

中国版本图书馆 CIP 数据核字(2010)第 260919 号

责任编辑　赵海霞
责任校对　王亚辉
封面设计　王四朋

出　版	河南大学出版社		
	地址:河南省开封市明伦街 85 号	邮编:475001	
	电话:0378-2825001(营销部)	网址:www.hupress.com	
排　版	郑州市今日文教印制有限公司		
印　刷	河南省诚和印制有限公司		
版　次	2010 年 12 月第 1 版	印　次	2010 年 12 月第 1 次印刷
开　本	787mm×1092mm　1/16	印　张	29.5
字　数	664 千字	印　数	1—3000 册
定　价	39.80 元		

(本书如有印装质量问题,请与河南大学出版社营销部联系调换)

前　言

《外国教育史》是高等院校专业教育、教师教育和通识教育的教材，主要供教育类专业本科或研究生教育、各级各类教师教育和大学通识教育课程教学之用。本书编写主要遵循三项原则：第一，注重专业教育和通识教育相结合。外国教育史作为教育类专业最重要的基础课程之一的地位已被普遍认可，是培养合格专业人才不可或缺的主干课程和必修课程，受教者通过学习外国教育史课程可以形成合理的专业知识结构和良好的教育素养。同时，外国教育史课程所蕴含的人文精神、理性训练和人格陶冶，对塑造全面和谐发展的高水平人才具有无可比拟的引领提高和潜移默化作用。第二，注重外国教育发展历史与人类文明史之间的关系。外国教育史是一门研究国外教育发展和教育理念变革的学科专门史，又是人类文明史不可分割的一部分，教育既是社会现象又是文化现象，从外国教育史课程中可以领略人类文明发展的足迹和智慧。只有将外国教育史放到整个人类文明历史之中加以考察，才能更加准确地理解和诠释世界教育发展的内涵与规律。第三，注重教育史经典内容与学术研究成果的有机结合。外国教育史横跨古今、包容万象、内容丰富、史料鲜活，为教育学科提供了理论研究与实践指导的滋养，也为教育研究铺垫了扎实的思想基础。不过，历史史实是静态的，历史研究永远是动态的。近年来外国教育史研究者不断运用新的思想理论和研究方法，阐释不同视角的认识和理解，涌现出许多新观点、新方法和新成果。将教育史研究新成果、新发现融入教材之中无疑是培养学生理解教育本质和掌握正确思想方法的一种有效途径。

本书按照历史发展顺序分为古代教育史、近代教育史和现代教育史三编，共十八章，主要介绍了教育起源的理论、古代东方文明与教育、古代希腊文明与教育、古代罗马教育、中世纪教育、文艺复兴与宗教改革时期的教育、东方封建文明与教育、西方近代教育制度和思想的演进、现代东西方主要国家的教育发展与变革、苏联（俄罗斯）的教育、现代欧美教育思潮等内容。为了使学习者更好地阅读和理解，首先本书在编排上突出教材特色和研究性学习，简明扼要地概括了各章的"内容提要"、"学习目标"和"核心术语"，便于学习者掌握重点、难点、要点和学会学习。其次，本书在每一章内容最后提炼了结语，目的在于使学习者总体把握教育发展的概貌和特征，形成分析与综合的能力。最后，本书提供了"讨论与思考"的问题以及"扩展阅读书目"，意在引导学习者独立思考，提高科学研究的基本功，扩展学科视野，进一步增进人文和专业素养。

本书是学术团队合作研究的成果，由杨捷博士担任主编，赵红亚博士、段晓明博士担任副主编，最后由杨捷通稿。具体各章节编写分工如下：杨捷负责撰写前言，第一、二、三、

四、五、六章,第十八章的第五、七、八、九节;赵红亚负责撰写第八章,第十章的第一、二、三、五、六节,第十二章的第一、二、三、四节,第十三章;段晓明负责撰写第十四、十六章;杨玲负责撰写第七章;吴路珂负责撰写第九章;徐志强负责撰写第十一章;刘静负责撰写第十章的第四节,第十二章的第五节;常媛媛负责撰写第十五、十七章;尚玉慧负责撰写第十八章第一节(一)、(二),第二、三、六节;王艳琴负责撰写第十八章第一节(三),第四、十、十一节。在教材的编写过程中,编者参考了大量相关资料和最新的研究成果,并在文中引用或注释,在此向有关编者、作者或译者一并致谢。

感谢河南大学教材出版资助项目为本书立项,感谢河南大学出版社承担教材的出版工作以及高校教材出版中心主任王四朋、责任编辑赵海霞的认真负责态度和敬业精神;感谢美国马萨诸塞州塞勒姆州立大学历史系终身教授兼校长特别助理厉荔博士、国际教育中心主任Donald F. Ross博士,邀请编者赴美开展为期一年的研究和访学并完成最后的撰写工作。

编 者
2010年11月10日

目 录

前言 ………………………………………………………………………… (1)

第一编 古代教育史 ……………………………………………………… (1)
 第一章 原始社会教育 ……………………………………………… (3)
  第一节 人类教育的起源 ………………………………………… (3)
  第二节 原始社会教育的概况 …………………………………… (7)
 第二章 古代东方文化与教育 ……………………………………… (13)
  第一节 古代巴比伦教育 ………………………………………… (14)
  第二节 古代埃及教育 …………………………………………… (16)
  第三节 古代印度教育 …………………………………………… (18)
  第四节 古代波斯教育 …………………………………………… (21)
 第三章 古代希腊教育 ……………………………………………… (25)
  第一节 古代希腊文明 …………………………………………… (25)
  第二节 斯巴达与雅典的教育 …………………………………… (27)
  第三节 希腊化时期的教育 ……………………………………… (31)
  第四节 古代希腊的教育思想 …………………………………… (34)
 第四章 古代罗马教育 ……………………………………………… (46)
  第一节 共和时期的教育 ………………………………………… (47)
  第二节 帝国时期的教育 ………………………………………… (48)
  第三节 早期基督教教育 ………………………………………… (50)
  第四节 古罗马的教育思想 ……………………………………… (52)
 第五章 中世纪教育 ………………………………………………… (59)
  第一节 西欧基督教教育 ………………………………………… (59)
  第二节 封建世俗教育与城市教育 ……………………………… (64)
  第三节 中世纪大学 ……………………………………………… (67)
  第四节 拜占庭的教育 …………………………………………… (74)
 第六章 东方封建文明与教育 ……………………………………… (79)
  第一节 阿拉伯文明与教育 ……………………………………… (79)

第二节　古代日本的教育 …………………………………………（84）
　　第三节　印度封建文明与教育 ……………………………………（86）

第二编　近代教育史 ……………………………………………………（91）
　第七章　文艺复兴与宗教改革时期的教育 ………………………………（93）
　　第一节　走出中世纪的西欧 ………………………………………（94）
　　第二节　人文主义教育思潮 ………………………………………（96）
　　第三节　宗教改革时期的新教与教育 ……………………………（105）
　　第四节　天主教教育 ………………………………………………（113）
　第八章　近代欧美各国教育 ………………………………………………（118）
　　第一节　近代英国教育 ……………………………………………（118）
　　第二节　近代法国教育 ……………………………………………（131）
　　第三节　近代德国教育 ……………………………………………（145）
　　第四节　近代俄国教育 ……………………………………………（162）
　　第五节　近代美国教育 ……………………………………………（173）
　第九章　近代教育思想 ……………………………………………………（187）
　　第一节　夸美纽斯的教育思想 ……………………………………（188）
　　第二节　卢梭的教育思想 …………………………………………（198）
　　第三节　裴斯泰洛齐的教育思想 …………………………………（203）
　　第四节　赫尔巴特的教育思想 ……………………………………（209）
　　第五节　马克思和恩格斯的教育思想 ……………………………（219）
　第十章　近代欧美教育思潮 ………………………………………………（226）
　　第一节　自然主义教育思潮 ………………………………………（226）
　　第二节　科学教育思潮 ……………………………………………（237）
　　第三节　国家主义教育思潮 ………………………………………（243）
　　第四节　幼儿园教育思潮 …………………………………………（250）
　　第五节　教育心理学化思潮 ………………………………………（254）
　　第六节　空想社会主义教育思潮 …………………………………（259）
　第十一章　近代亚非主要国家的教育 ……………………………………（268）
　　第一节　近代日本教育 ……………………………………………（268）
　　第二节　近代印度教育 ……………………………………………（274）
　　第三节　近代埃及教育 ……………………………………………（279）

第三编　现代教育史 ……………………………………………………（283）
　第十二章　欧美教育革新运动 ……………………………………………（285）
　　第一节　新教育运动 ………………………………………………（285）

第二节　进步教育运动 …………………………………………（290）
　　第三节　实验教育学 ……………………………………………（298）
　　第四节　劳作教育思想 …………………………………………（301）
　　第五节　自由教育思潮 …………………………………………（303）
第十三章　杜威的教育思想 ……………………………………………（311）
　　第一节　杜威的学术生涯 ………………………………………（311）
　　第二节　教育思想的理论基础 …………………………………（313）
　　第三节　教育本质论 ……………………………………………（316）
　　第四节　教育目的论 ……………………………………………（319）
　　第五节　课程与教学论 …………………………………………（321）
　　第六节　道德教育论 ……………………………………………（325）
　　第七节　杜威教育思想的历史地位与影响 ……………………（326）
第十四章　20世纪前期世界主要国家的教育发展 ……………………（331）
　　第一节　英国教育的发展 ………………………………………（331）
　　第二节　法国教育的发展 ………………………………………（336）
　　第三节　德国教育的发展 ………………………………………（339）
　　第四节　美国教育的发展 ………………………………………（343）
　　第五节　日本教育的发展 ………………………………………（353）
　　第六节　印度教育的发展 ………………………………………（356）
第十五章　20世纪前期苏联的教育发展 ………………………………（360）
　　第一节　建国初期的教育重建 …………………………………（360）
　　第二节　20世纪20年代的教育改革 …………………………（364）
　　第三节　20世纪30年代的教育调整 …………………………（368）
　　第四节　20世纪前期的苏联教育理论 …………………………（373）
第十六章　20世纪后期世界主要国家的教育改革 ……………………（381）
　　第一节　美国的教育改革 ………………………………………（381）
　　第二节　英国的教育改革 ………………………………………（387）
　　第三节　法国的教育改革 ………………………………………（394）
　　第四节　德国的教育改革 ………………………………………（398）
　　第五节　日本的教育改革 ………………………………………（402）
　　第六节　印度的教育改革 ………………………………………（407）
第十七章　20世纪后期苏联(俄罗斯)的教育改革 ……………………（412）
　　第一节　苏联的教育改革 ………………………………………（413）
　　第二节　俄罗斯的教育改革 ……………………………………（418）
　　第三节　苏联的教育理论 ………………………………………（422）
第十八章　现代欧美教育思潮 …………………………………………（431）

第一节 新传统教育 …………………………………… (431)
第二节 改造主义教育 ………………………………… (438)
第三节 结构主义教育 ………………………………… (441)
第四节 新行为主义教育 ……………………………… (443)
第五节 终身教育 ……………………………………… (445)
第六节 新马克思主义教育 …………………………… (448)
第七节 存在主义教育 ………………………………… (451)
第八节 分析教育哲学 ………………………………… (454)
第九节 人本主义教育 ………………………………… (455)
第十节 后现代主义教育 ……………………………… (458)
第十一节 建构主义教育 ……………………………… (461)

第一编　古代教育史

本编重点阐述和分析了原始社会教育的起源和概况以及具有代表性的教育起源理论;古代东方文明与教育发展的关系,东方教育的历史地位;古代希腊文明与雅典教育、斯巴达教育,古希腊教育哲学思想的特点和影响;古代罗马教育对希腊教育的继承与发展以及教育的民族特性;中世纪教育的宗教性和复杂性,中世纪大学出现的意义;东方封建文明与教育发展的关系以及世界文化教育发展的多元性。

第一章　原始社会教育
第二章　古代东方文化与教育
第三章　古代希腊教育
第四章　古代罗马教育
第五章　中世纪教育
第六章　东方封建文明与教育

第一章 原始社会教育

【内容提要】

原始社会教育是人类教育发展的第一种形态。原始社会教育尚处于一种非制度化的状态,没有从社会生活中分离出来。原始社会教育的特征是原始社会形态的必然所致。围绕教育起源问题有许多不同的论点。

【学习目标】

本章重点掌握各种教育起源理论,了解原始社会教育的基本状况,理解原始社会教育的基本特征。

【核心术语】

生物学的教育起源论;心理学的教育起源论;进化论;史前教育;模仿与观察;仪式;成年礼;青年之家;人类学

原始社会是人类历史发展的第一个阶段。2009年10月,一个由70人组成的国际科学家研究团队宣布,1992年在埃塞俄比亚发现的一具距今440万年前的原始人化石,是人类最早的祖先。原始社会生产力处于极端低下的状态,没有阶级,生产资料公有,只有实施集体劳动和平均分配,人类才能得以延续和生存。原始社会的教育是随着人类的产生而出现的一种社会现象,尚未从人类其他活动中分离出来,没有专门的教育场所,缺乏固定的教育形式和内容,也没有文字记录,主要通过代代相传的口头形式来保存原始文化,属于史前教育。

第一节 人类教育的起源

教育是怎样产生的?对于这一问题,人们的认识不尽相同。处于不同历史时期的教育家们往往从各自观察问题的角度出发,阐述和解释这一问题。通常,人们认为教育是随着人类的产生而出现的。那么,人类是怎样产生的呢?

一、人类的起源

长期以来,人类一直在探索自身的起源问题,在不同的时期出现过各种各样的观点。最早的人类起源学说是创世说,其特点是从神话和宗教的视角出发,运用超自然的力量来解释人类的起源。古代埃及和西亚流传着一种说法:人类是神用黏土制造的。基督教神学更是坚称上帝创造了人,人类是上帝的最高造物,具有理性和信仰,与动物有着本质的区别。神创说在人类历史的发展过程中占有很重要的地位,曾被奉为不容置疑的最高真理。直到19世纪生物学的发展才动摇了其根基。

(一) 生物进化论

生物进化论是对人类起源问题认识的一次伟大飞跃。18世纪瑞典科学家林耐(Carl von Linné,1707~1778)创立了动物分类学,将人类和猿都归入灵长类,为进化论奠定了基础。1809年法国学者拉马克(Jean Baptiste Pierre Antoine de Monet Lamarck,1744~1829)否定上帝造人说,提出高级动物是从低级动物演变而来的,并大胆推断人类起源于类人猿。1859年英国生物学家达尔文(Charles Robert Darwin,1809~1882)在《物种起源》一书中指出,生物种类是不断进化的,自然选择是导致物种形成及其适应性与多样性的主要原因,高级动物是由低级动物逐渐进化而来的,人类是由类人猿演变而来的。虽然生物进化论并未科学地阐明人类与动物的本质差异,但是却有力地抨击了各种有关人类起源的唯心主义观点,为科学的人类起源理论开启了必由之路。

(二) 劳动起源论

1876年,恩格斯在《劳动在从猿到人转变过程中的作用》一文中首次提出了劳动起源论。他运用辩证唯物主义的观点,明确阐述了劳动创造人类的科学理论,指出劳动才是人类与动物之间最本质的区别。之后大量的原始人类化石和生产工具的发现进一步证明了这一理论的科学性和合理性。20世纪20年代,人类的劳动起源论由苏联学者正式提出,并被我国学者所接受。

在现代社会中,人们一般认为古猿是人类和现代类人猿的共同祖先。古猿由树上到地面,加速了上、下肢的分工,并最终促成直立行走,这不仅为使用工具创造了必要条件,还促进了脑容量的扩大和感觉器官的发展。极端恶劣的自然条件和生存环境使古猿不得不群居而生。集体劳动需要一种交流思想和表达意见的工具,于是,语言就产生了。语言和思维活动又促进了脑髓和感觉器官的发展,抽象能力和推理能力的逐渐提升反过来推动了语言和劳动能力的提高。于是,古猿不仅慢慢开始使用天然工具,而且最后还能制造工具。工具的制造完成了从猿到人的质变过程,从此人类正式产生了。

(三) 分子人类学理论

20世纪70年以后,分子生物学技术从实证的角度解开了人类起源的谜团。利用现代分子生物学技术,分子人类学科学家将人体与类人猿的细胞蛋白质分子进行比对,发现人类与黑猩猩的关系最为密切。现代遗传学的研究表明:一切动物细胞内部都含有具备遗传效应的化学物质基因,动物体发生的变化最终出自这些遗传物质的变异;古猿转变为人类可能缘于基因突变、染色体数目的变异、具有不利形状的个体被自然界所淘汰、中性变异的遗传漂变等原因。

二、教育起源学说

教育的起源是教育史所面临的首要理论问题。它涉及教育的内涵与范畴,教育在人类社会发展中的作用以及教育与其他社会现象之间的区别。因此,古往今来,关于教育起源问题一直众说纷纭,许多观点实际上均围绕着对人类起源的不同认识而展开。

（一）生物学的教育起源论

"生物学的教育起源论"是19世纪末由法国社会学家利托尔诺（Charles Letourneau, 1831~1902）在《各人种的教育演化》中从生物学角度提出的。他认为,教育远在人类社会以前就已经产生,生物生存竞争的本能是教育的基础。动物之间存在着教育,人类教育是动物教育的继续和发展。英国教育家沛西·能（Percy Nunn, 1870~1944）也持有相似的观点。他在《教育原理》一书中指出,教育的起源是一个生物学的过程,教育是基于本能的不可避免的行为,生物的冲动是教育的主要动力。他说:"教育从它的起源来说,是一个生物学的过程。""教育是与种族需要相适应的种族生活,是天生的,而不是获得的表现形式;教育既无周密的考虑使它产生,也无需科学予以指导,它是扎根于本能的不可避免的行为。"[1]

"生物学的教育起源论"是教育史上第一个正式提出的有关教育起源问题的学说,它以近代进化论为理论依据,把教育起源问题从神学臆测发展到科学解释,使教育起源问题成为一个学术探讨的领域。其主要缺陷是忽视了人的教育具有社会性和目的性,混淆了人的教育和动物养育之间的本质区别。这是因为,动物代与代之间所谓的"教育"是一种基于亲子关系和生存本能的自发行为,它的产生源于动物的生理需要,"教育"的内容与动物的生存有关,而人的活动具有意识性和社会性;动物没有符号语言,不具备将个体经验类化并将类经验积累起来进行传递的能力。

（二）心理学的教育起源论

"心理学的教育起源论"是1905年由美国教育史学家孟禄（Paul Monroe, 1869~1947）在《教育史教科书》中从心理学的角度首次提出的。他认为,利托尔诺没有揭示人的心理与动物心理的本质区别,儿童对成人的无意识的模仿才是教育的基础。他指出:原始社会没有文字和学校,更没有教学科目、教材,年青一代学习人类的各种经验只能是通过对成人的无意识的模仿来实现,模仿既是最初的教育形式和手段,也是教育的本质。苏联教育家麦丁斯基把这种观点概括为"心理学的教育起源论"。

在原始社会,社会成员以及成人与儿童之间的相互模仿是一种心理现象和学习方式,

---

[1] 〔英〕沛西·能著,王承绪译:《教育原理》,人民教育出版社2005年版,第36页。

这种模仿成为史前教育的主要途径之一。孟禄的观点也反映了西方对教育概念的理解，即把非正式教育、无意识教育均理解成为教育。其主要缺陷是忽视了一个根本的问题，即教育是一种社会现象。人与动物是有着本质区别的，而无意识的模仿也属于本能的范畴。把动物的本能活动与人的社会活动相提并论，是庸俗进化论的表现，同时，也反映出人们在考察教育起源时，着重点和角度相差甚大。

（三）劳动的教育起源论

"劳动的教育起源论"是20世纪30年代苏联学者从辩证唯物主义的角度提出的、后被我国教育理论界普遍接受的一种观点。他们坚信马克思主义的唯物主义历史观能够科学地解释教育起源问题，以恩格斯1884年发表的《家庭、私有制和国家的起源》和1896年发表的《劳动在从猿到人转变过程中的作用》等著作为理论基础，阐述了劳动在人的产生及发展中的作用。其基本观点是：劳动"是一切人类生活的第一个基本条件，而且达到这样的程度，以致我们在某种意义上不得不说：劳动创造了人本身"[①]。

社会生产劳动为教育的产生提供了可能性：劳动创造了人，使人与动物从根本上分离，形成了人类社会，从而有了教育的主体与客体；劳动使猿的脑髓变成了人的脑髓，使人脑具有思维和理解的能力，从而使接受教育成为可能；劳动促使人的语言产生，为人与人之间的交际和经验的传播提供了媒介；劳动是人类生存的基本形式，构成了人类经验的重要组成部分，也成为人类教育的主要内容。

社会生产劳动又为教育的产生提供了必要性。在原始社会，人类生存的条件极其艰苦，个体只有在集体劳动中生活才能生长。这就要求每一个社会成员都必须早日成为合格的社会劳动力，否则，个体的生存没有任何保障，恶劣的自然条件就会使幼小的生命夭折。因此，在原始社会早期，人类为了自身的生存与延续，就必须进行生产和生活，就必须把那些通过劳动所获得的知识技能和经验教训传给下一代，并且使之成为人类社会必不可少的社会活动。可以说，劳动创造了人，从猿转变为人的根本原因是劳动，教育是随着人类的产生而产生的，是人类特有的现象。从这种意义上讲，劳动是教育产生的最初本源。

"劳动的教育起源论"对我国教育界具有广泛和深远的影响，长期占据主导地位。20世纪80年代以后，一些学者开始试图修正或进一步完善劳动的教育起源论，形成了有关"教育起源于劳动"的探索。讨论的主要问题集中表现在三个方面：(1)劳动究竟是教育产生的内因还是外因？(2)"劳动创造了人"的真正内涵是什么？教育起源有无其特殊性？(3)教育和劳动的关系如何，孰先孰后？其结果是出现了多种多样有关教育起源问题的观点和研究视角，扩大了探讨教育起源问题的思维空间，摆脱了教育史研究中的教条主义。但是这些新观点或学说都是建立在纯粹思辨和逻辑推理的基础之上，尚未看到以相关学科（诸如人种学、人类学、生物学、考古学、遗传学、民族学等）作为理论支撑、具有

[①] 中共中央马克思恩格斯列宁斯大林著作编译局编：《马克思恩格斯选集》（第4卷），人民出版社1995年版，第373~374页。

较强说服力的论点。

第二节 原始社会教育的概况

考古发掘已经证实人类最早使用和制造的劳动工具基本上都是石器,因此学术界把人类的史前时期统称为石器时代,又依据工具的形状和使用的复杂程度将其分为旧石器时代、中石器时代和新石器时代。

一、社会形态与教育形式

原始社会是人类历史上时间最长的一个社会发展阶段,大致经历了血缘家庭、母系氏族公社和父系氏族公社三个阶段。原始社会的教育形式建立在原始社会组织形态的基础之上。

(一)血缘家庭

血缘家庭是旧石器时代早期和中期的社会组织形式(旧石器时代早期在300万年前至20万年前,中期在20万年至5万年前)。在这种社会组织形式中,生产力十分低下,全体成员都必须参加劳动,工具是石制的砍砸器,极其简单和粗糙;婚姻是按照辈分来划分的,同辈通婚,异辈禁婚,成年男女负责主要劳动,年老体弱者和儿童从事次要的活动。

在原始社会的血缘家庭阶段,教育完全由原始群成员集体实施。在血缘家族中,劳动有年龄的区别,但无性别的分工。每一个原始群都分成两个不同的部分,一部分是专门负责采集、狩猎的成年男女;另一部分是老人和儿童,负责建筑隐蔽所,看护食物,儿童跟随老人学习一些简单的生活和劳动知识。

(二)母系氏族公社

从旧石器时代晚期(5万年前至15000年前)至新石器时代晚期(新石器时代10000年前至7000年前)是母系氏族公社时期。在这个时期,妇女成为社会劳动的主力军,原始农业和畜牧业开始出现,更加精细的石器以及弓箭、骨针等运用于生产劳动,族外婚使人们只知其母,不知其父,但是男女地位是完全平等的。

到了母系氏族公社时期,妇女开始在社会组织形态中起主导作用,妇女和男子的劳动分工有明显的区别,氏族公社被分成若干个母系大家庭。男女儿童的教育也有了分化:一般八九岁以前的儿童不分性别一律由妇女负责抚养、教育;八九岁以后,男孩子跟随成年男子或老人学习采集、狩猎等,而女孩子则由妇女带领学习原始农业耕作和饲养动物。

(三)父系氏族公社

石器时代结束后,人类开始大量使用金属工具,金属器时代开始了。由于生产力的发展,生产关系发生了巨大的变化,男子成为社会的主要劳动者,成为社会的支配力量。父系氏族社会形成以后,原始的继承制度逐渐成形,子女通过父系血统继承财产,对偶婚开始向一夫一妻制过渡,父系大家庭成为社会的基本细胞。由老年男性组成的家族长成为领导者和组织者。私有财产逐渐增多,贫富分化开始出现。人类社会发展进入到一个更高的阶段。

进入父系氏族公社以后,父系大家庭成为社会组织的基本单位,家族成员特别是男性家族成员享有支配地位。儿童的教育形势日趋复杂,儿童不仅接受氏族的集体教育,而且开始接受最亲近的人的教育。以父权维系的大家庭逐渐承担起教育下一代的主要责任。父系氏族公社也使男女有了社会地位的差异,使男女儿童的教育有了轻重之分。

由于原始社会的教育始终和社会实践相结合,特别与人类生存的基本条件——生产劳动相结合,所以原始社会的教育形式是在社会生活当中自然进行的,受原始社会组织形式的制约,没有专门的场所和教育者。

二、教育内容

原始社会的教育内容是为了人类生存与延续的需要而实施的。一般而言,主要包括以下四个方面。

(一)社会常识

原始社会的儿童最早接触的是社会环境。年长者首先要教给他们适应社会的能力,遵守一定的社会规范和生活方式。儿童从小就被灌输有关氏族、部落的禁忌、风俗习惯、原始道德要求。随着年龄的增长,儿童所学内容也有所扩展,开始学习生产劳动中的相互协作和帮助,社会交往中尊敬长者,并形成部落和氏族的荣誉感和责任感。这些都是原始社会对每一个成员的要求,目的在于使个体尽快地适应社会生活。总之,学习社会常识是儿童成为一个合格的社会成员的第一课。

(二)劳动技能

劳动技能是原始社会教育最主要的内容之一。由于生产力发展水平低下,原始人群都必须参加生产劳动,才能维持个体和部落的生存。所以,劳动教育是面向每一个儿童的,以便尽早使下一代能参加集体劳动,成为社会的合格一员。

劳动技能的教育是由简到繁并随着原始社会生产力的发展而发展的。最初,儿童学习简单的采集和狩猎,这是原始社会早期生产劳动的主要内容。人类学家曾观察过一些仍处于原始状态的少数民族部落,发现在这些原始部落中,当成年人在采集果实时,在设陷阱捕猎时,儿童常在旁边观看并充当帮手,慢慢学会劳动技能,成为合格的劳动者。当儿童年龄长大后,开始学习制造简单的工具、使用工具。母系氏族公社时期,原始畜牧业和农业也成为教育内容,并且男女儿童的学习内容有了区别。在印第安人的原始部落里,孩子们从小就练习使用弓箭,驯养小动物。男孩往往学习觅食,女孩学习安置营地、饲养小动物。原始社会后期,生产力有了显著的提高,劳动技能更加多样、复杂,种植、筑房、制陶、炼制铁器和青铜器等都成为必不可少的学习内容。可以说，劳动技能的教育伴随着整个原始社会教育发展的始终。

（三）原始文化

在长期的生产和生活实践中，原始人不仅创造了物质生活，而且还创造了丰富的原始文化，使之成为重要的教育内容。

首先是原始的"文字记录"。口头语言和手势语言是原始社会主要的表达工具，但是其局限性很大，不能满足日益增多的社会交往需求。经过长期实践，原始人群逐渐采用实物和图形来表达思想、传递消息、帮助记忆，形成原始的"文字"。通常包括：结绳记事——表示时间，盛行于古代埃及和波斯；贝壳串珠——表示事件，北美印第安人和易洛魁人使用贝壳表示事件；实物书信——说明事情，两河流域和波斯人用实物交换信息。所有这些只有通过教育才能一代一代传下来，使儿童了解并记住部落、氏族的事情。

其次是音乐、舞蹈。音乐、舞蹈同原始人的集体生活密切相连。原始人群在劳动之余，学着劳动的样子、声音，或者学着动物的样子、在有节律的响声伴奏下，表演着各种动作。原始人群在各种欢乐或悲愤的场合，如胜利、丰收、生育或哀悼、战败等，用音乐来宣泄自己的情感。久而久之，这些活动成为一种原始民俗沿袭下来，并成为教育下一代的内容。生活在世界最北端的爱斯基摩人学着海豹的动作和声音跳舞、唱歌；澳大利亚的土著居民则学习跳袋鼠舞；新西兰的土著人跳造船舞。这些内容发展成为原始人的一种社会风俗习惯，并要求每一位成员都必须掌握。

最后是原始宗教。由于原始社会的人群认识能力较低，在自然面前愚昧无知又无能为力，便有了原始的宗教。原始宗教是人类认识自然和人类自身的一种形式，且被蒙上了一层神秘的色彩。作为一种精神产物，原始宗教并不是所有的人都必须掌握的。但各种宗教都伴随一定的仪式和禁忌，这是每一个人都要了解和掌握的，因此也成为教育的内容之一，并且常与音乐、舞蹈相结合。原始宗教教育主要包括图腾崇拜、自然崇拜、祖先崇拜、神灵崇拜等。到了原始社会后期，由于原始宗教日趋复杂化，已不是人们在社会生活当中随意可以进行和完成的，就出现了一个慢慢脱离生产劳动的专事宗教活动的特殊阶层——僧侣，他们成为专门向人们宣讲宗教崇拜的人员。

（四）军事技能

原始部落的狩猎是一项重要的生产活动。这就需要学习如何使用劳动工具，如弓箭、长矛以及围捕动物的战术等等。但是到了原始社会后期，部落之间为了争夺土地、财产，使"战争成为经常的事情"，于是，一些劳动工具演变为武器，武器运用的技能和作战方法的掌握也成为教育的内容。

原始社会教育内容是简单、粗陋的，但又适应当时社会发展需要，反映了原始社会发展的水平。

三、教育方法

原始社会教育属于广义上的教育。原始社会的教育还没有成为专门的活动,教育方法总是与社会实践活动相结合的。

（一）模仿

儿童通过观察成人的生产劳动活动,进而模仿成人的行为。例如,非洲原始部落的儿童以模仿成人设陷阱猎兽为游戏;南美亚马逊河流域的原始部落儿童以仿制陶器为游戏。原始人群的社会生活本身就是一种示范,儿童跟随成年人学习各种劳动技能、行为规范。可见,观察与模仿是原始社会教育的一种主要方法。

孟禄曾指出,由于原始社会没有学校系统,人类创造的知识体系尚未系统化,简单的无意识模仿成为获得生存和延续的主要途径,准确而言,它是一种适应社会环境的方法,而不是专门的教育方法。由于原始社会人类生存环境的险恶和无助,人类早期思维发展水平的低下以及知识的贫乏和零乱,人们只能通过模仿获取生存的技能,只能听从部落首领或祭司的指示才能获得生存环境。因此,孟禄认为,原始社会的教育是一种通过模仿适应现实生活和服从传统习俗的活动,具有保守性,缺乏创新性。沛西·能也提出模仿是人类早期教育中一种不可缺少的方法,特别是无意识的模仿体现了人类早期教育的特征。美国教育史学者佛罗斯特(S. E. Frost)则认为,原始社会儿童主要就是通过观察成人的活动和生活方式接受教育。

（二）说教

说教也是原始社会的一种教育方法。原始人群通过代代口头相传保存人类早期微薄的文化积淀。由于缺少文字记录,口头说教和讲述成为传递文化遗产的重要方式。年长者或祭司通过告诫和口述说明应该如何适应社会生活方式,年长一代总是经常向后辈讲授有关氏族的传统和劳动技能。原始部落的印第安人用口述向孩子们介绍动物的名称,如何猎取;冬天的晚上,全家围坐在火炉旁,由长辈讲述氏族传统。这样的说教经常与口述传授、讲故事相结合,告诉年青一代氏族部落的伟大功绩、英雄人物、各种胜利或失败,同时结合神话和歌曲,帮助年青一代尽快成为氏族部落的合格成员。

（三）仪式

原始部落的各种仪式是原始社会的另一类教育方法。有时是带有宗教性的仪式,有时是社会性的各种典礼,其中成年礼较为普遍。成年礼(又称青年礼、成丁礼或成人礼)是原始社会的氏族部落为了延续自身,要求达到一定年龄、具备社会成员条件的青年参加各种考验的仪式。参加并通过成年礼的年青一代被认为是社会的正式成员。考验的内容各种各样,青年男女要经受痛苦的磨难,掌握各种劳动技能和社会规范,通过各种考验仪式,方可正式成为部落的成员。

成年礼使原始社会的教育开始具有"专门"的性质,对学校教育机构的产生有一定的影响。成年礼要求到了一定年龄的儿童在一定的时间内到相对固定的场所接受考验,考验的内容涉及诸多原始社会生活能力,但主要包括斋戒、文身、鞭打、禁忌、火熏、割礼等,其中蕴涵着品德、能力、行为方式等多方面要求。成年礼还需要一些成年人主持和管理,他们已具有专门教育者的色彩。所以,成年礼的出现表明原始社会教育已有了初步的分化。苏联教育史学者沙巴耶娃研究认为,与成年礼相联系的一种原始社会公共教育机构在母系氏族公社后期已经出现,这就是"青年之家"。她认为"青年之家"和学校的产生有着重要的联系,青年少年达到一定年龄阶段必须在"青年之家"接受一种社会教育。"青年之家"逐渐演化成专门的教育机构——学校。

总而言之,原始社会的教育方法是多种多样的,但总是与社会实践活动相伴随。其方法虽然简单、粗糙,但却行之有效。

结　语: 教育是人类社会的永恒范畴,并随着社会的发展而发展。原始社会的生产力发展水平、生产资料公有制的形式以及社会状况决定了原始社会教育的基本特征。第一,原始社会的教育是在生产劳动过程中进行的,是与社会实践相结合的,原始社会生活本身就是教育的全部。第二,原始社会教育具有原始性。原始社会的教育没有专门的教育机构,没有专业的教育者,教育与其他社会活动没有分离,教育内容和方法十分简单,自然与社会环境就是教育场所。第三,原始社会的教育没有阶级性。教育面向所有儿童,男女儿童接受教育的权力是平等的,所有儿童都能受到同等的教育。第四,原始社会的教育是为了社会生产和生活的需要,为了人类的生存和延续而实施的,原始人所积累的经验就是教育内容,年长者就是教育者。

【讨论与思考】

1. 评述"生物学的教育起源论"和"心理学的教育起源论"。
2. 探讨劳动在教育起源中的作用。
3. 分析模仿在原始社会教育中的作用。
4. 成年礼的教育意义是什么?
5. 了解各种教育起源学说对认识教育的本质有何作用。

【扩展阅读书目】

1. 〔英〕泰勒著,连树声译:《原始文化》,广西师范大学出版社2005年版。
2. 张斌贤主编:《外国教育史》,教育科学出版社2008年版。
3. 夏之莲主编:《外国教育发展史料荟萃》(上、下),北京师范大学出版社1999年版。
4. 中共中央马克思恩格斯列宁斯大林著作编译局编:《马克思恩格斯选集》(第4卷),人民出版社1995年版。

5. 〔英〕达尔文著,舒德干等译:《物种起源》,北京大学出版社2005年版。
6. 〔美〕玛格丽特·米德著,周晓虹等译:《萨摩亚人的成年》,商务印书馆2008年版。
7. 〔英〕拉德克利夫·布朗著,丁国勇译:《原始社会的结构与功能》,中国社会科学出版社2009年版。
8. 〔英〕维克多·特纳著,黄剑波、刘博赟译:《仪式过程:结构与反结构》,中国人民大学出版社2006年版。

第二章 古代东方文化与教育

【内容提要】

古代东方教育一直融合在文化之中,是古代东方文明的重要组成部分,在世界教育发展史上具有重要的历史地位。古代巴比伦、埃及、印度和波斯等学校教育的出现是人类教育发展的里程碑,人类的教育以古代东方教育为先,古代东方教育具有尊师重道和宗教色彩浓厚的特征。

【学习目标】

本章重点掌握古代东方文明发展与学校教育的关系,理解东方国家的学校类型、古代东方教育的基本特征以及文化教育中心发展的多元性。

【核心术语】

东方文化;文字;泥板书舍;宫廷学校;文士学校;古儒学校;婆罗门教育;佛教教育;琐罗亚斯德教;文明中心论

古代东方是世界上最早进入阶级社会的地区,早在公元前3500~前2000年期间,埃及的尼罗河流域、西亚的幼发拉底河和底格里斯河流域、南亚的印度河流域、中亚的伊朗高原以及中国的黄河流域先后出现了文明的曙光,建立了一批奴隶制国家。从原始社会到奴隶制社会是人类有史以来第一次社会形态的大转变,生产力水平显著提高,人类物质与精神文化获得较快发展,形成了灿烂的古代东方文明,因此,这些地方被誉为世界文明的发祥地。古代东方通常是指古代亚洲和非洲东北部最早进入奴隶制社会的巴比伦、埃及、印度、波斯和中国。本书所述古代东方主要指除中国之外较早进入奴隶社会、具有灿烂古代文明的巴比伦、埃及、印度和波斯。它们先于世界其他地区进入奴隶社会,创造了永恒的人类文明。

古代东方教育与人类原始社会的教育有着本质的不同。其主要特征就是教育从社会生产劳动中分化出来,成为一项专门的社会活动,出现了专门的教育机构——学校,有了专门从事教育活动的人——教师。学校的产生是人类教育发展史上第一个里程碑。从此,教育才有了真正的内涵和丰富的内容,学校逐渐成了教育的同义词。正是有了学校,才使教育有了普遍认可的形式,才使人类创造的文明得以更好地保存和发展,才造就了社会发展所需要的各类人才,才使人类社会更加发达和昌盛。毋庸置疑,古代东方的学校是世界上产生最早的学校。

第一节 古代巴比伦教育

在古代希腊文献中，两河流域（幼发拉底河和底格里斯河）被称为"美索不达米亚"，意为"两河之间的地方"，其中北部为亚述，南部为巴比伦尼亚，在此崛起的巴比伦和亚述代表了两河流域文明的最高成就。两河流域属于人类最早的文明发祥地之一。

一、两河流域文明

两河流域文明又称"美索不达米亚文明"，主要由苏美尔、阿卡德、巴比伦、亚述等文明组成，文明的中心大致位于今天的伊拉克首都巴格达地区，属于以城市为中心的奴隶制农业社会。

（一）社会政治

早在10000年前，两河流域就有人类活动。公元前5000～前4000年苏美尔人成为南部主要居民，创造了苏美尔文化，建立了城市国家。公元前2371年，阿卡德国王萨尔贡一世（Sargon of Akkad，公元前2371～前2316在位）征服了阿卡德地区，建立了统一的奴隶制王国，促进了社会和生产的发展。公元前1894年，在巴比伦尼亚兴起了古巴比伦王国，它的第六代国王汉谟拉比（Hammurapi，公元前1792～前1750）统一了整个巴比伦尼亚地区，控制了两河流域的大部分区域，建立了强大的中央集权的国家机器，并大约在公元前1790年开始编制著名的《汉谟拉比法典》，国力逐渐强盛。

（二）楔形文字

古代两河流域文化是当地各族人民共同创造的，在各方面都达到了较高的水平。巴比伦文化是古代两河流域文化的主要组成部分。公元前4000年苏美尔人发明了迄今最古老的文字，并用尖头芦苇、木棒或骨棒刻写在泥板上，因其落笔处较深较宽，形似木楔，故称"楔形文字"，成为当时西亚地区的通用文字。楔形文字被阿卡德人、巴比伦人、亚述人和波斯人所接受，留下了许多泥板文书，成为研究政治、经济、法律、宗教、文化教育等的重要文献，对学校的产生具有深远的影响。楔形文字被腓尼基人发展成由22个字母构成的文字，后经希腊人改造成为西方文字之母。

（三）古代科学

巴比伦在科学上最杰出的成就是数学和天文学。巴比伦采用十进位和六十进位双重记数法，用于计算圆周率和时间，巴比伦的数学家和管理祭祀的人员已经掌握了四则运算和分数的运算法则。为了测量土地，人们将形状不规则的土地划分为许多三角形、长方形和梯形，以测算其面积，并已掌握直角三角形两条直角边的平方之和等于斜边的平方。

巴比伦的天文学经常与神庙的祭祀活动有关，但其中包含了大量的科学成分。早在公元前2000年,巴比伦人就将太阳系的水星、金星、火星、木星、土星和恒星区分开来,并给五颗行星以特别的名称,勾画出太阳的运行轨迹和十二个星座。古代巴比伦人将一年分为12个月,每月定为30或29天,全年354天,还发明了计时用的日晷和漏刻,建造了观象台观测天体。

二、学校教育

由于培养国家管理者和祭祀神灵的需要,巴比伦的统治者把培养治国之才和僧侣祭司作为教育的目的,因此,巴比伦最早的学校通常是设在宫殿和寺庙中的。

(一)早期的学校

在古代两河流域,掌握文字几乎等同于掌握知识,知识被视为神赐,僧侣、祭司负责观测天象,预测风调雨顺,择日祭祀神灵,管理寺庙。故此,培养能够书写的人是国家正常运行的当务之急,学校就出现在寺庙之中。由于苏美尔人设立的学校使用泥板教学生书写和掌握各类知识,学生做练习或作业也是用泥板,泥板成为学校的主要学习工具,故学校被称为"泥板书舍"。有记载表明,在泥板书舍中,负责人称为"校父",教师称为"专家",助手称为"大兄长",学生称为"校子"。古代巴比伦设在寺庙中的学校还分为两级:一级是初级教育,主要教授读写算;另一级是高级教育,除学习读写算外,还要学习文法、苏美尔文学、祈祷文。

宫殿是巴比伦学校另一个诞生之处。20世纪30年代,法国考古学家在幼发拉底河畔南部一个叫马里城的宫殿中挖掘出一所约公元前2100年的学校遗址。这所学校包括一条进入学校的通道、两个房间;分别设4排座位、45个石凳和3排座位、23个石凳。房子的四壁保存完好,地上有黏土盆,用来制作泥板。地上还散落着一些贝壳,好似教授计算的教具。通常宫殿中还设有藏书之地,19世纪西方考古学家发现的尼尼微城王宫图书馆收藏了2万多块泥板,内容涉及条约、法律规定、书信、宗教铭文、文学作品、收支报表等。

(二)教学内容及方法

在巴比伦的学校中,书写和计算是基本教学内容。早期苏美尔人在培养神职人员和国家各级官吏时,尤重书写能力。掌握文字是一门十分艰难的艺术,古代巴比伦的楔形文字分为古典文字(苏美尔文)和阿卡德文,有重古文轻今文之风,尤其是楔形文字,已经离开物体形象甚远,要记住上千个字形并准确地运用,并非易事,须经专门训练以及长期从师学习方可掌握。学生一般先学习基本书写技能,然后学习词汇。学习计算从最简单的数字开始,逐渐学习四则运算和计算体积,最后掌握账目核算。此外,天文学、司法、医学、建筑学等知识也在教授范围。学校的教学方法以强制性的机械练习为主,鲜有启发诱导,学习过程单调乏味,体罚即是纪律。

巴比伦的学校教育是人类教育发展的重要里程碑。这种教育开创了世界教育史的先河,具有鲜明的阶级性和等级性,只有特权阶层和少数人享有受教育的权利,其性质基本上属于文士教育,既有宫廷、官僚机构负责实施的,又有寺庙、文士个人开设的。

第二节 古代埃及教育

古代埃及位于非洲东北部、尼罗河下游地区,东北方向的苏伊士地峡与西亚连接。由于尼罗河充沛的雨量,处于干旱区的古代埃及变成了沙漠中的绿洲,成为世界上最早进入文明社会的地区,形成了古代埃及文明。

一、尼罗河文明

尼罗河文明即古代埃及文明。公元前3500年左右,古代埃及尼罗河流域形成了早期的国家。公元前3100年,上埃及国王美尼斯(Menes,公元前3100左右在位)建立了第一个奴隶制王朝,先后历经早王国(公元前3100~前2686)、古王国(公元前2686~前2181)、中王国(公元前2133~前1786)、新王国(公元前1567~前1085)和后王国(公元前1085~前525)时期。

(一)社会政治

法老是国家的最高统治者,金字塔是法老的陵墓,象征着至高无上的权力和威严。古代埃及的国家机器甚为庞大,设有管理司法、经济、税收、水利、祭祀等部门。古代埃及的社会经济发展水平达到了很高的水准,农业、畜牧业、手工业和商业已成为国家的经济支柱。公元前525年,后埃及被波斯所灭,沦为波斯帝国的一个行省。

(二)象形文字与"纸草"

古代埃及在人类文明发展史上占据极其重要的地位。古代埃及是世界上较早创造文字的地区。公元前4000年,埃及就产生了象形文字,后来出现表示音节的符号,在古王国已经发明了24个表音符号。这种世界上最早出现的字母的萌芽,是古代埃及对人类的独特贡献。古代埃及的文字写在所谓的"纸草"(papyrus)上。纸草原是生长于尼罗河边沼泽地的一种长茎植物。古埃及人将这种植物的茎层层剥开,然后将薄片连接起来,使之成正方形,将两张正方形的纤维薄片按纤维的垂直方向重叠,使之黏合坚固、变薄,然后压平晒干,就成了可用于书写的纸。古代埃及使用纸草的意义与苏美尔的泥板一样,是古代东方国家人民善于利用自然物发展文化的智慧的体现。

(三)古代科学

在建筑方面,古代埃及的最高成就是金字塔和雕塑。金字塔是古代埃及人对灵魂不灭传说的现实追求。法老期望能够长生不老,成为永久的统治者,驱使大量劳力修建金字塔。其中胡夫金字塔闻名于世,成为世界七大奇观之一。金字塔一方面反映了法老对劳动人民的奴役，另一方面也表现了古代埃及人民无与伦比的建筑艺术。哈夫拉金字塔旁的狮身人面像则是古代埃及最著名的雕塑作品之一。在自然科学方面，古代埃及在天文、数学、物理和医学等领域都取得了令人瞩目的成就。古代埃及历法是目前所知的人类历史上第一部太阳历，它根据尼罗河水的涨落和农作物生长的规律，将一年分为三季，每季四个月，每月30天，共365天。古代埃及人已能够计算长方形、三角形、梯形和圆的面积，推算出圆周率为3.16。在医学上，祭司通过木乃伊的制作认识了人体结构和防腐知识。

二、教育概况

古代埃及教育是法老巩固自身超自然地位和王国稳定的工具。知识被祭司们奉为神器，既用来证明法老的神圣和永生，又用来作为治理尼罗河和建造金字塔的技术。祭司和掌握书写的人成为学校教育培养的主要目标。

（一）家庭教育

家庭教育是古代东方国家教育的一种重要形式。即便是学校出现以后，家庭仍然担负着培养子女的责任。在古代埃及，家庭教育是由父母实施的。一般4岁以前的子女由母亲养育，4岁以后，男孩由父亲直接教育。许多专门的知识技能是通过家庭以父子相传的方式传授下来的，如祭司、建筑师、木乃伊师等，都是家庭世代相传的行业。古代埃及的家庭还传授给下一代简单的计算、书写以及某些职业技能。道德教育也是家庭教育的重要内容之一，古代埃及的道德教育目标就是使青年人做到敬畏日神、效忠国君、尊敬长官、孝顺双亲。

（二）学校教育

古代埃及的学校教育较为发达，与其他古代东方国家相比，学校种类较多，设施完善，大致包括以下类型。

1. 宫廷学校

埃及的宫廷学校是法老在宫殿里为皇家、贵族子弟开设的教育场所。据古代埃及文献记载，在古王国时期已出现了宫廷学校，贵族子弟在此学习完毕，接受适当的业务锻炼后，即分别被委任为官吏。苏联教育史学家认为，建于公元前2500年的埃及宫廷学校是人类有史可稽的最古老的学校。学校的教师大都是国家的官吏和专家，很受尊重。宫廷学校一般也是王宫文化教育的中心，国王和重臣经常参与宫廷学校的活动。宫廷学校的纪律是严格的，往往采取鞭打惩罚。在古埃及的一个手稿中有这样一句话："不要把时光玩掉了，否则你就要挨揍，因为男孩子的耳朵是长在背上的，打他他才听。"①

2. 寺庙学校

古代埃及的寺庙既是宗教活动的场所，又是传播祭祀、天文、水利和建筑知识的地方。僧侣或祭司们拥有掌握知识的权利，在寺庙中培养未来的神职人员和专门人才。这种学

---

① 〔苏〕司徒卢威著，陈文林等译：《古代的东方》，人民教育出版社1955年版，第89页。

校的教师就是僧侣或祭司,主要传授宗教事务、自然科学、绘画雕刻和医学常识。

3. 职官学校

职官学校创办于中王国时期,是由政府各个部门开办的教育机构。这个时期古代埃及国力昌盛,政府部门事务繁多,需要大批的官吏,特别是负责财政、司法、军事和水利等部门均设立学校,训练能从事某种专项工作的官员,通常修业期12年。职官学校以吏为师,重视实际技能的培养。

4. 文士学校

文士学校是专门培养能够熟练运用文字、从事书写及计算工作人才的教育机构。在古代埃及,"文士"是指一些精于文字书写、通晓国家法令、且有较好文化修养的人。他们具备充任官吏、管理宗教事务的能力,属于"后补官吏"。培养青年一代成为文士,成为社会的时尚和晋升阶梯,相应的教育机构也应运而生。这类学校地位不如前三种学校,但设置广泛,招收人数较多,对出身限制稍宽,修业期限有长有短,满足了大多数奴隶主阶层的需要。

古代埃及的统治者为了能使其政权巩固、国家昌盛,设立专门的教育机构,用于培养为统治阶级服务的各种人才和未来的接班人。这样,学校就成了培养统治者所需人才的场所,受教育权完全被王公贵族独享。

第三节 古代印度教育

古代印度位于南亚次大陆,涵盖今天的巴基斯坦、印度、孟加拉和尼泊尔等国,是人类文明的又一发祥地,我国汉代称之为"天竺",从唐代开始称之为"印度"。

一、古代印度文明

公元前2000年,古代印度早期的居民达罗毗荼人开创了印度河流域文明。1922年,考古学家在印度哈拉巴地区发现了古老的印度文明遗址,被称为"哈拉巴文化",又由于这类遗址主要集中在印度河流域,所以也称为"印度河文明"。哈拉巴文化属于古代印度青铜时代的文化,代表了一种城市文明,但于公元前18世纪灭亡。公元前14世纪,雅利安人建立了强大的奴隶制国家,形成了印度-雅利安文明。经过长时期的兼并战争,于公元前4世纪在南部的恒河流域建立起以摩揭陀为中心的统一国家。公元前323年,在战胜了外敌之后,古代印度最强盛的孔雀王朝建立,在阿育王(Ashoka,公元前304~前232)时代发展到全盛时期。

（一）种姓制度

雅利安人在公元前1000年到前600年的征服过程中，建立了一套严格的等级制度，即种姓制度。种姓制度把古代印度的所有人分为两个等级（种姓）：高级种姓包括婆罗门（即僧侣）和刹帝利（即武士），低级种姓包括吠舍（即农民和从事工商业的平民）和首陀罗（即奴隶）。不同种姓之间有着严格的界限和尊卑之分。婆罗门教是印度的早期宗教，最高信仰是梵天，其经典圣书是《吠陀》，以后又出现了专门解释经典文献的《梵书》、《森林书》、《奥义书》。

（二）梵文与文化

古代印度文明深奥莫测、特色鲜明。大约公元前3000年，古印度居民就创造了象形文字，公元前1500年左右出现了古梵文文本，阿育王时期使用两种文字，其中一种在公元7世纪时发展成梵文，由47个字母构成，是近代印度字母的原型，文字的书写使用铁笔和经过处理的树皮；在文学方面，出现了著名史诗《摩诃婆罗多》、《罗摩衍那》和最古老的诗歌总集《梨俱吠陀》；在哲学方面，公元前6世纪产生的佛教占据了宗教信仰领域的主导地位，在孔雀王朝时期得到发扬光大，并创立了"因明学"；在自然科学方面，已经有了天文历法和一年四季的划分，发明了十个数字符号和计数法，出现了医学著作《舍罗迦本集》和《妙闻本集》。

二、婆罗门教育

婆罗门教认为唯有梵天真实存在，现实的一切均为虚幻，人的最高境界就是达到"梵我合一"，种姓制是婆罗门教维系印度奴隶社会生产关系的精神依托。公元前6世纪以前的古代印度教育基本上是由婆罗门教实施的宗教教育。婆罗门教的教育目的是维持种姓制度和培养宗教意识。婆罗门教的经典《吠陀》被视为梵天智慧的结晶，是知识的总汇，背诵《吠陀》就是教育的主要内容，僧侣是《吠陀》的解释者和捍卫者，也是传授经典的教师。不同高级种姓的子弟学习经典的分量和程度不同，所受的教育也就不同，表现出严格的等级性。

（一）家庭教育

公元前9世纪以前，婆罗门教育以家庭教育为主。古代印度一直实行严格的家长制。父亲是家庭中绝对的权威，教育子女是父亲的权利和义务。印度婆罗门教教义规定父亲必须承担教育子女的责任。为了保持种姓制度，使子女将来能充当僧侣，父亲往往在家中指导子女背诵《吠陀》。由于该书被看成是婆罗门教的圣书，只许背诵不许抄写，加上古梵文难以理解、记忆，学习十分困难，父亲便教子女一句句地诵记。古印度哲学经典《奥义书》就是通过父传子、师传徒的方式流传下来的。

（二）学校教育

古代印度的学校教育缺乏系统性。最早的学校是吠陀学校，属于婆罗门教最高等级的学校。教育目的是为婆罗门教培养僧侣和祭祀，主要学习《吠陀》、《奥义书》等婆罗门教圣书，注重宗教和哲学精神的养成，要求学生通过深思的训练追求普遍的精神目标。到公元前8世纪，随着婆罗门教的下移，产生了向更多人宣讲教义和经典的需要，才出现了一种办在家庭中的婆罗门学校，通称"古儒学校"。"古儒"是指那些专门研究《吠陀》、具有相当文化修养的人。这个时期婆罗门教对《吠陀》的学习由机械背诵发展到钻研经义，家庭已不能胜任子女的教育工作。古儒学校学习年限一般为12年，学习内容主要为《吠陀》以及作为学习《吠陀》基础的"六科"：即语音学、韵律学、文法学、字源学、天文学和祭礼。古儒学校有着严格的管理制度和道德要求，严禁不良行为和不妥之举，教学方法以记诵和练习为主。古代印度的教育哲学理念推崇建立良好的师生关系，认为教师是知识的源泉，要求教师鼓励学生探寻真理、尊重他人，规定学生必须尊敬教师。古儒学校的教师常常还利用年长儿童充当助手，由助手协助教师把知识传给其他儿童。这种方法在18世纪为英国传教士贝尔所袭用，成为19世纪英国盛极一时的导生制的历史渊源。

三、佛教教育

佛教是世界三大宗教中产生最早的。公元前6世纪，印度出现了佛教，反对种姓制度，主张各种姓平等，宣扬现实世界是虚幻的，追求"圆寂"或"涅槃"之境。佛教宣扬"众生平等"、因果报应，提倡禁欲和修行，以求得精神的安慰。佛教寺院广纳众生，使用地方语言传播教义。公元前3世纪时，佛教在孔雀王朝阿育王统治时被定为国教。

（一）寺院修行

佛教教育以寺院为教育场所。寺院是修行的地方，也是教育机构，主要承担教化众生的责任。寺院的学习内容主要为佛教经典，一般学习12年，儿童8岁至12岁入寺拜师修行，经考验合格者，叫做"比丘"，意即僧人，多数离寺回家，少数人继续留寺，再修习10年后，担任寺中僧侣职务。寺院组织严密，由主持负责安排教育工作，教学采用地方语言，提高了教学效率。

（二）教育内容

我国唐代玄奘（602~664）在《大唐西域记》中记载，寺院的具体教学内容为"五明"：（1）声明，研究语言、语法、修辞的学问；（2）工巧明，即对工艺、数学、天文、星象、音乐、美术等的总称；（3）医方明，指医学；（4）因明，即伦理学；（5）内明，关于宗教哲学的知识。寺院的教学方法多种多样。记诵是最基本的方法，要求学生反复诵读佛教经义，达到耳熟能详；讲解是教师解释佛教教义，便于僧徒理解佛教教义的内涵；辩论就是通过发表自己的见解、反驳他人的观点，维护佛教的信仰；自省就是僧徒自我反思、研修，达到心灵净化；践行即身体力行、乐善好施、清静无为，遵守清规戒律。

（三）学术与教化

寺院不仅是一种教育机构，也是一种学术机构，乃至堪称佛教学术研究中心，曾吸引不少外国青年及学者前来就学，其中最著名的是纳兰陀寺。该寺院的教学形式是学术讨论和演讲，教师皆为佛教宗师，传授内容除宗教教义外还包括哲学、自然科学、文学艺术。

玄奘曾在此研究佛经达5年之久。

佛教寺院还具有普遍的社会教化功能。佛教主张普度众生、因果报应，对所有人均来者不拒。因此，寺院广招僧徒，宣扬教义，传播知识，通过多种形式施以教化。所以，有些寺院规模不断扩大，功能愈加完备，改善各种条件为入寺修行之人提供良好场所。同时为女子接受佛教教育设置尼庵，培养"比丘尼"。佛教还鼓励僧徒在寺院聆听传教、布道、诵经，答疑，在家修行，遵循佛教教规，践行佛教教义。

古代印度教育具有古代印度文化神秘主义的色彩，教育的目的与人生目标一致，追求来世、遁世超脱，注重道德陶冶和灵魂得救。教育内容以宗教教义和教规为主，世俗教育内容依附于宗教信仰需要，教育形式与社会生活和宗教活动相融合，系统的学校教育制度还没有形成，教育尚未从日常社会生活和宗教活动中完全分化出来。

第四节 古代波斯教育

古代波斯位于伊朗高原，是一个后期的帝国。伊朗高原早在旧石器时代就有了人类文明。公元前3000年中叶，古代埃兰人建立了最早的国家。公元前553年，波斯人在居鲁士（Cyrus of Persia，公元前599~前529）的领导下建立了波斯帝国，公元前522年大流士一世（DariusⅠ，公元前550~前486）即位，采取中央集权，使波斯达到全盛期，成为一个横跨欧亚非三洲的帝国。希波战争使波斯帝国大大削弱，公元前330年亚历山大征服波斯。直到公元226年，萨珊王朝建立，古代波斯再次复兴。波斯帝国的兴衰及多民族文明的交融，造就了波斯民族文化的多样性。古代波斯的教育是随着历史的巨变而逐渐形成的。古代波斯文化教育虽然经历了战乱的袭扰，但终究基本上保存了它的优良传统。

一、教育目的

传统的古典教育是维系波斯文明发展的重要手段。古代波斯人高度重视教育的作用。统治者把培养担当重任、继承江山社稷的后代视为宫廷的首要任务，尽心竭力地去教育下一代。在波斯著名诗人萨迪（Sa'di，1213~1292）的名著《蔷薇园》的第七章"论教育的功效"中曾记载，古代的王子抱怨教师过于严厉，教师坚持认为对王子的教育就应该比别人更加严格，国王听罢深表赞成。在另一篇诗文中，一位国王在即将入学的王子的脖子上挂了一块银牌，上书："老师的打骂胜过父亲的慈爱。"

古代波斯教育与琐罗亚斯德教密切相关。琐罗亚斯德教大约形成于公元前6世纪，由波斯人的先知琐罗亚斯德（Zoroaster，公元前628~前551）所创。大流士一世将其奉为国教，以加强精神统治，萨珊王朝也将其尊为国教。该教崇尚光明和善良，坚信光明和善良必将战胜邪恶和黑暗；火是光明和善良的代表,礼拜圣火是主要宗教仪式,故又称为"拜火教",南北朝时期传入中国,被称为"祆教",其圣书是《阿维斯陀》。

琐罗亚斯德教鼓励教徒终身学习、掌握知识、造福社会,认为教育能够培养人的善良思想、善良言辞和善良行为。所以,古代波斯的教育目的就是通过发展人的思维,形成良好行为,培养帝国所需要的各种人才。琐罗亚斯德教强调教化人们维护良好的家族关系和共同情感,承认帝国权威,信奉宗教灌输和纪律；教育能使人增进家庭的和睦,陶冶对社会的情感,养成对神的虔诚,锻炼争战的能力；主张将优良的品德教给信徒们,使之养成健全而刚毅的习惯；培养虔诚、健全而有用的公民。这也就成为教育的基本目标。

二、教育形式

古代波斯将教育看做是私人的事情,因此,儿童早期的保育和教育主要在家庭中进行,7岁以后开始接受较为正式的教育。

古代波斯教育大致分为两个阶段：第一阶段是7岁到24岁,其中7岁到15岁的青少年通常以家庭为学习的场所,由家长或聘请教师传道授业,主要是训练读和写,培养学生诚实、纯洁、服从和节俭的良好习惯,兼施掷标枪、狩猎和游泳等项目；16岁到24岁青年人需要到祆教的教堂集中学习。进入祆教教堂要进行一种特殊的仪式,即"加衫礼",仪式上授予青年一件特制的上衣,表明他已经成人。仪式包括沐浴、授衣、诵读《阿维斯陀》、佩带、宣誓,然后进入教堂接受新的教育。祆教教堂教育主要是教会青年男子掌握帝国各级政府颁布的各种规定和法律知识,了解政府部门和各省的官职与政务以及施政方法。第二阶段是从25岁到入职,青年人的去向发生了变化：一部分继续学习军事技能和事务,通晓军政事务以便在需要时或为官或走上战场；另一部分成为国家的官吏或将领,开始开拓事业；极少部分经过挑选进入专门的教育机构,最终成为祭司、律师和行省总督。第一阶段具有普通教育的性质；第二阶段具有高等教育的性质。

三、教育内容

古代波斯教育的内容反映了波斯社会发展的需要、民族文化的传承以及琐罗亚斯德教的影响。

道德教育始终是波斯教育的主要内容。古代波斯社会和祆教均提出人生的三大目标：第一,报效国家和社会；第二,勤俭治家,为父母代劳；第三,完善自我,超越他人。这就成为人生的努力目标,也是社会道德标准。祆教对人的最高道德要求是"三善"：善思、善言、善行。善思即善良的思想,要求人们追寻火神的光芒,抑恶扬善、修身正道,效忠郡王、造福社会；善言即诚实守信、不讲谎言,要求为人正直本分、以诚相待,反对弄虚作假；善行即行为端正,保持自我清洁和健康,要求克制个人欲望,从事农牧生产,传播知识。

体育活动是波斯人的民族文化传统。祆教强调善恶之争不可调和,只有健康的体魄才能抵御疾病、饥饿、干旱和黑暗的侵蚀，人人只有保持不断的活动才能获得精神的解放，否则身心就会陷入混乱状态。体育活动不仅可以学习运动技能，而且还能培养人的性情。体育活动的内容包括骑马、射箭、狩猎、打马球、投镖、游泳等，其中骑马是最基本的项目。打马球是波斯人的古风，在波斯民族史诗《王书》中就记载有萨珊王朝国王自7岁起便开始学习打马球的故事。

文化知识也是古代波斯重要的教育内容。初级阶段包括写字、读书、算术。古波斯语是楔形文字，有36个字母，从左至右书写。由于没有纸张，写字只能在石头、泥板、兽皮上进行，练习书写是一件十分困难和繁重的事情。所以，教师的指导和讲授就十分重要，教师成为知识的化身，具有神奇的力量。高级阶段主要学习文书、法律、翻译、医学、天文、哲学、文学、神学等知识。

四、学校教育

古代波斯人将教育子女视为家长的权利和义务，家庭被理所当然地看成是最佳教育场所。所以波斯的学校产生得较晚，只有贵族子弟在6岁后可以进入宫廷接受教育。以后曾出现过为政府培养各级官吏的学校，还有负责培养哲学、医学、天文学、地理学、音乐等专门人才的学校。据考古发现和文献记载，当时主要设在三处：一是京城，即苏萨（埃兰古城），在与皇宫毗邻的广场或法庭周围的建筑物中进行施教；二是省城，通常在各省的总督府的附近设立学校；三是其他大城市，主要利用一些远离商业区的公共建筑物作为校址。

萨珊王朝时代所建立的坎迪·沙普尔大学（又称"学园"）是古代波斯教育最具影响的教育机构。大流士一世为了安抚被征服地区，采取了一系列开明政策，恢复埃及的医学学校，6世纪时还开办过较高水平的教育机构，兴建了一些文化学术中心，坎迪·沙普尔大学就是其中之一。到公元3世纪，萨珊王朝的阿尔达希一世（Ardashir Ⅰ,226～240年在位）正式将其建成一所多科性高等教育机构。学校设有哲学、文学、工程、数学、动植物、药物学等学科，巴比伦和印度的许多学科藏书也汇集其中。公元529年，拜占庭皇帝查士丁尼（Lustinianus Ⅰ,483～565）封闭雅典学园，坎迪·沙普尔大学成为叙利亚、亚历山大里亚、犹太学者的避难所，他们在这里保存了希腊学术传统，并发扬光大，稍后又通过阿拉伯人把它们传到欧洲。坎迪·沙普尔大学从公元531年至579年发展到高峰，成为希腊和叙利亚学者的向往圣地。教学方法主要以讨论为主，帝国君主也时常参加师生举办的学术讨论活动，专门聘请了希腊、印度教师，重视实践教学，医学还设有附属医院供学生实习。坎迪·沙普尔大学搜集、保存、翻译了印度、希腊、叙利亚、波斯的典籍，使印度、希腊、犹太、叙利亚、基督教、波斯的文化进行了一次有益的融合。

古代波斯教育深受琐罗亚斯德教的影响，也反映了波斯民族的特点，对传播和发展古代波斯文明具有重要意义。古代波斯教育虽然与宗教有密切联系，但重视教育的社会教化功能，具有多方面身心和谐发展的色彩。

结　语： 古代东方国家教育代表了人类进入阶级社会后教育发展的最高成就。其特点主要包括：第一，学校的产生赋予教育真正的内涵，人类的教育以东方国家为先。古代东方国家重视教育对人与社会发展的作用，其学校是世界上最先设立的专门教育机构，学校教育内容之丰富、范围之广泛、水平之高，都是同时期其他地区不可比拟的。传统的"西方中心论"忽视了古代东方国家教育应有的历史地位，人类教育发展的历史历来都呈现出多元化趋向。第二，尊师重道是古代东方国家教育的优良传统。教师是教育成败的关键，古代东方国家历来就有尊师的习惯，学校的教师大都是具有较高文化素养的人，或者是国家官吏，深受社会和帝王的器重和尊敬，教师被看成是智慧和知识的化身。第三，道德教育是古代东方国家教育的重要内容。它反映了古代东方国家社会人文面貌，也是社会和统治阶级对广大人民的要求，无论是家庭教育还是学校教育，道德教育始终是第一课。古代东方国家教育带有浓厚的宗教性和神秘性，反映了人类刚刚进入阶级社会后的显著特征。

【讨论与思考】

1. 为什么说人类教育的发展以古代东方国家为先？
2. 分析古代东方国家教育的特征。
3. 思考古代埃及和巴比伦最早学校存在的可能性与必要性。
4. 讨论古代东方学校与现代普通学校的本质区别。
5. 学校的产生对人类教育发展有何意义？
6. 怎样理解人类文化教育发展中心的多元性？

【扩展阅读书目】

1. 〔苏〕司徒卢威著，陈文林等译：《古代的东方》，人民教育出版社1955年版。
2. 曹孚等编：《外国古代教育史》，人民教育出版社1981年版。
3. 〔美〕巴里·克姆普著，穆朝娜译：《解剖古埃及》，浙江人民出版社2000年版。
4. 滕大春主编：《外国教育通史》（第1卷），山东教育出版社2005年版。
5. 〔俄〕阿甫基耶夫著，王以铸译：《东方文化史》，上海书店出版社2007年版。
6. 〔美〕拉尔夫等著，赵丰等译：《世界文明史》（上卷），商务印书馆1998年版。
7. 沐涛、倪华强著：《失落的文明：埃及》，华东师范大学出版社1999年版。
8. 陈晓红、毛锐著：《失落的文明：巴比伦》，华东师范大学出版社2001年版。

第三章 古代希腊教育

【内容提要】

古代希腊的教育是西方教育的历史渊源,斯巴达教育和雅典教育是古希腊教育的典型代表,斯巴达建立了以军事体育训练为主要内容的教育制度,雅典形成了重视身心和谐教育的学校体系。古希腊思想家苏格拉底、柏拉图、亚里士多德从哲学命题出发阐述了西方最早的教育哲学思想。

【学习目标】

本章重点掌握古代希腊斯巴达和雅典教育的概况,理解古希腊思想家的教育观与其社会政治和哲学观之间的关系,把握古代希腊教育的历史脉络和教育思想的主要特征。

【核心术语】

斯巴达教育;雅典教育;文法学校;弦琴学校;埃弗比;智者派;"三艺";"美德即知识";苏格拉底法;《理想国》;"学习即回忆";哲学王;学园;灵魂论;文雅教育;希腊化;"雅典大学"

古代希腊是世界文明发祥地之一,也是欧洲文化的发源地。古代希腊创造了灿烂的古代文明,以至于以后西方的每一次文化复兴都要向古希腊文化寻找启发和鼓舞。

第一节 古代希腊文明

古代希腊是以爱琴海为中心,包括希腊半岛、爱琴海的岛屿及小亚细亚西部海岸地带的一些奴隶制城邦的总称。古代希腊的文明史是从爱琴文明开始的,其中心是克里特岛和迈锡尼城,它们分别于公元前2000年和前1500年建立了奴隶制国家。公元前11世纪,古希腊进入荷马时代(《荷马史诗》是这一时期唯一的文学史料,因而得此名)。公元前8世纪至公元前6世纪,古希腊以城邦国家为主,实行君主制、贵族共和制和民主共和制。到公元前5世纪至公元前4世纪上半叶,奴隶制度发展达到顶峰,经济文化空前繁荣,奴隶主民主政治臻于全盛,后又因城邦之间的冲突,导致全面危机。这个时期古希腊先后建立了200多个奴隶制城邦,这些城邦都是以一个城市为中心,包括附近若干村落,其特点是小国寡民。在这些城邦中,势力最强大、对古希腊奴隶制发展影响最深远、最有代表性的是斯巴达和雅典。

（一）奴隶主城邦民主政治

古希腊文明高度发达,令人叹为观止。这种文化成就得益于奴隶主城邦民主政治的环境、繁荣的经济生活、广泛的交往和宽松发展的社会氛围。古希腊宗教神话缘于古希腊人对自然、自然与人关系的看法,并以极富魅力的神话形式表现出来。在古希腊人的神话中,诸神与人同型,即神具有和人一样的形象、情感、性格特征,只是比人更强大、更完美、更富有理想化的色彩,神是永生的,但并没有绝对的力量,具有普通人一样的缺点或弱点。诸神的特征是大义凛然、勇敢坚强、正义、智慧。而这些正是人应该具有的品质。因此,诸神的品行成为鼓舞希腊人的力量源泉和精神动力,希腊神话也成为教育青年一代的内容,《荷马史诗》始终是学校教育的主要教材。

奴隶制经济的繁荣,推进了奴隶主民主政治的发展。公元前461年,民主派在雅典重掌政权,通过了一系列剥夺贵族会议权力的法案,使公民大会不再受其干预和监督。从公元前443年到公元前429年,伯里克利(Periclēs,公元前495～前429)连年当选将军,执掌雅典最高权力,雅典奴隶主民主政治的发展臻于鼎盛。这种奴隶主民主政治在形式上承认所有公民一律平等,有权决定国家制度和管理国事。公民大会成为国家最高权力机构,决定国家一般政策和军事、外交、财政等问题;五百人会议作为处理日常事务的最高行政机关;陪审法庭为最高司法和监察机关;贵族会议的权力则相应降低。雅典对担任各种公职的人给予不同的公职津贴,以激励公民积极参与民主政治和文化活动。以雅典为代表的民主政治扩大了民主活动的范围,实行了公民直接参政的国家管理形式,有利于调动公民的积极性和创造力,有利于推动经济和文化的进步。但是,民主政治的高度发展毕竟只是奴隶主的民主,其社会和时代局限性显而易见。这种民主权利本身有时也流于形式,失之过滥,易受别有用心者的煽惑,扼杀新的思想。

（二）精神生活与古典文化

古希腊人精神生活的特点是爱智爱美。古希腊人对知识和精神生活表现出极大的兴趣和热情,他们对未知事物寻根求源,善于思考,努力探究自然界和人类社会的未解之谜。勤于思考、求知求真的习惯锻炼了希腊人的思维能力,分析、概括、反思、推理能力的发达又促进了感觉能力的发展,提高了记忆力、注意力、欣赏力、创造力和审美能力。希腊人认为美就是和谐,人之美不仅在于心灵美而且还需外在美。

体育活动是古希腊文化的一种形式,对希腊文化的发展和传播起到了重要推动作用。体育活动最早是为了适应严酷的军事生活而开展的,以后逐渐发展成为有各种竞技的运动比赛,主要包括练习跳远、摔跤、拳击等。公元前776年,希腊首次开始在奥林匹亚举行运动会,成为一项永久纪念性的活动。体育场所又是城邦重要的知识和道德教育场所,青少年不仅在这里受到军事体育方面的训练,也受到长辈们的道德训育和知识教育。体育活动凝聚了丰富多彩的古希腊文化,是古希腊文化的集中体现。

沸腾的社会与精神生活结出了丰硕之果。在文学、戏剧上,《荷马史诗》成为世界文学中异彩纷呈的瑰宝,早期的诗歌、诗人与神话交相呼应;三大悲剧作家创作的《被幽禁的普罗米修斯》《奥狄浦斯王》《美狄亚》和阿里斯托芬(Aristophanes,公元前446~前385)创作的喜剧流芳后世。古希腊的建筑和雕刻艺术气势磅礴、庄严华丽,雅典卫城的帕台农神庙造型优美、闻名遐迩,米隆(Myron,公元前480~前440)的《掷铁饼者》呈现出生机勃勃的动态美感。哲学在古希腊成为"爱好智慧之学",它以理性而睿智的思辨投射出古典的科学与人文精神。最早产生的米利都学派提出一切事物的本源皆为物质,赫拉克利特(Heracleitus,公元前540~前480)将世界描述为"一团永恒的火",德谟克里特(Dēmocritos,公元前460~前370)提出了"原子论",毕达哥拉斯学派和埃利亚学派对抽象、非物质领域的探索启发了后来之人。苏格拉底、柏拉图、亚里士多德更是将希腊哲学推向了顶峰,奠定了后来西方哲学的基础。在史学领域,"西方历史学之父"希罗多德(Herodotos,公元前484~前425)的《历史》开创了以记事为主的正式体裁,修昔底德(Thucydidēs,公元前460~前400)的《伯罗奔尼撒战争》史料翔实丰富,堪为后世楷模。

古代希腊文明为教育事业的发展提供了营养丰富的沃土,为教育智慧的产生创造了浓郁的理性氛围。

第二节 斯巴达与雅典的教育

古代希腊优良的自然环境促进了人们创造力的发展,社会政治制度的繁荣和更迭激发了人的理性思维和对法律的畏惧,以希腊神话为中心的精神生活激励人们去追求健壮、勇敢、坚毅和正义的品质。这些都对古代希腊教育制度的形成具有重要影响。

一、斯巴达的教育

在希腊城邦的形成过程中,有一种是通过征服其他部落,在压迫、奴役被征服居民的基础上形成的,斯巴达就是这样的城邦。斯巴达位于伯罗奔尼撒半岛南部的拉哥尼亚。公元前8世纪,斯巴达建立了奴隶制城邦国家,整个民族都是统治阶级、由少数奴隶主贵族专制。居于统治地位的是斯巴达人,有4万人左右。少数无政治权力、被征服的居民,享有平民的待遇,称皮里阿西人。而广大的奴隶是希洛人,他们没有任何权力,处在被残酷压迫和镇压的境地,人口有25万。由于斯巴达实行贵族寡头专政,阶级矛盾十分激烈,奴隶的反抗与起义频繁发生,斯巴达人为了巩固其政权和统治者的地位,全民皆兵,城邦经常处于军事戒备状态。统治者不许斯巴达人从事工商业活动,规定公民的职责就是从事军事活动,对内镇压奴隶的反抗,对外进行军事扩张。这种社会政治状况决定了斯巴达教育的基本特征。

(一) 教育的性质

斯巴达的教育是一种纯军事训练性的教育。教育的目的完全取决于统治阶级的政治、军事需要,即压迫和镇压奴隶的反抗和对外进行战争,也就是要把斯巴达人训练成绝对忠于国家、体格强壮的军人。教育成了单纯军事性质的教育。

为了维护国家的权力和奴隶主专制制度,斯巴达人十分重视教育,视教育为治国的最主要手段和工具,认为教育关系到整个城邦的安危和斯巴达人的生死存亡,是国家的事情,对青年一代进行教育是国家的职责。因此,斯巴达法律规定:凡是没有受过法定教育的人不能成为公民,不能获得国家的分地,不能享有公民的权利。这是西方教育史上首次把教育作为国家的事业,并使之带有强制性。

(二) 教育过程

斯巴达的教育是从儿童刚一出生就开始的。由于全部教育都由国家负责组织管理,儿童被看做是国家的财产,所以儿童不属于父母所有,而属于国家。儿童一出世,首先要接受严格的挑选,由父母把孩子送到国家长老处进行检验,只有被认为是体质合乎健壮标准的婴儿才被留下,身体虚弱的则被扔到荒山野外,任其死亡。留下来的儿童成为未来的国家公民,由国家责成其父母抚养。在儿童7岁以前,母亲的职责就是使其有一个强壮的体格。

从7岁开始,男童被送到国家教育机关接受军事体育训练。这种国家教育场所实际上就是军营。青少年在此受教育的内容包括军事体育教育、政治道德教育、培养坚强毅力和吃苦耐劳的教育、音乐和舞蹈的教育。军事体育训练的基本内容是"五项竞技",即赛跑、跳跃、角力、掷铁饼、投标枪。政治道德教育是向受教育者讲述奴隶制城邦的法律、风俗习惯、行为规范、斯巴达人的英雄业绩、宗教仪式等。斯巴达的国家教育机构为了培养青少年过艰苦生活的习惯,制定了极其严格的制度。青年人必须四季赤脚,穿单衣,吃粗食,睡地铺。为了培养青少年坚强的毅力,斯巴达把鞭打作为训练的方法。青少年经常接受无端鞭打,以承受残酷鞭打而毫无惧色为荣,以呻吟哀求为辱。为了训练他们的机敏性,甚至鼓励他们去偷窃。除此之外,音乐和舞蹈也是教育的内容。音乐教育重在发扬尚武精神,舞蹈具有敬神的性质。而科学文化知识被排斥在学习范围之外,忽视读、写、算基本技能的训练。

18岁以后,青年人被送到更加正规的军事教育机构"埃弗比"(Ephebia,意为"青年军事训练团")。"埃弗比"的领导者是经过专门挑选的、有才干的军事领导人。"埃弗比"的教育完全是正规的军事训练,主要有对奴隶希洛人的搜捕、侦察和屠杀,学习使用各种武器和运用战术。青年人经常参加军事演习和军事活动,其中一种称为"秘密服役",就是在夜间派青年人对奴隶进行突然的包围和捕杀,意在激发青年对奴隶的鄙视和仇视心理,培养凶狠残暴的习性。

这种极端的军事训练教育进行2年。到20岁,青年人开始正式在兵营服役或到边境驻守,30岁时成为正式公民。值得一提的是,斯巴达非常重视女子教育。原因是斯巴达人认为只有强壮的妇女才能养育强壮的子女;妇女也可以参加战斗。斯巴达女子接受的教育和男孩子十分相似,区别仅仅是女子住在家里,男孩居住在军营。

(三) 教育特征

斯巴达教育制度的最主要特征是由城邦担任教育下一代的责任,以军事体育训练为主要内容,忽视文化知识的教育。这是由斯巴达城邦特有的政治、经济和社会状况决定的。具体表现为:(1) 国家性。由城邦全面负责青少年的教育,教育机构由国家设置,教育者由国家官吏充任。(2) 军事性。斯巴达教育以培养军人为最高宗旨,以军事训练为主要内容。(3) 单一性。单纯强调军事体育训练,忽视文化知识的学习。(4) 野蛮性。斯巴达人在教育方面采用了许多粗暴的方法,教育方式极其残酷。

二、雅典的教育

雅典是古代希腊另一个具有代表性的奴隶制城邦国家,位于希腊半岛东南的阿提卡半岛,公元前5世纪曾经是希腊文明的中心。与斯巴达不同的是,雅典是在氏族部落自身解体和阶级分化的基础上产生的城邦。雅典有优良的港湾和丰富的矿藏,工商业和海外贸易发达,与周围其他国家以及古代东方国家有着频繁的商贸和文化交流。公元前6世纪初,新兴的工商业奴隶主出现,经济实力不断增加,迫切要求推翻农业奴隶主贵族政治。经过梭伦(Solon,公元前638~前559)和克里斯梯尼(Cleisthenes,公元前570~前508)的两次改革,雅典确立了奴隶主民主政治。公元前443年,伯里克利成为雅典的领袖,雅典开始进入"伯里克利时代",奴隶主民主政治成为古希腊社会政治繁荣和鼎盛的代表。所有的雅典公民在形式上一律平等,有权决定国家制度和管理国事,享有通过抽签法而当选任职的均等机会。这些都为古希腊文化教育的昌盛奠定了基础。

(一) 教育的性质

雅典教育浓缩了古代希腊教育的精华,是古希腊教育的典型代表和最高成就;雅典教育是奴隶主民主政治的直接产物,具有鲜明的阶级性;雅典教育承载了西方教育的最初形态,构成了整个西方教育的渊源。这种教育是一种身心和谐发展的教育,其目的就是要把奴隶主的子弟训练成身心和谐发展的能履行公民职责的人。雅典的奴隶主民主制度决定了其教育不仅要把青年一代培养成受过专门训练的军人,更重要的是把青年人培养成为能够参与政治民主事务的社会活动家、政治家、公民以及能从事海外商业贸易、城邦经济活动的商人。因此,体育、军事训练、德育、智育、美育成为雅典和谐发展教育的重要内容。

(二) 教育体系

像斯巴达一样,雅典也十分重视教育对青年一代的培养。公元前6世纪,梭伦改革的法令中就明确规定,父亲有责任让其子女接受适当的教育,否则,子女成年后有权不赡养父亲。雅典人认为,要培养公民在履行社会责任和义务时所应具有的理性、智慧和正义等品质,属于国家的责任;在养成个人品质和性格方面,则由个人或家庭决定。

1. 家庭教育

雅典的家庭主要负责7岁以前儿童的教育。婴儿初生时也要接受严格的体质检查,但目的是为了更好地照顾儿童。父母负责家庭教育,教育内容和形式包括唱歌、讲故事、做游戏,教以各种礼貌行为等。7岁以后,男孩进入学校学习,女孩则继续留在家中,学习读、写、算、乐器演奏、家务、手工等。

2. 初级学校

雅典的初级学校有两种类型:文法学校和弦琴学校,均为7~12岁的男孩开设。这两种学校招收年满7岁的儿童,往往都是私立和收费的。学校的教师通常是有自由权利的自由民,或少数赎身的奴隶,他们社会地位不高,得不到社会的认可。儿童学习期间均有"教仆"陪同和监督,以避免儿童接受其他社会不良影响。文法学校主要传授读、写、算。弦琴学校以唱歌、演奏、朗读为主,目的在于陶冶性情、培养审美情趣和良好的道德修养。

3. 体操学校

儿童在文法学校和弦琴学校学习到十二三岁时,一方面可以继续在这两类学校学习,另一方面是到体操学校学习。体操学校一般都是教师在一块运动场地上教学生练习"五项竞技",目的在于发展学生的体质和运动技能,使青年人达到诸方面均衡和谐的发展。所以,体操学校不仅要求学生身体健壮,而且要求动作轻盈敏捷、准确平稳,姿态协调优雅、美观大方,意志坚韧不拔。体育训练常以音乐相配。体操学校同时进行道德教育,师生之间的道德谈话十分普遍,内容涉及政治民主、遵纪守法、尊重多数人的意志、中庸思想等。

4. 体育馆

在体操学校学习2~3年以后,大多数青年不再继续学习,开始从事某种职业。少数奴隶主子弟进入国家开办的体育馆继续学习。国家体育馆以体操训练为主,"五项竞技"仍是训练项目,同时又增加文化知识的教学,主要教授文法、修辞、辩证法(哲学)三门学科以及政治、法律、音乐等。

5. 埃弗比

年满18岁的青年,可进入更高一级的教育机关——"埃弗比"学习。雅典的"埃弗比"是一种高级军事教育机构,但进入"埃弗比"必须是自愿的。教育内容包括军事训练、国家法律和政治事务。学校重视实际锻炼,学生必须到军队中见习。到20岁时,青年人须经过一定的考核和仪式,方能授予公民的称号,享受一切政治权利,担任一定的国家官职。

(三)教育特征

雅典教育的主要特征是进行诸方面的和谐发展教育。与斯巴达教育相比具体表现为:(1)雅典对教育采取放任政策,把教育子女看成是家庭的职责;(2)学校类型较多,允许私人办学;(3)雅典教育以培养全面和谐发展的公民为主,重视德育、智育、体育、美育几方面的内容;(4)雅典的教师来自各个阶层;(5)雅典重视女子教育的程度不如斯巴达。

第三节 希腊化时期的教育

从公元前4世纪末起,希腊的古典城邦制度开始陷入危机,希腊社会变得日益复杂,多数城邦因伯罗奔尼撒战争而相继衰弱。而此时希腊北部的马其顿正悄然崛起,并迅速征服了希腊各个城邦,掀开了古希腊历史上新的一页。

一、希腊化文明

马其顿位于希腊半岛北部的多山地带。马其顿人与希腊人族源相近,当古希腊人各部落南下希腊半岛之时,他们留居在北方。由于发展水平远远落后于希腊城邦,马其顿人被视为"蛮族"。公元前5世纪,随着马其顿的崛起,他们开始逐渐参与希腊本土事务。公元前4世纪中叶,国王腓力二世励精图治,实施改革,成为希腊半岛的征服者和盟主。公元前336年,雄才大略的亚历山大继承王位,他自幼拜亚里士多德为师,受过良好的古希腊教育和古典文化熏陶,经过十余载的东征建立了一个横跨欧、亚、非三洲的大帝国。公元前323年亚历山大去世,帝国一分为三,即希腊部分的马其顿王国、埃及的托勒密王国、亚洲西部的塞疏西王国。希腊历史开始进入"希腊化"时期,一直到公元前30年罗马的屋大维灭亡托勒密王国为止。

(一)"希腊化"的含义

"希腊化"一词最早是由德国历史学家德罗伊森(Johann Gustav Droysen,1808~1884)提出的,意思是指体现希腊文化的马其顿人和希腊人把希腊的政治制度和文化传播到亚洲和非洲的广大地区,进而使其与亚非诸国固有文化相融合。这种情况的形成有其客观历史原因:亚历山大东征时,希腊城邦已开始失去独立,所代表的希腊文化逐渐凋谢,但是亚历山大的东征把当时高度发达的希腊文化带入了被征服的地区,希腊人流离四处,也传播了文化。特别是希腊的哲学、文学、艺术和东方发达的数学、天文学相结合,形成了一次东西文化的融合。

(二) 希腊化的成就

希腊化文明是希腊文明、埃及文明、西亚文明和印度文明交融的产物,它使分散的希腊、埃及、西亚和印度文明呈现短暂的融合态势。希腊化时代的开创者是马其顿的亚历山大,他造就了一个囊括众多民族且横跨欧、亚、非三洲的庞大帝国,开创了一个东西方文化交融的新时代。亚历山大在其征服地区建立了众多的希腊式城市,这些城市成为东西文化的交汇地,是孕育希腊化文化的沃土。

亚历山大里亚城是亚历山大建立的第一座城市。它既是亚历山大帝国的枢纽,也是国际文化交流的中心。托勒密一世(Ptolemaios I,公元前367~前283)在该城建起一座规模庞大的博物馆,其中有资料丰富的图书馆和供研究用的动、植物园,东西方的智慧在这里迸发出新的生机与活力,古代东方的神秘学科被具有希腊精神的学术活动所破解。图书馆里收藏的从各地搜集而来的希腊文著作、东方典籍达70余万卷,涉及数学、医学、天文、文学。在天文学方面,有"希腊的哥白尼"之称的天文学家阿里斯塔克(Aristarchus,公元前310～前230)突破了希腊人固有的人类中心思想,大胆提出"以太阳为中心"的宇宙体系,天文学家托勒密(Claudius Ptolemaeus,90～168)的"地心说"成为禁锢欧洲千年之久的桎梏。在数学上,欧几里得(Euclid,公元前330～前275)是希腊化时代最负盛名、最有影响的数学家之一,其著作《几何原本》是古希腊数学发展的顶峰,阿基米得(Archimedes,公元前287～前212)算出了球面积、球体积等,提出了著名的"阿基米得公理"。在文学艺术方面,希腊化时期的作品突出表现文化情感和世界意识,希腊语成为当时的"国际语言",希腊化城市中成长起来的学者以世界和历史的眼光评判着社会的变迁。希腊化时期的哲学更加贴近现实生活。哲学家勤于思考现实问题,更加关心人的生活,公民的道德规范与城邦的政治兴衰已不是哲学关注的核心,对个人的关注超越一切。在伊壁鸠鲁学派和斯多葛学派的哲学里,已经看不到古典时期城邦公民对现实生活的信心和勇气,有时甚至还流露着当时人的苦闷和消极,但它们确实还是在探讨人应该如何变得更有意义。

二、希腊化时期教育的特征

希腊化时期教育的发展有别于古典时期的教育,其原因主要是古典教育赖以存在的社会基础已经动摇,希腊城邦教育制度日渐衰落,马其顿帝国扩张需要新型的社会价值支持和教育辅助。于是,希腊化时期的教育模式形成了,并表现出新的特征。

(一)希腊化本土教育的变更

古典时代所形成的黄金岁月使古希腊教育进入了全新发展的阶段,雄辩术、修辞学以及相应学校的繁荣,造就了诸如智者派的职业教师,也奠定了古典教育思想的基础。但马其顿王国对希腊半岛的征服和希腊化的过程彻底改变了希腊社会的形式,冲击了原有的社会价值观和人们的思想意识。希腊本土的各级教育虽保留了形式,但具体教学内容、主导思想已有所不同。过去那种具有很强凝聚力的城邦被一种松散的组织形式所替代,培养忠诚、勇敢的军人和善于参与社会生活的公民不再是教育的目的,教育的目的趋向于通过学习为个人获取社会地位和生存基本。传统的和谐教育被化解为单纯的智育,智育的地位得到加强,体操学校和弦琴学校为文法学校取代,古希腊独具特色的军事体育教育机构"埃弗比",由训练军事人员、培养忠于祖国的公民,转变为少数富有的年轻人学习上流社会"文雅知识"的学院和学习体育与人文知识的场所,已由单纯的军事体育训练而改为一种军事与学园教学相结合的教育。过去"埃弗比"的训练只限于本国公民,而且是强制性的,希腊化时期的外国青年也到雅典受此教育,强制也改为自愿。

(二)希腊式学校的移植

随着亚历山大的东征,古希腊文化向各地传播的速度加快了。古希腊那种重理性、强调和谐发展的教育受到人们的欢迎。希腊式的学校在各地普遍建立,希腊化国家普遍设立了相当于小学的教育机构,希腊语成为两河流域的学术语言,文法、修辞学、逻辑成为学校的主要教学内容,希腊教师受到人们的尊重,古希腊式的学校被广泛移植到希腊化世界。

(三) 新式教育机构的出现

继柏拉图、亚里士多德的学园后,希腊化时期出现了新型的教育机构,其中最有影响的就是伊壁鸠鲁学园和斯多葛学园。

伊壁鸠鲁(Epicuros,公元前341~前270)是希腊化时期杰出的哲学家,其哲学思想属希腊晚期的道德哲学,快乐主义伦理学是他研究的中心问题,其理论基础是唯物主义的原子论和感觉主义学说。伊壁鸠鲁认为,快乐是人生的目的,是衡量善恶的标准,快乐的人就是有德行的人。公元前306年,伊壁鸠鲁在雅典建立了一所哲学学校,即"伊壁鸠鲁学园"。学园的宗旨就是使人快乐,招生不分男女和出身贵贱,师生关系融洽,生活俭朴,教学内容是哲学。

斯多葛学园是古希腊哲学家塞浦路斯的芝诺(Zenon kitieus,公元前336~前264)于公元前300年创立的一所学校。芝诺哲学思想的核心是伦理学,主张宿命论和禁欲主义,认为人是宇宙的一部分,人应同世界相一致,只能服从世界理性和秩序,人的德行应摒弃一切享受、爱好和兴趣。他的学校建在一个画廊中,故名"斯多葛"(意为画廊),以传播哲学思想为主。

与此同时,希腊还有其他一些学校,其中比较著名的有古典时代伊索克拉底(Isocratēs,公元前436~前338)于公元前392年在雅典开办的修辞学校。该校教学切合实际,培养出不少社会活动家,名声大噪,地中海沿岸各地区青年都慕名而来求学。学校主要是培养雄辩家,以修辞学为主要学习科目。公元前200年,柏拉图开办的学园、亚里士多德开办的吕克昂、伊苏克拉底开办的修辞学校、伊壁鸠鲁学园和斯多葛学园合并而成为"雅典大学"。该校以传播和教授古希腊文化为中心,注重开展科学研究,长期居于学术文化中心的地位。

(四) 文化教育中心的转移

希腊化时期的文化教育中心由雅典转移到亚历山大里亚城。亚历山大里亚位于埃及尼罗河入海口,是托勒密王国的一个重镇,也是当时地中海地区最大的城市,汇集了各地的学者。公元前3世纪中叶,亚历山大里亚建成了著名的博物馆,实际上该馆是一座规模宏大的学术殿堂。它汇集了希腊化世界许多杰出的科学家和思想家,建立了具备教育功能的植物园、动物园、实验室、天文观测等设施。许多青年从各地来此求学,食宿在博物馆,实际上博物馆成为一所具有高等教育性质的学校。博物馆有四个部:文学部、数学部、天文部和医学部,相当于高等教育机构的分科教学。师资皆为某门学科的专家,教学采用讲座形式,内容涉及语言学、修辞学、哲学、文学、数学、天文学、医学。亚历山大里亚对希腊化时期科学文化的发展起了重要作用,保存和发展了古希腊灿烂的文化。

第四节 古代希腊的教育思想

古代希腊的丰富教育实践加上希腊(特别是雅典)整个社会生活的沸腾和希腊人崇尚理性、爱智、爱美、爱和谐的思想,为古希腊丰富多彩的教育思想提供了肥沃的土壤。不过,那时还没有出现系统论述教育问题的专著,一些思想家的教育观点只是散见于他们的哲学、社会政治、历史学、文学以及传记之中。然而,正是这些古代的教育思想成为古希腊灿烂文化中重要的一页,也是西方教育理论发展的渊源。

一、智者派与教育

智者派是公元前5世纪到公元前4世纪在古希腊出现的一批哲学家的总称。希波战争后,以雅典为首的希腊联盟取得了决定性胜利。从此,希腊半岛的经济、文化呈现出十分繁荣的局面。新的社会变革和经济生活以及雅典人的对外扩张和殖民地贸易,导致商业奴隶主阶层主导社会风尚。雅典的每一个公民都可以参政、议政、发表演讲、诉讼、进行合乎逻辑和言词优美的辩论。在这种情况下,青年们以雄辩训练为手段,借以作为参与社会政治生活的途径和方式。智者的出现恰好满足了这种需要。

(一) 智者派

在古代希腊,智者(Sophists)通常是指那些有智慧、有能力、有较强的理性思维能力和受人尊重的人。从普罗塔哥拉开始,人们把那些以教学为职业、传授雄辩术和哲学、收取学费的人称之为智者。因此,智者是西方最早的职业教师。智者派并不是一个统一的哲学学派,但绝大多数人拥护民主政治,主张思想解放。在哲学上,他们大都持相对主义与怀疑主义思想。

(二) 智者派的教学

智者派的教学活动影响到古希腊文化教育的发展,丰富了教育实践和教育思想,有一定的贡献。

第一,他们开创了以教学为职业的先例。智者招收门徒讲学,并收取学费,旨在培养具有雄辩能力和参与城邦事务能力的人才。

第二,创立了"三艺"。智者们传授的知识十分广泛,但最多的还是和演讲、辩论有关的文法、修辞、辩证法。智者们认为学习文法是为了能够流利地演讲,不出现语法和文字上的错误;学习修辞是为了使自己的语言更加华丽,具有感染力;学习辩证法是为了揭露对方论点中的矛盾之处。他们创立的"三艺",后来支配欧洲教育内容达1500年之久。此外,他们还传授政治、法律、哲学、天文、地理等知识。

第三,丰富了教育实践活动,开始应用规范的教学方法。智者派重视练习和讨论,一般让青年练习演讲,同学生一起讨论问题,并通过问答的方式传授知识。智者们精于思辨,经常让对方落入左右为难的困境,他们还善用譬喻,使问题生动有趣,使听者印象深刻。但有些则玩弄概念游戏,耍诡辩,故有"诡辩派"之称,受到其他一些思想家的批评。

第四,赋予知识应有的价值。智者派抛弃了永恒不变真理的束缚,反对将知识归结为抽象的概念,强调知识的实际运用价值,不仅为更多人提供了教育机会,还促使了知识的下移。

第五,智者派的教学活动促使其他哲学家或思想家从事教育活动。此后,许多思想家创立了自己的专门教育场所。

(三)智者派的代表人物

智者派的主要代表人物是普罗塔哥拉和高尔吉亚。普罗塔哥拉(Protagoras,公元前481~前411)是智者派的创始人,雅典著名的教师。"人是万物的尺度"是他的最重要、最有名的命题。他认为,教学的目的是为使学生成为良好的公民,从而使其成功地从事私人和公共事务。他采用的教学方法分为5个步骤:(1)演示,由教师按照规范进行演讲,提供模仿的范例;(2)讲解,介绍著名的演讲和辩论案例;(3)研修,学习文法、修辞学、辩证法;(4)练习,由教师指导学生练习演讲;(5)公开演讲,由学生进行正式演讲。高尔吉亚(Gorgias,公元前483~前375)是古希腊最有名的修辞学家,他对修辞学的完善作出了突出的贡献。

二、苏格拉底的教育哲学思想

苏格拉底(Socratēs,公元前469~前399),古希腊哲学家和思想家,出生于雅典一个手工业者的家庭,父亲是雕刻匠,母亲是助产士,其成长过程恰处于雅典的繁荣时期。少年时代的苏格拉底对学习《荷马史诗》具有浓厚的兴趣,青年时代开始喜欢哲学和与人探讨社会问题。从30岁起,他开始致力于公共教育工作,授徒讲学。苏格拉底的教学没有特定的对象,没有固定的场所,也没有贵贱之分,他曾说:"我愿意同样回答富人和穷人提出的问题,任何人只要愿意听我谈话和回答我的问题,我都乐于奉陪。"[1]苏格拉底和学生讨论最多的是有关哲学、道德、社会、伦理和治国之术的问题,他希望年青一代接受良好的教育,成为有德行、有知识、有智慧的人。公元前399年,"雅典人误解了苏格拉底的神圣声音"[2],视其为雅典民主政治的威胁,指控他腐蚀青年、崇拜新神和不敬城邦诸神,并判处死刑。

苏格拉底一生没有著作,更没有专门的教育论著,他的思想表现在与他人的对话中。其教育思想主要来源于柏拉图的早期哲学对话和历史学家色诺芬(Xenophon,公元前

---

[1] 〔古希腊〕柏拉图著,余灵灵、罗林平译:《苏格拉底的最后日子——柏拉图对话集》,三联书店1988年版,第67页。

[2] 〔美〕霍普·梅著,瞿旭彤译:《苏格拉底》,中华书局2002年版,第17页。

431～前352）的《回忆录》等著作中。

（一）哲学观

苏格拉底的哲学思想被称为"目的论哲学"。古希腊早期的哲学为自然哲学,以自然为研究对象,重在说明世界是由什么构成的。而苏格拉底认为,哲学应当研究如何解释为什么生成某种东西。他指出,世界之所以如此的原因,是因为其中有一种支配的力量,它使万物成为如此,并且是最好的。苏格拉底实现了古希腊哲学的转向,提出哲学应该研究人事,而不是探究万物的本源。他认为,神依据"善"的原则安排一切,"善"也成为一切事物所追求的目标,一切事物皆有追求"善"的完满性原则。因此,那种选择人所根本不能解决的问题来探讨的做法是愚蠢之举。哲学应该研究人本身,研究那些使人接近于"善"的基本要求,诸如虔敬、正义、勇敢、坚韧、理性等品质,特别是当社会剧烈动荡而导致"善"被遮蔽时,人们更加有责任来探究真正的"善"。

（二）教育观

1. 教育的意义:对善的追求

苏格拉底相信,人之所以为人是因为具有理性和灵魂,具备追求善的能力。人能够认识到自己的本质在于"善",并致力于灵魂的净化,从而接近"善",就达到了"认识你自己",即承认自己的无知,从而放弃原有的感性东西,去发现理性的善。教育的作用就在于帮助人们自省,培养善的观念,成为正义社会中的公民。所以,教育"对于人类有最大好处"[①]。

真正的善具有普遍性,但是人的天赋是有差异的,教育则能够使人不断认识自己,得到改进。因此,苏格拉底反复强调:"无论是天资比较聪明的人还是天资比较鲁钝的人"都应该受教育,而且越是天赋较好的人越需要受教育,因为只有通过教育,才能使其摒弃经验性的感性知识,成为认识真理、具备美德、趋于善的人。在苏格拉底看来,"任何人间所称之为美德的东西",都可以"通过学习和实践来增进的","只有愚人才会自以为不用学习就能分辨什么是有益的和什么是有害的。……也只有呆子才会认为,尽管自己一无所知,但由于有财富就会被认为是个有才德的人,或者尽管没有才德,却会受到人们的尊敬"[②]。

2. 教育目的:培养政治家

在西方教育史上,苏格拉底最早提出了专家治国论。苏格拉底寄希望于通过追求善来寻求事物的本质。他反对智者派那种具有相对主义和经验主义的所谓智慧,不愿意被别人称为是最有智慧的人,而自认为是智慧的爱好者和追求者。他推崇那种具有普遍性和原则性的根本知识,只有真正达到和掌握这种知识的人才可以说是有智慧的人,才能称之为哲学家,才能治理好国家。

苏格拉底对当时雅典社会政治制度的衰落极为不满,抨击了独裁政体的专制和奴隶

[①] 〔古希腊〕色诺芬著,吴永泉译:《回忆苏格拉底》,商务印书馆1986年版,第193页。
[②] 〔古希腊〕色诺芬著,吴永泉译:《回忆苏格拉底》,商务印书馆1986年版,第139页。

主民主制度的随意性,认为"统治者并不是那些拥有大权、持王笏的人和王位的人,也不是那些由群众选举出来的人,……而是那些懂得怎样统治的人"①。他将政治看做是一门并非人人都可以掌握的专业技能,城邦的统治权必须掌握在那些具备专业政治知识且享有美德的人手中,而不是分散在没有政治知识的普通公民手中。

政治家需要天赋,更需要教育和训练。苏格拉底主张通过教育培养治国之才,告诫青年一代只有刻苦学习,获得广博的知识,形成美德,才能成为治理国家的人才。教育就是要培养具有高尚品德和治国安邦之才的人,这是教育的最终目的。苏格拉底的这种思想成为柏拉图培养哲学家教育目的的思想渊源。

3. 道德教育:美德即知识

苏格拉底的教育哲学是伦理哲学。他主张教育的首要任务就是教人怎样做人,具体来说就是形成美德。

苏格拉底认为,人的一切知识、智慧或美德存在于人的内心深处,都是善的属性,相互之间具有内在联系性。一个人只有确切地知道什么是善才会去行善,人之行为的善恶主要取决于是否具有相关的知识。故此,"美德即知识"。在他看来,"美德"(arête,希腊文)既包括各种优秀的品质,又蕴含着人在社会中实现自我的真正潜能。具有美德的人能以适当的方式实现自我价值,圆满地胜任社会所赋予的优秀角色,正如优秀的工匠体现在能制作良好的工具、优秀的教师体现在善于教诲青年一样。据此,苏格拉底明确指出:"知识即美德,无知即罪恶。"而知识就是智慧,知识即美德也意味着智慧即美德。

从美德与知识相统一的观点出发,苏格拉底提出了"德行可教"的主张。他论证了美德皆源于知识的共同性,认为美德具有共同的、客观的、绝对的价值标准,它出自于人所共有的理性本质,但美德的形成却有赖于后天的教育和训练。美德即知识,知识是可教的,美德亦可教。因此,通过传授知识和发展智慧,就可以培养有道德的人;知识教育是道德教育的主要途径。苏格拉底所构建和倡导的道德教育哲学的出发点和宗旨就在于,通过知识教育和道德训练来恢复人性之中的善,从而使雅典城邦的社会生活建立在严谨的理性价值基础之上。

所以,苏格拉底一直致力于公共教育事业,其本意就在于以伦理或道德原则来改造雅典人的思维方式和精神生活,教育人们"努力成为有德行的人"②。他的道德教育标准是使人达到正义(正义就是守法)、勇敢(一种融合了大无畏精神、知识和智慧的品质)和节制(一切美德的基础)。

"美德即知识"是苏格拉底伦理和教育哲学最重要的命题,也可以说是苏格拉底道德教育思想的核心。其意义在于肯定了理性知识在道德教育中的决定性作用,更加充分说明了教育的作用和影响。

---

① 〔古希腊〕色诺芬著,吴永泉译:《回忆苏格拉底》,商务印书馆1986年版,第118页。
② 〔古希腊〕色诺芬著,吴永泉译:《回忆苏格拉底》,商务印书馆1986年版,第69页。

（三）苏格拉底法

苏格拉底认为，知识的获得并不依赖于经验，而主要是通过概念的分析、澄清那些关于人自身和社会已有的模糊概念（如正义、勇敢和节制等）来获得的。为了追求真正的善，形成美德，苏格拉底强调通过省察的方式获取知识、美德或智慧。他随处与人谈论道德和社会问题，形成了一种对话式的教学方法，即"苏格拉底法"。

"苏格拉底法"是一种在教师与学生共同讨论的过程中，教师并不直接说明概念或知识，而是通过问答或辩论揭露对方认识中的矛盾，逐步引导学生最后得出正确结论的方法。这种方法分为四个步骤：第一步为讽刺，即通过问答从对方观点中引出矛盾，迫使其否定曾经肯定过的结论。苏格拉底认为这是使人获取知识的前提，因为除非一个人"自知其无知"，否则他将坚持已有的错误概念。第二步为产婆术，即在否定已有观点的基础上，引导学生独立思考，形成新概念。苏格拉底承认自己是无知的，因而也是智慧的，因为那些自以为自己知道的人，实际上什么也不知。他说自己可以帮助别人获得知识，正如作为助产士的母亲一样，所不同的是母亲是生命的接生者，自己是智慧或知识的接生者。"产婆术"由此得名。第三步为归纳，即通过讽刺否定个别、偶然和错误的概念，通过产婆术寻求正确的概念，达到从个别到一般。第四步为定义，即对发现的正确概念进行表述。

在《回忆苏格拉底》中，色诺芬记述了苏格拉底与学生讨论有关"正义"和"非正义"的对话，呈现了这种方法。苏格拉底要求学生列出两行，正义归于一行，非正义归于另一行：

苏格拉底问："虚伪"归于哪一行？学生答：归于非正义的一行。

苏格拉底问：偷盗、欺骗、奴役等应归于哪一行？学生答：归于非正义的一行。

苏格拉底反问：如果在战争中一名将军惩罚了敌人，奴役了敌人，偷走了敌人的财物，或作战时欺骗了敌人，这些行为是否是非正义的呢？学生答：这些行为如果针对朋友就是非正义的。

苏格拉底又问：如果在战争中将军为了鼓舞士气，欺骗士兵说援军快到了，提高了士气；一位父亲以欺骗的手段哄自己的孩子吃药，使自己的孩子恢复了健康；一位公民因怕朋友自杀，而偷去了朋友的佩剑。他们的行为又归于哪一行呢？学生答：这些行为都是正义的。

苏格拉底问：你刚才不是认为对朋友而言这些行为都是非正义的吗？学生答：我收回自己原来的主张。

可见，苏格拉底法作为一种教师和学生共同讨论、共同寻求正确答案的方法，有助于激发和推动学生思考问题的积极性和主动性，目的是帮助对方揭露矛盾，认识到自己的错误，通过不断地认识矛盾去寻求普遍的真理。可以说，这种方法是西方近代启发式教学的萌芽。

苏格拉底的教育观虽然没有形成系统的教育理论体系，但已经涉及古代教育思想中一些带有普遍性的理论问题，并直接影响到柏拉图和亚里士多德，对西方近现代教育产生了一定的影响。

三、柏拉图的教育哲学思想

柏拉图(Platon,公元前427~前347),古希腊思想家、哲学家和教育家,出身于奴隶主贵族家庭,青少年时代接受过良好的教育,喜爱文学创作和诗歌。公元前407年,20岁的柏拉图成为苏格拉底的学生,从此开始专门钻研哲学。公元前399年,由于苏格拉底之死,柏拉图被迫逃离雅典,经历了12年的游历生活,相继到过埃及、麦加拉、西西里岛和南意大利等地。正是这次游历客观上帮助柏拉图考察了各种政治体制、法律、社会结构,研究了各种哲学流派、天文学、数学和音乐,并在此基础上形成了自己的哲学思想。

公元前387年,柏拉图回到雅典,并于第二年在以希腊传奇英雄阿卡德米(Academus)命名的体育场附近创办了学园,该学园成为西方最早具有高等教育性质的学校。柏拉图和弟子在此以讲演、对话、诘问的形式开展教学活动,采用理性思辨的方式研究哲学。柏拉图去世以后,该学园延续了900余年,直到529年被罗马皇帝查士丁尼下令封闭为止。柏拉图的思想以对话体裁保存下来,共40余篇,其中《理想国》(Republic)集中体现了柏拉图的教育哲学思想,被视为西方三大教育名著之一(其余两部为卢梭的《爱弥尔》、杜威的《民主主义与教育》)。

(一)论教育目的

柏拉图提出了理念论,认为理念是先于个别事物存在的精神实体,是万物的本源,理念世界是现实世界的原型。如果要获取理念的知识必须具备良好的理智能力和经过专门的训练,而只有那些用理智来洞见理念且具德行的人才能引导人们到达理想的境界。柏拉图的理念是一种抽象的、永恒的、不朽的精神世界,而现实世界是具体的、变化的、暂时的。对理念的认识不能由感觉而只能由理性去把握,只有哲学家才具有智慧的美德,所以,也只有哲学家才能认识理念。

柏拉图分析了当时希腊存在过的政治体制,认为各有弊端。他提出建立一种理想国家的设想,由哲学家担任统治者的理想国家,即哲学家政体。这种理想的国家由三个不同的阶层组成:统治者、保卫者和劳动者。这三个阶层具有轮回不灭的灵魂,包括理智、情感和欲望三部分。统治者以理智部分为主,具有统帅情感和欲望的功能,特点是"爱智爱美",享有智慧的美德;保卫者以情感部分为主,表现为争强好胜和忠诚,具有勇敢的美德;劳动者以欲望部分为主,表现为随心所欲,具有节制的美德。灵魂的三个组成部分和谐相处,各自发挥自己的作用,理智起领导作用。

正因为如此,柏拉图强调对社会各阶层,特别是国家统治者的培养和教育,指出只有哲学家才最适合作为国家的最高统治者,这样理想国才能实现,教育的目的应该是通过培养哲学家来实现理想的社会,这就是教育的最终目的。

(二)论教育的作用

柏拉图从其哲学观和国家理论出发,认为理想国的实现主要依赖于教育的实施。原因在于,只有理念世界是真实的,认识和把握理念世界的过程实质上是回忆的过程,学习即回忆,回忆的过程就是启发教育的过程。教育成了实现理想国的工具。

教育还是改造人性的手段。柏拉图继承了苏格拉底"美德即知识"的观点,相信美德可以通过某种方式习得。教育可以使人变得具有德行,去追求正义的行为,获得幸福。同时,理念是抽象和难以理解的,但理念是人们追求的理想,对理性的真、善、美的渴望是人的本性的彰显。只有通过教育才能使人具有理性和产生对善的追求,认识理念世界。

有鉴于此,柏拉图主张教育应由国家掌管,所有公民的子女无一例外地都要接受教育,国家应设立统一的学校教育制度,学校按照一定的教育组织形式和规定的教育内容实施教育。可见,柏拉图的这种观点是斯巴达和雅典教育经验的总结,吸取了希腊教育实践的做法。

(三) 论教育过程和学校教育制度

在柏拉图看来,理想国必须有哲学家负责管理和统治,其他各阶层则各司其职、各尽所能。只有通过建立一个理想的教育体系,才能实现这种理想。

1. 早期教育阶段

柏拉图重视早期教育,提出儿童的教育与国家的兴旺有很大关系,应由国家设立专门的教育机构。儿童从出生到3岁的教育,在最优秀的男女公民的监督下,由经过挑选的女仆负责实施。3岁到6岁的儿童都要送到附设在神庙的儿童游戏场,他们的教育是在国家委派的女公民的监督下进行。柏拉图认为,早期教育的主要内容是讲故事、做游戏和唱歌等活动。他非常重视游戏在教育中的作用,赋予游戏以政治意义;认为故事的内容对儿童的道德影响很大,要精心选择那些能够使儿童养成勇敢、坚毅、乐观等优良品德的故事。柏拉图还重视这个阶段儿童的游戏活动。

2. 情感教育阶段

柏拉图认为,从7岁到16岁的教育属于情感教育阶段,主要任务是使灵魂的低级部分(欲望)得以发展,从而形成节制的美德。学习年限为10年,设立文法学校、弦琴学校和体操学校。这个阶段的教育带有强迫性,无论家境、社会地位和性别差异,所有青少年均须入学。学习内容主要包括读、写、算、音乐和体育。柏拉图十分重视音乐和体育的作用,认为它们是专门为情感教育服务的,强调"用体操来训练身体,用音乐来陶冶心灵"①。柏拉图所说的音乐包含唱歌、弹奏、诗歌、神话等,这样的音乐教育是至高无上的,可以深入人的心灵深处,抒发真、善、美的情感,养成美德。柏拉图所说的体育内容十分广泛,主要包括体操、骑马、射箭、标枪、角力等。他还要求尽可能把音乐和体育配合起来,使身体运动和音乐的律动有共同的节奏。

3. 意志教育阶段

柏拉图将18~20岁的教育视为意志教育阶段,目的是培养理想国的保卫者,形成勇敢的美德。这个阶段的教育只有奴隶主子弟才能享受,国家设置高一级的教育机构——"埃弗比",青年人在此主要接受军事训练和体育锻炼以及学习作为一个军人所必备的算

---

① 〔古希腊〕柏拉图著,郭斌和、张竹明译:《理想国》,商务印书馆1986年版,第70页。

术、几何、天文和音乐(即"四艺")等科学知识。

4. 智慧教育阶段

20～30岁的教育属于智慧教育阶段。20岁以后,绝大多数贵族青年结束其教育,去担负保卫国家的重任,少数表现出抽象思维能力的贵族青年则继续接受高级教育。这个阶段的教育目标是造就一批哲学家和国家所需要的管理人员,形成理性的美德。因此,学习的主要科目是哲学,以便于灵魂更接近于善。学生仍然继续学习算术、几何、天文和音乐,但学习目的与前一阶段已有所不同:学习算术是为了唤起思维的能力,从而接近于神;学习几何是为了引导心灵接近真理,激发哲学情感;学习天文是为了使人思考宇宙的无限;学习音乐是为了探求美和善的根源。柏拉图肯定"四艺"在训练思维、发展理性、丰富想象力和培养记忆力等方面具有重要作用。

5. 哲学王教育阶段

到30岁时,经过再次的挑选,绝大多数青年人开始从事哲学研究工作或成为国家的官吏,极少数天赋独特、聪慧而好学的最优秀者继续研究哲学,直到35岁,成为国家的重要官吏。他们继续在社会实践中学习管理、政治知识和军事技能,经过15年的经验积累和实际锻炼,到50岁时,已经获得了对善的理念,具有绝对的能力和美德,可以被授予统治国家和社会的权力,成为国家的最高统治者——哲学王。

柏拉图实际上把学校教育体系当做是社会层界划分的工具。经过不同学校教育阶段的选拔和淘汰,从各级学校中产生了理想国所需要的三个阶层。教育的功能在于详细区分不同种类的人,并将其设置在相应的社会结构中,从事最适合自己本性的工作,并充分发挥他们的社会功能与相互和谐,达到国家所需要的正义。

柏拉图的教育思想以理念论哲学为基础,吸收了斯巴达和雅典的教育经验,与古希腊的社会现实紧密相关,蕴含了丰富的理性主义精神与和谐发展教育理念。他本人是西方教育史上最早建立较为完整教育理论体系的教育家,其教育思想的形成标志着古代希腊教育思想已经开始初步系统化和理论化。

四、亚里士多德的教育哲学思想

亚里士多德(Aristotelēs,公元前384～前322),古希腊哲学家、思想家和教育家,出生于希腊北部马其顿的爱奥尼亚城,其父是马其顿国王的御医。亚里士多德在17岁时,来到雅典进入阿卡德米学园,成为柏拉图的学生,在那里学习哲学长达20年。亚里士多德在学习柏拉图思想的同时,逐渐形成了自己独特的哲学思想,并最终成为希腊著名的哲学家。柏拉图逝世以后,亚里士多德游学各方,曾受马其顿国王之邀担任王子亚历山大的教师,向其灌输了尊重理性和政治家治国的理念。公元前335年,亚里士多德回到雅典,创办了吕克昂学园,校内设有一个图书馆和一个自然博物馆,开设的课程有哲学、历史、自然科学、修辞学、文学和诗学。该校持续了860年。

亚里士多德著作丰厚,内容广泛,在中世纪末被整理成册,成为欧洲大学和教育中心的收藏和必读书目。他的教育思想主要散见于《伦理学》、《政治学》和《论灵魂》等著作中。

(一) 实体论哲学和灵魂论

亚里士多德认为柏拉图的理念论不能说明事物的存在和变化运动,实体才是世界的本源,理念不是事物的摹本,相反事物是理念的摹本。他指出,任何事物都是形式和质料的统一。"质料"是构成事物的最初本源,是事物形成的原因,说明事物是由什么构成的;"形式"是事物的本质,说明事物为什么这样构成。世界上没有无质料的形式,也没有无形式的质料,质料与形式是潜能与现实的关系。质料具有发展的可能性,是消极、被动的,属于尚未实现的现实;形式就是现实,是积极、能动的,属于已经实现了的潜能。事物的发展就是从可能性向现实性的转化。

根据质料与形式学说,亚里士多德指出人是由躯体(质料)和灵魂(形式)构成的。人的灵魂具有高低等级差异,分为三类:(1) 植物灵魂,表现形式为营养与繁殖;(2) 动物灵魂,表现形式为感觉和欲望;(3) 理性灵魂,表现形式为理智和沉思。理性灵魂是最高级的部分,属于人类的灵魂形式,其作用在于理性和思维能力。理性灵魂生活在沉思之中,即一种纯理论和思辨活动,它是一切美德中最美好的活动。亚里士多德灵魂论在教育理论上的意义是肯定人具有理性,教育可以培养人的理性。他强调理性活动就是善的行为,是人的最大幸福和最高目标,因此,教育的目的就是发展人的理性。

(二) 教育与政治的关系

亚里士多德十分重视教育在国家政治中的作用。他明确指出教育对于巩固奴隶主民主政治的作用,认为在一个全体公民参政的城邦中,公民的品德和基本素质直接决定着城邦的社会安定和兴衰存亡。所有公民唯有顺达理性、德才俱佳,才能保证城邦的幸福。正因为如此,城邦的统治者应该把教育青年一代作为首要的政事,教育理应成为城邦的公共事务和职责,并由城邦负责办理教育事业,建立统一的学校教育制度,绝不能让私人管理学校教育工作,使教学游离于城邦的控制之外。

亚里士多德还提出,教育应成为城邦推行法律的工具和手段。他认为,国家的法律是根据人的理性来制定的,法律是奴隶主民主体制下城邦管理的基本手段,各项法律的内容必须使全体公民理解,才能形成遵纪守法、服从法律的社会风尚。这就需要教育发挥其弘扬理性的作用,按照政治体制的宗旨和精神实施公民教育。同时,他又提出"教育应当由法律规定",由城邦把教育归入法律的轨道,并要求所有公民以及儿童和妇女必须接受教育。

(三) 和谐教育

亚里士多德的和谐教育思想建立在他的形式与质料学说和灵魂论之上。他认为,躯体和灵魂是人的两个不可分割的构成部分,躯体属于质料,灵魂属于形式,两者和谐统一。人具有自然所赋予的发展的可能性,这种可能性的实现有赖于教育。灵魂中的三个部分所包含的质料和形式也各不相同,越高级的灵魂部分质料越少、形式越多,越低级的灵魂部分质料越多、形式越少,各自表现形式所呈现的时间不尽相同。首先是植物灵魂的发展,表现为儿童身体的发育;其次是动物灵魂的发展,表现为本能和情感的出现;最后是理性灵魂的发展,表现为理智、理解力和判断力的产生。因此,人的教育应先由身体开始,继而激发情感,最后获得理性。亚里士多德认为,这正是自然所赋予人的本性,教育要顺应人的自然发展顺序,实施多方面的教育。

1. 体育

亚里士多德提出,与人的自然发展顺序相适应的教育分别是体育、德育、智育和美育。体育的目的在于使身体得到发展,增强体质。亚里士多德认为,在儿童的教育中,"必须首先训练其身体"①。在他看来,体育训练的目标在于使人健康有力和勇敢,养成体育竞赛的习惯,从而能够参加各种体育竞技活动。亚里士多德又指出,体育训练不仅要促进人的身体发展,而且要促进人的理智、道德水准的全面提高,引导灵魂接近理性世界。所以,绝不能像斯巴达人那样,使人变得"凶猛"、"残忍"。因此,他要求对于学生的体育训练一定要适度,否则会损害儿童的体格并妨碍他们的自然生长。

2. 德育

亚里士多德把德育看成是实施情感教育的途径。他提出,道德教育有三个来源:自然、习惯和理性,其中以理性为指导。但是仅由理性指出什么是美德显然不够,还必须通过善良行为的练习,养成道德行为习惯。在他看来,理性和习惯是人们具有"善"的根基。因此,"在教育儿童时,我们当然应该先把功夫用在他们的习惯方面"②。道德教育的目的在于通过实际活动和反复练习,逐渐养成"中庸"、"公正"、"节制"和"勇敢"的美德。

3. 智育

在智育方面,亚里士多德强调感知和直观在人的认识中的作用。他认为,对事物的了解首先要从感觉开始,但同时人只有掌握理性的知识,才能对事物产生深刻的见解,进而把握事物的本质。他把当时的教学内容分为实用学科和自由学科,实用学科是为职业做准备的,具有实用性,是不高尚的,而自由学科是专供闲暇和精神享受所用的,诸如阅读、书写、音乐和哲学,是高尚的。其中哲学是一门探究理性世界至善的自由学科,属于发展人的理性的最崇高学科。以自由学科为基本内容的教学就是自由教育。这种自由教育是唯一适合具有理性之人的教育,目的在于促进人的各种高级能力和理性的发展。

4. 美育

亚里士多德将美育作为和谐教育的重要内容,尤其是音乐教育对理性的培养和发展作用。他所说的音乐不仅包括唱歌、弹奏,还包括文学作品、诗歌朗诵和欣赏。在他看来,美育的任务是培养审美能力、审美的创造能力和享受闲暇时间。音乐属于自由而文雅的学科,它不仅是实施美育的最有效的手段,而且还担负着智育的部分职能,又是实施道德教育不可缺少的内容。他认为,音乐是形成人的性格的一种重要的力量,它不但适宜于在少年时期学习,而且在各个年龄阶段都需要学习。幼年阶段学习音乐方面的知识,就可以

---

① 〔古希腊〕亚里士多德著,吴寿彭译:《政治学》,商务印书馆1983年版,第413页。
② 〔古希腊〕亚里士多德著,吴寿彭译:《政治学》,商务印书馆1983年版,第413页。

鉴别音乐的美,并从中感到乐趣;少年时期学习音乐,有助于体格的锻炼,有助于学业成就的获得;青年时期学习音乐,是为了欣赏高尚的曲调和旋律。可见,亚里士多德把美育看做是陶冶心智、培育理性的教育。

(四) 自然教育与年龄分期

亚里士多德是西方教育史上最早提出教育要顺应人本身自然发展原则的人。他以灵魂论为依据,分析了人的发展与教育的关系,总结了青年一代的身心发展规律,提出教育要根据儿童的自然发展顺序来确定教育年龄的分期,学校和教师要根据儿童的年龄特征进行教育。

据此,亚里士多德提出了按年龄划分受教育阶段的设想。他将一个人从出生到21岁的生活、学习和训练分为三个时期:

第一个时期:幼儿教育阶段,从出生到7岁。亚里士多德认为,这个时期以身体发展为主,实施家庭教育。其中从出生到5岁的幼儿阶段以身体发育为主,父母要保证给与幼儿良好的营养和适当的锻炼,通过游戏开展活动,但不能进行课业学习,以免产生消极影响。5~7岁的儿童教育阶段以培养良好的习惯为主,通过游戏和讲故事进行身体活动。

第二个时期:青少年教育阶段,从7岁到14岁。亚里士多德主张,这个时期以情感道德教育为主,实施学校教育,目的在于为将来的理性生活和享受闲暇做准备。教育内容涵盖体、德、智、美育等多种学科。

第三个时期:青年教育阶段,从14岁到21岁。亚里士多德提出这个时期以理性教育为主,重点培养理智,实施学校教育。由于亚里士多德关于本时期教育的论述已失传,人们只能从吕克昂学园的课程加以推断。学习内容以哲学为主,配合以算术、几何、天文、音乐理论、文法、修辞、伦理学等。亚里士多德认为,这些学科既能体现以理智教育为主的特点,又能进行哲理的探索,进而发展理性灵魂,以实现教育的最高目标。

亚里士多德的教育思想标志着西方教育思想发展到一个新阶段,直接影响到中世纪和文艺复兴教育的发展,后世许多西方教育理论和思潮都可以在亚里士多德的教育思想中找到源头。

结　语:古希腊教育开创了西方教育的先河,成为西方教育最重要的渊源之一。古希腊教育崇尚和谐发展的理念,提出"文雅教育"(自由教育),奠定了以启发人的理智、非以专门职业养成为教育目的的理性教育基础;积极推进以培养城邦公民为目标的综合教育;重视以学生年龄划分教育的阶段与内容,设立了相对固定的学习科目;强调实践能力、哲学思辨,加强社会政治生活所需的逻辑与辩论能力的教育;以道德教育为基础,力图形成具有普遍性的社会美德和人性品格。古希腊教育对西方近现代教育具有深远和直接的影响。

以苏格拉底、柏拉图和亚里士多德为代表人物的古代希腊教育思想,是在古希腊教育实践基础上形成和发展起来的,是古希腊文明的积极成果。古希腊教育思想的主要特点是:第一,教育思想的人本化。古代希腊教育思想的人本化表现为教育的出发点是为了人的发展,教育事业是由人所构成的国家与社会的主要责任,并以完善人的本性和实现人的价值为最终目的。第二,教育思想的理性化。古代希腊教育思想强调心灵的训练和智慧的启发。苏格拉底、柏拉图和亚里士多德都反复提到理性教育的重要性,认为人的本性发展依靠理性教育,发展人的理性成为教育的根本所在。他们都把人看做具有理性的动物,从而使人和动物具有根本区别,赋予人以本质特点——理性。教育就是要把人培养成高尚、富有理性的人。第三,教育思想的哲学化。古代希腊教育思想都是从哲学命题中阐发出教育观,教育思想建立在哲学思想基础之上,从哲学思考中引发出最本质的教育问题,形成了西方最早的教育哲学理论。可以说,古代希腊教育思想实质上就是教育哲学思想。第四,教育思想的实践性。古代希腊教育思想的实践性一方面表现在教育思想来源于希腊社会生活、教育实践和现实存在的教育制度,是教育实践活动的总结和社会文化精神生活的提炼;另一方面表现在教育思想试图为国家政治和解决社会现实问题服务,并把教育作为改造社会的手段。

【讨论与思考】

1. 智者派对古希腊教育的贡献表现在哪些方面?
2. 试比较斯巴达与雅典教育的异同。
3. 分析古希腊培养哲学家的教育目标。
4. 讨论古希腊教育思想的特点。
5. 浅析希腊化时期教育变化的原委与影响。
6. 比较古希腊教育与古代东方国家教育的文化差异。

【扩展阅读书目】

1. 〔英〕博伊德、金合著,任宝祥、吴元训主译:《西方教育史》,人民教育出版社1985年版。
2. 赵祥麟主编:《外国教育家评传》(第1卷),上海教育出版社2003年版。
3. 单中惠主编:《西方教育思想史》,教育科学出版社2007年版。
4. 〔英〕罗素著,何兆武、李约瑟译:《西方哲学史》,商务印书馆2003年版。
5. 〔古希腊〕柏拉图著,郭斌和、张竹明译:《理想国》,商务印书馆1986年版。
6. 黄颂杰、章雪富著:《古希腊哲学》,人民出版社2009年版。
7. 〔美〕罗纳德·格罗斯著,徐弢、李思凡译:《苏格拉底之道》,北京大学出版社2005年版。
8. 〔法〕布兰著,杨国政译:《柏拉图及其学园》,商务印书馆1999年版。
9. 〔古希腊〕亚里士多德著,吴寿彭译:《灵魂论及其他》,商务印书馆1999年版。

第四章 古代罗马教育

【内容提要】

古代罗马继承和发展了古希腊的教育。共和早期的古代罗马教育以家庭教育为主,共和后期的教育逐渐形成了从初等学校、文法学校到修辞学校的学校教育体系,帝国时期国家加强了对教育的控制。基督教产生以后,教会学校成为早期基督教教育的主要场所,世俗教育受到排斥。古代罗马教育理论集中体现在西塞罗和昆体良培养演说家的教育思想上。

【学习目标】

本章重点掌握古代罗马共和时期的学校教育类型,帝国时期教育政策的转变以及基督教对罗马帝国后期教育的影响,分析昆体良教学思想与古代罗马社会政治发展的关系。

【核心术语】

拉丁文法学校;修辞学校;雄辩家;演说术;《雄辩术原理》;基督教

古代罗马的教育是古希腊教育的继续和发展。在西方教育史上,古代罗马的教育同样占有重要的历史地位。恩格斯说:"……没有奴隶制,就没有罗马帝国。没有希腊文化和罗马帝国所奠定的基础,也就没有现代的欧洲。"[①]古罗马人对古希腊的文化教育进行了吸收和消化,同时也根据本民族特有的情况,进行了一些重要的修改与补充。古希腊的文化教育主要是通过罗马人的改装而影响到后世的欧洲。同时,罗马统治者在其日益扩大的帝国版图内,大力推行希腊式的文化教育。

古罗马通常指从公元前8世纪初至公元5世纪以意大利半岛为中心兴起的文明。从公元前8世纪开始,罗马人已确立了对意大利的统治权。后经几百年的征战成为地跨欧、亚、非三洲的大帝国。公元476年,西罗马帝国灭亡,标志着西欧奴隶社会的终结,封建社会的开始。古罗马的历史分为三个时期:公元前8世纪至公元前6世纪的王政时期,属于原始社会向奴隶社会过渡的时期,缺乏史料的记载;公元前6世纪至公元前1世纪的共和时期;公元前1世纪至公元476年的帝国时期。

---

① 中共中央马克思恩格斯列宁斯大林著作编译局:《马克思恩格斯选集》(第3卷),人民出版社1972年版,第220页。

第一节 共和时期的教育

公元前6世纪,罗马人推翻了君主专政,选出了2名执政官,建立了共和政体。从公元前6世纪到公元前3世纪属于共和早期,共和制由2名选举出来的执政官行使最高行政权力,元老院掌握国家实权;同时设立平民所选的"保民官",负责保护平民的权力。从公元前3世纪开始,古代罗马进入共和后期,此时奴隶制已完全确立,政治军事的独裁导致复杂的社会斗争,罗马的版图有所扩展,手工业、商业发达起来。文化教育也相应发生了新的变化。

一、家庭教育

共和早期的教育形式主要是家庭教育。古罗马人的家庭在生活中占据重要地位,也是教育的基本单位。从氏族社会承袭下来的家长制,使父亲在家庭中占有绝对的地位,子女完全由家长控制。一般来讲,7岁以前的儿童由母亲负责抚养与教育。7岁以后,男童由父亲负责教育,通过观察、实际操作来学习各种知识。学习的内容以道德教育为主,包括讲求德行、提倡孝道、热爱祖国、尊重传统、遵守法纪,形成勇敢、节俭、诚实的品质。这一时期,唯一的教材便是"十二铜表法"。罗马人认为,这对于训练一个遵纪守法的人来说,是绝对必须的。此外,罗马人也很重视体育技能的训练,如骑马、角力、投枪和游泳。与古希腊体育由体操学校承担不同,罗马体育主要由家庭负责。

在共和早期,古代罗马教育的目的是培养既能从事生产活动,又能为国征战的公民。这样的公民既包括具有勤劳、节俭、朴实和严谨品质的农夫,也包括具备骑马、角力、游泳等技能和会使用各种武器的军人。这种教育以家庭教育为主,主要在实践中进行,包含道德教育、敬畏法律的教育和军事技能的教育。

二、学校教育

古罗马的学校教育在公元前3世纪以前就已经存在了。但是,那时只有少数初等学校作为家庭教育的补充。直到共和后期,学校教育才广泛地发展起来。

公元前3世纪,罗马兼并了希腊大多数城邦,控制了意大利半岛上的许多希腊殖民城市,公元前146年占领希腊本土,大批希腊人流散到罗马,希腊的文化也被带到了罗马,并为罗马人所接受。于是,希腊的大批修辞学家、哲学家和教师来到罗马,以从事教学活动作为谋生之道。罗马的贵族也多以学习希腊文化为荣。这主要是因为古希腊文化毕竟是当时西方世界的最高水准,大多数罗马人都认为希腊文化超出了自己创造的文明,应尽量掌握先进的东西。希腊语又是当时所谓"文明世界"的通用语,罗马统治者需要用希腊文化来武装自己,与敌手抗衡,统治被征服的地区。同时,古罗马与古希腊一样都是奴隶主共和政体,作为上层建筑的文化领域,希腊文化同样适应罗马政治、经济发展的需要。但是,罗马人还需要保持和发展本民族的特征,拉丁语仍是官方语言,拉丁文化的崛起又为学校教育增加了新的内涵。可见,罗马学校并不是希腊学校的简单重复。这样,以思辨哲学为核心、推崇文雅教育的希腊文化教育与强调实效、注重培养实干人才的罗马文化教育相融合,形成了古罗马的学校教育体系。

(一) 初等学校

初等学校是为7~12岁的儿童开设的教育机构,学习内容是读、写、算和"十二铜表法"。初等学校是私立的、收费的,国家不加管理,校舍简陋。教师的地位低下,收入微薄,往往由一些沦为奴隶的希腊人或自由民充当。学生几乎全部来自平民家庭,贵族子弟不屑于上这种学校。奴隶主通常是聘请家庭教师另行教授其子弟学习初步的文化知识。

(二) 文法学校

奴隶主子弟到13岁时进入更高一级的文法学校。最初,文法学校完全由希腊人创办,称希腊文法学校,用希腊语教学,教学内容是希腊语和希腊文学。到共和末期,随着罗马拉丁文学的发展,在一些著名政治家、思想家的呼吁下,以传授拉丁文学为主的拉丁文法学校也出现了。学生可以同时学习希腊文和拉丁文,兼上两种学校,除学习希腊文化和拉丁文化外,还学习地理、历史、数学和自然科学。学习方法主要是讲解、听写和背诵。文法学校的教师地位较高,有丰厚的经济收入,受到广泛尊重。

(三) 修辞学校

共和后期,罗马国内各种政治势力矛盾加剧,演说和争论成为有效的政治工具和实力,演讲术或雄辩术成为迈入上层社会的阶梯和上流社会有教养的标志。社会生活和政治斗争的剧变,致使文法学校已经不能满足罗马人的实际需要,于是又仿照希腊后期哲学家的做法开办了一种更高级的学校——修辞学校。修辞学校招收16~20岁的贵族子弟,专门培养以演说见长的社会活动人士或政治家为主。修辞学校同样包括希腊语修辞学校和拉丁语修辞学校。前者以讲授希腊作品、文化、语言为主,后者以传播拉丁语作品、拉丁语为先,共同开设的课程有文法、修辞学、历史、哲学、法律、数学、天文、几何和音乐。

第二节 帝国时期的教育

罗马帝国的建立是历史的必然。当罗马已成为地跨欧、亚、非三洲的大帝国时,奴隶主共和制已不能适应变化了的政治经济的需要,共和制危机四伏,社会生活矛盾交织、错综复杂,各种对立和冲突已演化到难以调和的地步。罗马统治者从稳定自身专制根基、维护根本利益出发,抛开共和外衣,实施直接的帝制统治。公元前30年,屋大维独揽大权,建立了罗马帝国。帝国早期曾出现了长达200年的"罗马和平"时期,经济繁荣,政局稳定。帝国后期爆发了全面危机,于公元395年分裂为西罗马帝国和东罗马帝国。公元476年西罗马帝国灭亡,西欧开始进入封建社会。

在罗马帝国时期,古代罗马教育也得到了长足的发展,发生了巨大变迁,具有鲜明的时代和历史特点。

一、教育管理的集权

由于社会政治结构的变革,影响到罗马教育目的的改变。共和时期的教育目的是培养参与社会政治生活的演说家或雄辩家,即政治家;帝国时期的教育目的为适应政治体制的需要,以培养安分守己、遵纪守法的顺民和效忠帝国、精明强干的官吏为目的。

为了巩固帝国统治,罗马帝国逐渐开始控制教育事业。公元425年,帝国皇帝颁布敕令,确定了开办学校的权力归政府所有,任何私人办学的企图都被认为是叛国罪,私立学校改为国立。为了培养未来的统治者和管理者,罗马帝国还设立了宫廷学校,聘请著名学者执教。帝国还不断提供资金修建图书馆、博物馆等文化设施。同时,对各级各类学校提出办学要求,建立严格的监督制度。

二、教师的筛选与任用

罗马帝国加强了对教师的控制,力图使教师成为国家统治的工具。为此,帝国废除了自共和以来教师职业的自由选择权,由国家来委任教师。公元1世纪,罗马皇帝维斯佩申(Vespasianus,9~79)开始向教授拉丁语和希腊语的修辞学教师、文法学教师发放薪水,并设立这两种学科的讲座。公元333年,罗马皇帝君士坦丁一世(Constantinus Ⅰ,280~337)下令由帝国直接任免教师,在大学设立专门的教授职位。这样,教师就完全由统治者根据自己的需要来挑选。公元4世纪,帝国皇帝又颁布法令,对高等学校教师和医生豁免一切赋税、一切公民义务,免除其被传讯、起诉和审判。

三、学校教育的沿袭与蜕变

在初等教育方面,帝国初等学校仍以平民子女为主要对象,教育内容还是读、写、算和道德教育。但学校的教学重点已经由希腊文化或拉丁文学的学习转移到文法分析上。教师要求学生把文法的定义和规则抄录下来,并加以记诵。

在中等教育方面,文法学校的拉丁文法与罗马文学的教学逐渐压倒了希腊文法与希腊文学。罗马帝国一分为二后,西罗马帝国文法学校中的希腊文法与希腊文学教学几乎绝迹。从公元3世纪开始,文法学校的教学逐渐趋向形式主义。教学与实际脱节,主要集中于文法与文学,实用学科减少。文学教学也日趋注意形式,忽视内容本身。这种形式主义的教学法对文艺复兴以后欧美中等教育影响很大。

在高等教育方面,由于专制独裁制度不允许政治繁荣和自由演说,教育目标从培养演说家变为培养官吏。虽然文法、修辞教育的传统仍然保留了下来,但学习内容已越来越脱离实际,一步步地走向形式主义:教师与学生致力于文字上的咬文嚼字,辞藻上的争奇斗巧。教材基本上是西塞罗的演讲录和维吉尔(Publius Vergilius Maro,公元前70～前19)的诗歌。教学与生活脱离,实用性学科减少,重在文法和文学的学习。而学习文学已不是为了激励人心和文学欣赏,只是为了形式、辞令。雄辩才能被唯命是从所替代,雄辩术的教学内容空泛,一味追求丰富的词汇和华丽的形式。

四、专门学校的设立

帝国时期出现了一些传授专门知识的学校。首先是法律学校。古罗马重视法律,国家有完善的法律制度,统治者重视法律的政治作用。青年人经常参与社会的司法活动,与有经验的律师一起工作。这样,法律学校就出现了。东罗马帝国皇帝查士丁尼下令设立三所公立的法律学校,修业年限五年,学习法理概论、法律学说、法典和罗马法。其次是医学学校。在帝国时期,正规的医学学校建立在城市。一般由著名的医生担任教师,传授医学。学校鼓励学生进行医学实习,阅读医学方面的著作。最后是哲学学校。哲学丰富了罗马人的内涵,开阔了视野,提高了理解力,吸引了大批青年人探究古代哲学思想。一些哲学家为谋生而设立了学校,主要传授古希腊各种哲学流派的学说。

第三节 早期基督教教育

在帝国后期,基督教的出现改变了古代罗马的运行轨迹,也为西方教育的发展留下了深刻的历史烙印。基督教作为世俗文化和教育的对立面而出现,并逐渐由弱小变为强大,以至于产生了基督教文化教育系统,最后在罗马帝国的很大范围内取代了罗马的世俗文化和教育。

一、基督教的产生与传播

基督教产生于公元1世纪中叶。这时罗马帝国正处在强盛时期,被奴役、被压迫、被征服的各族人民,在强大的帝国政权下几乎不可能做出有效的反抗,便到宗教中去寻找精神上的安慰。基督教最早出现在罗马统治下巴勒斯坦地区的犹太下层人民中,早期的先知宣扬"救世主"将降临人间,为人们解救灾难,提倡在上帝面前人人平等,认为人人都有罪,上帝救人人。这种宣扬虽然完全是一种虚构,是当时人民群众没有力量解放自己的意识形态的表现,但因它曲折地反映了阶级斗争的尖锐性,表达了劳苦的下层群众渴求解脱苦难的愿望,因此,基督教产生后很快就传遍罗马帝国全境。

最初,罗马帝国统治者残酷迫害早期的基督教徒,但阻止不了基督教的传播。从公元2世纪后半期起,基督教教义逐渐宣扬逆来顺受,爱一切人;宣扬君主是神的代表,基督教徒要像敬畏上帝一样尊敬君主。这一切迎合了当时统治阶级的需要,于是,基督教便逐渐变成了罗马帝国统治者对人民进行精神统治的工具。到公元4世纪时,基督教不仅拥有众多教徒,而且到处设立教会,城市的中层有产者和一些王公贵族也加入教会,并逐渐成为领导人。公元313年,罗马皇帝君士坦丁一世颁布了"米兰敕令",宣布教徒信仰自由,承认了基督教的合法地位。公元392年,罗马帝国皇帝狄奥多西(Theodosius I,347~395)正式把基督教定为罗马国教。从此以后,基督教成为西方社会发展中一个重要的影响因素,也使西方教育具有新的特征。

二、早期基督教的学校教育

在学校教育方面,早期基督教主要采取了以下两项措施。

(一) 建立教会学校

基督教最早建立的学校是教义问答学校,分初级教义问答学校和高级教义问答学校。

初级教义问答学校最初依托宗教活动场所以教化成人为主,对入教者进行有关教义和教规的训练,后来逐渐扩大为一种教育机构,开始以儿童为主,教授教义知识、宗教道德、音乐等,一般都附设在教堂中。

高级教义问答学校是为培养教会的神职人员而设,主要学习较为高级的教义和其他一些课程。公元2~3世纪,埃及的亚历山大里亚和巴勒斯坦的恺撒尼亚高级教义学校,由于早期基督教著名神学家兼哲学家奥里根(Origenes,185~254)的教学与研究活动而声名远扬。这种学校通常由基督教早期神学家讲授基督教神学以及高深的教义,由助手讲授一般基础科目。学生除了研修教义之外,还要学习和研究希腊、罗马文化。高级教义问答学校为当时的教会培养出一批捍卫基督教教义的传教士和神学家,有力地推动了基督教的传播与发展。

(二) 排斥世俗教育

基督教为了扩大其影响,同世俗文化教育进行了残酷斗争,其锋芒所向是希腊罗马的文化。最初基督教完全否定古代希腊罗马文化,后来,为了更好地同异教斗争,开始利用希腊罗马文化,将其教育乃至学术思想加以改造,使其符合教会需要,最终使希腊罗马教育与基督教融合。基督教学校把学习希腊罗马文化作为手段,以便更好地学习教义。罗马帝国后期,基督教的兴起以及对教育的影响,为中世纪宗教垄断教育打下了基础。

第四节 古罗马的教育思想

古代罗马教育思想是西方古代教育思想发展过程中的一个重要阶段,也是古希腊罗马教育思想中不可分割的组成部分。古代罗马教育思想是在继承古希腊教育思想的基础上,结合本民族文化传统以及社会生活和政治的实际需要,由古希腊教育思想和古罗马教育理论融合而成。其主要代表人物是古代罗马教育家西塞罗和昆体良。

一、西塞罗的教育思想

西塞罗(Marcus Tullius Cicero,公元前106～前43),古代罗马共和时期的政治家、哲学家和教育家,出生于骑士家庭,从小受到良好的教育,曾就读于修辞学校和希腊晚期斯多葛学派哲学家所开办的哲学学校。凭借卓越的雄辩能力和渊博的知识,西塞罗先从事律师工作,后步入政坛,于公元前64年被选为罗马执政官。他曾创立了古典拉丁语文体,繁荣了古罗马文学,成为著名的拉丁文学作家。西塞罗是共和政体的积极支持者和捍卫者,并因此遭到罗马共和后期的"后三巨头"清洗,被捕杀。

西塞罗的哲学观属于折衷主义,他继承了毕达哥拉斯学派、柏拉图学派和斯多葛学派的观点,并把它们混合在一起。他在伦理学上坚持禁欲主义和宿命论,反对伊壁鸠鲁学派的快乐主义。他的教育思想集中体现在《论雄辩家》(公元前55年)一书中。

(一)论教育的目的和价值

古代罗马的传统教育一直是以培养农民和军人为目的,以后又转向以培养雄辩家为目的。西塞罗认为,这种教育目的的改变反映了社会需要对人才的要求,是教育价值的真正体现。他主张教育的价值在于实用。在他看来,学生学习的目的,不仅仅是为了提高智力,而更重要的是为了把自己学到的东西有效地应用到公共和私人生活中去,为社会和个人服务。

西塞罗认为,教育的根本目的在于培养政治家,而只有优秀的雄辩家才能成为真正的政治家,所以教育的直接目的就是培养雄辩家。因为在罗马的社会生活中,演讲术或雄辩术已成为古罗马现实生活中必不可少的一种准备,无论是从事社会政治活动,还是在法庭上辩论,都需要公民掌握一定的演讲或雄辩技能。而作为一名出色的政治家,这种知识就更显得重要。在西塞罗看来,只有优秀的雄辩家才能成为出色的政治家。因此,他十分强调罗马青年人学习演说术或雄辩术,指出雄辩术这门学问的"报偿是极高的,它是通向知名、财富和声誉的大道"①。

(二) 论雄辩家的素质

什么是雄辩家？西塞罗指出，一名优秀的雄辩家必须能够就辩论的任何问题，以规定的模式、优美而有感染力的语言，自然大方、姿态严谨，得体而审慎地演说。能够就任何问题进行得体的演说或雄辩就是雄辩家最本质的特点。

所以，西塞罗认为，要成为一名成功的雄辩家，必须具有以下素质：

首先，具有良好的自然天赋。西塞罗认为，作为一个雄辩家必须具有天赋的能力，然后才能顺其自然，加以专门的培养。例如，反应迅速、记忆力强、口才敏捷、声调清脆、体态匀称等，均不是后天训练产生的。但西塞罗又认为这些与生俱来的"良好的能力通过教育可以变得更好"②。

其次，具有一定的哲学素养和广博的知识。西塞罗认为，雄辩家为了正确地处理诉讼案件，以及在公共场合、法庭、元老院等地方阐述自己的见解，必须具有广博的知识。他强调说："谁如果没有获得一切重要学科和艺术的知识，谁就不能成为完备地具有一切优点的雄辩家。"③因为只有拥有广博的知识，雄辩家才能做出正确的选择，并引导别人做出明智的判断。为此，西塞罗建议实施通才教育，教育内容除雄辩术之外，还应包括自由学科，即文法、修辞、算术、几何、天文、音乐以及诸如政治、社会经济体制、法律、军事和哲学等重要学科，其中伦理学是哲学的核心。

再次，具有良好的语言修养。西塞罗认为，真正的演说家或雄辩家不仅要掌握广泛的社会、人文和自然知识，而且在语言方面要有特殊的修养。恰当的遣词造句、精心的内容构思、华丽的优美语言、深入人心的感染力，决定了演说水平的高低。西塞罗认为，语言修养的标准是：(1) 表达准确；(2) 通俗易懂；(3) 优美生动；(4) 紧扣主题。

最后，具有优雅的举止和风度。西塞罗认为，演说时的身体姿态、手势、眼神、面部表情、抑扬顿挫的语调都会对演说或雄辩产生巨大的作用。

(三) 论培养雄辩家的方法

西塞罗认为，培养雄辩家的方法主要有三种：第一，通过广泛阅读获得广博的知识。所以，他建议教师应该让学生阅读大量文学作品，同时培养学生的记忆力，训练过目不忘的能力。第二，通过长期练习写作。合乎拉丁文法规范的写作可以提高思维的敏锐性、判断力和表达能力。第三，通过实际锻炼。西塞罗认为，获取雄辩知识、提高雄辩技巧的最佳课堂便是法庭的实际观摩。因为在他看来，法庭是演说术理论和实际互相兼顾的理想

---

① 〔古罗马〕西塞罗著，任钟印译：《论雄辩家》，引自昆体良著，任钟印译：《昆体良教育论著选》，人民教育出版社2001年版，第192页。

② 〔古罗马〕西塞罗著，任钟印译：《论雄辩家》，引自昆体良著，任钟印译：《昆体良教育论著选》，人民教育出版社2001年版，第221页。

③ 〔古罗马〕西塞罗著，任钟印译：《论雄辩家》，引自昆体良著，任钟印译：《昆体良教育论著选》，人民教育出版社2001年版，第194页。

场所,是学生学习体会的最佳途径。经验是最好的教师,实践是最理想的方式。

西塞罗的教育思想反映了古代罗马社会变革和教育价值观的转向,他所创立的拉丁文体和拉丁文学成为当时学校教育的重要内容和楷模,启迪了文艺复兴时期人文主义教育家。

二、昆体良的教育思想

昆体良(Marcus Fabius Quintilianus,35~95),古代罗马帝国时期的著名教育家,古罗马教育思想的集大成者,出生于西班牙,少年时代来到罗马,在文法学校中学习雄辩术和修辞学。公元70年,古罗马帝国设立了由国库支付薪金的国立修辞学校,昆体良被委任为拉丁修辞学校的公职教师,并在这所学校主持校务长达20年。公元90年左右,昆体良开始撰写《雄辩术原理》,他只用了2年时间就完成了这部12卷的传世之作,并于公元96年出版。《雄辩术原理》(Institutio Oratoria)是西方教育史上第一本专门研究教学理论的著作。昆体良在书中全面总结了古希腊罗马的教育思想和教育实践方面的成功经验,并系统地阐述了自己独特的教学思想体系。

(一) 论教育的目的和作用

昆体良认为,教育的基本目的在于培养具有良好修养的雄辩家。他指出,一名优秀的雄辩家为了在法庭上替"正义"辩护并指导人们趋善避恶,首先应具有崇高的品德,"一个没有良好德行的人就不可能是一个真正的雄辩家"[①]。在昆体良看来,作为一名雄辩家应德才兼备,但在一定条件下,具有高尚的德行比具有出色的雄辩才能更为重要。这是因为,雄辩术是一门高尚的学问,它的作用就是弘扬正义和道德,指导人们分清善恶,它是雄辩家捍卫真理的武器,而不是庇护邪恶的工具。其次,雄辩家应具有渊博的知识和实践经验。昆体良强调,雄辩家必须具有广博的知识,只有以完备的知识为基础,才能使演讲或雄辩更加具有哲理、权威性和正确性。他又指出,一位名副其实的雄辩家,不仅仅是口才出众的演讲者,而且是一位对人情世故及人间事务有一定洞察能力的政治家,是一名具有领导才能的杰出公民,经过这种雄辩家的规划可以治理国家,经过他的立法可以奠定国家的基础,经过他的判决可以洗涤社会罪恶。

昆体良十分重视教育的作用。他认为,培养人需要天赋和教育的结合,人的天赋是教育的基础,天赋的发展又依赖于教育。昆体良持有健康的儿童发展观,深信儿童具有广泛发展的可能性,认为儿童一般都生而具备智力活动的理解能力,天生愚鲁而不可教的人肯定很少。大多数儿童都可以接受教育,许多有培养前途的儿童最终却默默无闻的事实也说明:他们缺少的不是天赋能力,而是培养。昆体良坚信,教育的作用是以人的天赋为基础的,天赋的发展又必须通过教育来实现,教育具有更重要的意义。正如他所说的那样:

[①] 〔古罗马〕昆体良著,任钟印译:《昆体良教育论著选》,人民教育出版社2001年版,第19~20页。

"自然(天性)是学习的原材料……没有原材料,人工无所用,即使没有人工,原材料仍有自身的价值,但人工的成就较之自然(天性)的成就效果更大。"①

(二) 论雄辩家的教育过程

关于雄辩家的培养过程,昆体良提出一整套对后世颇有影响的培养方案。具体分为四个阶段:

第一阶段:家庭教育

昆体良非常重视早期教育。他认为,凡是儿童需要学习的东西,要尽可能早一点教给他们;人类学习的基础是记忆,幼儿期的记忆最牢固,并且可以在德行和知识方面为雄辩家的培养打下初步基础。他又认为家庭教育的环境对儿童有重要影响。这些影响来自保姆、教仆、家庭教师、父母和同伴。保姆与儿童相处的时间最长,要挑选品质优良、身体健康、语言清晰、受过教育的人充任保姆;教仆伴随儿童的日常生活和学习,负责监督防范儿童周围不良影响的侵入;同伴要言行端正,避免不良行为对儿童心灵的影响;父母和教师是儿童的保护者和教育者,必须接受过完善的教育,具备渊博的知识和高尚的品德。

第二阶段:初级学校

家庭教育是古代罗马的传统,贵族往往为孩子聘请家庭教师。但有人因此反对学校教育,理由是各种各样的学生混杂在一起,会产生不良影响。对此,昆体良坚决反对,提出学校教育比家庭教育优越的观点,高度评价学校教育的价值。他认为,学校教育对学生和教师都具有激励作用;学校教育可以培养学生的健康心态,避免家庭教育带来的冷淡、自夸和羞怯的习性;学校教育可以使学生有竞争的、互相观摩学习的机会,因此,从学校培养出来的学生一般都能很快地胜任雄辩家的角色,在公众面前发表演讲;学校教育培养的学生具有良好的个性品质,不会在陌生人面前表现出胆怯、手足无措和局促不安;学校教育可以培养学生之间的友谊。

昆体良将初级学校看做是启蒙教育,主要传授读、写、算、音乐和诗歌。他认为,初级学校教育必须遵循儿童的年龄特征,研究儿童的天赋、倾向、才能,根据其倾向和才能进行教育和教学,只有教育适应天性才能更好地发挥其作用。

第三阶段:文法学校

文法学校是为培养雄辩家打基础的。昆体良认为,学生在初级学校学会阅读和写字之后,就应该进入文法学校,主要学习文法、修辞、音乐、几何、天文、希腊语、拉丁语、伦理学、物理学等学科。他特别强调文法的学习,认为学习文法"不仅有助于使孩子的智力变得敏锐,而且也为运用最渊博的知识和学问开辟了前景","在各种学问之中,只有这门学问有用甚于炫耀","如果不通过文法的学习为未来的雄辩家打下牢固的基础,你筑起的任何上层建筑都会倒塌"②。

第四阶段:修辞学校

---

① 吴式颖、任钟印主编:《外国教育思想通史》(第2卷),湖南教育出版社2002年版,第397页。
② [古罗马]昆体良著,任钟印译:《昆体良教育论著选》,人民教育出版社2001年版,第30页。

修辞学校是培养雄辩家最关键的专业教育阶段。昆体良认为，儿童只有经过初等学校、中等中学和修辞学校三个阶段的学习以后，才能成为一名雄辩家。初等学校和中等学校都是为未来雄辩家打基础的阶段，而修辞学校则是最后产生雄辩家的阶段。修辞学校以教授雄辩术为主，同时兼施与雄辩术有关的高深课程，如逻辑学、伦理学、物理学等。此外，学生还必须学习诗歌、历史、散文等课程以及演讲的各种技巧。

（三）论教学

昆体良教育思想中最重要和最有价值的内容就是教学理论。他在总结自己长期教学工作经验和古罗马学校教育实践的基础上，提出了一系列独到的见解。

第一，昆体良提出了分班教学和课程交替进行的设想。在古代西方教育史上，各级学校均采用的是个别教学。昆体良认为，教师可以将同样的内容同时教给学生，可以把学生分成班级，一次教很多学生，节省时间和精力，学生还可以共同学习，互为榜样，相互促进和鼓励。教学的内容可采取交替传授的方式，多科并进，使学生不至于因长时间学习单一课程而产生厌烦，应使他们的心智处于勤奋活跃的状态。

第二，昆体良提出了一些具有普遍意义的教学原则。

昆体良倡导因材施教。他深信，每一个儿童都具有才能上的个别差异。在教学过程中，教师要"善于精细地观察学生能力的差异，弄清每个学生的天性的特殊倾向"[①]；教师在识辨了学生的能力和个性以后，就必须因材施教。他主张按照每一个学生的具体情况安排课程。对于智力较弱的学生，在教学的进度和内容方面可以适当迁就一些；但对于天赋素质较好的学生则要尽力培养，使之成为真正的雄辩家。此外，"对不同年龄的学生，纠正错误要用不同的方法。作业的分量和改正错误的标准都应适合学生的智力水平"[②]。

昆体良提出了教学适度的原则。他反复告诫教师，既要避免要求学生做力不能及的事，又不可让学生放弃力所能及的课业。教师传授内容的分量应当与学生的接受能力相适应，以防止学生负担过重造成疲劳。

昆体良反对体罚。他言辞激烈地抨击了当时罗马学校中盛行的体罚，指出体罚是一种残忍的行为，是对人性的一种羞辱，只有对奴隶才使用。他认为，用体罚的方法来迫使学生学习，不但不能调动学生学习的积极性和自觉性，相反却会使学生产生厌学的情绪。如果学生出现不良行为，原因更多在于教育和教学本身的失误。学校和教师应采用竞赛、奖励和赞扬的方法激励学生的进取心和兴趣。

昆体良主张通过促进学生积极思考提高教学效果。他赞成采用让学生独立解决问题的方法，认为让学生思考解决问题的办法可以防止养成依赖别人的不良习惯。因此，教学的任务除了传授知识之外，还要形成独立的判断力、创造性和其他能力。

第三，昆体良提出了一个包括三个递进步骤的教学方法，即模仿、理论、练习。模仿就是学生在教师的指导下进行实际活动；理论就是通过学习理论知识从而指导学生更好地

---

① 〔古罗马〕昆体良著，任钟印译：《昆体良教育论著选》，人民教育出版社2001年版，第87页。
② 〔古罗马〕昆体良著，任钟印译：《昆体良教育论著选》，人民教育出版社2001年版，第75页。

完成学业任务;练习就是按照正确的方法重复,只有经过练习才能掌握牢固的知识。

(四) 论教师

昆体良十分重视教师的作用。他认为,要做好教学工作,教师是至关重要的;教学质量的高低取决于教师。所以,教师必须严格要求自己,合理使用教育方法,并不断提高自己的业务水平。因此,昆体良对教师提出了很高的要求。

第一,教师应德才兼备。教师的崇高品德和优良风格是学生效仿的榜样,教师的道德面貌对学生有着潜移默化的影响,它能有力地防止学生行为放荡,相反,教师行为的失检则对学生有害无益。

第二,教师应具有广博的知识。教师应是公认"有学问的人",不能以自己的无知导致学生的无知。教师必须熟悉所教授的学科内容,最有学问的人所进行的教学,更容易使学生明白和掌握,反之,越是知识缺乏的人,越是教得晦涩难懂。

第三,教师应掌握正确的教学方法。昆体良将教学理解成为一门艺术,教师要懂得教学艺术,善于向学生提问,对不同的学生采用不同的教学方法,会激发学生学习的兴趣和愿望,巧妙地运用表扬和批评。

第四,教师要热爱学生。昆体良提出教师要以父母般的感情对待学生,既要严格要求,又要和蔼可亲;即不纵容学生,也不对学生冷酷无情。否则,冷酷会招致厌恶,纵容会产生轻视。

昆体良的教育思想从文艺复兴时期开始对西方教育思想的发展产生了广泛影响,成为人文主义教育思想的重要来源,为西方近代教育和教学理论的成型与发展奠定了基础。

结　语: 古代罗马的社会生产方式和社会结构对罗马文化教育以及教育思想的发展都产生了深刻的影响。古代罗马教育是在继承和发展古希腊教育的基础上,结合本民族的文化传统以及社会生活的实际需要而形成的。古代罗马教育具有鲜明的罗马民族的特性,那就是与崇尚理性和思辨而著称的希腊教育文化相比,罗马教育更加注重实践和现实生活,承袭了古罗马民族的特质:崇尚实用,敬畏传统,保守持重,追求安定。因此,有史学家将希腊人比喻为热情的青年人,而罗马人是成熟的中年人;前者产生思想家、哲学家,后者养成政治家、法学家;希腊教育的鲜明特征是理性与抽象,罗马教育的主要特点是实用和力行。

与古代希腊相比,罗马人的民族精神中有更为深刻、执著、质朴与务实的内蕴,形成了罗马教育思想的特征。第一,教育思想与教育实践密切相连。在古代罗马的教育思想中,教育家的教育思想是其教育实践经验的总结,注重对具体教育问题的研究,主要探讨实践性较强的领域,诸如教学过程、教学方法、教学组织形式和教师的教学。第二,注重道德教育。在古代罗马的教育家心目中,道德始终占有主要地位。他们认为,道德比知识更重要,道德既是获取知识的目的,又是获取正确知识的重要条件。第三,教育思想更具操作性而少思辨性。古代罗马教育思想更关注教育的具体问题,而对纯粹思辨性的教育问题较少探索。第四,教育思想的继承性和融合性。古代罗马教育思想并不是在原有罗马文化的基础上逐渐积累而成的,它是对古代希腊教育思想的继承和发展。古罗马教育家在广泛吸收古代希腊教育思想的同时,结合本民族文化教育发展的特点,以及社会发展所产生的文化教育需要,对古代希腊教育思想进行了改装和补充,使古代希腊以思辨和理性为特征的教育思想与古代罗马以实用和实践为特征的教育观念相互融合,形成了具有特色的古代罗马教育思想。

【讨论与思考】

1. 为什么说古代罗马教育是古代希腊教育的继续和发展?
2. 试析古罗马帝国时期教育政策的变革。
3. 昆体良教学思想的主要内容有哪些?
4. 试比较古罗马教育思想与古希腊教育思想的异同。

【扩展阅读书目】

1. 〔古罗马〕昆体良著,任钟印译:《昆体良教育论著选》,人民教育出版社2001年版。
2. 〔法〕内罗杜著,张鸿、向征译:《古罗马的儿童》,广西师范大学出版社2005年版。
3. 〔美〕佛罗斯特著,吴元训等译:《西方教育的历史和哲学基础》,华夏出版社1987版。
4. 〔古罗马〕西塞罗著,王焕生译:《论演说家》,中国政法大学出版社2003年版。
5. 姚介厚著:《西方哲学史——古代希腊与罗马哲学》,凤凰出版社2005年版。
6. 〔英〕阿德金斯著,张楠等译:《探寻古罗马文明》,商务印书馆2008年版。
7. 〔英〕爱德华·吉本著,黄宜思、黄雨石译:《罗马帝国衰亡史》,商务印书馆1997年版。

第五章 中世纪教育

【内容提要】

基督教教育是中世纪早期西欧教育的主体,基督教教育通过修道院、主教学校和教区学校传播教义和教化教徒,基督教教育思想是随着自身的不断理论化和系统化而形成的。中世纪的封建世俗教育主要有两种方式:宫廷教育和骑士教育。中世纪大学的产生是中世纪教育最富有历史意义的篇章。拜占庭保存和发展了古典教育。

【学习目标】

本章重点把握西欧中世纪基督教教育之所以成为主流教育的原委以及修道院的教育。宫廷教育和骑士教育对封建世俗教育的意义。掌握中世纪大学产生的背景、概况和特征。

【核心术语】

基督教教育;教会教育;教会学校;修道院;七艺;世俗教育;宫廷教育;骑士教育;"骑士七技";城市学校;行会教育;中世纪大学;"大学之母";经院哲学;拜占庭教育

中世纪教育一般指文艺复兴运动以前的西欧封建社会的教育。西欧各国的封建制度是在罗马帝国奴隶制度解体和新的封建因素产生的基础上,同时又在日耳曼人原始社会解体,向阶级社会过渡的基础上产生的。这两种因素错综复杂的结合,形成了西欧的封建社会。在西罗马帝国的灭亡过程中,日耳曼人开始在西欧大陆建立起一个个大大小小的封建王国,其中以法兰克王国最为强大。封建势力在相互斗争中为取得教会的支持,和基督教教会建立了特殊的关系,教会成了最有势力的封建领主,并且在思想意识领域占绝对权威地位。

第一节 西欧基督教教育

在西欧封建社会的历史发展中,基督教教会成为一种举足轻重的政治力量。西罗马帝国被日耳曼人摧毁后,罗马教会采取现实的方针,承认日耳曼人建立的国家,同时加强传教活动,以图重新巩固教会的地位。另一方面,法兰克王国首领克洛维(Clovis,465~

511)为了巩固政权,统一封建国家,需要教会的支持。于是克洛维下令全体人民皈依罗马教会,主权归于上帝的恩赐,从而使世俗政权神圣化。这样,基督教成为法兰克王国的国教,封建统治的精神支柱。约在公元5世纪中叶,基督教传入不列颠诸岛,在西欧、北非的一些王国中得到了发展。教会占有国家的大量土地,可以向国王、中央机构派遣顾问、行政官员,甚至有权废黜君主。宗教神学成为知识的代表,一切科学都是宗教的奴仆。教会垄断了教育,只有僧侣封建主才能接受良好的教育,教会学校几乎成为本时期唯一的教育机构。教学内容以神学、宗教教义为主,古代的文化被加以曲解以便为宗教服务,僧侣是法定的教育者。

基督教之所以能够成为中世纪封建社会的精神支柱,并形成基督教的教育氛围,主要原因是:第一,罗马帝国的崩溃造成西欧文化思想与精神世界出现空白。连绵不断的战乱导致社会分崩离析,古代希腊和罗马的精神生活荡然无存。第二,作为蛮族的日耳曼人,自身文明进化尚处于野蛮状态,与古希腊罗马文明具有较大差异,相互之间具有不可接受性。第三,早期的基督教具有精神安慰作用,填补了西欧中世纪早期的社会文化和思想空白。

一、基督教的教育形式

基督教从一开始就是传播一种宗教信仰,力图将基督教的教义深入每个教徒的内心。当基督教成为中世纪的主流意识形态时,逐渐形成了相应的社会组织结构,构成了由专门的神职人员组织的教会,产生了专门从事传教工作的教职以及开展宗教活动的仪式、行为规范和教规,这一切均需传授给基督教教徒。基督教教育逐渐取代了有悖于教义的古代希腊、罗马教育,教育被教会垄断,教师由教会委任,教育内容以神学为主,异教学校被取缔,世俗文化教育成为神学的陪衬。

(一)修道院

修道院是基督教最早和最典型的教育机构。修道院早在罗马帝国后期就开始承担教育教徒的职责,进入中世纪后,不仅承担了宗教教育的基本职能,而且成为西欧主要的教育机构。

1. 修道与教育

修道院起源于基督教早期的修道主义。公元3世纪,罗马帝国进入了崩溃阶段,特权阶层穷奢极欲,民不聊生。一些基督教教徒根据宗教教义,认为肉体是灵魂的桎梏,苦修戒斋是克制肉体而解放灵魂的方式与方法。同时,也是为了逃避现实生活的疾苦,以图忘却尘世的纷扰,他们就纷纷到远离人间的深山、荒漠之地去过隐居生活。这些修道者终日祈祷、斋戒、鞭身,有些还拥有了众多的信徒,制定了一套正规的制度,建立起了修道院。随着基督教影响的不断扩大,修道院数量增加,教徒不仅重视自身对上帝的虔诚,还开始注重读经学习,收集经文抄写、诵读。修道院还设有图书馆供教徒研修、著书立说。

到9世纪,几乎所有的修道院都具有教育功能,成为宗教教育的场所。中世纪西方修道院的鼻祖是圣·本尼狄克(Saint Benedict,480~547),他于529年在罗马建立起以自己的名字命名的修道院,并为修道院制定了详细严格的"管理条例"(即"教规"),这一条例成为欧洲许多类似修道院效仿的模式,使修道院成为集修行与教育于一身的宗教教育机构。

2. 神学与"七艺"

修道院分内学和外学:内学专门招收由父母送到修道院、将来准备充当神职人员的儿童,外学则负责教育那些不准备作为专门的神职人员且不以教职为生的人。学生一般10岁入学,学习年限为8~10年,教育目的是培养学生具有神职人员必备的三种品质:服从、贞洁、安贫,学习内容主要是神学和"七艺"。神学为主要学习内容,通行的教材是《教义问答》,还包括基督教的信条、十诫、圣事、祈祷。后来课程更加广泛,也吸收希腊罗马的古典学科,"七艺"被纳入课程范围。

"七艺"全称为"七种自由艺术",是西欧中世纪早期教会学校的七门学科,即文法学、修辞学、辩证法、算术、几何学、天文学和音乐。"七艺"的起源可追溯到古希腊。智者派提出了"三艺",柏拉图提出了"四艺",后传到古罗马并得到进一步的完善和发展。至公元4世纪,"七艺"科目已成为学校的教学内容。公元5~6世纪,"七艺"被基督教加以改造,使其为神学服务。

修道院的教师由神职人员担任,他们通常具有一定的文化素养,宗教情感浓厚,热爱宗教教育事业。教学采用个别教学,使用拉丁语,通常由教师口授,学生记录讲述内容,诵读记忆。学校纪律严格,盛行体罚。

(二) 主教学校

主教学校又称大教堂学校,设立在主教所在地,其组织形式和水平与修道院相似,学校设备较好,学科内容也较完备。主教学校始于英格兰,最早的主教学校为坎特伯雷主教学校。学校以学习拉丁文法为主,由于传教布道需要拉丁语,因而学习拉丁文法便成为进入教会的必经之路。公元8世纪以来,几乎所有的大教堂都办起了文法学校和歌咏学校,这些学校后来都转变为具有初等教育性质和神学性质的教育机构。

(三) 教区学校

教区学校是基督教教会对广大教民和一般世俗群众进行宗教教育的机构。学校通常设在村落的教堂中,规模较小,设备简陋,教师由牧师充任,教学内容为读、写、算和宗教的初步知识。

二、基督教的教育思想

中世纪基督教教育思想的根本特征就是具有浓厚的宗教色彩,同时无论是相对于古希腊罗马时期,还是此后的文艺复兴与宗教改革,都显得贫乏和薄弱。这是由中世纪社会意识形态和文化教育状况所决定的。

（一）奥古斯丁的教育观

奥古斯丁（Aurelius Augustinus,354～430）是基督教早期著名的神学家和哲学家。他出生于北非的阿尔及利亚，384年皈依基督教，396年升任教区主教，专门从事神学和哲学研究，是教父学的主要代表人物，主要著作有《上帝之城》和《忏悔录》等。奥古斯丁虽然是古罗马帝国时期的学者，但其思想却对中世纪基督教教育有着直接和重要影响。

奥古斯丁的基督教教育观主要包含四个方面的内容。首先，他论证了教育的宗教意义。奥古斯丁认为上帝创造万物，代表着至真、至善、至美，具有永恒性。人类认识上帝有两条途径：一是通过上帝所创造的万物来认识，这就需要学习世俗知识；二是通过内省来认识上帝，那就需要通过信仰，知识和理性应该服从信仰。教育的作用就在于帮助人们更好地认识上帝，形成基督徒的品质。

其次，他论证了基督教与教育的关系。奥古斯丁认为，在人的认识中理性高于一切，但理性并不能达到认识真理和上帝的最高目标，只有信仰才能帮助接近上帝，信仰高于理性。教育就是基督教帮助人们信仰上帝的手段和途径，学校是教会实施基督教教育的工具。

再次，他十分重视道德教育。奥古斯丁从基督教的原罪说、赎罪论、禁欲主义、平等说出发，反对世俗的现实生活，主张修行和斋戒，鼓励对学生或儿童实行禁锢（体罚、鞭打），要求养成行善、宽容、慈善、谦逊和顺从的良好品质。

最后，他调和了神学与世俗学科的矛盾。早期基督教完全排斥世俗学科，但奥古斯丁认为在世俗学科中也体现着上帝的存在，可以帮助信仰上帝。可见，奥古斯丁的教育观逐步使中世纪基督教教育理论化，使基督教垄断教育和教会把持学校合理化，也为中世纪基督教教育的蒙昧主义提供了理论依据。

（二）托马斯·阿奎那的教育观

托马斯·阿奎那（Thomas Aquinas,1225～1274）是中世纪著名的哲学家和神学家，经院哲学的集大成者。他5岁开始进修道院学习，1244年师从中世纪著名神学家大阿尔伯特（Albertus Magnus,1200～1280）学习哲学和神学。1245年随师赴巴黎大学，先后获得神学学士、硕士、博士学位，并开始著述。从1255年起，托马斯·阿奎那开始主持巴黎大学的神学讲座，后又担任巴黎大学教务长。1259年起他开始担任教职，为教皇和教会服务，1269年重返巴黎大学执教，还担任了一所修道院的院长。此间，托马斯·阿奎那潜心研究经院哲学，撰写了代表作《神学大全》。

1. 人性论与教育目的

托马斯·阿奎那的教育观建立在他的人性论和认识论基础之上。在人性论上，托马斯·阿奎那认为，人生活在精神世界和物质世界之中，可以认识自然和感性的物质世界，却不能认识超自然和超感性的精神世界，只有通过信仰和神启才能认识上帝的王国，但是，理性与信仰并不矛盾，两者协调一致，信仰高于理性。人之所以为人就在于人是理性的动物，具有社会性和差异性。据此，他认为，教育具有双重作用，既可以发展人的自然本性，维持和延续生命，又可以发展人的精神世界。所以，一方面教育需顺应自然本性，满足人的合理欲望;另一方面教育重在发展人的理性,帮助人们摆脱愚昧和迷茫。教育的目标就在于通过净化人性形成对上帝的虔敬,造就合格的基督教徒;教育的目的就是把人从物质世界引导到精神世界,使身心皈依上帝。同时为了开启人性中善的自然倾向,道德教育必不可少,只有道德教育才能真正实现善的回归,才能造就具有良好品行、高尚情操、虔诚善良的基督徒,才能培养信仰上帝、尊敬父母、服从国家的公民。

2. 认识论与教学目标

在认识论上,托马斯·阿奎那主张人的认识具有二元性,即承认感性认识和理性认识的存在,感性认识为理性认识提供材料,理性认识依赖于感性认识;理性认识可以把握普遍的、必然性的知识,但理性认识之所以能够从个别的、偶然性的知识中抽象出真理,就在于上帝赋予人的灵魂以"理智之光",上帝的启示才是理性认识的真正来源。"神学高于哲学,哲学是神学的奴仆",因为哲学以及其他学科均来自人的理性认识,而神学来自上帝的启示。教学的目的是发展人的理性能力,传授知识只是实现目的的手段。所以,托马斯·阿奎那提倡教师重视学生的心智活动、个体经验和接受能力,调动学生的积极性,了解学生的个性差异。学生应当主动学习、积极思考,从而使理智得到发展。教学内容以神学为主,因为它超越人类理性。

托马斯·阿奎那的观点使基督教接受了古希腊文明中的理性因素,承认了理性的合理性,具有十分重要的积极影响,他所倡导的经院哲学治学方法成为此后中世纪大学普遍应用的教学方法,他的经院哲学体系使得基督教教育理论系统化,也助长了基督教教育的形式主义、怀疑主义和繁琐主义。

(三)基督教的教育理念

在奥古斯丁和托马斯·阿奎那的直接影响下,许多基督教教团开始从事宗教学术活动,兴办教会学校。13世纪西欧有两个著名的基督教教团致力于基督教教育文化工作,它们是圣方济教团和多明我教团。这两个教团不仅修建修道院,从事宗教教育活动,而且组织僧侣研究教义,宣传基督教教育理念。于是,中世纪基督教教育思想的基本框架和核心内容逐渐形成,其基本理念主要表现在世界观、儿童观、知识观和目的观上。

1. 世界观

基督教的世界观集中体现在"上帝创造万物"的结论上。基督教将上帝视为无所不在,无所不能,是世界和万物的本源。这是一个超理性的信仰权威,又是一种极其丰富的道德力量。在基督教看来,人和万物一样皆属上帝所造。人类具有原罪,然而又是上帝最高级、最精巧的创造。人类不同于动物,具有动物所不具备的理解力,能够认识抽象的东西,掌握真正的知识,这就是对上帝的敬畏与信仰。所以,敬畏与信仰上帝被基督教看成是人最基本的特性。

2. 儿童观

在儿童观上,基督教最初对儿童的看法比较宽容,认为儿童可塑性较强,应该从小接受教育,不受邪恶和异教的影响。自从奥古斯丁的"原罪说"被看成是罗马教会的官方学说以后,儿童也成为具有"原罪"的人,要求严格控制儿童的欲望。按照基督教的观点,由于儿童的本性罪恶,要想控制儿童邪恶的本性并使其成为高尚的人就必须惩罚他们的肉体,压制他们的欲望。基于这样的认识,对儿童的约束与惩戒成为中世纪教育的重要特征,戒尺、棍棒是中世纪学校不可缺少的工具。

3. 知识观

在知识观上,基督教最典型的特征就是以神学为最高学问,世俗学问皆为其"婢女"。许多神学家都把宗教信仰看得重于理性,而对希腊人所研究的物理学等自然科学知识不屑一顾,认为世俗学科以追求高级学科为目的,而最高的目的是神学,因而科学要服从神学,神学理论高于其他科学。教育过程就是使人摆脱世俗的困扰,逐渐从世俗王国中挣脱出来的过程,教育的最高目的是使人进入绝对真理的世界,成为具有纯粹信仰的人。

4. 目的观

在目的观上,基督教将使人摆脱世俗的困扰、虔敬上帝,成为具有纯粹信仰的人,作为教育的目的。早期的基督教把教育作为传播教义、争取信徒的重要工具和途径。由于基督教教义将物质世界与精神世界、理性与信仰分离开来、对立起来,把前者看成混沌和虚幻的代表,后者作为高尚与真理的象征。因此,教育就是弘扬信仰、驯服理性,使人追求精神超脱和宗教道德生活方式。

第二节 封建世俗教育与城市教育

西欧中世纪建立的是封建制。世俗封建社会以封建王国为基本形式,国王是最高权力的象征,并通过分封制和采邑制建立了等级制和庄园经济。这是一种自给自足、政治和宗教相对独立、享有一定司法权力的经济形式。封建领主大都以习武作战为主,且依据各自的等级享有不同的权利。封建领主与基督教互有所求、关系密切、相互制衡,王权依赖教会使其合法化和神圣化,教权假借封建势力应对敌手,排除异己。8世纪后,世俗封建制和王权得以巩固,相应的教育形式和机构也开始出现。

一、宫廷教育

宫廷教育指由封建主倡导的、以宫廷为中心的封建贵族世俗教育,又称为"宫廷学校"。在西欧中世纪早期,统治者为了更好地控制国家、加强王权,对教育特别关注。其中对教育发展有较大影响的是法兰克国王查理曼(Charlemagne,742~814)和英国西萨克森王阿尔弗雷德(Alfred the Great,849~899)。

查理曼于公元768年即位,当时西欧正处于文化荒芜、人民愚昧、文盲充斥的黑暗时期。查理曼为培养神职人员和教化统治者内部不学无术的人,培养为封建帝国服务的人才,采取了一些振兴教育的措施。查理曼要求统治集团的成员投入精力和时间来学习当时最先进的文化和知识。他邀请精通"七艺"的文人参加教育工作,四处招募文人学士,并身体力行,亲自求教于学者,要求官吏和教士必须接受较好的教育。查理曼还曾下令在每个修道院以及各主教管区设立学校,使儿童学习识字、阅读。他广招天下有学问的人到法兰克帝国境内办学校。其中最有名的是查理曼于公元782年邀请英国学者阿尔琴(Alcuin,735~804)到皇宫办的宫廷学校。阿尔琴是英国著名的哲学家和思想家,是英国约克主教学校的校长,知识渊博,他携三位教师同他一道办理宫廷学校。宫廷学校学生主要是皇宫成员和高级牧师、学者,查理曼本人亲往听课。学习科目有文法、修辞、辩证法、算术、天文、神学。教学采用问答法。

英国的阿尔弗雷德统治西萨克森时,也采取了振兴教育的措施。他注重学校教育,规定凡是有能力学习的儿童必须入校学习,要求学生具备纯熟的阅读能力。他奖励开办新学校,特别是在宫廷中创立宫廷学校,教育皇家子弟。阿尔弗雷德还组织并亲自参加编译工作,将拉丁语的思想巨著翻译成本民族语。

二、骑士教育

骑士教育是西欧封建社会的一种特殊教育形式,源于西欧封建社会的等级制度。西欧的封建君主将掠夺的土地分封给他的下属功臣,形成了采邑分封制。封建主之间以土地关系为纽带,形成上下尊卑的封建等级,并采用封爵制度使之固定下来。最高一级的封建主是国王,最低一级的便是骑士。以后,随着西欧十字军东征,战争更加频繁,骑士的地位得以提高,最终形成了以封建等级为基础的、以武力维护封建制度的骑士制度。

骑士教育是西欧中世纪早期世俗教育的主要教育形式。它开始于9世纪末,盛行于12世纪。骑士教育的目的在于培养具有军事征战能力、能保卫封建君主、具备骑士品质的武士。骑士教育并无专设的教育机构,也没有专职的教育人员,而是在骑士生活和社交活动中进行的,是一种特殊形式的家庭教育。

骑士教育分为三个阶段:第一阶段为家庭教育阶段。这个阶段的教育由母亲负责在家中对七八岁以前的儿童进行,内容包括对儿童的养护、初步的宗教教育、道德教育。第二阶段为侍童教育阶段(或"礼文教育阶段")。七八岁的儿童被送到比自己家庭高一等级的封建主家中当侍童,接受上流社会礼仪教育和骑士的初步训练。第三阶段为侍从教育阶段。从十四五岁开始,青少年作为封建主的侍从,随主人参加各种活动,照料主人的日常生活,并随主人出征。本阶段主要学习"骑士七技":骑马、游泳、投枪、击剑、打猎、弈棋和吟诗。到21岁时,青年人接受一系列的考验,参加隆重的典礼,被授以骑士称号。可见,骑士教育实质上是以训练保护封建领主世俗利益的武士为目的的一种特殊教育形式。它重视宗教道德品质和军事征战能力的训练,忽视文化知识的传授。14世纪后,骑士教育制度逐渐衰退消失。

封建社会的女子一般在其贵族宫邸中接受教育,目的在于培养贤妻良母,教育内容有家事、礼仪、音乐、舞蹈、读书、识字、祈祷、唱圣歌。中世纪后期，一些名门闺秀到修道院接受宗教教育和学习读写知识。

三、城市学校与行会教育

古希腊罗马时代的西方已有相当繁华的城市。然而，古罗马帝国后期的衰落和社会动荡几乎摧毁了象征古代文明的城市。从十一二世纪开始，由于手工业和商业的发展，西欧城市开始重新形成。这些城市以商品生产和交换活动为主，手工业者和商人共同构成了城市中的市民阶层。作为新型生产关系的代表，市民阶层的精神和物质需要显然有别于封建的帝王和基督教，中世纪的主要教育机构——教会学校和宫廷学校，都不能满足市民阶层的需要，因此，新型的教育形式应运而生。

（一）城市学校

城市学校是11~12世纪兴起的、适合新兴市民阶层需要的世俗性的学校。11世纪后，由于社会分工的扩大和商业的发展，新兴城市大量兴起，许多城市摆脱了封建领主的统治，获得自治权，并逐渐建立起市政管理机关。中世纪的基督教教育和封建领主教育已经不能适应新的经济和政治的需要，新兴市民阶层要求建立新型的、由城市当局管理的城市学校。

城市学校的管理权属于市政当局。城市当局负责学校设施的筹建、教师的选聘、儿童入学资格的审定、学费金额多少的确定。城市学校主要有拉丁文法学校、读写学校、私立学校。市政当局办理的拉丁文法学校教授拉丁文，因为拉丁文在当时有着十分重要的地位，是学术、学校、外交、商业以及科学上的通用文字。另外，拉丁文法学校还学习处理商业事务和商业团体内的行政事务。读写学校是为满足下层市民对一般读写知识和能力的要求而设立的。教学采用本族语，内容包含读、写、算的知识及实用学科，宗教教义也在教学内容之列，但所占分量和影响比在教会学校里要小得多。读写学校起着初等教育的作用。私立学校是由私人为适应城市阶层需要而设立的初等学校，教授读、写、算等基础知识。教师收取学费，学校设备简陋，无固定校舍。城市学校打破了教会对教育的垄断，加速了中世纪教育的发展步伐。到15世纪，西欧各国大城市都建立了城市学校。

（二）行会教育

行会（guild）是西欧中世纪商人和手工业者组成的团体。行会教育主要是通过学徒制来进行的，通常由行会主持，制订师傅和学徒之间的学艺合同，规定行业技术要求和所要达到的标准，学习期限一般为7年，学徒出师后可独立开业。

行会起初资助开办城市学校，使行会成员的子弟得以享受较好的普通教育。后来自行筹款，聘请教师，结合行业的技术特点，建立了带有职业教育性质的学校，即行会学校（又译"基尔特学校"），如英国的出版业行会学校、绸缎商学校，德国的艺徒补习学校，意大利的簿记行会学校。行会学校的兴起，逐渐替代了手工作坊的学徒制。

总而言之，城市学校和行会教育的出现是中世纪教育的一个进步。它改变了由基督教教育一统天下的局面,促进了教育事业的多元发展。到17世纪,城市学校和行会学校逐渐演变成为普通中小学校。

第三节 中世纪大学

中世纪大学的诞生是中世纪教育中最具有教育意义与价值的历史画面。它是当时社会政治、经济和文化发展的产物。

一、中世纪大学产生的背景

公元11~13世纪是西欧中世纪的繁荣时期。社会经济活动较之前丰富和活跃,大量城市涌现,并摆脱了封建领主的统治而成为独立的自治单位,城市世俗文化因而日益发展。东西方文化的交融和经院哲学的研修活动促成了局部的文化繁荣局面。于是,顺应社会政治、经济和文化发展的要求,新型教育机构诞生在当时经济实力强大的意大利、法国和英国。

（一）城市的兴起和新型社会关系的形成

公元10~11世纪,西欧封建制度进入巩固和发展时期,社会趋于稳定,农业生产开始出现缓步上升的趋势,新的耕作法用于生产,劳动工具得以改善,农副业日渐发达。手工业开始从农业中分离出来,手工业者和商业经营者成为新兴阶层。他们聚居一地,从事商品生产和交换,逐渐形成了中世纪的城市。新兴城市成为市民阶层的经济和文化中心,新兴的市民阶层是一个相对比较进步的阶层,他们需要学习世俗文化和实用知识,而原有的教会学校和封建领主教育根本不能满足其需要。中世纪大学就产生于早期的比较发达的城市。

（二）文化发展与经院哲学的盛行

11世纪初,西欧封建主发动了十字军东征,客观上沟通了东西方交流的渠道,把古代东方较发达的文化和自然科学,尤其是阿拉伯文化传到了西方。阿拉伯人的数学、天文学都达到了较高的水平,并且保存了古代希腊文化。这大大扩大了西欧先进阶层的视野。

1. 经院哲学

经院哲学(Scholasticism)的产生对中世纪大学的最终形成具有催化作用。经院哲学产生于8~9世纪,盛行于12~13世纪,其发展经历了漫长而曲折的历程。经院哲学的前身是教父学,早期的教父学把古希腊罗马哲学视为异端,反对任何理性思考,提倡绝对信仰,盲目服从。从公元3世纪起,教父学不再简单地否定古代希腊罗马哲学,而以新柏拉图主义来论证基督教,但这使信仰与理性之间的矛盾愈演愈烈。后来,随着城市的兴起、市民阶层的壮大以及世俗文化的日益增强,教父学已不能维护宗教教义,基督教面临着各方面的挑战。这就需要一种新的、更具说服力的哲学从理论上对宗教教义加以论证,经院哲学应运而生。它的任务就是以理性支持信仰,调和科学与宗教、理性与信仰之间的矛盾,使基督教教义理论化、系统化、专业化、思辨化,最终成为中世纪的官方哲学。

经院哲学的先声是有"中世纪哲学之父"之称的英国哲学家爱留根纳(Johannes Scotus Eriugena,800～877)。他提出泛神论思想,力图使信仰具有理性,使信仰与理性保持一致,推崇理性主义,认为哲学用于训练人的理性,宗教用于陶冶人的信仰。11世纪出现的唯实论与唯名论之争丰富了经院哲学的内涵,争论的焦点是"一般"和"个别"的关系。唯实论的代表人物是有"第一位经院哲学家"之称的意大利神学家安瑟伦(Anselmus,1033～1109)。他主张"一般"先于"个别"而存在,"一般"是唯一的实在,"个别"只是"幻影";上帝和神学至高无上、不容怀疑。唯名论的代表人物是法国的洛色林(Roscellinus,1050～1112)和阿伯拉尔(Peter Abelard,1079～1142),他们认为"个别"先于"一般"而存在,"个别"是唯一的实在,"一般"是事物的名称;坚称"理解才能信仰"、"怀疑获得真理",反对"三位一体"(上帝、基督、圣灵)。托马斯·阿奎那最终借用亚里士多德的"形式与质料"说,调和理性与信仰的矛盾,承认人具有理性和信仰的能力,理性用于获取关于自然的知识,信仰用于皈依上帝和神学。因此,理性与信仰是统一的,科学与神学也是统一的;科学属于较低级知识,用来论证上帝的存在,神学属于最高级知识,用来说明上帝的存在。托马斯·阿奎那使经院哲学成为正统的教会思想。

2. 经院哲学与教育

经院哲学对西欧中世纪教育具有深远影响:(1)经院哲学促进了中世纪大学的产生和发展。经院哲学学派探究和宣传自己思想的场所成为大学的萌芽,经院哲学家成为中世纪大学最早的教师,经院哲学著作成为大学的教科书,经院哲学的争论和观点成为大学的教学内容。(2)经院哲学客观上有利于古典学术和文化的传播。早期基督教哲学排斥古典文化,但是,在经院哲学家特别是托马斯·阿奎那的努力下,经院哲学逐渐接受了古典文化,兴起了对古典文化的解释和研究之风。(3)经院哲学确立了理性的合法地位,提出了训练理性的教育目标。经院哲学实现了神学哲学化,使信仰和理性得以调和,从而确立了理性的合法性,注重理性发展和思维训练成为中世纪大学的普遍特征,并成为文艺复兴、宗教改革乃至17世纪哲学与科学发展的思想渊源。(4)经院哲学的思辨方法成为一种学术研究的方法和教学方法。经院哲学提倡的思辨方法实质上就是形式逻辑的三段论,它既是一种学术研究方法,又是思维训练方法和大学教学方法,既具有逻辑性和严密性,又具有繁琐性和荒诞性。(5)经院哲学的探究与争论促进了学术自由,影响了大学的学术氛围。经院哲学家争论的讲坛大都在大学,思想的争辩形成了自由研究学术和自由教学的氛围,大学职能也由单一教学转变为教学与研究兼而有之。(6)经院哲学助长了教育教学中的形式主义和繁琐证明。

(三)地理环境因素

11世纪中期,西欧的某些城市因优越的地理环境,逐渐成为某门学科特别发达的地方。意大利南部那不勒斯附近的萨莱诺(Salerno),风光明媚,景色宜人,且有温泉可以供人疗养,同时又与希腊交往较早。古希腊名医的著作、阿拉伯医学作品都在此被翻译和传播,各地医师和求学之人云集于此。萨莱诺被西欧人称为"希波克拉底城"(希波克拉底"Hippcrates",公元前460~前377,古希腊著名医生),意为"医学之城"。到12世纪中期,萨莱诺在原有医学学校的基础上形成了以医学为主的大学,即萨莱诺大学,并于1231年得到封建国王的承认。

意大利北部诸城四面环山,少受战争蹂躏,封建制度影响甚微,还保留并使用古罗马法。由于政治经济的需要,在城市的市民阶层和神学家们中掀起了研习罗马法的热潮,被人们遗忘数百年之久的罗马法又重新被发现。一些城市用罗马法作为向教皇、皇帝、贵族争取自治权的法学根据,尤其是波隆纳(Bologna),因地处要津,成为当时欧洲的法学中心,许多法学家在此讲学。其中最有名的是民法学家艾纳卢斯(Irnerius,1070~1137),他在该地讲授罗马法,不仅吸引了众多青年人前往学习,还刺激了教会研究宗教法。此处最终形成一所法律学校,专门研究和教授民法、教会法,1158年得到政府承认,成为中世纪一所著名的法律大学。

(四)学者的影响

在中世纪的一些学术中心,学者和求学的学生仿照行会的形式组成团体。学生团体常因名师执教而形成。因为中世纪有文化的年轻人可以四处求学,当听到某处有名师讲学时,便聚集此地。当时,影响较大的是阿伯拉尔在巴黎(Paris)的讲学。阿伯拉尔于1108~1139年在巴黎圣母院大主教学校多次讲学,同唯实论进行论战,声势浩大,影响深远。他倡导理解后信仰,主张自由讨论,教学生动有趣,追随者达数百人,使巴黎成为欧洲哲学和神学的研究中心。以后,在主教学校的基础上形成了巴黎大学,1180年法国国王承认了该学校的地位。

二、中世纪大学的概况

萨莱诺大学、波隆纳大学、巴黎大学是中世纪西欧最早初具规模的、影响深远的三所大学,被欧洲其他各地大学所效仿,近代欧美的许多大学都是从这里脱胎演变出来的,故又称这三所大学为"西方大学之母"。

(一)组织形式

中世纪大学的组织形式最初具有行会的性质。希望学习某门学科的学生和教授某门学科的教授组成相对稳定的"组合"或"团体"。按照拉丁文的意思,"universitas"一词指一般职业性的团体、行会,以后才用来专指大学。当时,大学具有很大的流动性,学生来自四面八方,可选择适当的大学学习。他们按照不同的地区和国籍组织起来,维护自己的利益。学生寄居的地方称为"学院",后来逐渐成为大学教学的真正中心。1257年,法国国王的忏悔牧师索邦(Robert de Sorbon,1201~1274)为在巴黎大学学习神学的学生修建一处住所,被称为"索邦"(Sorbonne),后来成为巴黎大学的神学院,甚至成为巴黎大学的代称。教授则按所教的学科组成教授会,当时最重要的教授会有文科、法科、医科和神学科四种。每一个教授会选出一名院长,这些院长又与学生团体选出的负责人共同推举出校长。

中世纪大学的组成形式既有特定的社会历史条件,又有一定的偶然性。从形式上而言,它主要包括两种类型:学生型大学和教师型大学。

1. 学生型大学

学生型大学主要指由学生行使管理权的大学。意大利的波隆纳大学是学生型大学的代表。

波隆纳之所以成为学生型大学,其原因是多方面的。第一,大学的学生主要来自他国。波隆纳市政当局将来自欧洲其他地方的学生一律视为侨民,设置了许多不公平或歧视性政策与制度,学校的教师社团又无法给与学生可靠的保护。于是,那些学习法律的学生按照民族和语言组织了"同乡会",通过争取管理学校的权利获得了支配地位。第二,学生年龄较大且有一定的社会地位。据记载,当时的教皇亚历山大三世(Pope Alexander Ⅲ,1159~1181 在位)和英诺森三世(Pope Innocent Ⅲ,1198~1216 在位)都曾是波隆纳大学的学生。这种情况使大学的学生无形之中具有一定的影响力和决定作用。第三,大学影响到城市和教师的生存。有学者认为,"12 世纪至 15 世纪意大利大学的一个显著特点是学生行会具有很大的权力。作为城邦的外来居民,从意大利各地和外国来的学生需要联合自卫;同时,他们像教授一样,随意地把大学从一个城市迁移到另一个城市"[①]。

学生管理大学的方式主要包括:第一,推举学生校长。波隆纳大学的学生曾按不同地区组成了四个"同乡会",负责选举学生为大学校长。学生校长是大学的最高管理者以及大学制定的政策和校规的执行者,处理大学的行政、司法和教学等事务,其中最重要的是代表大学拥有司法权。第二,聘请教师。学生有权雇佣教师,规定教师的报酬,教师必须宣誓以表示绝对服从学生管理。第三,独立的司法权。学生型大学不受所在城市法律的约束,有权对自身的行政事务进行管理,特别是拥有司法裁定权。第四,学校行政权。同乡会推举的代表和学生校长组成大学委员会,对校长进行监督并对大学管理活动提出咨询意见。大学的最高管理机构是由全体学生参加的大学全体会议,负责制定有关大学的重大规章制度等。

2. 教师型大学

教师型大学是指学校行政事务均由教师掌管的大学。巴黎大学是教师型大学的典型代表。

11 世纪伊始,以巴黎圣母院附属学校为代表的一些学校因名师执教而享有盛誉。来自欧洲各地的学者为了维护自身利益,获得追求学问的自由,特别是为了获得能够颁发学位或教学许可证的权力,与代表巴黎大主教的学校校长和地方当局展开了各种形式的斗

---

① 〔加〕约翰·范德格拉夫著,王承绪等译:《学术权力——七国高等教育管理体制比较》,浙江教育出版社 2001 年版,第 36~37 页。

争,终于在1208年得到教皇英诺森三世的认可,获得"学者和师生行会"的资格,以后又获得了颁发教学证书或学位的权力。自13世纪以后,经过同教会和巴黎地方当局的多次斗争,以教师为主体管理大学的教师型大学模式逐步形成。

教师型大学的特点:一是学科门类比较齐全。巴黎大学设有文学、法律、医学和神学四个学科,其中文科是进入其他三科的预备教育机构,神学科居各学科之首。二是学科是大学结构中的重要组成部分。学科是巴黎大学最基本的单位,同时也是最重要的管理机构,有关大学的教学和管理活动基本上是在学科层次进行。巴黎大学的学生必须首先在文科学习并通过考试获得学位后才能进入法律、医学和神学学科学习,文科学生人数最多,但其他三科的地位高于文科,学科负责人均由教师选举并由教师担任。三是大学的同乡会是由教师和学生共同组成的。通常按照地域,分为同乡会,各同乡会再按照地区划成分同乡会。各分同乡会推举自己的首领,而且有权选举一名教师担任大学校长,管理教学和行政事务。

(二) 组织结构

中世纪大学的职能主要表现为按照一定的专业或职业传授知识,即教学功能,这种功能对大学的组织结构有着直接的影响,而且各组成部分并非伴随着大学的产生自然而然地出现,而是在历史发展过程中根据现实需要逐步形成的。

1. 学科

学科或系是中世纪大学教学的主要机构。最初的中世纪大学基本上都是单科性质的大学,后来大学陆续设立了文、法、医、神四科,法、医、神三科为高级学科,文科为基础学科,属于预备教育阶段。实际上,创立中世纪大学的目的就在于传播知识并为社会少数重要而又关键的行业(职业)提供训练,职业性十分明显。中世纪大学的学科具有鲜明的职业性,实用性学科深受学生欢迎。

2. 同乡会

中世纪大学的学生和教师为了避免受到当地市民或来自其他地区学生的侵权,自发地按照籍贯组成行会性质的同乡会。同乡会曾经是大学最基本和最重要的组织,参与大学的管理,同乡会的负责人不仅拥有行政管理权、财务支配权和司法审判权,而且是整个大学管理委员会的重要成员,代表同乡会的利益直接参与大学的行政管理活动。不过,到中世纪后期,随着大学的地方化和民族化趋势,大学之间的国际交流日益减少,同乡会逐渐失去了存在的基础。

3. 学院

中世纪大学的学院大致有两种形式:以巴黎大学为代表的欧洲模式和以牛津和剑桥大学为代表的英格兰模式。

欧洲模式的学院最早产生于1180年的巴黎大学,是为当时来自其他国家的18名贫穷学生免费提供食宿的场所。13世纪后期,欧洲其他一些著名的大学也相继建立了学院,而且随着大学规模的扩大,来自同一地区或学习同一学科的学生或教师聚集在一起,形成了不同的学院。通常,欧洲模式的学院是学生生活的场所,但还不是大学的基本教学单位或行政机构。

英格兰模式则不同于欧洲大陆的情况。英国中世纪大学的学院逐渐摆脱了单纯作为寄宿场所的角色,发展成为属于同一学科的师生共同生活和学习的场所,过渡为自治或半自治的学术团体。到16世纪,学院开始取代大学所承担的教学,并开设课程,成为专门从事教学的自治机构。而大学无权过问学院的管理事务,只为学院提供教学和颁发学位,学院成为英国大学中最基本和最重要的教学和行政组织。

(三)大学的特权

中世纪大学是相对独立的自治单位。大学从教会和国王那里争得一些特权,世俗封建主也都想利用大学为其争夺权力的斗争服务。

1. 迁校和罢教的权力

大学生或教师在不满大学所在地的城市当局和教会权威时,或在教学及研究遭到无理干扰时,他们就罢课、罢教,以示抗议。如不得解决,可以自行迁校。当时大学设备极少,也无固定校舍,迁移相当方便。大学是当地的一种荣耀和财富,在学术和政治上有崇高威望,市政当局多倾向于维护大学的利益。从客观上看,大学的迁移对争取学术研究自由、尊重学问和学者,普及文化知识都有重要意义。

2. 内部自治的权力

中世纪许多大学内部设有法庭,负责审理学校内的各种纠纷。特别是从外地来的学生和教师与当地居民发生冲突时,为了得到较有利的裁决,往往由校内法庭或主教审理,不受普通司法机关的管辖。1158年弗雷德利克一世颁布法令,规定不得非法逮捕教师;如有诉讼,不受民事审判,大学具有裁判权。

3. 免除赋税及服兵役的义务

中世纪大学模仿行会组织,学生和教师享有被保护的权力,并且可以免税。1386年,路柏一世在建立海德堡大学时,就授予学生在求学期间免于任何义务、贡物、过路税、消费税和其他任何苛税。

4. 大学教师的参政权和大学颁发特许证的权利

大学教师参政指的是参与大学行政管理和国家行政管理。大学教师可参与大学的行政管理,如审定教师资格,规定教学科目,选聘人员等。最初,大学教师的资格审定由教会掌握,后来经过一系列的争辩,才确定教师资格审查应归大学教授负责。大学有权颁发特许证,凡持有大学学位证者,可以从事教师职业。此外,某些大学教授还享有公职特权,如蒙特利尔大学的法学教授在执教30年后,可成为伯爵。牛津大学、剑桥大学、巴黎大学、苏格兰大学里的教授,在国会中都有固定的席位。

(四)大学的教学

早期的大学大都是单科大学,后来由于知识的普及和增进,逐渐形成由文、法、医、神四科组成的综合性大学。文科带有预科的性质,课程以"七艺"和亚里士多德的逻辑学为主;法科课程包括民法和罗马法;医科课程有古希腊医师著作、阿拉伯医学名著和临床实习;神学课程主要是《圣经》和《名言集四编》。

中世纪大学教学用拉丁语。教学方法是讲课、复述、辩论。讲课主要是教师讲读教科书,学生记录讲课内容。教师的讲课包括评论、注解、推演、归纳等。复述有诵读原文和讨论,通常将学生分成小组,由成绩较好的学生带领复习学习的内容,然后进行讨论。辩论是将学生分成两组,分别持正反两方面意见,就某个问题进行讨论,目的在于培养学生思维的敏锐性和逻辑性。不过,中世纪大学的教学也带有一定的经院习气。

中世纪大学产生了西方最早的学位制度和相应的考试制度。学位分为"学士"、"硕士"、"博士"三种。大学学位最初是为大学培养师资的需要而设,从13世纪开始,学位成为证明获得者有能力任教的依据,不必再进行其他考试和许可。"学士"不需要考试就可获得。凡是具有拉丁文的基础,修完"三艺",成为熟练学习者的人,具备后补教师的资格,可获"学士"学位。修完专业课程可申请"硕士"和"博士"。当时,硕士和博士并无等级差别。

(五)中世纪大学的特征

第一,世俗性。大学基本上不隶属于教会,而是代表先进世俗城市阶层的利益,以培养社会所需的实用人才为主,如教师、医生、法官、政府官员。大学的性质与教会学校不同。第二,专业性。大学是以传授某门专门技能为主的,是专业性的教育机构。它虽然也开设神学和"七艺"的课程,但只是作为学习专业课程的基础。第三,国际性。所谓国际性指大学是跨国性的教育机构,学生和教师都来自不同的国家和地区,学习的内容也是世界各国的先进文明成果。与教会学校和封建领主教育的地区性有明显不同。第四,独立性。大学是一种由教师和学生构成的"组合"体,具有中世纪行会的性质,它相对地独立于教会或封建政权,具有颁发任职资格的权力。

三、中世纪大学的历史地位

中世纪大学的产生是教育史上具有深远影响的一页。它是近代和现代大学的雏形,是人类文化发展的缩影和社会进步的表现。中世纪大学打破了教会垄断高等教育的局面,促进了世俗文化的发展,广泛传播了文化知识。大学提供了知识研究的场所,倡导了学术研究的风气,使学者担负起保存、传播、创造文化的工作。

中世纪大学培养了一大批日后成为中等学校教师的人才,造就了西方新时期的一代伟大人物,如但丁(Dante Alighieri,1265~1321,波隆纳大学)、彼特拉克(Francesco Petrarca,1304~1374,波隆纳大学)、威克里夫(John Wycliffe,1330~1384,牛津大学)、胡斯(Jan Hus,1369~1415,布拉格大学)、马丁·路德(艾福大学)、加尔文(巴黎大学)、哥白尼(Nicolaus Copernicus,1473~1543,波隆纳大学)、伽利略(Galileo Galilei,1564~1642,比萨大学)、牛顿(Isaac Newton,1643~1727,剑桥大学)等。中世纪大学的教学虽是刻板的、甚至是烦琐的,然而它毕竟动摇了传统的盲目信仰,重视了理解能力,启迪了辩论风气。中世纪大学的迁移、各大学之间的学术研究活动,对促进国际的文化交流起了积极作用。

第四节　拜占庭的教育

公元395年，统一的罗马帝国分裂为东西两个罗马。东部以君士坦丁堡为都城，这就是历史上的东罗马帝国，由于君士坦丁堡是古希腊移民城市拜占庭旧址，故史称拜占庭帝国。西罗马于476年灭亡后，西欧的古典文化遭到了严重破坏，但是拜占庭帝国却存在了近一千年，直到1453年为奥斯曼帝国所灭。拜占庭依然保存了古典文化，并传播到东欧和西欧各国。

一、拜占庭文化

拜占庭以东方为其主要疆土，主流文化是希腊文化。希腊语不但是日常用语，而且是教会、文学和商业的共同语言，客观上便利了希腊罗马古典文化的存留；教会在帝国中始终附属于皇帝，没有形成西方那种教权高于王权、教会统治一切的局面。因此教会文化和世俗文化并存共荣，这也为希腊文化的保存与延续创造了条件。从某种意义讲，文艺复兴能够发生、希腊罗马古典文化能在西欧重建，正是依托于拜占庭这座希腊文化漫长征途中的桥梁。

（一）拜占庭的基督教

拜占庭的基督教有别于西欧的基督教。拜占庭人确信基督教是帝国的立国之本，其基督教神学受到犹太教神学和古典希腊哲学的影响。787年，在尼西亚召开的第七次宗教会议上，拜占庭基督教会的神学体系正式确定下来，1054年拜占庭教会与罗马教廷决裂，发展为希腊正教，即东正教。拜占庭帝国的宗教与世俗政权关系十分复杂。在帝国的共同利益受到威胁时，教会和皇帝能够联合，而在发生利益冲突时，教会与皇帝则发生激烈斗争。总的来说，在9世纪以前，由于拜占庭帝国严密的法律和中央集权制行政管理，拜占庭教会没有参与国事的权利，教会事务成为国家事务的一部分，拜占庭皇帝是教会的保护人，具有任免主教和大主教的权力。9世纪以后，帝国皇帝的权力逐渐削弱，教会的实力则逐渐增强。教会开始插手帝国的管理事务，包括审理世俗法庭案件以及税收和司法方面的特权。但是，拜占庭的教会始终没有摆脱皇帝的控制，一直作为国家政权的工具而存在。

（二）拜占庭的古典文化复兴

拜占庭十分重视作为学术研究重要条件的图书馆的建设。各大中城市均建立有国家图书馆，负责系统整理古希腊时代的古典作品。查士丁尼时代推行的思想专制政策摧毁了一些图书馆，其中亚历山大里亚图书馆和雅典图书馆的藏书破坏最为严重。但是，民间的藏书仍然十分丰富。教会图书馆发展迅速，几乎所有教堂和修道院均设立图书馆，这些图书馆后来成为培养学者的温床。13世纪以后,拜占庭掀起复兴希腊文化的热潮,许多人文学者在帝国的支持下纷纷开展抢救古代图书文物的活动,或收集和抄写古代手抄本,或整理和注释古代名著,或建立教学机构传授古典知识,组织学术讨论,开创了拜占庭后期的"文化复兴"。

(三) 拜占庭的法律

拜占庭沿袭了古罗马法律至高无上的思想。公元6世纪,查士丁尼下令编纂的《罗马民法大全》是欧洲第一部完整的法律汇编,该法典成为此后几百年拜占庭法律的蓝本,也为近代欧洲法律提供了理论依据。查士丁尼充分认识到建立完整的法律对于巩固王权的重要性,认为统治者不仅以其武力获尊荣,还必须用法律来武装,以便在战时和平时都有法可依;统治者必须是法律的有力捍卫者和征服敌人的胜利者。在拜占庭,帝国法令规定法官必须接受5年以上的专门法律教育,掌握罗马民法并通过严格的国家考试,领取资格证书,方可从事司法工作;帝国实施法官专职化,将法官与立法者区分开来;皇帝则始终握有最高的立法权和司法权。

(四) 拜占庭文化的特征

拜占庭文化具有鲜明的传统特征,它直接继承了古典时代希腊罗马文化遗产,在拜占庭帝国特殊的环境中,兼收并蓄早期基督教和古代东方诸文化,形成了独特的文化体系。君士坦丁堡完全模仿古代雅典和罗马城建造,成为帝国繁荣的政治、经济和文化中心,吸引着周围地区的知识分子携带大量古典文献和古代文物前往首都,为推动拜占庭文化的发展提供了丰富的文化物质条件。发展国家图书馆,建立国家教育机构,学习古代希腊语和拉丁语,收集注释古典文史作品,研究古典哲学和文学,这些成为早期拜占庭文化发展的主要现象。拜占庭的社会中,上层人士和知识分子,包括国家官吏和法官都要接受过系统的希腊古典教育。拜占庭学者特别重视古希腊的哲学和文学,重视罗马的法律和工程技术。在拜占庭帝国,《荷马史诗》妇幼皆知,许多作家都能不加注解地引用;柏拉图、亚里士多德等著名学者的作品是当时的热门书籍,新柏拉图主义和斯多葛学派受到特别青睐。

拜占庭文化对古代希腊罗马文化的继承并不是单纯模仿、全盘照抄,而是注意选择对拜占庭社会生活有用的东西加以借鉴,在模仿中采取了"为我所用"的态度,从而将古典文化价值观运用到中世纪生活,形成了贯穿其历史的尚古倾向。这不仅为拜占庭文化打上了古典文化的烙印,而且使古典文化在拜占庭文化的特殊形式中得到保护。另一方面,拜占庭在吸收古典文化精华的基础上,注意发展创造,形成自身的特点。他们将多种不同文化因素融合在自己的创作中,从而使古典文化成为拜占庭的精神源泉,逐渐发展出具有独立的、比较完备的、内容丰富的文化体系。

二、世俗教育与教会教育

拜占庭教育的主要特征是世俗教育体系与教会教育体系长期并存,互相渗透与对立斗争。

(一) 世俗教育

拜占庭的世俗教育有着悠久的古典传统，表现为对古希腊罗马传统教育的认同和模仿。随着基督教的繁荣和修道院制度的兴起，世俗教育也逐渐蒙上了基督教教会的色彩。拜占庭世俗教育分为基础、文法和修辞三级教育。初等学校专司基础教育，多由私人开办，招收6~12岁的儿童，传授书写、文法初步知识和算术以及《荷马史诗》；文法学校主要传授文法知识和古典作品；修辞学校主要传授修辞学和经典作品。文法学校和修辞学校的教师都持有国家认可的资格证书。君士坦丁一世在公元333年颁发一道敕令，内容是免去修辞学校和法学等文科教授的纳税义务和公民义务，给他们司法豁免权，使其免受法庭传讯、起诉和审判。同时，君士坦丁一世下令向教授们支付薪俸和酬金，以使他们更好地教授各门科学和艺术。

随着基督教的渗入，从5世纪末开始古典学校就慢慢失去了原有的特征。君士坦丁堡的修辞学校在4世纪时曾经是精英荟萃的中心，但此后地位每况愈下，7世纪时则被关闭。490年的贝鲁特修辞学校也仅剩下两位教授任教，学校里也只开设两门课程，一门是为新生所开，另一门课程是为专修罗马法的二年级学生所开。但是，亚历山大里亚的高等学校还继续传授古典知识，学生分为学习基督教神学和古典文化两部分。

拜占庭的世俗高等教育发展显著。除了从古罗马和希腊化时期继承下来的雅典大学、亚历山大里亚的医学和哲学学校、贝鲁特的法律学校外，最有影响的高等学校是创办于425年的君士坦丁堡大学。帝国政府创办这所学校的目的是为国家培养高级官吏。教师均是国家聘请的著名学者，领取国家俸禄并免税。学生修业5年，以七艺为基础课程，法学受到格外重视。5世纪末，该大学变成帝国最重要的学术中心，设有多个教席：10个希腊语文法和10个拉丁语文法，5个希腊修辞学和3个拉丁修辞学、1个哲学和2个法学。当时有30多位教授在这所大学任教，开设法学、希腊语、拉丁语、修辞学等课程，教学方法以讨论为主，讲授为辅。公元7世纪时，君士坦丁堡大学的教学活动曾一度中断。公元863年君士坦丁堡大学得以重建，古典文化知识的研究活动又活跃起来，世俗教育又重新得到加强。学校设置的学科更加广泛，包括哲学、几何学、天文学、语言学、数学、音乐、语法、医药、法律等科目，大学进入鼎盛时期。1045年，君士坦丁堡九世通过改变学校的组织，大力加强帝都的高等学校，将君士坦丁堡大学分为哲学和法律两个学院，从而推动了法律和哲学的研究。

拜占庭的世俗宫廷教育受到历代统治者的重视。宫廷教育的目的是培养未来的统治者，主要进行基督教教义、希腊哲学、罗马法学、军事训练、文法、修辞、历史等课程的教育，学习内容十分丰富。教学一般由专门聘任的著名学者负责，某些皇帝也亲自参与到教学过程中来或制订教学计划。

(二) 教会教育

拜占庭的世俗政权与教会势力一直此消彼长，但帝国皇帝始终控制着教会。随着基督教势力的发展，拜占庭的整个文化教育受到基督教的影响。

拜占庭的教会教育主要通过教会学校实施，即隐修院（修道院）和座堂学校（主教学校）。

隐修院（修道院）通常远离城市，以祈祷、读经、行善和生产劳动为主。学习主张苦思、默想。隐修院广泛收集经卷、书籍，组织抄写，所设的图书馆收藏经书和手稿，成为当时的文献资料中心。

座堂学校是培养神职人员的学校，教师都经过严格考试，神学权威云集。学校的教育目的是培养神职人员，教学内容主要是神学，但并不排斥一些世俗学科，尤其注重传授一些古典文学知识和古代哲学知识。君士坦丁堡座堂学校是拜占庭最高级的主教学校。这所学校有5名教授，分别担任一个宗教学科的教学。学校集中了当时的神学权威，成为拜占庭最高的神学思想中心，具有解释教会政策和教义的权利。在这所学校中，学生以研读神学为首要课业，此外还学习七艺、自然科学和古代哲学著作。学习世俗教育内容的目的是按照基督教的要义重新加以解释，批驳异教。

纵观拜占庭历史可以发现，拜占庭的文化呈现世俗教育与教会教育并存的特征，特别是教会与世俗政权之间的关系对教育的发展产生了明显的影响，其主要特点是：第一，直接继承了古希腊和罗马的文化教育遗产；第二，存在着因世俗生活需要而得到发展的世俗教育体系；第三，教会的文化教育体系与世俗的文化教育体系长期并存。第四，拜占庭教育起了保存和传播古希腊罗马文化的作用，直接影响到东西欧和文艺复兴的文化教育。

结　语：中世纪的特征就是世俗文化教育衰落。由于早期封建帝国文化的极度贫乏和对先进文明的不可接受性，封建世俗政权对古希腊罗马文化采取了一概否定的态度，僧侣阶级乘虚而入，占据了精神统治地位。中世纪教育一开始就渗透着神学的性质，古典文化的发展被扼制，僧侣垄断了知识教育权，教育本身带有强烈的宗教性，教会成了封建意识的权威代表。教会学校成为中世纪教育机构的主体，世俗封建主接受着特殊的骑士教育。教会教育和世俗封建主教育成为中世纪早期西欧教育的主旋律，两者均表现出明显的阶级性、等级性和宗教性。然而，中世纪大学打破了封建僧侣和封建主独占教育的社会闭塞局面，促进了文化教育的振兴与发展，培养了一大批具有新思想的知识分子；新兴市民阶层开办的行会教育与城市学校反映了生产力发展的要求，使学校与生活更为接近，打破了教会对学校教育的垄断；拜占庭对古典文化教育的保存和传播，为新文化、新思想、新型教育的到来提供了可能性。

从总体上而言，中世纪教育主要表现为基督教教育，教育的目的就是形成宗教信仰，宣扬基督教文化。这既是中世纪落后的生产方式的产物和中世纪俗世文化倒退的主要表现，又阻碍了中世纪教育自身的发展进步，抑制了先进教育思想的产生和发展。直到中世纪后期，随着中世纪大学和行会教育、城市学校的兴起，才出现了新的局面：在基督教教育内部孕育了一批宣扬理性主义和人道主义的离经叛道者；在经院哲学中滋生了对教会掌握教育权和神道的怀疑；在禁锢的宗教教义中发出了弘扬古典文化和理性主义的呐喊；在宣扬来世修行和修道院教育中诞生了崇尚现世主义和个性的教育思想光芒。可见，中世纪教育有其自身产生、存在和发展的必然性和合理性，是一个复杂的文化教育结构，包含着黑暗与光明、专制与民主、迷信与科学、愚昧与文明、落后与进步。最后，终于在这种矛盾的阵痛之中诞生了文艺复兴中的人文主义教育。

【讨论与思考】

1. 思考基督教教育成为中世纪西欧主流教育的社会成因。
2. 分析修道院的教育作用。
3. 骑士教育是如何实施的？
4. 试析中世纪大学产生的历史意义和影响。
5. 经院哲学对西欧中世纪教育有哪些影响？
6. 研讨拜占庭世俗教育与教会教育并行的客观原因。

【扩展阅读书目】

1. 吴元训主编：《中世纪教育文选》，人民教育出版社2005年版。
2. 吴式颖、任钟印主编：《外国教育思想通史》（第3卷），湖南教育出版社2002年版。
3. 〔瑞〕吕埃格著，〔比〕里德·西蒙斯分册主编，张斌贤等译：《欧洲大学史》（第1卷），河北大学出版社2008年版。
4. 〔法〕韦尔热著，王晓辉译：《中世纪大学》，上海人民出版社2007年版。
5. 〔美〕格拉夫斯著，吴康译：《中世教育史》，华东师范大学出版社2005年版。
6. 区应毓等著：《教育理念与基督教教育观》，四川大学出版社2005年版。
7. 〔法〕雅克·勒戈夫著，张弘译：《中世纪的知识分子》，商务印书馆1996年版。
8. 黄玉生等著：《西方哲学史：中世纪哲学》（第3卷），凤凰出版社2005年版。
9. 〔美〕科林·布朗著，查平常译：《基督教与西方思想》，北京大学出版社2005年版。

第六章 东方封建文明与教育

【内容提要】

东方封建文明孕育了丰富多彩、特色鲜明的教育篇章。阿拉伯教育后来居上,实施兼容并包的教育方针,为阿拉伯文化的融合作出了贡献,保存传播了古代希腊文化。日本大化革新时期的教育改革仿照中国唐朝建立了日本贵族教育体制,后经平安、镰仓和战国时期的教育演变,形成了国学教育、武士教育和寺院教育并行的局面。印度在伊斯兰教的影响下,教育的多元化形态逐渐成形。

【学习目标】

本章重点掌握阿拉伯文化与教育发展的关系;了解日本大化革新时期的教育改革措施;认识印度封建文明与教育的多元性和宗教性。

【核心术语】

阿拉伯文化;伊斯兰教育;昆它布;益智馆;"教学环";《大宝律令》;国学教育;武士教育;多元化教育

当西方社会正处于中世纪的文化教育衰落之时,东方的封建制度却逐渐进入成熟与发展阶段,形成了既具有历史普遍性又体现特殊性的东方封建文明。从7～15世纪,东方主要国家纷纷建立了封建文明。阿拉伯虽兴起较晚,却厚积薄发,建立起一个以伊斯兰教为国教,横跨亚、非、欧三大洲的封建帝国,创造了古代阿拉伯文明;日本从大化革新开始确立封建社会体制,与中国交往频繁,在文化教育方面颇受中国影响,同时又注重民族文化的振兴;印度封建文明发展呈现复杂局面,与其他东方国家相比具有不平衡性,文化教育的宗教色彩和多元性甚为突出。

第一节 阿拉伯文明与教育

当西欧社会进入中世时,东方的阿拉伯人却经历了社会经济发展的大变革,并且在科学技术和文化教育方面跻身世界前列。阿拉伯人早期居住在阿拉伯半岛,由于该地区大部分为沙漠,气候干旱、土壤贫瘠,阿拉伯人只得以游牧为生,被称为"贝都因人",意为

"沙漠之子"。6~7世纪之交,阿拉伯人的氏族公社开始解体,奴隶制逐渐形成。阿拉伯处于东罗马帝国和波斯帝国之间,常常受到双方的侵扰,以麦加城为中心的东西方贸易商路受到严重破坏。贵族的压迫和外敌的入侵,迫使游牧民族奋起反抗,社会出现了剧烈的动荡。

公元7世纪,伊斯兰先知穆罕默德(Muhammad,570~632)创立了伊斯兰教。传说他于610年开始传教,宣扬安拉是唯一的神,穆罕默德是安拉的使者,号召人们抛弃其他信仰、皈服真主。穆罕默德传教20余年,宣传伊斯兰教义。后来,他的门徒把他的言论汇编成《古兰经》,成为伊斯兰教的最高经典。伊斯兰教在阿拉伯统一国家的形成中起了积极作用,它从心理上使阿拉伯人成为一个整体,为国家的产生创造了条件。伊斯兰教主张在伊斯兰教徒中间,不分部落和民族,都以兄弟相称,打破了狭隘的民族部落界限,为形成统一的国家创造了有利的条件。同时,它一方面主张限制高利贷剥削,赈济贫民;另一方面又反对公社财产关系,主张保持私有制和阶级剥削,为阿拉伯人形成封建的生产关系创造了必要的条件。最终,穆罕默德征服了麦加,标志着阿拉伯统一国家的形成。637年,穆罕默德去世后,他的继承者改称"哈里发",意为安拉使者的继承人,实际上是一个集宗教、军事、行政大权于一身的君王。以后经过倭马亚、阿拔斯、法蒂玛和西班牙后倭马亚诸王朝各时期的持续发展,阿拉伯文化趋于成熟,并成为人类文明另一个不可或缺的部分。到8世纪中叶,阿拉伯成为一个横跨亚、非、欧三大洲的大帝国。

一、阿拉伯文化

所谓"阿拉伯文化"实际上是指阿拉伯帝国境内各族人民共同创造的文化。它是在阿拉伯游牧民族固有的文化基础上,受被征服民族文化的影响,又吸收希腊和古代印度文化的因素,逐渐融合而成的人类文明。阿拉伯人创造了辉煌的阿拉伯文化,阿拉伯文化源远流长、丰富多彩,是人类文化的重要组成部分。阿拉伯帝国最强盛的时期是阿拔斯王朝统治时期(750~1258)。封建制度的生产关系确立后,农业发展甚为迅速,手工业十分发达,为帝国的文化发展提供了肥沃的土壤,被称为"五百年的黄金时代"[①]。

阿拉伯文化具有多民族性。阿拉伯帝国幅员辽阔、民族众多,除阿拉伯人外,还有埃及人、印度人、波斯人、西班牙人、叙利亚人等等,各民族通过互相接触、相互影响、逐渐融合渗透,在长期的发展中共同创造了阿拉伯文化。可以说,阿拉伯文化是各族人民共同智慧的结晶。阿拉伯文化注重把学习和创新结合起来。埃及、叙利亚、波斯等地都是世界文化发展较早的地区,阿拉伯人在征服这些地区后,不仅接受了当地民族文化的影响,而且又吸收希腊、印度文化的许多优秀成果,创造了新的阿拉伯文化。伊斯兰教是阿拉伯文化的灵魂,没有7世纪伊斯兰教的诞生,就没有统一的阿拉伯国家,伊斯兰教不仅是阿拉伯统一的旗帜,同时也是中古时期阿拉伯社会文化进步的旗帜。巴格达、开罗、科尔多瓦是

[①] 纳忠等著:《传统与交融:阿拉伯文化》,浙江人民出版社1993年版,第1页。

古代阿拉伯国家的三大文化中心。

（一）百年翻译运动

阿拔斯王朝前期(750~847)国家稳定、社会繁荣,加之中国造纸技术的传入,极大地方便了书籍的著述、抄写与传播,因而翻译事业得到进一步发展,形成了一场声势浩大的"百年翻译运动"。9世纪初,阿拔斯王朝的哈里发鼓励并组织翻译希腊古典哲学的著作,古代波斯、印度、希腊的典籍被译成了阿拉伯文,柏拉图、亚里士多德、欧几里得、托勒密、盖仑(Claudius Galen,129~200)等大批希腊人、印度人和波斯人的哲学、科学和医学名著的译本经整理、注释之后,相继问世。翻译运动丰富了阿拉伯人的精神世界,开阔了他们的眼界,解放了他们的思想,奠定了阿拉伯文化的基础。后来欧洲文艺复兴时期的一些人文主义者就是依靠翻译这些阿拉伯文的译本才重新获得了西方古典思想,阿拉伯文化和拜占庭文化在继承和保存西方古典文化方面具有重要地位。

（二）科学知识的发展

阿拉伯人在吸收各国文明的同时,也创造出一些新的成就。在数学上,帝国大数学家花剌子米(Muhammad ibn Mūsā al-Khwārizmī,780~850)创立了被西方称为"阿拉伯数学"的代数学,简化了印度数学,发展了"零"的含义。他的代数学著作《积分和方程计算法》一书于12世纪被译成拉丁文,到16世纪为止,一直是欧洲各大学的主要教科书。在天文学上,阿拉伯学者建立了驰名欧洲的天文台,翻译了托勒密的《天文大集》和印度的天文学著作,制作了诸如浑天仪、天象仪、地球仪等许多精密仪器。天文学家白塔尼(al-Battani,858~929)编制天文历表,后来哥白尼在其著作中多处引用了他的观测数据。

在医学方面,阿拉伯人的贡献最大。医学是阿拉伯国家最普及的学问,阿拉伯设有许多医院,并重视综合保健和心理治疗,临床医疗技术水平很高。著名医生拉齐(al-Razzyi,865~925)是巴格达大医院院长,医道精湛,其专著《天花和麻疹》、《医学集成》被译为拉丁文和其他文字,直到18世纪仍是欧洲医学界的重要文献。有"医中之王"之誉的名医阿维森纳(Ibn Sina或Avicenna,980~1037)著有《医典》,集东西方医学之大成,记载了760多种药物的性能和丰富的临床经验,代表了古代阿拉伯医学的最高成就,被西方医学界视为权威著作。该书长期作为欧洲各大学医学教科书。

（三）新文化的崛起

在哲学上,著名哲学家伊本·拉希德(Ibn Rushd,1126~1198)深入研究了亚里士多德,整理、阐明了亚里士多德的思想,是阿拉伯-伊斯兰哲学的集大成者。他提出了"双重真理"说,认为哲学通过理性、逻辑推理得到的真理,和宗教通过天启得到的真理都是真理,对西欧哲学的演进有积极影响。中世纪西欧各大学都讲授他的著作,"阿维罗伊主义"的思潮轰动一时。在文学上,阿拉伯有其独特的成就,《一千零一夜》是一部脍炙人口的世界文学名著。在史学方面,阿拉伯的成就超过了同时代的欧洲,14世纪的阿拉伯历史学家伊本·赫勒敦(ibn Khaldūn,1332~1406)最先将历史视为关于诸文明起源和发展的学科,他的著作《历史导论》在史学理论方面不仅对阿拉伯而且对世界史学研究都有很大的影响。

二、学校教育

伊斯兰教产生以前,阿拉伯半岛上根本没有学校,更谈不上学校教育。最早的学习场所是在清真寺。清真寺是伊斯兰教举行宗教仪式、传播宗教知识的场所。穆罕默德是最早提倡清真寺教育的人。他曾说,进入清真寺教学或接受教育的人,犹如为真主而战的勇士。阿拉伯教育从一开始就与伊斯兰教和清真寺联系在一起。

(一) 清真寺

清真寺不仅是礼拜场所,也是接受教育的地方,以后又专门在清真寺中设立了小学,因此清真寺是阿拉伯历史上最早的学校。清真寺的教育面向大众,大多数的男孩,少数女孩以及一些奴隶的孩子均在此接受免费的或收费很少的教育。学校的课程大多数都与宗教有关,每个人必做祈祷,阅读《古兰经》、《圣训》,通过《古兰经》了解神学、历史、伦理学和法律。算术和写字是必须学习的两项技能,也是进一步接受教育的前提,尤为重视陶冶道德品质。清真寺教学的基本形式是"教学环"或"学习圈",即教师站在或坐在讲坛上,学生在其面前圈坐成半圆形,学生的座次依资历或学识排列。来访的学者还有专座。"教学环"的多少,视清真寺的规模和知名度而定。有些清真寺学者云集,有一定基础知识和才学的学子慕名前来,结果成为学术活动地和比较高级的教学场所。

(二) 昆它布

昆它布(Kuttab,又译库塔布,意为受教育或教书的场所)是一种私人教育场所,以传授读、写、算和《古兰经》为主,类似于初等教育,修业年限为 5 年,授课的方式是背诵,实行体罚。学生是否缴纳学费,视教师的经济状况而定。8 世纪初,阿拉伯历史上第一所昆它布在库法创办。有些学者利用自己的家传授知识,这种教育机构称为"学馆"。学馆以学者为中心传授高深学识,比昆它布的水平高。随着帝国的强盛,具有中等教育性质的昆它布也出现了,这种学校主要招收 14 岁以上的青年,最初是为了传授某种技能,以后逐渐在政府的资助下变成了职业学校,主要进行传教、医学、商业贸易、手工、几何、文学和修辞等方面的教学。由帝国政府或慈善家支付教师薪金和学生的学习费用,学生基本享受免费教育。

(三) 高等教育机构

高等教育机构的出现是阿拉伯学校教育发达的一个标志。830 年,哈里发麦蒙(Al-Ma'mun,813~833 年在位)在巴格达建立了赫克迈大学,这是阿拉伯第一所官办的学术机构,在阿拉伯历史上称之为"智慧宫"或"益智馆"。赫克迈大学实际上又是阿拉伯帝国建立的第一座大规模公共图书馆。阿拉伯人重视学术、文化,在许多地方都建立了图书馆,搜集古典抄本,抄录各国的经典著作。麦蒙曾派代表团到君士坦丁堡,向利奥皇帝索取希腊文著作,搜集珍本。在阿拉伯的教育体系中,图书馆与高等学校的界限并不十分清楚。麦蒙任命著名的医生和翻译家马赛维(Masawaiyh,777~857)为赫克迈第一任馆长,聘请著名学者执教,组织翻译希腊哲学、科学典籍。学校附设有天文台,供教学之用。该校培养出大批精通学术的科学家、哲学家和翻译家。

1067年,阿拉伯国家第一所宗教大学尼采米亚大学在巴格达诞生,这是一所被政府承认并受到资助的大学,专门从事研究和传授伊斯兰正统逊尼派思想。学校组织管理严密,教师聘任需经哈里发批准,每位教师配有2~3名助教,学生享有奖学金。学校分两科:一科传授宗教理论,另一科传授法律和世俗知识。以后很多地方依照尼采米亚大学建立了一些专科学校,被称为"麦德莱赛"("Madrasah"为阿拉伯语"学校"的译音)。直到今天,阿拉伯国家的中、小学还称为"麦德莱赛"。1233年建立的穆斯坦绥尔大学,是阿拉伯第一所多科性综合学校。学校传授《古兰经》、《圣训》、阿拉伯语、法律学、动物学、医学、数学和伊斯兰四大教派的观点。各个专业自成体系,各有自己的独立校舍。学校设有图书馆、医院、浴室、厨房等设施。该校教育提倡创新,鼓励大胆发表自己的见解,不因循守旧。师生中流传着一句名言:"在我们之前出现的大学者是人,我们也是人。"①

三、阿拉伯教育的特征

阿拉伯国家后来居上,注重吸收世界各国的先进教育经验,采取了兼容并蓄的发展方针。

(一)教育的开放性

伊斯兰教教义本身就混合了其他宗教的思想。阿拉伯伊斯兰文化历史悠久,内容博大精深,既坚守纯洁的理念,追求崇高的理想,同时又充满包容,体现出开放的胸怀。再加上阿拉伯人统治广大被征服地区以后,需要学习、运用各被征服民族的先进文化,因而对异教文化和异族文化采取了开明的政策。为了传播宗教,穆罕默德鼓励教徒学习希伯来、叙利亚等外国语言,还命俘虏中识字者,教授儿童学习书写,以作为换取自由的代价。在阿拉伯人的学术活动中,学术辩论受到重视。哈里发支持学术交流和探讨,学者们都以对学术的执著追求为荣,加之当时的阿拉伯文化正处于发展时期,很多学术问题尚无定论,所以举行各种学术讨论会成为一种时尚。结果是学术昌盛、学派林立、文化发达。有时哈里发本人也举办讨论会,如哈里发麦蒙不仅经常参加学术辩论,还亲自主持一些学术讨论会。

(二)教育的大众性

伊斯兰教教义中说:"求学是每一个穆斯林的天职!""一个既不是教师也不是学生的穆斯林是没有价值的。"《圣训》中提到:"对于坐在你面前求知识的青年,你应不分贫富而平等对待。"因此,历届哈里发都重视兴学育才,大办清真寺教育。伊斯兰教还承认:在求知上,男女两性没有区别。穆斯坦绥尔大学就培养出不少女学者。

(三)教育的包容性

阿拉伯国家的大多数哈里发推行了一种不同于基督教会的文教政策。他们对被征服

---

① 季羡林:《东方文化史话》,黄山书社1987年版,第29页。

地区人民的宗教信仰和文化采取借鉴的方针,鼓励学术研究,组织学者翻译了大量古代希腊、波斯、印度等国的学术著作,并将自身注重现世生活的价值和实用知识的特点与之结合,形成了阿拉伯文化教育的新局面。阿拉伯的学校教育、图书馆建设,保存传播了古代希腊文化。欧洲人是通过阿拉伯人而认识希腊文化的,并直接影响到欧洲的文艺复兴。

(四)教育理论的滞后性

阿拉伯教育理论研究相对薄弱。古代阿拉伯人不仅将宗教经典当做指导社会生活的基本原则,而且还视为一切学术研究的最高理论依据。阿拉伯教育基本上为信条所支配,过分注重教义学的研究,忽视了教育理论本身的探索,对教育的阐述脱离不了经典的藩篱和束缚,教育方法的形式主义使得学生偏重于死记硬背而忽视理解的重要性。

第二节 古代日本的教育

日本列岛在距今一万年左右与大陆分离。距今七八千年前,日本开始进入新石器时代,这种新石器文化的代表文物是具有绳纹式花纹的陶器,故称为绳纹式文化。公元3世纪,北九州出现了一个邪马台国。3世纪中叶,本州中部的大和国兴盛起来,于公元5世纪统一日本,首领称天皇。645年,中大兄皇子(614~671)联合大贵族发动政变,颁布新诏书,实行"大化革新",日本封建生产关系开始形成。在封建社会,日本先是经历了天皇统治下的奈良、平安时期,后经历了封建军事贵族统治的幕府时代——镰仓、室町、德川幕府统治时代。

一、大化革新前后的教育

早期日本文化深受中国古代文化教育的影响。早在中国两汉时期,日本就和我国有频繁的往来。公元前3世纪,百济国的汉学家阿直歧(284年赴日)和王仁(285年赴日)将汉学传入日本,在宫廷里向皇太子进行汉学启蒙教育,开创了日本宫廷教育之先河,对日本文化教育的发展起了很大作用。日本的文字也是根据汉字编制的。公元6世纪中叶,佛教传入日本后,与中国儒学相汇合,形成了日本独特的文化教育。

(一)效法中国文化

593年,圣德太子(574~622)摄政。他提倡佛教,鼓励修建寺院,并致力于与中国的友好交往。在教育上,圣德太子的主要贡献是:向中国派遣留学生,学习先进的文化和管理制度,推动文化教育事业的发展;推行佛教教育,大力兴办寺院,力图把儒学和佛教融合起来,确定了日本教育发展的方向;鼓励从中国学成回到日本的学者兴办私塾,促进日本私学的发展。

(二) 建立学校教育制度

大化革新时期,日本确定了中央集权制。大化革新对教育的影响是日本仿照唐朝的教育制度建立了贵族学校制度。中大兄皇子即位后,于671年颁布命令,设立官学。这是日本创办官立学校的开端。701年,日本文武天皇(683~707)颁布《大宝律令》,其中"学令"卷规定:在京城设大学,在地方设国学。大学既是官立学校,又是政府机构,目标是培养国家官吏,教学内容为儒家经典,分经学、音学、书学、算学四科,学校入学资格等级森严,管理严格。国学是地方行政设立的学校,主要为满足中、下级贵族的需要,与大学相当。在大学和国学之外,"学令"还规定设立医药学校、天文历法学校、音乐舞蹈学校等。《大宝律令》"学令"中有关教育的法令,完善了日本贵族教育制度,是日本教育史上的重要的一页。大化革新后,日本加速了向中国派遣留学生的步伐,并且更加正规化、规模化。从702年到760年,共四次派遣经过挑选的留学生和遣唐使,每次往往达五六百人。吉备真备(693~775)和阿倍仲麻吕(698~770)就是其中杰出的代表。

二、奈良和平安时期的教育

日本历史上的奈良时期为公元710至794年,平安时期为8世纪末至12世纪。

(一) 奈良时期的文化教育模仿

自大化革新后,日本逐步形成了封建的社会制度。奈良时期,日本和中国的交往更加频繁,深受唐朝文化的影响,佛教昌盛,学术进步。奈良时期的教育以模仿中国文化教育为主,教育内容以汉字和汉文书籍为主,同时开始创造自己的民族文化教育,出现了使用汉字音符的假名。大学和国学仍然是主流的教育机构,一些学者开办的私塾和家学逐渐具有传承民族文化的功能。

(二) 平安时期的国风文化教育

794年,日本天皇迁都平安(今京都市),封建制度得到进一步加强。平安时期的教育发展主要表现为开始逐渐摆脱对中国文化教育的单纯模仿。从9世纪起,具有日本文化特色的国风文化开始形成。佛教与日本原有的宗教信仰相融合,文化艺术本地化,日本文字(平假名与片假名)成为文学艺术创作的主要工具,美术、音乐、舞蹈都具有日本化的倾向。在教育事业上表现为两种现象:其一是大学和国学的衰落。最初,大学和国学为适应新培养目标的要求,改进教学内容,轻经学重文章,培养了有实际能力的官吏,受到皇家的重视与奖励。到10世纪,大学和国学对贵族子弟失去了吸引力,国家不再大力支持,学生质量下降。国学徒有虚名,大学则被大火烧毁后也没有重建。其二是私学的发展。私学大都是贵族在自己的宅院内为其子弟建立的,以满足贵族子弟接受教育的需要。著名的有五大私学:文章院、弘文院、劝学院、学馆院、奖学院。

三、镰仓至战国时期的教育

1192年,源赖朝(1147~1199)取得"征夷大将军"称号,在镰仓设将军幕府,开始了日本武士贵族专政的时期,即日本历史上的幕府时代。

(一)武士教育与寺院教育

幕府时代的教育主要是武士教育和寺院教育。武士教育是这个时期教育的一大特色,并影响到日本近、现代教育。幕府时期,地方豪强为了保护自己的庄园,扩大势力,把自己家族和仆从武装起来,组成一种以血缘关系和主从关系相结合的军事集体,其成员称为"武士"。以后武士势力大增,成为具有决定作用的政治力量,形成武家政治。武士教育的主要内容是武士道精神和武艺。武士道精神是日本幕府时代形成的一种独特的封建道德规范。它提倡勇敢、坚忍、重名轻死、崇拜军刀、忠义廉耻、信佛敬祖、重视礼法。武艺是武士应该掌握的基本技能,包括弓箭、骑马、舞刀等。寺院教育与武士教育有直接的联系。武士教育的场所一般都是家庭和寺院,寺院向武家子弟传授初步的文化知识。寺院还以培养佛教信徒、传播教义为目的,在一定程度上起到了普及文化教育的作用。

(二)金泽文库和足利学校

金泽文库和足利学校是幕府时代较为新异的教育机构。金泽文库是镰仓幕府时期由北条家族政治家北条实时(1224~1276)于1274~1276年间创建的图书馆发展而来,位于金泽的称名寺内,是培养佛教僧侣的学校。足利学校是足利氏家族供本族子弟学习用的藏书文库,后发展为学校,以汉学教育为主,主讲易学,兼施兵学、兵器学,曾成为当时日本的文化中心。

总之,早期日本教育以吸收中国文化教育传统为起点,逐步形成了具有民族特点的多样性教育模式。日本封建文明与教育深受中国唐代文化影响,以佛教为社会思想基础,以中国传统文化为教育内容和学习科目,建立了仿照唐朝教育的学校教育体系,为日本早期文化的普及和繁荣奠定了基础,形成了日本封建文明发展的高潮。自平安时代起,日本文化教育逐渐摆脱对中国文化教育的简单模仿,形成了具有国风文化特征的教育形态,武士教育的出现体现了新兴武士阶级的崛起和价值取向。

第三节 印度封建文明与教育

从8世纪起,信仰伊斯兰教的阿拉伯人不断侵入南亚次大陆,同时也将伊斯兰教传入此地,使印度文明增添了新的内涵。到11世纪,伊斯兰教终于征服了印度,穆斯林文化成为印度多元性文化的又一重要因素。至此,伊斯兰教与印度教成为印度封建文明发展中举足轻重的两大宗教和文化因素,佛教与耆那教日渐式微。1206年,中亚突厥人建立了伊斯兰政权——德里苏丹国;1526年,信仰伊斯兰教的蒙古——突厥贵族建立了莫卧儿帝国。

一、伊斯兰文化教育的形成

阿拉伯人初到南亚次大陆推行伊斯兰教并没有取得很大的成功,反而受到印度居民和印度教的激烈抵抗,直到11世纪伊斯兰教才成为官方的意识形态。由于受到印度教的激烈抵制,德里苏丹国的君主不得不规定允许非伊斯兰的信仰存在,但又向异教徒征收"人头税"和较重的土地税,迫使他们改信伊斯兰教。德里苏丹国时期对印度教采取的压制政策,使得众多信仰其他宗教的教徒皈依伊斯兰,教化新教徒成为伊斯兰教一项紧迫和重要的工作,穆斯林教育由此得到较大的发展,而印度教教育及其机构受到一定的削弱。

伊斯兰教的导师为了引导新入教者和研究教义设立了修道处作为活动中心,修道处通常向信徒和来访者提供食宿,并将他们分成高级和初级两类:属于高级部分的学生可参与导师的祈祷和念功,属于初级部分的学生只能攀附旁听或是暂住。修道处依据其名望和影响力获得资助,设备完善,师资雄厚。在德里苏丹国和莫卧儿王朝期间,伊斯兰的不同教派斗争激烈,都致力于加强本教派的理论体系,扩大教育面,吸收信徒来增强教派影响力,借以提高自身参与政治斗争的实力。

二、多元文化教育的共生

在莫卧儿帝国时代,皇帝阿克巴大帝(Akbar the Great,1543~1605)试图建立一个民族和解、宗教宽容的统一王朝,他取消了带有歧视性的"人头税",对各种宗教意识形态的办学方式基本一视同仁,不论是伊斯兰教还是印度教的教育都得到积极的鼓励,各派宗教学者都得到官方的保护,使伊斯兰教育和印度教教育都得到了较大的发展。

莫卧儿时代的印度虽然没有官办的教育机构和统一的教育制度,但已经有了设立专属教育管理机构的意识,赋予教育管理机构应有的地位和财力资源。印度教、伊斯兰教均有各自的基础教育学校和高等教育机构。一般是本教派的子弟入本教派的学校,基础教育学校招收附近的男女儿童,高等教育机构的学生来自全国各地或邻国。阿克巴本人是文盲,但他崇尚教育,他规定:男女有平等受教育的权利。当时印度的基础教育在城乡都很普遍,儿童一般5岁入学,男女并招,学期4年,其后可申请进入高等学院。在穆斯林地区,伊斯兰教派建立了一些具有高等教育性质的学校,教学语言为波斯语,学校各具特色,享有盛誉。如:德里的沙·瓦利·乌拉学院以研究传统生活价值而闻名;勒克瑙的法拉吉·玛哈尔学院以高水准的法学著称,名校名师受到社会的广泛尊重。在印度教地区,学校采用梵语和地方语种授课,许多地方都建立起了印度教的高等教育机构,如在宗教、语言、文学方面最为出众的贝拿勒斯学院。阿克巴积极推进民族与宗教的和解,提倡在学校设立数学、历史和地理等非宗教课程,鼓励各类教育机构打破教派界限,伊斯兰教的高等教育机构和印度教的高等教育机构均开始互相接受对方教派的弟子。需要指出的是,莫卧儿帝国时期的教育完全由各教派把持,属于宗教事务,没有封建帝国官办的教育机构,学校基本上建在伊斯兰教清真寺、印度教神庙和佛教寺院等。俗世民间教育主要由学者开设私塾招收弟子讲学,但办学规模相对较小。

总之,印度封建时期的教育烙下了浓重的宗教色彩。在传统印度教教育和佛教教育的基础上,伊斯兰教育成为印度封建文明与教育多样性的表征。同时由于宗教的排他性和宽容性,最终导致印度文化教育中的多种宗教教育共生的局面。

结　语:处于封建文明时期的阿拉伯、日本和印度等国的教育受不同地区间文化融合的影响,均取得了明显的进步和发展。其共同特征表现在两个方面:

第一,教育的融合性。东方主要封建国家在原有文化教育的基础上,对外来文化和思想采取了兼容并包、为我所用的策略,使多种文化教育相互融合,形成一种极具包容性的文化教育形式。阿拉伯帝国吸取了古代希腊、拜占庭、波斯、印度等国的传统文化,结合阿拉伯民族固有的文化特点,铸造了比同时期西方文明先进的阿拉伯文化;日本以中国古代文化和儒家文化为基础,实施了大化革新,仿照中国唐代教育建立起本国封建教育体制;印度封建文明受伊斯兰文化的影响,形成了一个集印度教教育、伊斯兰教教育、佛教教育和耆那教教育为一体的多元化教育体制。

第二,教育的宗教性。东方主要封建国家的教育事业大多为宗教活动的一部分,无论是阿拉伯还是印度,宗教教育是国家教育的主体,教育发展的起因也是由于宗教的需要和推动,俗世教育十分薄弱。日本封建教育中的佛教教育和武士教育也渗透着浓厚的宗教色彩。宗教教育是东方主要封建国家文明发展中不可或缺的一部分,对封建国家教育的形成和发展具有十分重要的精神动力作用,客观上推动了教育事业的扩大、学校教育的发展和教育机会的下移。

【讨论与思考】

1. 分析阿拉伯帝国文化教育后来居上的原因。
2. 试析日本大化革新时期教育的变革。
3. 探讨东方封建文化教育的特征,考察教育与社会发展的关系。
4. 讨论东方封建教育与中世纪西欧教育的异同,并分析其原委。

【扩展阅读书目】

1. 纳忠等著:《传统与交融:阿拉伯文化》,浙江人民出版社1993版。
2. 王桂著:《日本教育史》,吉林教育出版社1987年版。

3. 〔德〕库尔克、罗特蒙特著,王立新、周红江译:《印度史》,中国青年出版社2008年版。

4. 〔叙利亚〕托太哈著,马坚译:《回教教育史》,商务印书馆1946年版。

5. 周国黎著:《伊斯兰教育与科学》,中国社会科学出版社1994年版。

6. 〔美〕塞缪尔·亨廷顿著,周琪等译:《文明的冲突与世界秩序的重建》,新华出版社2005年版。

7. 尚会鹏著:《印度文化史》,广西师范大学出版社2007年版。

8. 〔美〕鲁思·本尼迪克特著,吕万红、熊达云、王智新译:《菊与刀》,商务印书馆1990年版。

第二编　近代教育史

　　本编重点阐述了走出中世纪后文艺复兴时期人文主义教育的兴起,以及宗教改革时期各种教育势力对西方教育模式形成的影响;近代欧美各国学校教育制度的形成和教育理论的发展;近代欧美主要教育思潮的演变、特征与影响;近代主要亚非国家的教育变革与近代化。

　　　　　　第七章　文艺复兴与宗教改革时期的教育
　　　　　　第八章　近代欧美各国教育
　　　　　　第九章　近代教育思想
　　　　　　第十章　近代欧美教育思潮
　　　　　　第十一章　近代亚非主要国家的教育

第七章 文艺复兴与宗教改革时期的教育

【内容提要】

文艺复兴时期,意大利人文主义教育首先冲出了中世纪宗教教育的藩篱,提出了崭新的教育观,推行人文主义教育实践,开启了西方近代教育的先河。随着人文主义思潮的蔓延,欧洲各国纷纷掀起人文主义教育的革新浪潮,引发了西欧建立在人文主义和宗教理想双重基础之上的宗教改革运动,出现了新教教育和天主教教育。人文主义教育、新教教育、天主教教育三种教育势力共同奠定了西方近代教育的框架。

【学习目标】

重点认识文艺复兴时期人文主义教育的内涵,掌握人文主义教育的特征,了解宗教改革时期新教与天主教的教育措施,理解新教教育与天主教教育对西方教育的影响。

【核心术语】

人文主义教育;快乐之家;古典学科;《乌托邦》;《巨人传》;新教教育;"4R"教育;普及教育;古典文科中学;天主教教育;耶稣会学校;《教学大全》

在中世纪基督教神学的禁锢下,古希腊和古罗马的文化被钳制了近千年。直到 14 世纪,为适应新兴资本主义的发展需要,在沉寂良久的欧洲大地上,新兴阶层在整个文化思想领域掀起了一场研究和恢复古代文化的热潮,使欧洲的学术文化思想重现光芒。"在中世纪无数渐变的推动下历史开始发展,到 15 世纪下半叶发展进程加快,以至于史学家们在确定这一时期应该属于中世纪还是归于近代这一问题上往往犹豫不决。及至 15 世纪末,变化更加急剧,结果是,尽管形形色色的中世纪的思想方法和观念以及大量中世纪的制度法规依然残存,但是,一个新世界确实已经实现,人类历史的一个新纪元开始了"①。这个历史的新纪元就是欧洲历史上著名的文艺复兴时代。

---

① 〔法〕德尔马著,郑鹿年译:《欧洲文化》,上海人民出版社1980年版,第61页。

第一节 走出中世纪的西欧

文艺复兴运动肇始于14世纪,历经15、16世纪的发展,止于17世纪中期,是欧洲各国资产阶级以复兴古希腊和古罗马文化为依托,以宣扬人文主义为核心,在思想和文化领域进行的一次伟大的具有反封建性质的思想文化运动。

一、"文艺复兴"的内涵

"文艺复兴"(Renaissance)一词,有两个基本含义:一是指古希腊罗马文化的"再生"或复兴;二是指"新生",即人类精神的觉醒,对中世纪精神桎梏的反抗,追求人的个性发展。实际上,文艺复兴并非古典文化的单纯复兴,而是"借用他们的名字、战斗口号和衣服,以便穿着这种久受崇敬的服装,用这种借来的语言,演出世界历史的新场面"①。

文艺复兴时期所表现的意识形态就是"人文主义"(Humanism),它是贯穿文艺复兴的基本思想,是理解文艺复兴各个领域和各项成就的基本依据,也是文艺复兴反封建的基本体现。人文主义作为一种思潮,代表了欧洲从封建的中世纪向资本主义过渡时期的新兴市民阶级的世界观和价值取向,它推崇古典文化,强调以人的价值为中心的人本主义,具有丰富的、多层次的思想内涵,涉及哲学、宗教、伦理、政治、文学和艺术等诸多方面,具有多样性的表现形式。

文艺复兴运动具有地域性、阶段性和深远性。文艺复兴运动最初产生于意大利,后逐渐波及尼德兰、法国、英国等西欧国家,成为震撼整个欧洲的潮流。文艺复兴运动可以分为前期(14~15世纪)和后期(16~17世纪初),并各具特点。文艺复兴运动不仅引起了宗教改革运动,而且对科学的发展、地理大发现、民族国家的诞生以及启蒙运动都具有很大影响,是中世纪和近代的分水岭,也是资产阶级革命的舆论前夜。

二、文艺复兴的时代背景

文艺复兴的出现具有错综复杂的历史背景。首先,10世纪以后,西欧相对安定的社会环境为经济的恢复与发展提供了条件。手工业从农业中分离出来,商品经济获得了明显发展,城镇和城堡逐渐形成了比较稳定的市场,日后便发展成为新的城市。城市发达的意大利最先形成了资本主义萌芽,远远地走在了整个欧洲的前列,并形成了民族语言和渴

---

① 中共中央马克思恩格斯列宁斯大林著作编译局:《马克思恩格斯选集》(第1卷),人民出版社1972年版,第603页。

望国家统一的民族意识。随着经济结构的变化,西欧政治结构也出现了转型,民族意识开始觉醒,民众表现出要求民族统一的强烈愿望。

其次,文艺复兴运动的产生也与发掘和研究古希腊罗马文化的遗产密切相关。意大利是古代罗马文化的中心地带,具有一种特殊的文化环境。意大利还有许多从事古代文化研究的学者,他们从拜占庭带着大批古典艺术珍品和文学、历史、哲学等书籍逃到西欧。代表新兴资产阶级利益的各城市共和国迫切需要新型的知识分子为其服务,于是竞相延揽才智之士,汇集了众多的博学才子。

最后,中世纪大学对古希腊罗马的研究传统也使意大利教育保持了更多的理性。在这种氛围下,意大利城市不仅形成了比较开放自由的文化氛围,而且产生了最早的世俗知识分子阶层。所有这些因素在结合的同时,通过文艺复兴的特定方式表达出来,文艺复兴运动由此在意大利最先爆发。

三、文艺复兴的发展脉络

15世纪末,随着通往美洲新航线的发现,人们开始了环球航行,国际贸易的中心开始由意大利逐渐转移。16世纪初,文艺复兴的中心也越过阿尔卑斯山,转移到尼德兰、德国、英国和法国等西欧国家。

尼德兰是指莱茵河下游的低地国家,相当于今天的荷兰、比利时、卢森堡和法国北部的一部分地区。早在13~14世纪时,尼德兰凭借其得天独厚的地理条件,商业和工业十分发达,到16世纪时资本主义生产关系已相当发达,为意大利人文主义在尼德兰的传播提供了良好的条件,使其成为步意大利文艺复兴运动后尘的国家。德国受意大利文艺复兴运动的影响相对较早,罗马教廷对德国人民的盘剥引起了社会各阶层的不满,使德国具有特殊的反宗教色彩,人文主义者急需摆脱现世的统治,争取个人的解放。英国是资本主义工商业发展最快的国家,文艺复兴运动满足了英国新贵族对君主制的要求,得到了统治者中一些开明人士的大力支持,同时也满足了宗教方面的需求,使英国的文艺复兴运动具有浓厚的君主制和宗教色彩。法国虽然比邻意大利,但人文主义思潮来得比较迟缓,"在15世纪的最后一二十年之前,巴黎的学者们一直轻视意大利的严重影响,不屑在他们的课程表中作任何重大的改变"①。直到1495年左右,意大利人文主义的精华才打破了法国学者思想的藩篱,一批先进的杰出学者开始潜心研究古希腊罗马的文化,统治者也开始极力提倡和支持文艺复兴运动。

---

① 〔英〕G.R.波特编,中国社会科学院世界历史研究所译:《新编剑桥世界近代史》(第1卷),中国社会科学出版社1988年版,第87页。

第二节 人文主义教育思潮

作为一场思想文化运动,人文主义者打着复兴古代文化的旗帜,宣扬人文主义思想。人文主义的基本精神就是弘扬人的地位,其主要特征是:弘扬人的价值和尊严,强调人的尊严、价值和地位,排斥中世纪神学的原罪说、被拯救论和人的卑微;宣扬人的思想解放和个性自由,歌颂人性、自由、平等、博爱,贬低中世纪神学的神性、信仰、服从和权威;肯定现实生活的价值和享乐,号召人们追求现实、幸福和快乐,质疑中世纪神学的来世说、禁欲主义和修行;提倡学术,尊崇理性,崇拜知识,调和宗教教义与信仰。

为了倡导和实践新理念,许多人文主义者重视教育对人的发展的作用,主张实施以"人"为中心的教育,将理性寄托于教育的变革。于是,在经院学者之外出现了人文主义者——人文主义教师,在经院哲学之外出现了新兴学科——人文学科,在经院教会学校之外出现了新型学校——人文主义世俗学校,在经院教育之外出现了人文主义教育。

一、意大利人文主义教育

意大利人文主义教育的发展可分为前后两个时期,14世纪初到15世纪末为早期,15世纪末到16世纪中期为后期,两个时期的教育发展状况不同,其产生与发展的状况与意大利人文主义运动的发展状况紧密相连,充分反映了当时意大利社会政治、宗教和文化等方面对教育的新要求。

(一)早期人文主义教育

早在14世纪,意大利就发生了以人文主义为主要思潮的文艺复兴运动,但人文主义教育的产生与发展却滞后于人文主义运动,其人文主义教育真正开始于15世纪,两者并不同步。

1. 文学艺术中的人文主义教育

14世纪,意大利人文主义教育最初是通过文学艺术的表现形式间接表述的,如文艺复兴"文坛三杰"但丁的《神曲》、彼特拉克的《歌集》和薄伽丘(Giovanni Boccàccio,1313~1375)的《十日谈》,都体现了人文主义教育思想的色彩。这些具有代表性的诗人与作家虽然没有创作关于教育的专门论著,但却在相当程度上为其后的人文主义教育奠定了发展的框架与思路,具有浓厚的人文主义教育情结,成为15世纪意大利人文主义教育发展的重要文化基础。14世纪末期,古典学术在意大利得到了全面复兴,人们对古代文化有了更深刻和全面的认识。到15世纪时,欧洲文化的发展已经日益转向对古希腊和古罗马的研究。这种文化的转向迅速影响到教育领域,带来了文艺复兴时期人文主义教育事业的蓬勃发展和教育理论的新进展。

2. 弗吉里奥

早年毕业于波隆纳大学的人文主义者、政治家弗吉里奥(Pietro Paolo Vergerio,1370~1445)是第一个系统阐述人文主义教育思想的教育家,他曾在帕多瓦大学教授逻辑学。弗吉里奥对人文主义教育的贡献主要有三个方面:第一,为昆体良的《雄辩术原理》做注解,引起了人们对古典教育思想的挖掘和整理。第二,发表了一篇名为《论绅士风度与自由教育》的论文,阐述了人文主义教育的基本思想和博雅教育,要求培养充满世俗精神和身心俱健的人。第三,提出了人文主义教育的目标,那就是通过通才教育培养身心全面发展的人。弗吉里奥认为道德培养重于知识传授,因此教学内容的选择必须有利于身心健康的养成,他将历史、道德哲学和雄辩术等视为自由教育的基础,还主张学习算术、几何、天文学等科目,并要求将军事和体育结合起来,此外还研究讨论了具体的教学方法。弗吉里奥恢复了被湮没已久的具有世俗精神的古典教育思想,为人文主义教育的兴起和发展作出了重要贡献。

3. 维多利诺

较早开始推动人文主义教育实践的是维多利诺和格里诺。

维多利诺(Vittorino da Feltre,1378~1446)毕业于当时意大利人文主义学术中心——帕多瓦大学,后教授文法、修辞学。1423年,他受孟都亚公爵的邀请创建了一所新式寄宿宫廷学校,将学校命名为"快乐之家"。这所学校环境优美、自然和谐,师生关系融洽,主要招收6~7岁的贵族儿童,修业年限为15年(含初、中、高级教育),办学方式为寄宿制和学生自治。维多利诺为"快乐之家"所确定的培养目标是培养有社会责任感、能管理国家、主持教会和兴办产业的人才;学校的教学内容以古典学科为主,兼施体育和神学;教学广泛采用尊重学生兴趣的方法,注重练习和游戏的作用;维多利诺重视学生基督教信仰的养成,将古典学科看做是培养学生品德与身心养成的手段。"快乐之家"获得了巨大声誉,吸引了许多远近贵族子弟和一些有天分的学生。在这里维多利诺将自己的人文主义教育理念付诸实施,实现了其人文主义教育理想,成为文艺复兴前期第一个伟大的教育实践家,享有"第一个新式学校的教师"的称号。

4. 格里诺

格里诺(Guarino da Verona,1374~1460)是古典学科的坚决捍卫者和崇拜者。1429年,他应邀开办了"费拉拉宫廷学校",实施了一种极端的古典主义教育。格里诺主张仿效西塞罗,认为古典文化教育本身即是目的,古典学科既是教育和学习的内容,更是教育和学习的目的,甚至认为一个受过良好教育的人的标准就是学习过古典学科。格里诺要求每一个受教育的人必须学习特定的科目而不管其内容如何,并且在学习方法上主张先学习语法规则然后再学习古典作品。这种倾向反映了早起人文主义教育单纯模仿古典作品的特点,客观上导致了15世纪后期出现的"西塞罗主义",也使意大利人文主义教育产生了形式主义的弊端,背离了人文主义思想的宗旨。

(二)后期人文主义教育

15世纪末16世纪初,意大利迎来了君主制时代,社会政治、文化和宗教等领域发生了重大变化,意大利人文主义教育的发展也随之出现了较大转向,培养公民的教育理想被培养君主和朝臣的教育理想所取代,出现了许多关于培养君主和朝臣的教育论著。

1. 卡斯底格朗

在后期人文主义教育中影响最大的是卡斯底格朗(Baldassare Castiglione,1478～1529)1528年问世的《宫廷人物》。《宫廷人物》详尽描述了当时社会所需要的完美的朝臣和绅士的新形象,并论述了其教育内容和方法,明确体现了新人文主义的教育情怀。从国家政治意义上讲,从培养国家公民转向培养君主和朝臣或许是一种历史性退步,但就教育而言,却是一种进步,并且是顺应历史潮流和时代发展的。因为卡斯底格朗的培养目标不是中世纪只擅长军事和体育、风度翩翩而学识浅薄的骑士,也不是文艺复兴前期只精通古典文化的学者型人物,更不是只工于经世致用的专业人士,而是对三者精髓的凝练与融合。

2. 康帕内拉

托马索·康帕内拉(Tommaso Campanella,1568～1639)是意大利后期杰出的人文主义思想家,代表作《太阳城》(1623)体现了其教育理想。该书反映了意大利早期无产者和其他劳动人民的要求和愿望,提出了发展生产和全面发展的教育思想,具有重大的进步意义。但由于时代的局限,康帕内拉没能找到实现这一教育理想的根本途径,而陷于空想的境遇。

二、北欧人文主义教育

北欧人文主义教育是指意大利阿尔卑斯山脉以北的欧洲诸国的人文主义教育思潮。它晚于意大利人文主义教育,大约从16世纪开始受其影响,推行具有地域特点和宗教情结的人文主义教育,取代了已趋于衰落的意大利人文主义教育。

(一)尼德兰、西班牙、德国的人文主义教育

尼德兰、西班牙、德国的人文主义教育具有共同的特征,那就是试图阐释基督教的人文主义情怀。

1. 平民生活兄弟会

尼德兰教育比较发达。一个具有人文主义色彩的宗教团体"平民生活兄弟会"开办了一些人文主义性质的学校,其办学方式和办学理念均可与意大利人文主义教育相媲美,这些学校的发展使西欧的人文主义教育达到了相当的深度和广度。学校注重组织管理,采用寄宿制和分班教学(8个班级),教学内容以基督教教义和古典学科为主,为西欧培养了一大批基督教人文主义者,如16世纪尼德兰著名的人文主义者伊拉斯谟就是其中的代表。

2. 伊拉斯谟

伊拉斯谟(Desiderius Erasmus,1466～1536)有着深厚的宗教情结,在希腊文和古典文学研究方面具有深厚造诣。他曾游历过欧洲许多国家,访学并从事写作,1499年赴英国

结识了莫尔等一批人文主义者。1509年以后,他在英国剑桥大学教授神学和希腊文,成为剑桥大学第一位传播新学的教师,对于激发英国人文主义思想起了重要作用。伊拉斯谟的代表作是《愚人颂》(1511),涉及教育的著作主要有《论正确的教育方法》(1511)、《论基督君主的教育》(1516)等。伊拉斯谟极力推崇古典文化,认为古典文化有助于改良社会、净化基督教,且可以培养虔敬、德行、智慧三方面的品质;主张把基督教与人文主义结合起来,提出"人文主义基督教化和基督教人文主义化"的口号;同时强调学古人之道以改造现实社会的理想。

3. 维韦斯

西班牙人文主义者和教育家维韦斯(Juan Luis Vives,1492~1540)曾就读于巴黎大学,是经院哲学的信徒,后厌恶经院主义教育,崇拜伊拉斯谟,提倡人文主义新教育。其教育代表作是《智慧入门》(1524)和《知识论》(1531),其中《知识论》被誉为"文艺复兴时期最彻底的教育书籍"①。维韦斯试图调和人文主义教育与基督教的关系,认为教育的目的与基督教的目的是一致的,因为教育和生活属于一体,教育的目的是形成良好的知识和德行,一切学问都是为了人的幸福;热爱上帝是生活的最高目的。在维韦斯看来,所有课程的基础是语言教学,主要内容就是学习拉丁文和希腊文,但本族语教学也十分重要,学生必须学会古典语言和本族语。他还认为,自然研究是一门重要的学科,知识都来源于自然,感觉是通向知识的道路,儿童本性决定学习过程,学习应从感觉开始,所以应通过观察和实验进行感觉训练。同时,他强调正确的学习方法是归纳法,认为归纳法是依据事实与推理而形成概念。维韦斯重视教师的培养,主张教师应经过试用,接受校长的考核,把握儿童的心理活动和个性,方可正式成为教师。维韦斯的这些教育观点曾对后世教育家产生了重大影响。

4. 温斐林

德国人文主义教育受尼德兰兄弟会的教育理论与实践影响甚大,德国的许多人文主义者均由兄弟会学校培养出来。15世纪末16世纪初,德国人文主义教育得到了一定的发展。德国的一些大学如巴塞尔大学、爱尔福特大学和科隆大学等都成立了人文主义者团体,致力于传播古典文化,抨击当时的社会和教会。

温斐林(Jakob Wimpheling,1450~1528)是宗教改革前较有影响的人文主义教育家。他在其教育论著《德语入门》和《青年》中,认为人文主义教育要以维护社会的道德为宗旨,古典语言的学习不应该专重文法,主张人文精神与宗教信仰要并行发展,强调学术知识与宗教信仰并行的重要性。温斐林人文主义教育思想得到了一些公国的诸侯大臣的支持。但由于德国宗教势力比较强大,其人文主义教育思想并没有摆脱宗教的束缚,但是却为宗教改革运动的兴起做了舆论准备。

---

① 〔美〕佛罗斯特著,吴元训等译:《西方教育的历史和哲学基础》,华夏出版社1987年版,第209页。

（二）英国的人文主义教育

英国的早期和后期人文主义教育既有共同之处又各具特色，反映了意大利人文主义思潮对作为资本主义萌芽最早的英国和英国国教均产生不同程度的影响。

1. 早期的人文主义教育

英国人文主义教育的发展以1534年英国宗教改革为界分为两个阶段。英国早期的人文主义教育具有较强的基督教人文主义色彩，比较强调虔敬和道德，主张用人文主义方法开展神学研究。代表人物有林纳克、科利特和莫尔。

（1）林纳克

林纳克（Thomas Linacre，1460～1524）曾在意大利帕多瓦大学研究亚里士多德的著作，对人文学科和医学颇有造诣，1484年在牛津大学教授希腊文、拉丁文和医学。林纳克大力弘扬人文主义思想，被称为是英国人文主义"新知识运动的倡导者"，同时，其思想也深深影响了他的学生，如伊拉斯谟和莫尔。科利特曾在意大利访问两年，回到英国以后力主实施新知识教学，他在牛津大学发表演讲，号召人们与经院哲学的研究方法决裂。

（2）科利特

科利特（John Colet，1467～1519）毕业于牛津大学，后留学意大利，曾任圣保罗大教堂主教，主张改革宗教神学教育。在伊拉斯谟等人的帮助下，科利特于1505年创办了一所人文主义性质的圣保罗学校，专门传授古典语言和文学，聘请人文主义者为教师，采用新的教学方法，实施导师制、寄宿制和学生自治，培养了一大批人文主义者，成为人文主义学校仿效的榜样。该校后来也发展成为英国文法学校和公学的楷模。

（3）莫尔

莫尔（Thomas More，1478～1535）是英国最著名的人文主义教育家，深受林纳克和伊拉斯谟人文主义教育思想的影响，关注用新方法研究神学，其思想本质上属于基督教人文主义。他于1516年所创作的《乌托邦》（Utopia）集中体现了其人文主义教育思想。莫尔主张废除私有制，实行公共教育制度，所有儿童不分性别、年龄，均享有平等的受教育权利；教学内容主要为古代作家，尤其是希腊作家的哲学、历史、戏剧、医学、植物学等作品，培养儿童仁慈、公正、勇敢、诚实、仁爱、合作等优秀品质以及对神虔敬的精神；此外，他还最早论述了劳动教育，是第一个试图消灭体力劳动和脑力劳动对立的教育家。

（4）埃利奥特

在莫尔、科利特和林纳克等人的推动下，英国国王和宫廷大臣们也都支持人文主义，人文主义教育得到了较大发展，牛津大学和剑桥大学设立了基督教人文主义性质的神学讲座，一些中等教育性质的中学也深受其影响。然而，人文主义教育的古典主义倾向和浓厚的学究气并不符合英国新兴资产阶级和新贵族的需要，一些思想家和教育家结合英国社会的实际需求，提出了培养贵族绅士的教育目标。埃利奥特（Thomas Elyot，1490～1546）是英国政治家和思想家，1531年出版了《统治者之书》，指出教育的目标应该是培养新型人才——绅士。这种新兴阶级所需要的人不仅有良好的文化修养，学习古典学科，身体强健，接受体育训练，具有骑士的优良品德，而且还具备上流社会的风度仪表，管理国家、社会和私人事务的能力,矜持、宽容、荣誉和自尊的气质。这种绅士实际就是英国资产阶级自身。可见,埃利奥特的教育思想是人文主义与英国资本主义早期发展需要相结合的产物。

2. 后期的人文主义教育

英国后期的人文主义教育具有更强的民族主义、现实主义和科学主义色彩,更符合英国社会发展的实际需要,也更能反映整个欧洲教育发展的趋势。具体表现为:第一,教育目标发生了变化,对贵族青年进行绅士教育,培养符合时代需要的实用人才成为教育的主要目标。第二,教学内容方面,以法语、意大利语、化学、绘画等实用性学科以及体育教育为主。第三,民族精神和国民性大大加强,英语语言教学受到重视。第四,教育教学方法发生了巨大的变革,直观教学方法得以运用。

人文主义教育在英国取得明显成效的原因有二:一是适应了当时英国社会政治的需要。英国正在开展宗教和政治改革,统治者如亨利八世对代表教皇利益的经院哲学和经院学者持怀疑态度,不信任经院哲学与旧知识,寄希望于用新知识重建世俗与宗教价值体系。二是英国的人文主义教育更加切合实际生活和职业训练的需要,意在培养公民和政治家,避免了欧洲大陆的人文主义教育培养学者的倾向。

(三) 法国的人文主义教育

法国是教皇和经院哲学的大本营,人文主义思潮波及最晚。但是,1494 年和 1498 年法国对意大利的两次入侵客观上促进了人文主义对法国的影响,所以,法国的人文主义教育明显具有宗教性和世俗性双重色彩。

1. 布德

法国早期人文主义教育代表人物是布德(Guillaume Bude,1468~1540),他深受意大利人文主义思潮影响,重视人文学科。1515 年他撰写了《论王侯的教育》一书,建议君主学习古典名著,得到了国王法兰西斯一世的支持。在他的倡导下,法国分别在 1530 年和 1534 年建立了具有人文主义性质的法兰西学院(College de France)和居耶纳学院(College de Guyenne),以奖励科学与艺术的教学与研究工作,这两所学院崇尚古典学术而不是经院之学,对各种学科均采取兼容并包的态度,采用讨论的教学方法,实施分级教学,运用本民族语言,培养了一批人文主义思想家和教育家。

2. 拉伯雷

进入 16 世纪,法国人文主义教育获得了很大发展。拉伯雷和蒙田就是新教育精神的代表。拉伯雷(Francois Rabelais,1494~1553)是法国著名人文主义教育家和作家,曾在修道院接受教育,但他对经院学科深恶痛绝。1530 开始转向文学,并于 1532~1552 年间创作了讽刺性文学作品《巨人传》(Pantagruel),描写了当时法国社会的概貌,讥讽了经院主义教育,歌颂了人文主义教育,被称为是"中世纪法国社会的百科全书"。

拉伯雷的教育思想主要表现在:其一,对经院主义教育进行了批判。拉伯雷指出,经院主义教育摧残了儿童的身体,窒息了儿童的个性,教学内容充斥着腐朽陈旧和形式主义。其二,阐述了人文主义教育的目标。拉伯雷歌颂了人文主义教育的精神,认为人文主义教育尊重儿童和个性自由,传授带有实用性和现实性的多方面知识,这种教育的目标就是培养个性解放、博才多学、健康活泼、能言善辩、见解超群的新人——人文主义者。其三,提出了博学的教育内容。拉伯雷反对单一的古典主义,主张设置广泛的学科——希腊文、拉丁文、数学、几何、天文、地理、博物、音乐、医学、解剖学等。其四,他强调道德教育的重要性,将宗教教育作为道德教育的基础。其五,重视教学方法的变革。拉伯雷期望儿童身心并行发展,在学习中将理解与快乐相结合,提出没有经过理解的知识等于灵魂的废物,重视学生个体的观察和兴趣,要求用本族语教学。拉伯雷及其《巨人传》集中反映了反抗封建神学、提倡人文主义教育、塑造拥有完美人格的时代"巨人"形象,具有鲜明的进步意义。

3. 蒙田

蒙田(Michel Eyquem de Montaigne,1533~1592)是法国杰出的具有批判精神的人文主义文学家和教育家,毕业于波尔多大学,其代表作是1580年出版的《散文集》,其中《论学究气》和《论儿童的教育》蕴含着蒙田的教育观点。

蒙田提出的教育目标就是培养绅士,这种绅士完全不同于那种只知道死记硬背、仅有书本知识、宠媚习俗和虚荣的学究,而是通达人情世故、善于处理公私事务、掌握生活艺术、健康向上的实用人才。这种绅士具有四项标准:第一,渊博的实用知识。知识是一种伟大工具,但知识不仅仅是书本知识,而是需要经过思考、判断和批判的知识,绅士不应成为知识的俘虏,而应成为知识的法官。第二,良好的判断力(理智)。蒙田反对盲从盲信,提倡怀疑精神,反对屈从权威,主张理解反思。第三,优秀的品质。绅士还需具备良好的个人品质和道德情操,要具有坚忍、勇敢、谦逊、爱国、忠君、服从真理和关心公益等特征。第四,强壮的体魄。身体锻炼的途径包括长跑、击剑、音乐、舞蹈、打猎、骑马、礼仪和风度等。

蒙田主张教学的任务并不在于传授知识,而在于发展智力。他认为教学的目的在于培养人的理解力和判断力,做到使广泛的知识、习惯性的思考和敏锐的批判相互贯通。因此,教育要通过有效途径发展人的智力,具体就是激发好奇心和兴趣、尊重主动性和积极性、因材施教、实践锻炼、动手活动。在教学方法上,他鞭挞禁欲主义,反对强制压迫,主张自然发展,反对空疏无用,推崇实际效用,主张本族语教学。蒙田的教育思想充分体现了后期人文主义教育思想的新气象,对近代教育理论的发展有深远影响。

三、人文主义教育发展的共同点和差异

纵观文艺复兴西欧人文主义教育的300年历程,发展的线索和程度不同,呈现的特色不同。

(一) 早期和后期的共同点

从时间上划分,早期人文主义教育的共同特点是:古典学科成为人文主义教育的主要内容;强调教育对社会的改造作用;重视古典语言,轻视本民族语教学;有形式主义的倾

向。后期人文主义教育的共同点主要是：世俗性更强，重视为现实生活服务；培养目标从公民转型到君主和新型官吏（绅士）；学科范围更广，教学内容不仅包含古典学科，还吸收了应用知识和社会知识；更贴近现实生活，强调运用尊重学生的教学方法，开展实践活动，要求理解知识和使用本族语教学；更具有近代教育精神。

（二）意大利与北欧的差异

从地域上来看，意大利人文主义教育与北欧人文主义教育有所不同，主要表现为两个方面：第一，前者具有明显的世俗性，后者强调宗教的虔敬和道德价值。意大利继承了更多古典文化遗产，又曾是古罗马的中心，是最早产生世俗性中世纪大学和城市学校的地方；北欧其他国家的人文主义者大都来自教会内部，试图调和宗教教义和人文主义思想，兴办新型教育的团体也多为教会兄弟会。第二，教育的目标和功能不同。意大利普遍实施城市自治，在文艺复兴前期还有城市共和制，共和政体要求培养富于自由、平等精神的公民；北欧其他国家人文主义教育家崇尚君主制，把治理国家的希望寄托在君主和朝臣身上，教育目标也是指向统治阶层。

二、人文主义教育的特征与意义

正如恩格斯评价的那样，文艺复兴"是一次人类从来没有经历过的最伟大的、进步的变革，是一个需要巨人而且产生了巨人——在思想能力、热情和性格方面，在多才多艺和学识渊博方面的巨人的时代"[①]。这次伟大的变革为开启欧洲教育近代化的征程奠定了基础。

（一）人文主义教育的特征

尽管不同时期不同地域的人文主义教育发展呈现出不同的特色，不同的人文主义者对教育的见解不同，但就根本上而言，人文主义的核心是提倡人道，歌颂人的价值和尊严，宣扬人的思想解放和个性自由，肯定现实生活的价值和尘世的享乐，提倡学术，尊崇理性。人文主义教育的基本特征可以概括为以下几个方面：

第一，人文主义教育是一种关注现实的世俗教育。首先，从教育目的上看，人文主义教育的根本目的在于唤醒并充分发展人的潜能，培养博学多才、经世致用的全才，更关注今生而非来世，充满了浓厚的世俗精神。人文主义教育所要培养与塑造的目标是世俗知识分子而不是牧师神父，是新市民而不是修士或经院学究，是追求自由和文明并具开拓性和创造力的人，而非完全训练中世纪式的职业医生、律师、商人、哲学家和神学家。其次，从教育内容上看，人文主义教育的主要内容包括：拉丁文和希腊语、古典历史教育和道德哲学或伦理学。课程设置注重智育、德育、体育和美育的全面发展，学科范围扩大，尤其是在智育方面开始注重实用科目，体育的作用也开始受到重视。

---

① 中共中央马克思恩格斯列宁斯大林著作编译局：《马克思恩格斯选集》（第3卷），北京：人民出版社1972年版，第445页。

第二,人文主义教育是一种非职业性的自由教育。人文主义教育的中心主题是人的潜在能力与创造能力的开发与培养。而这种能力,包括塑造自己的能力,是需要唤醒潜伏的力量。因此,在人文主义者看来,需要通过教育的手段把人从自然的状态中脱离出来以发现自我。人文主义教育的首要目标就是通过人文学科的"自由教育"(或通才教育)促成人心智的完善和所有潜能的发展。在扩大教学内容的基础上还主张采用新式教学方法、注重理论与实践相结合等,根据学生个性与年龄特点因材施教,培养视野开阔、知识广博的百科全书式的人才,而不是培养所谓的专业人才。

第三,人文主义教育是一种贵族性的精英教育。这一时期人文主义者虽然创办了一些学校,但由于学校数量有限,影响范围也有限,许多穷人和下层社会的子弟仍被拒于人文主义学校大门之外。只有那些君主、宫廷显贵以及富裕阶级的子女才能有足够的实力聘请人文主义教师,真正享受人文主义教育。人文主义教育家创作的许多论文大都是为贵族子女而作,教育内容是古典人文主义学科,教育目的是培养博学多才的绅士,他们理想的教育对象是贵族子弟,所有这些都是平民子弟所不可及的。整个文艺复兴时代,人文主义教育主要是在上流社会流行,成为精英文化不可缺少的重要组成部分。

(二) 人文主义教育的意义

尽管人文主义者和人文主义教育本身具有明显的历史的和阶级的局限性,如教育主要服务于上层阶级的子弟,其内容仍以古典主义教育为主,同时也没有彻底摆脱宗教的影响等,但其教育理念影响深远,具有重大的历史意义。

1. 人文主义教育是欧美近现代教育的开端

人文主义教育在反对封建主义的经院式教育的斗争中,提出了新的教育目标,扩大了教育的内容,探索了新的教育教学方式,对改变中世纪的性恶论("原罪"说)、预成论的儿童观,克服禁欲主义对人的束缚,恢复(或确立)全面发展的培养目标,按照儿童身心特征施教等方面均发挥了重要作用。

2. 人文主义教育冲破了中世纪教育的束缚

人文主义教育家对教育理论的探索和实践反映了他们的思想已经与中世纪经院式传统教育体制决裂,在行为方式上也与旧的统治阶级代理人分道扬镳。虽然这些教育理念和实践原则大多没有来得及贯彻,也没能在实践中全面推行,但难能可贵的是,人文主义者的教育思想在很多方面具备了近代文明的进步精神,成为西欧社会转型时期社会文化的一笔宝贵财富。

3. 人文主义教育推动了西方社会和文化的近代化

人文主义教育的演进既是西欧社会近代生成的前提条件,又是西欧社会文化趋于近代化的内在动力。在某种程度上,人文主义教育理论和教学实践及其价值取向,是西欧社会文化向近代转型时期的重要特征,加速了西欧社会文化的近代化进程。

总之,文艺复兴运动扫除了中世纪教育的阴霾,走出了教育中的"无人"之境,点燃了教育中人性的火焰,展露了新时代教育的曙光,促进了近代文化和科学事业的发展,也为后来宗教改革时期新教教派的教育改革准备了条件。

第三节 宗教改革时期的新教与教育

宗教改革是16世纪欧洲新兴资产阶级以宗教改革为旗号发动的一次大规模反封建的社会政治运动。这次运动的矛头直指天主教会,企图用新教取代天主教,使新兴社会阶层代替封建贵族和教会势力。

一、宗教改革运动

中世纪以来,基督教一直是西欧文明的基础和核心。它不仅垄断了文化教育,而且还渗透到政治、经济、法律等各个领域。其中以罗马为中心的天主教的势力逐渐扩大,并把西欧联合起来成为一个统一的整体,而罗马教廷也成为天主教会的中心。

(一)宗教改革的兴起

随着天主教会权势和财富的膨胀,教会内部的腐化现象也达到无以复加的程度。以教皇为首的天主教会鼓吹教权高于世俗政权,对欧洲各民族国家的内政恣意干涉,对各国内部的统一和资本主义的发展百般阻挠。然而,从15世纪末开始,欧洲许多国家已经建立了中央集权的民族国家,试图摆脱罗马教廷的控制,罗马教廷的权势受到严重削弱。1517年10月,教皇列奥十世(Leo X,1513~1521年在位)以修缮罗马圣彼得大教堂为名,派特使到尚处于分裂状态的德国去兜售赎罪券,直接导致了宗教改革运动的爆发。1517年10月31日,德国威登堡大学神学教授马丁·路德(Martin Luther,1483~1546)发表了《九十五条论纲》,抨击罗马教廷出售赎罪券,矛头直指罗马教皇,拉开了宗教改革的序幕。

(二)宗教改革的主张和实质

宗教改革者并不反对宗教,而是主张改良宗教,建立新的教会。他们所重建的教会被称为"新教",以区别于旧教——天主教,信奉新教者被称为"新教徒"。新教派别主要有路德教派、加尔文教派和英国国教。新教教派反对罗马天主教会的贪婪腐化、荒淫无耻;反对旧教教会仪式的陈规陋习和繁文缛节;反对天主教的教阶制,否定教会和教皇的绝对权威,强调个人在宗教中的地位;主张"因信称义",认为个人可以直接与上帝对话,教徒可以对《圣经》进行独立阅读和理解,可以自己祈祷,通过自己对上帝的无限信仰与热爱,来获得上帝的恩典,从而使信仰成为个人的事情。

宗教改革削弱了罗马教廷的统治,导致天主教会无力维持其精神垄断,统一的欧洲基督教世界分离成各种教派。但是,从本质上看,宗教改革不是单纯宗教领域的改革,而是一场新兴资产阶级发起的反封建反教会的社会政治和思想运动。宗教改革沉重打击了封建制度和天主教教会,促进了民族意识的觉醒和民族语言文化的发展,为后来的资产阶级革命扫清了道路,在政治、经济和社会各方面具有深远的影响。

(三) 宗教改革与教育

毫无疑问,宗教改革促进了西欧教育的发展。第一,无论是新教或旧教都重视教育,兴办了许多新学校,增添了新课程,对于人类文化知识的传播,无疑是大有裨益的,因为"在宗教教育的背景下最有可能战胜传统主义"[①]。第二,宗教改革涉及欧洲社会的各个层面,其中教育作为传播教义的重要工具,是宗教改革不可忽视的关键因素。第三,宗教改革家们根据其宗教教义发掘出基督教所包含的个人权利和平等自由等思想因素并加以发扬光大,肯定了人人皆有权接受教育的必要和可能,以信仰自由为代表的个人权利大大扩张,理性精神得以弘扬。第四,新教教育均强调道德教育,构建了勤奋、简朴、敬业、仁爱、虔敬等西方道德价值体系,体现了民主、自由及平等的普世主义和理性主义精神,从而确立了尊重人性、尊重自然的客观公正的人文主义教育。第五,新教与天主教形成了各自的势力范围,为扩大和巩固自己的影响和势力都对教育十分重视,共同构成了以基督教教育为主干的欧洲宗教改革时期的教育。第六,宗教改革对近代西方教育的剧变产生了深远影响。可以说,宗教改革运动促进了西方教育从中世纪向近代的变迁,并成为推动西方教育近代化产生与发展的原动力。

二、路德教派与教育

16世纪的德国,民族压迫、阶级压迫与宗教压迫交织在一起,各种矛盾日益激化,使德国成为宗教改革的发源地。路德教派是新教的主要教派之一,其领袖马丁·路德不仅是一位宗教改革家和宗教改革运动的旗手,而且也是一位教育改革家和思想家。

(一) 马丁·路德的教育思想

马丁·路德是基督教新教路德派的创始人。1501年进入埃尔福特大学学习法律,受到人文主义的影响。1505年参加奥古斯丁修道会,开始研修神学,后转入威登堡大学。1512年获得神学博士学位,1515年受聘到威登堡大学任神学教授。1517年开始投身德国的宗教改革运动。

1. 宗教改革理念

马丁·路德的教育思想及其改革措施均来源于其宗教改革的基本思想。与罗马教廷所不同的是,马丁·路德提出了鲜明的宗教改革主张。

首先,赋予"善功"新的内涵。按罗马天主教会的解释,"善功"是指信徒们在教会神职人员的引导下,参加教堂祈祷、斋戒、唱赞美诗及圣餐典礼等一系列宗教活动。善功的结果就是称义,即所谓的"善功称义"。路德认为,只要凭信仰去从事各种职业和日常工

[①] 〔德〕马克斯·韦伯著,于晓、陈维纲译:《新教伦理与资本主义精神》,三联书店1987年版,第45页。

作都是善功。因为在他看来,"上帝应许的唯一生存方式,不是要人们以苦修的禁欲主义超越世俗道德,而是要人完成个人在现世里所处地位赋予他的责任和义务。这是他的天职"①。

其次,主张"因信称义"。路德认为人的得救在于神的恩典和人对神的虔信,信仰是个人的事,应该由个人凭着良心及内在的信仰和虔诚来祈求灵魂得救,而不需要教会充当祈求拯救的中介。个人可以与上帝直接沟通对话,因信得救,不必假手第三者(教会或僧侣),要以《圣经》的权威取代教会的权威。

再次,主张所有教徒均为教士,都有信仰的自由,并且在上帝面前享有平等的权利和义务。这种平等观念给森严的教阶制以沉重的打击,削弱了教士的特权。

最后,主张政教分离,政府不应干涉精神信仰,教会也不该干涉世俗政府事务。这种观念受到了世俗政权的热烈欢迎。由此看来,路德的主张与人文主义精神是一致的,处处洋溢着正在上升的资产阶级的思想意识和需求。

2. 教育改革理念

路德的宗教和政治主张主要反映在他的教育理论中,《为基督教学校致德国市长和市政官员书》(1524)是其最有系统的教育论著。该书猛烈地抨击了旧教统治下的学校教育的种种弊端,强调学校教育对世俗国家社会及个人福利的重要意义。他于1530年发表的《论送儿童入学的责任》一书阐释了义务教育的主张,并亲自参加了1527年至1528年对萨克森教会和学校状况的调查。

具体说来,路德的教育思想主要体现在以下6个方面:

第一,双重教育目的论。马丁·路德认为,人性本恶,故需教育。教育的目的在于形成健全虔诚的道德以及与恶魔作战的心灵。只有人人受教育,才能使人人得救。兴办教育不仅有益于教会,使臣民的灵魂得到救赎,而且更有益于国家。因此,国家必须大力兴办教育,通过教育培养有德有才的国民,才能保证国家的安定与繁荣。路德的教育目的具有双重性,一方面是宗教性的,希望通过教育培养人们对上帝的信仰,使人灵魂得救,这与他的"因信称义"思想是一致的;另一方面是不可忽视的世俗性,提出通过教育培养德才兼备的国民,这与他的"善功"天职观念和政教分离的思想是相通的。

第二,国家管理教育的观念。马丁·路德将教育的管理权和举办权归于世俗政权——国家,而不是像中世纪那样归于教会所有,这种国民教育理论本身就是历史的进步。马丁·路德指出,由于早期的民族国家尚未具备治国的权力和能力,因此教会和国家共同管理教育事务,但当民族国家具备了强大的世俗力量以后,教育就应该归国家管理。因为教会已成为国家的教会,而不是教皇的教会;教会人士属于国家的臣民或官吏,而不是教会的奴仆;国家权力包括世俗事务和精神事务,教会负责精神事务。

第三,普及教育与义务教育的思想。马丁·路德的"因信称义"学说在理论上产生了

---

① 〔德〕马克斯·韦伯著,于晓、陈维纲译:《新教伦理与资本主义精神》,三联书店1987年版,第59页。

一种新的教育理念和要求:人只要有信仰,在上帝面前就享有平等的权利和义务;这种宗教的平等观反映在教育上便成为人们享有平等的教育权。不仅如此,对于个人而言,接受教育既是一种权利也是一种义务;对于国家而言,政府与社会有权利和义务实施普及教育,就如同国家具有征税、征兵役的权利一样;对于儿童的父母而言,送子女入学是公民对国家和社会应尽的义务。故此,父母必须送子女入学,对儿童实施教育是国家行政当局和官员们不可推卸的责任,行政当局应大力兴办学校,并强迫学生家长送子女入学,从而保证学生接受教育。由此可见,马丁·路德是最早明确提出普及义务教育的教育家。

第四,建立国民教育学校系统的设想。马丁·路德抨击了旧学校存在的弊端:学校像囚房,教室如囚室,教师像暴君,学校如厕房;学校教材陈旧,教学方法专制,教学内容单一。按照他的设想,新型国民教育学校制度分为小学、中学和大学三级。

小学阶段设立国民学校,属于实施初级教育的机构,教育目的在于传授基础知识和形成良好的品德。路德主张采用本国语教学,教学内容包括阅读马丁·路德所翻译的《圣经》和《伊索寓言》以及路德编写的《教义问答》、唱赞美诗;同时兼重历史、数学、音乐和体操学习。国民学校的课程为读(Reading)、写(Writing)、算(Arithmetic)、宗教(Religion),简称"4R"课程或"4R"教育。

中学阶段设立拉丁学校,属于实施中等教育的机构,教育目的在于培养教师、传教士、政治家和国家官吏,教学内容涵盖拉丁文、希腊文、圣经、新教教义、历史、修辞、数学、音乐及体育等科目。

大学为实施高等教育的机构,教育目的在于为国家和教会造就领导人,教学内容以《圣经》、亚里士多德的物理学和其他古典课程为主。路德虽然大力倡导初等教育,但他的主要精力在中等教育和高等教育方面,以便把上层阶级的子弟快速培养成为教会的牧师、国家的官吏和学校的教师。他深信,只有中、高等教育培养出来的人才能领导和组织信徒与天主教斗争,维护和宣传新教思想。

第五,重视家庭教育的作用。马丁·路德认为教会和国家是建立在家庭基础之上的,家庭治理是教会和国家管理的基础。从对"善功"的理解出发,他认为抚养和教育好自己的子女,其价值远远超过去罗马朝拜的价值。他期望做父母的身兼三职,即教士、先知和官吏,将教、训、管三种责任与权利集于一身。家庭教育的主要内容是宗教教义和道德。宗教教育以《教理问答集》为主,同时所有的父母每天都应抽出一些时间来教育儿童,并要在言行上给子女做出好的榜样。道德教育仍以《圣经》为主,其次是《伊索寓言》,路德还建议市政当局定期检查、监督各个家庭的教育实施情况。

第六,教师的重要性。马丁·路德强调尊师重道并预见了教师专业。路德很重视教师在国家和社会中的作用,曾对当时社会上教师地位的低微表示不满,他还提出了教师的职业标准,强调选择最聪明、最贤良、最能干的青年来进行专门培养,使之成为知识广博、具有音乐才能、态度温和、教法适当,并能宣讲上帝之道和施行圣餐典礼的优秀教师。

(二)其他路德教派教育家的教育思想与实践

马丁·路德的教育主张由其在威登堡的同事予以传播和实践,其中最著名的有布肯哈根、梅兰克顿和斯图谟等人。

1. 布肯哈根

布肯哈根(Johannes Bugenhagen,1485～1558)是路德教派的坚定支持者,最早参与了路德掀起的宗教改革运动,1523年成为威登堡大学的神学教授,协助路德进行教会改革工作,后在德国北部开展初等教育和母语教育,对德国初等教育和普及大众教育起到了积极作用。布肯哈根的教育实践主要体现在三个方面:一是强化路德派新教的宗教教育,二是普及男女儿童的大众教育,三是实施母语教育。布肯哈根的教育实践秉承了路德派新教的教育原则,不仅开创了德国路德派新教初等教育的先河,也对欧洲初等教育和西方近代教育的发展产生了重要影响,被誉为"德意志国民学校之父"。

2. 梅兰希顿

梅兰希顿(Philipp Melanchthon,1497～1560)是宗教改革时期德国的新教教育家、神学家,被称为"日耳曼人的伟大导师"①。他15岁就获得海德堡大学文学学士学位,1514年后开始了教学和研究生涯,1518年到威登堡大学教授希腊文,成绩显赫,结识了马丁·路德。在宗教改革时期,梅兰克顿是继马丁·路德之后路德派新教的主要领导人。

梅兰希顿一生致力于实践马丁·路德的理想,在德国各邦创建新型学校教育体系,主张国家掌握教育的控制权,兼顾教育的宗教性与世俗性双重目的,注重人文学科,认为只有了解人文学科才能真正了解《圣经》。梅兰希顿的教育改革集中体现在中等教育和高等教育方面,从某种意义上讲,梅兰希顿创建了德国的中等教育体制。1528年,梅兰希顿应萨克森公爵之约帮其制订了《萨克森拉丁文法学校计划》,奠定了新教学校教育的基础。他将中等学校分为三级:初级拉丁文法学校,以阅读、书写为主;中级拉丁文法学校,以古典学科为主;高级拉丁文法学校,以拉丁文古典著作为主。他还为各级拉丁文法学校编写了文法、修辞、逻辑、物理、伦理等科目的教科书。在高等教育方面,他按照路德的主张改革了海登堡和威登堡等旧大学,积极参与创建了马尔堡大学(1527)、哥尼斯堡大学(1544)和耶拿大学(1558)。梅兰希顿对德国新教的中等教育和高等教育的课程影响至深,为德意志民族教育的发展作出了突出贡献。

3. 斯图谟

16世纪中期,斯图谟(Johannes Sturm,1507～1589)成为德国新教教育的领军人物。1537年他被任命为斯特拉斯堡市立拉丁学校校长,这所学校是由三所学校合并而成的大学预科性质的学校,斯图谟把它建成了一所人文主义的学校,并定名为"古典文科中学"(Gymnasium),旨在培养新教所需的牧师、教师和官吏。斯图谟强调文科中学教育的宗教性目的,以古典拉丁语、希腊语为主要教学内容,并借鉴采用了比利时人文主义性质的列日(Liege)学校的分级教学制度,将学生分成十个年级,每个年级按固定的课程和教科书进行教学,第十年级的课程与大学课程相衔接。学校每年都要举行隆重的升级仪式,并对品学兼优者给予奖励。从17世纪开始,文科中学成为德国其他城市乃至欧洲许多国家争

---

① 〔德〕鲍尔生著,滕大春等译:《德国教育史》,人民教育出版社1986年版,第40页。

相效仿的楷模,并且成为升入大学的唯一阶梯。文科中学模式深受社会好评,影响深远,成为以后300多年德国以及一些欧洲国家中等学校的主要办学模式。

正是借助于布肯哈根、梅兰克顿和斯图谟等人的教育实践活动,马丁·路德关于国家兴办教育和管理教育、实施普及义务教育以及建立新的学校体制的一系列主张才得以在德国新教地区具体化。路德教派的教育理论与实践不仅为其他新教教派的教育活动提供了基础,也对后世教育家的教育思想和实践产生了重要影响。

三、加尔文教派与教育

加尔文教派是宗教改革时期三大主流新教教派之一。加尔文教派最早起源于瑞士,1518年茨温利(Ulrich Zwingli,1484~1531)抨击天主教会的腐败堕落,反对出售赎罪券,率领瑞士人文主义者和宗教领袖加入到宗教改革的队伍中,并在改革中与路德新教教派分道扬镳。1534年,法国神甫加尔文(Jean Calvin,1509~1564)前来瑞士传教,并于1536年完成了其代表作《基督教要义》,系统地论述了加尔文派新教的教义以及改革教会的激进主张,对欧洲的宗教改革产生了重要影响。1541年加尔文重回日内瓦,领导了瑞士的宗教改革,建立了加尔文教派。

(一) 宗教改革观

在对待旧教的态度上,加尔文比马丁·路德更为激进,企图论证创立一种更接近于古代基督教教义的宗教思想。他用"因信得救"来反对中世纪基督教的等级观念,用"因信得救"来取消教皇、主教和神父统治人民的权力。加尔文继承并发展了路德的"因信称义"说,提出了"预定"说,否定教皇的权威和"善功"的作用,更否认人的自由意志,认为人只有通过信仰才能得救,《圣经》才是永远的权威。他的"预定"说在把个人命运交给上帝的同时,又交还给了个人,为拓展教育思想提供了空间。

(二) 教育改革理念

加尔文的教育思想主要体现在其《基督教要义》(1536)、《日内瓦初级学校计划》(1538)以及《基督教教规》(1541)中。

加尔文肯定了教育的巨大作用。他认为教育可以改善个人生活、社会生活和宗教生活。首先,加尔文指出,人生来就带有"原罪",如果听任人的本性发展,人就会迅速走向堕落。因此,人必须不断接受教育和训练,以抑制作恶的本能冲动,逐步养成为善的倾向,所以,教育可以起到抑恶扬善的作用。其次,《圣经》可以指引人们获得对上帝崇拜和敬仰的知识,这就要求人们必须接受教育,才能具有一定的文化知识以及阅读《圣经》和接受宗教知识的能力,因此,教育具有帮助人们信仰上帝的作用。再次,人非圣贤,每一个人都有可能误入歧途,有悖于上帝的恩赐,而通过教育可以把握心灵的纯正,不断接近上帝的真谛,故此,教育可以起到完善自我、发展能力的作用。最后,为了上帝的旨意和灵魂的得救,应当完善和精简教会、简化礼仪、恢复古代基督教的纯洁,鼓励教徒辛勤奋斗、开拓创业,崇尚节俭、克制欲望,建立新型的教会管理制度,实现教会民主化。通过教育可以培养开拓事业的能力、遵守教会章程规定的行为和真正基督教徒的优秀品质。所以,教育可以起到完善社会与教会体制、形成基督教徒道德品质的作用。

加尔文进一步阐发了路德的普及教育思想,主张对所有儿童不分性别与贵贱贫富实施普及与免费教育。他明确提出实施普及与免费教育具有双重目的,即宗教信仰和世俗利益。在他看来,教育的普及不仅能促进宗教信仰,扩大新教教义的影响,同时也有利于国家的意志、法律和法令的执行,有利于社会秩序的稳定。鉴于此,政府应当重视教育,努力使全体公民都受到良好的教育。所以,国家应设立公立学校,由世俗的市政当局负责实施免费教育,由国家实施对全体公民的强迫教育。

(三) 日内瓦的教育实践

与路德不同的是,加尔文不仅提出了普及与免费教育的思想,而且亲自领导了日内瓦普及义务教育的活动。为了探索教育改革的途径,1556年加尔文亲自到斯特拉斯堡考察了斯图谟的古典文科中学。1558年加尔文在日内瓦创办了日内瓦学院,以培养加尔文教的传教士、神学家和教师为办学目的,教学内容兼顾宗教神学(首选学科)和人文学科(必要学科),采用分级(班)教学形式和本族语教学。该校吸引了欧洲许多国家的学生,成为培养加尔文新教传教士和教师的摇篮,后来逐渐成为荷兰、英国、美国等国学校的样板。仿照斯图谟古典文科中学的模式,1559年加尔文在日内瓦创办了文科中学,还专门制定了《日内瓦文科学校条例》。在他的领导下,日内瓦成为新教教育的圣地。加尔文本人也因此被称为是"普及教育之父"、"免费学校的创始人"。

加尔文派的教育主张和教育实践活动,对欧洲各国产生了巨大的影响。如法国的胡格诺派、苏格兰的长老会及英国的清教派等在加尔文教派兴办教育的影响下,也都在各自掌控的地区内大力兴办学校,改革教育。加尔文的教育思想和教育实践活动,对近代西方教育的变迁产生了许多职业教育家无法比拟的深远影响。

四、英国国教与教育

英国国教是宗教改革运动中在英国建立的一种民族教会,又称"圣公会"。在宗教改革初期,英国国王亨利八世(Henry Ⅷ,1491~1547)对宗教改革运动并不感兴趣,甚至将马丁·路德的新教著作视为禁书,并于1521年亲自撰文批驳新教教义,被教皇封为"信仰的维护者"。但是,随着英国专制王权与罗马教廷争夺英国教会最高统治权和经济利益的矛盾加剧,以及英国新贵族和资产阶级对教会土地财产的觊觎,这些矛盾终因教皇迟迟不批准亨利八世的离婚请求而演变成公开对抗。自1529年起,亨利八世操纵英国议会实行自上而下的宗教改革,先后通过法令禁止向教廷纳贡,取消教廷在英国的最高司法权和其他种种特权。1534年与新教合作并共同通过《至尊法案》,正式宣布英国国王为英国教会的最高首脑,建立脱离罗马教廷的英国国教会,但基本沿用旧教教义、礼仪和主教制。1558年伊丽莎白一世(Elizabeth Ⅰ,1533~1603)即位,制定了"统一法案",要求信徒及师生必须效忠王室,遵守国教信仰,否则将受到严厉处罚,镇压不服从国教的天主教徒和清教徒。最终,英国国教会的统治得以确立,英国国王代替罗马教皇成为政教权威。17世纪英国国教深受加尔文教派的影响,逐渐变成带有资产阶级性质的新教教会。

英国实施宗教改革后,教育事业受到重视并获得一定程度的发展。

(一) 新式学校的设立

宗教改革后的英国,教会权力为世俗政府掌握,世俗教育受到一定重视。英国国教会解散了修道院,没收了天主教会财产,并将这些经费用于文法学校的设立,其中亨利八世时设立了63所,伊丽莎白一世时则设了138所,文法学校毕业的学生成为牛津大学、剑桥大学的唯一生源。同时随着资本主义生产方式的发展,英国开始出现了一些重视实用学科知识的学校,专门培养能够从事实用性和职业性工作的童工,吸收了大量的贫民子弟。1598年至1601年,英国通过了一系列贫民法案,强制贫民子弟接受职业技术教育,在一定程度上不仅改善了贫民的生活状况,而且使其接受到一定的职业技术教育。

(二) 教育的民族化

亨利八世为了和教皇相抗衡,不但将英国国教核准的教材作为法定教学用书,并且专门指定印刷商大量印刷,供学校使用。这些新的英文课本内容包括历书、戒律、主祷文、赞美诗和祈祷书等。亨利八世认为,这种官方的课本是为了"用自己的语言给我们的臣民提供一种祈祷的确定的形式",希望"在自己的全部领土上有一个统一的祈祷方式和程序"①。因此,规定教会传播福音以英语为主,取消拉丁文传道,教会陈列英文圣经。

(三) 教师的筛选和控制

英国国教对教师进行忠诚考查,由政府审核教学人员和发放任职许可证。伊丽莎白一世于1559年谕令实行教师许可制度。1662年"统一法案"的制定要求所有负责儿童教育的公、私立学校教师和校长,必须宣誓效忠英皇和为人师表。

(四) 教育的世俗化

1571年英国议会制定法律,把大学划为政治机构而非宗教机构,享有更多的自由和豁免权。詹姆士一世(James I,1566~1625)又于1604年以法令形式规定大学是类似郡、区、市、县的单位,并非教区、教会之类的单位。这就打破了长期以来教士对国家高级职务的垄断,一大批世俗人士为了取得这样的职位,要求接受良好的教育,以获得广博的法律知识,这就直接刺激了大学世俗教育的发展。同时,新教教义在英国的传播也使人们相信通过接受教育可以直接感受到上帝的意旨。而人文主义者一向提倡的以人的发展为中心的教育思想得到了广泛传播,激励教育事业摆脱教会的控制和影响,走向普通民众,其中牛津和剑桥两大学的世俗化倾向尤为突出。

但是,宗教改革后,英国并未出现全新的社会局面,当局基本上仍不太关心人民大众的教育,一般平民教育只是由资产阶级慈善个人或组织资助兴办,教会只是在学校的信仰上给予严格监督,教育活动仍具有浓厚的宗教色彩,但宗教改革使英国的教育普及化、世俗化取得了前所未有的发展。英国宗教改革的教育理论与实践也为17世纪唯实主义教

---

① 蔡骐著:《英国宗教改革研究》,湖南师范大学出版社1997年版,第149页。

育思想的形成奠定了坚实的基础。

第四节 天主教教育

随着16世纪欧洲宗教改革运动的兴起,天主教在欧洲部分国家里丧失了统治地位。为了应付宗教改革后出现的新局面,遏制新教势力,天主教会以法国、西班牙、葡萄牙等国为堡垒,重整旗鼓,采取了一系列措施,开始了反宗教改革运动。

一、反宗教改革运动

反宗教改革运动是16至17世纪天主教会为对抗宗教改革运动的影响而进行的一场反新教运动。其目的是为了应对宗教改革后出现的新局面。面对宗教改革运动,罗马教廷采取了一系列措施。1545年12月,教皇在特兰托召开宗教会议,力图避免天主教的分裂,反对新教运动,改革罗马教会。1564年11月,教皇庇护四世(Pope Pius IV,1499~1565)公布了《特兰托会议信纲》,肯定了中世纪罗马教会的信条和仪式全部正确无误,教皇是教会的最高权威,新教为异端,未经教廷或各地主教批准不得出版任何有违教廷的书籍。同时,教廷也听取了其内部要求改革的呼声,发起了整顿教会的运动。

反宗教改革运动采取的主要措施包括:第一,设立异端裁判所,打击新教与新教徒。1542年,保罗三世(Pope Paul III,1468~1549)改组异端裁判所,旨在镇压一切反教会、反封建的新教教派或异端以及有异端思想或同情新教的人。异端裁判所成为天主教会对抗和镇压新教及其他异端教派的重要工具之一。第二,革除教会弊端,实施内部改革。天主教会设立了专门委员会整顿教会内部纪律,提出改革教廷的要求。《特兰托会议信纲》专门为整肃天主教会作出规定:主教必须讲道,神父必须熟读《圣经》,教士的道德生活必须受到监察以及开办神学院训练神职人员等。第三,积极开展海外传教。为了扩展势力更好地与异教斗争,天主教一方面创立了一些强调虔修生活和社会服务的教会组织,如耶稣会;另一方面积极鼓励天主教会向美洲、亚洲和非洲等地扩展影响和实力。反宗教改革运动使天主教在欧洲大部分地区的地位重新得到巩固。

二、耶稣会与教育

天主教的教育活动主要是由各教会组织或团体承担,其中影响最大的是耶稣会。耶稣会是宗教改革时期天主教为应对新教挑战而成立的主要修会,获得了罗马教廷的许可和支持,其主要任务就是传教与教育。

耶稣会的创始人是西班牙贵族军官罗耀拉(Ignatius of Loyola,1491~1556)。罗耀拉早年曾为职业军人并在战争中受伤,1529年入巴黎大学学习神学,1535年与一批志同道合者组建了耶稣会,1540年耶稣会得到罗马教皇的正式认可。为使耶稣会真正起到"神圣保卫者"和"天主教会复兴者"的作用,罗耀拉仿照军队编制,建立了严密的组织,规定了严格的纪律,要加入该会者必须经过严格训练,所有成员必须宣誓绝财、绝色、绝意及绝对服从上级;要求积极进行传教活动,广泛兴办学校,力争使学校成为反宗教改革的阵地。耶稣会始终走在反宗教改革运动的前列,极力维护教皇的权威和天主教的利益,以讲道、传教、兴办学校等手段扩大天主教影响。由于极端的宗教倾向和建立秘密组织,耶稣会与民族国家的利益产生了矛盾,曾被许多国家取缔、驱逐和迫害。1773年教皇迫于压力宣布解散耶稣会,直到1814年耶稣会才又重新获得认可。

(一) 教育的作用

耶稣会十分重视教育的作用,将教育视为实现政治和宗教目的的重要手段。罗耀拉在创建耶稣会时就赋予教育重要的地位,将其作为组织的重要活动,把教育作为争取青年、巩固天主教会影响、对抗宗教改革的主要方式。在1559年颁发的《耶稣会章程》第四章中专门论述了教育问题,耶稣会成为中世纪以来第一个把教育青年正式写入会章的宗教团体。1584年,欧洲各国的耶稣会代表在罗马集会,制定了《教学大全》,并于1599年公布。该法令成为管理耶稣会学校的纲领性依据,在19世纪之前一直是世界各地耶稣会教育的最高准则。耶稣会还主张实施平等的教育,声称"教育不可因贵贱贫富而异"。但实际上,为了与新教争夺教士和天主教大学神学教授的职位,他们通常忽视基础教育。

(二) 学校教育

为了实现培育精英以控制未来统治阶级的需要,耶稣会着重开办中等和高等教育。耶稣会不仅开办了专门训练教士的教会学校,还开办了许多普通中等学校和高等学校。耶稣会所开办的中等与高等学校均称为"学院"。学院一般分初级和高级两部:初级学院相当于文科中学和大学预科,学制5~6年,教学内容主要是拉丁语、希腊语、希伯来语、文法、古典文学等人文学科,目的在于为进一步学习奠定基础;高级学院相当于大学,分哲学部和神学部。哲学部修业年限通常为3年,内容包括逻辑学、形而上学、心理学、伦理学、数学、物理学、天文学等;神学部是最高级别的教育,修业年限为4~5年,主要研读《圣经》和经院哲学著作。在规模较小的耶稣会学院中只设初级部。耶稣会学院的教学用语为拉丁文,为了培养雄辩的技巧,逻辑学和修辞学受到格外重视。在文法和修辞课中附带讲授一些历史、地理和自然科学方面的知识。对于古典作家的作品,内容必须经过严格选定。

(三) 教学形式和教学方法

耶稣会学校重视改进教学组织形式和教学方法,以保证教育质量。耶稣会学校采用寄宿制和全日制的免费教育,根据学生不同的能力水平编制班级。教学以班级为单位采用集体授课方式,具体形式包括讲座、讲授、阅读、写作、背诵、辩论、练习、记忆和考试等。耶稣会鼓励利用各种奖励办法促进教学,增强学生之间的竞争,注重提高教学效率,变换教学方式,采用假日旅游、户外活动等调剂身心。耶稣会学校还吸取了人文主义教育和新教教育中一些卓有成效的做法,如温和纪律、热爱学生、良好的师生关系、慎用体罚等。此外,耶稣会学校重视宗教道德教育,实施灵性操练,即每天在固定的时间由专人组织负责,集体训练学生摆脱一切放纵的欲望,进而寻求灵魂得救的各种方法。这种操练不仅教授学生必要的宗教道德知识,而且重视通过严格编排的训练程序,使学生在意志、情感、行为等方面均得到陶冶。所有这些不仅保证了耶稣会学校的高质量,而且也带来了良好的声誉。

（四）师资培养

耶稣会非常重视师资培养。耶稣会实行严格的教师选拔制度,只有少数最优秀的成员才能担任教师。教师不仅要绝对服从教规,坚持独身、安贫、贞洁等宗教道德,而且要受过良好的耶稣会学校教育,具有渊博的知识,对哲学和神学有相当高深的造诣,还要对宗教和教育有极大的热忱。耶稣会明确规定,在耶稣会学校高级学院学习3年哲学课程的学生,才能到初级学院教授低年级的课程;在神学部学过6年神学课程的学生,才有资格到高级学院任教。新入职教师需接受富有经验教师的指导,掌握教学基本技能和管理课堂的方法。耶稣会重视在师资培养过程中的宗教道德训练、专业知识训练和教育教学方法训练,这是耶稣会学校拥有高水平师资的重要保证。

（五）组织管理

耶稣会学校以严密的学校组织管理制度而著称。《耶稣会章程》和《教学大全》是耶稣会学校"教育方法和学校及课堂管理的实用手册"①,其规定不仅对学校工作具有普遍的指导意义,还具有法律的权威,是耶稣会学校组织管理的纲领性文件。规定内容涵盖学校授课时间、课程开设顺序、讲授方式、教学内容、教学方法、学校行政管理的职责和权限、学校工作指导及办学规范等。同时,还要求学生进行个别祈祷与忏悔,鼓励学生互相监督,互相告密,采用侦查和报告制度。

（六）耶稣会学校的两面性

耶稣会学校具有落后与先进两面性。耶稣会学校创造了许多行之有效的办学经验,一直以办学水平高、学校组织严密、学校设备一流、师资水平高、学生质量好而著称。耶稣会为了维护天主教的绝对权威,与新教争夺舆论阵地和人才,开办了许多大学,仅在法国路易十四在位（Louis XIV,1638～1715）期间,耶稣会管理的学校就达数百所,学生数十万名,同时耶稣会积极拓展海外办学,为许多尚未迈入近代化的国家或地区输入了革新因素,影响面遍及全球。耶稣会学校为天主教会培养了大量人才,推动了天主教革新运动,直接吸引了新教徒重返天主教,增强了天主教的社会基础,对天主教的复兴起到了举足轻重的作用。耶稣会学校不仅培养了教会所需要的人才,而且还造就了一些活跃在社会、政治、哲学、科学等领域具有先进思想的人物和知识分子,如法国数学家和哲学家笛卡尔（René Descartes,1596～1650）、启蒙思想家伏尔泰（Voltaire,1694～1778）、狄德罗等。

---

① 赵祥麟主编：《外国教育家评传》（第1卷），上海教育出版社1992年版,第380页。

但是，耶稣会对教育的重视和投入完全是出于宗教的目的和动机，当近代科学与哲学、政治与经济都显现出新教的理想与追求时，耶稣会却仍采取怀疑和敌视的态度，顽固坚持天主教教义，排斥一切与之不符的思想与观念，在教育上因循守旧，与时代和教育发展的潮流格格不入。自18世纪以后，耶稣会学校对欧洲教育的影响逐渐减弱。

结　语： 西欧通过文艺复兴走出了黑暗的中世纪，文艺复兴的展开在信仰领域又引起了宗教改革运动，而天主教在宗教改革的压力下进行了反宗教改革运动。不管是文艺复兴运动还是宗教改革运动都具有反封建的性质，都向古代寻求和汲取养分。而文艺复兴运动和反宗教改革运动都反对宗教改革，同时宗教改革运动和反宗教改革运动都具有宗教性，一致反对文艺复兴运动中的异教因素。

但是，无论是在世俗领域开展的文艺复兴运动，还是在信仰领域内发生的宗教改革和反宗教改革运动，都赋予教育以改革社会的重任，从而形成了人文主义教育、新教教育与天主教教育三种教育势力。它们之间彼此冲突与融合，相互斗争与渗透，互相抵触与影响，在危境中求生存，在斗争中谋发展，奠定了近代西方教育的基本格局。

首先，三种教育势力都蕴含了人文主义的精神。新教教派在与天主教教育相抗衡的过程中，吸收了大量人文主义教育的理念，同时，新教教派积极提倡把教育扩大到民众，超越了人文主义的世俗教育精神。天主教教育在教育内容上突破了旧教育的狭窄范围，在教育管理和教学方法上力图吸收人文主义的因素，贯彻人文主义教育的原则。

其次，在教育的宗教性方面，三者都带有不同的宗教色彩。人文主义教育试图调和与宗教的关系，建立一种基督教化的人文主义教育；新教教育本质上就属于基督教人文主义的范畴，是一种具有现实意义的人文主义化基督教教育；天主教教育则完全属于宗教教育的范畴，带有浓厚的宗教色彩。同时，新教和天主教教育都反对人文主义教育的异教因素。

再次，在教育的社会性方面，新教教育具有群众性和普及性的特点，人文主义教育和天主教教育则具有精英性和贵族性的特点。天主教教育的贵族性体现在重视教会精英的培养，人文主义教育的贵族性体现在重视新型阶层社会精英的培养。

最后，在教育的目的与内容方面，三种教育势力均为各自的利益集团和社会阶层服务。所不同的是，人文主义教育将教育看做是实现人文主义理想的手段，而新教教育和天主教教育将教育理解为一种宗教工具。三者都将古典人文学科和宗教教义作为教育内容，但人文主义教育将学习古典人文学科看做是为现实服务和人的个性发展的内容，而新教教育和天主教教育则将古典人文学科理解为为神学服务的一种技术性工具。

三种教育势力对近代教育的走向均产生了巨大影响。文艺复兴与宗教改革从不同层面改变了中世纪的黑暗局面，弘扬了人的尊严和高尚，在冲突中取得宗教宽容，进而产生政治妥协，使西方社会由中世纪的教会绝对权威，转变为宗教中立和政教分离，加强了世俗力量的权威。其结果是，其一，教育的性质发生了根本变化。民族教育得以产生，国家对教育的支配权愈来愈多，教育的普及性和公共性逐渐显现。其二，教育世俗性的强化。

人文主义教育的本质就是以世俗性教育替代宗教性教育,宗教改革时期的冲突导致了新教和旧教的多样化,从而导致信仰的多样化,达成了宗教宽容的平衡,进而引起了对世俗思想的宽容和解放,促进了近代科学和哲学的繁荣。于是,追求现实生活压倒了追求来世生活,教育与世俗生活愈加紧密,课程的世俗性态势得以确立。其三,奠定了近代西方教育的格局。三种教育势力的共同作用加速了世俗性的近代教育取代宗教性的中世纪教育。人文主义教育重视个性发展、崇尚自然教育、倡导古典教育,为近代西方教育奠定了理论基础;新教教育提出教育普及化、国家化和世俗化的要求,为近代西方教育确立了发展方向;天主教教育重视道德教育、师资培养和学校管理规范化,为近代西方教育提供了实践范式。

【讨论与思考】

1. 分析人文主义教育的特征。
2. 比较人文主义教育与新教教育的异同。
3. 讨论宗教改革时期新教的教育观和教育改革的措施。
4. 研讨宗教改革时期新教与天主教各自的教育实践活动与理念。
5. 如何理解耶稣会学校的两面性?
6. 综合评述文艺复兴与宗教改革时期人文主义教育、新教教育和天主教教育对西方教育的影响。

【扩展阅读书目】

1. 滕大春主编:《外国教育通史》(第2卷),山东教育出版社2005年版。
2. 褚宏启著:《走出中世纪——文艺复兴时代的教育情怀》,北京师范大学出版社2000年版。
3. 刘明翰、陈明莉著:《欧洲文艺复兴史》(教育卷),人民出版社2008年版。
4. 〔荷〕赫伊津哈著,何道宽译:《伊拉斯谟传:伊拉斯谟与宗教改革》,广西师范大学出版社2008年版。
5. 徐新主编:《西方文化史》(第2版),北京大学出版社2007年版。
6. 〔荷〕伊拉斯谟著,李康译:《论基督君主的教育》,上海人民出版社2003年版。
7. 〔英〕莫尔著,戴镏龄译:《乌托邦》,商务印书馆2008年版。
8. 〔法〕拉伯雷著,鲍文蔚译:《巨人传》,人民文学出版社2004年版。
9. 〔德〕马克思·韦伯著,于晓、陈维纲译:《新教伦理与资本主义精神》,三联书店1987年版。
10. 〔英〕汤姆凌著,张之璐译:《真理的教师:马丁·路德和他的世界》,北京大学出版社2004年版。

第八章　近代欧美各国教育

【内容提要】

17~19世纪,经过文艺复兴之后的第二次思想解放运动、工业革命和其他政治运动的推动,欧美国家逐渐打破教会掌控教育的局面,构建国民教育体系,倡导和实施世俗、义务、免费的初等教育;中等教育削弱了古典文法教育的主导地位,实科学校兴起,师范教育受到重视;高等教育引入了更多自然学科,强化了大学的研究功能,大学服务社会的功能开始彰显,出现了一批现代大学。

【学习目标】

了解欧美主要国家近代学校教育制度的形成,分析普及义务教育的实施,掌握各国教育发展的特征与异同;了解欧美主要国家中等教育改革的内容;把握欧美主要国家高等教育功能的变革历程及其特征。

【核心术语】

国民教育;导生制;慈善学校;主日学校;公学;绅士教育;《教育漫话》;实科学校;大学推广运动;《基佐法案》;《福斯特教育法》;《费里教育法》;洪堡教育改革;彼得一世教育改革;《国民学校章程》;新大学运动;新人文主义教育;泛爱学校;教育万能论;大学区制;帝国大学;公立学校运动;教育分权制;公立中学;研究型大学;赠地学院;12年度报告

文艺复兴和宗教改革运动掀开了资产阶级走向历史舞台的序幕,预告了西方社会近代化进程的开始。1640~1688年的英国资产阶级革命,表明以政治制度为标志的近代国家的肇始。之后,1789年的法国大革命、1848年的欧洲革命、1776年的美国独立和1861~1865年的美国南北战争、19世纪60年代的俄国农奴改革以及日本的明治维新运动等,最终确立了近代资本主义制度,同时各国的产业革命也推动着工业国家的经济实力的增长,这些推动了西方近代教育制度的建立和发展。

第一节　近代英国教育

近代英国教育分为两个时期:(1.) 17~18世纪的英国教育。这个时期英国教育发缓慢,教会学校占据主导地位,初等学校主要为社会下层子弟开办,具有慈善性质的机构;国家不干预教育事业;中等学校属于贵族教育,和大学相连;学校教育制度成双轨形态。(2) 19 世纪的英国教育。这个时期英国教育开始普及初等教育,国家逐步干预教育,中等教育延续贵族教育,出现了新大学运动和大学推广运动。

一、17~18 世纪的英国教育

17 世纪以来,随着资本主义的发展,加上文艺复兴和宗教改革的影响,英国的学校教育发生了很大变化。特别是 18 世纪 60 年代前后的产业革命,英国经济实力大为增强,为适应经济社会发展需要,这一时期英国开始关注初等教育和中等教育,发展职业技术教育,并对牛津、剑桥大学进行改革。此外,"近代科学之父"弗兰西斯·培根(Francis Bacon, 1561~1626)提倡的科学和科学教育,哲学家洛克提出的"绅士教育",文学家弥尔顿(John Milton, 1608~1674)的"学园"理念,对 17~18 世纪的英国及其他欧美国家的教育都产生了较大影响。然而,由于英国封建势力根深蒂固,资产阶级革命力量软弱,加上内战起伏,政权更迭频繁,经济不景气,所以此时期英国教育发展十分缓慢。学校教育主要沿袭了文艺复兴和宗教改革形成的传统,国家采取放任政策,教会渗透学校,初步形成双轨制,慈善教育盛行。

(一) 初等教育

16 世纪宗教改革初期,英国脱离罗马教皇而自立英国国教。英国国王集国家权力与教会权力于一身。为了加强国教会的宗教宣传,国王下令关闭原来附设于天主教会的学习场所,改由各教区的国教会负责,教贫苦儿童读《圣经》条文,传播宗教知识。从此出现了一些简陋的教区学校,接纳贫苦儿童入学。1662 年,英国国会通过一项教育法令,规定初等学校开办权属于国教会,教师必须信奉国教。这样国教会对初等教育的控制进一步增强。英国的初等教育形成过程中,最具特色的是慈善教育的出现和主日学校的设立。

1. 慈善教育

17 世纪后期,英国社会贫困现象突出,1698 年国教会成立的"基督教知识促进会"(The Society for Promoting Christian Knowledge,简称 SPCK)和 1701 年成立的"海外福音传播会"(The Society for the Propagation of the Gospel in Foreign Parts,简称 SPG)在全国范围内推行、创办教义问答学校(Catechetical School),以教育贫家儿童。受这种学校的影响,一些属于非国教会的个人和团体也创办学校,这类学校总称为"慈善学校"(Charity School)。18 世纪上半叶,慈善学校盛行于英国,当时出现了各种各样的"乞儿学校"(Ragged School)、"贫儿学校"(Charity Day School)、"劳动学校"(Industrial School)、"感化学校"(Reformatory School)等。

慈善学校不收学费,供应书籍,有的还提供衣服和食宿,但教学质量低下,教学内容极为简单,除传授简单的读、写、算知识外,课程主要是基督教教义,培养学生对基督教的虔诚信念,并注重对学生行为习惯的训练,使儿童勤劳守法。一些慈善学校还进行多种手工艺教育,男生学习园艺、航海术等,女生学习纺织、缝纫、家政等。多数慈善学校规模较小,学生一般不超过20人,学校的教育对象主要是贫民儿童,富人则聘用教师实施家庭教育式的中学预备教育。教师大多由手工业者、教堂人员、伤残军人、老年人充任,地位很低。学生毕业不能升入文法学校和公学。

至18世纪30年代,由于担心穷人受过多的教育会引发社会和经济动乱,慈善学校先前强劲的发展势头受到了抑制。到18世纪末,多数慈善学校最终为导生制学校和星期日学校所代替,尚存在的成为依靠地方当局提供经费的小学。英国的慈善教育对其他国家的教育产生了一定影响,美国在殖民地时期曾把慈善教育的形式从英国移植到新大陆。

2. 主日学校

工业革命引发了大工商业中心的兴起,家庭手工业者和小农场主逐渐消失,由此引起贫民人数激增,酗酒、放荡和无知等不良习气在社会中蔓延。同时英国工厂中的童工教育问题也引起了人们的普遍重视。教会、慈善机构和慈善家们开始寻求消除种种恶习的方法。许多人认识到,唯一补救的方法就是教育,这是一种向贫民传授道德、宗教和为其社会地位所必需的技能的教育。

1780年,英国传教士罗伯特·雷克斯(Robert Raikes,1735~1811)首创了一所"主日学校"(Sunday School,又称"星期日学校"),利用礼拜日免费对童工进行指导和教育,教这些贫苦童工阅读《圣经》、唱圣歌以及初步的读、写、算知识。

由于主日学校利用休息日把儿童组织起来进行学习,避免了原来每逢星期日休假,儿童在大街上无目的地游逛、惹是生非现象,有利于社会秩序的稳定,因此受到社会广泛的重视。1785年,"全国主日学校组织与资助协会"在英国成立,受理各教派与非宗教人士捐赠的资金礼物,以此在全国范围内组建和资助主日学校。到19世纪中期,英国的主日学校已有250万名学生。主日学校不仅在英国产生了重要影响,还流传到欧美各国。

(二)中等教育

17至18世纪中叶,英国的中等学校基本上以中世纪流传下来的文法学校(Grammar School)和公学(Public School)为主,受弥尔顿思想影响,又出现了一种新形式的学校"学园"(Academy)。

1. 文法学校

文法学校是西方一种历史悠久的普通学校类型。文法学校一直是英国近代主要中等教育机构。英国最早的一所文法中学是公元596年设立的坎特伯雷大教堂学校,1387年正式确定"文法学校"名称,受教会管辖。文法学校强调古典语言和文法的教学,使用拉丁语。从文法学校毕业的学生一般进入牛津与剑桥大学,或成为一般的官吏、医师、法官和教师等。资产阶级获取政权后,文法学校也得到相应发展,培养对象从原来的贵族、僧侣子弟逐渐扩展到大工业家、大商人、乡绅等阶层的子弟,并开始实行自费入学。因其学费高昂,下层社会劳动者的子女还是不能入学。在当时的英国社会,慈善学校与文法学校并存,但这是两种完全不同、互不衔接的学校,反映了英国学校的"双轨"性质。

2. 公学

公学事实上也是一种文法学校。14～15世纪,英国在贵族人士、宗教团体和慈善团体的资助下,创办了一批主要培训神职人员的文法中学。一部分文法中学得到社会上流的较多支持和捐款,逐渐成为贵族化的膳宿学校,成为"公学"。所谓"公学"是指由公众团体集资兴办,专为贵族、教士和资产阶级子女设立的私立、寄宿、以升学为宗旨的中等学校。主要目标是为牛津大学、剑桥大学输送高材生,造就未来的领袖人物和学术人才,所以公学有大学预科性质。

英国最早的公学是1382年由温彻斯特主教威廉·威克姆(William of Wickham, 1324～1404)建立的温彻斯特公学(Winchester College)。到17世纪初,英国已出现9所著名的公学,依建校的先后顺序分别为:温彻斯特公学、伊顿公学(1440)、圣保罗公学(1512)、舒兹伯里公学(1552)、威斯敏斯特公学(1559)、默钱特·泰勒公学(1560)、拉格比公学(1567)、哈罗公学(1571)、查特豪斯公学(1611)。1861年皇家委员会承认上述9所公学。这9所公学都与教会有一定关系,其中最著名的公学是伊顿公学。

公学的课程设置与文法学校相似,注重人文学科,侧重古典语(拉丁语和希腊语)和外语教学。宗教教育也是其教育的重要组成部分。公学十分重视培养学生的绅士风度,重视公民责任、严格纪律的训练,组织学生参加各种社团活动和校内、校际运动竞赛。

公学都是单一性别的学校,后来才实行男女合校。公学规模不大,学生一般都寄宿在校内。公学不依靠国家和地方政府拨款,师资和设备条件优越,学费昂贵。公学对学生的身份要求非常严格。英国的高级统治者大多出身于公学。随着资本主义的发展,对学生的身份有所放宽,但仍然是贵族与大资产阶级的子弟才能进入公学。

文法学校和公学对英国中等教育的发展都发挥了积极作用。特别是公学,因其师资水平高,办学条件优越,入学资格严格,所以教学质量较高,在上层社会拥有重要地位。但随着英国资本主义经济的逐渐发展以及近代科学革命的兴起,文法学校和公学在长期发展过程中所形成的古典主义和经院主义的保守风格,越来越难以适应社会变革的需求,所以受到诸多有识之士,如科学家培根、文学家弥尔顿、哲学家洛克等人的激烈批评。

3. 学园

17世纪,英国资本主义获得一定发展,欧洲其他国家进步教育思想传入英国并促进了英国教育的新发展。这时期,英国文学家弥尔顿在其《教育论》中主张在各城市兴办重视自然科学的新型中等学校——"学园"(Academy)。他主张学园除了传授古典知识以外,还应传授农业、政治、法律、医学、建筑、军事等科目,培养学生多方面的能力。他的设想当时没有立即付诸实施。1662年英国国会通过《统一法》,该法令要求教师必须效忠于国教,否则将遭驱逐。因此大批不信奉国教的教师和学生被赶出了国教会控制的学校。从17世纪中期开始,许多非国教派教士吸收弥尔顿的理念,创办学园。

学园重视自然科学、外语课程和实用知识与技能的学习,并使用英语教学;教学中鼓励学生思考,以广泛的阅读和学生间的自由辩论代替传统学校的大课讲座,教学更显效率;学园接近生活实际,适应了当时资本主义发展的潮流,平民子弟入学者居多,在17世纪中后期得到较快发展,成为一种具有实科性质的中学,给正在发展中的英国资本主义开辟了培养实用人才的新路径。此外,学园还通过实验科学和数学的教学,为工业革命奠定了思想基础和人才基础。由于受到英国保守文化传统的影响,学园这类具有实科性质的学校在英国的社会地位和重要性始终不及公学和文法学校。到18世纪中期以后,学园开始逐渐消失。

（三）高等教育

17世纪至18世纪末,英国高等教育仍然通过中世纪建立的古典大学进行。英国著名的古典大学牛津大学(Oxford University)创建于1168年,剑桥大学(Cambridge University)创建于1209年,英国素以这两所古老学府为骄傲,被称为"比英国国家还老"的大学。因为英国把1215年制定的旨在限制王权、保护贵族与僧侣封建主权利的"大宪章"作为英国建立统一封建国家的标志,而两所大学都是在此之前建立的。建校之初,它们都是由城市中的学者和学生团体组织而成的学术机构,但不久便由教会控制。牛津和剑桥的学生主要是上层社会青年。

这两所大学的教学内容主要以古典学科和人文主义教育为核心基础。但至17世纪末、18世纪初,培根的唯物主义和牛顿的数学、物理学成就对大学教学内容的改变产生一定影响,大学开始设立自然科学讲座和课程。据记载,剑桥大学的古典学科集中于第一学年和第二学年的前半期。从第三年开始,光学、天文学、微积分、对数、流体静力学和其他近代自然学科,近代科学家诸如牛顿、波义尔等人的学说成为教学的核心内容[1]。相比较而言,牛津大学的课程体系强调人文学科,注重造就绅士和学者;剑桥大学的课程体系更侧重引进近代自然学科,旨在培养科学工作者,所以一般认为牛津是政治家的苗圃,剑桥是科学家的摇篮。

在管理上,两所大学各有众多学院,实行学院自治。至18世纪,各自拥有约20所专业性学院,提倡讲学之风,教学大多采用导师制,在学术陶冶中培养绅士风格。

二、洛克的教育思想

洛克(John Locke,1632~1704)是17世纪英国著名哲学家、政治理论家和重要的教育思想家。他出生于一个清教徒家庭,自幼受到严格的教育。1646年,洛克进入威斯敏斯特公学接受古典主义教育;1652年进入牛津大学基督教会学院学习,并获硕士学位;1658年毕业后留校担任希腊语及修辞学教师;后在笛卡尔的影响下从事自然科学和医学研究,并入选英国皇家学会。1666年担任自由主义政治家、辉格党创始人沙夫茨伯里(Shaftsbury,1621~1683)伯爵的私人医生和他儿子的家庭教师。1684年初,洛克因受复辟王朝迫害逃亡到荷兰,参与推翻复辟王朝的密谋活动,1688年重返英国。洛克的教育代表作

---

[1] Hugh Kearney. *Schools and Gentlemen, Universities and Society in Pre-industrial Britain* 1500 ~ 1700, Faber and Faber, London, 1970, p166.

是1693年的《教育漫话》(Some Thoughts Concerning Education)。

(一) 社会政治及哲学基础

17世纪英国资产阶级革命时期,资产阶级与新贵族结成联盟,但又与封建贵族保持千丝万缕的联系,革命充满了妥协性和不彻底性。洛克的社会政治观和哲学观明显地反映了英国资产阶级革命的特点。

1. 社会政治观

洛克发展了霍布斯(Thomas Hobbes,1588~1679)提出的自然权利观念,提出了社会契约学说。他认为,在"自然状态下",上帝将自然界万物送给人类作为人们共有的财产,人们只有通过自己的劳动才能从自然界得到东西为己所用,劳动是财产的起源。在他看来,人类的"自然状态"是一种和平、自由、平等的状态,在"自然状态"下,人们能够获得自由权利。但"自然状态"毕竟是最原始的人类生活形态,仅靠自然法保障自然的自由权利是很不牢固的,需要人以契约的形式将自然状态下的权利移交给社会和国家,由国家统一的法律来牢固地维护个人的自由权利。洛克认为,社会制度的建立是由大多数人的意志性结合而产生的"契约"的产物。人们相互订立契约是为了保护私有财产,人民有权力推翻滥用权力的君主。

洛克在社会契约学说的基础上,提出国家分权的思想。他主张将国家权力分为立法权、执行权和外交权三种。他认为君主立宪是社会契约所能产生的最好制度,主张实行"三权分立"。洛克的社会契约学说和分权学说第一次为资产阶以民主的形式组织国家奠定了理论基础,成为西方国家政治体制的一项基本原则。

在宗教上,洛克反对教派之间的纷争,主张实行宽容政策,停止宗教迫害,允许宗教信仰自由。他认为教会团体应是自愿结合的团体,不论个人、教会或国家,都不能以宗教名义侵犯他人的公民权和世俗利益,但又反对对否认上帝存在的人实行宽容。

2. 哲学观

洛克是一位唯物论者,他论证并发挥了培根和霍布斯的唯物主义经验论,驳斥当时广泛流行的"天赋观念论",提出著名的"白板说"。洛克认为,人生下来如同一块洁净的、无任何痕迹的白板,上面没有知识、观念、原则,这些都是后天通过经验获得的,而经验是外界事物通过感官进入心灵的结果。他指出:"我们的一切知识都是建立在经验上的,而且最后是导源于经验的。"①

洛克的这种反对唯心主义的天赋观念论,倡导唯物主义经验论,不但继承并发展了培根和霍布斯的唯物主义学说,也直接影响了18世纪法国唯物主义。恩格斯把培根和洛克誉为英国哲学上的两位巨匠。白板说在教育理论上反对基督教传统的原罪论,深信教育在人的形成过程中的巨大作用以及接受教育的可能性,并为直观教学理论提出坚实理论基础,论证发展感觉器官在教育中的重要意义。

---

① 〔英〕洛克著,关文运译:《人类理解论》,商务印书馆1981年版,第68页。

（二）绅士教育理论

绅士教育起源于文艺复兴的人文主义教育思想。英国人文主义者从不同侧面阐述了如何培养绅士和绅士的社会地位问题。对洛克的绅士教育思想有重要影响的是意大利政治家卡斯底格朗和法国人文主义者蒙田等人，而奠定绅士教育基础的是英国思想家埃利奥特和弥尔顿。埃利奥特主张教育的目的是培养绅士而非学究；弥尔顿将教育的目标确定为培养"高贵和文雅的青年"的绅士，即新型资产阶级者。洛克在此基础上使绅士教育系统化。

1. 教育的作用和目的

洛克从他的白板论和唯物主义经验论出发，认为人的天性都是自由、平等和独立的，赋有同样的能力。因而人人都有平等接受教育的权利及平等成长的权利。在他看来，人之差异来自后天的经验与教育，"他们之所以或好或坏，或有用或无用，十之八九都是他们的教育所决定的。人类之所以千差万别，便是由于教育之故"①。因此，教育影响着人的幸福、事业和前途，也影响着国家繁荣和富强。显然，洛克的教育价值观具有显著的个人主义和功利主义色彩。

洛克认为，在各种教育中，首要的是绅士教育。这是他在《教育漫话》一书中讨论的主题。他所说的绅士教育，即刚夺得政权的英国资产阶级与新贵族子弟的教育。他认为，一个国家最应关注绅士教育，一旦绅士受到教育，走上正轨，其他人自然很快能走上正轨。绅士既要有贵族风度，能活跃于上流社会和政治舞台，又要有事业家的进取精神，是发展资产阶级经济的实干人才。因此，教育的目的是培养绅士，即把贵族子弟培养成为身体强壮、举止优雅、有德行、智慧和才干的事业家。

2. 绅士教育的内容和方法

洛克认为，绅士应当受体育、德育和智育等方面的教育。

（1）体育

洛克指出："健康的精神寓于健康的身体之中。"②他把身体的养育作为全部教育的前提。他认为只有健康的身体，才能幸福地生活和工作，克服开拓生活过程中遇到的各种艰苦环境。他强调人的忍耐劳苦的能力，不要娇生惯养。为此他建议，饮食简单，衣履单薄；多在室外活动，多吸新鲜空气；冷水洗脚，坚持冷水浴；早起早睡，要睡硬板床；少用药物等。他认为这些有助于锻炼儿童忍耐劳苦的强壮体魄，去除娇生惯养毛病。此外，忍耐劳苦应从小养成习惯，并持之以恒。

（2）德育

洛克认为，在绅士的各种品行中，德行应占第一位。真正的绅士要善于获得自己的幸福，而又不妨碍其他绅士获得幸福；洛克认为绅士的第二种美德是良好的礼仪，它要求绅士的言语、动作都要符合其等级地位，对人谦恭有礼，举止得体。并认为这是处世的真诀，

---

① 〔英〕洛克著，傅任敢译：《教育漫话》，人民教育出版社1985年版，第4页。
② 〔英〕洛克著，傅任敢译：《教育漫话》，人民教育出版社1985年版，第19页。

可以使自己获得他人的尊重与好感,从而获得一切。为了形成良好的德行与礼仪,他主张多交朋友,多与上流社会的人相处,防止从"下贱的仆人"那里受到邪恶的影响。

洛克认为,德育的基本原则是学会自我克制、服从理智。他反对溺爱放纵,认为被溺爱的孩子必然任性贪心。如何贯彻以理智克制欲望的德育原则?第一,坚持早期教育。使儿童的精神在最纤弱、最容易支配的时候就习惯于遵守约束,服从理智。第二,要求要合理,而不是出于父母的好恶。合乎理智的要求应做好,并坚持下去。第三,要宽严得当。首先,要宽严适时。年少无知,严格管教;长大知理,管束逐渐放宽。其次,要宽严结合。太严会使孩子沮丧;太松会使其放荡不羁。第四,要反复练习,养成习惯。第五,重视环境与榜样的作用。他认为,能够保证教育真正发挥作用的场所不是学校,而是家庭。因为学校聚集的学童满身毛病,品行不端,教师也不可能顾及到每一个儿童,不利于绅士的培养。所以只有聘用优秀教师在家庭进行教育活动,才能使儿童避免恶习熏染,并得到适合儿童个性的个别指导,因为每一个儿童的天性是不同的。第六,奖励与惩罚要运用得当。奖励,尤其是赞扬,可以使儿童感到被尊重的喜悦和快乐;惩罚是为了让儿童为避免肌肤之苦而远离坏事。

(3)智育

洛克强调两点:一是德行重于学问。他指出:"学问是应该有的,但是它应该居于第二位,只能作为辅助更重要的品质之用。"①二是学问的内容必须是实际有用的广泛知识。他认为,绅士需要的是事业家的知识,不应局限于学习拉丁文和希腊文。他主张在读写算之外,还要学习天文、地理、历史、法律、几何、法语等等,也要学点工业、农业、园艺的知识和技艺,以利于管理企业,并从这些有益的活动中得到消遣,从而使生活更加丰富。

洛克认为,学问应该使儿童感到愉快,而不是强加的负担。教师应尊重儿童的兴趣和心理,培养学生良好的态度,提高他们的能力,使学生形成求知的欲望,并采用正确的方法求知。因此,学生只要了解学科的基本内容即可,不必深究。在教学方法上,他反对死记硬背,重视培养能力,提倡实地观察,诱发学习兴趣。

(三)洛克教育思想的影响

洛克在《教育漫话》中将教育分为体育、德育、智育三部分,并分别做了详细论述。这个教育理论体系是在概括并总结了自文艺复兴以来在英国已经形成的绅士教育的基础上提出来的,其目的在于反映英国近代科学技术迅速发展对教育改革的迫切要求,也在于满足日益庞大的新兴工商业阶层的实业家的实际需要,体现出较为鲜明的实用性特征。这种教育思想较之封建的、宗教的教育是一大进步,符合当时英国资产阶级利益,并成为19世纪英国教育家斯宾塞实科教育思想的前驱。

洛克强调环境与教育的巨大作用,重视在体魄与德行方面进行刻苦锻炼。这些思想对西方近代教育思想,特别是对18世纪法国的教育家影响很深。比如18世纪法国唯物主义者爱尔维修等人的"教育万能论",19世纪初英国空想社会主义者欧文强调"环境决

---

① 〔英〕洛克著,傅任敢译:《教育漫话》,人民教育出版社1985年版,第151页。

定论",都受到洛克思想影响较大。同时对卢梭、裴斯泰洛齐、赫尔巴特等人的教育思想也产生重要影响。

然而,洛克的教育思想也存在不足。第一,在认识论上,他承认知识来源于感觉,却又认为知识来源于反省,陷入"二重经验论";第二,在教育上偏重德行、礼仪和才干,对知识和科学的教学重视不够;第三,他倡导的绅士教育是典型的贵族教育,忽视和歧视平民教育,主张为他们设立劳动学校。

三、19世纪的英国教育

18世纪末和19世纪以后,在工业革命运动的推动下,英国形成了新的经济体系,人们的政治思想观念进一步更新,社会进入了科学时代和民主时代。同时,支持功利主义思想的政治家、经济学家和教育家们呼吁借助教育改革提高人民智慧,增进人民幸福。因此,在这一时期,英国对初等教育、中等教育和高等教育进行了一系列改革,职业技术教育也获得一定发展。

(一) 国家开始干预教育

19世纪以前,英国政府对教育很少干预,教育的权力主要集中在教会手中。19世纪初期,欧洲大陆的普鲁士、法国、瑞士、荷兰、丹麦等国家都已经接受了由国家负责公共初等教育的原则,而英国在这方面却进展缓慢。随着英国经济的较快发展,对熟练工人的需求同当时落后的教育水平之间的矛盾日益突出,要求国家干预教育,建立公立教育制度,对国民进行教育的呼声不断高涨。如,文学家查尔斯·狄更斯(Charles Dickens,1812~1870)提出建立世俗化的公立义务教育的主张;哲学家、经济学家约翰·穆勒(J.S Mill,1806~1873)则从人的发展和政治制度的完善出发,阐述了国家资助教育和实施义务教育的重要性。[①] 这些观点在当时影响很大。1807年,议员怀特布雷特(Samuel Whitbread,1758~1815)提出由政府在每个郊区设立国家管理的学校的《教区学校议案》。议案虽没有通过,但引起社会的重视。1816年,英国议会成立了调查伦敦贫困儿童教育情况的特别委员会,该委员会的调查报告在社会上引起了较大反响。

1833年,当时的财政部长阿尔索普(Lord Althorp,1782~1845)提出教育补助金法案,被国会通过。议案决定每年从国库中拨出2万英镑发展初等教育。到1880年,每年补助金增至80万英镑。尽管补助金的管理与分配主要由1811年成立的"贫民教育促进会"(The National Society for Promoting the Education of the Poor in the Principles of the Established Church in England and Wales) 和1814年非国教派教士成立的"英国及海外学校协会"(The British and Foreign School Society)这两个宗教团体负责,但开了政府通过拨款形式间接干预教育的先河,这是英国教育只作为宗教教派活动或民间活动,向教育国家化发

---

① C. Birchenough, *History of Elementary Education in England and Wales, from* 1800 *to the Present Day*, University Tutorial Press Ltd. ,1938,p57.

展的转折点,也是英国建立国民教育制度和国家直接掌握教育领导权的开端。以后,英国又成立了专门负责教育拨款分配和使用的枢密院教育委员会(1839),1856年又改组为教育局,成为英国专门领导全国初等教育的机构,到1899年,废教育局,成立了直属议会的教育署(Board of Education),负责初等教育和中等教育,至此初步完成了英国教育领导体制的国家化。

(二) 初等教育

19世纪英国国民初等教育制度逐步形成,义务教育开始实施,初等学校的类型多种多样,初等教育法也正式颁布。

1. "导生制"的产生和发展

"导生制"(Monitorial System)是英国国教会牧师贝尔(Dr Andrew Bell,1753~1832)和公益会的教师兰卡斯特(Joseph Lancaster,1778~1838)所创立的一种教学组织形式,也称"贝尔-兰卡斯特制"。

主日学校的发展,引起了人们对师资问题的重视。1791年,在印度当军中牧师的贝尔在印度马德拉斯的兵士孤儿学校采取一种选择年长学生帮助教师教其他学生的教学方法。1796年回英国后出版《一个教育实验》的小册子,介绍了这种思想和方法。1798年兰卡斯特在伦敦的巴勒路创办了一所学校,因学生人数过多,又因经济限制无力聘任教员,便先教一些年长且学习成绩较好的学生,再由他们去教其他学生。他借鉴了贝尔的一些观点,于1803年出版《教育改进论》,宣传其导生制。

在"导生制"学校中,一个大教室安置许多排长课桌,每排十余名学生,指定一个导生。教师先教这些导生,然后由导生领着一排学生围站在一个地方,把刚学到的教学内容再转教给其他学生,以后,也由导生负责对这些学生进行检查和考试。教师在导生的帮助下可以教数百名学生。这种教学组织形式最初在阅读和教义问答的教学上应用,后扩展到读写和算术,再后又在高一级的学科教学中运用。

导生制有几个明显的优点:首先,花费少。传统的教学中,一名教师教一名或数名学生,费用昂贵,导生制以导生代替教师,教学成本大为减少。其次,省师资。每位教师可同时教数百甚至上千名学生,解决了因学生过多造成的师资紧张的矛盾。再次,扩大受教育者的范围。学生人数不会因师资缺乏而受限制,低廉的收费使大多数贫苦儿童有可能入学读书。最后,有助于培养儿童自我管理能力。

导生制学校在英国产生了较大影响。1808年英国成立了"皇家兰卡斯特协会",加上"贫民教育促进会",旨在推广导生制,使导生制学校得到较快的发展。导生制在英国风行30余年,并传播到法国、意大利、比利时、俄国、瑞士等国。法国至1828年已成立约600所导生制学校。1806年美国纽约成立了导生制学校,1818年兰卡斯特亲赴美国进行宣传和推行,1840年前在美国流行。

但由于导生制学校教学内容过于简单,教学方法机械,教学质量不高,19世纪中期以后为正规初等学校取代。

2. 《工厂法》

工业革命推动了英国社会经济较快发展,壮大了工人阶级队伍,而当时英国初等教育落后,工人及其子女的受教育权利得不到保护,引发工人的激烈反对。为缓和矛盾,1833年,英国颁布并实施《工厂法》。该法规定,9~13岁的童工在工作时间内(8~9小时)接受2小时的义务教育,学习初步的读写算和宗教知识以及培养勤奋习惯的道德教育;工厂雇佣童工必须持有年龄证明和教师的入学证明书,否则要受到处罚。《工厂法》虽然当时没有得到真正的落实,但它的颁布在促进工人阶级子女受教育方面有一定积极意义,也为英国正式颁布"初等教育法"奠定了一定基础。

3. 《初等教育法》

19世纪下半期,英国工业革命基本完成,普及义务教育问题成为社会关注的主要焦点。原因有四:一是工商业发展需要更多的技术管理人员。二是当时美国、德国都重视初等教育,如美国开展了公立学校运动;德国重视强迫义务教育,且两国经济、技术发展迅速,给英国造成较大的竞争压力。三是国会议员的竞选,要求选民具有一定文化知识。四是工人阶级通过各种形式争取受教育的权利,统治者认识到教育初等教育不单纯属于宗教慈善事业,必须是非宗教性的。如果政府不直接控制教育,将对统治不利。鉴于此,1870年,英国政府颁布了《初等教育法》(Elementary Education Act),因该法案是由自由党议员威廉·福斯特(William Edward Forster,1818~1886)所起草,又叫《福斯特教育法》(Forster's Education Act)。

法案规定:(1)国家对教育有补助权和监督权;(2)全国划分学区(School District),由经过选举的学校委员会(School Board)管理地方教育;(3)各学区对5~12岁的儿童实行强迫义务教育;(4)在没有学校的地方,允许私人在一年内设立学校,过期者由地方委员会设立公立学校;(5)学校中世俗科目与宗教科目分离。

《初等教育法》在英国教育史上具有重要意义。它是英国第一个关于初等教育的法案,实施强迫初等教育成为国家的职责,标志着英国国民初等教育制度的正式形成,从此,英国出现了公立、私立学校并存的局面。以后,英国又相继通过了有关义务教育和免费教育的法规,推动了义务教育的发展。

(三)中等教育的改革

由于文法学校和公学数目都较少,私立中学水平又不高,不能满足产业革命发展对中等教育的要求。于是,19世纪英国对中等教育进行了改革。

1840年,英国颁布了《改进文法学校条件、增加文法学校津贴的法令》,对扩大文法学校规模,增加中层阶级子弟入学机会具有重要意义,在教学与管理上,文法学校改革宗教教学,削减古典科目,输入实科课程,改善寄宿制度,允许最高年级实行学生自治等。

1861年,国会成立了对公学进行调查的克拉雷顿委员会(Clarendon Commission),1864年,该委员会公布了调查报告,指出公学存在的弊端,建议公学扩充课程范围,增设数学、近代外语、历史、地理以及自然科学等学科。以此调查报告为基础,1868年,英国制定并颁布了《公学法》(Public School Act),成为后来公学发展的法律基础。

1864~1868年,国会成立"汤顿学校委员会"(The Taunton School Inquiry),用4年时间对除公学以外的近1000所文法学校进行调查。1868年提出的报告书中建议设立三种不同的中学:第一类中学为大资产阶级子弟而设,注重古典学科讲授,主要为升入大学做准备。学生可读到18岁。第二类中学为中产阶级的子弟而设,注重现代自然科学学科学习,主要培养医学、法律方面的专业技术人才。学生可读到16岁。第三类中学为中下层平民子弟而设,注重计算和写作能力培养,主要培养普通职员、文书之类人才。学生只需读到14岁。

由于该计划暴露出明显的不平等性,当时议会未予通过。但它对后来英国中学形式的发展产生了不小的影响。特别是它强调自然科学学科的学习,具有进步意义。1870年《初等教育法》公布后,英国各地相继兴办各种中等学校,同时也建立了一种相当于上述第三类中学的"高级小学"。

(四)"新大学运动"与传统大学改革

进入19世纪以后,随着产业革命的发展和科学文化知识的勃兴,功利主义开始成为重要原则,普遍要求大学能研究、教授新课程。但当时的牛津大学和剑桥大学仍然恪守古典教育的传统。为此,许多学者和开明人士呼吁改革高等教育。这一时期,英国高等教育变化集中体现在新大学运动和大学推广运动方面,同时,牛津、剑桥两所古老大学也开始进行改革。

1. "新大学运动"

1825年,著名诗人汤玛斯·凯贝尔(Thomas Campbell,1771~1884)提出建立一所"大伦敦大学"(Great London University)的设想,要求这所大学面向富裕的中层阶级子弟,非寄宿制、有专业分科、费用低廉,与贵族、教会控制的古典大学相抗衡。在他的努力下,英国第一所具有民主主义和自由主义精神的高等学校——"伦敦大学学院"(University College of London)于1828年在伦敦成立,从而拉开了英国新大学运动的序幕。伦敦大学学院以自然科学学科为主,不进行宗教教学。1829年国教派成立了国王学院(Kings College),也开设了许多新课程。1836年两所学院合并为伦敦大学。不久,又有许多医学院和普通学院附属于伦敦大学。在1662~1843年间,这类新型学院达73所,其中34所传授神学,其余的讲授多种文化学术科目。由于这类学院大多由非国教派人士创办,得不到国教会的支持,大多存在数年或十几年,但它们代表着英国革命后的教育新潮。

19世纪下半期,在伦敦大学的带动下,许多城市学院纷纷建立,曼彻斯特(1851)、南安普敦(1862)、纽卡斯尔(1874)、利兹(1874)、布里斯托尔(1876)、谢菲尔德(1879)、伯明翰(1880)、诺丁汉(1881)、利物浦(1881)、雷丁(1892)和埃克塞特(1881)等工业繁荣、文化集中的城市出现了新的学院。这些学院的共同特点是:由民众办理;注重工业和科学领域;教育面向中产阶级;男女均可进入,采用寄宿和走读两种制度。这些学院在1900年以后,相继发展为地方大学。

2. 大学推广运动

大学推广运动(University Extension Movement)是19世纪中期英国一些大学为推动高

等教育向民众开放和拓展大学功能而兴起的一场大学作用和结构的变革。为了适应大规模工业生产和对外扩展保持国际竞争优势，英国需要大批掌握现代工业生产、科技、经济、管理和军事技术的实用人才。同时，围绕着牛津大学和剑桥大学而引发了一场大辩论，争论的焦点实质上是大学的办学目标和方向：大学是为教会和统治者培养接班人，还是为社会经济发展培养有用人才？大学只是为少数人服务，还是向广大民众开放？到19世纪中期，英国传统的大学教育逐渐打开封闭的模式，向中下层阶级开放。

1867年，剑桥大学一位名叫詹姆斯·斯图亚特(James Denham Stuart)的青年教师应英格兰妇女高等教育促进委员会的邀请，在利兹、利物浦、曼彻斯特、谢菲尔德等地做了一系列讲座，从而发起了大学推广运动。大学推广运动主要通过开设校外课程和巡回讲学的形式开展。在1873年至1875年间，剑桥大学开设了100门校外课程，1878年至1880年，在各地的平均听课人数就超过万人，到1893年至1894年间，学习校外大学推广课程的人数达6万人之多。在巡回讲学的过程中，英国各大学涌现出许多讲授推广课程的优秀教师。开设校外课程是大学推广运动的核心。这类课程涉及范围广，难易适中，与成人和参加者的生活实践联系密切。牛津大学、剑桥大学和伦敦大学在1891~1892年间共开设了457种推广课程，其中191门属于自然学科，159门是有关历史和政治经济学的，104门涉及文学、艺术和建筑学，3门为哲学类课程。这类课程符合成人学习的特点，一般学习时间都较为短暂，为6~12讲，内容与篇幅精简、实用，且附有专门的讲授大纲和内容小结。教学的方式包括讲授、讨论、指定阅读参考书和书面作业，最后通过考试的学生可以获得结业证书。

大学推广运动主要以社会下层阶级为主要对象，具有较好的群众基础。大学推广运动以剑桥大学、牛津大学为主导，其他大学也紧随其后。英国大学推广运动很快被其他国家所效仿。许多西方国家要求大学提供高等成人教育项目和其他社会服务工作，在校内外开设可以授予学分的校外推广课程或不授予学分的培训、进修课程，各种咨询、指导和信息服务工作。

3. 传统大学的改革

随着新大学的纷纷建立，19世纪上半叶，牛津和剑桥大学也开始进行了一些改革。

第一，1850年，皇家委员会成立，调查牛津、剑桥和都柏林三所大学。1854年至1856年间分别制定了《牛津大学法》与《剑桥大学法》，建立学校领导新机构"校务会"，强调大学自治权。

第二，积极增加近代学科，扩展大学课程。法学和历史成了大学两门独立的学科，牛津大学增设自然学科、近代史、英国文学、近代外语等学科，剑桥大学在自然科学讲座中重视学科的分化，如从动物学中分化出比较动物学，从机械学中分化出应用力学，从生理学中分化出外科医学、病理学等。

第三，科技教育得到加强。1853年牛津大学设立了自然科学荣誉学院，剑桥大学则在1849年增设自然科学的荣誉学位考试，19世纪六七十年代，两校增设了新的自然科学教授职位，设立了自然课科学实验室，高等科技教育最终进入这两所古老大学。牛津大学于 1872 年建成了英国第一个物理实验室——克莱伦敦实验室(Clarendon Laboratory),剑桥大学于 1873 年建成被誉为物理学家的摇篮的卡文迪什实验室(Cavendish Laboratory)。19 世纪末剑桥大学还建立了科学奖学金制度。

第四,开始注意从中、下阶层吸收优秀学生。地方设置的公立学校、私人团体办理的学校以及改革后的文法学校的毕业生越来越多的人申请上牛津、剑桥大学。

第五,授予非国教徒的学生以同等学位。在过去,这两所大学拒收非国教青年,如今不信国教者也可以得到初级学位。而且从 19 世纪 70 年代起,牛津、剑桥大学的不信奉国教者也有了当评议员的资格。

第六,削弱宗教影响。1870 年两校开始招收女生,1871 年制定了两校的《宗教审查法》,提出除神学专业外,学生在取得学位时,必须废除宗教审查;取消大学教职员的宗教限制,撤销校务会职员必须过独身生活和从事牧师职务的规定等。

所有这些改革打破了以往古典教育的统一局面,削弱了大学中"绅士教育"的传统要求,适应了资本主义经济的发展和政治的需要。

第二节　近代法国教育

17 世纪法国仍是一个以农业经济为主的封建君主专制国家,天主教会的高级僧侣和封建贵族居于统治地位。18 世纪法国新型资产阶级和封建制度的矛盾激化,天主教通过耶稣会等组织实行严酷思想统治,新教派,如信奉加尔文教的胡格诺派和詹森派等,坚持自己的新教信仰,继续活动。但天主教会和封建专制政府对新教残酷迫害,胡格诺派在 18 世纪的起义被镇压,大批教徒逃往国外;詹森派的修道会 1709 年被解散,修道院被拆毁,教徒逃亡。1789 年,法国爆发大革命,法国封建专制 1000 多年的统治宣告结束。1792 年,资产阶级成立共和国。法国资产阶级革命时期,先后执政的政党都十分重视教育问题,拟订了许多教育方案,集中反映了资产阶级对教育的要求。

进入 19 世纪后,法国国内政权更替频繁。1804 年,拿破仑(Napoléon Bonaparte, 1769~1821)称帝后,建立第一帝国(1804~1814),推行中央集权的教育制度。接着,过去被推翻的波旁王朝在沙俄等欧洲封建势力支持下,复辟了封建王朝(1814~1830);以后,法国先后出现了由金融资产阶级执政、实行君主立宪制的七月王朝(1830~1848)、第二共和国(1848~1852)以及以金融资产阶级和大工业资产阶级联合执政的第二帝国(1852~1870)。同时,法国工业革命自 19 世纪初开始,到 19 世纪 60 年代基本完成,无产阶级队伍随着资本主义发展而壮大起来。1871 年,巴黎工人起义,建立巴黎公社,显示了无产阶级力量。巴黎工人起义被镇压后,资产阶级建立了法兰西第三共和国(1870~1940)。法国近代教育制度就是在这样的历史背景下建立起来的。

一、17~18 世纪的法国教育

宗教改革对德、英、北美的教育发展产生了重要影响,但对法国作用有限。因为90%的法国居民忠于天主教,只有10%的居民信奉新教胡格诺派。所以法国17~18世纪的教育基本上是天主教会控制的封建主义的教育。代表资产阶级利益的各新教派虽然也举办符合本阶级利益的学校,但往往受到天主教会的迫害,甚至封闭。针对天主教神学思想的绝对统治,法国科学家、哲学家笛卡尔斥责经院哲学是伪科学,他反对以"神启"和信仰作为知识的来源,提倡科学,强调人的理性认识作用,认为只有通过理性的演绎法,才能了解一切事物,并主张利用这些知识,使自己成为自然的主人。在笛卡尔思想的影响下,法国教育形成了注重发展智力和培养思维能力的特点。

本时期法国是欧洲大陆封建专制国家的典型代表,其教育充满了天主教守旧势力与新思想之间的激烈斗争,这种斗争以教派斗争的形式出现。

(一) 初等教育

17~18世纪,法国中央政权尽管也对教育进行干预,但各级学校始终掌握在不同教派手中。法国当时信奉新教的胡格诺派和冉森派对初等教育和中等教育发展产生了较大影响。

1. 胡格诺派和冉森派的教育活动

16世纪下半叶到17世纪初期,尤其是亨利四世(Henri Ⅳ,1553~1610)统治时期,胡格诺派(Huguenots)对法国初等教育的普及和中等教育的改革影响较大。胡格诺派十分重视教育,按照该派的管理,每建立一座教堂,就要举办一所初级学校。因此,胡格诺派在许多地区都建立了自己的初级学校。这些初级学校实行强迫教育,对不送子女入学的父母要罚款。学生在校主要学习读写算的初步知识和唱歌。中等教育方面,胡格诺派创办的学校被称为"学院"或"基础学校",设7个年级,主要传授古典语言知识,开设拉丁文、希腊文和法语等科目。

冉森派(Jansenism)是17世纪上半叶在法国出现并流行于欧洲的基督教教派,由荷兰神学家冉森(Cornelius Jansen,1585~1638)创办而得名,其教育活动主要在小学和中学,并对教育内容及方法的改革提出了重要思想。1637年,冉森派办了"小学校"和"大学校"。小学校一般指初级学校,但高于一般小学水平。大学校属于中等学校。冉森派强调教师以温和的态度对待学生,通过教师的榜样和亲切的谈话来教育学生。在教学上,冉森派强调法语的地位,还学习数学、地理和历史。在教学方法上,重视判断力的培养和读写技能训练,主张采用实物教学。但冉森派学校中的神学气氛很浓,禁止学习人文主义作品,要求学生仅读宗教读物。1660年,冉森派学校被耶稣会封闭。

2. "基督教学校兄弟会"的教育活动

胡格诺派等新教派的教育活动,推动了早期法国初等教育发展,但不久遭到禁止。1684年天主教神父拉·萨尔(De La Salle,1651~1719)建立"基督教学校兄弟会"(Institute of the Brothers of the Christian Schools),成为法国从事初等教育的重要力量。该组织创办的初等学校以宗教教育为主,附以读写算的教学;采用班级授课制,以法语讲课,注重发展学生独立性;面向下层社会子弟,实行免费教育;学校实行温和纪律,但允许惩罚学生,禁止学生高声喧哗。为适应初等教育发展,1684年,该会还创办了培养初等学校师资的讲习所。后来,这种教师讲习所还附设了专门供实习用的"练习学校",这是欧洲最早的教师教育设施。

基督教学校兄弟会开办的学校在当时法国初等教育中占统治地位。到拉·萨尔去世时,共有一所综合性师范学校,4所师范学校,3所实习学校,33所小学,1所补习学校。1789年法国资产阶级革命爆发时,基督教学校兄弟会有116个组织,920名教师,550个班级,3.6万名学生。至1792年该组织被取缔时,它在法国的121个社区和国外的6个社区办有学校,会员约1000人,在校学生约3万,占当时法国居民中学龄儿童的1/175。①

(二) 中等教育

17~18世纪法国中等教育继承了宗教改革时期天主教学校教育的模式,主要由耶稣会兴办,圣乐会也促进了中等教育的近代化。

1. 耶稣会的教育活动

耶稣会建立于1535年,以反对宗教改革、巩固和恢复天主教为宗旨。在1618~1746年间,由耶稣会创办的学院(Collège,拉丁中学)成为法国中等教育的主要实施机构。

耶稣会学院的教育具有以下特点:第一,重视古典人文学科的学习,古典语言、哲学和神学成为主要教学内容,经院主义气息十分浓厚。第二,学校设备优良,宿舍、教室、餐厅、运动场齐全,学校纪律严明,教学质量优良,是当时欧洲办得最好的中等学校。第三,入学者多贵族、绅士子弟,其毕业生大多成为当时学界、政界优异人才。第四,在学校组织和课堂管理上,耶稣会学院捐弃教派之间的门户之见,博采各家之长,为己所用。如从新教派加尔文派的中学中引进了分班教学制及对教育工作进行严格监督检查的经验。课程设置吸取了人文主义的西塞罗思想,从意大利的宫廷学校吸取了重视体育训练的观点等。第五,教学方法上,耶稣会学校采用教室口头讲解和师生之间的密切接触,没有学生的提问,只依靠背诵和记忆。学校通过颁发奖品、授予荣誉称号、竞赛、公开辩论等方法激发学生的记诵兴趣,鼓励学生勤学。第六,教师经过严格挑选和训练,形成了一套系统的教师训练制度。耶稣会选拔最优秀的会员做教师,且经过较长时间的严格训练,教师训练的内容是学术、宗教和神学。

耶稣会学校培养了大批优秀教师和神职人员,促进了欧洲中等教育发展,在西方教育史上具有显著位置,从而引起一些新教派借鉴其经验改进中等学校教育。直到文艺复兴运动之前,法国的中等教育机构主要是耶稣会中学和文科中学组成,其教学内容也主要以拉丁语和"七艺"科目为主。

---

① 滕大春主编:《外国教育通史》(第3卷),山东教育出版社2005年版,第62页。

2. 圣乐会的教育活动

耶稣基督教圣乐会(Oratorio)是由法国红衣主教、政治家贝律尔(Pierre de Bérulle,1576~1629)于1611年创办的宗教团体。圣乐会最初专门从事牧师培养,后来也为贵族子弟开办中学,并形成了别具特色的教育风格。圣乐会的教育活动主要在中等教育方面,仅次于耶稣会的教派。圣乐会学校虽然也重视古典学科的教学,但学校课程坚持实科方向,更多引进具有现代意义的课程,强调历史、数学、力学、现代外语及拉丁文的教学。法语是圣乐会学校的教学语言之一,学生前四年不学拉丁语,高年级学生学拉丁语不学希腊语。在教学方法上,圣乐会学校反对机械训练,重视启发思考,发展个性;提倡鼓励、表扬,禁止恐吓与体罚。受笛卡尔理性主义哲学的影响,圣乐会学校的教师多为进步分子,18世纪法国大革命时期,他们大多加入了资产阶级政党的队伍。1773年法国禁止耶稣会活动以后,圣乐会所办的中学对法国中等教育有较大的影响,其教育活动一直延续到法国资产阶级革命时期。在推进法国中等学校近代化方面,圣乐会学校作出了重要贡献。

(三) 高等教育

17、18世纪,法国高等教育处于教会管辖之下,所以宗教改革运动以后,大学激烈排斥新教徒。自1638年起,大学停止向新教徒颁发学位。在这种新旧教激烈斗争、进步思想向封建势力发起猛烈进攻的形势下,大学极力对抗和扼杀进步思想,产生了恶劣影响。如17世纪下半叶,巴黎大学禁止使用笛卡尔的著作,而卢梭的《爱弥儿》一出版,便被巴黎大学神学院宣布为禁书,判决当众焚毁。在当时的大学里,只有新出现的个别讲座,如数学或自然科学讲座,反映了文化科学上的进步。

18世纪法国拥有22所大学,居欧美各国之首。但是大学仍沿袭12世纪以来的旧传统,分为文、法、医、神四科,文科为预科性质,教学内容陈旧,脱离生活,学费昂贵,规模很小。巴黎大学历史悠久,在各大学中居于主导地位,但因循守旧,呈衰退趋势。至18世纪下半叶,巴黎大学有5000名学生,其中医科学生只有60人。不过,此时法国的技术专门学校受到重商政策的影响得到快速发展,先后建立了路桥学校、皇家军事学校、矿业学校等;还建立了法兰西科学院、自然历史博物馆等机构。

总之,17至18世纪中叶的法国教育控制在教会手中,发展缓慢,各级学校中神学占主导地位,教学内容陈旧,学校与生活脱节,教学方法盛行灌输、背诵、惩罚,崇尚权威主义,忽视学生身心发展特点。这些成为18世纪中叶启蒙运动思想家和进步人士抨击的目标。

二、法国大革命期间的教育改革

1789年,法国爆发了资产阶级大革命,推翻了波旁王朝,宣告了法国1000多年封建统治的终结。同年8月26日发表《人权宣言》,以人权对抗封建的王权和神权,宣布自由和资产阶级的财产不可侵犯。《人权宣言》作为法国资产阶级革命的一个纲领性文件,列入了1791年和1793年宪法。宪法提出,国家应创立一种公共教育制度,授予公民以一切不可缺少的知识;适应人民的需要应多设小学;开展各种纪念活动,培养公民爱护革命、爱护宪法、爱护国家的思想感情。法国大革命的胜利标志着资本主义制度已在欧洲牢固确立,启蒙思想家所憧憬的"理性王国"成为现实。它不仅决定了法国历史发展的方向,也对法国和欧洲教育的发展产生了重要影响。

在法国大革命中先后上台的立宪派、吉伦特派和雅各宾派,在反封建专制方面一派比一派更为激烈。虽然各党派政治主张不同,但历届政府都致力于建立统一的国民教育体系以培养合格的共和国公民。在大革命前期,先后提出的教育法案和教育计划不少于25个,其中最著名的有塔列兰教育法案(Talleyrand's Education Bill,1791)、孔多塞教育方案(Condorcet's Report,1792)和雷佩尔提教育方案(Lepelletier Plan,1793)等。

(一) 塔列兰教育法案

塔列兰(Charles Maurice de Talleyrand – Périgord,1754~1838)是法国政治家、外交家。法国大革命时期,制宪议会设立了公共教育委员会,1791年4月,塔列兰在制宪会议上提出一份由国家举办世俗性学校的教育计划。主要内容包括:

第一,在初等教育方面,各省政府可根据具体情况设立小学校,凡愿送子女入学者,可免费就学。初等教育的目的在于培养有用的公民。学习的课程有国语、算术、宗教、道德和宪法。

第二,在中等教育方面,设立市镇七年制中学,既授予普通文化知识,使之得到一般的精神陶冶,又授予专业知识,以便获得从事职业的准备。所学科目有国语、修辞、语言、宪法、伦理、地理、历史、数学、物理、化学、植物、教义,同时还特别重视体育训练和军事训练。

第三,高等教育由省设立,属专业教育性质,有宗教、医学、法律和军事等各类学校。非常优异的学生可以进入国家学院(National Institute),它是国家教育制度的顶峰,由学者、专家组成,主要工作是讨论、讲演和指导有发展潜力能够深造的人们,鼓励他们发明创造,以推动科学、艺术和文学的发展。

第四,教育行政权归于国家,中小学教师必须由国家检定合格才能充任,由国家支付工资,中学教师由国家任免,为国家官吏。国家设立公共教育委员会(Commission of Public Instruction)统一管理学校的教学和财政。

塔列兰教育方案反映了当时法国革命的基本精神,具有鲜明的资产阶级性质;它反对天主教会对教育的控制,主张教育由国家统一领导;它提出实行免费的初等教育,使广大劳动人民子女获得了受教育的权利;它要求通过中等、高等学校培养中高级人才,以满足政治、经济发展的需要。所有这些都具有反封建的进步意义。然而,该方案也表现出不彻底性,把教育分成两种:免费的初等教育和收费的中等教育,这就保留了教育的阶级差别;在教学内容中,没有排除宗教科目。塔列兰的教育方案未及在制宪会议讨论,因而并未付诸实施,但它是第一个较为系统的公共教育制度方案,因而对后来法国教育有着重大影响。

(二) 孔多塞教育方案

孔多塞(de Condorcet,1743~1794)是法国哲学家和数学家,法兰西学院院士,出身贵族,曾参加狄德罗主编的《百科全书》的筹备工作。政治上积极宣传启蒙思想,主张减轻法国平民苦难,反对教会。他对人类未来抱积极乐观态度,认为改善人类的理性和增加知识是社会前进的源泉;国民教育是国家对其全体公民应尽的职责,应该由国家建立统一的、前后衔接的、世俗的学校系统。法国大革命爆发后他是宪法起草委员会成员、吉伦特派①领袖之一。

1792年4月,孔多塞向立法会议"公共教育委员会"提交了一份《国民教育计划纲要》。其主要内容是:(1)将学校分为五级,即初级小学、高级小学、中学、专门学校和大学院。(2)各级学校均实行普及、免费教育,实现教育机会均等。(3)各级学校均应排除教士任教,并坚决摒弃教会教育。(4)在课程设置和教学内容上废除传统的宗教科目,减少古典学科的教学,扩大自然科学,尤其是数学和物理学知识教学,增加农业、手工业和国内生产概述等与社会实践密切联系的课程,增设政治教育课程,讲解宪法和《人权宣言》,使学生及早了解公民的权利和义务。(5)在教育行政管理上,主张次一级的学校服从高一级的学校的领导,整个学校教育均接受大学院的统一领导和管理。

孔多塞教育方案较之前人体系更健全,内容更广泛,方法措施更具体,既带有科学家的缜密思考,又不乏革命家的激情。虽然此项教育计划未在立法会上提付表决,但其基本精神影响19世纪法国教育的发展。

(三) 雷佩尔提教育方案

法国大革命期间,深受启蒙思想影响的雅各宾派②主要代表人物之一雷佩尔提(Lepelletier,1760~1793)于1793年拟订了一项教育计划,主要内容是:由国家向富人征收累进所得税来开办寄宿学校——国民教育之家,免费向儿童提供衣食,以保证普及初等教育的实施;重视儿童的智育、体育和劳动教育,组织儿童参加农业和实习工厂的劳动,以培养勇敢、坚毅、坚韧不拔的劳动者,并将儿童生产劳动的所得作为补充办学的经费来源;设立由家长组成的国民教育协会。这一方案因其民主性与革命性超越法国大革命时期提出的其他教育方案,受到雅各宾派的欢迎。1793年8月提交国民公会通过,并做少许修正。

在雷佩尔提拟订教育方案的同时,法国的一些议员呼吁重视工业教育和传播技术知识的问题,并委托著名化学家拉瓦锡(Antoine Laurent Lavoisier,1743~1794)起草了一份旨在促进民族工业发展的教育计划。该计划建议进行广泛的知识教育,尤其是自然科学知识的教育,组织广泛的科学研究工作,以提供工业发展所需要的新技术、新方法。

法国大革命时期提出的教育方案反映了法国资产阶级对教育改革的基本主张,它们

---

① 法国大革命期间,温和的共和派于1792年8月至1793年6月执政,他们代表工商业大资产阶级的利益,主要代表人物是布里索、罗兰、韦尼奥等,因该派核心人物大多来自法国吉伦特省,故又称吉伦特派。

② 雅各宾派是法国大革命时期激进的资产阶级民主派政治团体,因其在巴黎的雅各宾修道院组织集会,故得此名。主要代表人物有罗伯斯比尔、丹东等人。1793年6月2日,雅各宾派推翻吉伦特派的统治,上台执政。1794年7月,"热月政变"结束了雅各宾派的统治。

存在着一些相似之处。第一,教育是国家的事务,必须接受政府的管理和监督,学校教育必须与国家的要求保持一致;第二,人人有受教育的机会和权利,国家应当给予保护,实行普及教育;第三,实现教育的世俗化和科学化,取消宗教课程,排除教士任教;第四,学校应该提供普及和免费的教育;第五,教育要重视公民的权利与义务的训练;第六,国家要建立一个相互衔接的国民教育系统。此外,这些教育方案还在男女平等教育、成人教育等方面提出了要求。当然,其中的一些规定也限制了劳动者子女获得初等以上教育的机会和权利。

虽然颁布了上述教育方案与法令,由于各个派别掌权的时间短暂,各种教育改革方案难以付诸实施,但对后来法国教育的改革和发展产生了重要影响。

三、18 世纪法国唯物主义教育思想

18 世纪法国教育思想的起点在于启蒙教育思想。爱尔维修和狄德罗就是启蒙教育思想家的主要代表。他们都从教育批判入手,阐述了智力平等思想以及教育的多重价值,他们的唯物主义教育思想对法国大革命时期及西方近代教育思想和实践产生了重要影响。

(一) 爱尔维修的教育思想

爱尔维修(Claude Adrien Helvétius, 1715~1771)是 18 世纪法国启蒙运动中著名的唯物主义哲学家、政治理论家和教育思想家。他自幼受到良好的家庭教育,后入耶稣会学校接受教育,深切感受到神学和经院哲学教育的空疏与繁琐。年轻时广泛涉猎传播科学和民主思想的著作,其中对其影响较大的是法国启蒙思想家卢梭和伏尔泰。爱尔维修的主要代表作有《论精神》(1758)、《论人的理智能力与教育》(1772)。

1. 智力平等说

爱尔维修秉承了洛克的经验论原则,承认客观世界是物质的,人的认识来源于客观物质世界对感官的作用,即来源于感觉。他认为,观察是人类获取经验的重要途径,感觉是人体最基本的技能,认识活动不过是感觉的变种。

从感觉主义出发,爱尔维修肯定人在身体结构上是相同的,智力上相差无几;人的一切知识都来源于感觉,与天赋的观念和神谕无关。每个具有良好器官的人,都有同样的认识能力,都可以认识真理,换言之,人们在智力上是天然平等的。

2. 教育万能论

爱尔维修是"教育万能论"的倡导者。他反对天赋观念,认为众人天生智力均等。在他看来,现实生活中所存在知识水平、道德修养以及其他个人发展方面所存在的差异,是因为人所处的环境和后天的机遇以及所受的教育不同所造成的。一个国家、民族性格的形成与变化也是教育的结果。他指出,个人身上的精神、美德和天才均为教育的产物,这永远是真实无误的;教育对于天才,对于个人的性格和民族的性格发挥着意想不到的影响,也是真实无误的,且获得世人的赞同。总之,在爱尔维修看来,人是教育的产物,每个

人身上的才能和美德,只是所受教育的结果。

3. 论政治与法律制度的教育作用

爱尔维修强调,决定某个民族精神面貌的不是地理环境,而是教育,即社会环境,其中最主要的是法律和政治制度。他认为,儿童的真正教师是周围的环境,包括家庭环境,如父母、亲戚、朋友的人格、情感等的影响;政治制度和法律制度等国家和社会环境,如立法等的影响。这些社会条件是造成人的性格、道德和观念差异的因素。

爱尔维修认为,政体和法律制度可以造就一切,并在事实上发挥教育的作用。他指出,历史上许多民族的性格和智能是随着它们的政体的改变而改变的,也因法律的差异而不同。这样就出现民族的性格时而低贱,时而坚定,时而怯懦。好的政体保证一国的国民有支配自己财产的权利,有安排自己生活的自由,有反对国民财富过于不公平分配的责任。

在爱尔维修看来,立法同样发挥着教育的作用。在不同社会制度下,立法的作用是不一样的。不良的立法借法律之手导致人的恶习频发,扰乱社会安定和秩序;不良的立法深处隐藏着一个民族恶习的全部根源,给整个民族带来不幸;良好的法律带领公民走向幸福和公共福利,培养人的美德。

4. 论德育、智育和体育

爱尔维修从功利主义伦理思想出发,提出了一个以公共福利为原则的教育计划,其内容包括道德教育、知识教育和体育。该教育计划的根本目的就是培养具有伟大的美德和伟大的才能的人。

爱尔维修认为,自爱、趋乐避苦是人的本性,是道德的基础;公共利益是人类一切美德的原则,也是一切法律的基础,同时也应成为道德教育的最终目的。如何实施道德教育呢?他认为,首先,应以"教理问答"取代"教义问答"。"教义问答"在儿童记忆中留下错误离奇的宗教观念和荒唐可笑的宗教规条,从而弄乱了儿童趋乐避苦的"自爱"观念;"教理问答"给予青少年关于自爱、公益、自由、正义等健全的道德观念,以使道德教育达到最高的完善程度。其次,制定奖罚制度。他认为,奖励和惩罚的目的在于发挥其导向作用,即引导人们在追求个人利益的关键时刻,维护公共利益,促进社会利益,避免同社会利益冲突。再次,精选道德教育的内容。爱尔维修认为,道德教育应该围绕公共福利以及个人的感受性组织教育内容,养成国民坦率、忠诚、勤奋、人道的品格,培养人们热爱自由、尊重他人、乐观向上的行为习惯。最后,道德教育要及早进行。他建议,道德教育应从小抓起,向幼儿传授一些清楚明白和良好的道德观念,在日常学习与生活中培养他们具有良好的行为习惯。

关于知识教育问题,爱尔维修认为,无知的人易轻信,最容易被诡辩所欺骗。无知还使人变得怯懦、懈怠和虚浮。一个缺乏知识的民族只能是一个衰弱的民族,迟早摆脱不了灭亡的命运。国民一旦拥有了知识便会变得聪明,就能获得幸福。他认为,智育的目的在于向儿童传授科学知识,并在传授知识的过程中培养他们具有独立思考的智力习惯。

在体育问题上,爱尔维修认为,体育的目的在于造就强壮和健康的身体。体格健壮的民族往往以勇敢著称。他认为,要养成健壮的体格,应注意三个问题:一是应建造合适的体育场馆。二是每日应进行体育运动,特别是体操锻炼。三是要形成良好的生活习惯。

(二) 狄德罗的教育思想

狄德罗(Denis Diderot,1713~1784)是18世纪法国唯物主义思想家、百科全书派的代表人物之一。幼年在巴黎的一所耶稣会学校学习,15岁赴巴黎求学,系统学习了逻辑学、物理学、道德学、数学及亚里士多德和神学家的形而上学等课程。1732年获得巴黎大学文科硕士学位。自1746年开始,一直从事《百科全书》法文译本的出版事业。狄德罗非常重视教育问题。他在《对爱尔维修〈论人〉一书的反驳》(1773~1775)及《俄罗斯大学计划》(1775)等文本中,阐述了他对一些教育问题的观点。《俄罗斯大学计划》是他为俄国女皇叶卡琳娜二世制订的一个教育计划,体现了狄德罗的国民教育思想以及当时欧洲教育管理思想的最高成就。

1. 论教育的作用

狄德罗认为,教育在促进人的个性发展和社会发展中具有重要作用。

首先,对个人而言,教育是使人摆脱愚昧,弘扬理性,拥有尊严的重要手段。教育可以陶冶人性,培养正义、正直、爱国主义品德,可以削弱人的恶习;教育可以发展人的优良的自然素质,抑制不良的自然素质,人的自然素质及其完善程度是正确进行教育和发展人的精神的一个重要因素。显然,狄德罗指出除了教育以外,人的自然素质也是造成人与人之间差异的因素,教育的作用很大,但不是万能的。而爱尔维修则过分强调感官的作用,忽视了大脑生理机制的差异及其在人的发展中的作用。因此,狄德罗在教育、自然素质和天生倾向等之间的辩证关系的正确认识也正是他对启蒙教育思想的主要贡献。

其次,教育可以使一个民族文明化。狄德罗认为,人类最初生活在"自然状态"中是自由平等的。后来,少数人采用了暴力手段,才出现了不合理的封建专制的统治形式。同样,教会的禁欲主义说教要求人们放弃自由、平等的天赋权利,无条件忍受封建专制的剥削和压迫。因此,狄德罗要求教育启发人的理性。他认为,理性是启蒙运动的核心思想,只有教育才能启发人的理性。只有人的理性才能认识封建专制的罪恶,才能扫除人类的愚昧无知,从而为发展合理的社会制度,实现平等、自由的理性王国奠定基础。

在狄德罗看来,教育发展意味着人们识字、写字和计算能力的提高,从而使人们的思想得到初步的塑造,有助于减少、缓和与消灭罪恶,唤起对秩序、正义和善行的爱,最终对治安和社会稳定产生不可估量的影响。他在《俄罗斯大学计划》中明确提出:一个民族重视学习新知识,注重通过教育来增长知识总量,那么这个民族便会逐步强大,最终走向文明、繁荣和富强。

2. 论科学知识教育

狄德罗对当时法国教育中的古典主义倾向极为不满,要求削弱古典科目,加强实用科学。在他看来,实用应该是学校科目的评价标准,科学要在教学内容中占重要地位。只有这样才能够培养学生的思维能力和发展他们的创造精神。为此,狄德罗建议学校应该给学生传授公民所必需的一切知识。初等教育应设阅读、写字、算术和公民道德等课程;中等教育应提供数学、物理、化学、自然和天文学等科目,取消无用的课程;建立各门学科的教研室、解剖室和实验室,并提供学习所必需的器材。他在《俄罗斯大学计划》中,提出把普通知识和专业知识的学习作为一个完整的过程来安排。他构建的大学体系由文学院、法学院、神学院、医学院以及军事、工程、航海、农业、商业、艺术和政治等高等专门学校构成。他将数学、物理、化学、天文学等科目放在重要地位,古典课程只在最后一年才进行研究。所以,在启蒙思想家中,狄德罗的实用主义知识观是独树一帜的。

3. 论学习科学知识的方法

狄德罗依据其唯物主义认识论,论述了学习和研究科学知识的方法。他认为,物质是客观存在的,各种客观事物之间是联系的和运动变化的。他既重视感觉论,又重视思维活动在认识活动中的作用。于是,他接受培根的实验科学方法观,提出了科学知识认识论的三种具体方法。第一种方法是观察,即人们通过自己的感官或借助于仪器对自然进行观察,并搜集事实材料。第二种方法是思考,即人们通过思考把观察得来的事实材料进行组合,加以整理和概括,这样使学到的知识得以深化。第三种方法是实验,即人们通过实验可以证实事实材料组合的结果。

总之,爱尔维修和狄德罗从唯物主义和无神论的视角,对封建教育制度和宗教教会进行了有力的揭露和抨击,提出了不少具有进步意义的观点。诸如教育由国家管理,普及教育;反对宗教愚昧,倡导理性教育,重视科学知识学习;强调环境和教育在改变人的性格和促进社会发展中的决定作用等等,这些思想在当时和后来都产生了积极影响。18世纪法国唯物主义者的教育思想成为19世纪空想社会主义教育学说的重要思想基础。

四、19世纪的法国教育

进入19世纪以后,法国国内的政治斗争仍然十分激烈,政权更迭频繁。这个时期法国学校教育制度的主要变化就是确立了中央集权式的教育管理体制,建立了完整的学制。

(一) 中央集权式教育管理体制的建立

1799年11月,拿破仑上台,建立了法兰西第一帝国。他采取了一系列军事、政治和经济措施巩固法国资产阶级革命的成果,建立了中央集权的政府。同时他十分重视教育,要求教育为国家服务,为国家提供受过训练的忠诚的行政官员,使教育与帝国的社会秩序和专制性质相一致。为此,拿破仑对教育进行改革,建立了中央集权的教育领导体制。

第一,采取了与天主教和解的政策,以便利用教会的力量巩固自己的政权。1801年,拿破仑与罗马教皇签订了"教务条约",承认天主教在法国的合法地位,但要求天主教遵循中央政府的各项制度。教务条约的签订成了法国资产阶级利用宗教为自己的政治利益服务的开端,同时也成为天主教会在法国重新合法施加自己影响的起点。这种双重作用对拿破仑时代的教育改革以及以后各个时期法国教育的发展都产生了影响。

第二,中等教育由国家管理。1802年5月1日,拿破仑政府颁布《公共教育基本法》。该法规定:中等教育由国家管理,并列入国家教育系统;促进国立中学和市立中学的建立和发展,使其成为中等教育的主要机构;恢复教会对初等教育的控制,但要求教会与国家保持一致,向国民灌输效忠思想。该法令旨在建立一个统一集中的国家教育行政体系。此后,以国立中学和市立中学为代表的公立学校逐渐成为法国学校教育体系的中心。

第三,创办帝国大学,全面统管全国各级各类教育。1806年,拿破仑颁布《关于创办帝国大学的法令》,创立帝国大学。但帝国大学不是实施高等教育的学校,而是掌管全国教育行政最高权力的领导部门,也就是法国中央政府的教育部。

第四,实行大学区制。1808年法国颁布《关于帝国大学条例的政令》,主要内容是:(1)帝国大学的总监是负责全国教育的最高首脑,由皇帝亲自任命。(2)在帝国大学之下,全国划分为27个大学区,每一大学区设总长一人,负责管理大学区内几个省的教育行政领导工作。大学区设立学区评议会,还按省分设大学区督学。大学区总长、中央和地方的督学以及大学、中学的教师由帝国大学总监任命。(3)开办任何学校教育机构必须得到国家的批准。(4)一切公立学校的教师都是国家的官吏。(5)地方组织和教会组织在接受帝国大学督察的条件下,可向国民提供文化基础教育。该法令有效维护了帝国督察教育的权利,同时也利用了教会和地方组织办学的财力和人力。

通过以上的教育改革措施,拿破仑逐步确立了中央集权式的教育管理体制。在这之后,中央集权领导之下划分学区、辅以督学督查和评议制度的做法,一直延续了近两个世纪之久,对法国国民教育的管理与法国教育的发展产生了深远的影响。

(二) 初等教育的发展

19世纪初,法国初等教育的发展比较缓慢。初等学校统一由教会管理,但处于国家的监督之下,并由国家给予津贴。其教育内容有读、写、算和宗教教育,"教义问答"课普遍开设,1806年又编了《帝国教义问答》作为课本,要求学生必须背诵、熟记。这样,18世纪以来法国进步思想家关于普遍实施世俗性初等教育的理想,远未实现。

从19世纪30年代开始,法国的初等教育随着工业革命进程的加快而发展起来。19世纪初,法国主要工业生产部门开始采用机器取代手工劳动,工厂生产制度普遍确立,工业无产阶级人数迅速增加。在这种情况下,资产阶级迫切要求对劳动者进行必要的训练,使他们掌握机器工业生产所需要的文化知识,因此初等教育开始受到统治阶级的重视,较快地发展起来。

1.《基佐法案》

1833年,法国著名历史学家和政治家、时任七月王朝教育部长的基佐(Francois Pierre Guillaume Guizot,1787~1874)颁布了一项发展初等教育的法案,即《基佐法案》(Guizot Law)。法案规定:(1)扩大初等学校的办学自主权;(2)在每一区设立初等小学一所,修业6年,超过6000人的城市设立一所高级小学,修业3年;(3)初等学校的教育任务是向学生传授生活所必需的基本知识,通过道德和宗教教育,使学生虔信上帝,遵守法规和社会秩序;(4)教育经费由当地筹措,学生的费用由家长承担,国家向无力承担教育经费的地方政府以及无力交纳学费的学生予以资助;(5)每郡设师范学校一所,小学教师必须通过国家证书考试。但这一法案没有提出普及义务教育的思想。

《基佐法案》的颁布与实施,使法国的初等学校和师范学校得到了一定发展。至1848年,法国初等学校增加了一倍,其学生人数增长了80%。从1836年起,还分设女子小学校。1833年,新设师范学校30所,1838年发展到76所。到19世纪80年代初,法国再次颁布法令,实施普及义务的初等教育,从而把法国初等教育的发展推向了一个新的阶段。

2.《卡诺法案》与《法卢法案》

1848年法国爆发了第三次资产阶级革命,推翻了二月王朝,建立了法兰西第二共和国(1848~1851),卡诺(Lazare Hippolyte Carnot,1801~1888)出任临时政府教育部长,提出了一份学校改革方案,即《卡诺法案》。该方案规定:实施普及义务教育,学校脱离教会的影响,学生免费得到书籍和膳食。教学计划中删去了神学。小学课程扩充,包括阅读、写字、法文文法、算术、自然、工农业初步知识、法国地理和历史知识、公民知识和道德、体育、图画、唱歌。马克思称颂该法案"抗议耶稣会教徒所定教育法的具体象征"[①]。

1848年12月,路易·波拿巴窃取第二共和国总统职位后,任命耶稣会教徒法卢(Vicomte de Falloux,1811~1885)为教育部长。1850年3月立法会议通过法卢制定的教育法,即《法卢法案》。该法令规定:在800人以上的市镇设女子小学一所,市镇小学对贫民实行免费教育;教会有视学权,教士免证任教,大学不得自治。这一法令使得教会获得了领导权、监督学校的权力,从此教会团体办理的学校日益增多。

3.《费里教育法》

1879年以后,执政的资产阶级共和派开始实行一些温和的改革,以满足发展资本主义经济、稳定社会秩序及缓和阶级矛盾的需要。教育方面,主要是削弱《法卢法案》赋予教会的教育权力,封闭部分教会开办的学校,肯定国民教育的世俗性原则,实施普及的初等义务教育。19世纪80年代初期,资产阶级共和党人、律师费里(Jules Francois Camille Ferry,1832~1893)两度出任第三共和国的教育部长。他主持制定了1881年和1882年的教育法令,即在法国历史上实施最久的两项关于初等教育的法案,被称为《费里教育法》(Jules Ferry Laws)。费里作为一个共和派的政治家,强调在资产阶级共和主义思想的基础上,建立法国的"精神统一",从而巩固法兰西共和国。因此,他力图以孔多塞的教育主张为制定教育法案的基本依据。

《费里教育法》的主要内容是:(1)对6~13岁的儿童实施强迫、义务的初等教育。儿童进入公立或私立小学,或在家庭私塾接受教育,对不送孩子入学的父母处以罚款、监禁。但在家庭或私立教育机构接受的初等教育,必须每年通过一次国家统一规定和主持的测验,才能得到认可。(2)初等小学课程包括读、写、算、自然及农业常识、手工、图画、音乐、体育;高级小学的课程可以按农、工、商和航海分科设置,包括自然常识、经济知识、簿记、会计等,高等小学毕业生可以升入师范学校或职业学校;取消公立学校的宗教课,改设"道德与公民"教育课。(3)允许学校除了星期日外,每周停课半天,由学生家长在校

---

① 中共中央马克思恩格斯列宁斯大林著作编译局:《马克思恩格斯全集》(第7卷),人民出版社1959年版,第106页。

外按各自的宗教信仰安排宗教活动。取消《法卢法案》中关于教会、教士监督学校的权力，由职业教育家领导学校理事会。(4) 教师任教，必须获得国家颁发的证书方为合格，宗教团体成员不得在公立学校任教。

《费里教育法》确立了法国国民教育的义务性、免费性和世俗性三条原则，指出了法国初等教育的发展方向，为以后近百年间法国国民教育的进一步发展打下了基础。

（三）中等教育的发展

1802 年拿破仑统治时期，法国停办了大革命期间创办的中心学校①(École Central)，改为中央政府开办的国立中学(lycée)和地方政府兴办的市立中学(collège)两种中等教育机构。国立中学修业 6 年，实行寄宿制，主要目标是为学生升入大学做准备。开设的课程包括法语、文学、古典语文（拉丁语和希腊语）、修辞学、道德、数学、理化、天文、史地等。国立中学的课程体系既注重科学知识教学，又给予古典文科科目以重要地位，反映了法国文科中学古典主义课程传统的影响。市立中学的课程稍低于国立中学。当时的法国中学毕业生可获得学士学位并有资格出任国家官吏。国立中学和市立中学创办以来，一直是法国中等学校的主要类型，这两个名称也一直沿袭下来。除此之外，法国还有许多私立中学。

第一帝国以后，法国的中等教育又发生了多次变化。在复辟王朝时期，国立中学改为皇家中学，古典主义色彩增强。七月王朝时期，由于经费原因，法国的中等教育没有得到较大发展。第二共和时期，特别是《法卢法案》颁布后，法国的中等教育受到教权主义势力冲击，教会所属的私立学校猛增。第二帝国时期，法国教育部长福尔图尔(Hippolyte Fortoul,1851～1856 在任)与其继任者罗兰(Gustave Rouland,1856～1863 在任)提出了中等教育分为两个阶段实施的教育改革计划，即前四年主要学习古典、人文及数学课程；后四年则实行文、理分科，文科侧重古典语文的学习，理科侧重数学及自然科学知识的学习。无论侧重哪种课程的中学毕业生，都可以获得学士学位，都有升学的资格。这项教育改革计划的主要特点是突出文理科教育，反对宗教束缚，要求中等教育承担起为现代工业发展培养技术人才的职责。普法战争后，法国中等教育受到教育现代主义的冲击，古典课程时数减少，加强了现代语言、历史、地理和体育的教育。1865～1866 年，法国创设一种类似德国实科中学的中等教育学校，课程除了加强数理、天文和化学之外，还增设商业算术、商业地理、簿记、工业发明史及工业法规等带有明显职业训练性质的课程。这种实科性质的中学于 1891 年改称"现代中学"，学生在校学习 6 年，主要学习现代语及自然科学知识。另外，这一时期国立女子中学与市立女子中学先后创建，主要进行家政、卫生、音乐和图画教育。

总之，在整个 19 世纪下半叶至 20 世纪，法国中等教育课程设置的变化趋势是重视和

---

① 1795 年 10 月，法国大革命前期政府通过《多诺法》(Daunou Law)，规定创办中心学校。它是介于中学和大学之间的一种学校形式，以课程而非班级来组织学生，学生完成规定的课程之外，还可以自由选择其他课程。不到一年时间，全法国就建立了 90 所中心学校。

维护古典主义的传统,为中央集权化的庞大的官僚机构培养文职官员服务;同时,学校不断增设自然科学课程,以适应国际资本竞争和科学技术发展的需要。

(四) 高等教育的发展

19世纪法国高等教育是在拿破仑推进的改革中开始的,这次改革是法国高等教育史上的第一次重大改革。在这次改革中,实施了帝国大学制,确立了高等专科学校在法国高等教育体制中的地位,构建了法国现代大学的基本模式,强化了中央集权教育管理体制。从此,法国高等教育领域出现中央集权的体制和大学自治的传统在矛盾斗争与有机结合并存的局面。在拿破仑之后的半个多世纪里,法国高等教育的发展基本处于停滞状态,直到19世纪末,经过1885～1898年间改革,这种情况才开始改变。特别是1896年《国立大学组织法》的颁布,使法国结束了近一个世纪唯一大学的局面。在全国第一次出现了17所文、理、法、医四科齐全的综合大学,学生增至近3万名。① 具体讲,19世纪法国高等教育的变化主要表现在两个方面。

第一,专门学校的发展。法国资产阶级革命爆发不久,资产阶级国民议会于1793年通过《关于公共教育组织法》,即"达鲁法案"。根据此法案,资产阶级关闭了当时22所大学,同时,在改造部分旧机构的基础上,在法国各地创建了一系列军事、农业、医学等专门学院,分别由政府不同部门管辖,课程也多为近代新兴实用性学科。拿破仑时期,法国开办了一批高等专门学校,包括10所法律学校,3所工艺学校以及高等数学学校、绘画学校和军事学校各1所。这些专门学校在为法国培养专门人才方面,发挥了重要作用。在法国众多专门学校中,创建于1794年的巴黎理工学校最具代表性。它一直是法国培养军事、科学技术人才的重要基地。拿破仑曾授予它一面写有"为了祖国的科学和荣誉"的旗帜。此外,创办于1794年的巴黎师范学校(1845年改为巴黎高等师范学校)也是一所十分著名的专门学校,承担培养教师和高级文职官员的重要任务。

第二,大学的变化。在大学的系科构成上,文科改变了它的预科性质,发展成为一门独立的专业,以培养研究和传播资产阶级思想文化的人才。神学的地位和重要性大大降低,后为法科所取代并成为高等教育的重要组成部分。此外,历史悠久的医科和出现较晚的理科的发展也受到相当的重视,发展较快。但是,在高度中央集权的教育行政领导的控制下,法国高等教育在适应地区的特点和需求方面,始终存在着较大问题,这一直影响着20世纪法国高等教育的发展。

---

① 贺国庆、王保星、朱文富等著:《外国高等教育史》,人民教育出版社2003年版,第229页。

第三节 近代德国教育

从17世纪到19世纪中期,德国还处于四分五裂的封建割据状态,德国资产阶级的软弱和妥协性使其不敢公开反抗封建王朝,社会经济发展远远落后于英、法等欧洲国家。这导致德国的资本主义发展相当缓慢,封建贵族的政治经济力量比资产阶级要强大的多。不过,德国社会发展和历史进程受到整个欧洲政局的影响较大。如早期的宗教改革运动、农民战争和三十年战争,后来的英国资产阶级革命、法国的启蒙运动和法国的资产阶级革命,拿破仑帝国的兴起和崩溃、"神圣同盟"的形成、欧洲各国工人运动的发展以及19世纪30~40年代欧洲的历次革命运动等,都直接或间接地影响德国政局的发展,也影响到德国教育的发展。

一、17~18世纪的德国教育

在德国,新教教派占据绝对优势。新教教派为了扩展势力,非常重视教育工作,从路德派到虔信派,都把初等教育看成是向社会底层居民灌输新教教义并使之信奉新教的有效工具。在宗教改革过程中,路德派既建立和发展了初等学校(德意志学校的前身),也建立了拉丁学校和文法学校(文科中学的前身)。宗教改革以后,路德派很快又控制了德国的大学,使大学教育基本上能够按照新教教义办理。

17世纪的德国处于封建割据状态,但到了18世纪,受法国启蒙运动影响和经济发展的推动,许多公国采取了一些改革措施,如在教育方面,政府认识到普及教育的重要性,积极开办学校并加大对学校的控制;对高等学校的科学研究则采取较自由的态度。宗教方面也采取实行宽容而不是排斥的政策。相对讲,18世纪德国教育无论在学校数量或类型上,都比上个世纪有所发展。特别是普鲁士教育成为德意志各邦的表率和欧美各国的榜样,这时期的德国教育一般都是指以普鲁士为主的教育。

(一) 初等教育

宗教改革以后,受路德思想影响,德意志境内诸公国从16世纪开始先后颁布普及义务教育的法令,成为近代西方国家最早进行普及义务教育的国家。

1. 强迫义务教育

1559年,威丁堡公国首次发布在全国建立学校制度的法令。其中规定,每个村庄必须设立德语学校,为适龄儿童提供免费的初等教育,强制家长送子女上学。从17世纪开始,大多数公国也竞相颁布了强迫教育法令。1619年,魏玛公国颁布的学校规章要求,境内的教士和校长必须列出6~12岁的所有男女儿童的名单,以便当局劝告家长履行送子女入学的责任,必要时地方政府出面勒令家长履行职责,适龄儿童必须全年上学,除农业收获季节放假4周和教区节日与教会节日放假数天外,不得缺席一天,甚至不得缺席一小时。1642年,萨克斯－哥达公国颁布的《学校规程》把儿童初等教育入学年龄提早到5岁。虽然规程没有硬性规定强迫教育的年限,但却强调学生必须学完全部知识,并经当局审查合格方可离校。规程还具体规定了实行班级教学和教学视导、提高教师薪俸、免费供应教科书以及儿童缺课时对其家长的罚款办法。

在各公国中,普鲁士颁布的教育法令最为突出。在18世纪,普鲁士的几任国王先后多次颁布教育法令,详细规定了国家办学、强迫义务教育、学校课程、办学经费、教师、家长责任等方面的具体要求和措施。虽然其中许多法令没有很好地执行,但表明了德国近代教育的世俗化特点。

(1)《普鲁士义务教育令》

1717年,普鲁士国王威廉一世(Wilhelm Ⅰ,1797~1888)颁布《普鲁士义务教育令》,也叫"劝告上谕"。这是普鲁士制定的实行强迫初等义务教育的第一个法规。其主要内容包括:父母须送其4~12岁子女入学,学习宗教、阅读、书写、计算及一切足以增进他们的幸福与福利的课程,违反者对父母予以严厉惩罚;每个学生每周需交学费5个分尼①,但贫苦家庭子女可从地方贫人救济金中支取。法令的实施使普鲁士的初等学校一度得到较大发展,所以教育史上威廉一世被称为"普鲁士的小学之父"。1737年,威廉一世颁布《普鲁士一般学校令》,具体规定校舍建筑、教师供养及教育经费的解决办法。此法令后来成为普鲁士学校基本法规的基础。由于该法令的实施,当时普鲁士建有1800多所小学。

(2)《初等学校及教师通则》

1763年8月12日,腓特烈二世(Friedrich Ⅱ,1194~1250)颁布《初等学校及教师通则》(以下简称《通则》)。其主要内容包括:第一,在教育目的方面,学校教育要培养出有智慧、有德行的臣民,教育要为国家富强和各阶层人民的真正福利作出贡献。第二,在教育对象方面,凡5~13岁男女儿童都应上学,适龄儿童的家长、监护人有义务为儿童提供良好、充分的学习环境,不得无故让儿童辍学,否则,将被处以16分尼的罚款。第三,在教育内容方面,宗教教育是主要的教育内容,同时兼学读写算知识。《圣经》、《柏林拼读课本》等为主要教材。第四,那些家境贫寒而无法支付学费的学生可以向市政当局提出申请,从教堂和市镇基金中支出。第五,在冬季,儿童每周必须上课六天;在夏季,每日上午上课,下午放假。上学期间,学生不得无故缺勤。第六,贵族、士绅拥有选拔教师的权力,但是凡担任教师的人都必须领取教师资格证,在取得教师资格证之前,不得就职。教师必须接受牧师的管理,牧师有监督、检查教师教学工作的权力。第七,为了实行有效的管理,学校必须详细登记学生的一切学习情况,这些登记表每年都必须接受视学员的检查。《通则》是当时普鲁士强迫义务教育法案的典型代表,它为德国公立初等教育的兴起奠定了基础。

---

① 分尼是德国货币单位。1分尼(硬币)=0.01马克。

(3)《民法》

1794年,普鲁士颁布《民法》,其中列有学校教育条款:各级学校均属国家机构,管理和教育青年是学校的职责,学校要给学生实际有用的知识;学校的设立应经国家允许;所有学校都要接受政府的监督,政府随时可派人对学校进行视察、督导;即使仍由教会办理、管理的学校,或由政府和教会共同管辖的学校,也得按照国家既定的立法行事,如果有某种争执,决定权在政府。该法被视为普鲁士世俗教育的"大宪章",在德国教育向世俗化方向发展中发挥重要作用。

宗教改革之后,德意志诸公国颁布的强迫教育法令,反映了统治当局发展教育事业、振兴民族和国家的迫切愿望,同时,这些法令也标志着中世纪以来一直把持在教会手中的教育权正悄悄地向世俗政权转移,国家承担起教育国民的使命,促进了国民教育体制的形成和发展。

2. 泛爱学校

18世纪70年代,德国出现了以泛爱主义为宗旨、以教育事业为主要活动的"泛爱派"(Philanthropists),他们期望在德国实现卢梭的思想。"泛爱派"的创始人是教育家巴泽多(Johann Bernhard Basedow,1724~1790)。他依据卢梭的思想,宣扬泛爱思想和人道主义。1768年,巴西多发表《为学校、学科及其对于公众福利之影响,敬向志士仁人呼吁书》,集中阐述了他的基本教育主张。

巴泽多认为,教育的目的在于培养幸福健康、对社会有用和能促进人类幸福的人;学校教育应由国家管理和监督,以摆脱教会的控制和教派斗争的影响;进行军事体育训练,以促进儿童身体的发展;对儿童进行以爱国主义精神和人类互爱为基本内容道德教育,培养儿童具有温良、谦逊的态度;反对道德说教,强调通过对榜样的模仿、道德行为的实际练习和讲故事的方法对儿童进行道德教育;智育的目的在于发展儿童的智力。

1774年,巴泽多在德骚创办了一所"泛爱学校"(Philanthropinum),实践他的教育主张,在社会上产生了极大影响。泛爱学校以人类互爱的精神和人文主义世界观教育儿童,使儿童成为幸福的、身体健康的、对社会有用的人。泛爱学校的课程主要有实科知识、本国语、外语、体育、音乐、舞蹈和劳动等。教学采用直观方法,通过对话、游戏和参观等方式,激发儿童学习的主动性和兴趣,培养儿童的智力。此外,巴泽多还编写了《初等教育指南》、《教育方法手册》等教材和指导手册,对推动泛爱学校的发展起到了重要作用。

泛爱学校促成泛爱主义思潮的兴起和传播,对德国等西欧国家初等教育发展起重要的推动作用,并直接影响裴斯泰洛齐等教育家的思想与实践。

(二)中等教育

这个时期德国中等教育仍然是以贵族子弟为对象的传统古典文科中学为主,同时为了适应资本主义生产方式的出现,实科中学也初露端倪。两者的培养目标、性质和社会地位迥然不同。

1. 文科中学

17~18世纪,德国中学的主要形式是文科中学,相当于英国的文法学校和公学。它是由宗教改革时期梅兰希顿创立的拉丁中学和德国斯特拉斯堡市督学斯图谟创立的第一所文法中学演变而来的。文科中学具有强烈的古典主义倾向,反映了贵族的要求,只有贵族子弟才能上这种学校,与初等学校无直接关系。主要任务为升学做准备和培养社会的上层职业者,如医生、律师、牧师、官吏。教学上的形式主义突出,课程几乎全是拉丁文和希腊文,忽视自然科学。

早在17世纪前,德国就已形成一种不成文的法规,即到初等学校受教育是劳动者子弟的义务,而上文科中学学习则是王公贵族们的特权。只有文科中学的学生才有权升入大学,所以文科中学与大学有着直接联系。文科中学的任务就是为大学输送新生和为政府训练一般的官吏。18世纪末19世纪初,在新人文主义影响下,德国对文科中学进行了改革:数学、希腊语、拉丁语仍然受到重视,因为它们被视为是进行形式训练的主要手段;本族语、历史、地理和少量自然科学知识被纳入到文科中学的教学计划。

2. 实科学校

在德国,虽然资本主义发展比较缓慢,资产阶级也比较软弱,但工商业的发展推动着资产阶级逐步形成。在这种情况下,一方面是贵族独享中等教育的现象对资产阶级的成长和资本主义工商业的发展极为不利,另一方面,专门训练贵族子弟的文科中学又根本不能适应和满足工商业对教育所提出的要求。而工商业资产阶级的经济活动范围和性质则要求一种既具有普遍教育性质,又具有职业教育性质的新型学校。这样,实科中学应运而生。

17世纪末到18世纪前期,德国路德新教就开始尝试建立实科学校。1695年,路德新教的虔信派①教徒弗兰克(August Francke,1663～1727)在哈勒开办一所国民学校,在教学中强调数学、自然科学的实际运用和直观方法进行教学,后来又创办了科学学校。1708年,教育家席姆勒(C. Zemmler,1669～1740)在哈勒创办了"数学、机械学、经济学实科学校",教授数学、物理学、机械、天文、地理、法律、制图及宗教学科。1747年,赫克(Johann Julius Hecker,1707～1768)在柏林开办了"经济学、数学实科学校",所设置课程更为广泛,还附设了工艺学习班和师训班。18世纪后期,德国的威登堡(1756)、赫尔伯斯特(1764)、布津斯罗(1765)等城镇建立了一些六年制的实科学校,毕业生受到实业界的欢迎。

实科学校的出现是一种进步现象,它比文科中学更接近实际生活,所以排除了教学科目、课程内容的纯古典主义倾向,着重讲授实际生活和国民经济各部门所必需的实用知

---

① 虔信派(Pietist)是德国的一个基督教新教派。17世纪70年代初路德教牧师斯宾尼创立。17世纪末至18世纪前期发展成为一种新的宗教运动,对德国的社会生活、哲学、文学与教育产生深远影响。虔信派主张虔诚笃信上帝,实践基督教义,拯救人类灵魂。为此要求为社会各个阶层和各种年龄的儿童开办教育机构,强化宗教教育,加强实用知识的教学,以期通过宗教教育和"实利实学"的知识、技能的传授,培养具有虔敬的心情和实际生活所必需的智能的善良的基督教徒。主要代表人物有弗兰克、席姆勒、赫克等。

识。同时,它的出现也揭开了文科中学和实科中学斗争的序幕,这既反映了新的自然科学知识和旧的古典科目的较量,也折射出资本主义生产方式与封建生产方式的争斗。不过,在整个18世纪,实科中学的力量较之文科中学要弱小得多,其社会地位也远低于文科中学,长期未能获得与文科中学同等的社会地位,实科中学毕业生不能升入大学或在政府机关供职。

3. 骑士学院

骑士学院是一种专门为贵族子弟开设的特殊类型的中等学校,其任务是要把贵族子弟训练成能够担任文武官职和从事外交事务的人员。它是中世纪骑士教育在德国特定历史条件下的延续。

骑士学院的学习内容较多,神学、拉丁文是必修课,但以现代外语和自然科学为主要教学内容,同时开设法律、伦理学、军事、工艺、建筑、机械等课程。且重视骑士技艺,如骑马、舞蹈、角力、射箭等。还要参加宫廷舞会和出入公爵府第进行社交活动的练习,以学习上层社会的举止礼仪,因为这是从事外交活动、担任文武官员必备的知识。骑士学院历时将近一个世纪之久,到18世纪中期以后才逐渐消失,有的改成军事学校或升格为大学。

(三) 高等教育

德国大学具有悠久的历史,早在宗教改革和文艺复兴前就已经出现了大学。到16世纪初期,德国共有在校大学生达4200人。宗教改革后,这些大学从以宗教神学为主逐渐变为突显人文主义精神,并开始接近生活实际,注意学术探讨。在学科设置上,在专门讲授神学和古典主义课程的基础上,增加了新的人文学科,如历史、政治学、哲学、法律等以及实用学科,如数学、物理、地理等的内容。此外,以前只限于用拉丁语或希腊语作为教学用语,变为也可以用德语讲课。

但是,由于受三十年战争及宗教等因素的影响,17世纪末的德国大学生源不足,18世纪中期以后情况更加恶化,一些大学甚至被迫关闭,许多知识界人士要求彻底废除大学。在这种背景下,以哈勒大学、哥廷根大学为代表的德国大学,掀起了一场围绕学术自由的大学改革运动。

1. 哈勒大学

哈勒大学(University of Halle)的前身是一所骑士学院,1694年取得普鲁士国王的支持而开办。哈勒大学与原有的新教派大学有很大差别,被认为是新大学的先驱。虔敬派神学家弗兰克从1691年到1727年去世,一直在哈勒大学任教,他反复强调让学生学习富有实际意义的现代学科,如生物学、物理学、天文学等科目,其思想对哈勒大学的办学实践具有重要影响。德国"启蒙运动之父"、哲学家托马西乌斯(Christian Thomasius,1655~1728)同样重视教学与现实生活的联系,他率先在哈勒大学采用德语讲课,打破了拉丁语在大学教学中的垄断地位,并使哲学脱离神学而独立,被称为"哈勒大学的第一位教师"。哲学家沃尔弗(Christian Wolff,1679~1754)也曾在哈勒大学长期任教,主讲数学、物理学和哲学。他也用德语写作和讲课,并在数学和自然科学的基础上构建了现代哲学体系。18世纪后期,沃尔夫哲学及其理性理念流行于所有新教大学。

与传统大学相比,哈勒大学呈现出鲜明的特色:(1)教学内容采纳了现代哲学和科学,古代语言和文学不再像在传统大学那样被强调,课程呈现出功利主义色彩;(2)以自由教学、自由研究为基本教学原则,提倡自由调查、独立思考和创造性的科学研究;(3)教学方法以系统讲授和课堂讨论代替传统的照本宣科和辩论;(4)用德语取代拉丁语作为课堂教学、教科书和撰写科研论文的用语;(5)古典文的教学不再以文学创作为主要目标,强调用新人文主义思想探索古典文学。

哈勒大学成为学术自由的第一个发祥地和进行创造性科学研究的最早基地,也成为普鲁士文职人员的重要训练基地。它不仅是18世纪德国境内最重要的大学,甚至成为欧洲大陆最严格的研究机构和专业学习的高等教育机构,其影响十分深远,被德国著名教育家鲍尔生称为"不仅是德国的而且是欧洲第一所具有现代意义的大学"①。德国其他大学纷纷效仿哈勒,出现了一批新大学,其中哥廷根大学就是仿效哈勒的产物。

2. 哥廷根大学

哥廷根大学(University of Göttingen)创办于1737年,坐落在德意志北部的汉诺威。哥廷根大学首任大学董事长闵希豪生(Gerlach A. Munchhausen,1688~1770),曾是哈勒大学的毕业生,他借鉴哈勒大学的改革理念,提倡现代科学和现代哲学、自由主义神学以及思想自由和教学自由。哥廷根大学的办学特色是:(1)注重宗教宽容,削弱神学家在大学中至高无上的地位,改变神学凌驾于其他学科的特权,禁止教师斥责异端观点,招收来自不同教派的学生。(2)在课程设置上,重视历史、语言和数学等现代学科的教学。在学校最负盛名的学科中,历史学、法学和政治学居首位。(3)学校还建立了装备优良的科学实验室、天文台、解剖示范室、植物园、大学医院等,大力鼓励和支持学术研究自由。(4)哥廷根大学图书馆因其收藏广博、有效的组织管理而成为欧洲第一个现代意义的科学图书馆,吸引了诸如歌德、莱辛和赫德尔等许多求知的学者。

德国教育史学家指出:"哥廷根大学不同于别校的优点,是该校真正的科学研究受到大力的鼓励和支持,其中最主要的是它有经费充裕和设备富丽的图书馆,还有专门从事科学和医学研究的研究所。"②哥廷根大学在短短时间里获得了极大的声誉,成为中欧重要的学术和科学中心之一。哥廷根大学的改革同样也成为其他新大学模仿的榜样。

哈勒大学和哥廷根大学的成功改革为当时德国的大学注入了活力,也为其他大学改革提供了榜样,如1743年成立的埃朗根大学完全是参照哥廷根的模式建立的。这两所大学所出现的一些特征,诸如学术自由、注重研究的风气、引进现代课程、政府增强对大学的控制等等,为19世纪德国柏林大学的创办以及推动世界高等教育的发展,奠定了基础。

---

① 〔德〕鲍尔生著,滕大春等译:《德国教育史》,人民教育出版社1986年版,第79页。
② 〔德〕鲍尔生著,滕大春等译:《德国教育史》,人民教育出版社1986年版,第79页。

二、19 世纪的德国教育

19 世纪,德国在教育理论和教育实践方面都取得了令人瞩目的成就。这一时期,德国出现了洪堡、费希特、赫尔巴特、第斯多惠、福禄培尔等一批在世界教育史上具有重要影响的教育家。特别是洪堡根据新人文主义精神对德国初等教育、中等教育、高等教育开展的一系列改革,有力地推动了德国教育的发展。由于 19 世纪德国政治生活曲折复杂,其教育发展历程也跌宕起伏,一般认为,19 世纪初至 30 年代是发展时期,40 年代至 60 年代是复辟时期,70 年代至 19 世纪末是复兴时期。

(一) 19 世纪初的洪堡教育改革

洪堡(Karl Wilhelm von Humboldt,1767~1835)是 19 世纪初期德国教育家、政治家、语言学家。自幼受到德国早期民主思想家的影响,主张教育顺乎自然,发展儿童多方面的能力,促进个性自由发展。这种人文主义思想对洪堡日后形成新人文主义教育思想产生了巨大影响。洪堡 1787 年入法兰克福大学,翌年转入当时欧洲进步思想的圣地——哥廷根大学,接触一些倡导新人文主义运动的教授。1790 年后,洪堡先后与语言学家沃尔夫(Friedrich August Wolf,1759~1824)、诗人歌德(Johann Wolfgang von Goethe,1749~1832)、席勒(Johann Christoph Friedrich von Schiller,1759~1805)等德国新人文主义者结为好友。1794~1797 年他在耶拿当家庭教师,并参加由席勒主编的美学杂志的编辑工作。1806 年,普鲁士在普法战争中的全面崩溃更加唤醒了洪堡对德意志民族的忧患意识。1808 年他返回到柏林后,立刻投身于民族救亡运动,并于 1809 年 2 月 20 日被普鲁士国王任命为内务部文化教育司司长。1810 年,他领导创办了柏林大学,他的大学理念和改革模式成为各国竞相模仿学习的榜样。他教育方面的代表作有:《关于人的教育理论》、《哥尼斯堡学校计划》等。

1. 教育改革的理论基础

新人文主义教育(New Humanistic Education)是洪堡教育改革的理论基础。新人文主义教育是 18 世纪末 19 世纪初出现于德国的教育思潮。它提出教育上的无功利性的价值取向,强调人性的和谐和人格的完善,重视古典文学和古典研究在人的精神培育中的作用。主要代表人物有洪堡、赫尔德、歌德、席勒等。

新人文主义教育思想的特点主要是:

(1) 重视精神培育,即强调人性的和谐发展和人格的完善,促进人的身体和精神的均衡。新人文主义教育认为教育的主要目的在于充分发展人的一切力量,陶冶人成为完美的人。洪堡认为,教育的目的在于人的陶冶,使其成为完整的人,而不是特别职业的公民。发展学生完整的品格是比获得知识更重要的事情。

(2) 强调古典语言、文学、历史等人文学科和古典研究在教育中的作用。与文艺复兴时期的人文主义教育不同,新人文主义教育思想不偏重罗马文化,而倾向于希腊文化,主张发扬古希腊文化中一切珍贵和有用的东西,强调复兴古希腊文化的优秀内容和精神,注重领会其中积极的世界观和人生观,不在于对古代语言和生活样式的模仿。

(3) 强调教育的非功利性价值,不把职业训练作为教育的重点。新人文主义教育思想以康德(Immanuel kant,1724~1804)的伦理学为基础,吸收了席勒的美学思想、歌德的理想主义以及洪堡的语言哲学,其核心是通过"形式教育"培养完全的人及和谐的统一体。因此主张感情的陶冶应重于理智的和职业的训练,用以人格为中心的人性陶冶取代唯理的绅士教养。

2. 普通教育改革

1809~1810年间,洪堡担任普鲁士内务部教育司司长,他根据新人文主义教育思想制订了包括学制、课程、教法、考试、学校管理和师资在内的一系列教育改革方案。他制定的各类学校改革的基本标准是:废除贵族学校的特权;实行普遍的义务教育;要求学校人才得到自由发展;教育要适应自然科学的发展等。具体表现在以下几个方面:

(1) 初等教育改革

洪堡认为,初等教育的目的在于发展学生的理性,陶冶学生的道德情操,培养学生的宗教情感,为进一步的学习做准备。为此采取了以下措施:其一,在学科内容上减少了宗教神学课,增设了实用知识的学科,如博物、史地、自然常识等;其二,在教学方法上,废除体罚和死记硬背,采用实物直观教学;其三,改进和提高师资培训工作。他一方面邀请裴斯泰洛齐的学生到普鲁士办师范学校,另一方面派遣教师到瑞士伊佛东向裴斯泰洛齐本人学习,以便在德国发展师范教育,培养小学师资。德国的师范教育因受裴斯泰洛齐的影响有了较大发展。其中,第斯多惠就是直接按照裴氏的思想在德国办师范教育的著名教育家。1809年德国首创培养教师的机构——柏林师范学校。

(2) 中等教育改革

在中等教育改革方面,洪堡及其后继者采取了四项措施。①

一是将文法学校改为大学预科,为学生进入大学做准备。按照洪堡制订的《哥尼斯堡学校计划》,该邦的五种中学改为两所四年制的初级中学和三所八年制的高级中学。高级中学的学生通过考试毕业,可以免试升入大学。《哥尼斯堡学校计划》是现代德国高级中学形态的雏形。

二是设置选考制度。1810年7月12日,普鲁士颁布了高级中学教师考选办法。由柏林大学、布勒斯大学和哥尼斯堡大学各派一人组成"教育代表团",具体负责考选中等学校的各科教师事宜。从此以后,未经考试合格人员不得录用为教师。教师考试科目包括文科中学讲授的语文、科学、数学和历史等全部学科。这种选考制度旨在为中等学校选拔具有真才实学的教师,提高教学质量,并将普鲁士中等学校教师提高到专业工作者的地位。

三是改革文科中学课程。洪堡为推行他的"全面教育",发展学生个性,编制了文科中学教学计划,以拉丁文、希腊文、德文和数学为主课,重视历史、地理和自然科学的教学。

---

① 滕大春主编:《外国教育通史》(第3卷),山东教育出版社2005年版,第203~204页。

改革后的课程使文科中学的教学内容更接近了实际生活。

四是在正规学制系统外,设置六年制的专门高中(亦称"高级市立学校")。招收15岁以上学生,课程除了不设希腊文以及以法语和科学取代古典著作课程外,其他新课程大致与高级中学相同。1832年之前,这类学校的学生通过毕业考试,可获许在军队中服役一年,并担任下级军官职务。

洪堡的改革使文科中学的办学方向、课程内容、教学方法、教师质量,都有较大的起色。改变了文科中学教师只能由神学家、牧师担任的现象,打破了文科中学对僧侣依赖的局面。

3. 高等教育改革

1810年,洪堡在《关于柏林高等学术机构的内在与外在组织》一文中详细阐述了他的大学教育思想。

(1) 大学的学术性质

他认为,大学是一个进行学术研究和人格完整教育的独立自主的机构,它代表着自由和纯粹,不应该为经济的、社会的、国家的需求所左右。他主张将大学与职业教育在学术上明显区分开来,严格限制实科中学毕业生进入大学。大学没有义务为学生将来的职业而训练,不必考虑功利,大学要给学生提供机会进行学术研究;学生的学习不需要注意职业或社会义务,也不必为实际的生活方面去担忧。按照新人文主义思想,洪堡主张在课程体系上,把古典语言和哲学列为各学科的第一位,自然科学处于附属地位。

(2) 教学与研究相统一的原则

洪堡对大学革新提出了三个基本原则:一是独立性、自由与合作相统一的原则。他认为,没有个人的独立性和独创精神,就不可能推动科学不断发展,大学师生要独立思考和独立钻研,发展每个人的创造力。大学应成为自由追求真理的独立机构,不受教会和国家机构的种种限制和妨碍;自由是教育第一个不可缺少的条件,没有自由,独立性和创造性就会受到禁锢。二是教学与研究相统一的原则。他认为,大学的任务应是科学研究与教学相统一,既传授知识,也从事科学研究。大学教师不仅能进行教学活动,还应该具备从事科学研究、推动科学进步的能力。大学生则应在教师的指导下参加教师的科研工作,同时接受系统的专业理论知识。三是科学统一的原则。首先是把各种科学统一到哲学基础上,即教师以一定的哲学世界观把自己的各种科学认识统一起来,成为一个统一的人、言行一致的人;其次是科学理论与实践的统一。

(3) 柏林大学的模式

在高等教育的改革上,洪堡的一个突出贡献就是在哲学家费希特和施莱尔马赫(Friedrich Schleiermacher,1768~1834)的协助下,于1810年创建了柏林大学。费希特被推举为首任校长。洪堡负责为柏林大学聘请了第一流的教授,如施莱尔马赫、法学教授萨维尼(Friedrich Karl von Savigny,1779~1861)、费希特、医学教授胡弗兰德(Christoph W. Hufeland,1762~1836)、古典语言教授沃尔夫、历史教授尼布尔(Barthold Georg Niebuhr,1776~1831)、农业学教授塔埃尔(Albrecht Daniel Thaer,1752~1828)、化学教授克拉普罗特(Martin H. Klaproth,1743～1817)等等,这些教师是全欧洲最杰出的,以至于洪堡在1810年5月9日在致国王的信中自豪地说,这些教授"在各自专业上应该是首屈一指的人物了,这是任何其他大学都拿不出来的"[①]。

柏林大学采用了新的办学思路和模式,以尊重自由的学术研究为精神主旨,基本上贯彻了洪堡的大学教育思想。

首先,柏林大学具有更多自治权。校长由教授选举、政府认可产生;教授自由讲授科目,自由表达观点,政府不进行任何干涉;学生享有充分的学习自由,包括选修课程、选择教师和转学的自由。

其次,柏林大学贯彻了教学与科研相统一原则。教学中采用了开设讲座的方法和"习明纳"方法,并建立了众多研究所,师生间、学生间切磋学术的风气开始盛行。习明纳是一种教学方式,学生组成研讨小组,在教授的指导下就某些专题展开探讨,着重培养学生的分析、研究能力,该方法成为"科学研究的苗圃"。

最后,哲学院的地位发生了变化。以前德国大学的哲学院只是作为新生补充基础知识的基础学院,其地位远低于法学、医学和神学三个学院。在柏林大学,哲学院备受洪堡、费希特、施莱尔马赫等人的重视,最终成为柏林大学中师资力量最雄厚、规模最大和地位最高的学院。除了教学之外,哲学院积极从事科学研究,使哲学产生了许多科学分支,出现了一批自然科学家、社会科学家与哲学家,哲学院成为科学研究的发源地,也成为其他学院效仿的榜样。

柏林大学成为德国大学新精神的代表,布勒斯劳大学(1811)、波恩大学(1818)、慕尼黑大学(1826)等后来新建的大学,竞相效仿柏林大学,注重专门的研究,先后设置研讨班和研究所。莱比锡、海德堡等古老大学也仿照柏林大学的模式进行了改革。柏林大学也成为当时欧洲的文化中心,其办学模式为世界各国所效仿,被誉为"现代大学之母",开创了世界高等教育的新时代。

洪堡教育改革成为德国历史上最重要的一次教育改革,奠定了德国现代教育制度的基础,使德国教育发展呈现出一派前所未有的欣欣向荣的崭新局面。19世纪德国教育的改革为许多国家教育的发展提供了模式。

(二) 初等教育

18世纪末19世纪初,德国教育步入了一个快速发展时期。其中,初等教育呈现出兴旺发达景象。这个时期,泛爱主义教育思潮的传播和新人主义运动的开展以及裴斯泰洛齐教育思想和实践的影响,共同推动了德国初等教育的迅速发展,促使各个公国纷纷颁布初等义务教育法,如:1802年巴伐利亚,1805年萨克森先后颁布了义务教育法,适龄儿童入学率提高,初等学校数量增加,德国国民的整体素质得以提高。据统计,1816年,普鲁士适龄儿童入学率为60%。1846年,初等学校已有24044所,学生243.4万人,适龄儿童

---

① 〔美〕J.W.汤普森著,孙秉莹等译:《历史著作史》(下卷·第三分卷),商务印书馆1992年版,第205页。

入学率达到82%。① 此外,洪堡就任普鲁士公共教育部长期间,对初等学校进行了一系列改革,初等教育的内容逐渐扩大。如在学科内容上减少了宗教神学课,增加了诸如博物学、史地、自然常识等实用知识的学科,使学生能够学到较为广泛和有用的文化知识。

（三）师范教育

初等教育的振兴促进了师范教育的发展。1808年,洪堡派遣17名教师到瑞士向裴斯泰洛齐学习,以便在德国发展师范教育,培养小学师资。1809年柏林师范学校创办,到1831年,普鲁士的每个省都创设了按照裴斯泰洛齐的思想与方法训练教师的师范学校。这时的德国师范学校对学生进行多方面的培养,学习科目范围较广,包括德语及文学、数学、地理、自然、物理、教育学科（教育学、心理学、教学法等）、神学,也采用了一些积极的教学方法。师范教育的发展,提供了较多具有一定基础的小学师资,进而促进了小学教育的发展和提高。德国初等教育和师范教育的发展和改进,很快又对法国和美国产生了很大影响。

1815年,"神圣同盟"建立之后,在新人文主义运动中所进行的各项改革都被否定,初等教育和师范教育也趋于倒退。1817年,按照"神圣同盟"的统一步调,普鲁士公共教育部改为"宗教事务与国民教育部",以加强宗教、教会僧侣对教育的影响和控制,小学、师范学校带有进步倾向和反映科学内容的学科教学被取消,加强了神学课。1854年10月,普鲁士颁布一项专门针对初等学校和师范学校的法令,规定加强宗教教育,将《教义问答》《圣经》和《赞美诗》作为教学的主要内容；除了所规定的普通读写和简单算数等教材外,凡未经特许的学科,如历史、地理、博物学和自然学科等一律不得在初等学校擅自讲授；所有学校教学均需遵守信仰上帝,效忠王朝的原则。该法规的实施使普鲁士初等教育出现倒退,并始终影响普鲁士1871年以前的师范教育和初等教育。

（四）中等教育

19世纪,文科中学和实科中学仍然是德国中等教育的主要类型。在新人文主义运动推动下,尤其是在洪堡担任内务部教育司司长期间,德国的文科中学的办学方向、课程内容、教学方法以及教师质量,都有较大改进。1810年德国文科中学改革集中体现在两个方面：（1）调整课程内容。语文、数学为基础课程,古典语法课改成以阅读古典文学名著为主要内容,增加历史、地理和自然科学的科目,这样就削减了古典学科内容,扩展了普通基础学科的教学,从而使古典中学更加接近实际生活。（2）改革教师选拔制度。根据1810年7月颁布的《普鲁士中学教师检定规程》,凡担任中学教师者都需通过国家考试,合格者给予中学教师称号；考选教师由国家委托大学办理,考试科目和要求以大学训练中学教师所开设的课程为依据和标准。这项改革措施打破了传统上文科中学教师一般由神学家、牧师担任的局面。

1815年"神圣同盟"形成后,特别是宗教事务与国民教育部取代公共教育部之后,德国文科中学经历了一场较大反复和倒退。凡是新人文主义教育改革都受到审查和"纠

---

① 吴式颖主编：《外国教育史教程》,人民教育出版社1999年版,第354页。

正",教师和学生的进步活动受到限制。1848~1870年,文科中学的教学内容进行了较大改动:强调教条主义的宗教基础知识教育,增加古典学科教学时间,削减自然科学的课程。1856年以后,自然科学的教学被取消。

洪堡的中等教育改革未涉及实科中学。1822年,实科中学也开始进行一些改革:加重神学课的教授,增加拉丁文课程,宣布实科中学毕业生如果没有拉丁文学科的知识,就不能在政府部门工作或任职。1832年,普鲁士率先颁布了《实科中学毕业考试章程》,它标志着实科中学得到政府的承认。1859年,普鲁士颁布《实科中学课程编制》,规定实科中学分为两种类型:九年制的称为文实中学,除了学习拉丁文外,还增设科学课程和与职业有关的课程;六年制的称为前期文实中学。19世纪后半期,德国实科中学实际上分化为两种:实科中学和文实中学。尽管19世纪40年代以后,德国实科中学有较大发展,数量很多,但直到19世纪末,实科中学和文实中学的地位仍低于文科中学,毕业生不能升入大学。1901年德国进行教育改革,实科中学毕业生升入大学的权利才得到确认。

(五)高等教育

在1806年的普法战争中,德国割地赔款,高等教育受到巨大损失,原来的著名大学不复存在。从1810年起,德国陆续建立新的大学。柏林大学贯穿洪堡的大学理念,实行学术自由、教学自由和学习自由,大学具有办学自主权,聘请知名学者任教,学校设讲座,重视教授讲演,提倡师生独立研究,注重学术的提高和学生研究能力培养。其他新大学也模仿柏林大学把原来只属于预科性质的哲学科提到与法学科、医学科同等地位,且居于首位;降低神学科的地位,减少神学课教学。这样,德国的大学就成了哲学、科学和学术的中心。

由于洪堡等德国大学改革者反对在大学开设应用性科学技术课程,19世纪初德国大学基本上是研究型大学。19世纪中期之后,为了满足德国工业化发展需要,技术学院获得快速发展。19世纪60年代之前,德国的技术学校相当于中等学校,主要对青少年进行科学训练和职业训练,19世纪70年代以后,各地多科技术学校相继升格为技术学院或工科大学,它们不仅传授技术课程,也和研究型大学一样,设置有关自然科学方面的内容,并设置许多研究所。这些研究所既从事自然科学理论的研究,也更重视应用技术研究,到20世纪初,工科大学实现了教学和科研的一体化。

此外,19世纪中期之后,德国还出现了不少专门学院(special colleges)。这些专门学院多与商业或其他经济部门有关,一般由地方工商协会或商业团体资助兴办,毕业生多在经济和管理部门担任任职。专门学院类型主要有商业和经济学院、农业和林业学院、兽医学院、矿山和冶金学院以及19世纪新建的哲学、神学等专门学院。这些专门学院与研究型大学和工科大学等,共同构成德国近代高等教育制度。

三、19世纪德国的国民教育思想

德国的国民教育思想发轫于19世纪初期。1806年10月,普法战争爆发,普鲁士战败,大片领土被割让,这激发了德意志民众的民族意识。为振兴民族精神,拯救国家于危亡,许多有识之士呼吁发展国民教育。其中,主要代表人物是费希特和第斯多惠。

(一) 费希特的教育思想

普法战争后,德意志实际上处于拿破仑统治之下,德意志民族分裂成许多小公国。《提尔斯特合约》签订后①,德意志各公国的民族情绪高涨,渴望国家统一和振兴德意志民族精神的呼声越来越大。在这样的历史背景下,费希特作了《告德意志国民》的系列讲演,提出了其国民教育思想。

1. 生平和教育活动

费希特(Johann Gottlieb Fichte,1762~1814)是德国唯心主义哲学家、政治思想家和教育思想家。1780年入耶拿大学,翌年转学到莱比锡大学,开始研究康德哲学。1794年起历任耶拿大学、埃朗根大学教授,讲授哲学、伦理学等。1799年来到柏林。拿破仑入侵德国时期,费希特的勇敢雄辩演说,激发了德国民众强烈的爱国主义精神,在人民中赢得了极高的声誉。其主要著作有《全部知识学的基础》、《论学者的使命》等。

2. 国民教育理论

(1) 教育的目标

费希特批评传统教育忽视培养学生的品德和自我反思能力,只注重具体知识的传授和死记硬背,不注意知识结构之间的相互联系。他认为,教育的目标是培养尽善尽美的人,以达到构建德意志民族的民族意识,争取民族解放的目的。一方面要使人充分个性化,实现人完全与自我认同;另一方面通过民族优化,使各社会成员之间达到和睦相处。要达到这些目标,只有通过教育年青一代才能实现。

在费希特看来,国民教育是全民的、同时也是对个人的全面的教育。教育应该是超阶层的。国民教育应该是全体社会成员所必需的,它提高国民素质拯救德意志民族危难的必要条件。他还特别强调对学者的教育。他认为,学者肩负教育他人和改造时世的重任,因此学者必须得到形而上的、历史的教育,必须具有独特的、自由的学术能力。但对他们的教育应从实践和技能中分离出来。

(2) 德行教育与理性教育

费希特将德行教育和理性教育视为国民教育的两个支柱。他认为,道德行为是自由地承担责任。责任感是对经验的感性存在挑战。责任意识是人的自由意志,当个体本人完成他的责任行为时,他也就更充分地实现着我自己,承担责任的意识是个体本人的良心。他认为人应当力求对社会尽责,应当坚守自己的岗位,以某种方式把同类提高到更高的水平。费希特认为,培养学生高尚的道德观是教育的最高目的,道德教育不能变成道德说教,而是培养学生在社会生活中具有责任心的自由、独立的行为能力。

"理性"是费希特特别重视的另一个概念。他认为,他所生活的时代是罪孽深重的时

---

① 提尔西特和约是拿破仑法国同参加第四次反法同盟的战败国俄国和普鲁士在1807年7月7日签订的各约。和约条件对普鲁士极为苛刻使普鲁士丧失很大一部分领土。

代,个人无限度地追求占有和享乐的欲望与人类本质理性之间的冲突达到了极点。他指出:"虽然人类共同的、健康的理性是人与生俱来的,理性是人类的本性,但是,人的感性却极容易被物质世界所误导。"① 在他看来,旧普鲁士的灭亡正是普鲁士统治者和国民的理性失控,欲念无限膨胀而导致的结果。在他的知识学中,他把理性作为认识的主体经历的六个发展阶段(感觉、直观、想象力、知性、判断力、理性)的最高阶段。他认为,理性是对自身活动的反思。理性是对纯粹主体活动的意识,因此是一种自我意识。理性是自由的,它可以摆脱一切客体活动。他认为,只有理性教育才是达到教育最高目标——德行教育最根本的保证。理性教育的核心是培养学生独立思考和独立行为的能力。

(3) 高等教育的设想

费希特的大学教育设想主要集中在1805~1806年间撰写的《爱尔兰根大学内部组织建设》和1807年写的《有关在柏林大学建立一所高等学校的演绎计划》中。

费希特认为,大学是最重要的人文机构,它不仅保障了人类知识的不断进步,而且大学教育是国民教育的高级阶段。他认为,大学改革的首要任务是把书本上的死的理论知识转化为实际的、活的知识。要做到这一点,就要提倡教授和学生对话,允许学生表达思想。学生之间也要交流对科研对象的看法,这样可以把个别的知识全面化和系统化。他十分重视讲演的作用,将演讲视为活的知识传授,是一个合格学者必备的条件。他认为,口头传授知识是避免知识僵化,避免理论脱离实践的有效方法之一。

费希特建议改革学生成绩的测试方式。主张大学教师在学生考试和解答问题时把注意力放在学生的理解能力上,看学生是否把书本或课堂讲授的知识消化成为自己的知识。他认为,知识测定方式分3种:一是答题。回答要符合实际运用的要求,而不应注重与书本的完全一致。二是对话。在口试中学生和教授应相互提问题,此种对话可反映学生的学术能力。三是笔试或论文撰写。这种方式要测试学生是否具备在已有知识基础上发展出自己独立的思想的能力,是否具备从事学术研究的能力。

费希特担任柏林大学第一任校长,虽然任期只有2年(1810~1812),但他制订的柏林大学发展计划,对德国的高等教育发生了深远影响。

(二) 第斯多惠的教育思想

在德国,根据裴斯泰洛齐的思想发展国民学校和改革师范教育成绩最突出的是著名民主主义教育家第斯多惠。第斯多惠(Friedrich Adolph Wihelm Diesterweg,1790~1866)1790年出生于威斯特伐利亚省一个法官家庭,在拉丁语学校接受中学教育,1808年进入赫尔朋大学,后转入杜平根大学,学习数学、哲学和历史学。第斯多惠1811年从杜平根大学毕业后在中学从事教育工作,结识一些裴斯泰洛齐的学生和信徒,接受了裴斯泰洛齐的思想,奠定了他一生为改善德国国民教育事业而献身的信念。1820~1847年,他先后担任梅尔斯师范学校和柏林师范学校校长,并兼任任课教师。他把教育学列为师范教育最

---

① 吴式颖、任钟印主编:《外国教育思想通史》(第7卷·上),湖南教育出版社2002年版,第114页。

重要的必修课,把心理学和人类学规定为教育学的基础;重视师范生的教学实习,专门在师范学校中设立了一所附属小学作为实习基地。他于1827年创办《莱茵教育杂志》,组织教育研究团体,宣传民主教育思想,出版《教育年鉴》。1835年,他的教育代表作《德国教师培养指南》出版。因其一生主要从事师范教育,致力于提高教师的素质,被誉为"德国师范教育之父"。

1. 影响人的发展的因素

第斯多惠认为,影响人的发展的因素有三个:天性、教育和自由自主。教育的一个主要任务是培养人的智力,这种智力发展与其本质和天性紧密相连。只有天资存在的地方才能发展能力,才有发展的可能性。在他看来,天资是造物主安排给人的,是一个人本身能力和活动可能性的基础,是人们发展能力和力量的胚胎。人的天资是随着时间连续不断发展的,但天资有发展早晚、快慢之分。

第斯多惠认为,人的发展取决于天资和激发两个条件。天资为人的发展提供可能性,激发使这种可能性变成现实。两者相互联系,一方面,激发必须以天资为基础,否则激发不会影响天资,同时会使发展走上违反自然规律的方向;另一方面,没有激发,便没有发展,天资就停滞不前。他认为教育就是激发,教育理论就是激发理论。

2. 教育目的

第斯多惠认为,人类的奋斗目标是实现真与善的伟大理想,真、善、美是人类的最宝贵的财富。人生的最高目的是完善教育,发挥人的天资、智力和主动性。而学校教育就是人的自我完善,包括人的自动性和为真、善、美服务。他认为,人的固有本质就是人的自动性。一切人性、自由精神及其特性都从主动性出发,都以主动性为核心力量。教育的最大的注意力应该放在培养学生的主动性上。他指出:教育的最高目标就是激发主动性,培养独立性。他认为,主动性不是空洞的,它必须以真、善、美为客观原理;主动性包含知、情、意等方面。

3. 和谐发展

那么,在教育中如何体现和谐发展呢?第斯多惠认为,首先,和谐发展是针对全人类而不是个人。"普遍的和谐在一个人身上是找不到的,只有在全人类中才能找到普遍的和谐"①。其次,和谐指全面发展个体的身体和精神。他认为,人是一个完整的统一体,身体和精神密切联系,相互影响,互为依存。训练身体是第一位的,人的认识活动,感情和行为生活,精力是否充沛,勇敢的大小,决心是否坚定以及个性的全面培养均依赖个人身体的健康状况。精神作用只能通过身体器官而达到活动。因此,他认为能做到全面和谐发展不是一件轻而易举的事,教育的目标就是力求达到和谐发展。

简言之,在第斯多惠看来,教育的最高目的就是充分发展固有的自动精神,使之达到真善美的人生最终目的,成为真善美而积极自觉活动的人,即身心和谐发展的人。

---

① 〔德〕第斯多惠著:《德国教师培养指南》,引自任钟印主编:《西方近代教育论著选》,人民教育出版社2001年版,第151页。

4. 形式教学与实质教学

教学应该以发展智力还是以传授知识为主,教育理论界一直有争论。对此,第斯多惠认为:课堂教学往往会产生两种倾向:一种倾向是教师教学熟悉某一种教材,教会学生一种知识或一种技能,使学生提高对教材的理解能力;另一种倾向是教师通过教学培养学生的实际能力。第一种情况是教师以实质教育为目的,后一种情况是教师以形式教育为目的。他认为,形式教育与实质教育是相辅相成的,不能把两者截然分开。一方面,学生心智能力是在学习教材、掌握知识的过程中产生和发展的,教材是学生智力发展的血液。所有的课堂都是以教材为基础的。另一方面,学生心智能力的发展有助于其进一步主动地学习教材、掌握知识。"学生越是年轻,越是不成熟,教师就越要在发展学生的智力上多下工夫。学生越成熟,教师越要提前加重学生的学习分量,因为学生已经增长的力量可以吸收这么多的知识。"[①]显然,形式教育只有在实质教育中才能形成,实质教育只有在形式教育中才能产生。

相比较而言,第斯多惠更重视形式教育,力主形式的目的应占统治地位。他认为一切真正的课堂教学绝不是传授知识,而是如何培养学生。他深信教学的最高目的不是实质的目的,而是形式的目的。

5. 教学原则

(1) 遵循自然原则

第斯多惠认为,人们与生俱来的身心各种能力,如观察、思维、语言、行为等,都具有可以发展的特性,即自动性,这种自动性是人的一切创造性活动的源泉,是人的发展的主观因素,应通过教育使之充分发展起来。教学必须遵循自然或天性。教师最重要的事情就是首先认识人的一般天性和特殊天性,然后才能因材施教。违背儿童天性、违反自然发展规律的教学法是错误的,应当摒弃。

(2) 遵循文化原则

第斯多惠认为,遵循文化的教学原则仅次于遵循自然规律的教学原则。教育学知识的来源就是人类特性的经验和知识。经验是在一定生活条件下来自观察人的特性的现象,教育学本身是一门经验——伦理科学。因为个别人不是抽象的,不是生活在一个抽象的实践和抽象的地点,而是生活在一个具体的实践和具体的地点和环境。在教育时必须注意全部现代文化,特别是当地的特有文化。他认为,遵循文化原则和遵循自然规律原则有时会发生矛盾,教育者应力求将两者和谐地协调起来。但遵循文化原则必须从属于遵循自然原则,后者是最高的原则。

(3) 直观性教学原则

第斯多惠从教育教学必须适应自然的基本思想出发,提出直观性教学原则。他认为,人的智力发展是从观察外部世界开始的。观察外部世界便会激发智力感觉,而智力感觉

[①] 〔德〕第斯多惠著:《德国教师培养指南》,引自任钟印主编:《西方近代教育论著选》,人民教育出版社 2001 年版,第 387 页。

又和直观紧密联系,直观又从理解提高到普通的想象和概念。因此概念必须建立在直观上,而直观又必须建立在发现上,否则教学原则便缺乏内容、空洞无物。他认为,在学校里应当进行直观教学,凡是不可能直接地向学生提供直观表象的场合,便采用图画的描绘,或根据儿童亲身经历过的事情的回忆,采用比较、类推和其他手段。第斯多惠提出了直观教学的要求:从直观出发,继续进展到思维,从个别到一般,从具体到抽象,绝不可颠倒。这一教学原则适用于全部学科的课堂教学。

(4) 循序渐进原则

第斯多惠认为,智力的发展与渐进性的规律联系着,循序渐进是建立在遵循自然原则和直观教学原则的基础上的。它包含四方面的内容:一是由近及远;二是由简到繁;三是由易到难;四是由已知到未知。在他看来,这四个方面是彼此接近的,应该结合起来成为一个总的要求。他建议教师深入学生的生活,了解他们的实际发展水平,使传授的知识符合学生年龄发展阶段。

(5) 连续性原则

第斯多惠认为,学生的智力发展是渐进的过程,所以教学也必须持续不断地进行。连续性原则是同主体、同受教育者个人相联系的,因此学生的发展是不平衡的,对一个学生是连续的东西,对另一个学生则充满着漏洞。他要求教师必须首先了解学生的智力发展状况,有步骤地引导学生进入与其年龄和天性相符的主动性阶段,以便达到发展主动性和充分了解知识的教育的一般目的,这样的教学才是持续的。

(6) 巩固性原则

第斯多惠认为学生必须牢固地掌握所学习的知识,并能在需要时灵活运用,把所学会的东西经常保持在记忆里。他认为,贯彻巩固性原则首先要了解学生的知识的发展水平;其次教学应有连贯性,把新旧知识联系起来;再次经常复习。

6. 对教师的要求

第斯多惠认为,教师和教育者选择了培养和教育的事业作为自己一生的使命,引导别人走正确的道路,激发别人对真和善的渴求,使别人的素质和能力得到最高的发展,所以,教师属于推动人类前进伟大行列中的重要成员,其地位和作用十分重要。为此,他对教师提出了以下要求:

(1) 教师要不断地自我教育,培养优秀品质。第斯多惠认为,教师的重要使命是促进学生追求真、善、美,将其培养成为身心和谐的完人,从而最大限度地发挥他们的天资和智力。因此,教师应加强自我教育。主要途径包括:第一,将扩张知识与完善道德品质结合起来。第二,发挥学校的教育功能。学校既是学生受教育的场所,也应该成为教师本人受教育的机构。第三,教师的自我教育是终身的任务。

(2) 教师要热爱本职工作,有崇高的责任感。第斯多惠认为,教学中最重要的是教师要形成教学艺术,教学的艺术不在于传授的本领,而在于善于激励、唤醒和鼓舞。在他看来,教师的这种教学艺术,根本上取决于本身对教学和教育工作的热爱,取决于自己的精神状态。

（3）教师应使教学引人入胜，富有情趣。第斯多惠强调教学要能够激发学生高尚的、自由的或纯洁的兴趣，吸引学生的注意力和同情心，使学生获得真、善、美德、自由的爱好，并且甘愿去研究那些高深的学科。如何使教学富有兴趣？他提出：一是教师要借助多样化的讲述形式和风格；二是教师要生动活泼，机警善变，精神亢奋；三是教师要用整个人格对学生进行鼓舞和激励，最重要的是教师的教学艺术不断激发学生对学习的主动意识和情感。

（4）教师应注意培养学生的语言能力。第斯多惠认为，教学中教师"独白式"的教学，会形成学生不愿说话的有害习惯。他要求教师耐心地、经常地注意学生的发音、语调、言语内容以及叙述的方法，让学生善于用清晰的语言、严密的逻辑口述一切所领会的教材。

（5）教师要具备充沛的精力，坚定的性格，顽强的意志。第斯多惠认为，教师必须经常以充沛的精力进行教学，这就需要具有坚定、严格、刚毅的精神状态和性格力量。只有教师具备这些品质，才会使学生在学习中保持注意力集中和精力旺盛，促使每个学生充分自由地思考，也能够保持教室中的良好纪律。

第斯多惠作为19世纪德国进步的教育家，其教育思想和教育实践活动代表了德国资产阶级民主派的意志。他反对德国学校教育中的等级性，反对教育中的狭隘民族主义和地方局限性，反对教会对学校的控制，反对教学中的经院主义和教条主义，这些都具有重大意义。

在教育教学理论上，他受卢梭、康德的影响，但更多地继承了裴斯泰洛齐的教育观点，特别是在教学论方面，丰富和发展了裴斯泰洛齐的教育思想。虽然他没有像赫尔巴特那样，提出一个完整、精密的教育学体系，但他结合自己的教育实践，强调教学与发展的关系，创造性地提出了许多有效的教学原则和规则，一定程度上揭示了教学的客观规律，有力地推动了德国初等教育的改革。第斯多惠长期在师范学校工作，他竭力以进步的思想改进师范教育，探索新的教育教学方法，为培养德国的青年国民教师，为师范教育的革新，作出了重要贡献。他的教育思想中也存在一些局限性，如过于抽象和不确切等。

第四节　近代俄国教育

15世纪末至16世纪中叶，以莫斯科公国为中心形成了以俄罗斯民族为主体的封建君主国家。17世纪中期，乌克兰与俄罗斯合并，但是其经济却远比西欧各国落后。彼得一世（Пётр Ⅰ，1672～1725）统治期间采取了一系列改革措施，不仅促进了俄国资本主义因素的增长，还初步奠定了俄国近代化的基础。19世纪初，俄国农奴制开始趋于解体，1861年沙皇政府颁布废除农奴制度法令，俄国从封建生产方式逐渐过渡到资本主义生产方式。到19世纪80年代,俄国完成工业革命,资产阶级的君主专制取代封建农奴的君主专制。19世纪末,列宁领导的俄国革命在1917年取得胜利。俄国近代教育就是在这样的社会历史背景下进行的。

一、17~18世纪的俄国教育

在彼得一世以前,俄国教育由东正教操办,其主要目的是培养有文化的神职人员和传播东正教。贵族及其子弟大都没有学习文化的习惯。兄弟会开办的学校在组织上比较民主,校长由兄弟会全体大会选举产生,所有兄弟会会员子弟都可以入学,把本族语教学放在首要地位。1632年创办了基辅兄弟会专科学校,这是俄国的第一所高等教育机构。

(一) 彼得一世的教育改革

17世纪末,俄国皇帝彼得一世为改变俄国落后于西欧先进国家的局面,化名出访荷兰、英国等先进的欧洲国家,考察各国政治、经济和文化教育,学习这些国家先进的科学技术。回国后,彼得一世在政治、经济、军事和文化教育方面采取了一系列改革措施,通过采取奖励工商、修建工厂、发展国内贸易、建立正规陆军和海军、实施扩张政策、打通海上航路等措施,企图使俄国富强起来。其中在文化教育方面采取的重要措施包括以下几方面:

1. 创建实科性质的学校

1701年,莫斯科数学与航海学校创建,目的在于为军事和工业部门培养各种专门人才。学校开设了数学、天文学、地理常识、测量学、航海学等。此后不久,先后建立了外科医校、炮兵学校、工程学校、航海学校、外语学校和矿业学校。学校分低级班和高级班。学生毕业后大多到部队服役,部分学生被送到国外学习3~6年,回国后经考试,再分配工作。学生在校学习期间,由国家发给生活补助费。学校对学生要求十分严格,对不注意听课、懒惰和逃学的学生,实行鞭打、禁闭、苦役等体罚,贵族子弟逃学还要交罚金。

2. 开办普通学校

1714年,彼得一世发布命令,在各教区开设接受普通教育的初级学校——计算学校。这种学校以世俗知识为主要教学内容,学习读、写、算知识。到1718年,计算学校已发展到42所,学生来源主要是贵族子弟及除了农奴以外的各阶层儿童。但是,贵族家庭大多聘请外籍教师对子女进行教育,这成为18世纪后期一种流行的社会风气。

3. 改造原有学校

彼得一世统治期间,基辅兄弟会专科学校改称基辅学院,并得到大规模扩充,其中包括在学院中增设法文、德文、数学、历史、地理、建筑学与绘画等课程,同时还改组了莫斯科斯拉夫—希腊—拉丁语学院,增设了算术、法文、德文和医学。彼得一世改造学校的主要意图就是培植进步力量,压制反对教育改革的教会人士,强化自然科学知识的学习。

4. 筹办俄国科学院

当时伦敦、巴黎和柏林等地都有皇家科研机构。鉴于此,为培养本国高级人才,彼得一世在晚年为成立俄国科学院拟定了章程。按照他的设想,科学院分为数学研究、自然研究、文科研究三大部分,科学院附设大学和中学,聘请外籍著名学者进行教学和研究,然后逐步以本国学者取而代之。彼得一世去世后不久,俄国科学院在彼得堡正式成立。此外,彼得一世的改革措施还包括简化俄文字母、出版定期刊物、奖励翻译西欧著作和出版科学书籍等。

彼得一世的文化教育改革是为了学习引进西方先进科学技术,增强国力,缩小与西欧国家的差距,因此他在教育改革中强调实科教育,扩大教育对象,特别是注意培养贵族们的学习习惯以及一般官吏和商人子弟受教育的机会,初步奠定了俄国教育近代化的基础。

18世纪20年代后,俄国教育机构的等级性日趋明显,更倾向于贵族青年。彼得一世时期建立的海军学院于1752年改名为海军士官学校,炮兵学校和工程学校改组为炮兵和工程贵胄学校。这些都是贵族等级的寄宿学校,更多平民子弟排除在这类学校之外。在彼得堡和莫斯科开办了外国语寄宿学校。这是一种私立的教育机构,也是供贵族子弟学习所用。教会学校也得到较快发展,逐渐形成了具有俄国特色的教会学校系统。这些学校有的设在主教家里,有的设在修道院,办学经费全由教会支付。到18世纪中期,彼得一世时期兴办的实施普及教育的俄语学校、计算学校等国立初等教育机构则不断减少。到1744年,计算学校和卫戍学校合并,不再接受普通市民子弟入学。

(二)罗蒙诺索夫和莫斯科大学的建立

18世纪俄国教育史上最重要的事件就是莫斯科大学的建立,著名科学家罗蒙诺索夫(Михаил Васильевич Ломоносов,1711~1765)是重要的倡办者之一。

罗蒙诺索夫出生于一个农民家庭,自幼聪慧好学。1730年,他冒充贵族子弟进入莫斯科希腊——拉丁语学院学习,1736年转入彼得堡科学院附属大学,不久就被派到德国深造。1741年回国后,到科学院附属大学和文科中学担任领导工作,他主张大力培养俄国学者,拟定了《科学院附属中学章程》(1758)。他用俄语写作论文、著作和讲义,亲自为大学和中学编写了教科书。

1754年,罗蒙诺索夫参与制订了《莫斯科大学及附属中学章程草案》,提出创办莫斯科大学,1755年4月26日,莫斯科大学正式开学。莫斯科大学设法律、哲学和医学三系。大学附设了两所文科中学,一所面向贵族子弟招生,一所招收除农奴以外各阶层人士的子弟,两所中学学习年限一样,课程也大致相同。大学本部招收农奴以外的非贵族子弟,带有世俗性和民主化倾向。为了给这两所附属中学及其他私立的寄宿学校培养师资,1779年,莫斯科大学附设了一所师范学院,这是俄国第一所师范学校。此外,莫斯科大学还附设了印刷厂,最早的俄文本世界名著,如夸美纽斯的《世界图解》、洛克的《教育漫话》以及卢梭的《爱弥儿》等都是在这里印刷出版的。后来,莫斯科大学一直保持俄国最高学府和世界著名大学的地位,为俄国近现代社会提供了大批人才。

(三)《国民学校章程》

18世纪后半期,俄国政治上相对稳定,城市工商业进一步发展,资本主义因素不断增长,市民阶层对教育提出一定要求。同时,法国的启蒙运动对俄国思想界也产生了很大反响,促使统治者又一次关注国内教育问题。

1782年,俄国女皇叶卡捷琳娜二世(Екатерина Ⅱ Алексеевна,1762~1796年在位)组织了一个国民学校委员会,专门研究国民教育的改革工作。1786年颁布《俄罗斯帝国国民学校章程》,这是俄国政府历史上发布最早的有关国民教育制度的正式发令。该《章程》规定:(1)各地设立国民学校,修业五年,由当地政府领导,聘请校长进行管理,办学经费由当地的政府、贵族、商人共同承担。(2)在省城设立五年制免费的中心国民学校,在县城设立二年制免费的初级国民学校,相当于中心国民学校的前两个年级。(3)中心国民学校开设阅读、书写、计算、书法、图画、简明教义问答、机械、物理、自然、建筑、历史等课程;初级国民学校开设中心国民学校前两年的课程,有读、写、算及文法课。两种学校的学生都必须学习宗教、人与公民的义务课程。想升入文科中学和大学的学生,需要在中心国民学校的后三年学习拉丁文和外语。(4)要求教师严格按照教学指导书和教材规定的内容和方法进行教学,不得变动时间和内容;学生必须严守学生规则。

到18世纪末,国民学校达到300余所,学生近2万人。这两类学校为以后在城市设立学校打下基础。到19世纪初,许多中心国民学校改为中学,而初级国民学校则改为县立学校。

二、19世纪的俄国教育

19世纪初的俄国仍然是一个落后的封建农奴制国家,教育的等级性和滞后性十分突出。为改变这种局面,沙皇政府被迫进行了多次教育改革,其中影响较大的是19世纪初期和60年代的两次改革。

(一)19世纪初的教育改革

19世纪初,沙皇亚历山大一世(АлексаНдр Ⅰ,1777~1825)受资产阶级民主思想和法国大革命的影响,采取了具有自由主义倾向的教育政策。1802年,俄国成立了教育部,管理除了教会学校之外的、原来分属于各机构的所有学校。1803年,颁布了《国民教育暂行章程》。1804年,颁布《大学附属学校章程》,并取得了法律效力。

《大学附属学校章程》规定:(1)将全国划分为六个学区,每个学区设一所大学,作为教学和科学研究单位,并且还是一个学区的教育行政主管机构。(2)大学享有选举校长、教授等自治权利,还负责管理本学区各级普通学校。大学设哲学、法学、医学三系,无神学系。大学本身由大学委员会管理,大学下属各级学校由大学委员会附设的学校委员会管理。(3)大学下属学校分堂区学校、县立学校和文科中学。堂区学校是一种初级学校,修业一年,设在城市和村庄的教堂。毕业后部分学生可升入县立学校。县立学校设在县城,其前身是初级国民学校,学制两年。学生毕业可直接升入文科中学。文科中学设在省城,学制四年,前身为中心国民学校。学生毕业可直接升入大学。

《大学附属学校章程》建立了俄国历史上第一个各级学校相互衔接、上下沟通的统一学制。它规定各级学校免收学费,招收学生不受出身和宗教信仰的限制,教学内容增加自然科学和与地方经济有关的知识,在一定程度上反映了资产阶级经济发展的需要,具有自由主义色彩。并且允许大学自治和成立社团,带有一定的民主性。然而,随着拿破仑帝国的崩溃和"神圣同盟"的形成,俄国的宗教事务与国民教育部更加增强宗教、僧侣在教育中的地位和东正教会对学校的控制,各级教育发展非常缓慢。

(二) 19世纪60年代的教育改革

19世纪60年代是俄国历史的一个转折点,也是俄国教育思想与学校发展的重要阶段。1861年沙皇政府颁布了《农民脱离农奴依附关系的法令》,这成为俄国从封建生产方式向资本主义生产方式过渡的重要标志。当时,各种政治力量围绕俄国政治、经济和文化生活中的各种问题提出自己的主张,形成了巨大的社会运动,其中公共教育运动就是这场社会改革运动的重要组成部分。

1. 公共教育运动

在民主、进步的教育运动中,许多知名人士组织团体、出版书籍、创办各种教育杂志以及发表文章,批判沙皇政府的反动政策,介绍西方教育家思想及著作,提倡教育改革。著名医学专家尼·伊·皮洛果夫(Н. И. Пирогов,1810~1881)1856年在《海事集》杂志发表的《人生问题》,拉开了60年代教育思想运动的帷幕。他主张"普遍的人的教育"的思想,即认为教育最迫切的任务是培养具有广阔知识视野的、有高尚道德的"真正的人"。他极为重视道德教育,在智育上主张古典教育与实科教育并重;要求尊重儿童、亲近儿童、鼓励儿童独立思考,反对过多体罚;要求给予教师以研究和教学的自由。他还是俄国女子教育的推动者。他的教育思想被进步人士誉为"光辉灿烂的教育观"。

文学家列夫·托尔斯泰(Лев Николаевич Толстой,1828~1910)1859年开办的"亚斯那亚·波利雅那学校"、他的教育名著《论国民教育》以及关于教学法的许多主张,都曾在运动中轰动一时。他编写的《识字课本》与乌申斯基的《祖国语言》一样,在半个世纪里被俄国初等学校广泛使用。

革命民主主义者车尔尼雪夫斯基(Николай Гаврилович Чернышевский,1828~1889)和杜勃罗留波夫(Николай Александрович Добролюбов,1836~1861)提出了普及教育、学校的民主化和培养反对专制体制及农奴制残余的革命者等教育主张。《教育杂志》、《俄国教师公报》、《教师》、《亚斯那亚·波利雅那》、《现代人》等杂志刊载了许多文章,抨击以农奴制为基础的等级教育制度,要求开展男女平等的教育和更多的实科教育;主张尊重师生人格,采用新的教学方法;要求给予大学自治权利,反对对师生的监视措施。教育运动发动了社会各主要阶层对教育的关心,推动了19世纪60年代沙皇政府一系列教育政策的制定和颁布。

2. 教育改革方案

在公共教育运动的冲击下,亚历山大二世(Александр Ⅱ,1818~1881)政府从1860年至1864年间先后颁布了一些教育法规,宣布了教育的改革。这些法规主要有:《国民教育部女子学校章程》(1860)、《俄罗斯帝国大学普通章程》(1863)、《初等国民学校章程》(1864)和《文科中学和中学预备学校章程》(1864)。

《国民教育部女子学校章程》于1860年5月18日颁布。在俄国历史上第一次规定建立女子学校,旨在授予每个未来贤妻良母所必需的道德和知识方面的教育。规定女子学校分六年制和三年制两种类型,招收各阶层女童入学。

《俄罗斯帝国大学普通章程》于1863年6月18日颁布。规定大学恢复某些自治权：大学校务会议有权选举校长和副校长,任期4年;系内选举系主任;以竞选方式选举教授;给教授提供较大的学术自由。《章程》还规定大学设历史文学系、数理学系、医学系,增加新学科讲座。

《初等国民学校章程》于1864年7月19日颁布。规定政府、社会团体、教会、私人都可以开办初等学校,其宗旨是确立民众的宗教信仰和道德概念,推广基本的实用知识。初等学校可招收各阶层的儿童入学,允许男女同校,教会和非教会人士均可任教。设立管理初等国民学校的省、县教育委员会。教学内容为神学、阅读、写字、算术等,规定用俄语教学。

《文科中学和中学预备学校章程》于1864年11月19日颁布。宣布文科中学可招收各阶层子弟入学。中学分为古典中学和实科中学,学制均为七年。实际上,部分古典文科中学因希腊语教师缺乏,只教授拉丁语课程,被称为半古典中学。古典文科中学毕业生可以进入任何类型的高等学校,实科中学毕业生和半古典中学毕业生只能进入高等专门学校。在小城市可开设四年制的中学预备学校;扩大中学教师会议的权限;鼓励教师采用启发式教学和直观教学;中学设立图书馆、实验室等。

这些方案虽然仍带有宗教性、保守性和等级性,但与60年代以前相比,它们的进步性和民主性特征已经有所增强。首先,初等教育尤其是农村教育得到了加强。到1874年,至少有1万所左右的乡村初等学校建立起来,并开办有师范学校或师资训练班。其次,中等学校数量增多,办学条件改善。1864年,六年制女子中学有29所,三年制女子中学91所,学生总数9000人。截止1871年,中学总数已达123所(其中古典中学68所,半古典中学43所,实科中学12所),学生总数达39650人。中学建有图书馆、实验室等设施。最后,整个高等教育尤其是高等技术教育获得了较大的发展。到1864年,俄国大学生人数比1855年增长了25%,普通大学已达7所。

（三）19世纪70年代的教育复辟

由于俄国社会农奴制残余势力依然强大,60年代这些具有资产阶级民主主义性质的教育措施没有得到坚持。19世纪七八十年代,沙皇政府又颁布了一系列教育法令,主要是加强政府对教育的控制,突出学校的等级性,导致教育的又一次倒退。

1. 加强对各级学校的控制和监视

1869年,沙皇政府设立了视导员,1874年设立督学。督学和视导员的任务由教育工作视察转到主要监视进步教师的活动和"教学思想"的检查汇报。1874年,沙皇政府颁布了新的《初等国民学校章程》,加强对初等教育的控制,废除学校委员选举制度,由县长任主席;拨款资助教会办堂区学校,以对抗地方初等国民学校的增长;设教育部直属的初等学校;限制地方自治局开办学校、培养师资等活动;压缩知识课程、加强神学内容等。该章程阻碍了19世纪后期俄国初等教育的发展。

为了维护沙皇政府的统治地位,政府加强了对大学的控制和监视。1867年,政府就公布了禁止大学集会的规则。1884年,颁布新的《大学规程》,宣布取消大学的自治权,禁止学生集会,提高大学学费等,并把大学完全置于学区督学监督之下。

2. 维护贵族教育和等级学校

这在中等教育和高等教育中表现得十分明显。根据1871年新的《中等学校规程》,所有男子中学一律改为古典中学,学制为八年,拉丁语和希腊语等古典学科的教学时数占总时数的41.2%,自然学科的教学基本被取消。古典文的教学只集中在文法知识和对课文的文法分析上。该《规程》为平民子弟入学设置了障碍。1872年又颁布《实科学校章程》,规定实科学校为不完全中学,学制6~7年,不设古典课程,重视现代语文及其他自然学科(如数学、物理)的教学。毕业生不能升入大学,只能入高等技术学校。

3. 支持教会学校和宗教教育

1874年的《初等国民学校》明确规定,鼓励发展教区学校,限制地方自治局在发展初等教育中的作用;加强神学课、宗教课的教学,缩小普通教育知识的范围。在1870年政府颁布的师范学校章程中,规定开办3~4年的师范学校,宗教活动活动和神学科占很大分量,普通教育知识很狭窄。这种师范学校的最主要特点是以忠于沙皇和忠于正教的精神去训练。到19世纪末,俄国初等学校分地方学校、部属学校、教会堂区学校三类。其中教会堂区学校约占50%。

4. 坚持教学内容的古典主义方向

1866年以后,沙皇政府就开始在中学强化古典主义的教育,使学生把大部分的时间花在古典学科上。1871年颁布的新的中学章程就体现了这种基本精神。这种状况直到19世纪末20世纪初才有所改变。实科中学的毕业生没有升入大学的权利。直到20世纪初,才允许通过拉丁文考试的学生进入高等技术学校的某些科系。

总之,19世纪俄国教育发展经历了曲折的历程,最后形成一套以"双轨制"为主要特征的学校教育制度。初等教育一轨从小学、两级学校、高等小学、职业学校,直到师范学校和师范专科学校,是劳动人民子女就学的轨道。中等和高等教育一轨,包括男、女文科中学、实科中学、商业学校、陆军幼年学校,直到大学和高等学校,属于特权阶层子女上学的轨道。俄国教育的突出特点,就是它带有鲜明的军事、封建等级和宗教的性质。

三、乌申斯基的教育思想

乌申斯基(Константн Дмитриевич Ушинский,1824~1870)是19世纪60年代俄国著名教育家,俄罗斯国民学校和教育科学的奠基人。他大力倡导教育的民族性,将教育心理学运用到教育教学过程中,并创造性地尝试建立具有俄国特色的师范教育机构,为俄国教育理论的科学化和教育改革作出了重要贡献,对以后的俄国乃至苏联教育有很大影响。

(一) 教育生涯

1823年2月乌申斯基生于俄国的一个小官吏家庭。1840年他中学毕业后入莫斯科大学法律系,1844年大学毕业后留校继续深造,获法学硕士学位。在学校中,乌申斯基号召大学生研究人民的生活和需要,鼓励他们独立思考,引起学校当局的怀疑。1848年,他因拒绝执行学校预先审查讲稿的命令而遭解聘,1849年被迫离开学校。

1850~1854年,乌申斯基任职于内务部宗教事务司,对西方文化和教育进行了较为系统的研究。1854~1859年在加特钦纳孤儿院任教,后又担任该孤儿院的学监。期间他系统地研究教育理论,先后在教育杂志上发表了《论教育书刊的效益》、《论公共教育的民族性》、《学校的三个要素》等教育论文。1859年,乌申斯基出任斯莫尔尼贵族女子学院的学监,对该校的教育教学进行全面改革:(1)强调教育的民族性和平民化,加强教学内容与实际生活的联系;(2)更新教学计划,合并了贵族女子部与平民女子部,开始用俄语去讲授各种科目;(3)重视教学实践环节,采用直观教学方法,以培养学生实际工作能力;(4)增办两年制的师范班,培养小学教师,开创了俄国女子师范教育的先河;(5)聘请富有才干的青年教师,实行教师会议和讨论会制度等等。他的教育改革措施对俄国许多地方的教育改革都产生了重要影响。1860年,乌申斯基担任教育部杂志编辑,并使刊物成为一份高质量的教育科学研究期刊,他在该刊物相继发表一系列教育论文。

乌申斯基的改革招致保守势力的不满和责难,教育主管当局解除了他的杂志编辑和斯莫尔尼女子学院学监的职务。1862~1868年,乌申斯基离开俄罗斯到欧洲的瑞士、德国、法国、比利时和意大利等国家,对这些国家的教育制度和教育理论现状进行了深入系统的考察,并完成了他的最重要的教育理论著作《人是教育的对象》。1867年,乌申斯基回到俄国,1870年病逝。

(二)教育思想的理论基础

乌申斯基教育学理论有着深厚的哲学和心理学基础,他还将生理学、解剖学、伦理学等学科的原理和理论广泛应用到教育科学研究之中。

1. 哲学基础

乌申斯基非常重视教育学与哲学的关系。在他看来,教育的目的在于研究未来的实践活动,其最终目的在于满足个人和人类求得人性本身完善的需要。教育的永恒理想在于造就完满的人。教育所关注的主要问题不应该是学校的教学科目、教学论或体育规则问题,而应该是人的精神和人生问题。学生学习过程就是学生在教师指导下进行认识的过程,教育学应该揭示教育活动规律。因此,乌申斯基认为教育学就其根本而言,是一门哲学的科学,它追求的是方法论的统一。

2. 心理学基础

乌申斯基认为,教育工作的对象是人,教育学应吸取一些研究人的身心的相关学科的知识,以便更全面了解人的身心发展规律。他认为,教育的主要活动是在心理和心理-生理现象的领域内进行的,为了评价这种和那种教育措施、规则和指示的正确性,每一个教育者必须掌握教育机智,否则他不能成为一个良好的教育实践者。因此,他要求教育学必须坚持以心理学为基础。乌申斯基在《人是教育的对象》著作中,还系统论述了意识、情感和意志,并分析了这些心理现象和心理过程与教育之间的紧密联系。

3. 其他科学理论基础

乌申斯基十分重视生理学、解剖学、伦理学等学科在教育学中的作用。他认为，教育学作为一门最高级的艺术，只有依据其他科学所提供的知识体系建立起来的广义教育学，才能为教育实践提供真正的帮助。他指出，教育学不是一门科学，而是一种最广泛、最复杂、最崇高和最必要的艺术，"一切能促进教育者作为教育理论依据的全部人类科学的精确知识的著作，也都有助于教育理论的研究"①。乌申斯基把凡能为教育学提供依据的科学统称为"人类科学"，其中包括生理学、病理学、心理学、逻辑学、语言学、地理学、统计学、政治经济学、宗教史、文明史、哲学史、文学史、艺术史和教育史。他认为，这些科学各自的作用是不同的，其中以生理学和心理学最为重要。

（三）教育思想的主要内容

1. 论教育的民族性原则

民族性是乌申斯基教育思想的核心概念。乌申斯基认为，每一个国家和民族的教育都是在这个国家和民族发展的历史过程中形成的，并随着这个国家和民族的发展而发展，而教育应当帮助这个国家的人民发展其民族意识。他对当时俄国教育当局盲目崇拜外国教育的做法提出了严厉批评。在他看来，每一个民族具有自身的特点和需求，发展本国文化教育不应排斥外国的先进经验，但本国的文化教育发展必须具有本民族的特色，只有这样才能培养出具有民族意识的热爱自己祖国的人才，才能使教育更好地为本国经济建设和社会变革服务。他指出，只有民族教育才是民族发展历史过程中的一种积极手段。因此，乌申斯基特别强调教育的民族性原则，并将它作为自己全部教育活动指导方针。

乌申斯基认为，贯彻教育的民族化原则，首先要建立适合本国、本民族特点的国民教育制度，这是关键。其次要重视本民族的语言的教育，因为民族语言是各族人民最伟大的创造，是各个民族特征和生命力的表现。所以，他非常重视运用民族语言进行教学。最后要通过教学使学生了解本国的历史和文化，竭力为祖国服务。为此，学校应重视本国历史、地理、文学等课程的教学。

乌申斯基极力倡导教育的民族性原则，对发展俄国的传统文化和教育事业，推进俄国教育的民族化进程产生了重要影响。但他的教育的民族性思想也包含着一些民族主义和大俄罗斯主义，夸大宗教情感在民族性的作用，强调宗法观念等。

2. 论教育的意义和作用

首先，乌申斯基十分重视教育在经济建设和社会变革中的作用，认为教育对于发展本国经济，增强国防实力，改变社会不平等现象以及促进整个民族自我意识的发展具有重要意义。他呼吁沙皇政府重视发展本国公共教育，把国民教育事业交给人民自己来办，不断提高国民的文化修养和文明程度。

其次，乌申斯基高度评价教育对人的发展的作用。在他看来，个体身心能否发展以及发展的程度如何，与个体自身所处的社会环境密切关联，其中有意识的学校教育活动对人

---

① 张焕庭主编：《西方资产阶级教育论著选》，人民教育出版社1979年版，第505页。

的身心发展发挥着巨大作用。完善的教育可以大大地发挥人类身体的、智力的和道德的力量。

尽管乌申斯基肯定教育的巨大作用，但他认为教育不能决定历史发展的方向。通向未来的道路是由民族本身及其伟大人物开辟的。教育只是在与其他社会力量一起行动时，帮助每一个人和新一代也沿着通向未来之路前行。

3. 论课程与教学

（1）教学过程的本质

乌申斯基认为，教学过程是教师指导下的学生的学习过程，它包含不可缺少的两个方面：一是教师把知识技能传授给学生的过程，二是学生掌握知识和形成技能技巧的过程。因此，他认为教学过程既包括教师的活动，也包括学生的活动。在他看来，教学过程首先是一个意志作用过程，它既要求学生尽可能地从事严肃而艰巨的独立劳动，充分发挥主动性和创造性，努力学习；也要求教师很好地领导这一独立劳动，教师要为学生提供系统的材料，并做必要的讲解，使学生能够正确地观察和思考，顺利掌握有关基础知识，并在智力和才能等各方面都得到发展。

乌申斯基把教学过程划分为两个主要阶段：第一个阶段包含三个步骤：第一，教师或者用语言的形式，或者把事物的对象直接呈现在学生面前，让学生直接感知事物、现象；第二，学生在教师的指导下，把已经获得的关于事物或现象的形象（观念）加以互相区分、对照、辨别、比较，从而形成关于对象、现象的初步概念；第三，由教师对于这些概念加以补充讲解、说明，特别是要指出它的主要和次要的特征，并使概念系统化。第二个阶段，教师指导学生通过练习、作业等方式，将知识技能牢固地保持在记忆中，并形成技能技巧。

乌申斯基认为，无论是侧重传授知识技能的形式教育论，还是偏重学生思维训练的实质教育论，都具有片面性。知识学习与能力培养无法截然分开，学生是在学习和掌握基本知识技能的过程中发展和提高智能水平的。他要求教育者在教学过程中把传授知识和发展能力结合起来。

在课程设置上，乌申斯基重视本民族语言学习的重要性，强调实科课程的作用，主张把古典课程与实科课程结合起来，开设多样化的、反映现代社会生活的课程，如民族语、历史、地理、数学、自然科学和现代外语等。

（2）论教学原则

乌申斯基提出了一系列教学原则。

第一，自觉性与积极性原则。他认为，学生自觉、积极地学习是其掌握知识的首要条件。教师的职责不是教，而是帮助学。为保证学生学习的自觉性和积极性，教师应注意教材的科学性和系统；在讲授中做到教学目的明确、条理清晰、语言生动、能联系生活实际；使学生在整个教学过程中始终保持思维和情绪的积极状态。

第二，直观性原则。乌申斯基指出，教学应建立在儿童所直接感知的具体形象基础上，这是与儿童的天性相符合的。直观性教学有助于培养儿童的观察力和思维能力，帮助学生形成事物的清晰表象，更好地掌握知识。他提出了几种直观教学的方法，例如实物模型、挂图、教具等。

第三，连贯性与系统性原则。乌申斯基指出，教师要按照教材本身的逻辑体系和学生已有的知识与经验，遵循从未知到已知、从具体到抽象、从简单到复杂、从部分到整体的原则，前后连贯地讲授教材，让学生形成系统连贯的知识体系。

第四，巩固性原则。乌申斯基把知识技能的巩固性原则视为学生是否掌握知识技能的重要标志。他认为，复习和练习是帮助学生牢固地掌握知识的基本方法，可以保持知识技能的系统性和完整性，也是培养学生独立工作能力和发展记忆及注意的重要手段。

4. 论教师和师资培养

乌申斯基提出，学校教育起主导作用，在学校中，最重要的是教师。教师在教育学生、转变社会风气的过程中发挥着重要作用。故此，乌申斯基从信念、个性品质、专业知识等方面，对教师的素养提出了几点建议和要求。

首先，教师要具有社会的、道德的、科学的信念以及坚定而正确的教育信念。在他看来，人类教育的最基本的途径是信念，只有信念才能影响信念，教师的信念和品质是公共教育的基石。人民把教育学生的重任交给了教师，也就是把人类和国家的未来委托给了教师。其次，教师应有良好的个性品质。他认为，教师在整个学校生活中，是学生最生动、最直接的榜样，时刻影响着学生，这种力量是任何道德格言、学校规则和惩戒办法所无法替代的。最后，教师应具备教育学和心理学基本理论知识。他认为，教师除了掌握深厚的专业知识外，还要学习教育学、心理学和逻辑学，这是一名合格教师必须拥有的基本知识。教师素质的完善，教育技巧与机智的形成，都离不开教育理论的指导。

为了有效地培养高素质教师，乌申斯基建议设立师范院校。他在 1861 年拟订的《师范学堂草案》中，提出了内容广泛的培养计划，强调未来教师要重视教育学、心理学和逻辑学理论的学习，重视教育实习。此外，乌申斯基还主张在大学设立教育系，以培养教育学者。他说："如果在大学里有医学系甚至财经系，而没有教育系，那就只能证明，一直到现在人还是对他的身体的健康比对他的精神的健康看得重些，对未来一代的财富比对他们的优良教育要关心得多。"①

乌申斯基的教育思想在继承前人教育遗产的基础上，创造性地提出了教育民族性原则，为弘扬俄国传统文化，推动国民教育制度的建立作出了很大贡献，形成了深刻而具有独创性的教育学体系，促进了俄国教育科学的发展，对俄国师范教育改革发挥了积极作用。他被誉为"俄国教师的教师"。

---

① 〔俄〕乌申斯基著，郑文樾译：《人是教育的对象》（上卷），人民教育出版社 1989 年版，第 10 页。

第五节 近代美国教育

北美洲原是印第安人世代居住的土地。1492年,意大利的哥伦布(cristoforo colombo,1451~1506)发现美洲新大陆之后,西班牙、荷兰、法国和英国的殖民者先后来到美洲开拓和争夺殖民地。1763年,英国排挤了其他国家的殖民势力,建立了13个殖民地。1775年爆发了北美殖民地的独立战争,1776年7月4日北美大陆会议通过《独立宣言》,正式宣告美国独立。1783年独立战争胜利,建立了美利坚合众国。1807年美国开始工业革命,到1860年,美国工业产值已跃居世界第四位。1861年南北战争爆发,至1865年以资本主义工业为基础的北方势力获胜。从此,美国资本主义发展迅速发展,到19世纪末,美国的经济实力跃居世界首位。与此同时,美国的科学、文化、教育也获得了长足的发展。

一、殖民地时期的美国教育

北美英属13个殖民地区的教育基本上延续了英国的教育传统,学校类型主要有教派学校、慈善学校、拉丁文法学校、文实学校和按照英国模式建立的9大学院。由于地理位置划分为北、中、南三个地区,各地区的教育呈现不同特点。

(一) 17世纪殖民地的教育

北部殖民地又称为"新英格兰",工商业发达,居民大都是清教徒。他们认为,基督教徒都必须能阅读《圣经》,了解上帝的旨意,所以重视初等教育。北部地区的教育主要由来自英国的清教徒管理,教育目的是培养合格牧师和有一定文化的儿童。教育内容是阅读圣经和祈祷赎罪。1634~1638年,马萨诸塞州在法律中规定,一切财产都需纳税,用税收来办理公共事业,包括学校,这是资本主义各国中以现代税收来维持学校的首创。1642年,该州的法律又规定,一切儿童必须接受强迫教育,官吏有权处罚不尽教育义务的父母、师傅和店主。依法令形式提出实行强迫教育,在美国历史上也是第一次。1647年该州颁布的法律规定,在50户人家居住的市镇建立一所初等学校;在100户人家居住的市镇设立一所拉丁文中学。这对独立后公立教育的发展有重要影响。1636年该地区出现了美洲第一所大学——哈佛学院(Harvard College),以培养高级牧师。

中部地区移民来自欧洲各国,成分较杂,教派林立,各宗派分别设校,由教会负责教育。堂区学校是主要教育机构,面向平民子弟,重视宗教教育。中等学校和高等学校几乎没有。

南部殖民地以种植园经济为主,殖民者大多来自国教会成员,社会地位较高,子女的初等教育或中等教育一般在家庭进行,然后再送往英国或欧洲其他国家的中学和大学深造,对公共教育比较冷漠。直到1639年才建立威廉-玛丽学院(William and Mary College)。

殖民地时期美国教育多为移植或仿照宗主国的学校形式。初等教育有主妇学校和镇学,教学内容是初步的读写算知识以及宗教问答。中高等教育主要为有产阶级子弟而设,中学的基本形式是拉丁文法学校和文实学校。拉丁文法学校是仿照英国文法学校的一种学校形式,主要学习拉丁语言,因为这是当时学习与参与宗教活动必用的神圣文字,也学习航海术、测量学、商业算术等。美国第一所拉丁文法学校是创办于1635年的波士顿拉丁文法学校,学制七年,学习希腊文、拉丁文及宗教教义,为社会上层子弟升入学院做准备。

(二) 18世纪上半叶殖民地的教育

进入18世纪,随着资本主义的崛起,殖民时代的美国教育发生了一些变化。

首先,私人教学开始兴盛。富兰克林在1749年的《宾夕法尼亚青年教育的建议》中提出,建立面向实际的新型中等学校,即文实中学。1751年,富兰克林在费城创办了一所文实中学。该校的课程有:算术、会计、英语、文法、公共演讲、书法、绘图、航海、科学、测量等。

其次,高等学校开始增加。18世纪40年代以前的100多年里,北美殖民地一直只有哈佛学院、威廉-玛丽学院和耶鲁学院(Yale College,1701)三所高等教育机构。18世纪40年代以后,殖民地大学的发展速度进一步加快,先后出现了新泽西学院(New Jersey College,1746)、国王学院(King's College,1754)、费城学院(Philadelphia College,1755)、罗德岛学院(Rhode Island,1764)、皇后学院(Queen's College,1766)和达特茅斯学院(Dartmouth College,1769),这样,至1769年北美殖民地大学增至九所。这九所院校均为私立学院,基本由教会开办,规模小,设备简陋,学术水平普遍较低,教师和学生的质量也相对较差。它们主要培养具有高深学问的传教士、教会工作者和虔信宗教的政府官吏;一般仿照牛津、剑桥大学的办学模式和课程设置,主要以古典文法学科为主,诸如拉丁文、希腊文、希伯来文、圣经学、伦理学、修辞学等,但也包括了数学、测量、航海、地理、农业、物理、矿物学等自然学科。受宗教或教派的影响,它们在课程设置和教授聘用等方面均体现出宗教和神学色彩。殖民地学院在发展过程中一般都采用了董事会的管理体制,后来逐步演变成为美国大学普遍的管理模式。北美大学的经费来源多样,有学费、教会资助、个人捐赠、自我生产所得等多种渠道,形成了美国大学经费筹措多元化的传统。到了18世纪晚期,美国已有大学27所,其中4所是州立大学。

最后,确立了初步的学区制。从1725年开始,马萨诸塞殖民地开始在镇周围的乡村设若干教学点(巡回学校),学区制从此得以确立。

二、建国初期的美国教育

独立战争(1775~1781)造成美国财政困难,政局动荡,使教育遭受到严重损失。战后十余年间学校减少,文盲及失学人数剧增。此外,资本主义正处于迅速发展时期,大工业生产以及商品竞争的需要,都迫切要求提高工人的文化水平。基于此,美国政府根据《独立宣言》的精神,在国内实行教育机会均等的政策,完善教育制度。

(一) 确立教育分权制度

1787年通过的《美利坚合众国宪法》对教育没有作任何规定。但1791年的宪法修正案第十条规定"凡是宪法未曾给予联邦而又未曾限制给予各州的权利,都是保留给各州或人民的"。由此引出了教育分权制的法律依据,即教育是属于各州的权力。此外,修正案还规定美国国会不制定设立国教或禁止信仰自由的法律。这实际上加强了教会与国家分离的原则,成为美国世俗公立教育的法律依据。各州当局从此得以自由地发展自己的教育事业,联邦政府对教育的权限仅限于提供财政资助或赠与土地作为建校基金。

(二) 颁布法令促进教育发展

虽然联邦政府无权直接干预地方教育,但本着宪法"保证国内安宁,筹备公共防务"、"增进全民福利"的精神,联邦政府还是表现出对教育的关注。《联邦条例》规定,第一个加入邦联的新州都从国有土地中为公共学校划出土地。1785年联邦政府颁布的《1785年土地法令》要求,阿巴拉契亚山脉以西的每个地区要拿出一部分土地办理公共教育,即用公地所获得的土地税开办学校。这一规定对后来建立公立学校具有重要意义。1787年颁布的《西北法令》第三条指出:"宗教、道德及学识,均系良好政府和人类幸福所必需者,因此,学校以及其他教育方式应当得到永久鼓励。"①该法令规定,在西北地区,按每6平方英里为一个镇区划分土地,每个镇区再划分为36区,其中第16区的土地留作兴办公立学校之用,并且每两个镇区应当以土地收入建立一所高等学校。

以上条例被视为美国联邦政府干预公共学校财政的最早起源,显示了国家政权对教育的重视。1784年,纽约州议会率先颁布法令,宣布私人办学是天赋人权,政府无权干涉。1789年,马萨诸塞州政府制定了普通教育法,规定每一个村镇设半年制小学一所,每百户以上的市镇设一年制小学一所。

(三) 国民教育思想初步形成

1778年独立战争后至18世纪末,共和国的缔造者们提出了一系列教育改革计划,期望建立统一的公共国民教育体系,以培养民族精神,满足新共和国社会的需要。其中,杰弗逊、华盛顿和韦伯斯特三位思想家的国民教育思想更具代表性。

1. 杰弗逊

杰弗逊(Thomas Jefferson,1743~1826)是美国《独立宣言》的起草者之一,美国第三任总统。杰弗逊深受法国启蒙思想家和欧洲资产阶级民主教育思想的影响,极力捍卫美国的独立自由和民主政治。他指出:"我相信这样一条规律,自由若不掌握在人民的手中,尤其是受过一定教育的人民的手中,它就永远不可能得到保障。对此,国家有义务制定一

---

① 夏之莲主编:《外国教育发展史料选粹》(上),北京师范大学出版社1999年版,第499页。

项全面的规划来实现它。"①1799 年,杰弗逊任弗吉尼亚州州长时,向州议会提交了一份详尽的关于完善州学校体制的计划——《知识普及法案》(Bill for the More General Diffusion of Knowledge),主张建立多级的教育制度,成为建国后倡导普及教育和公共教育制度的典范。

杰弗逊建议在弗吉尼亚州建立一个包括初等教育、中等教育和高等教育的公立教育体系。他提议把每一个县划分为有足够面积和人口的"分区",每个区建立一所小学。凡居住在分区的儿童就近入学,学制三年,用公费向所有儿童传授阅读、写作、算术和历史等知识。全州设立 20 个中学区及相应的 20 所普通中学,传授拉丁语、希腊语、英语、地理学和高等数学知识。每年举行"公正的考试",将才华和品行最优秀、最有前途的小学毕业生送入古典式的普通中学学习。此外,每年选拔出 50% 的更出类拔萃的人才进入大学学习,由公费资助。大学的一切法规由州议会和立法部门颁布。州立大学设"大学视察委员会"作为最高管理机构,其成员由州议会推选任命的民俗人士担任。

《知识普及法案》构建的公共教育体系体现出国家性、世俗性、免费性、均等性和优异性等教育的现代性,它不仅为美国各州和欧洲各国提供了一个周密而完善、合理而可行的公共教育制度的法制蓝图和理论指导,而且作为"美国公共教育的第一个宪章"载入史册。此外,杰弗逊还亲自起草了在北美各州产生深远影响的《弗吉尼亚宗教自由法案》,确立了政教分离的原则。他提出,公共教育必须适合所有人,在学校不应设宗教课程。教会和神职人员不得参与各级学校的管理,公款不得用以支持教会学校,不得用以资助牧师的说教活动。

2. 华盛顿

乔治·华盛顿(George Washington,1732~1799)是美国历史上一位伟大的政治家,是美利坚合众国第一任总统。他主张建立一个强有力的共和制的中央政府,提议建立国立大学,他的教育思想带有很强的联邦主义特征。

华盛顿强调广泛普及知识的价值。他认为,社会舆论可直接对政府的措施作出反应,因此相应的知识水平是必不可少的。知识可以使政府领导者得到公民的信赖,可以履行公民的政治权利和社会职责,可以遵守国家法律。"知识可以使那些受托担任政府职务的人懂得,政府的每一重要目的都会得到民众通情达理的信任;它可以使民众理解并珍视他们的权利;使他们能预见到并预防这些权力可能遭受侵犯;使他们懂得什么是压迫,什么是必须行使的合法权威……"②他还进一步指出了知识的内容,提倡普及艺术、科学、文学等知识,因为"这些知识,对使我们的公民在社会或私人生活中能胜任的应付紧急事变,是很必要的"③。华盛顿还建议在全民中普遍提高道德水平,品行和道德是民主政府

---

① 〔美〕佛罗斯特著,吴元训等译:《西方教育的历史和哲学基础》,华夏出版社 1987 年版,第 379 页。
② 〔美〕乔治·华盛顿著,聂崇信等译:《华盛顿选集》,商务印书馆 1983 年版,第 301 页。
③ 〔美〕乔治·华盛顿著,聂崇信等译:《华盛顿选集》,商务印书馆 1983 年版,第 302 页。

必要的源泉。他也不否认宗教的作用,认为道德和宗教都是导致政治繁荣的不可缺少的支柱。

华盛顿认为,教育对国家发展具有重要价值,是启发和确保我国公民具有正确思想的一种最有效的措施。他洞见到了美国早已存在的移民的异质性,通过教育,培养一种忠于新共和国的同质的公民。

3. 韦伯斯特

韦伯斯特(Noah Webster,1758～1843)被人称为"美国文法和辞典之父"、"共和国的学校校长"。他通过编纂美语词典传达其民族主义思想,唤醒美国人对他们教育民族化的需求。他编写的《美国拼音读本》(*Webster' Schooling Book*,1783)和《美国词典》(*American Dictionary of English*,1825),开拓了美国独立的语言文化的发展道路,为保持美国语言的纯洁性发挥了巨大作用。

韦伯斯特认为,美国文化独立发展的大前提是树立美利坚合众国的高尚而一致的民族性,而实现这一目标的基础是教育事业的蓬勃发展。1790 年,他在《论美国的青年人教育》一文中,论述了教育与道德、教育与国家的关系。他认为,教育不仅普及科学知识,而且在美国青年的心灵之中,树立道德和自由的原则,鼓励美国青年养成正义感和对政府的忠诚品质,使他们效忠祖国。为了实现美利坚国民性的优美和和谐,要建立新的教育制度。在他看来,教育是向人们的心中灌输关于艺术、科学、道德、宗教和行为的原则,成功地教育儿童是家长和保护人的最重要职责。实施这种教育的途径就是:一要靠父母注意和尽职;二要靠公开的舆论宣传;三要靠青年考察各州的河流、土壤、人口、建设和商业利益,特别是了解各地居民的精神和作风、法律和风俗以及设置的机构,从而获得深切的启发和领悟。

总之,建国初期的国民教育思想适应了美国独特的立国之路,它赋予教育以政治社会的教育内容,即新的共和政体制度的建立需要新的共和国民,新的共和国民需要新的公共教育体制,而新的教育应承担政治社会的重大责任。正如法国历史学家托克维尔所说:"毫无疑问,美国的国民教育对维护民主制度是很有帮助的,……在美国,对人们进行的一切教育,都以政治为目的。"①

(四) 各级教育的初步发展

1. 普通教育

由于宪法修正案承认宗教信仰自由,各教派纷纷设校,教会学校大量增加。英国的海外福音传教会在 13 个州都开办了学校。这些学校大多具有慈善性质。与此同时,美国许多城市中出现了为发展慈善学校而建立的团体,如"放奴社"、"机械及制造业者协会"、"贫女慈善教育会"、"男子免费教育社"等。这些慈善教育团体利用社会捐款,开办学校,使贫穷的无人照管的孩子得到一定的教育。从 1786 年起,英国的星期日学校也传到美国,最先在弗吉尼亚州的汉诺威县创办,以后各地相继设立。美国的星期日学校既面向贫

---

① [法]托克维尔著,董果良译:《论美国的民主》(上卷),商务印书馆 1988 年版,第 353～354 页。

穷儿童,也向各阶层的子弟开放;开始时它由私人开设,主要教授读写算知识,进入19世纪以后,由教会控制,专事宗教教义的教育。

独立战争后,文法学校依然是美国中等教育的主要机构,但富兰克林式的文实中学因兼顾古典教育与世纪教育、升学与就业而获得较快发展,呈现出取代文法学校的趋势。

2. 学区制

这时期美国农村教育的重要突破就是学区制的确立。自1789年马萨诸塞州最先确立了学区制度的法律地位以后,美国各地先后推行学区制度,办学的责任由市镇转到学区。但是,学区制度导致了教育各自为政、地区差异加大的状况,不能保证全州乃至全国整体教育水平的提高。有些农村地区因受人力财力限制,只能开办"一教室一教师学校"(One-room-one-teacher School),设备简陋,学习简单的读写算知识。每年学习时间不过数周,教师多由无业者担任,流动性大,水平低。为克服这些弊端,后来采取了学区联合办学和合并学区的办法。

3. 高等教育

建国后美国高等教育获得了较快发展。但这些高等学校规模仍很小。所有高等学校的学生总数不到2000人。神学和古典语在课程中仍占主要地位,所有学校禁止招女生,教派和私人依然是大学的控制力量。当时27所高等学校中,只有6所不属于特定的教派控制,4所是州立大学。不过,随着独立后美国经济的恢复和新思想的传播,部分大学的教学内容也发生了一些变化。1782年以后,哈佛学院、达特茅斯学院设立了医科;1793年哥伦比亚大学开设了法学讲座;1795年普林斯顿学院开设了化学课。法语课在各大学已得到普及,神学课程也减弱了教派的影响,有的学校还取消了录取新生的教义标准。

总之,17~18世纪的美国教育,无论在教育思想还是在教育制度方面,都体现出自由、民主和平等的进步倾向,教育与社会生产和生活的联系更加密切,为19世纪美国各项教育的进一步发展奠定了基础。

三、19世纪的美国教育

19世纪美国教育发展主要体现在确定教育管理体制、开展公立学校运动、设置具有实科性质的公立中学以及优化高等学校结构、开办赠地学院、研究型大学等方面。

(一)建立以州为主的教育管理体制

美国历史发展及其政体形式,决定了美国教育领导权的形式与欧洲大陆不同,它一直没有形成国家统一的教育领导体制,而实行一种典型的地方分权的教育管理体制。19世纪初,美国依据宪法精神建立州对教育的管理权。州的教育政策和实施,通过立法、行政、司法三部门实现。州议会制定本州的各种教育法规。州设立由选举或指派产生的州教育委员会,负责制定州的教育政策和规划,它有权征收教育税、分配教育经费、确定学校、教师、课程标准、组织教育调查等。1812年,纽约州开始设置教育督察长,管理全州的初等学校,这是美国最早在州一级设教育官员。1837年马萨诸塞州首先通过法律,规定成立州教育委员会。首任秘书贺拉斯·曼积极推行公立教育运动,创立教育税制,创办师范学校等,为州教育事业发展作出了卓越贡献。随后,康涅狄格、罗得岛、佛蒙特、新罕布什尔、缅因、宾夕法尼亚等州相继成立了州教育委员会。州以下的市、县也设立教育委员会,负责本市、县的教育管理工作。州教育领导体制建立后,推动了美国公共教育制度的发展,同时弥补了学区制的不足。

南北战争前,美国没有中央一级的教育领导机构,宪法也规定联邦政府无权干涉各州教育。但是,随着教育事业的发展,加强各州之间的协调、促进全国教育整体发展显得越来越重要。1867年,众议院共和党议员加菲尔德(James A. Garfield, 1831~1881)在国会中提议设立教育署,这一议案获得通过。联邦遂设立教育署,署长由总统任命,1870年改称教育局,隶属联邦内务部。教育局主要负责调查、统计、传达各州教育情况,分拨教育经费,负责特殊地区的教育事业等。

(二) 学校教育制度的确立与发展

19世纪美国兴起了公立教育运动,确立了以公立小学为主体的美国学校教育制度,并延长到中学,从而形成了较为完整的国民教育体系。

1. 学前教育

19世纪中期以前,美国没有学前教育。南北战争后,受西欧学前教育发展的影响,美国一些教育机构经过对儿童心智发展的研究,认为儿童最初的六年是发展身心、学习语言、陶冶性情和养成习惯、形成人格的重要时期,因此开始重视以托儿所(2~4岁)、幼儿园(4岁至入小学前)的形式实施幼儿教育。

美国最初的幼儿园是从德国引进的,当时福禄培尔的幼儿思想已在美国传播。早在1855年,威斯康星州瓦特镇的德国移民就开办了讲德语的幼儿园。1873年,圣路易斯州首次将幼儿园教育作为公立学校教育系统的一个组成部分,成为美国公立幼儿教育的开始。从此,幼儿教育成为美国教育制度中的第一阶段。

2. 公立学校运动

到19世纪初,各州几乎都颁布了设立小学的法令,但由于经济困难等原因,美国的初等学校类型基本与殖民地时期没有太多的变化,小学仍然主要由教会和私人办理,公立小学很少。这种状况不能满足社会政治、经济发展的需要,引起社会普遍不满。于是,在贺拉斯·曼、巴纳德(Henry Barnard, 1811~1900)等一批教育界人士和社会活动家的推动下,在19世纪30年代,美国出现了一场公立学校运动。

公立学校运动(Common School Movement)主要是指依靠公共税收维持、由公共教育机关管理、面向所有公众的免费义务教育运动。它是19世纪初期美国初等教育发展的标志。其主要内容体现在三个方面:

(1) 建立地方税收制度,兴办公立小学。政府开始征税办学之初,采取自愿交纳教育税,后来,州政府将教育经费的补助数目与各地征收的教育税数量联系起来,以调动各地征收教育税的积极性。到南北战争时,多数州建立了地方税收制度。

(2) 颁布义务教育法,实行强迫入学。公立学校的建立,成为美国普及义务教育运动的开端。1852年,马萨诸塞州第一个颁布由州制定并得以贯彻的义务教育法。规定8~12岁适龄儿童进入所在城镇的公立学校上学,每年上学时间不得少于12周,违反者处以最高20元的罚款。从1865年到1918年,美国各州先后都制订了义务教育法,实施普及义务教育。强迫入学的年龄和入学时间逐步延长,到20世纪初,已要求结业年龄为16岁,全年入学,对强迫入学情况的督察更为严格。

（3）采用免费教育的手段促进普及义务教育运动的开展。1832年,纽约市首创免费教育制度,以后,马萨诸塞、特拉华、宾夕法尼亚等州也相继实行免费教育。

到1865年,美国大多数州建立了公立学校制度,初等教育得到快速发展。1859年,仅在马萨诸塞州就有了400多所公立学校,成为当地初等教育的主体。通过这场运动,公立免费教育思想深入人心,19世纪后期,公立中学和州立大学也得到迅速发展。公立学校的建立奠定了美国统一的公共教育制度的基础。

初等教育的发展促进了美国师范教育的兴起。1839年,美国历史上第一所师范学校在马萨诸塞州列克星屯市创立。1869年,教育家谢尔顿(Edward A. Sheldon,1823~1897)在奥斯威哥师范学校通过实践裴斯泰洛齐的师范教育思想,发起了旨在提高师范教育质量的"奥斯威哥运动"(Oswego Movement),使美国公立师范学校迅速发展起来。

3. 中等教育

在19世纪,美国有三种类型的中等学校并存:拉丁文法中学、文实中学、公立中学。

（1）拉丁文法中学

拉丁文法中学是早在殖民地时期就已出现的一种公立免费中学。教学科目侧重古典学科,其任务主要是为学生升入高等学校做准备。这类学校数量很少,一般平民子弟不能入内。

（2）文实中学

19世纪上半期,文实中学是中等教育的主体,19世纪下半期,文实中学逐渐为公立中学所取代。自1751年富兰克林在费城首创文实中学至1800年,美国仅有100多所文实中学。到1830年,全国文实中学已有950所;1850年达到6000多所,学生263096人,在中等教育中占据绝对优势。

文实中学当初是私立的,后来出现许多公私合营的学校。这类学校与拉丁文法中学相比,具有如下特征:一是负有升学或就业双重任务;二是教学内容注重实际,教学科目灵活多样;三是学校坚持宗教信仰,但不受某种教义束缚;四是男女平等,男女合校;五是具有师范性质,担负培养初等学校师资的任务。文实中学在扩大教育对象、促进古典中学向实科中学过渡等方面发挥了积极作用。

（3）公立中学

公立中学是由公共机关设置管理、以公费维持的免费学校,它是初等学校教育运动的延续,其主要职能是为学生作职业准备。美国第一所公立中学于1821年在波士顿创立。1827年1月马萨诸塞州颁布的法令规定,凡居民达到500户的城镇设立一所公立中学,教授美国史、代数、几何、测量等课程;居民超过4000人以上的城镇开办的中学,须开设拉丁语、希腊语、历史、修辞等课程。该法被美国史学家看成是美国中学的实际起源,有力地推动了公立中学的发展。此后宾夕法尼亚、康涅狄格、俄亥俄、新泽西等州也颁布了类似的法律。南北战争后,各州普遍重视开设公立中学。1860年全国公立中学已达300多所,到19世纪90年代末,中学数超过了25000多所。

4. 高等教育

殖民地时期,美国有九大学院,都是按照英国模式办的,属于教会管理,注重古典人文课程。19世纪美国高等教育在办学形式、课程设置、教育规模等方面发生了较大变化。

(1)"达特茅斯学院诉讼案"

1816年,新罕布什尔州欲将达特茅斯学院的监督权由董事会改为州政府掌握,当年州议会通过的决议则直接干预了学院的组织机构的设立和组成,该院院长拒不接受这一决议并诉诸法庭。1819年联邦最高法院作出判决,认为达特茅斯学院系"私人的慈善团体",不应受到任何侵犯,宣布1816年州议会的有关决议无效。"达特茅斯学院诉讼案"(Dartmoth College case)的胜诉,确立了私立大学的合法性,明确了私立大学的自主权,推动了美国私立高等教育的发展,同时也刺激了州立大学的创办。至1860年,美国有高等院校246所,其中,州立大学17所,私立的或教会的学院、大学仍占绝对优势。很多私立大学和州立大学后来成为世界一流大学。不过,这时期美国的高等院校虽然数量不断增加,但无论是私立的还是新建的州立大学,规模都较小。

(2)赠地学院的兴起

1862年,美国国会批准了由来自佛蒙特州的参议员莫雷尔(Justin S. Morrill,1810~1898)提交的议案——《莫雷尔法案》(Morrill Act)。该法案规定,联邦政府按各州在国会的议员人数,以每位议员3万英亩土地的标准,向各州拨赠土地,各州应将土地的收入用于开办或资助农业和机械工艺学院,也被称之为"赠地学院"(land-grant colleges)。这种学院一般修业4年,旨在培养发展工农业所需的专业人才。《莫雷尔法案》的颁布开启了联邦政府资助高等学校的历史,此后,许多州创办了赠地学院或在原有大学内附设农工学院。赠地学院的发展确立了高等教育为工农业生产服务的方向,推动了美国科技和科技教育的发展,改变了美国高等教育的结构以及美国高校重理论轻实际的传统。

除了《莫雷尔法案》之外,在19世纪下半叶至20世纪初,美国国会还先后颁布了一系列资助和加强赠地学院发展的法律,如《海奇法》(1887)授权联邦政府每年向各州拨款1.5万美元,以帮助赠地学院农业试验站;《第二莫雷尔法案》(1890)旨在向实施农业与工艺教育的学院提供更全面的帮助;《纳尔逊修正案》(1907)规定,自1908年起,5年内每年追加赠地基金5000美元;《史密斯—利弗法》(1914)的主要目的在于促进赠地学院与美国农业委员会在农业技术推广方面的合作。

赠地学院的蓬勃发展,逐渐孕育出体现赠地学院发展理念的"康奈尔计划"(Cornell Plan)与"威斯康星理念"(Wisconsin Idea),推动了美国许多大学加强大学与社会的联系,大学为社会、社区、大众服务逐渐成为共识。

(3)研究型大学的建立

19世纪,美国有1万多青年先后到德国大学留学或考察,他们回到美国后,按照德国大学传统办学,陆续出现了研究型或学术型大学。1876年,美国第一所研究性大学——约翰·霍普金斯大学创立。霍普金斯大学强调学术研究为主,并在全国首创研究生院;在教学方法上,较多地借鉴德国大学的做法,普遍采用讲座法、习明纳以及实验法;确立"促进知识进步,广泛传播知识"的大学使命,加强图书馆以及专业学术刊物出版方面建设;聘用具有较高学术影响的知名学者任教。至1901年,霍普金斯大学已成为享誉世界的知名大学,它对美国后来研究生教育发展,尤其是对美国研究型大学的成长发挥了决定性的作用。

哈佛、耶鲁、哥伦比亚等大学也都借鉴德国经验,向学术性方向发展。如1865年,哈佛大学摆脱教会和政府的控制,实现了自治。1869～1909年间,哈佛大学在校长艾略特(Charles William Eliot,1834～1926)带领下,推行课程选修制,改造专业学院,创设研究生院,哈佛大学很快从一所传统的文理本科学院转变成为现代研究型大学,最终使其成为美国学术生活的精神领袖,对美国文化与科学的发展作出了极大贡献。1855年成立的斯坦福大学,成立了本科及研究部,后来发展为一流大学,是美国著名的科研中心之一。

(4) 初级学院的出现

1892年,芝加哥大学首任校长威谦·哈珀(William Rainey Harper,1856～1906)率先提出把大学的四个学年划分为两个阶段的设想。第一阶段为两年的初级学院,第二阶段为高级学院;同时把课程也分为两部分。初级学院毕业生被授予"文协士"学位。同一年,加利福尼亚大学也对学校体制进行改革,建立了"初级证书"制度。此制度也是把大学分为各为两年的两个阶段。美国第一所公立的初级学院于1901年在伊利诺斯州希乔利埃特市建立。到1917年,美国已有76所初级学院,其主要职能是转学教育、文化补习、职业教育。

(三) 贺拉斯·曼的教育思想

贺拉斯·曼(Horace Mann,1796～1859)是19世纪美国教育家、美国公立学校运动的最杰出的领导人。因为他提倡教育改革,努力奠定公立学校教育的基础,被称为"美国公立学校之父"。

1796年5月,贺拉斯·曼出生于马萨诸塞州的富兰克林,自幼喜好在父亲工作的公共图书馆阅读书籍。1815年,贺拉斯·曼进入布朗大学,毕业后成为一名律师。1827年,他被选入马萨诸塞州议会,先后担任过众议员、参议员和议长。1837～1848年,担任马萨诸塞州教育委员会秘书。在此期间,他多次发表讲演、亲自撰写州教育委员会年度报告,阐述其公共教育思想,创办了《公立学校》(Common School)杂志,积极发展师范学校,重视改善公立学校物质条件。其主要教育著作有:12份《年度报告》(Annual Report)和《教育讲演集》等。

1. 论教育的作用和目的

第一,用建立免费学校的办法实施普及教育是共和政府继续存在的必不可少的保证。贺拉斯·曼认为,如果共和国不准备使儿童成为好公民,不发展他们的能力,不用知识丰富他们的头脑,使他们的心灵富于对真理和责任的热爱,那么,共和国就必定会趋于灭亡。此外,因为各国移民带有不同的民族传统和文化背景,在同一公立学校中,使他们能履行其社会的、公民的责任。

第二,教育是维持现存社会安定的重要工具。贺拉斯·曼认为,通过普及教育,民众不仅获得了知识,而且养成正确的人生观和伦理观。这样就能更好地维持社会秩序和保障社会安宁以及谋求社会和谐。最好的教育就是最有效的帮助,能使劳动者更遵守生产秩序,使个人整洁,也使机器保养得很好。他指出,倘若公民没有得到良好的教育,就不能维持良好的社会秩序;没有稳定的社会秩序,富人财产的安全也就得不到保障。

第三,教育是使人摆脱贫穷的重要手段。在贺拉斯·曼看来,普及教育能解放人的智力,提高民族的文化水平,从而提高生产力和促进社会经济发展。他指出:"教育不仅是道德的革新者和智力的增殖者,而且也是物质财富最多产的母体。……它不仅是积累财富的最正当和最高尚的手段,而且也是最可靠的方法。"①他对劳苦大众的不幸生活表示极大同情。提出政府的主要目标是全体人民的物质财富——每个人在衣、食、住方面的充足、舒适和富裕,而教育是消除贫困的最好手段。

第四,教育能促进社会改革和促使人类平等,使人们成为一个具有更多学问和更高德行的人。只有普及教育,才能对抗资本的统治和劳动的奴隶状态,才能消除人为的社会鸿沟。

第五,教育应培养社会需要的各种工作者。他把教育比喻为庞大的机器,依靠这种机器,可以把人性中的"原材料"加工成发明家、发现家、技工、科学家、农民、神学家等。总之,儿童如果受到比较完善的教育,就可以被训练成准备从事所有职业的人和促进经济发展的人。

2. 论教育的内容

在12年度报告中,贺拉斯·曼对体育、智育、政治教育、道德教育、宗教教育等进行了阐述。

在体育方面,贺拉斯·曼认为,健康和体力是必不可少的组成部分,个人、家庭、社会的幸福都有赖于健康的身体。健康与否是由我们自己能控制的原因造成的直接结果,因此,我们有必要也有能力保持健康的身体。

在智育方面,贺拉斯·曼认为,智育是创造财富的主要条件。通过公立学校的智育培养有智慧的人,就能创造和开发新的财源。反之,如果人类智慧灭绝的话,那将立即会使人陷入野蛮状态的软弱无力和绝望之中。他主张,公立学校教学科目要重视语文、生理学、历史、地理及簿记等实用科目。

在政治教育方面,贺拉斯·曼认为,缺乏与所要履行的责任相应的知识会给任何一个部门带来灾难。因此,共和国的公民——统治者与被统治者应该具有政治知识。通过对

---

① 鲍尔斯、金蒂斯著,王佩雄等译:《美国:经济生活与教育改革》,上海教育出版社1990年版,第246页。

儿童进行有关立法、共和国、选举等方面的政治教育,使他们了解共和国的历史、了解共和政府的性质、了解宪法以及公民的权利和义务。

在道德教育方面,贺拉斯·曼认为道德教育是社会存在的基本需要。犯罪和不道德行为摧毁生活的安全,玷污生活的圣洁。为了抵制这种现象,必须进行道德教育。他相信,公立学校的道德教育对成人的习惯和品德的早期培养具有决定意义。他建议教师要利用最有利的机会对儿童进行道德教育。

在宗教教育方面,贺拉斯·曼主张对儿童灌输以《圣经》为基础的一切基督教道德。但不能强迫儿童接受任何教派的宗教信仰。他也一直反对教派控制学校。

3. 论师范教育

贺拉斯·曼十分重视教师的培养,认为这是提高公立学校教育质量的重要手段。他在担任马萨诸塞州教育委员会秘书后,在许多不同场合论述了公立学校教师的重要性,强调师资培训的迫切性,并积极创办师范学校培养未来教师。

贺拉斯·曼认为,教师是学校的主持者和知识的传播者。没有好的教师,就没有好的学校。成功的教学只有通过优秀的教师才能进行,一个好的教师,甚至能够把教育从完全失败中挽救过来。他认为,一个教师应具备以下几方面素质:第一,教师应该具有良好的品质,成为美德的榜样。他列举的教师品德主要包括:关心和热爱儿童、虔诚、公正、尊重真理、爱国、仁慈和善良、庄重、勤勉和节制等。第二,教师应该有丰富的知识。他认为,教师只有非常熟悉所教的科目,才有可能在课堂教学中做到敏捷果断、前后连贯、随机应变,才能调动儿童的学习积极性,把握问题的难易程度以适合儿童的能力。第三,教师要有好的教学方法。如果教师懂得如何教,他就能有效保持儿童注意力,产生更大更好的教学效果。第四,教师要有热情。贺拉斯·曼认为,充满热情的教师容易与儿童融为一体,给不活跃的儿童注入活力,给缺乏信心的儿童以激励,给学业优秀的儿童提出新的目标。

贺拉斯·曼还非常重视教师的训练。他在《第1年度报告》中就提及教师质量问题,认为缺少充分而完善的训练是公立学校教师质量低下的一个重要原因。为此,他建议建立师范学校,专门训练教师如何去教。师范学校既要在未来教师所教的科目和教学方法上进行训练,还要让他们进行教学实习。他设计的师范学校的课程包括:阅读、书写、语法、修辞、逻辑、算术、代数、几何、历史、地理、人体生理学、自然历史、自然哲学、基督教道德原理以及教学理论和技巧等。他赴欧洲考察回来后,将瑞士教育家裴斯泰洛齐的理论和方法介绍到美国,希望教师采用直观教学方法进行教学。

贺拉斯·曼为推动美国公立学校发展作出了杰出贡献。他的普及教育、师范教育思想不仅影响了美国的教育理论与实践,在国际教育界也产生巨大反响。他一度放弃个人更好的政治前程,献身教育事业、关心民众疾苦的精神值得人们敬佩。但是,他的思想中存在阶级和时代的局限性,如美化美国政体、宗教思想等,是需要我们认真思考和甄别的。

结 语:近代欧美主要资本主义国家在启蒙思想的指导下,以构建理性社会为基本目标,以天赋人权、自由平等为基本原则,对初等教育、中等教育和高等教育进行了改革。在初等教育方面,逐步削弱教会对教育的控制,不断强化国家的教育管理权,相继建立世俗的、义务的、免费的国民教育体系;在中等教育方面,实科学校和文实学校增多,古典文法课程的主导地位开始改变;在高等教育领域,大学自治、学术自由、教学与研究相统一等理念得到大力倡导,越来越多的自然科学知识被引进到大学课程,科学研究成为大学的重要功能之一,出现了以柏林大学为代表的现代大学。到19世纪中后期,随着工业革命在各国的深入开展,主要资本主义国家都建立了普及义务教育制度,职业技术教育和高等教育得到了大力发展,并拥有了与现代社会相适应的独特特征和地位,为教育与社会发展的互动发挥了重要作用。

【讨论与思考】

1. 试析英国近代双轨学制的成因。
2. 试述法国中央集权的教育管理体制的形成过程与特点。
3. 研讨18世纪末出现的新人文主义教育思潮与新大学运动的成就和影响。
4. 分析美国殖民地时期教育与建国后至19世纪教育的主要区别。
5. 阐述近代西方的新大学运动。
6. 阐述贺拉斯·曼的教育思想与美国公立学校运动。
7. 分析乌申斯基教育的民族性原则的意义和不足。
8. 总结近代欧美主要国家普及义务教育的经验。
9. 外国近代教育发展具有什么特征?

【扩展阅读书目】

1. 滕大春,吴式颖主编:《外国近代教育史》,人民教育出版社1989年版。
2. 徐辉、郑继伟编著:《英国教育史》,吉林人民出版社1993年版。
3. 〔美〕克雷明著,周玉军等译:《美国教育史》(3卷本),北京师范大学出版社2004年版。
4. 贺国庆、王保星、朱文富等著:《外国高等教育史》,人民教育出版社2003年版。
5. 〔瑞〕吕埃格著,〔比〕里德·西蒙斯分册主编,贺国庆等译:《欧洲大学史》(第2卷),河北大学出版社2008年版。
6. 〔美〕韦恩·厄本、杰宁斯·瓦格纳著,周晟、谢爱磊译:《美国教育:一部历史档案》,中国人民大学出版社2009年版。
7. 〔德〕鲍尔生著,滕大春等译:《德国教育史》,人民教育出版社1986年版。
8. 〔英〕洛克著,傅任敢译:《教育漫话》,人民教育出版社1985年版。
9. 〔德〕第斯多惠著,袁一安译:《德国教师培养指南》,人民教育出版社2001年版。
10. 〔德〕费希特著,梁志学、沈真译:《论学者的使命 人的使命》,商务印书馆1984年版。

11. 〔俄〕乌申斯基著,郑文樾译:《人是教育的对象》(上卷),人民教育出版社2007年版。

12. 〔俄〕乌申斯基著,张佩珍等译:《人是教育的对象》(下卷),人民教育出版社2007年版。

13. 〔英〕安迪·格林著,王春华等译:《教育与国家形成:英、法、美教育体系起源之比较》,教育科学出版社2004年版。

14. 张瑞璠、王承绪主编,吴式颖、阎国华分卷主编:《中外教育比较史纲》(近代卷),山东教育出版社1997年版。

15. 〔英〕克拉克主编,中国社会科学院世界历史研究所译:《新编剑桥世界近代史》(12卷本),中国社会科学出版社1999年版。

第九章 近代教育思想

【内容提要】

17~19世纪是资本主义制度通过与封建制度的博弈,率先在欧美先进国家取得胜利并得以巩固的时期。欧美的教育领域也随之作出自己的反应,众多欧美教育家提出了独特的教育思想和教育主张。其中,夸美纽斯的适应自然的教育理论,卢梭的自然主义教育思想,裴斯泰洛齐的和谐教育思想,赫尔巴特的主知主义教育思想体系以及马克思、恩格斯关于教育的阶级分析观点等都深刻影响了当时乃至后世的教育轨迹。

【学习目标】

了解主要教育家的哲学观,分析教育家的教育实践与其教育理论之间的关系;理解教育家的主要教育主张和教育论述;重点领会并能够正确解释核心概念及其相关内容;能够对教育家及其主要教育理论的地位及影响作出评价。

【核心术语】

泛智论;教育适应自然;班级授课制;直观性教学;《大教学论》;《爱弥儿》;自然后果法;要素教育;裴斯泰洛齐运动;传统教育;多方面兴趣;主知主义教育;教学形式阶段;《普通教育学》;赫尔巴特学派;教育与生产劳动相结合

17世纪西欧各国率先走出中世纪,迈入近代社会。这些国家的教育事业随之有了长足发展,许多教育家提出了具有进步意义的教育思想,打破了封建和宗教神学的双重阴霾。这一时期的教育领域之所以出现这么多里程碑式的"大家",孕育了这么多影响后世的教育思想,其原因主要有:

第一,资本主义生产力大发展,资本主义制度取代封建制度,促进了教育上的进步。17世纪是西欧资本主义迅速发展的时期,西欧诸国不断扩充自身经济实力,为资本主义大工业生产奠定基础。资本主义制度战胜封建制度,占据社会生活的统治地位。生产力的大幅度解放,对教育提出了新要求并创造了新条件,从而使教育观、教学法等方面的变革成为可能。

第二,自然科学的发展推动了教育理论的革故布新。近代自然科学的勃兴,打破了西欧中世纪以来的蒙昧,启迪了人们的心智。以牛顿的经典力学为代表的自然规律的发现大大改变了人们的知识体系和思维方式,形成了以观察、实验和定量推理为基础的近代科学方法。与此同时,人们也试图将其运用于教育研究,不断探索教育现象背后的规律性,从夸美纽斯到裴斯泰洛齐皆致力于使教育成为一门科学。科学思潮迅速渗透在人类生产生活的各个领域,科学被奉为最有价值的知识,也成为教育家们改造陈腐、空疏的教育传统的触媒。有关自然科学的知识论和方法论在课程内容、教学原则和教学方法中得到了更多的体现。

第三,哲学和社会科学的进展为新教育思想提供了"营养"。近代自然科学勃兴,推动了哲学和社会科学的进展。经验论、唯理论以及自然神论成为西欧当时流行的哲学观。许多教育思想家从中汲取养分,以哲学、伦理学、政治经济学等领域的新进展为基础来阐述自己的教育观。例如,卢梭利用自然神论来弱化上帝、摆脱宗教束缚,提出了按照自然界的秩序和要求来实施教育的新观点。但在另一方面,也正是由于自然科学所迸发的光芒,使得人们刚刚走出宗教迷雾,便又将科学知识、理性思维捧上盲目膜拜的神坛。所以,近代欧美的教育家们多少都存在这样一种倾向:他们常常生硬地套用自然现象与自然规律来解释种种教育方式,企图用当时的科学成果和哲学思考来解决教育上的所有问题,从而陷入机械唯物主义的窠臼。

第四,旧教育本身的保守和滞后需要新的教育思想予以变革和指导。17世纪西欧学校教育带有浓厚的宗教性、保守性和古典主义的色彩,脱离实际、不顾儿童身心发展的教育方式显然已经无法满足人们的教育需求。17世纪的新教育思潮提高了人的地位和价值,重视现实生活,亲近自然,教育与实际生活的联系得到了加强。

总之,17~19世纪近代教育理论见证了时代的更迭,也反映了人们的世界观、人生观、特别是教育观的重大转变和不断深化。经历了这一特殊时期,教育内容日益丰富,教育体制日益多样,教育方法不断完善,教育思想不断发展。生产和科学技术的腾飞,在教育上的反映便是教育质量的整体提升。

第一节 夸美纽斯的教育思想

扬·阿姆斯·夸美纽斯(Johann Amos Comenius,1592~1670)是17世纪捷克著名的爱国主义者,民主主义教育实践家和理论家。作为欧洲封建社会的最后一位教育家,同时也是资产阶级新时期的第一位教育家,夸美纽斯继承了前人特别是文艺复兴时期人文主义教育的成果,总结了当时进步教育的实际经验,同时结合他自身长期的教育实践活动,提出了一套系统而崭新的教育理论,从而为近代资产阶级教育理论体系奠定了基础。

一、生平和世界观

1592年3月28日,夸美纽斯出生于捷克一个磨坊主的家庭,父亲是"捷克兄弟会"(或称"摩拉维亚兄弟会")的成员。当时捷克隶属于德意志神圣罗马帝国,饱受德国天主教的压迫。"捷克兄弟会"属于新教分支,教内推崇平等互助精神。夸美纽斯12岁时就成了孤儿,在兄弟会的资助下完成了中高等教育,因此深受"捷克兄弟会"的宗教思想和爱国主义精神的熏陶。1614年夸美纽斯大学毕业后便担任兄弟会牧师,兼任兄弟会学校校长。1618年捷克爆发了反对德国贵族和天主教会的起义,并由此引发了欧洲历史上著名的"三十年战争",结果捷克战败,夸美纽斯和其他约3万名捷克兄弟会会员流亡国外。在艰苦的流亡生活中,无论是妻儿离世还是书稿被焚,夸美纽斯都孜孜不倦地继续从事教育理论研究和教育实践活动。他还应邀加入英国、匈牙利和瑞典等国的教育改革事业,最后于1670年客逝荷兰。

夸美纽斯一生笔耕不辍,有关教育的研究和著作非常多,其中主要著作有:《母育学校》(1630)是西方教育史上第一部学前教育专著,详细论述了幼儿家庭教育;《大教学论》(The Great Didactic,拉丁语为"Didactica magna",1632)是夸美纽斯的教育代表作,主要论述了教育与教学问题,这本书也是近代教育理论的奠基之作;《世界图解》(1654)是世界上第一本依据直观原则编写的教科书,全书由150篇插图及拉丁语、民族语撰写的图解组成。

夸美纽斯生活在欧洲由封建制度向资本主义制度过渡的时代,他的世界观带有强烈的时代烙印,因而也显现出一定的矛盾性与复杂性。夸美纽斯关心人的现实生活,主张通过教育使人和谐发展;他痛恨天主教会和世俗封建主的严酷统治,要求各民族同等相待;他同情劳动人民的不幸遭遇,幻想通过教育来进行社会改革。这反映了他历史唯心主义的观点和"教育万能论"的倾向。

在自然观上,夸美纽斯承认大自然的客观存在及其力量,也重视人的创造力,但将其归于上帝的作用。他摒弃了中世纪教会盛行的"原罪说",重视人的现世幸福,主张通过教育使人在精神和肉体上都能和谐发展,但同时他又把人生的最终目的看做是为来世做准备。

在认识论上,夸美纽斯虽然接受了16世纪英国哲学家弗朗西斯·培根的感觉论,提出了感觉经验是认识的基础,但是同时他又承认"神启"的作用,认为《圣经》也是智慧的源泉。可见,夸美纽斯的世界观充满了唯心与唯物的对立,形式与内容的矛盾。

二、论教育目的和作用

夸美纽斯肯定了教育在社会发展和个人发展中的重大作用。他认为教育的终极目的是为永生作准备;教育的直接目的是为现实人生服务,培养具有"学问、德行和虔信"的人。

(一) 论教育目的

教育目的不仅是教育的根本问题之一,更是一面反映教育家立场、世界观和教育思想的镜子。夸美纽斯矛盾而复杂的世界观,混杂着神学与人文色彩,在他对教育目的的论述中有着清晰的表现。

夸美纽斯从宗教世界观出发,认为人的生活和住所分为三个阶段:(1)母亲的子宫;(2)现实世界;(3)天堂。人生的全部历程就是由出生到死亡,直至进入天堂。因此,人生的最终目的是达到"永生","今生只是永生的预备"①。现实生活就成了达到最终目的的必要途径而具有重要的意义。夸美纽斯不同意中世纪天主教会所谓的"原罪论"及"禁欲主义"之说,他认为人要想过好现实生活需要具备三点:一是必须博学;二是具有德行;三是虔信上帝。由此,教育的目的就在于通过传授关于万物的知识,使之拥有智慧;培养人们的德行,使之身心和谐;教导人们信奉上帝,使之趋于完美。夸美纽斯指出以上三点均为人们身上与生俱来的"种子",需要教育来培养并发展,以便享受现世,为永生做好准备。

夸美纽斯所论述的教育目的虽然着眼于神学目的论,并运用经院式的语言进行表述,但是我们应该看到其中对于现实教育目的及现世生活的偏重。他所强调的教育目的中明显透露出人文主义与平等思想,反映了新兴资产阶级渴望摆脱宗教蒙昧主义以及封建枷锁,通过全面发展以享受现实幸福的愿望,但同时由于时代的局限,夸美纽斯的教育目的仍和基督教会的教义保持一致,具有浓厚的宗教唯心色彩。

(二)论教育的作用

夸美纽斯高度评价教育在改造社会和促进个人发展两方面的作用,这些论述为他普及教育以及"泛智"的思想提供了理论依据。

首先,夸美纽斯认为教育具有改造社会,建设国家的功用。夸美纽斯在《大教学论》中反复强调了教育带给国家和社会,乃至整个人类的福利。他热切地呼唤:"使男女青年,毫无例外地,全都迅速地、愉快地、彻底地懂得科学,纯于德行,习于虔敬",通过寻求适当的教学方法使社会减少黑暗、烦恼、倾轧,增加光明、和平与宁静。夸美纽斯在论述教育的社会作用时,还注意到了教育、人才与国家富强三者之间的关系。在他看来,教育是国家城池永固的捷径,应该用百倍于建造堡垒和兵工厂的费用投资于教育,"因为一个善良聪明的人是国家的一件至宝,较之宫殿、金银、铜门与铁闩还要贵重得多"②。显然,上述观点反映了夸美纽斯渴望祖国复兴繁荣的愿望,同时也反映了他的世界观中所具有的人文主义色彩。

其次,夸美纽斯认为教育可以发展人的天赋,培养健全的个人。夸美纽斯认为人的先天素质大同小异,每个人都具有一定领悟事物的能力,只要通过教育,任何人的德行和才智都可以得到发展,最终达到身心和谐。夸美纽斯还引用了狼孩的例子,来说明儿童的发展与教育及环境是密不可分的,"假如要去形成一个人,就必须由教育去形成","只有受过恰当教育之后,人才能成为一个人"③。因此,教师不应对儿童的发展失去信心,更不应轻易地给儿童下一个"难于教育"的结论而放弃自己应有的努力。夸美纽斯还驳斥了历

---

① 〔捷〕夸美纽斯著,傅任敢译:《大教学论》,教育科学出版社1999年版,第7页。
② 〔捷〕夸美纽斯著,傅任敢译:《大教学论》,教育科学出版社1999年版,第242页。
③ 〔捷〕夸美纽斯著,傅任敢译:《大教学论》,教育科学出版社1999年版,第24页。

史上轻视、反对女子教育的观点。在他看来,女子和男子一样具有求知心和理解力,而且常常比男子还要强。另外,夸美纽斯还从感觉论的角度出发,来说明人的可教。他赞同亚里士多德有关心灵"白板说"的理论,认为人的心灵生来如一块白板,什么都没有,但什么都能写上。他用各种形状的蜡块来比喻人脑,认为通过感觉、记忆、归纳和组合,人可以将外界事物反映到头脑中来。因此,如果教师愿意努力工作并讲求教学艺术,那么,人的智慧是可以无限发展的。

三、泛智论

"泛智论"(Pansophica)是夸美纽斯孜孜不倦、毕生为之探索的重要课题。该思想反映了文艺复兴以来新兴资产阶级反对宗教蒙昧主义,发展新兴科学,普及民主教育的强烈要求。

(一)何谓"泛智"

所谓"泛智"就是指从所有个别的科学中能形成一种统一的、包罗万象的科学和艺术的艺术。其要义就在于把一切事物教给一切人。在夸美纽斯那里,泛智论不仅是完整的普通教育课程,更是一种包括系统知识结构与方法理论在内的教育体系。可以说,泛智论是夸美纽斯教育思想的最佳概括,是其论述其他教育主张的根本。

(二)"周全的教育"

从教育内容来看,泛智论要求人们掌握一切知识,因此应该是一种"周全的教育"。夸美纽斯反对当时教育偏重智育的现象,根据自己对教育的理解,提出实施一种包括智育、德育和宗教教育在内的周全的教育。也就是说,把一切知识领域的精华全部灌输到每个人的头脑中,使他们完善地学习当前和将来生活上所需要的一切学科。从课程设置来看,夸美纽斯根据泛智论,主张以"有用"和广泛多样作为课程设置的标准,强调实用性。他说:"无论什么东西不可单因它在学校里有价值去学习,要因它在生活上有用处才可学习。"①需要指出的是,这种在学校中所进行的周全的教育并非囊括所有知识的细枝末节,而是将"自然界中的广大的类别和它们的最重要、最主要的区分彻底弄明白就够了"②。为此,他还亲自编写了大量的体现泛智思想的教科书,将许多新兴科学学科引入学校,这一点对于打破宗教神学对知识的绝对垄断,促进课程更新具有深远的意义。

(三)"人人均应受教育"

从受教育的对象来看,泛智论要求"人人均应受教育","人人均须学习一切"。夸美纽斯不仅从人性论和教育的功能等方面论述了每个人都具有接受教育的潜力和可能,而且他还从人道主义立场出发,提倡给予每一个生而为人的人以受教育的机会。他认为一切城镇乡村的男女儿童都是上帝的子民,不论富贵贫贱,都应该进入学校接受泛智的教

---

① 〔捷〕夸美纽斯著,傅任敢译:《大教学论》,教育科学出版社1999年版,第137页。
② 〔捷〕夸美纽斯著,傅任敢译:《大教学论》,教育科学出版社1999年版,第138页。

育。为了实现教育的普及,夸美纽斯积极拥护学校教育,肯定学校教育的必要性和优越性,并强调国家对于教育具有不可推卸的责任。

四、论教育适应自然

教育适应自然,是夸美纽斯提出的教育的主导原则,夸美纽斯在教育、教学上论述的其他原则基本上都可以视为是从教育适应自然原则中引申得出的。在《大教学论》中,夸美纽斯频频举例,运用太阳、花鸟鱼虫和四季时序等自然界中的事物和现象来说明教学理论和教学方法所应遵循的自然规律。

在夸美纽斯看来,教育适应自然中的"自然"有三重含义:其一是指自然界;其二是指人类社会;其三有人之本性的意思。自然界就像是一架精密有序的机器,而世界上的一切都是按照机械原理安排妥当了的。

首先,教育适应自然就是遵循自然界的"秩序",遵循事物普遍存在的规律。推之于教育,则应该以自然为借鉴,效法自然,遵守严禁的秩序。夸美纽斯认为秩序可以保证万事万物各尽其能,和谐工作,从而达到事半功倍的效果。学校就该组织得"像一座用最巨大的技巧做成的、用最精细的工具巧妙地雕镂着的钟一样"[①]。

其次,教育适应自然还要适应儿童的年龄特征和心智特点,这样才能使每一个人的才能得到充分发展。他极力反对旧时学校违背自然的做法。那些只是用无用的知识填塞学生的头脑,用严酷的纪律使学校变成令儿童恐怖的场所,教学上只是一味地让学生死记硬背的种种行为只会造成儿童学习时间和精力的极大浪费。

夸美纽斯所论述的教育适应自然,是在吸取前人及同时代人的哲学、教育学、自然科学和心理学成果的基础上,结合自己的教育实践经验所得。由于受到当时科学发展水平的限制,人们习惯于机械地看问题。夸美纽斯的教育主导思想虽然习惯于用自然事物引证教育问题,但是他能够适当地抛开宗教教义的束缚,将当时科学发展的有益成果应用到教育问题中,这在人类教育发展历史上无疑具有积极的意义。

五、论教学原则

夸美纽斯非常重视教学理论的研究,他在《大教学论》中专辟三章(十七章、十八章和十九章)提出了诸多教学原则,论述这些原则的最终目的是为了"节省教与学的时间和精力"[②]。

(一) 直观性原则

夸美纽斯第一次从感觉论出发,论证了直观教学原则。夸美纽斯认为,知识来源于感

---

① 〔捷〕夸美纽斯著,傅任敢译:《大教学论》,教育科学出版社1999年版,第63页。
② 〔捷〕夸美纽斯著,傅任敢译:《大教学论》,教育科学出版社1999年版,第139页。

觉,在感觉中没有的,在理智中也不会有。直观是一切知识的起点;直观是提供知识真实性与可靠性的证明;直观还有利于知识的巩固。一言以蔽之,直观是事物的直观。直观性原则指的是将一切事物尽可能放在感官面前,尽可能让学生用多种感官去感知事物。

夸美纽斯将这一原则视为基本教学原则之一,认为既然知识由感觉而来,那么在教学时,教师要先教事物,然后再教导学生如何用语言去表达事物;先教例证,然后再教规则。除了教师的讲解外,要尽可能地让学生用多种感官去观察实物。在呈现直观教具时,要以适当距离放在学生眼前,以先整体后部分的顺序进行观察。对于那些不能直接观察的事物,夸美纽斯指出可以用制作模型、表格,绘制图画等其他方式来代替,即用低级的事物代表高级的,跟前的事物代表不在跟前的,由看得见的事物代表看不见的。

夸美纽斯关于直观教学的论述在教育史上影响深远。他超越了前人对这一原则的简单描述,将以往的经验系统化,把学校从死板的文字教学引到认识生活、认识自然世界的方向上。这在当时推动了教学形式的改革,强化了教学与生活的联系,不过,他在一定程度上夸大了直观的作用和意义,将人们的感性认识同理性认识对立起来,忽视了感性认识只有提升为理性认识,人们才能看清事物的本质。

(二)启发性原则

启发性原则是夸美纽斯针对当时学校普遍存在的强迫儿童学习功课,不考虑学生的接受能力而拔苗助长的现象所提出的。夸美纽斯认为人天生具有学问、道德和信仰的种子,教育者不必从外部对儿童强加东西,只需要激发出儿童潜在的兴趣,使教学方法符合儿童的特点即可。他同意通过启发学生求知的愿望来调动儿童的积极性和主动性。在启发学生学习方面,夸美纽斯认为孩子们的求学欲望是由父母和教师激发起来的。如果教师性情温和,循循善诱,便会得到学生的好感,从而激发学生对于知识的热爱。同时,在启发性教学原则当中,不仅教师发挥着主导作用,政府当局和学校主管都可以在公共场合通过褒扬用功学生、馈赠礼物等方式激起学生的热忱。

夸美纽斯还指出了具体的教学方法来激发学生的学习热情。比如,他提出了采用对话的方式来诱导学生争相回答,也可采用比较和寓言故事的形式使较为深奥的问题能够"亲切地、诱人地放到他们跟前"①。对于外部环境来说,为学生提供便利、优美、亲近自然的学习环境同样可以吸引学生爱好学习。总之,各种方法的运用要遵循自然,避免强迫,这样才能使学生愉快地学习,达到最佳学习效果。

(三)量力性原则

夸美纽斯要求教学要合乎儿童的身心发展水平,适应他们的年龄特征与接受能力,特别是为初学儿童选择学习材料时一定要适当。对于这些学习材料一定是学生可以理解的东西,凡是他们不能理解的,都不要给他们学习。夸美纽斯还一针见血地指出了因为漠视量力性原则而造成学生负担过重的问题。如果强迫学生每天接受6~8小时的课堂学习还外加作业的话,就会使学生感到恶心,有时甚至精神错乱,这对年轻人而言不啻是一种

---

① 〔捷〕夸美纽斯著,傅任敢译:《大教学论》,教育科学出版社1999年版,第94页。

折磨。

教师教学因此要量学生的"力"而为,在夸美纽斯看来,这里还有一层考虑学生原有学习基础的含义。夸美纽斯认为学习任何一门功课都要具有一定的基础或根底,教师必须根据学生的原有知识水平和接受能力来进行教学,如果学生的学习基础没有达到可以继续学习的程度,教师则应该首先教导学生打好这样一种基础。

夸美纽斯根据教育适应自然的主导思想在教育史上首次提出了量力性的原则。从某种程度上讲,该原则针砭时弊,在一定范围内反映了学生身心发展规律和教学工作的客观规律。但是从另一方面看,他对儿童的发展潜力估计不足。

(四) 循序渐进原则

夸美纽斯以幼鸟慢慢学飞的事例,引发教学要循序渐进的原则。他认为所有生物总是按照一定的顺序繁衍生息的,每一项工作总是在前者完成之后才开始新的工作,绝无僭越。教学中的循序渐进指的是合理安排教学科目的顺序,做到由简到繁,由近及远,由已知到未知,由具体到抽象。

教师教学和学生学习也要由易到难,从一般到特殊,要严格遵守时间和科目的划分,不能省略或颠倒。学校所用的书籍也应遵守"先材料、后形状"的自然秩序①,教学则应先从语文学起,科学、算学和物理学在后。在分科教学中,夸美纽斯以语文学习为例,要求一切语文都应从合适的作家的作品学起,然后才是文法。其目的是使学生先理解后记忆,而不是囫囵吞枣般地被动接受。

(五) 巩固性原则

夸美纽斯特别强调学生在理解的基础上掌握知识,并将所学知识加以练习和应用。他认为由于学校教授的知识脱离现实生活,并且没有在学生脑海中形成固定的印象,因此绝大部分学生在离校时并未掌握真正的知识。他把这种情况形象地比做"不断地把流水泼到一个筛子上去一样"②。为此,夸美纽斯提出以下措施来纠正这种情况:(1) 教授学生有用的,且与他们自身相关的知识;(2) 教授的过程要持续,不可中断;(3) 课程的设置要系统,在后继学习之前必须打好基础,后学的课程要能巩固前面的知识;(4) 各个学科之间要相互关联;(5) 学科的安排要符合学科特点,照顾学生的心智水平;(6) 教学中要有适当的反复和练习,训练学生的记忆力。

从上述种种措施可以看出,巩固性原则与量力性原则和循序渐进等原则有着紧密的关联。这种通过实践来掌握知识、巩固知识的思想被西方某些学者称做是"做中学"的思想。在教学实践中,夸美纽斯不仅将其运用到各科教学,同时也贯彻到道德教育之中。

---

① [捷]夸美纽斯著,傅任敢译:《大教学论》,教育科学出版社1999年版,第79页。
② [捷]夸美纽斯著,傅任敢译:《大教学论》,教育科学出版社1999年版,第104页。

六、论道德教育

由于时代和世界观的限制,夸美纽斯的道德理论体系仍然摆脱不了宗教神学色彩。但是总体而言,在他的著作中除了有关敬畏上帝的说教外,对于道德的论述仍然和现实生活的需要密切相关。现实世界的动荡,社会风气的败坏引起了夸美纽斯对于道德问题的焦虑与关注,因此夸美纽斯的道德教育也有敦风化俗的一面。

(一) 道德教育的重要性

夸美纽斯虽然没有论述道德教育问题的专著,而且与教学理论相比,德育在夸美纽斯的教育体系中并非首位,但培养德行仍然被夸美纽斯看做是学校的主要任务之一。在他看来,德育重于智育。在他风烛残年之际,他将毕生心血投入到《人类改进通论》的撰写当中,而德育便是其中的重要内容之一。作为一个神学家,同时也是一个怀有宗教信仰的教育家,夸美纽斯最为难能可贵的就是将世俗道德的培养从宗教教育中分离出来,列为专门的教育专题,成为独立的教育内容。可以说,夸美纽斯使道德教育从宗教教育中解放了出来。

(二) 道德教育的内容

夸美纽斯在《母育学校》一书中详细阐述了学前儿童的道德教育。在道德教育内容方面,夸美纽斯特别重视勤劳、节俭等优秀品质的培养,主张让儿童学习有关德行的初步知识。在《大教学论》中,夸美纽斯并没有因袭《圣经》中的戒律或教义,而是发展了古希腊柏拉图、亚里士多德等人对于道德内容的表述,将道德教育的主要内容归纳为以下四个方面:持重、节制、坚忍与正直。他把这些称为是主要的或基本的德行。

持重,即有理智。这种理智"应当从接受良好的教导,从学习事物间的真正区别和那些事物的相对价值去获得"①。不难看出,夸美纽斯认为道德是可教的,可学的。夸美纽斯认为,对于事实的判断是一切德行的真正基础,因而只有首先成为一个明智的人才能具有健全的判断,才能获取其他德行。

在节制的培养上,夸美纽斯总结了一条"金科玉律"——即"一切不可过度"②,要求儿童在饮食起居,工作游戏,言谈举止等各方面实行节制。

所谓"坚忍",就是要求儿童自我克制,在言行过度或出现错误时,抑制不合理的情绪和欲望,根据理性进行活动。

夸美纽斯对于"正直"的解释非常简练,他告诫青年不要损人利己,从待人殷勤和善,为人真诚坦率等方面学习正直的品行。

(三) 道德教育的方法

在道德教育方法上,夸美纽斯也有着自己的真知灼见。

---

① 〔捷〕夸美纽斯著,傅任敢译:《大教学论》,教育科学出版社1999年版,第164页。
② 〔捷〕夸美纽斯著,傅任敢译:《大教学论》,教育科学出版社1999年版,第165页。

1. 榜样。夸美纽斯要求教育者、父母、保姆及优秀学生等儿童经常接触的人,为儿童树立榜样,而且孩子们有了榜样,更容易发愤图强。书本上描绘的人或事也可以成为学生学习的榜样,但在诸榜样中,生活中的榜样更为重要,因为它们所产生的印象更强烈。另一方面,儿童天生就有模仿的倾向,他们需要经常接近有价值的人,模仿天使,模仿太阳,模仿更高贵的事物。

2. 行动。夸美纽斯认为,所有德行都只能从行动中获得,也只能在行动中加以练习和理解。他说:"我们是从学习知道我们应当学习什么,从行动知道我们应当怎样去行动的",而德行就是"由经常做正当的事情学来的"①。

3. 恩威并用。夸美纽斯认为真正有效的道德教育手段并不局限于严酷的鞭笞和惩罚。教师既可以运用正面教育的形式,比如赞扬、鼓励、树立榜样等,也可以运用严厉的话语进行训诫,这些方法更胜于体罚。只有在学生犯下重大过错时才运用严酷的惩罚。两种方法应相辅相成,以正面教育为主。

4. 纪律与惩罚。夸美纽斯明确地指出严格的纪律的使用是分情况、分场合的,而只有在道德败坏时才适用。纪律的最终目的在于鼓舞人们养成良好的德行,履行自己的责任,惩罚本身并不是纪律的目标。在实施纪律时,务必使学生明白这一目的,"否则他是会轻视一切纪律,存心反对纪律的",极端的惩罚只是教育者万不得已时的最后手段。夸美纽斯特别提醒教育者对于此种方式"不可用得太随便、太热心"②。

七、论教学与教育的管理

中世纪欧洲各国学校组织松散,管理混乱,教学缺乏统一的教学计划和科学的组织形式,教会学校侧重运用严苛、简单的方式进行管理。文艺复兴以后,特别是宗教改革时期,许多教派的教育家开始探索设立分班、分级的教学制度。夸美纽斯总结了前人的经验,以自然界中存在的秩序为引证,首次从理论上提出并详细阐释了班级授课制等学校管理理论。

(一) 学制

夸美纽斯对于全国实行统一学制的设想即便于国家统一管理学校,同时也与他主张的普及教育的思想相辅相成。夸美纽斯提出了全国建立统一学制的主张。他把人从出生到成年分为四个时期:婴儿期(1~6岁)、儿童期(6~12岁)、少年期(12~18岁)以及青年期(18~24岁)。与此相对应,夸美纽斯分别设立了四种级别的学校:母育学校、国语学校、拉丁语学校(相当于中学)以及大学。夸美纽斯在他晚年的著作《泛教论》中又对上述四级学制作了进一步发展。他将人的一生细分为胎儿期、幼儿期、童年期、少年期、青年期、成年期和老年期七个阶段。胎儿期有胎儿学校,夸美纽斯在此已专门提出了胎教问

---

① 〔捷〕夸美纽斯著,傅任敢译:《大教学论》,教育科学出版社1999年版,第167页。
② 〔捷〕夸美纽斯著,傅任敢译:《大教学论》,教育科学出版社1999年版,第200~201页。

题。老年期对应的是老年学校,夸美纽斯主张在老人聚集的地方创办老年学校,使人们老有所为。夸美纽斯在对学制系统的阐述中将"终身教育"的思想囊括在内,不仅论述了较为完整的就学体系,而且也对后世教育的发展有所启示。

(二) 班级授课制

中世纪的教师只对学生进行个别教学和辅导,坐在同一间教室的学生,有着各自不同的学习内容和学习进度。为了改变这种情况,夸美纽斯总结了16世纪以来新旧教派办学中实行的班级授课经验,在教育史上首次提出并详细论述了班级授课制,这些论述在《大教学论》、《泛智学校》、《创建纪律严明的学校的准则》等著作中均有体现。

夸美纽斯认为班级授课制是提高教学效率,使一名教师可以同时教育许多学生的可行之法。同样夸美纽斯认为班级授课制对于学生来说也是最有利的,因为学生之间的群体效应不仅可以产生效用,而且也可以产生愉快(因为人人乐于劳动的时候有伴侣),也因为他们可以互相激励,互相帮助。班级授课制的具体办法就是根据全校学生的年龄和程度分成不同班级,以此作为教学单位。每个班级有一个教室,由一名教师同时对全班学生进行教学,以代替传统的个别施教。每个班级又分为许多小组,每组由10人组成,从中选出一名学习优异的学生作为组长,即"十人长",帮助教师管理小组同学,考察同学的学业。

(三) 督学制度

为了保证全国的教育事业得到统一的发展,夸美纽斯提倡国家设置督学,对全国的教育情况进行监督。督学应由那些虔信上帝、贤明可敬,同时又热心教育事业,具有丰富教学经验的人士担当。督学的主要职责包括:(1) 培训未来的教育管理人员,使之能够胜任组织学校、制定规章等工作,保证学校有序运转。(2) 管理并监督各级学校人员,检查校长和教师的工作表现,并据此建议发放公道的、足够的薪金。对于教师,督学还具有解聘和重新聘用的权利。(3) 监督并检查学校的规章制度和各项工作。(4) 了解学生家长和监护人对孩子的教育情况,以使学校和家庭在教育上保持一致。

(四) 考查和考试制度

夸美纽斯制定了一套和班级授课制相配套的考查考试制度。学校的考试分在不同时段进行,并由不同的人员负责。从最基本的学时考查,到最为重要的学年考试,这些常规性的考试在一定程度上保证了学生的学习质量。这些考试形式不仅包括外界的考查,还包括学生对自己学习状况的测评,如学周考查就是学生利用每周周六午休时间进行自我考查。

八、历史地位与影响

夸美纽斯作为新旧时代交替的一位人物,享有"教育史上的哥白尼"之盛誉。他善于吸取与总结前人的教育经验,在教育理论和教育实践上均作出了不朽的贡献。他对后世诸如赫尔巴特、卢梭、福禄培尔、蒙台梭利等教育家产生了深远的影响,几乎所有18~19

世纪教育理论的萌芽在他的著作中都可见一斑。他所写的《大教学论》是西方第一本独立形态的教育学著作,而《母育学校》一书则是西方教育史上第一本学前教育学著作。

夸美纽斯也是一位伟大的教育改革家。他一生都在为建立一个和谐而美好的世界而奋斗,在他毕生的教育实践中,他力图在教育目的、教育内容、教育管理和学校的组织方面加以创新。在人类教育史上,夸美纽斯第一个注意到了人民大众的教育问题,提出了普及义务教育的主张;他系统地制定了班级授课制;他第一次系统地阐述了教学的基本原则与规则……诚然,在夸美纽斯的身上仍然笼罩着宗教神学色彩,而且由于时代的局限性,他也无法正确理解社会现象和人类本身,但毋庸置疑的是,他那些富有远见的、显露出强烈民主性的教育思想仍然是全人类教育事业的宝贵遗产。

第二节 卢梭的教育思想

让·雅克·卢梭(Jean Jacques Rousseau,1712~1778)是18世纪法国启蒙运动的杰出思想家和教育家。他宣扬"天赋人权"、"自然神论"和"人性善"等观点,是法国启蒙运动中的一名健将,而他对自然与文明、情感与理性的反思,更使其成为"走在时代前面的人"。卢梭的教育思想在西方教育史上被视为新旧教育的分水岭。

一、生平和主要著作

卢梭出生于瑞士日内瓦一个流亡的法国新教徒家庭,母亲在他出生不久后便离世,父亲是一位钟表匠。卢梭自幼聪慧,良好的阅读习惯和较强的自学能力为卢梭以后的成就打下了基础。10岁时,其父因与一军官发生冲突而被迫离家出走,卢梭由此开始了动荡的生活。1772年,卢梭接受了唯一一次正规教育,2年后,由于生活所迫停止了学习,开始四处流浪,其间当过学徒、仆役、家庭教师、私人秘书等等。这些经历使他能够广泛地接触城市和乡村的各种社会阶层,特别是处于社会最底层的农民和小生产者。同时,卢梭也从中亲历了教会的堕落与政治的黑暗。此后卢梭一直保持着对社会不平等现象的敏锐体察,对劳动者怀有深切的感情,卢梭的世界观与教育观也受到了一定的影响。

1742年,30岁的卢梭来到巴黎。他结识了启蒙思想家中的先锋人物伏尔泰、狄德罗、爱尔维修等无神论者。卢梭也应邀参加了《百科全书》的撰写工作,为该书编撰部分词条。在与这些进步力量携手工作的过程中,卢梭在政治上、学术上都受到了启发,这段时间的历练也成为卢梭成长史上不容忽略的篇章。1749年,卢梭在第戎学院的有奖征文中拔得头筹,声名鹊起。之后,卢梭相继发表了《论人类不平等的起源和基础》(1753)、《新爱露伊丝》(1761)、《社会契约论》(1762)、《爱弥儿》(1762)等。卢梭的这些著作言辞激烈、革命性强,将资产阶级的基本原则进一步转化为自由、民主、平等、博爱的社会政治要求,成为当时最响亮、最打动人心的口号,也因此为教会和封建势力所不容。巴黎大主教宣布焚烧《爱弥儿》,高等法院下令通缉卢梭。1778年,卢梭在孤独中逝世。虽然这位时代的巨匠未能亲见法国大革命的到来,但"他以语言的力量帮助大革命的发端,是任何人所不能及的"①。

卢梭一生著述颇丰,教育上的代表作是《爱弥儿》(Émile)。这部小说根据卢梭以往在马布利家做家庭教师的经验,通过个人的哲学思考孕育而成。书中论述了主人公爱弥儿及其未婚妻苏菲的教育过程,申明了自然主义教育原则,批判了经院主义教育。卢梭认为,人生而自由,本应顺乎天性使之发展成为善良的人,但由于社会的"恶"使人与人之间彼此束缚,形成了压迫与被压迫的关系,将人异化。歌德称此书为教育的自然福音,康德则因阅读此书而忘却了十几年的散步习惯。

二、自然主义教育理论

自然主义教育理论是卢梭教育思想的核心。古希腊的柏拉图和亚里士多德就曾指出教育要适应人类天性。17世纪捷克教育家夸美纽斯更是明确地提出了"教育适应自然"。卢梭的自然主义教育理论不仅与之一脉相承,而且达到了新的高度。自然主义教育针砭传统封建教育的弊病,其中所蕴含的强烈的批判精神在教育领域内树起了反对封建旧教育、反对经院主义和宗教神学的大旗。在西方教育史上,他首次把儿童置于教育的中心,提出教育要"顺应自然",教育要根据儿童的身心特点,促进儿童自身各种感觉器官的发展,通过各种活动使儿童能够按照自然进程得到全面、完善的发展。

(一) 自然主义教育的培养目标

自然主义教育就其培养目标来看,要求教育培养自然人。卢梭摒弃封建教育培养王孙公子与达官显贵的教育目标,认为这些人徒有空疏无用的知识,身体孱弱,充满偏见。卢梭所谓的自然人与这些人完全相反,他们的身心协调发展。

"自然人"之"自然"乃是人性中的基本能力和倾向。卢梭把自然状态描绘成一派清新淳朴、无拘无束的景象,而"自然"的社会则是指人类的史前状态,认为人性如自然,人性本善。卢梭在《社会契约论》一书中曾明确地指出:"人是生而自由的,但到处,都受着束缚。好些人自以为是别人的主人,其实比起别人来,还是更大的奴隶。"②卢梭所说的做"自然人"、"自由人"并不是要人们退回到原始蒙昧状态,而是要求人们生活在城市当中保持身心纯善。卢梭笔下的爱弥儿就是这种形象的化身。在《爱弥儿》一书中,爱弥儿的老师就有意训练他在城市谋生的技能,教导他如何与城市的邻人共处。自然教育所培养

---

① 〔英〕博伊德、金合著,任宝祥、吴元训主译:《西方教育史》,人民教育出版社1985年版,第290页。

② 〔法〕卢梭著,陈惟和等译:《卢梭民主哲学》,九州出版社2004年版,第2页。

出来的自然人应是身强体壮、心智发达、具有高尚的情操和极强动手能力的人。他不附着于某一种职业,或停留于某一种地位,因为这样会被固定到一个模子当中,扼杀了发展的潜质和其他可能。自然人的培养,首先着眼于"人"的教育,使之具有发展成人的各种基本素质,能够胜任各种工作,对任何职业都有所准备。显然,培养这种能够自食其力、从事任何劳动的自然人的本质就是培养资产阶级新人。

（二）自然主义教育的内容

卢梭十分重视教育的作用,他认为人类在成长过程中所需要的东西统统都要通过教育来获得,而这种教育主要归结为三个方面:自然的教育、人的教育和事物的教育。这三方面的教育分别又有所指,卢梭也给出了具体的解释:"我们的才能和器官的内在的发展,是自然的教育;别人教我们如何利用这种发展,是人的教育;我们对影响我们的事物获得良好的经验,是事物的教育。"①在这三种不同的教育中,自然的教育不能人为决定,事物的教育只是在某些方面才能由人决定,只有人的教育才是能够真正加以控制的。因此,必须以自然的教育为中心,使人的教育和事物的教育同它相一致,三种教育协同起来共同发挥作用。

在实施这三种教育的同时,卢梭还提出了正确对待儿童的观点。当时的欧洲贵族不仅拒绝母亲亲自喂养幼儿,而且父母和教师还习惯以强迫的方式灌输道德、知识。儿童本应享受的快乐童年却因此在惩罚、恐吓和奴役中虚度过去。卢梭还抨击了当时将儿童看成是"小大人"的现象,而产生这些恶果的原因,追根究底就是在对儿童进行教育时没有正确认识儿童。自然主义教育的重要前提就是要改变人们对儿童的看法,不要用成人的思想去代替儿童的想法,即"大自然希望儿童在成人以前就要像儿童的样子"②。

（三）自然主义教育的实施阶段

卢梭从各个年龄阶段都有其自身的特点这一原则入手,把学龄主要分为四个阶段,并试图将其作为对儿童进行自然教育的根据,卢梭的整个教育体系就是直接以他的分期教育理论为基础的。

(1) 2岁以前的婴幼儿期。卢梭认为,人由出生到2岁这一时间为婴孩期,这是人成长和受教育的第一阶段。在这个阶段的儿童身体弱小,虽有感觉,但不具备思考能力。因此这一时期教育应以身体健康发展为主要任务,同时要把充分而自由的活动放在第一位。儿童只有活动,才会有机会通过感觉器官接触外界的物体,形成一定复合的知觉和观念。这一时期的教育要以身体的养护、锻炼为主。卢梭鼓励将孩子从襁褓中解脱出来,穿戴宽大的衣服,使其四肢自由,这样才不会妨害他们的活动。在婴幼儿时期,卢梭还坚持让儿童只跟从一个向导。不论是儿童的保姆、父母,还是老师,都应该在身心两健、品行端正的基础上对儿童进行一贯的教导,并且要相互配合。

(2) 2~12岁儿童期的教育。卢梭将这一时期称为"理性睡眠时期"。儿童在这一时

---

① 〔法〕卢梭著,李平沤译:《爱弥儿》(上卷),商务印书馆1978年版,第7页。
② 〔法〕卢梭著,李平沤译:《爱弥儿》(上卷),商务印书馆1978年版,第91页。

期,身体活动和语言能力都有了一个飞跃,感觉器官也发达了,但是理性思维尚不完整。因此,这一时期应主要进行感官训练,并继续发展身体。卢梭把感觉教育分为5个方面:触觉、视觉、听觉、味觉和嗅觉,要求结合实际活动与周边事物对儿童进行教育。他反对让儿童在12岁以前读书和学习,认为儿童周围的事物就是一本书。另外,可以用"自然后果法"来对儿童进行道德教育。这种方法是让儿童遵循自然率性发展,不干预、不强迫,让儿童自由活动的积极或消极的后果对其进行自然的惩戒,这样反而会收到意想不到的教育效果,因为这些自然后果是儿童内心信服的东西,而不是由外部训诫强加给他们的。

(3) 12～15岁少年期的教育。卢梭认为12～15岁是人类一生中能力最强的时期,也是生命中最宝贵的时期。在这一阶段,儿童身体茁壮成长,必须妥善加以利用。由于前一阶段身体和感官都发展到了一定的水平,同时感觉经验也有了一定的积累,因此应主要进行智育和劳动教育。在智育方面,卢梭主张选择生活中必要而有用的知识进行学习,培养儿童的学习兴趣。在智育方法上,卢梭的基本原则是让儿童自觉主动地学习。比如爱弥儿就是通过在散步中看日出日落,在夜晚看斗转星移来学习天文知识。卢梭强调儿童从活动中学习,其中的积极意义是显而易见的,但是其中也存在着过分强调儿童个人直接经验,轻视书本知识的倾向。

(4) 15～20岁青春期的教育。卢梭将15岁以后看成是男孩脱离儿童状态的"第二次诞生"。在这一时期,儿童不仅在生理上发生不同以往的巨变,而且也积累了较为丰富的感性经验和自然知识,并有了主动了解社会道德关系的欲望。在这一阶段,卢梭主张由乡村回到城市进行道德教育,让儿童了解社会。卢梭认为道德教育主要是培养儿童善良的情感和美好的道德。培养善良的情感,应先从儿童"自爱"的品质开始,逐步再扩展为"他爱"、"博爱"。道德行为的养成则需要身体力行和艰苦的努力。另外,也可以通过学习历史、伟人传记、阅读寓言等来对儿童进行道德教育。宗教教育也是道德教育的一部分,但应以自然宗教为限。在儿童青春期教育中,卢梭也注意到了对这一阶段的青少年进行性教育的必要性。卢梭认为对于青少年萌动的情欲,既不可盲目抑制,也不应妄加刺激,应该使青少年顺从自然发展。教师要用适宜的工作和活动来转移青少年的注意力,及时进行疏导。

三、公民教育理论

卢梭在他的教育论著《爱弥儿》中表达了一种自然主义的教育思想。他反对培养国家公民,主张培养"自然人",反对正规的学校教育制度,提倡在乡村中由家庭教师进行指导等。这种思想是卢梭在资产阶级革命已经来临,但封建专制尚未倒台的政治背景下提出的革命性主张。在1773年《关于波兰政府机构的筹议》中,卢梭提出了公民教育理论。它同自然主义的教育思想看似矛盾,实际上是从不同角度体现了资产阶级的教育主张,构成了卢梭教育思想的全部内容。

卢梭认为,从自然状态过渡到国家状态,人们的行为也会发生极其重要的变化:行为以正义代替了本能,而取得原来缺乏的道德性。国家是依赖于公民才存在的,要建立新型的国家,就必须依靠教育将人培养成一个公民,一个社会成员,一个爱国者。人们最终将用获得的社会的自由代替自然的自由。所谓社会的自由,即受限于公共意志的自由,是只能倚仗正当权利而享有的,并非是随心所欲或依靠强力所得的。而要想取得这种转变,就必须由国家制定教育制度,领导管理公立教育,反对天主教会对教育的控制和干预。另一方面,公民则应享有平等的教育权利,接受免费教育,或者尽量降低收费标准,以避免公民因经济困难而被剥夺受教育的机会。

在卢梭那里,爱国教育也是公民教育的内容之一。公民教育的目标之一就是培养爱国者。卢梭认为各种运动和身体锻炼不仅可以有益于健康,而且对学生爱国品质的形成也有重要作用。学生要从小接受这种训练。

总之,卢梭所说的自然人和公民,自然主义教育和公民教育并不是水火不容的两个极端。当卢梭说我们不能同时在"教育成一个人还是教育成一个公民之间加以选择"①时,他面对的是封建的、受压迫的社会现实;而当卢梭为波兰筹划教育制度时,他的设计前提就是一个民主、自由的"理想国",因此"在那里个人不会发现爱好和责任的经常的冲突,在那里公民生活同时也就是自我实现的生活"②。满足这一条件后,自然人就会成为公民,公民教育与自然主义教育也就可以相得益彰了。

四、女子教育思想

在《爱弥儿》这部著作中,卢梭以爱弥儿的未婚妻苏菲为例,在第五卷中专门论述了女子教育问题。卢梭的女子教育观也是从他的"遵循自然"、"归于自然"的基本思想中引申出来的。他认为应该把男女两性特征看成是自然的安排而得到尊重,从而在两性教育上也要加以区别。男子是积极主动、身强力壮的,而女子则相对被动、身体柔弱,所以卢梭希望培养贤妻良母般的女性。从整体上看,卢梭的女子教育观是保守的。

卢梭认为,要想成为一名贤妻良母,女子首先要身体健康、精神愉快,而且在顺从丈夫的同时也要能够机智地约束和驾驭丈夫,能够成为丈夫的助理和导师,子女和丈夫之间的纽带。其次女子还要会治家。她既能缝纫、烹煮,又能理财、调度;既能从事各种杂役,又能掌握家庭经济。为了使女子具有强健的体魄,卢梭提倡女子自幼就应尽情戏耍,不可娇生惯养。这对于以后生育健壮的孩子和获得优美、灵巧的体形是有益的。在训练女子节制和柔顺的品德时,要以慈祥的手段,并顾及她们的发育和兴趣。最后,女子教育还要养成妇女优雅的风格,并使之具有思考的习惯和清晰的头脑。由此,便需要培养女子观察、分析、判断、欣赏和语言表达等方面的能力。需要指出的是,在女子教育中卢梭并不赞成

---

① 〔法〕卢梭著,李平沤译《爱弥儿》(上卷),商务印书馆1978年版,第9页。
② 〔英〕博伊德、金合著,任宝祥、吴元训主译:《西方教育史》,人民教育出版社1985年版,第292页。

女孩学习高深的知识,因为卢梭认为她们没有相当精细的头脑和集中的注意力,无法研究严密的科学。

五、历史地位与影响

18世纪中期的法国正处于由封建制度转向资本主义制度的社会大革命阶段,法国资产阶级首先发动了一场反封建和反教会的思想启蒙运动。在同时代的法国启蒙思想家中,对于教育问题抨击者多,纠正者少,破坏者多,建设者少。卢梭显然在这方面站得更高一些,看得更远一些。他在批判传统的古典主义教育的基础上,提出了自然主义教育思想;他崇尚自然神论,抨击基督教教义;他强调教育要根据儿童的特点和需要来进行,遵循儿童身心的自然发展过程。变抑制天性的教育为尊重天性的教育是教育上的重大转变,毫无疑问,在这个变革点上,卢梭为旗舰人物。

卢梭的《爱弥儿》问世之后,在整个欧洲引起深刻反响。在德国,哲学家康德的《教育论》便吸收了《爱弥儿》的一些观点;巴西多将卢梭的教育思想运用到他所建立的学校上;在瑞士,裴斯泰洛齐的教育创举受卢梭的启发,并将卢梭的教育思想远播欧美国家;在美国,卢梭奠定了实用主义哲学和进步教育的理论基础;在日本,从大正末年起,卢梭的《爱弥儿》曾先后印发过20版,是日本岩波文库中最受欢迎的一本书。

卢梭的教育学说包含着较为激进的思想,其中也不乏矛盾和争议之处。人们批评他囿于小生产者的狭隘视野,具有一定的历史局限性和保守性。他在政治上的浪漫主义投射在教育上则转换成了理想主义色彩,从而导致许多教育理论在实际生活中难以实行。特别是在女子教育方面,卢梭将女子看做是男子的附庸,要根据男子的需要接受教育,这一点与卢梭一贯的民主与平等的思想相悖离。但总的来看,卢梭的逆流疾呼在欧美教育史上发动了一场哥白尼式的革命,这对以后许多教育家的教育理论产生了深远的影响。

第三节 裴斯泰洛齐的教育思想

约翰·亨利赫·裴斯泰洛齐(Johann Heinrich Pestalozzi,1746~1827)是瑞士著名的教育改革家和教育思想家。他毕生致力于贫民儿童教育和国民教育事业,以其对自己祖国和对贫苦儿童无私的爱践行着自己的教育理想。裴斯泰洛齐坚持通过教育改善贫苦人民的生活,被誉为"贫苦者之友"。裴斯泰洛齐不仅在教育理论上有许多独到的见解,他自身凭借对于教育事业的奉献,也同样为全世界的教育工作者树立了一个光辉的榜样。

一、生平与教育实践

裴斯泰洛齐出生于瑞士苏黎世的一个医生家庭,自幼丧父,幸由母亲和女仆精心照料才得以长大成人。童年时期的裴斯泰洛齐经常到当乡村牧师的祖父家中生活,从小便目睹了城村严重的两极分化。在农村生活的贫苦儿童大都身体羸弱,衣衫褴褛,目不识丁。这种景象深深触动了裴斯泰洛齐的心灵,由此萌发了对处境贫苦的农民的同情。

中学毕业后,裴斯泰洛齐进入加罗林学院学习。在此期间,裴斯泰洛齐得益于学院一些具有人本主义倾向的教授的教诲,通过自办刊物和加入进步学生社团等方式,抨击统治阶级的腐败与恶行,要求改善人民的生活环境。大学毕业后,裴斯泰洛齐尝试了牧师、法律和政治等方面的工作,但都无疾而终。恰在此时,裴斯泰洛齐读到了卢梭的《爱弥儿》和《社会契约论》等著作,"成了卢梭政治和教育思想的忠实崇拜者"[①]。

由此,裴斯泰洛齐决心转向农村,投身"教育救民"之路。1774~1780年,他在新庄(Neuhof,音译为"诺伊霍夫")创办了孤儿院,经过他的不懈努力孤儿院初显成绩,但由于经费不足而被迫停办。此后18年,他便集中精力著书立说,并于1780年完成了《隐士的黄昏》,书中表达了他的教育思想。1781~1787年间他又写了《林哈德与葛笃德》(Leonard and Gertrude)一书,该书采用小说体裁,塑造了一位教子有方的平民妇女——葛笃德的形象,表明了教育训练要与大自然相结合,生产劳动要与教学相结合的教育主张,该书使裴斯泰洛齐在欧洲一举成名。

此后,裴斯泰洛齐在教育实验和教育活动中不断丰富和发展自己的理论,逐渐走向教育事业的顶峰。他先后在斯坦兹(1798)、布格多夫(1799~1805)和伊弗东(1805~1825)或设立孤儿院,或开办学校,使教育心理化的思想得到落实与完善。他在伊弗东学校的教育实验尝试简化教学内容与方法,取得了成功,从而享誉整个欧洲。期间他所撰写的最为著名的作品当属1801年出版的《葛笃德如何教育她的孩子》(How Gertrude Teaches Her Children)。该书是裴斯泰洛齐写给友人的书信集,提出了一套全新的教学原则和方法。这本著作成为19世纪初等教育的经典之作,裴斯泰洛齐也因而蜚声国内外。

1825年,裴斯泰洛齐回到了他早年教育事业的起始地新庄,写下了《天鹅之歌》与《生命归宿》,反思并总结了自己一生的教育思想和实践。1827年2月,裴斯泰洛齐于布鲁克辞世。

二、教育思想的理论基础

裴斯泰洛齐的教育思想是建立在他对哲学和心理学的认识基础上的。在哲学问题

---

① 〔美〕佛罗斯特著,吴元训等译:《西方教育的历史和哲学基础》,华夏出版社1987年版,第410页。

上，裴斯泰洛齐深受康德哲学观的影响，他的社会观点和对于人的心理过程的认识同他的哲学观点也是相互一致的。

（一）哲学基础

裴斯泰洛齐的哲学观大致形成于18世纪60~80年代，这正是法国资产阶级革命成熟，民主运动高涨，思想文化繁荣进步的时期。裴斯泰洛齐的哲学观与其宗教观密不可分，但并不是一成不变的，这集中体现在他对人的本质的认识上。他认为，只有认识了人类的内在本性，才能了解人类的需要，才能了解怎样使人类不断提高。裴斯泰洛齐又把基督教中的仁爱转化为一种人生哲学，在教育上形成了"爱的教育"，这种教育强调师生之间彼此尊重，彼此关爱。

裴斯泰洛齐接受了莱布尼茨(Gottfried Wilhelm von Leibniz,1646~1716)提出的"单子论"，由此发展了内在力量的观念。莱布尼兹认为，宇宙万物是由无数的精神实体——"单子"组成的，这些单子是上帝预先安排好的，所以相互信赖，具有"预定和谐"的属性。裴斯泰洛齐将这一思想应用到人的身上，据此认为每个人生来就具有各种能力和力量的萌芽，因此要依靠教育全面和谐地发展人的一切天赋力量。在认识论上，裴斯泰洛齐更多地接受了康德的观点。康德认为，后天的感觉经验提供知识的资料，先验的范畴提供知识的形式，要获得知识，必须用先验的主观形式去整理资料，使之具有普遍必然性。裴斯泰洛齐同样强调认识事物必须先通过感觉器官进行观察和加工，使之成为清晰的观念，从而唤起先天存在于人们思想中的观念。

（二）心理学基础

裴斯泰洛齐试图将教育理论和教育实践建立在心理学的基础上，从而使得教育告别以往经验式的总结，将此提升到一种科学高度。教育若要作为一门科学，就必须起源于并建立在对人类本性最深刻的认识的基础上。对于这一问题，除了从哲学上寻求答案，还要从人的心理出发。他认为教育的作用便是通过研究儿童心理发展的过程，促进儿童由模糊的感觉印象过渡到明确的观念。教学可以被视为是一个用观念给个别经验以意义的过程。裴斯泰洛齐正是根据心理学方面的认识，在自己的教学实践上提出了许多重要的教学原则，从而确保教师的教和学生的学都按照人的认识规律来进行。

（三）社会政治基础

裴斯泰洛齐是一个资产阶级民主主义者，具有资产阶级民主、爱国和人道的社会政治观。他希望瑞士能够实行资产阶级民主改革，改变当时封建主义的政治经济体制。裴斯泰洛齐希望可以用和平的方法解决社会矛盾，依靠开明的统治者实行仁政，普及教育使贫苦人民摆脱生活的窘境。他认为，人们的贫困根源在于缺乏教育和文化。

在18世纪法国启蒙运动的影响下，裴斯泰洛齐主张必须从教育入手，彻底改变文化教育方面的不平等现象。特权阶层的子弟受到优良的教育，而普通民众所在的学校设施奇缺，教师水平低下，"这种学校教学对于绝大多数和最下层阶级的人们来说，是完全无用的"①。裴斯泰洛齐在社会政治观上受到卢梭民主主义思想的影响,重视人的天性,他像卢梭一样把人类的"自然状态"和"社会状态"对立了起来,提出了人类由低到高的三种状态:自然状态、社会状态和道德状态。

三、论教育目的与和谐教育

与其哲学观相联系,裴斯泰洛齐认为教育目的在于发展人的一切天赋力量,使人尽其才,可以自由地运用他的全部才能,在社会上得到应有的地位。真正的教育,应该使儿童从对母亲的依赖和热爱开始,逐渐扩展到对他人、对身边所有人的积极的爱。这种教育只有通过和谐发展儿童身上的本性和力量才能完成,而这种发展必须是全面、和谐的。儿童的天赋能力包括道德、智力和身体三个方面。对于任何一方的忽略都会导致教育上的片面以及最终发展的偏差。因此,和谐教育也主要由德育、智育、体育和劳动教育三个方面组成。

（一）德育

道德教育是培养"和谐发展"的人的重要方面。裴斯泰洛齐所说的道德品质与宗教情感是分不开的。他把"爱"作为道德教育的基础,认为是上帝把自然的和本能的情感移植于人类,作为道德和宗教的永恒起点,信仰上帝是德行的最高要求。裴斯泰洛齐重视家庭式的情感教育,认为家庭教育是儿童发展的外在根源,主张把家庭的自然关系和爱的气氛引进学校。同时,裴斯泰洛齐还把德育与智育紧密联系起来,提出了教学要有教育性的要求。后来,赫尔巴特继承并发展了这一思想。

（二）智育

智育的主要任务是激发儿童的天赋力量和能力,发展儿童的心智。在裴斯泰洛齐看来,教育者应该启发儿童天赋的智慧,促使他们形成自己的判断,激发他们的才能。为了使儿童的心智得到发展,裴斯泰洛齐不仅提出了要素教学理论,简化了教学方法,而且还指出了进行智育所应依据的两个原则:一是由已知到未知的原则;二是由具体到抽象的原则。另外,裴斯泰洛齐在实践中还注重训练儿童观察、记忆、判断、推理等心理能力。这种做法不仅能够发展儿童基本的认识能力,也大大提高了当时初等教育的水平。

（三）体育和劳动教育

裴斯泰洛齐认为体育和劳动教育是相辅相成的两个方面。体育就是把所有潜藏在人身上的生理力量发挥出来,劳动教育就是以体育为基础,使儿童获得独立的生活能力。儿童在四肢得到活动的同时,大脑也得到了活动和锻炼,而体育的组织也是以智力训练为基础。在体育和劳动教育的过程中还可以对儿童进行道德教育,培养他们坦诚、勇敢、吃苦耐劳等优秀品格。总之,德育、智育、体育和劳动教育四者彼此融合,相互协调。

---

① 〔瑞〕裴斯泰洛齐著,夏之莲等译:《裴斯泰洛齐教育论著选》,人民教育出版社1992年版,第75页。

四、论教育心理学化

裴斯泰洛齐把儿童的本性比喻为"岩石",把他所期望培养的和谐发展的人比喻为"大厦",教育工作乃是在岩石上砌造大厦,他认为儿童的本性是教育的依据,他反对教会毫不顾及儿童的生理和心理特性的常规,主张顺应儿童的自然本性进行教育,反对离开具体事实对儿童进行空洞的概念教育,主张把教育过程建立在儿童心理发展的基础上。

(一)教学心理学化

同卢梭一样,裴斯泰洛齐反对当时经院主义的教育方法,在他早期著作《隐士的黄昏》中就明确指出,教师必须要认识人的本性,正如农民必须了解牛的本性,牧羊人必须了解羊的本性一样,而对人的本性的认识必然是以心理学知识为基础的。另一方面,裴斯泰洛齐自己也相信寻求人类心智发展的规律时,从中能够"找到一条普遍的心理学化的教学方法的可靠线索"①。

从教育必须遵循自然机制的角度衍生发展,教学过程心理学化成为裴斯泰洛齐所主张的教学的总原则。裴斯泰洛齐认为教学心理学化就是要找到根除旧教育和旧教学的新机制,将新的教学机制建立在符合人类本性的永恒规律的基础上;各种教育内容的选择和编排要适合儿童的学习心理规律;在教育实验中,要根据儿童心理的发展来遵循教学原则和使用教学方法;在教学过程中,教育者要认识到人的天赋道德、智慧和身体的潜能,要尊重并利用儿童的心理契机,调动儿童学习的主动性,尽量让儿童通过自己的冲动来引发下一步的自由活动。

在卢梭的影响下,裴斯泰洛齐认定合理的教育方法的基础就是对心理发展过程的认识,这种教学方法是最普遍、最有效的手段,同时也与大自然相互适应。只有根据心理发展这一永恒的法则,"人类的心智才会从仅仅是感觉的印象上升到清晰的概念"②。裴斯泰洛齐认为人类心智的发展跟物质自然的规律一样,因此,找到一条普遍的心理学化的教学方法是可能的,也是必需的。从"教育心理学化"这一观点出发,裴斯泰洛齐根据自己的教育实践经验提出了以要素教育为核心的一系列教学理论和原则,为初等学校各科教学法奠定了基础。

(二)要素教育

要素教育是裴斯泰洛齐教学理论体系的重心。该理论是以教学心理学化理论为基础对初等教育内容和方法作出的重要论述。他在《葛笃德如何教育她的孩子》一书中,对这一思想方法进行了理论上的论证,而裴斯泰洛齐早期在斯坦兹以及布格多夫的教育实验

---

① 〔瑞〕裴斯泰洛齐著,夏之莲等译:《裴斯泰洛齐教育论著选》,人民教育出版社1992年版,第79页。

② 〔瑞〕裴斯泰洛齐著,夏之莲等译:《裴斯泰洛齐教育论著选》,人民教育出版社1992年版,第76页。

中已经对这一思想进行了实践。

裴斯泰洛齐的要素教育认为,初等学校的各种教育都应该从最简单的要素开始,然后逐渐转到日益复杂的要素,以便循序渐进地促进人的和谐发展。一切知识都是由最简单的"要素"组成的,人们只要掌握了这些基本要素,就能够不断认识复杂事物与周围世界。无论是学生学习知识,还是教师传授知识,都应根据要素来进行。要素教育的出发点有二:一是儿童身心发展的自然顺序就是从简单到复杂;二是简化初等教育方法,使广大劳动人民都能受到简便有效的教育。

以上述两点为依据,裴斯泰洛齐的要素教育主要包括三个方面的内容:(1)德育的要素。儿童对母亲的爱是道德教育最基本的要素。道德的要素应从家庭中的亲子之爱出发,推己及人。(2)智育的要素。智育的要素是整个要素教育的核心,数目、形状和语言是教学的最基本要素。学习这些要素最基本的学科是算术、几何和语文。各门学科的教学也必须从最简单的要素开始,由简到繁,循序前进。例如,算术教学就可以从简单的数字"1"开始,逐渐发展为四则运算;几何教学可以从简单的点、线开始,逐渐发展到复杂的几何图形。(3)体育的要素。通过某些关节活动使儿童进行从简单到复杂的练习,儿童身体的各种技巧和力量就可以得到增强。

裴斯泰洛齐从要素理论出发,大大改变了初等学校的教学科目和教学内容。他将阅读、书法、算术、初步几何、测量、绘画、体操以及地理、历史、自然等方面的基本知识囊括到教学科目中。这样,初等学校的教学内容便得到了丰富和扩充。

(三)初等学校各科教学法

裴斯泰洛齐根据教育适应自然的原则和要素教育理论,研究了初等学校各科教学法。其涉及范围之广,论述之细,几乎涵盖了如今小学教学的所有科目。他所使用的各科教学法,是将每一个教学活动依一定的程序分为若干细小的步骤,循序渐进,使新旧知识成为互相联系的完整系统。形状、数目和语言是教学的三个基本要素,而在这三个要素中还分别细化了更为简单的要素,各科教学便是从这些最简单的要素开始。

语文教学。词是语言教学最基本的要素,而语音又是词的最简单的要素。因此,语文教学有三个阶段:发音教学——单词或单个事物教学——语言教学。第一个阶段是训练发音器官,进而认识字母和音节。第二个阶段是在发音教学的基础上,让儿童熟悉各个事物的名称及相应单字,为以后的阅读做准备。第三个阶段则是使儿童正确表达所熟知的事物及其认识的教学,弄清事物之间的共性和特性。

算术教学。"1"是数目的最简单的要素,而计数是算术能力的要素。教师在教学时,应首先让学生对个位数的运算有所了解,然后再进行十位数、百位数,进而发展其心智。在初步计算的教学中,裴斯泰洛齐认为最好可以借用手指或小豆、石头等可以利用的实物来表示数的关系的运算。

测量教学。直线是构成各种形状的最简单的要素,而直线、曲线等形状要素也是绘画、写字教学的简单要素。裴斯泰洛齐对测量教学法经过研究后认为,学生在进行制图或书写时,应从直线的练习着手,进而练习转角;学生应在熟练掌握正方形、平行线、图形分割等问题后,再来联系曲线和几何图形。儿童对于它们的学习,应从观察开始,继而了解其名称和特征,最后再进行绘画和运用。

五、贡献与影响

在世界教育史上,裴斯泰洛齐将自己的一生都奉献给了贫民教育和国民教育事业。德国著名教育家第斯多惠称赞他为"国民教育之父"。无论是他的教育理论,还是他的教学方法都植根于自己多年的教育实践经验,因此他的一些教学思想不仅没有过时,反而对于今天的教育事业仍然具有一定的指导性。

裴斯泰洛齐热爱儿童,重视人的全面、和谐发展,强调家庭教育的重要意义;他在教育史上首次提出了"教育心理学化"的口号,要求教育者研究儿童认识事物的过程,掌握儿童身心发展规律,遵守大自然的法则,努力简化教学方法,推进贫民教育的普及与发展;与此同时,以"教育心理学化"为前提,裴斯泰洛齐极力推广要素教育,强调教学应由简到繁,循序渐进。裴斯泰洛齐总结并实施了初等教育各科教学法,这些教学法以"简化"为教学出发点,以要素教育为基本原则,使各种学科从最简单的基础向较高的知识分科逐步进行,从实践层面为初等教育的普及大开方便之门。要素教育思想不仅在瑞士,而且在欧美其他国家也都产生了广泛的影响。19世纪欧洲各国先后兴起了"裴斯泰洛齐运动",可见裴斯泰洛齐的教育思想对欧美国家教育模式产生了一定影响。英、美、德等国的教育家都曾专访裴斯泰洛齐在伊弗东的学校,并回到自己的国家开办裴斯泰洛齐式的学校,宣传裴斯泰洛齐的思想,培育本国贫民学校的教师,改革国民学校制度。

裴斯泰洛齐在继承和借鉴卢梭、莱布尼兹、康德等人思想的基础上,根据自己的教育实践经验,形成了自己的教育思想体系。虽然在他的思想中也存在一些缺陷和不足,但其中的精华部分还是反映了一定的教育规律,甚至具有超越时代的思想特质。

第四节　赫尔巴特的教育思想

约翰·弗里德里希·赫尔巴特(Johann Friedrich Herbart,1776~1841)是19世纪德国著名的哲学家、教育家和心理学家,也是欧洲教育心理学化运动的重要代表之一。赫尔巴特在批判吸收裴斯泰洛齐教育思想的基础上,凭借自身扎实的哲学和心理学功底,力图使教育学的建构更加科学化、理论化。他试图去解释教育、教学的客观规律,深化教育学研究的内容。他的"教育性教学"思想受到人们的广泛重视。在西方,赫尔巴特是第一个提出比较完整的教育理论体系的人,有"教育学之父"和"科学教育学的创始人"之称。

一、生平和学术生涯

赫尔巴特1776年出生于德国西北部普鲁士王国的奥登堡。优良的早期教育培养了赫尔巴特哲学上的思辨才能,并激发了他对音乐、古典语言和自然科学等多方面的兴趣。文科中学毕业后,他于1794年进入耶拿大学。在那里,他饱览康德、费希特和莱布尼兹的哲学著作,受到较深的影响。大学毕业后,赫尔巴特应邀到瑞士的一个贵族家庭中担当三个孩子的家庭教师,并按照孩子家长的要求每两个月递交一次教育进展报告和工作计划。可以说,赫尔巴特从此开始了他的教育活动,对教育问题有了深入的思考。

1799年,赫尔巴特前往布格多夫参观了裴斯泰洛齐正在从事的以"要素教育"和"直观教学"为特色的教育实验,这也正是裴斯泰洛齐宣称"我要使教育心理学化"的时刻。赫尔巴特深受裴斯泰洛齐的影响和启发,先后撰写了《裴斯泰洛齐直观教学ABC》(1802)、《评裴斯泰洛齐的教学方法》(1804)、《世界审美表象》(1804)等论文和著作。这使裴斯泰洛齐的教育思想在德国为人所知。1802年,赫尔巴特在哥丁根大学获得哲学博士学位,并被该校聘为讲师,主讲教育学和哲学。两年后赫尔巴特就荣升为该校教授,教授伦理学和心理学课程。从1806年开始,赫尔巴特步入自己创作的高峰期。尽管受到普法战争的困扰,他仍陆续出版了《普通教育学》(1806)、《形而上学概要》(1806)、《逻辑性概要》(1806)、《实践哲学概论》(1808)等。其中,《普通教育学》(Allgemeine Pädagogik)一书是赫尔巴特教育思想的代表作,被认为是科学教育学形成的标志。该书共分四部分,分别论述了教育学的意义、教育性教学、教育目的、教学论思想、训育等教育理论和教育原则。

二、教育思想的理论基础

赫尔巴特在他所写的《教育学讲授纲要》的绪论中明确指出:"教育学作为一种科学,是以实践哲学和心理学为基础的。前者说明教育的目的,后者说明教育的途径、手段与障碍。"[①]其中所说的实践哲学指的就是伦理学。伦理学指出了人们在社会实践中所应遵从的价值规范,在教育学当中用以规定教育目的、人们的品行标准及应该追求的境界。心理学则用来指导教育实施的途径和方法,是教育领域中追根溯源以及解决问题的依据。

（一）伦理学基础

在赫尔巴特看来,伦理学能够以自己独特的方式对教育问题作出解释和论证,与教育原理密不可分。赫尔巴特的伦理观受到康德的影响,他同意康德所说的"绝对命令"的存在,并将其看成是道德的积极部分。但同时赫尔巴特又明确指出道德本身还存在着消极

---

① 〔德〕赫尔巴特著,李其龙主编:《赫尔巴特文集·教育学卷》,浙江教育出版社2002年版,第187页。

方面,一种积极的判断"对于那种与判断提出的要求不相一致的性格来说则是消极的"①。在论述道德的积极方面时,也必须将各种积极部分进行系统的表述。显然,赫尔巴特并没有像康德那样把道德概括得如此简单。他认为世上有五种道德观念(简称"五道念")调节着人和社会的道德行为,这些道德观念是维护社会秩序的支柱。这五种道德观念是赫尔巴特教育思想中有关教育目的的重要内容,前三种调节人的行为,后两种调节社会行为,主要包括:

(1) 内心自由的观念。"内心自由"即理智与意志的协调一致。这一观念要求个人的意志和行为能够摆脱外在的羁绊,服从内心理性的判断。赫尔巴特认为,内心自由的观念就是智慧、勇敢和节制的统一,外界的命令与内心的体认应该是一致的。

(2) 完善的观念。"完善"即身与心的健康。这一观念要求意志在深度、广度和注意力上有最大限度的发展,这是调节意志、作出判断的一种尺度。

(3) 仁慈的观念。"仁慈"即"绝对的善"。这一观念要求对待别人时,使自己的意志与他人的意志相一致,无私地为人谋利,与人为善。

(4) 正义的观念。"正义"即"守法"。这一观念要求在不同的意志发生冲突时,应该按照人们自愿达成的协议,或根据法律解决冲突。在对有关财产和对其他社会制度的认识中,都应遵守这一观念。

(5) 公平的观念。"公平"即善恶有报。公平或报偿这一观念要求每个人的善恶行为都应有公正的报应。在学校,这一观念在"给予学生应有的惩罚以回敬其故意作祟时应当予以考虑"②;在社会,这一观念则体现在法治社会的奖惩制度中。

(二) 心理学基础

在近代西方教育史上,赫尔巴特是第一位把心理学作为一门独立学科进行研究的教育家,因为在他看来,教育学领域中的大部分缺陷是由于缺乏心理学这一理论基础造成的。赫尔巴特在心理学上的思考为教育研究者提供了有关教育过程和方法的理解。他将心理学称做是"教育者的第一门科学"。赫尔巴特从"教育心理学化"出发,系统研究了观念、统觉、兴趣和注意等心理学问题,从而建立了自己的观念心理学主张。

1. 观念

赫尔巴特认为"真实"隐藏在事物的表面现象之后,我们无法了解"精神实体"的本质,但可以对其外部表现产生较直接的认识。研究"精神实体"在受到外部干扰时所作出的反应以及它自我保存的努力的科学就是心理学。当"精神实体"作出这类反应时便导致了表象或观念。各种观念的混合体和观念系列以及观念系列的联结体组成了观念群。赫尔巴特认为,观念是人心理活动最简单和最基本的要素,是人的全部心理活动的基础,

---

① 〔德〕赫尔巴特著,李其龙主编:《赫尔巴特文集·教育学卷》,浙江教育出版社2002年版,第125页。

② 〔德〕赫尔巴特著,李其龙主编:《赫尔巴特文集·教育学卷》,浙江教育出版社2002年版,第194页。

人的心理活动就是观念的聚集和分散的活动。

2. 意识阈

在观念的运动中,一个观念由有意识状态转化为下意识状态,或由下意识状态转化为有意识状态必须跨越一道界限,那就是"意识阈"。每一个观念都是一种活动形式,一旦进入心灵就变成"一种表现自己的力量"。这些观念由于力量强弱存在差别,因此力量和强度较小的观念便会受到抑制,沉降于意识阈之下;另一些力量和强度较大的观念则会摆脱抑制,呈现于意识阈之上。那些处在意识阈之下的观念称之为"下意识",那些处在意识阈之上的观念,称之为"意识"。对于教育者来说,区别学生容易产生哪一种观念群,哪一种观念群能较长久地保持在意识中,哪一种会较迅速地消失是非常重要的。

3. 统觉

赫尔巴特由此断定,与意识中的观念有关联的事物、材料或知识最容易进入人的意识之中。当我们学习某一新知识时,只有与意识中原有的观念比较之后才能获得。也就是说,无论什么观念要想进入人的意识,就必须通过旧观念同化、吸收新观念来完成。利用已有观念吸收新观念的过程即为"统觉",而通过统觉所形成的观念体系被称为"统觉团"(apperception mass)。越是相同或相似的观念越容易互相联合而进入意识,人们所形成的统觉团越丰富、越系统,就越能吸收新知识。能否促进统觉的任务则应由教学来承担。教学过程就是教师利用学生原有的旧观念,引起学生的兴趣与注意,从而获得新观念的过程。在这一过程中,教师必须首先弄清楚所教的知识与学生原有知识之间的联系,然后才能促进学生获得新知识。

赫尔巴特的心理学有利于摧毁长久以来占统治地位的官能心理学。他所创立的观念心理学以感觉所形成的观念作为心理活动的本源,并以此来解释各种心理现象,指导教学的进行,将传授学生知识,弥补学生个性缺点作为心理学研究的教育作用。赫尔巴特尝试用数学方法来研究心理学,认为"心理学和自然科学一样以经验主义为基础,不能再让学生们天天去琢磨什么'灵魂'的本性了"[①]。但是赫尔巴特将复杂多变的心理活动简单归结为观念的变化组合,是无法揭示人的全部心理现象的,他所运用的定量分析也较为机械。当然,这也是受到19世纪科学技术发展水平所限制之故。

三、道德教育理论

赫尔巴特对于人性的判断是较为负面的,他始终认为儿童具有粗野的本性,因此需要依靠教育来克服个人主义,培养高尚的道德,使其成为遵守秩序的人。德行是赫尔巴特整个教育目的的代名词。为此,赫尔巴特创造性地提出了教育性教学这一基本原则。赫尔巴特在对普通教育学的论述中,无论是管理还是训育方面,都与道德这一最高目的有着千

---

① 〔美〕佛罗斯特著,吴元训等译:《西方教育的历史和哲学基础》,华夏出版社1987年版,第456~457页。

丝万缕的联系。

(一) 教育目的

赫尔巴特认为道德是教育的最高目的。但他同时指出这种说法只是概括了教育的主要观点，并没有详细论述一般教育的直接价值以及与教育有关的细节部分。因此，教育的基本目的又可分为可能的目的（意向目的）和必要的目的（道德目的）。

1. 可能的目的

可能的目的是指与儿童未来所从事的职业相关的目的，这也可以称为"多方面的兴趣"。在把握学生多方面的兴趣时，教师应根据学生本人的愿望和由此提出的要求去帮助实现这一目的；而学生必须据此平衡发展符合这些要求的能力、原始兴趣，参加相应的活动。

2. 必要的目的

必要的目的是指教育所要达到的最高和最为基本的目的——道德品质的养成。这些道德品质从根本上讲，就是内心自由、完善、仁慈、正义、公平等五种道德观念。对于教师来说，德育的目标不是其他，就是使正义与善的观念成为学生意志的真正对象，"按照这些观念来决定性格本身，放弃其他所有的意向"，因为"德育绝不是要发展某种外表的行为模式，而是要在学生心灵中培养起明智及其适宜的意志来"[①]。

(二) 教育性教学原则

在教育与教学的关系上，赫尔巴特不承认存在"无教学的教育"，也不承认存在"无教育的教学"。可以看出，赫尔巴特主张教育主要负责传授知识，同时要重视教授、学习和利用这些知识的目的，即教学的教育性问题。他认为，教学是对儿童进行道德教育的主要途径，道德教育只有通过教学才能产生作用。赫尔巴特指出，任何教学过程都必须具有教育作用，没有教学也就没有教育。

教学和道德教育之间是手段和目的的关系，教师应当寓教育于教学。赫尔巴特以儿童阅读故事为例，谈到了教育性教学的具体实施。赫尔巴特指出，要想使这一故事对儿童的道德产生影响，那么这一故事不仅要情节巧妙，贴近学生的感觉和观念，而且还要通过"一种柔和的，甚至半朦胧的道德节拍来使儿童行为的兴趣从邪恶转向善良、公平和正义"[②]。

(三) 管理和训育

赫尔巴特认为教育过程应有一定的顺序，即包括管理、教学和训育三个阶段。

1. 管理

管理是教育的首要条件。管理的目的是在儿童的内心创造一种秩序，为以后的教学

---

① 〔德〕赫尔巴特著，李其龙主编：《赫尔巴特文集·教育学卷》，浙江教育出版社2002年版，第38~39页。
② 〔德〕赫尔巴特著，李其龙主编：《赫尔巴特文集·教育学卷》，浙江教育出版社2002年版，第16页。

和训育创造必要的条件。因此,管理应该在进行知识和道德教育之前进行。管理的基础在于让儿童进行活动。在这一时期,管理并不考虑智力培养问题,只是仅仅满足每一个年龄阶段儿童对身体活动的需要,排除儿童身上"不驯服的烈性"。

赫尔巴特详细说明了管理的具体办法:(1)监督。在监督时,赫尔巴特要求教育者应该注意强制与自由余地之间的关系,不应当使学生感觉到压力。(2)威胁。在适当时候,"惩罚性威胁"是必要的,但仍需注意权威与爱的结合,只有这样才会让学生心悦诚服。(3)惩罚。惩罚的形式有很多,比如责备、立壁角、关禁闭等等,但是只有在极端情况下,教师才被允许采取较为严厉的惩罚措施。

2. 训育

不同于管理从外部对儿童进行强制的实施方式,训育主要针对儿童道德的形成与培养。如果说管理关注的是学生的现在,那么训育把握的则是学生的未来。赫尔巴特认为,训育可以促进快乐和谐的自然气氛,起到缓解管理的作用,从而减轻教师监督的负担。训育主要是从教师对儿童的积极影响出发,在取得学生的信赖后,由内部对儿童的思想、意志和性格进行控制,以形成社会所需要的五种道德观念。

根据赫尔巴特的见解,主要有六种基本的措施或方法来进行训育。第一,维持的训育。它旨在巩固管理所取得的成果,根据需要来加强欠缺的服从和学生的意志力。第二,起决定作用的训育。它旨在培养学生进行自我抉择的能力。此时,教师一方面要注意防范负面榜样对学生造成影响,另一方面也应该给予学生一定的自由选择活动范围,从中受到道德的教育。第三,调节的训育。它主要用生动的语言使学生回忆往事,在学生坚持错误的时候预言未来,教师可以由此洞察儿童的内心世界,了解儿童行为产生的根源,最终使学生在行为中保持一贯性。第四,抑制的训育。它旨在使儿童保持情绪稳定,克制顽固而频发的欲望,培养他们的业余爱好,发展艺术天赋。第五,道德的训育。它以上述四种训育为基础,进行真正的道德培养,并且明确指出这种效果是强制的管理和"自然后果"法所达不到的。第六,提醒的训育。它主要是指及时提醒儿童,纠正他们的错误。

四、课程理论

赫尔巴特从他的哲学与心理学思想出发,在对自己所教过的学生进行细心研究后,构筑了一套科学而清晰的课程理论。

(一)多方面兴趣与课程

赫尔巴特提出了教学应激发学生多方面兴趣,认为只有与儿童经验相联系的内容,才能引起儿童浓厚的兴趣。兴趣是学生独立的智力活动,它是教育性教学的主要手段。赫尔巴特将兴趣分为两大类共六种,前三种为一类,属于来自对事物认知和评价方面的兴趣,后三种为一类,属于来自社会交际和人神关系等方面的兴趣,并据此设置了相应的课程:

(1)经验的兴趣——自然、物理、化学、地理等课程

（2）思辨的兴趣——数学、逻辑和文法等课程
（3）审美的兴趣——文学、音乐、绘画等课程
（4）同情的兴趣——外国语、本国语等课程
（5）社会的兴趣——历史、政治、法律等课程
（6）宗教的兴趣——神学等课程

在赫尔巴特所设立的课程体系中，前一类属于自然学科，后一类属于社会学科。课程所涉及的知识非常广泛，其中既包括了传统的古典人文知识，也包括了近代自然科学知识。赫尔巴特的发展多方面兴趣的主张是以"完善"这一伦理学观念为依据，为达到道德完善和内心自由的目的服务。从心理学角度来看，由于赫尔巴特把人的心理看成是一个有机联系的整体，一切心理现象都是由观念的积累及相互作用产生的，因此这种广博、系统的课程体系便能最好地为发展兴趣、传授知识服务。

（二）统觉与课程

根据统觉理论，新知识总是在原有知识的背景中形成，并以原有观念为基础产生的。因此，赫尔巴特提出，课程的安排应使儿童能够不断地从熟悉材料过渡到密切相关但还不熟悉的材料。课程的设计应遵循"相关"（correlation）和"集中"（concentration）两项原则，以保持课堂教学的逻辑结构和知识的系统性。所谓"相关"，是指学校不同的课程设置应该在课时、内容和教师的选择上互相影响，互相联系。所谓"集中"，是指在学校安排的所有课程中，要选择一门科目作为学习的中心，其他科目作为辅助学习的手段。

赫尔巴特的统觉原理虽然具有一定的机械性，但却体现了人类获得知识的基本规律，课程的设置符合循序渐进的认知习惯，课程设置的两大原则较好地处理了知识的广博与精深、学习上的通才和专才培养之间的关系。

（三）儿童发展与课程

赫尔巴特深入探讨了儿童的年龄分期，他认为人类的发展要经历一个从感觉到理性的过程。总体说来，人的发展分为婴儿期、幼儿期、童年期、青年期四个阶段。不同阶段要分别适应不同的教育内容，并且要对应一定的课程顺序。

赫尔巴特提出，婴儿期要以感官训练为主，注重发展儿童的感觉，学习简单的语言，同时要注意身体的养护；幼儿期应发展儿童的想象力，教习读写算的知识，注意培养良好的道德观念；童年期和青年期则应教授有助于发展理性的内容，一般应让儿童学习数学、历史、诗歌、自然科学等课程内容，并要逐渐培养他们进行道德判断的能力。

五、教学阶段理论

赫尔巴特十分重视教学在人的发展历程中扮演的角色，他反对像卢梭那样把人过多地交给自然，让自然来训练。他认为教学作为传授知识的重要渠道，作为人类经验与交际的补充，具有重要意义，同时，也只有教学才能满足平衡地培养多方面兴趣的要求。赫尔巴特提出的"教学形式阶段"理论对教学活动作出了适当的安排，根据儿童心理活动规

律,建立了一套由四个形式阶段组成的较为完整的教学程序。

(一) 明了

明了(清楚)即教师使学生清楚、明白地感知新的学习内容。在这一阶段,学生的心理状态处于"注意"之中。在这种静止的专心状态下,学生能够看清楚各种事物。教师则应运用提示的教学方式,将分散学生注意力,造成混乱的事物分离出去,或教材分解为不同的部分使学生可以逐一进行理解。在提示教材内容时,教师要用简单明了的语言,或求助于实物和图画引导学生进行观察。

(二) 联想

联想(联合)即教师使学生头脑中新旧观念产生联合。在这一阶段,学生处于"期待"的心理状态。学生在上一阶段获得的新知识、新经验将和原有的知识、经验相互融合,形成一般的观念。教师则采用分析教学方式,通过与学生进行自由的交谈,将儿童脑海中逐渐累积的教材知识分解为较细微的内容,逐步显示事物的特征。分析教学是从特殊上升到一般的过程。

(三) 系统

系统即教师使学生在"静止"的审思中扩大对事物的理解。在这一阶段,学生对上两个阶段的心理活动得到的结果进行审思,处于"探求"的心理状态。教师则应采用综合教学,通过采用谈话指导、讲解概念和定义、要求学生课前复述、复习等方法,帮助学生将获取的新旧观念进行更大范围的联合,形成系统性的知识和经验。

(四) 方法

方法即教师通过安排学生进行练习,使观念得到巩固。在这一阶段,学生在运动状态的"审思"中,不断练习,使模糊、混乱的观念重新纳入知识系统中,并得到进一步的加强。教师则指导学生通过活动、练习、作业等方式,将所学知识应用于实际。这样,不仅新旧观念得到了检验和巩固,还可以更好地吸收新的知识。

赫尔巴特的教学阶段理论,比以往教师灌输式的教学流程更加科学,照顾到儿童在学习知识时的心理变化过程,使教师的教学"有法可依"。以后,赫尔巴特的弟子又把赫尔巴特创立的四段教学法扩展成为"预备——提示——联合——概括——应用"五段教学,成为教育学上有名的"五段教学法",这更加有利于普通教师对教学的理解和把握。遗憾的是,在现实运用过程中,赫尔巴特提倡的教学阶段被盲目照搬,使得本应具有灵活性、独创性的课堂教学变得刻板僵化。虽然赫尔巴特也十分重视教学中儿童的心理活动和兴趣需要,但是这种重视仍要以教师方便、有效地教授知识为前提。因此在赫尔巴特教学体系中,教师仍旧占据着绝对权威的地位,这也使得赫尔巴特的教育学被称做是"教师教育学"。

六、赫尔巴特教育思想的特点

由于赫尔巴特把自己的教育学说建立在观念心理学的基础上,而且在他那里,系统知识的传授占据了首要位置,因此如果要用一个词语来总括赫尔巴特的教育思想的话,则非"主知主义教育思想"莫属。赫尔巴特的主知主义教育思想主要具有以下几个特点:

第一,赫尔巴特的教育思想强调"知"的重要性。赫尔巴特依据观念心理学,认为通过统觉作用形成的观念是人心理活动的基本单位,一切心理现象都是建立在"知"的基础之上。因此,传授系统而广泛的知识是教学的主要任务。赫尔巴特赞同"知识即是善"的说法,因而认为只有通过教学使儿童掌握知识,才能形成道德品质,达到最终的教育目的。

第二,赫尔巴特的教育思想具有系统性和理论性。赫尔巴特试图将教育学建立在哲学和心理学的基础上,不断使"教育科学化"。他对教育问题的论述总是带有哲学的思辨性和逻辑性。在他眼中,教师开展教育活动的前提是人的普遍心理活动规律,这样一来就摆脱了以往教育学浓郁的经验主义色彩。在对教学理论的阐述中,赫尔巴特提出了"教学四段论",该理论层次清晰,使教学活动有章可循。

第三,赫尔巴特的教学论带有"重教师轻学生"的特点。在赫尔巴特的教育思想中重要的,也是对后世影响较大的一部分集中在教学理论方面。以他著名的形式教学阶段论为例,他更多看重的是教师教学的便利,教学场景默认的是以教师为中心,清楚—联合—系统—方法四个阶段中留给学生自主思考和反馈的空间很少。

第四,赫尔巴特的教育思想具有一定的保守性。赫尔巴特生活在18世纪后半期到19世纪前半期的德国。伴随着德国城市资本主义经济的发展,在德意志农村地区和农业领域,资本主义进程也加速开始。由于德国资产阶级经济上的强大以及顽固守旧的君主专制对资本主义经济发展的阻碍,德国资产阶级要求政治话语权的呼声日益高涨。但是另一方面,资产阶级由于自身的软弱性,"他们既不敢发动人民将革命深入下去,也没有挺身捍卫和巩固政权的勇气,却幻想通过合法的议会斗争使君主们满足他们的利益"①。赫尔巴特在社会政治观上明显带有当时德国新兴资产阶级的两面性。在道德教育和儿童管理方面,寄希望于教育来使儿童拥有"完善"的道德,遵守学校纪律,维护社会秩序,成为普鲁士国家的顺民。

七、赫尔巴特教育思想的影响与传播

赫尔巴特是西方近代教育史上具有重大影响力的教育家。虽然他的教育理论在他去世之前未能获得广泛认可与传播,但是自19世纪70年代以后,赫尔巴特的教育思想愈加符合世界资本主义发展对教育的需要,进而逐步受到人们的重视。在近一个世纪的世界教育科学发展的过程中,赫尔巴特以教师、课堂、教科书为中心的教育学说,始终是世界教育思潮的主要流派之一,被视为传统教育的代表。赫尔巴特的教育思想与以杜威为代表的"现代教育"思想之间的争论与融合,构成了当今乃至今后教育发展的重要特色,推动

---

① 王斯德主编:《工业文明的兴盛:16～19世纪的世界史》,华东师范大学出版社2001版,第138页。

了各国教育理论和教育实践的发展。

（一）主要贡献

赫尔巴特在近代教育史上作出了许多贡献。首先，在欧美近代教育史上赫尔巴特是首位从理论上系统论述"教育心理学化"思想的教育家，也是第一个作出将"心理学科学化"尝试的心理学家。虽然在此之前，卢梭、夸美纽斯和裴斯泰洛齐都提出过萌芽性质的教育科学化思想和教学原则，但都缺乏有效的科学依据和理论化的表述。而赫尔巴特主张将教育学建立在实践哲学和心理学基础上，努力将心理学运用于教学当中，推动了教育学的科学化发展，提高了教育学的学科地位。

其次，赫尔巴特致力于"教育性教学"的理论和实践，这在当时具有积极的意义。在赫尔巴特之前，教育和教学的有关问题是分开研究的，而赫尔巴特敏锐地注意到了二者之间的深刻关联。他从教育者的视角特别强调了"通过教学来进行教育"这一思想。

最后，赫尔巴特创造性地提出教学阶段理论，为教师提供了系统的教学方法。该理论在一定程度上揭示了知识教学的客观规律，阐明了教师和学生双方在教学过程中的重要地位，为教育心理学化和教育科学化的发展奠定了基础。

（二）"赫尔巴特学派"

从19世纪60年代起，由于斯托伊（Karl Volkmar Stoy，1815～1885）、齐勒尔（Tuiskon Ziller，1817～1882）和赖因（Wilhelm Rein，1847～1929）等人的大力宣传和研究，赫尔巴特学说在德国率先复兴，很快便传播到德国以外的国家和地区。1861年，齐勒尔首次提出了"赫尔巴特学派"（Herbartian school）这一称谓。1868年德国的莱比锡成立了科学教育学协会，以此进行赫尔巴特教育思想的研究和传播。此后在德国的许多地区研究、宣传与实施赫尔巴特思想的信徒越来越多，进一步壮大了"赫尔巴特学派"，赫尔巴特学派运动声势初显。

19世纪末20世纪初，赫尔巴特学派运动的中心转向美国。美国在1895年甚至成立了"全国赫尔巴特教育科学研究会"，大量翻译并出版赫尔巴特的教育著作以及研究赫尔巴特思想的书籍。一大批由德国莱比锡大学及耶拿大学留学归来的美国博士生自称为赫尔巴特教育思想在美利坚本土的忠实传播者。美国教育委员会在1894～1895年度的报告中曾直言不讳："今天美国的赫尔巴特学派教育学的信徒要比在德国国内更多。"[①]在19世纪90年代，赫尔巴特教育学说在美国掀起的热潮对美国的学校教育产生了巨大的影响。

此外，赫尔巴特及其学派的教育思想对英国、日本等国也产生了不同程度的影响。20世纪初，五段教学法在我国也曾风行一时。赫尔巴特的教育思想与赫尔巴特学派运动对我国废科举、兴学堂和发展近代师范教育起到了推动作用。可以说，赫尔巴特的教育思想影响是广泛且深远的。

---

① 〔澳〕康内尔著，张法琨等译：《二十世纪世界教育史》，人民教育出版社1990年版，第118页。

第五节 马克思和恩格斯的教育思想

马克思和恩格斯的教育思想是马克思主义经典作家卡尔·马克思(Karl Marx,1818~1883)和弗里德里希·恩格斯(Friedrich Engels,1820~1895)共同创立的。马克思和恩格斯的教育思想以辩证唯物主义与历史唯物主义的世界观为基础,在考察了世界无产阶级革命和欧美各国的教育现状后,提出了科学的教育思想。他们的教育理论是无产阶级革命理论的有机组成部分,不仅对社会主义国家的教育实践产生了重要的影响,同时也掀开了世界教育史上新的一页。

一、历史背景与思想基础

马克思和恩格斯是科学社会主义的创始人,同时也是科学教育学的奠基人。马克思和恩格斯的教育学说是马克思主义思想的重要组成部分,这一教育学说批判、继承了前人的教育思想,揭示了教育的阶级性,教育与生产劳动的关系等一系列重大教育问题,阐明了教育的基本规律,为未来社会主义与共产主义社会的教育提供了基本纲领和伟大目标。

(一)资本主义的社会矛盾

资本主义制度的固有矛盾为马克思和恩格斯的教育思想的产生提供了现实可能性。19世纪40年代,伴随工业革命的迅猛发展,资本主义生产方式在西欧一些国家占据了统治地位,生产的社会性和生产资料的私人占有之间的矛盾也浮出水面。1825年,英国爆发了第一次经济危机。同时在19世纪欧洲,无产阶级已经成为一支独立的政治力量登上社会舞台。在资本主义生产关系中,无产阶级受到严酷的剥削和压迫,基本受教育权得不到保障,个体被完全附着在社会生产的某一环节中,根本得不到全面发展。

(二)哲学与社会科学的发展

19世纪上半期欧洲哲学和社会科学领域的诸多建树为马克思和恩格斯的教育思想的产生奠定了思想基础。马克思和恩格斯的教育思想吸收了德国的古典哲学、英国的古典经济政治学以及三大空想社会主义者的教育学说等哲学和社会科学的合理成分,对这些内容进行了批判性的继承。

(三)自然科学的成果

19世纪上半期自然科学的丰硕成果为马克思和恩格斯的教育思想的形成提供了科学依据。在这一时期,能量守恒定律、细胞学说和达尔文的进化论被称之为"19世纪自然科学的三大发现"。马克思和恩格斯的教育思想充分利用前人的优秀成果,从而能够解释以往教育家认识不够准确的复杂的教育问题。

二、论教育的性质

马克思和恩格斯的辩证唯物论为研究教育问题提供了新的理论视角和研究方法。他们在深刻阐述社会存在与社会意识,经济基础与上层建筑之间的辩证关系的基础上,较为科学、全面地揭示了教育与社会的关系。

(一) 教育的社会性

教育是人类社会特有的社会现象,具有典型的社会性。在马克思、恩格斯看来,只要人类社会存在,就不能没有教育。教育始终是社会的,人类教育的发展与演进,教育目的、教育内容和教育方式都与人类的生产相联系。马克思在《政治经济学批判》序言中指出,"物质生活的生产方式制约着整个社会生活、政治生活和精神生活的过程,不是人们的意识决定人们的存在,相反,是人们的社会存在决定人们的意识"[①]。马克思主义关于社会存在决定社会意识的学说,一针见血地点出了教育的本质。教育作为人们社会生活的一部分,它的存在和发展要受到社会生产关系的制约,这种论点摆脱了教育的唯心史观。

(二) 教育的历史性

教育受社会和社会关系的制约,具有历史性和阶级性。由于社会在不断发展、社会关系在不断变化,而教育又受到二者的制约,因此,教育也必然随之处于发展变化之中。教育并非教育思想家们进行论述的抽象集合,而是现实世界中由历史承载和新的发展结合而生的产物。

(三) 教育的阶级性

马克思、恩格斯还指出,在阶级社会,统治阶级支配着物质生产资料和精神生产资料。阶级社会中的教育制度、组织、机构和主导思想都是为统治阶级的利益服务的。在资本家看来,"工人受教育,对资产阶级好处少,但可怕的地方却很多"[②],因而用于国民教育的开支少得可怜。教育的阶级性要求只有无产阶级成为统治阶级才能彻底改变教育的性质。

(四) 教育的相对独立性

马克思和恩格斯在肯定教育社会性的同时,并没有忽视教育的独立性。根据马克思主义辩证观,教育不仅受到社会制约,而且教育本身对于社会发展也具有重大的影响力。"一方面,为了建立正确的教育制度,需要改变社会条件,另一方面,为了改变社会条件,又需要相应的教育制度,因此我们应该从现实情况出发。"[③]在经济基础发生变革时,上层

[①] 中共中央马克思恩格斯列宁斯大林著作编译局:《马克思恩格斯选集》(第2卷),人民出版社1972年版,第82页。

[②] 上海师范大学教育系编:《马克思恩格斯论教育》,人民教育出版社1979年版,第8页。

[③] 中共中央马克思恩格斯列宁斯大林著作编译局:《马克思恩格斯全集》(第16卷),人民出版社1964年版,第654页。

建筑并不是立刻就会作出反应。所以,旧的教育制度与教育传统仍然会在一定时期内发挥作用,而以往人类有益的教育经验和成果也会被吸收、融合。

三、论教育与人的全面发展

人的全面发展理论是马克思和恩格斯的教育思想的重要内容。该理论特别讨论了在大工业发展条件下以普遍的个人全面发展代替人的片面发展的历史必然性,阐明了以实施与生产劳动相结合的智育、德育、体育、美育和综合技术教育为主要内容的一般教育原理。

(一) 人的片面发展的原委

马克思和恩格斯毫不留情地揭露了资本主义机器大生产将个人的片面发展推至顶点的社会现实,并指出了个人全面发展的趋势。在《德意志意识形态》和《资本论》中,马克思和恩格斯深刻批判了由于社会分工所造成的人的异化和扭曲发展。他们认为,个人在资本主义及其大生产和私有制的范围中只能屈从于分工、屈从于他被迫从事的某种活动。人们不断重复单调的劳动,精神和意志都无法得到恢复和集中,变成了"受局限的城市动物"或"受局限的乡村动物";工场手工业压抑了人们多样的生产志趣和才能,就连个体本身也被分裂开来,变成了"某种局部劳动的自动的工具"。此外,马克思和恩格斯还指出,大工业生产导致劳动的变换和职能的变更,工人的岗位将具有全面流动性。大工业生产在消除工场手工业所造成的分工的同时,由于生产过程的细化分解而产生新的分工现象。因此,实现人的全面发展是一个历史发展过程,与彻底消灭私有制、建立共产主义社会互为条件。

(二) 人的全面发展的途径与内容

人的全面发展是智力和体力各方面都得到发展,达到体力劳动和脑力劳动相结合。该目标的实现主要包括以下几个方面的培养:

(1) 智育。马克思和恩格斯十分重视青年一代的科学教育,认为科学不仅可以大大提高工业生产力,而且是推动历史前进的伟大力量。只有掌握了现代科学知识,无产阶级才能更好地摆脱资本家的控制,发挥自身的力量。广大青年应该负有为夺取无产阶级革命胜利而努力学习的使命感,应该利用科学知识来改造世界,推动社会进步。

(2) 德育。马克思和恩格斯认为,道德作为一种意识形态,是一定社会的所有制关系的产物。马克思和恩格斯希望培养的是"无产阶级的未来的道德",即"代表着现状的变革,代表着未来的那种道德"[①]。无产阶级的道德不同于封建主义和教会所宣扬的道德,这种道德反映了无产阶级的世界观和道德风尚,提倡的是爱国主义、国际主义、大公无私等优良品质。

---

① 中共中央马克思恩格斯列宁斯大林著作编译局:《马克思恩格斯选集》(第3卷),人民出版社1972年版,第133页。

（3）体育。马克思将体育理解为体育学校和军事训练所传授的内容。生产劳动、学习生活与体育锻炼之间的交替结合将对青年一代的身心健康、和谐发展具有重要意义。

（4）美育。马克思和恩格斯认为劳动创造了美，各种精美工艺品都是由辛勤的汗水换来的。因此，青年只有亲身体验劳动过程才能具有正确的审美。除此之外，马克思还论述了文艺作品与音乐教育中所应具有的审美体验，美育的最终目的是使人们"心灵美"。

（5）综合技术教育。在马克思看来，这种教育要使儿童和青少年了解基本的生产原理，并掌握各种简单的劳动技能。现代大工业生产所造成的人员流动与岗位变换，迫切要求人们具有迅速适应新工作的能力，这更加说明了马克思所提倡的综合技术教育的必要性。

四、论教育与生产劳动相结合

马克思和恩格斯科学论述了现代生产和现代教育的内在联系，认为教育与生产劳动相结合是现代生产、现代科学与现代教育密切联系的反映和要求。马克思在《资本论》中提到了未来教育的形式和内容，明确指出"未来教育对所有已满一定年龄的儿童来说，就是生产劳动同智育和体育相结合，它不仅是提高社会生产的一种方法，而且是造就全面发展的人的唯一方法"①。

在社会主义社会中，社会生产力的高度发展对二者的结合提出了越来越高的要求。恩格斯就曾明确指出："在社会主义社会中，劳动将和教育相结合，从而保证多方面的技术训练和科学教育的实践基础"②，这里所说的生产劳动不再是片面的、固着在机器上的体力劳动，而是具有扩大视野，深刻了解科学与生产原理功能的生产劳动。学生不仅在劳动中了解了各部门和各方面的生产联系，而且也能够使体力劳动与脑力劳动相结合，使劳动者精神焕发、身心愉悦，从而达到更好的学习成效。同时，相关的法律法规、劳动制度和教育制度也将被日益完善，从而使教育与生产劳动相结合得到切实的保障。这样一来，人就变成了能够自主劳动的人，而不是被机器束缚住的奴隶。教育与生产劳动相结合，使人在劳动中得到了真正解放和全面发展。总之，马克思和恩格斯非常看重教育与生产劳动相结合的作用，认为这种做法是提高工人阶级智力水平和生活地位的有效途径。

五、历史地位与影响

马克思和恩格斯是科学教育学的创始者和奠基人，他们不仅为教育科学的研究提供了理论武器，而且还运用这一武器对当时封建残余、资产阶级、小资产阶级和机会主义的

---

① 上海师范大学教育系编：《马克思恩格斯论教育》，人民教育出版社1979年版，第159页。
② 中共中央马克思恩格斯列宁斯大林著作编译局：《马克思恩格斯选集》（第3卷），人民出版社1972年版，第360页。

社会主义者的形形色色的教育观进行了深刻剖析与批判。虽然马克思和恩格斯的教育思想在整个马克思主义思想理论体系中的分量不大,并且缺少较为集中的论述,但是马克思和恩格斯对于教育的本质和教育的阶级性,以及教育与生产劳动之间的关系等问题的思索使人们对当时的教育现状和背后深层次的原因有了清醒而科学的认识。

马克思和恩格斯的教育思想在教育史上成为无产阶级的教育理论和指导思想,为20世纪以后社会主义国家的教育实践提供了理论依据和科学指导,堪称世界教育思想史上的又一座丰碑。当前,马克思和恩格斯的教育思想不仅在社会主义国家的教育实践中得到了丰富和发展,即使是在资本主义国家,也有不少教育学者吸收、借鉴马克思和恩格斯的教育思想对教育问题进行研究,这足以说明马克思和恩格斯的教育思想具有强大的生命力和深刻的现实意义。

结　语:本章撷取了文艺复兴和宗教改革运动以来,出现在西欧并在世界范围产生了很大影响的教育家的教育思想。一方面,这些教育思想依托于当时的社会环境和科学发展水平,具有属于那个时代的特性;另一方面,这些教育家和教育论述均在继承前人与突破创新之间找到了属于自己的契合点,极大地影响了当时乃至后世的文化教育发展。近代教育思想主要有以下几个特点:

第一,近代教育思想逐渐理论化。近代以前的教育家的观点和主张多是经验的积累与个人见解的抒发,并没有形成系统的教育理论和教育思想,他们的教育论述也是夹杂在其他有关社会、政治、道德等问题之中,其间的教育问题并没有形成自己的理论体系。近代以来,以夸美纽斯的《大教学论》为标志,各国教育家们逐渐将目光聚焦在纯粹的教育学、教学法上来,相关专著层出不穷。及至赫尔巴特时,更是强调教育研究的逻辑性和系统性,使教育学的理论水平达到了一定高度。

第二,近代教育思想更加注重教育心理学化。教育心理学化是教育科学化的一种表现形式。早在古希腊时期,亚里士多德就提出教育适应自然的主张。在18世纪的教育思想中,卢梭受到启蒙运动以来全部意识形态的本质精神的影响,他试图从"自然"中探索教育发展规律,以儿童天性为教育法则。受此影响,裴斯泰洛齐提出了"教育心理学化"的主张,并将其运用于实践,据此设计出要素教育的教学方式,简化了教学方法。之后的赫尔巴特更是明确地将普通教育学建立在心理学的基础上,有利于教育学成为一门真正的科学。

第三,在近代教育思想中,儿童的地位有了显著提高。在中世纪的神学阴霾中,教育只是"教"的学问,而非"学"的学问。学校中体罚盛行,儿童的创造性被扼杀。近代以来,在"天赋人权"的呐喊声中,卢梭、裴斯泰洛齐等人都十分重视遵循儿童的天性,正确对待儿童。儿童在教育活动中的主观能动性得到了保护和发展。即便是传统教育学的代表赫尔巴特也毫不犹豫地把学生的个性作为教育的出发点。马克思和恩格斯更是注重对儿童受教育权的保护,提出了人的全面发展学说。在他们的教育思想中逐渐显现了大写的"人"。

第四,在近代教育思想中,无产阶级教育学说登上历史舞台。从西方教育思想的发展来看,自英国教育家洛克开始,然后到18世纪法国唯物主义者,再到19世纪空想社会主义者,这条思想主线成为马克思和恩格斯的教育思想的重要源泉。马克思和恩格斯的教育思想以辩证唯物主义和历史唯物主义为指导,为无产阶级的教育事业服务。马克思主义经典作家的教育学说论述了教育的阶级性、教育与生产劳动相结合以及人的全面发展等问题,旗帜鲜明地表达了对资本主义教育制度和教育方式的批判,打破了资产阶级教育思想一统天下的局面。无产阶级教育学说在世界无产阶级的革命斗争和教育建设中发挥了重要作用,具有深刻的历史意义。

总之,由于工业大发展,近代科学的进步,宗教神学的没落以及理性主义的上升,近代教育理论拥有了相应的物质基础、知识储备和方法指导,得到了快速发展。从夸美纽斯的教育学说到马克思和恩格斯的教育思想,近代主要教育理论既有时代的共性,同时也各有千秋。它们与近代教育思潮相互促进,互有影响。教育家的教育理论是教育思潮的理论指导和依据;教育思潮则是外部的教育理论氛围,影响着现实中的教育实践,二者共同构成了近代教育历史的经纬。

【讨论与思考】

1. 分析夸美纽斯泛智论与其教育思想之间的关系。
2. 卢梭自然主义教育与公民教育是否矛盾?
3. 理解裴斯泰洛齐"教育心理学化"思想在教育史上的意义。
4. 以赫尔巴特教育思想的某一方面为例,思考其是如何体现"教育科学化"的。
5. 对比以往教育家所提出的"完人"、"全人"等人性和谐学说,理解马克思和恩格斯的教育思想中关于人的全面发展教育的理论意义和现实意义。

【扩展阅读书目】

1. 〔捷〕夸美纽斯著,傅任敢译:《大教学论》,教育科学出版社1999年版。
2. 〔法〕卢梭著,李平沤译:《爱弥儿》(上、下),商务印书馆1978年版。
3. 〔瑞〕裴斯泰洛齐著,夏之莲等译:《裴斯泰洛齐教育论著选》,人民教育出版社1992年版。
4. 〔德〕赫尔巴特著,李其龙译:《普通教育学·教育学讲授纲要》,人民教育出版社1998年版。
5. 人民教育出版社教育室编:《马克思恩格斯列宁论教育》,人民教育出版社2000年版。
6. 赵祥麟主编:《外国教育家评传》(第2卷),上海教育出版社2003年版。
7. 吴式颖、任钟印主编:《外国教育思想通史》(第6卷),湖南教育出版社2002年版。

8. 〔法〕卢梭著,何兆武译:《社会契约论》,商务印书馆2003年版。

9. 中共中央马克思恩格斯列宁斯大林著作编译局:《马克思恩格斯选集》(第3卷),人民出版社1972年版。

10. 陈桂生著:《历史的"教育学现象"透视》,人民教育出版社1998年版。

第十章　近代欧美教育思潮

【内容提要】

19世纪，近代欧美国家教育制度开始建立起来。同时，哲学和心理学等学科也获得了很大发展，成为推动教育思想发展的重要理论基础。19世纪欧美教育家和思想家从社会改革、哲学、伦理学、心理学等不同视角，对教育问题进行了深入的思考和探讨，过去的一些教育思想得以深化，也出现了观点各异的教育主张。自然主义教育思想、科学教育思想、教育心理学化思想、国家主义教育思想、幼儿园教育思想以及空想社会主义教育思想等等，即是其中的主要代表。

【学习目标】

了解近代欧美主要教育思潮产生的背景和发展过程；掌握自然主义教育、教育心理学化、科学教育等主要教育思潮的基本主张及其影响；理解欧美主要教育家在教育思潮形成与发展过程中的贡献。

【核心术语】

教育思潮；自然主义教育；科学教育；《教育论》；教育心理学化；国家主义教育；《论国民教育》；"福禄培尔运动"；幼儿园教育；恩物；空想社会主义教育；性格形成学说

第一节　自然主义教育思潮

自然主义教育思潮源于古希腊，酝酿于文艺复兴时代，形成于18世纪，到19世纪前期仍有所发展，是近代西方教育思想的重要内容之一。其主要代表人物为卢梭、裴斯泰洛齐等。

一、自然主义教育思潮的产生和发展

近代自然主义教育思潮起源于法国，与法国大革命前的社会现状和社会思潮有密切联系。

(一) 自然主义教育思潮产生的时代背景

自然主义教育的产生受到启蒙思想的影响,反映了资本主义发展的需要,也是对封建主义教育的批判。

1. 资本主义发展的客观需要

18世纪的法国是一个以农业生产为主的国家。在这个封建专制国家里,等级制度森严,农民承担着沉重的赋税和封建义务,农民生活极端贫困,生产力发展受到严重束缚。18世纪中期,资本主义工商业在法国得到一定发展,手工业人数急剧增长,资产阶级力量得到加强。然而,被归入第三等级的资产阶级在社会上依然受到第一等级僧侣和第二等级封建贵族的歧视,他们没有政治权利,他们的财产得不到法律的保护。因此,法国资产阶级要求推翻封建专制统治,取消等级制度,建立资产阶级政权,彻底改变自己的社会地位。

2. 启蒙思想的影响

1640年英国爆发的资产阶级革命首先确立了资本主义制度。在英国资产阶级思想和革命的影响下,一批反映当时法国资产阶级利益和要求的启蒙思想家向法国封建专制制度提出了挑战,许多具有革新精神的哲学、社会政治和教育学说应运而生。18世纪法国资产阶级启蒙运动的兴起迎来了欧洲社会理性时代的到来。尽管许多启蒙思想家的主张因人而异,但共同的特征就是反对教会的蒙昧主义,提倡理性;反对封建专制制度,提倡平等自由。在哲学上,他们大多倾向于培根和洛克的经验主义哲学,宣传无神论或自然神论;在政治上,他们揭露封建专制和教会的罪恶,要求建立君主立宪制或资产阶级民主共和国;在教育上,他们反对教会对教育的垄断,要求建立适应社会发展需要的教育制度,为资产阶级培养新人。卢梭率先提出了以培养自然人为宗旨的自然主义教育思想。

3. 封建教会教育的没落

自然主义教育思想的产生也与18世纪落后的教育现状有关。在当时的欧洲国家,尽管工商业已经获得很大发展,但教育仍相当落后。从乡村到城镇,学校教育普遍衰落,大多数儿童受不到教育,教师缺乏基本的教育训练,教学方法简单粗暴。尤其是法国,天主教控制着学校教育,古典主义和神学占据统治地位,教学内容脱离生活实际,儿童个性发展受到压抑。这种残害人的心智发展的状况,引起法国许多启蒙思想家的痛恶。他们批判封建专制制度和教会的罪恶,提倡理性,启发民智,同时要求重视教育,通过教育培养资产阶级"新人",改革不合理的社会制度。以卢梭为代表的自然主义教育思想是这个时期教育改革的典型。他创立的自然主义教育思想体系,经过德国的巴西多和瑞士的裴斯泰洛齐的大力实践,成为西方近代引人注目的教育思潮,在西方教育思想史上占有重要地位。

(二) 自然主义教育思潮的发展过程

自然主义教育思潮历经萌芽、提出、形成和发展四个阶段,体现了西方教育理论从依附哲学到独立形态的演变过程,推动了西方科学教育学的诞生。

1. 自然主义教育的萌芽

自然主义教育思想最早萌芽于古希腊教育家的思想中。亚里士多德提出了灵魂说，据此描述了人的自然发展与教育的关系。他认为，人的灵魂由植物性部分（身体部分）、动物性部分（非理性部分）和理性部分三部分构成。在人的发展过程中，躯体先于灵魂，灵魂的非理性部分先于理性部分。因此，教育应遵循人的自然发展，"首先要注意儿童的身体，其次留心他们的情欲培养，然后才及于他们的灵魂"①。

在中世纪，基督教神学地位至高无上，科学成为神学的奴婢，神性高于理性，欲望和情感为禁欲主义所泯灭，神学权威和封建专制结合在一起成为社会的支配力量，与基督教神学有悖的教育主张被视为异端邪说而受到迫害。不过，中世纪的经院哲学在13世纪以后大量吸收亚里士多德的学说，因而具有不少自然主义倾向，如唯名论者罗吉尔·培根（Roger Bacon, 1214～1292）、邓斯·司各脱（Johannes Duns Scotus, 1265～1308）、威廉·奥卡姆（Ockham·William, 1285～1349）等人主张感觉经验是知识之源，强调个人意志和现实幸福，这些为文艺复兴时期教育中自然主义要素的发展做了铺垫。

2. 自然主义教育的提出

文艺复兴时期的人文主义者以人道反对神道，肯定人的尊严和人的伟大，倡导"引证自然"、"师法自然"思想。首先，他们强调教育要依据儿童的自然本性实施。伊拉斯谟把人的自然本性视为天赋能力和获得成就的自然动力，他要求教育应重视儿童的天性。蒙田认为儿童天性有"自然的倾向"，对这种倾向不能限制。其次，主张教育环境自然化，消除不良社会环境对儿童的恶劣影响。维多里诺创办的宫廷学校被誉为"快乐之家"；维夫斯要求慎重选择校址；伊拉斯谟认为腐败的社会和教育戕害人的纯洁的天性，等等，都体现了自然主义因素。最后，主张让儿童到大自然中学习有关自然的一切知识，不以书本为知识的唯一来源，教育教学方法也要适应儿童身心的自然发展，为儿童提供自然、和谐的环境。直观教学、实物教学、户外教学等成为人文主义教育教学的主要形式。

3. 自然主义教育的形成

夸美纽斯是人文主义教育集大成者，他对文艺复兴时代自然主义教育观念进行概括和总结，标志着自然主义教育思想的形成。夸美纽斯首次明确提出了自然适应性原则，将之视为教育的主导原则，他的教育论著都以此原则为指导思想，他提出的许多其他原则、方法、规则都是这一根本原则推演出来并从属于它。夸美纽斯认为，自然界存在着普遍的法则，这些法则无论在动植物生活中还是在人类生活中均发生作用。人作为自然界的一部分，必须顺应其法则，教育工作也必须遵循自然法则，才能合理可靠。夸美纽斯的自然主义教育观主要强调遵循自然界的秩序施行教育，以反对封建专制的权威和旧教育的杂乱无章。尽管其中有机械主义的局限性，但在使西方教育摆脱封建专制的束缚，使教育走向正规化和世俗化方面作出了重要贡献。

卢梭是自然主义教育思想的典型代表。在他看来，人类社会不平等的起源是私有制

---

① 〔古希腊〕亚里士多德著，吴寿彭译：《政治学》，商务印书馆1983年版，第395页。

的结果,因此要建立真正的以社会契约为基础的平等、自由、没有一切人为束缚的民主国家,使人达到本性善良、心智发达、情感丰富、品德崇高的境地。他认为,消除人类社会的不平等,其根本在于培养新人,即自然、自由、摆脱了一切不合理的束缚的掌握自己命运的人。只有通过实施自然教育,才能培养这种新人。卢梭在其《爱弥儿》一书中,通过主人公爱弥儿教育成长的过程,批判封建教育制度,提倡"自然教育",即遵循儿童发展的自然进程,重视儿童的年龄特征和心理需要,发展儿童的天赋素质,使儿童成长为健康的、有理性、善良的人。卢梭的自然主义教育思想以人性为宗旨,以人的自然发展和自然教育为主线,系统阐述了教育教学问题,赋予教育以全新的使命。他继承和改造了前人的思想,也对后人影响巨大。

德国教育家巴西多在读了卢梭的《爱弥儿》后,竭力将自然主义教育思想付诸实践。1774年,巴西多创办了"泛爱学校",采用自然主义的方法开展教育教学活动,很快在德国掀起了泛爱主义教育运动,给德国教育的改革注入了活力。同时,德国哲学家康德也深受《爱弥儿》一书的影响,强调人的自然发展的重要性。他以花木生长与教育比照,认为两者都是自然发展的过程,区别是人的发展是向着一定的目标来发展各种自然禀赋的,人的自然发展主要靠自己,自然的教育应为儿童的发展提供良好的条件。他在《论教育》一书中,专门论述了自然主义教育思想。这个时期,自然主义教育思想与德国的新人文主义运动相结合,推动了泛爱主义教育的发展。①

4. 自然主义教育的发展

对自然主义教育思想的发展起重要推动作用的是裴斯泰洛齐。他秉承了卢梭的自然主义教育思想,主张教育既要按照自然界的自然进程进行,尊重自然界的运行规律,更应考虑儿童的年龄和心理特征,促进儿童先天才能和力量的发展。他认为,每个人生来都具有道德、智慧和身体各方面和谐发展的潜在力量,只有通过教育才能使之得以发展。因此,教育的目的在于发展每个人天赋的内在力量,使之成为自由的、善良的、自立于社会的人。为此,裴斯泰洛齐明确提出了"教育心理学化"的口号和"要素教育"思想,为教育的科学化作出了重要贡献。美国教育家杜威对裴斯泰洛齐的贡献给予高度评价,认为裴斯泰洛齐的工作使卢梭的自然主义教育思想建立在一个"稳固的基础上",开创了西方教育心理学化运动。

深受裴斯泰洛齐影响的德国教育家福禄培尔和第斯多惠也是自然主义教育思想的积极倡导者。如果说卢梭将自然主义应用于家庭教育,裴斯泰洛齐将之应用于初等教育,那么福禄培尔则是将自然主义应用于学前教育。第斯多惠通过阐释其"教育心理学化"理论,继承和发展了裴斯泰洛齐的自然主义教育思想。"在第斯多惠之后,随着儿童心理学和教育心理学的建立,教育学著作中一般不再使用'教育的自然适应性'这一术语,而是直接应用生理学、心理学等学科的知识来论证和阐明教育必须依据儿童生理和心理发展

---

① 王天一、方晓东编著:《西方教育思想史》,湖南教育出版社1996年版,第224~225页。

规律"①。因此,自第斯多惠以后,自然主义教育思想仍有一定程度的发展,但已与教育心理学化思潮融合在一起,成为教育心理学化运动的重要思想基础,标志着教育理论发展新时代的到来。

(三) 自然主义教育思潮的理论基础

自然主义教育思想源远流长,代表众多,每个人的教育观都有其特定的宗教色彩、政治内涵、社会背景及文化条件。然而,教育的对象是人,自然主义教育家的理论基础都是围绕着人的本性发展而展开的。

1. 灵魂论与"四因说"

亚里士多德将人的灵魂由低级到高级分成三部分:植物灵魂、动物灵魂和理性灵魂。他认为,人的发展有一定顺序,首先是发展身体,其次是灵魂的非理性部分(本能、感觉、情感),最后是灵魂的理性部分(思维、理解、判断),所以,教育的顺序应根据人的发展顺序进行。在亚里士多德看来,任何事物的发展都有质料因、形式因、动力因和目的因即"四因说"。人的灵魂是与生俱来的,这种与生俱来的东西叫做潜能,由潜能向现实的转化意味着质料获得发展的形式,意味着走向发展的目的。潜能为人的发展与教育提供了可能性,教育赋予无规定性的潜能与自然天性以现实性及社会文化属性,因此,教育构成人的发展的一个重要动力因。亚里士多德将理性视为人的发展目的。

亚里士多德认为,人既是生物人也是社会人,人只有在国家之中,作为国家的一部分,才能发展自己的能力并最终实现自己。这种观点比卢梭深刻的多,对于我们进一步理解17~19世纪自然主义教育思想的哲学基础大有裨益。但他的关于人类天生是不平等的,有些人生来注定为奴隶,有些人生来注定做统治者的主张,是后来的自然主义教育家所反对的。

2. "性善论"

在西方国家,长期以来,教会所代表的传统观念认为人性天生是邪恶的,必须运用一切手段改变和约束人的先天本性,禁欲应成为人类生活的重要内容。自文艺复兴以来,"性恶说"一直受到人们的批判。14~16世纪的文艺复兴运动,形式上是复兴古希腊罗马的自由文化,实质上是要求以人性对抗神性,以人道对抗神道,以理性对抗迷信,为个人主义发展奠定基础。18世纪以法国为中心的启蒙思想运动,以尊重人性为宗旨的"性善论"成为新兴资产阶级反对天主教会的利器,也成为近代自然主义教育的重要思想基础。卢梭认为,人的天性由自由、理性和良心构成。良心统率理性,理性指导自由,从而形成人的善良的天性。性善人人皆同,人的罪恶乃后天所致。善良的天性有待发展,因而教育必不可少。

3. "自然权利"思想

"自然权利"思想盛行于17世纪的欧洲。其基本主张是:在人类社会的初始状态,人的自然状态和社会状态都是平等的,自由、平等是人的基本权利,也是人的自然权利,人的

---

① 赵祥麟主编:《外国教育家评传》(第2卷),上海教育出版社1992年版,第168页。

自然权利是天赋的。17世纪荷兰著名唯物主义哲学家斯宾诺莎(Benedictus Spinoza,1632~1677)认为,在"自然状态"中,人人都根据"自我保存"这个自然权利行事,那时人人都自由、平等。斯宾诺莎反对专制君主制而赞成民主政体。他指出:"在所有政体中,民主政治是最自然,与个人自由最相合的政体。"①洛克则认为,自然状态是一种和平、自由状态,人人平等地享有各种"自然权利"。在自然状态下,人人都可以自由地享受和处理自己的财产。

卢梭认为,人的教育来源于三个方面:自然、人、事物。为使三种教育协调起来,"人为"的教育和"事物"的教育就必须从属于"自然"的教育。人在自然界都是相等的,这是自然界和人类发展共同的自然法则。因此他主张教育应顺应"自然",观察自然,沿着自然所指示的道路前进。可见,卢梭的"自然权利"思想更强调人的自由发展的重要性。

裴斯泰洛齐把人理解为原则上在自然状态、社会状态、道德状态三种状态中生存的生物。在自然状态中的人具有本能的纯洁,纯粹为自我而生存;在社会状态中的人,是"作为堕落的自然人进入社会状态,也从根本上变成一种冷酷无情的生物"②;在道德状态中的人,能摆脱动物本性的自私和社会关系去行事。他认为,人人都有一些天赋的力量和能力,这种潜在能力是上帝所赐予的,是一种与生俱来的"自然占有物"。潜在能力仅仅是一种天生的发展潜力,是后天影响使其获得实质性的内容。

4. 感觉主义经验论

感觉主义经验论源于近代英国经验主义哲学。培根认为,人的一切认识都必须从感官的知觉开始。认识和解释自然的前提是接触自然,离开自然,人们就一无所获。科学知识来源于对自然事物的感觉经验。感觉表象是认识过程的起点。洛克明确指出:"我们的全部知识是建立在经验上面的,知识归根到底是导源于经验的。"③感觉主义经验论思想在夸美纽斯的《大教学论》和洛克的《教育漫话》中都得到了充分体现。

感觉主义经验论也是自然主义教育思想的重要理论基础。卢梭提出,人的最初的感性经验是理性知识的基础,人的教育首先是感官教育,感观教育是感性和理性发展顺序的基础。在他看来,感觉经验是知识构成的要素,感觉有秩序,悟性也会有秩序,因此在教育过程中,尤其在教育过程的最初阶段,应当从感觉经验入手,为感觉经验提供有利的条件。

裴斯泰洛齐也强调人的认识过程始于感性认识。他认为认识能力,最基本的是观察力,观察力是智力培养的基础。他很重视感官的训练和观察力的培养。主张教育教学首先从感性出发,从简单的要素开始,逐步使儿童认识复杂的、理性的事物。在自然主义教育家看来,发展感官,进行感觉教育,不仅是人的自然发展的重要组成部分,同时也是人认

---

① 〔荷〕斯宾诺莎著,温锡增译:《神学政治论》,商务印书馆1997年版,第219页。
② 〔瑞士〕阿图尔·布律迈尔主编,裴斯泰洛齐著,戴行福等译:《裴斯泰洛齐选集》(第2卷),教育科学出版社1996年版,第84页。
③ 北京大学哲学系外国哲学史教研室编译:《16~18世纪西欧各国哲学》,商务印书馆1975年版,第366页。

识自然、适应自然的有效工具。因而,感觉教育成为自然主义教育思想的重要特色之一。

综上所述,建立在多种思想基础之上的自然主义教育,蕴含着丰富的思想内涵。它倡导"性善说",反对"性恶说",旨在强调教育应尊重和适应人性,批判封建教育和教会教育对人性的压抑,恢复人的地位和教育的本质,在当时的社会历史条件下,这是一种必然的历史选择。以"自然权利"和"自然法则"来论证人的权利,目的在于摆脱封建教育的束缚,为教育民主化进程创造条件。而在感觉主义经验论基础上进行的感觉教育则构成了西方近代学校教育教学改革的重要内容之一。

二、自然主义教育思潮的基本内容

自然主义教育思潮内涵十分丰富,既有共性,也有很大差异。在此仅从教育目的、儿童发展分期、课程论、教学原则与方法等角度分别阐述自然教育思想的基本内容。

(一) 教育目的

自然主义教育家生活在不同的历史时期,经历不同的社会存在,即便对相同的社会存在亦有各自的主观认识,从而导致他们对教育的目的看法不尽然相同。一般来讲,他们针对封建制度和教育对人性的压抑和迫害,都明确提出建立新的教育,促进人的身心全面和谐发展,培养推动社会变革的新人的主张。其基本观点是:以人的自然本性为基础,保护人的善良的天性,反对封建教育的强制性,使人成为自由发展的人;以人的自然发展为内容,反对封建教育的奴化性和等级性,重视人的生存教育和素质教育,使人适应社会的各种变化;重视教育的能动功能,创设人的身心发展的良好环境,使人的一般能力得以健康发展;重视人的身心和谐发展,促进人的全面发展;改良社会,增进人类幸福。

卢梭明确指出,教育的目的就是培养"自然人"。他认为,自然人是依据儿童身心发展的自然规律而造就的,其自然天性得到充分发挥,个人潜能得到充分实现,且在培养中远离社会罪恶对人的污染和侵袭,因此,这种人具有独立的人格,绝不依附于任何一种特定的等级和职业。卢梭所说的自然人是与社会相统一的自然人,自然人离不开社会,社会是自然人赖以生存的基础。因而教育应首先发展人的善性,使其成为自然人,然后逐步成为社会中一个自由、独立的人。尽管他的目标带有理想化的色彩,却也表达了卢梭反对封建主义制度的决心以及对资本主义社会的向往。

泛爱派认为追求幸福是人的一种根本的自然动机,也是教育应达到的目的。但个人追求幸福的同时,不应该忘记他人和社会的幸福。与夸美纽斯和福禄培尔等人的教育目的观的宗教神秘色彩相比,泛爱派的教育目的更具世俗性和现实性。

裴斯泰洛齐认为,教育的目的在于使人的一切天赋能力和力量和谐发展。天赋能力包括道德、智力和身体三个方面,因此教育应包含德育、智育、体育和劳动教育,使儿童的"脑、手、心"协调、和谐、均衡的发展,以达到"追求人的完善"。裴斯泰洛齐要求这几方面的教育应建立在儿童自然本性的基础上,按照由简单到复杂,由易到难的顺序进行。裴斯泰洛齐提出的教育目的既体现促进人的自然发展的一面,更有明确改造社会的目标。

福禄培尔的教育目的观具有较浓厚的宗教色彩。他认为教育的宗旨在于揭示存在于人的本质之中的上帝精神。儿童应不受干扰地自然发展，否则，人类那种完美的发展，稳步和持久的前进将会丧失。自由和自觉是全部教育和全部生活的目的和追求，也是人的唯一使命。他提出了教育中的"自我活动"的原则，要求重视儿童的自我发展和自由发展，以培养自由的、自觉行动的、有思想的人。

第斯多惠提出以培养"全人"为教育的宗旨。他认为教育有主观和客观两个基础，二者缺一不可。自动性构成教育的主观基础，而客观基础则是由生活中的真善美的标准所决定的。第斯多惠要求将教育的主观基础和客观基础结合起来，即依真善美的标准去发展人的自动性、主动性，把真作为自动认识的目的，把美作为自动感觉的目的，把善作为自动意志的目的，从而使人主观上的知情意的发展与客观上的真善美的要求结合起来，这样才算培养了"全人"。第斯多惠将个人与社会、主观与客观等因素较为辩证地统一起来，既克服了经验论的机械性，也克服了唯心论的主观性，进一步丰富和完善了自然主义教育理论。

综上所述，自然主义教育家的教育目的的积极意义在于：第一，自然主义教育家强调以人的自然发展而非以人的地位、等级为依据，为倡导民主、平等的教育提供理论基础；第二，自然主义教育家重视人的和谐发展，加强体育、智育、道德教育、美育以及劳动教育，不仅拓宽了人的发展和教育的领域，而且将人的发展与社会现实联系起来，促进了教育理论研究与实践的结合；第三，自然主义教育家不仅提出了培养"新人"的设想，而且把人的发展指向社会改良，从而在一定程度上揭示了教育与社会关系的特征和规律。当然，他们还是主要从人性出发认识教育和社会，阐述人的发展与教育的关系，不可能科学地把握个体发展与人类社会整体发展的辩证关系。

（二）儿童发展分期

自然教育思想的核心内容是教育应遵循儿童身心发展的规律。因此，关于儿童发展分期的论述是自然教育思想的特色和重要内容之一。

早在古希腊时期，亚里士多德就将儿童教育分为三个不同的年龄阶段，每个阶段的主要教育任务、教育内容各不相同。

夸美纽斯将人从出生到成人划分为4个阶段，并与他提出的学校制度相对应：从出生到6岁为幼儿教育阶段，主要任务是为儿童奠定体力、智慧和道德发展的基础。从6岁到12岁为初等教育阶段，旨在训练儿童的感官、想象力和记忆力。从12岁到18岁为中等教育阶段，主要教给学生一种百科全书式的知识。从18岁到24岁为大学教育阶段，主要任务是学习广博精深的知识门类，使青年成为睿智博学的栋梁之材。

卢梭明确要求根据儿童身心发展特点进行分阶段教育：婴儿时期的教育（身心的养护和锻炼）、儿童时期的教育（发展身体和训练感官）、少年时期的教育（智育和劳动教育）、青年时期的教育（道德品质教育）。

福禄培尔把儿童发展分为四个阶段：婴儿期，主要发展感觉和身体；儿童早期，主要是语言发展和游戏；儿童期，主要任务是在学校学习知识；学生期，与儿童期相同。尽管福禄培尔对儿童发展时期的划分带有神秘成分,但他主张发展儿童的感觉和身体,重视游戏的价值和语言的发展等等,都具有相当的积极意义。

第斯多惠将儿童发展分为三个阶段:9岁以前为感觉占优势的阶段;9岁到14岁为记忆阶段,把通过感觉积蓄起来的丰富观念在记忆中巩固下来;14岁以后为悟性和理性阶段。他把这三个阶段看做是智力或心理发展的自然阶梯,并认为这个阶梯的进程、顺序是在天性中就存在的,是随着儿童的年龄发展而发展的。

综上所述,自然主义教育家虽然在儿童发展阶段的分期上有所不同,但对儿童身心发展顺序的认识是基本一致的,都主张先发展儿童的身体和感官,后发展理性和抽象思维;都主张教育教学应建立在儿童身心发展规律基础上,并为不同的年龄发展阶段提出了不同的教育任务和目标。这是对教育规律认识的进一步深化,为后人进行科学的教育理论研究和实验奠定了一定基础。

(三)课程论

夸美纽斯提出了丰富多样的泛智课程,具有显著的宗教目的,体现了人文主义特色。但他的课程体系又是自然主义的,因为他根据年龄阶段的不同而提出了内容不同的课程:在儿童发展初期以实物教学为主,随着年龄增长逐步增加抽象理论的学习和研究;编写教科书时应注重儿童身心发展的规律,贯彻直观性原则,将教学方法和教学内容统一于教材之中。

卢梭虽然指出了在儿童不同年龄段的主要教育任务以及学习的一些科目,但它提供的课程是不系统的,因为他不是从学校教育角度而是从家庭教育的角度看待教育的,自然也谈不上教科书的问题。

裴斯泰洛齐主要以心理和社会的标准选择课程。他以谈话的方法教授宗教、道德、算术、地理、历史及博物;以"缀音表"教儿童诵读;以手工劳作教授实际的知识。但裴斯泰洛齐侧重于探讨教学方法,所以其教学中陶冶占据主要成分,忽略了实际的知识。

福禄培尔提出的学校教育的课程主要有四个方面:宗教;自然常识;促进思维发展的教学;作为人与周围环境间的媒介物的语言。他为幼儿园设计的重要教材是"恩物",即一套可以拼装成不同形状、大小的玩具。恩物被赋予神秘主义色彩,其真正价值在于发展儿童的主动性和创造能力。

第斯多惠从形式教育和实质教育统一论出发,要求摒弃空泛无物、不切实际的教育内容,根据学生的发展水平和发展规律分配每一科目的教材;教学内容要体现现代科学的水平,使学生熟悉现代物理学和一般自然知识,最近的数学地理和天文或现代的心理学与哲学的观点;选择教学方法时应考虑到科目的性质,如历史、地理等科目可采用讲述教学法,数学、物理等科目可采用对话法和提问法,引导学生进行推理。

(四)教育教学的原则与方法

"自然适应性"原则是自然主义教育思想的基本指导原则,其核心是强调教育应该遵循人的自然本性和自然倾向进行,促进人的身心自然、自由的发展。依据这一原则所建立的教育教学原则体系,对近现代教育思想和实践产生了积极影响。

夸美纽斯第一次从教育理论的角度系统阐述了"自然适应性"原则。他把人的发展与自然规律联系起来,把人视为自然的一部分,在教育中应按照大自然发展的法则组织教育和教学工作,依据儿童天性和年龄特征进行教育和教学工作。在"自然适应性"原则之下,夸美纽斯提出了一系列原则。这些原则不仅反映了人类一般认识和教学认识的规律性,而且反映了教育应遵循儿童身心发展特点的规律性。这是教育史上最早提出的教学原则体系。

针对传统的古典教育残害人性和违反自然的弊端,卢梭提出了教育要"顺应自然"的自然教育原则。他指出:"如果你想永远按照正确的道路前进,你就要遵循大自然的指引。"①在教育中必须遵循儿童的自然发展顺序,符合儿童的天性,否则就不是一种良好的教育。因此,人为的教育和事物的教育要依据自然的教育,教育要服从自然的永恒法则,适应儿童天性的发展,促进儿童身心的自然发展,教育要适应儿童的年龄特征。

裴斯泰洛齐对于教学理论的发展作出了重大贡献,他提出了直观性原则、连续性原则、循序渐进原则、自发性和自我能动性原则等一系列教学原则,形成了其建立在心理学基础之上的全新的教学论体系,使近代教学论发生了重大变化。他提出了"教育心理学化"的思想、要素教育论和各科教学法,都是对上述原则的进一步深化和具体运用。

第斯多惠总结分析了夸美纽斯、裴斯泰洛齐等人的教学论思想,其贡献主要体现在:第一,用心理学和认识论对这些规则加以具体论证,进一步说明教学必须遵循这些规则,才能达到教学的目的。第二,尽管他对教学原则和规则的分类是不完善的,但他在总结和概括教学实践的基础上,大大丰富了教学的原则和规则,将它们的要求具体化了。第三,强调这些规则之间的联系,要求不要将它们绝对化,不要孤立运用。② 第四,他不是孤立地论述教育原则与方法,而是从学生、教材、社会文化条件以及对教师的要求四个方面分别给予分析确定,顾及到了教法与教育、与受教育者、与教材、与社会的关联。

简言之,自然主义教育思想反对中世纪宗教教育和封建教育对儿童个性的压抑,主张教育要遵循儿童的自然本性;教育的目的在于培养适应社会和身心和谐发展的人;学校应该根据儿童不同年龄阶段身心特征实施教育教学,使儿童愉快地生活和学习;教育原则和方法应"模仿自然",反对体罚,促进儿童自由发展。

三、自然主义教育思潮评析

自然主义教育思潮是西方近代社会、政治经济、科学和文化发展的产物,是与封建专制教育相对立的一种思想体系,具有鲜明的时代性和反封建性特征。具有独立体系的自然主义教育思潮对西方乃至世界教育的发展产生了重大影响。

---

① 〔法〕卢梭著,李平沤译:《爱弥儿》,商务印书馆1978年版,第536页。
② 赵祥麟主编:《外国教育家评传》(第2卷),上海教育出版社1992年版,第177页。

（一）自然主义教育思潮的历史意义及影响

自然主义教育思潮的发展经历了一个漫长的过程，从将自然解释为自然界到将自然解释为人的天性之自然，从以自然界的特点引申出教育的原理到以人的身心发展特点来阐述教育的规则，从自然适应性原则的发展形成到文化适应性原则的提出，都表明自然主义教育家对教育的认识日益深化。

1. 历史意义

第一，自然主义教育家积极寻求教育的规律，为教育理论的科学化奠定了必要的基础。他们试图用自然发展的规律、儿童身心发展的规律以及社会对教育的制约性规律来解释教育问题，既把教育视为一个自然过程，又视为一个社会过程，基本揭示出制约教育的内部和外部因素，为后来教育心理化思想和其他教育思潮的发展奠定了基础。

第二，自然主义教育思潮重视儿童特征研究，确立了儿童的主体性地位，深化了对儿童能动作用的认识。遵循自然是自然主义教育家恪守的总原则，他们从不同的视角对自然做了能动的解释。据此，自然主义教育家都要求解放儿童之天性，提高儿童的地位，激发儿童的兴趣和积极性，让儿童成为学习的主人，而非消极接受知识的"容器"。这种主张深化了对教育过程中儿童能动作用的认识，对近代乃至现代教育发展产生了深刻影响。

第三，自然主义教育家重视教学内容、教学原则和方法的研究，初步形成了完整、系统的教学原则体系和各科教学法体系，为教学理论的发展奠定了坚实的基础。遵循自然适应自然是自然主义教育家对教育教学的总要求，其核心思想是遵从儿童身心发展规律和认识特点进行教育和教学，因此自然主义教育家十分重视对教学内容和方法的研究，从而构成了19世纪末20世纪初欧美教育改革运动的思想基础，使近代教育向科学化方向迈出了重要一步。

2. 深远影响

自然主义教育思潮经过卢梭等自然主义教育家的演绎和实践，对西方教育发展有重要影响，这种影响不仅是跨国界的，而且还是跨时代的。

卢梭是自然主义教育思潮的杰出代表和真正奠基人，回归自然是他首先提出的响亮口号。在18世纪，卢梭的《爱弥儿》出版之后立即被译成多种文字，其自然主义教育思想不仅打破了法国传统教育的沉闷状态，加速了法国教育由封建主义性质向资本主义性质的转变，而且影响了康德、巴西多、裴斯泰洛齐、福禄培尔、第斯多惠等一大批教育家。

德国哲学家、教育家康德认为，卢梭使他认识到了人性的尊严和人权的价值，从而更加通过教育发展儿童的天性；德国教育家巴西多继承并实践了卢梭的自然主义教育思想，创立了"遵循自然"的泛爱学校，在德国引发了一场著名的泛爱主义教育运动。瑞士教育家裴斯泰洛齐把卢梭的自然主义教育思想运用于学校教育改革实验中，开创了教育心理化运动。他创办的学校成为欧洲教育的"圣地"，参观者、访问者络绎不绝。德国教育家赫尔巴特、福禄培尔、第斯多惠都盛赞并推行裴斯泰洛齐的理论，裴斯泰洛齐的教育理论对当时德国国民教育的发展和德意志民族的复兴起了重要推动作用。此外，在19世纪60年代，美国掀起了宣传和普及裴斯泰洛齐教学方法的奥斯威哥运动，裴斯泰洛齐的直观教学法和实物教学法对美国初等教育和初等教育的发展和改革发挥了较大的推动作用。

19世纪末20世纪初,欧洲新教育运动和美国的进步教育运动以及杜威的教育哲学都将卢梭的自然主义教育思想作为重要的理论基础,是在新的时代背景下对自然主义教育理论的新拓展。意大利儿童教育家蒙台梭利重视儿童先天本能的活动,对儿童进行各种感官训练,培养儿童自由活动的能力。杜威在哲学上提出"自然主义经验论",他提出的"教育即生活"、"学校即社会"、"做中学"、"儿童中心"、"活动课程"等著名论断与近代自然主义教育思潮密切关联。

(二) 自然主义教育思潮的局限性

自然主义教育思潮对近代和现代教育影响巨大,但其理论体系并非完美无缺,存在着诸多不足之处。第一,有些自然主义教育家关于"自然"的概念界定含糊不清,不太科学。"自然"有时指自然界及法则,有时指人的天性,有时还指与人的做法相对立的"自然的"状态或过程,结果在教育中造成"自然"概念主观化的随意运用。第二,有些自然主义教育家以自然的所谓"规律"对比论证教育的规律,混淆了自然现象与社会现象的区别,混同了自然规律与教育规律的差异。第三,一些自然主义教育家只用人性解释人的发展,说明教育的必要性和可能性,将人性与社会性对立起来,忽视了教育的社会制约性,未能深刻揭示教育的社会本质。第四,自然主义教育家在儿童发展阶段上,虽然看到了人的发展的连续性与和谐性,但具体阐述时往往只注重人的自然发展阶段及其各阶段教育的相对独立性,将儿童发展的诸阶段割裂开来,具有机械主义倾向。第五,在教育的研究方法上,自然主义教育家或者通过神学推演,或者通过理论的类比,或者通过经验的粗浅提升,有的甚至通过猜测等方式做出教育结论,研究方法和手段缺乏科学性,论证不够严谨有力。

总之,西方近代自然主义教育思想是社会发展到一定阶段的产物,其后的教育心理化思潮是对这一基本思想的深化。因时代条件导致的自然主义教育思想的局限性,随着人类对自身及教育规律的深入探讨将逐渐被弥补。

第二节 科学教育思潮

科学教育思潮是产生于16世纪末17世纪初,兴盛于19世纪后期,流行于英国及其他欧洲国家的一种教育思想潮流。它抨击传统古典主义教育,强调科学知识的价值,主张建立以科学知识为核心的课程体系。经过19世纪后半期的科学教育运动,欧美学校的课程体系和教学方法得到了较大改革,科学教育进入了一个新的发展阶段。科学教育思潮的主要代表人物有英国教育家斯宾塞、科学家赫胥黎。

一、科学教育思潮产生的背景

自文艺复兴以来,在知识价值问题上,拉丁文、希腊文等古典文化知识一直被传统古典主义教育的拥护者视为具有最重要的价值。这种保守思想长期在欧洲的学校教育中占据主导地位,成为科学教育实施的一种障碍。

(一) 经验主义与知识的价值

进入17世纪后,随着资本主义生产的发展和新兴资产阶级的出现,近代自然科学冲破宗教神学的羁绊而获得较快发展。以英国哲学家培根为代表的唯物主义经验论者,倡导实验的归纳法,提出了科学的认识方法,开辟了一条研究自然和事实本身以及发展人们理解力的真正途径。培根认为,对于人的幸福而言,科学知识是最有价值的知识,为人类服务的理想是科学事业的最终目标。他提出"知识就是力量"的口号,被誉为"近代科学教育之父"。夸美纽斯在《大教学论》和《母育学校》等著作中,倡导"泛智论",要求人们应掌握现实生活所必需的、一切有用的知识,以提升智慧,消除迷信以及社会中的混乱和纠纷。弥尔顿提出在全国建立新型学校——学园,以实施实科教育为主,兼顾传统古典主义教育。此设想对18世纪的英国教育发展产生较大影响,也对德国的实科学校和美国的中等教育产生了重要作用。洛克发展了弥尔顿的教学思想,主张教育为现世生活服务。他强调绅士应学习有用的知识,尤其是自然科学知识,因为"自然界有许多事情是一个绅士所容易知道与必须知道的"①。

(二) 自然科学与实科教育

进入19世纪以后,随着社会进步和工业化的发展,自然科学发展速度加快,各种发明创造日益增多,例如汽船(1807)、听诊器(1819)、蒸汽火车头(1830)、发报机(1837)、打字机(1868)、电话机(1876)等等,还出现了具有决定意义的三大发现:能量守恒和转化规律、细胞学说、进化论。到19世纪中后期,强调科学知识,重视自然科学教育已成为时代的精神。在19世纪后的德国和美国,科学知识已进入学校课程之中。德国的哥廷根大学等高校设立了科学讲座和实验室;实科学校日益受到德国政府的重视。在美国的许多大学和中学,自然科学内容进一步扩大,科学教育不断加强。

(三) 古典主义与科学教育

19世纪中期,尽管英国已基本完成工业革命,工业生产处于蓬勃发展时期,但保守的传统古典主义教育势力在各级学校仍然十分强大,自然科学的成果未能及时和充分地反映到学校课程中。不过,科学的迅速发展却引发了一些英国思想家和社会人士关于古典教育和科学教育问题的辩论。斯宾塞、赫胥黎和伦理学家边沁(Jeremy Bentham, 1748~1832)等人,都强调教育改革应当重视科学知识,并提出了实施科学教育的思想。在这场广泛而激烈的论战中,斯宾塞和赫胥黎对传统的古典主义教育抨击最为猛烈,倡导科学教

---

① 〔英〕洛克著,傅任敢译:《教育漫话》,人民教育出版社1985年,第192页。

育的态度最为积极,因此,经过他们的宣传和倡导,科学教育思想逐渐为各国政府所重视,科学进入学校课程,成为学校教育内容的主要组成部分,并兴起了一场影响广泛的科学教育运动。

二、斯宾塞的科学教育思想

斯宾塞(Herbert Spencer,1820~1903)是英国社会学家和教育家,1820年2月出生在一个乡村教师家庭,自幼喜爱读数学、机械方面的书籍。1837年他开始进行数学和科学研究,受到进化论的影响,并开始为杂志投稿。1848年,斯宾塞参加到当时英国进行的科学教育与古典教育之争的论战中,先后发表4篇文章,抨击了古典主义教育,阐述了科学教育观。1859年,他在《威斯特明斯特评论》上发表"什么知识最有价值"一文,系统阐述了科学教育思想,1861年他将4篇文章汇集出版,名曰《教育论》(*Education*: *intellectual*, *moral*, *and physical*),在英国引起了极大反响。

（一）科学教育的必要性

斯宾塞认为,在英国学校教育中,学生所学的知识内容除了读写算外,大部分都同生产活动无关。为了受到所谓的"绅士教育"以及获得某种能够受人尊敬的社会地位,学生必须死记硬背拉丁文和希腊文。课程内容的安排很少考虑是否真正对一个人的心智发展和社会进步有好处。尽管科学知识已使近代社会生活成为可能和继续发展的基础,但是人们并没有注意到这个事实。"学生一代一代地对古代的抽象理论家的错误浪费他们的岁月……而对于多少世纪以来所积累的和概括的材料、能够辨别我们自己和我们周围环境的所有近代科学,他们却置之不顾"①。他认为,学校课程中忽视比其他一切都重要的科学知识学习。如果一直这样下去,近代英国社会就会同在封建时代一样。

由此出发,斯宾塞在外国教育史上第一次明确提出了"教育预备说"的观点。他指出:准备过完满生活,是教育应该履行的功能。这种功能的履行程度,也是评定教育课程的唯一理性的判断方式。他认为,生活是全面的,整体的;生活的范围涉及如何处理我们的身体,安顿我们的心灵,谋求我们的职业,养育我们的子女,履行公民职责等。所以,为未来的完满生活做好预备,学校应进行科学教育,学生应学习科学知识。

（二）科学知识的价值

在斯宾塞看来,知识的价值就是知识给人所带来的功利的大小,给人带来幸福的程度,为人完满生活做准备的效果。他认为,知识价值可分为"实用价值"和"装饰价值"两种,在价值高低的评估上,实用价值应优先于装饰价值。确定知识的比较价值,就是确定哪些知识对我们最有用处。斯宾塞从完满生活的目的出发,把知识的比较价值确定为下列一个次序:关于直接保全自己的知识;关于获得生活必需品养活自己的知识;关于家庭幸福所需要的知识;关于社会福利的知识;关于培养各种艺术爱好的知识。这个次序应该

---

① 〔英〕斯宾塞著,胡毅、王承绪译:《斯宾塞教育论著选》,人民教育出版社1997年版,第36页。

是安排学校课程内容的基础和出发点。

在《什么知识最有价值?》一文中,斯宾塞明确指出,最有价值的知识就是科学,这是从各方面得来的结论。为了直接保全自己或维护生命的健康,最重要的知识是科学;为了谋生而间接保全自己,有最大价值的知识是科学;为了正当地完成父母的职责,正确的指导是科学;为了解释过去和现在的国家生活,使每个公民能合理地调节他的行为所必需的不可缺少的钥匙是科学;为了各种艺术的完美创作和最高欣赏所需要的准备也是科学;而为了智慧、道德、宗教训练的目的,最有效的学习还是科学。

(三) 以科学知识为核心的课程体系

斯宾塞认为,人类生活存在五种主要活动,以其重要性程度依次是:与自我生存直接有关的活动;与自我生存间接有关的活动;养育子女的活动;维持正当的社会及政治关系的活动;填补休闲生活的零散活动,旨在满足情感及爱好。与此相对应,要进行五种类型的教育:健康教育(准备直接保全自己的教育);职业教育(准备间接保全自己的教育);养育子女的教育;公民教育;休闲教育。斯宾塞根据人类完满生活的需要,按照知识价值的顺序,为每一种教育设计了课程,形成了以科学知识为核心的课程体系。

第一部分是生理学和解剖学。这是阐述生命和健康规律,使人保持精力充沛和具有饱满情绪的知识。学习这些知识,旨在直接保全自己或维护个人生命和健康。

第二部分是语言、文学、算学、逻辑学、几何学、力学、物理学、化学、天文学、地质学、生物学和社会科学等。这是与生产活动有直接关系,可以提高生产活动效率和赚取最大利润,使人获得谋生手段,从而间接地保全自己的知识。

第三部分是心理学和教育学。这是为了正当地履行父母的职责,更好地教养自己的子女所需要的知识。

第四部分是历史学。这是作为一个社会公民合理地调节自己的行为和履行社会义务所需要的知识。斯宾塞认为,历史学重点介绍"国家成长和组织的知识",使学生明白国家进步的原因,建立正确的行为准则。此外,历史学还应介绍宗教方面的知识以及与国家的关系;社会风俗、人民生活习惯;生产制度与生产工艺;教育和科学的进步,文化建设和审美;日常生活、饮食起居和娱乐;各阶层的道德理论和实践等。总之,历史必须以与幸福生活相关联来作为取材的标准。学习历史,可以培养学子们如何进行公民活动。

第五部分是了解或欣赏自然、文化和艺术知识的科目,如绘画、雕塑、音乐、诗歌等。这是为了更好地度过闲暇所需要的知识。斯宾塞指出:"它们在生活中既是占闲暇部分,在教育中也应该占闲暇部分。"[①]

斯宾塞设计的课程体系,内容较为广泛,以自然科学知识为重点,重视知识对生活的实际用途,冲击了英国传统教育中过于追求"装饰"的课程体系,代表着科学教育的发展方向。

---

① 〔英〕斯宾塞著,胡毅译:《教育论》,人民教育出版社1962年版,第31页。

三、赫胥黎的科学教育思想

赫胥黎(Thomas Henry Huxley,1825~1895)是英国自然科学家和教育家。他1825年出生于一个教师之家。1842年进入医学院学习生理学,毕业后成为一名见习外科医生。1854年他成为英国皇家矿业学院的讲师,积极宣传进化论思想。从1862年起,赫胥黎先后担任皇家科学或教育委员会成员、英国皇家学会秘书、会长,并在伦敦大学等院校担任教授。

(一) 批判古典教育

1868年,赫胥黎发表了《自由教育,到哪里去找?》一文,对当时英国初等学校、公学、文法学校和大学忽视科学的问题,提出了严厉的批评。他指出,初等学校给予儿童的十之八九是他们所不理解的神学教条、一点肤浅的读、写、算的知识以及一些行为规范和道德准则。公学和文法学校充斥着古典学科课程,对于学生离开学校以后即将从事诸如商业、工业、政治或海外殖民等工作所应必备的自然科学和实用学科的课程,则完全被忽视。他认为造成这种局面的主要原因在于教育体制。1876年,他在美国霍普金斯大学成立典礼上所作的《关于大学教育的演讲》中指出:"现行的中小学教育体制阻碍科学教育的严重性是不能低估的。学生养成只会通过书本学习知识的习惯,这种习惯不仅使他们不懂得如何观察,而且导致学生厌恶对事实的观察。迷信书本的学生宁可相信他在书本上看到的东西,而不愿相信他自己亲眼目睹的东西。"[①]尽管当时英国初等义务教育法已颁布并实施了六年(1870),科学教育在学校中的地位有所改变,但是此时英国的教育思想和教育体制仍然妨碍着科学教育的进行。

(二) 科学知识和科学教育的价值

针对19世纪中叶科学知识和科学教育在英国仍不受重视的状况,赫胥黎通过撰写文章或发表演讲,与其他科学家合作,在杂志上开辟科学评论,宣传科学知识的重要性。在他看来,科学知识不但与工业生产和商业贸易活动有直接的密切关系,而且在训练人类的心智方面,自然科学知识的学习同样不可或缺。他指出:"自然科学知识作为一种生活工具的重要性是不容置疑的。"[②]为了使学生真正掌握科学知识,赫胥黎呼吁普及和发展科学教育。因为科学教育是工业进步的必要条件,可以为民众带来幸福,并且以最完善的归纳法来训练心智。因此他认为,科学教育是其他任何教育所无法代替的。

需要指出的是,赫胥黎反对单纯学习自然科学,主张科学教育与人文教育相互渗透。他认为,科学不单指自然科学,还包括道德、政治和社会生活理论方面的基础知识以及历史知识等。如果科学教育不包括社会科学教育,那将是不完全的,科学教育应当是广泛的文理科基础知识教育。如果单方面进行科学训练或文学训练,都会对理智造成损害。为

---

① 〔英〕赫胥黎著,单中惠、平波译:《科学与教育》,人民教育出版社1990年版,第166页。
② 〔英〕赫胥黎著,单中惠、平波译:《科学与教育》,人民教育出版社1990年版,第80页。

了从最深刻的意义上为人的心灵的各方面发展做准备,学校应注意选择教学的课程,把不可缺少的知识以适当的比例结合起来,从而使学生不仅受到最好的科学教育,也受到最好的艺术教育。在他看来,对于一个现代人来说,不熟悉科学固然将不会被看成是受过教育的人,但若没有人文教育,却将导致那些从事科学的人的片面发展。

（三）科学教育的目标和教学手段

赫胥黎指出,学校教育不能只重视课本知识,轻视实践经验。如果学校把大量的人力、财力和时间运用于文献古籍的收集、整理和考据上,就会造成与现实生活脱离。科学教育并不是指应当把一切科学知识都教给每一个学生。学校要让学生获得一般的科学知识,并且要能使学生掌握和运用科学的方法。学生在科学方法上受到一定训练,就可以使自己的心智直接与事实接触,并从直接的自然观察所知道的特殊事物中概括一般的结论。久之,便会养成在生活中运用理智的习惯。这种教育与注重背诵的书本教育相比,是自由的和主动的。

按照赫胥黎的理解,"科学"只不过是经过整理和系统化的常识。"所有真正的科学都是从经验开始的,但是,所有的科学恰恰都力求超越这个经验阶段,进入从经验中演绎出更普遍的真理的阶段"①。他认为,学习科学的方法和学习人文知识的方法有所区别。学习人文知识需要大量记忆,而学习科学知识则首先需要学会观察。"科学教育的最大特点,就是使心智直接与事实联系,并且以最完美的归纳方法来训练心智;也就是说,从对自然界的直接观察而获知的一些个别事实中得出结论"②。如果没有实际地对事实进行观察和实验,则不可能具备科学教育的真实价值,只能是从形式上或表面上理解复杂的事实和现象。为此,他提倡多采用直观教学,多做实验。他还主张,教师同时应是一个研究者,在教学中,教师不但讲授,而且关心学生的实验活动,指导学生进行独立研究。博物馆、图书馆、实验室等,都是开展科学教育所不可缺少的场所。

四、科学教育思潮的影响

斯宾塞和赫胥黎所提倡的科学教育思想在当时适应了工业革命后资本主义经济迅速发展的需要,也适应了社会发展和时代进步的客观要求。作为一种新的精神,作为工业时代发展的必然产物,科学教育思想有力地推动了学校教育的改革,促进了近代教育实践和教育思想的发展。

由于科学教育思想的传播,英国政府对科学和技术教育更加重视,科学实验的教学开始介绍进学校,自然科学在学校课程中占据了重要位置,教育理论界也开始承认科学教育的重要意义。1867年,不列颠协会在发布的一份年度报告中指出,一个受过教育的人,如果对科学知识一点也不了解,那就会陷入不利的境地。这份报告还对科学知识和科学训

---

① 〔英〕赫胥黎著,单中惠、平波译:《科学与教育》,人民教育出版社1990年版,第226页。
② 〔英〕赫胥黎著,单中惠、平波译:《科学与教育》,人民教育出版社1990年版,第87页。

练做了区分:科学知识包括初等天文、地理、自然历史、自然哲学等,科学训练包括实验物理学、初等化学、初等植物学等,从而为中学的科学教育提供了一个有益的框架。皇家科学教育和科学促进委员会1875年的报告指出:小学高年级学生应该受到更多的科学教育,师范学院的课程计划应该更有利于提供为科学做好准备的教师,并要求科学与工艺尽可能地协调工作。1881年帝国科学与工艺高等学校以及1890年皇家科学院的成立,代表了英国高等教育趋向于科学学习的变化。至19世纪末,科学课程在英国学校教育领域中已占据主导地位,从而整体上推动了英国教育改革。

科学教育思潮在美国教育界也引起了较大反响。1882年,斯宾塞访问美国,他的科学教育思想立刻受到美国人的欢迎,其程度甚至超过了英国。哈佛大学校长埃略特坚决支持采用实验室进行科学教学,以此作为发展学生观察力和归纳思维的方法。同样,赫胥黎也受到美国学者的高度称赞,美国教育史学家孟禄指出,赫胥黎在使教育与自然科学相结合方面所做的工作,超过了任何其他的英国人。19世纪中叶以后,美国科学教育先后形成了三种不同的教学和课程模式,即实物教学(Object Teaching)、小学科学(Elementary School Science)和自然学习(Nature Study)。并出现了与此相适应的科学教育的三大目标:理解和掌握科学知识;理解和运用科学方法;促进个人-社会发展。这些不仅促进了19世纪后半叶科学教育的实施,而且对20世纪各国进一步发展和普及科学教育发挥了积极作用。

可以说,随着斯宾塞的《教育论》和赫胥黎的《科学与教育》在欧美国家的出版发行,科学教育思想在世界范围内得以传播,对许多国家和地区的学校教育都产生了重大影响。

第三节 国家主义教育思潮

国家主义教育思潮形成于18世纪法国启蒙运动时期,在19世纪的德国得到较快发展并在欧美国家广泛流传。主要代表人物有法国唯物主义者拉夏洛泰、孔多塞以及德国哲学家费希特等。

一、国家主义教育思潮产生的背景

国家主义教育思潮的出现既有政治、经济的社会背景,又有社会文化和主流价值取向的影响。

(一) 工业革命

18世纪后半叶至19世纪中叶,欧洲各国相继开展了第一次工业革命。在这次经济变革时期,以蒸汽机为动力的机械普遍应用于各个工业部门,逐步实现了从手工工场到大机器工厂的飞跃。工业革命对教育提出了新的要求:一是由于工业革命的动力来自生产技术的变革,因此需要教育培养能够满足科学技术变革需要的劳动力;二是由于工业革命促进了工业城市的发展,客观上造成诸多社会问题,如道德水平下降、犯罪增多、儿童无人照顾等,所以教育就成为解决这些问题的重要手段。鉴于此,各个国家先后采用不同方式从教会手中夺取学校教育领导权,国家在教育上的作用日益加强。

(二) 启蒙运动

启蒙运动 18 世纪以法国为中心的欧洲资产阶级思想和文化运动,它为资产阶级取得政治、经济上的统治地位做了思想上的准备。启蒙思想家们以"天赋人权"为基本出发点,反对封建专制主义,追求自由平等,强调知识的价值和地位,坚持理性至上。他们认为,知识就是力量和财富,人们有了知识,就能认清自己的本性和使命,就能改正错误、走向真理,从而建立一个自由、平等、博爱的理性王国。据此,启蒙思想家将人的智力看做是国家力量之所在,主张发展教育,使广大民众都能受到教育、获得知识、发展理性。于是,在当时的西欧形成了理性主义(Idealism)、自然主义(Naturalism)和国家主义(Nationalism)三大教育思潮。这些都深刻影响了现代教育思想发展的基调。

(三) 社会政治变革

18 世纪以两场大规模的政治革命而著称,即美国的独立战争(1775~1781)和法国大革命(1789~1799)。这两场革命"导致产生一个全新的并且与过去根本不同的制度或政治组织形式的激烈的社会或政治巨变"[1]。在法国,早在 1764 年 11 月国王路易十五(Louis XV,1710~1774)宣布解散耶稣教会的决定后,许多思想家、社会改革家和教育家就积极提倡国民教育,要求建立国家教育体制。拉夏洛泰在《论国民教育》、卢梭在《关于波兰政府机构的筹议》以及狄德罗在《俄罗斯大学计划》中,都提出了类似的设想:学校必须由国家办理,对所有公民实行一定程度的免费教育,按照国家的智力和道德标准去塑造国民。法国大革命的前十年,先后执政的资产阶级政党都把建立国民教育体系、培养新一代合格的共和国公民作为教育制度改革的根本出发点,提出了 25 个不同的教育法案或教育计划。19 世纪初,拿破仑建立了中央集权制政权,国家对教育的控制进一步加强。德国从 17 世纪开始颁布强迫教育法令,强调受教育是国民应尽的义务,初等学校开始由过去的教会掌管改为国家管理。19 世纪初,德国在 1806 年普法战争的失败及不平等条约的签订,激发了德国人的爱国热情,人们强烈要求建立由国家管理的国民学校,希望通过国民教育来构建德意志民族意识,强化德意志语言和文化,培养人民的理性思维和自主精神。

总之,法国大革命的胜利开启了法国国家教育制度的先河,随后,英、德、美三国也在 18 世纪中后期开始了建立国家教育体制的尝试,到启蒙时代后期,公立教育制度在主要发达资本主义国家建立起来,并占据了主导地位。

---

[1] 〔美〕科恩著,鲁旭东等译:《科学中的革命》,商务印书馆 1998 年版,第 248 页。

二、主要代表人物及其思想

（一）拉夏洛泰

拉夏洛泰（Louis René La Chalotais,1705~1785）是18世纪法国思想家、法学家，生于法国雷恩的一个贵族家庭。法律学校毕业后曾做过律师,1730年任布列塔尼高等法院代理检察长职务。他在1763年发表的《论国民教育》(Essay on National Education)中系统阐述了他的国家主义教育思想。

1. 批判耶稣会教育的陈腐

拉夏洛泰认为，耶稣会教育忽视个人道德问题，学生不掌握道德准则，不具备道德判断能力，结果导致年轻人普遍地放荡不羁，奢侈淫逸，缺乏对国家和公共利益的爱心，毫无自尊心；教学内容严重脱离法国现实社会生活。法国语言的学习未受到应有的重视，从而使法语蜕变为一种奇异粗俗的土语。因此，耶稣会教育难以造就遵守社会规范、道德高尚并掌握从事某一社会职业所必备知识的公民和劳动者。他认为，创办国民教育制度的当务之急是肃清耶稣会教育的野蛮性和毒害性，为此必先认清耶稣会教育的腐败。

2. 论国民教育的作用和目标

拉夏洛泰十分重视教育和知识的作用，认为教育与知识对社会人和社会发展都是必要的，人类只有通过教育才能达到一定程度的完善。他指出："知识是人类所必需的。假如一个人要担负一定责任的工作，他就应该具备各种知识……愚昧无知有百害而无一利。"①因此，拉夏洛泰认为，国家主义教育的目标是培养合格的法国国民。国家主义教育必须承担起培养具有特定能力的、具有某种职业技能的人才的任务。只有实现了个人从自己的愿望出发来选择所要从事的职业，并且具备胜任自己所选职业的知识和能力，国家主义教育培养合格国民的任务才算完成。

3. 论国民教育制度

拉夏洛泰认为，国民教育必须依靠政府实施。教育本国国民使其获得知识、技能以及道德品质，是国家不可剥夺、不可让渡的神圣权力。为此，必须把教育对象——儿童以及教育工作的实际执行者——教师纳入国家管理的范畴。国民教育必须由国家法律提供保障，只有这样，才有可能改变整个民族的风俗习惯。他强调：法国民族需要一种依靠国家的教育，因为教育实质上是属于国家的，教育自己的公民是每一个国家不可剥夺和无可置疑的权利，国家的儿童应该由国家的成员来教育。

拉夏洛泰认为，实施国民教育的学校数量及进入国民学校学习的学生数量，都直接取决于一个国家的社会经济结构及经济发展水平，直接取决于一定时期对教士、贵族、军人、商人、手工业者等不同社会阶层人员数量的精确计算。在他看来，从国家根本利益考虑，学校数量宁可少些，但学校教学设备一定要好些，课程设置也要尽可能的完备一些。

---

① 单中惠主编：《西方教育思想史》，山西人民出版社1996年版，第283页。

拉夏洛泰还认为,为保证国民教育事业发展的方向,政府应该委派智德贤达的官员去领导和管理教育部门;对教学用书的选择、教学内容的选编、教学人员的遴选等事宜,都要严格审查和把关,不能把教育托付给教会或那些不具有良好公民意识的人;教师要有坚定的信仰和品格,善于阅读,并在教学过程中注重自我培养,但这是一项需要漫长时间的工作。

(二) 孔多塞

孔多塞曾担任宪法起草委员会成员,后又领导公共教育委员会。1792年他代表公共教育委员会向立法会议提交了一份名为《国民教育计划纲要》的教育改革方案,该方案系统体现了孔多塞对法国国民教育体系的设想,被视为大革命前期有关国民学校系统的最完整、最系统和最全面的教育计划。

1. 论国民教育目的

孔多塞认为,国民教育的最直接目的就是要"向人类所有个人提供为满足其需求、确保其福利、了解和行使其权利、懂得和履行其职责的手段;保证每个人有条件完善其技艺,使他们能够胜任他有权承担的社会功能,充分地施展大自然赋予他的所有才能,从而在所有公民中建立起事实上的平等,实现法律所承认的政治平等"①。

2. 论国民教育遵循的原则

第一,国民教育应体现公平性。孔多塞认为,国民教育是国家对一切公民应承担的职责,一切人都应平等地享有入学受教育的权利,而不受其贫富贵贱、社会地位高低及性别上的差异的影响。因此,国民教育首先体现平等的原则。他提出国家应实施平等的公共教育,使每一位公民都能依据自己的能力学习文化知识和对于一切职业均有益的知识。孔多塞认为"平等的公共教育"应该包括三个方面:"一是给一切公民为其'独立'所必需的最低限度的知识教育;二是给一切公民为其职业做准备的技术教育;三是给一切公民为充分发展其天赋所必需的普通教育。"②

第二,国民教育应是一种普及的、免费的教育。孔多塞认为,教育是一项最重要的社会事业,为了个人和社会的进步,教育必须具有普及性。他指出:"我们关注的第一件事一方面普遍地施教,另一方面视环境许可使教育尽可能完整。所有人都应平等地接受能够给予所有人的教育……"③孔多塞希望教育应体现于各级各类学校的教学活动之中,能涵盖人类知识的整个体系,并保证一切年龄的人易于保存其知识,易于接纳新知识。

孔多塞主张建立国家的学校制度,以便对所有儿童实行免费的初等教育。他建议国家应从教育经费中拨出专款作为对贫苦儿童上学的补助。在他看来,实行免费的教育,不仅可以保证贫苦家庭儿童,而且也使富裕家庭儿童进入国家开办的各级学校读书,这对于国家利益是至关重要的。

---

① 夏之莲主编:《外国教育发展史料选粹》(上),北京师范大学出版社1999年版,第334页。
② 单中惠主编:《西方教育思想史》,山西人民出版社1996年版,第287页。
③ 夏之莲主编:《外国教育发展史料选粹》(上),北京师范大学出版社1999年版,第334页。

第三,国民教育应该是一种具有独立性的教育。孔多塞主张国民教育应摆脱国王的束缚,由一个自治的教学团体自主地决定并促使共和观念的传输。同时,教育机构应尽可能地摆脱党派势力的左右,任何政治团体都无权阻止或影响真理的传播。孔多塞也不主张国家垄断教育,认为私立学校享有与政府开办的学校同等的存在权。私立学校的存在及私立学校之间的竞争,不但不会对公共教育构成损害,而且有助于公立学校产生一种紧迫感而想方设法提高自身的教育质量。但私立学校必须接受国家的管理与监督,与国家的利益和教育标准保持一致。

第四,国民教育应该是一种广泛的教育。这种教育不应该在受教育者离开学校便告结束,它应该向所有年龄段的人们开放。既然处于任何年龄的人都可以通过学习提高自己的社会适应能力,那么教育就应该适应这种现实;从某种意义上讲,校外教育更紧迫,针对性更强,教育的实际效用也就发挥得更为直接,这种教育尤其对于生活在贫穷的社会下层民众来说,意义尤为深远。

3. 论国民教育的组织与实施

孔多塞认为,为了履行国家对每个公民实施国民教育的职责,应该建立统一的、相互衔接的国民教育体系。他设计的国民教育体系包括五个逐渐递进的教育机构:初级小学、高级小学、中等学校、专门学校以及国立科学艺术研究院(又称"大学")。各级教育机构之间不仅在学制和课程设置上相互衔接,而且上下级教育机构之间还存在行政上的管理关系。

(1) 初级小学(Primary Schools)是为6~10岁的男女儿童而设置的。凡有400个居民的地区都应设一所初级小学。在所有距400人居民区2公里以上的村庄,即使不足400人,也应设一所初级小学。教学内容除了学习普通文化知识教育外,还应设置农业及手工业训练班、社会科学与道德课程,但不设宗教课程。初级小学教师除担任日常教学工作外,每星期天为当地群众举办讲座,讲解必要的道德与法律知识,以便使他们更好地运用自己的公民权利。

(2) 高级小学(Second Schools)是在初级小学之上的三年制学校。凡常居人口在4000人的地区或城市应设立一所高级小学。课程包括数学、自然史、应用化学、道德原则、社会科学、工业及商业基本知识等。每所高级小学还要有小型图书馆以及必要的天文仪器和机器、手工业用具模型实验室。高级小学教师也要在星期天为当地群众开设讲座,讲授新的立法及必要的公民知识。

(3) 中等学校(Institutes)为五年制的中等普通教育与职业教育学校。全国应设此类学校110所,每个省城至少设一所。中等学校向学生传授一切有用的知识,不论学生将来从事何种职业,这种学习都会令其终生受益。孔多塞认为,中等学校属于普通教育的范畴,但必须为专门的职业训练打下基础。中等学校可分为四个学科班,即数学与物理学班、道德与政治学班、应用数学班、文学与美学班。中等学校也为高级小学培养合格师资和培训初级小学教师,还承担着社会教育的义务。

(4) 专门学校(Lyceés)是专为地方和国家培养文学艺术和科学方面专门人才的学

校,相当于大学教育水平。全法国共设9所。孔多塞认为,专门学校的所有知识的教学都应尽力反映该学科领域的全貌,合理吸收科学研究的最新成果,但不能照搬外国任何教育机构的课程方案;专门学校还要重视国际教育,吸收外国留学生入学。总之,专门学校应该成为传授文化知识教育的中心。

(5) 国立科学艺术研究院(The National Society of Sciences and Arts)是全国最高的教育行政领导机构,管理和监督各级各类学校,开展科学研究活动,收集、奖励、推广一切有价值的发明创造及科学发现。它每年都向国会提交有关文学艺术和科学发展状况以及国民教育改善情况的报告。

(三) 费希特

德国在1806年普法战争的失败和不平等条约的签订,激发了德国民众强烈的爱国主义精神,人们强烈要求建立由国家管理的国民学校,希望通过国民教育建立德意志民族意识,强化德意志语言和文化,培养人民的理性思维和自主精神。1807年12月至1808年3月,费希特发表了《告德意志国民》的系列演讲,阐述了他的国民教育思想。

费希特批评传统教育导致整个德国民族精神的堕落。他认为,为了改变国民的精神状态,振兴德意志民族,德国必须大力提倡以培养道德品质为目的的新教育。在他看来,培养坚强的品性应成为所有新教育的目标,真正的新教育就是道德教育。通过新教育可以培养出能作出正确判断并以全身心力量为实现善良和公正而采取行动的新型完人,以达到构建德意志民族的民族意识,争取民族解放的目的。

费希特认为,国民教育的目的不在于培养学者,而在于造就国民;教育应该不属于任何特定的阶级,并不分贫富贵贱地普及于全体国民;只有对国民实施普遍的新教育,才能指望德国形成一个休戚与共的新整体,出现具有新风尚的一代新人。他主张国民教育应该由国家兴办,这犹如国家必须为每个国民提供劳动机会以使其自食其力一样,使之身心得以健全发展。他还从政教分离原则出发,认为教会只可关心国民的来世生活,至于国民现世生活,教会不得干预,教育应该完全掌握在国家手里。因此,费希特要求国家应广泛地设立国民学校,提供宽敞的校舍和足够的经费,使每一个儿童都能受到适合其本能与接受能力的教育。

费希特主张在国民教育之上兴办学者教育和大学教育。国民教育是树根,学者教育是树干,大学教育则是教育这棵大树的树冠。在他看来,学者既是人类的教师,又是人类的领导。因此,对国民教育的监督工作应该由这样的人来担当。

费希特的新教育观点对19世纪初普鲁士许多政治家,如施泰因(William Howard Stein,1911~1980)、洪堡、阿尔滕斯坦(Karl vom Stein zum Altenstein,1770~1840)等产生了巨大影响。正是这些人的积极推动和运作,使普鲁士在18世纪末19世纪初出现了一场规模宏大的教育改革运动。即便是20世纪初德国兴起的统一学校运动和劳作学校运动,其思想渊源都应上溯到费希特的教育主张。

三、国家主义教育思潮的主要特征与影响

近代欧洲的国家主义教育思潮在对旧教育制度和教会教育进行批判的过程中,为资本主义民族国家的诞生做了舆论上的准备,也形成了自身的显著特征。

(一)主要特征

第一,国家主义教育思潮强调教育的社会功能。国家主义教育思想的倡导者都把教育看做是改造社会和国家的主要手段,发展世俗化的教育和建立公共的教育制度,被视为国家的重要职责;国民教育承担着传递文化、促进社会发展和民族复兴的责任,可以使每一个公民具备最基本的知识,适应社会生活的需要;教育既要使个人服从于国家,又要利用国家去发展个人的潜力。

第二,国家主义教育思潮主张普及教育。国家主义教育思想注重所有人的受教育权,要求国家开办国民学校,为每一个人提供适合其能力的教育机会,而不受其社会地位、性别和贫贱富贵的影响。

第三,国家主义教育思潮提倡国家开办和管理教育。国家主义教育思想代表人物都批判封建教育和教会教育的落后陈腐,主张破除教会对教育的垄断,逐步将教育的控制权和管理权从教会转移到国家手中;无论是基于国家本身利益,抑或为了国民个人的福利,国家必须承担起发展国民教育的责任;国家应成为负责国民教育的最高权力机构,而不是教会,因此必须建立国家教育行政机构,并使它具有统一性和权威性。

(二)主要影响

首先,国家主义教育思潮批判教会教育制度和教会教育活动,对欧美国家教育的国家化产生了重要影响。在法国,拉夏洛泰对耶稣教派深恶痛绝。他曾在 1761 年和 1762 年为布列塔尼高等法院起草的关于耶稣会规程的两个报告中,提出取缔耶稣会的强烈要求,并最终促成耶稣会教团的解散。

其次,国家主义教育思潮为国民教育制度的发展提供了理论依据。如前所述,拉夏洛泰、孔多塞、费希特等教育家,在他们的著作、报告或演讲中都详细论述了国民教育思想,随着这种思想的传播,欧美国家越来越意识到教育对于国家的发展起着重要作用,采用立法手段确立和加强本国义务国民教育制度以及发展公立学校体系,在一定程度上促进了各自国家国民教育的发展和教育的普及。

最后,国家主义教育思潮推动了欧美近代教育行政体制的建立。在深受国家主义教育思想影响的法国,拿破仑于 1806 年确立了中央集权制的教育管理体制;在德国,普鲁士于 1787 年成立了高级学校委员会,负责管理普鲁士境内的中等和高等学校。

第四节 幼儿园教育思潮

幼儿园教育思潮是19世纪从德国开始出现的一股以开办专门的幼儿教育机构——幼儿园为主要特征、重视幼儿身心发展研究,并于19世纪后期在欧美形成"福禄培尔运动"的教育潮流。

一、幼儿园教育思潮产生的背景

幼儿教育思想是在西方近代教育理论发展的基础上产生的,是西方近代教育思想探索延伸到学前阶段的必然产物,也是德国自然哲学和自然与精神同一性哲学理念在教育上的反映。同时,幼儿教育思潮的出现还有其深刻的社会背景。

（一）大机器生产所带来的幼儿教育问题

18世纪中期产业革命掀起的大机器生产在英国迅速发展起来。大工业生产的特点是把生产过程分解成各个构成要素,从而大大简化劳动的职能。由于当时的机器大工业工艺过程十分单调,对工人的技术水平和熟练程度要求不高,使工人完全变成了简单的机器。因此,工厂主为了获取高额利润,便大量雇佣廉价的女工和童工,使得女工既身心疲惫,又无法照管和教育自己的子女。所以,如何照管和教育广大劳动人民的子女已日益成为一个具有普遍性的社会问题。

（二）德国劳动阶层子女的生活与教育状况

当时德国的资本主义工业远远落后于英、法等国。但从19世纪初开始,德国广大地区的封建农奴制和行会制度已遭到破坏,封建关系受到极大的削弱,从而为资本主义的发展创造了有利条件。到19世纪20年代,德国的资本主义工业已有显著的发展,一些工业先进的地区已普遍地采用机器生产,大量廉价的女工和儿童被吸收到工厂参加劳动。于是,作为宗法制的家庭生产和教育共同体的封建家庭形式日益解体,而资产阶级对劳动群众子女的教育漠不关心,结果使劳动群众子女的生活和教育陷入悲惨的境地。生产方式的改变,客观上要求扩大学前教育机构,改变家庭教育和幼儿教育的内容和方法。为了适应时代发展的要求,德国许多地方出现了各种形式的学前教育机构,幼儿教育问题被提到议程之上。

二、福禄培尔与幼儿园的产生

弗里德里希·威廉·奥古斯特·福禄培尔(Friedrich Wilhelm August Froebel,1782~1852)是德国著名的学前教育家,他创办了世界上第一所幼儿园,创建了一套幼儿园教育理论体系,开展幼儿教师培训,推动了幼儿园运动,在教育史上开创了新的纪元。因此,他被人们誉为"幼儿教育之父"。

(一) 生平与教育活动

1782年4月,福禄培尔出生在一个路德派牧师家庭,自幼受到宗教影响,未满周岁时母亲病故。早年的丧母之痛使他更加关注幼儿教育工作。1799~1801年,他在耶拿大学学习数学和自然哲学,受到德国古典哲学很大的影响。1805年,福禄培尔开始研究裴斯泰洛齐的教育方法。1808~1810年他曾到瑞士求教于裴斯泰洛齐。1816年,福禄培尔在施塔提尔姆为学龄儿童创办了"德国普通教养院"。1826年,他以这所学校的教育经验为基础,撰写了《人的教育》(*The Education of Man*)一书,系统地阐述了他的哲学观与教育观。1834~1835年,福禄培尔在瑞士任布格多夫孤儿院院长。从1837年起,福禄培尔开始专门研究幼儿教育问题,并在勃兰根堡开办了一所发展幼儿活动本能和自发活动的机构,招收3~7岁的幼儿,实施专门的幼儿教育。1840年,他把这个幼儿教育机构正式命名为"幼儿园"(Kindergarten),1849年又举办幼儿园教师训练班。1851年,由于宗教和政治的原因,普鲁士政府下令禁止设立幼儿园,福禄培尔因而遭受沉重的打击,于1852年病逝。1860年,普鲁士政府取消对幼儿园的禁令,第二年福禄培尔的生前好友于1861年将他在1838~1840年的幼儿教育论文编辑出版,名为《幼儿园教育学》(*Pedagogics of the Kindergarten*)。

(二) 论教育的一般原则

第一,统一的原则。福禄培尔将自然、人性与上帝的统一奉为教育的首要原则。他认为,一切都来源于上帝,人是神的一部分,神又是人的一部分,人神同一。上帝是一切事物唯一的来源,一切事物依靠神的统一或上帝而存在,只有通过神的贯注,一切事物才能生存。

第二,发展的原则。福禄培尔第一次把自然哲学中"进化"的概念完全而充分地运用于人的发展和人的教育。他把人性看成一种不断发展和成长的东西。人的发展过程也和自然界的进化过程一样,经历了从不完善到完善、从低级到高级和由简单到复杂的前进序列。发展不仅是分阶段的,更是连续的和联系的。那种希望儿童可以跳跃少年期和青年期,在各方面表现得像一个成年人的想法,会给后面的教育带来不可克服的困难。

第三,顺应自然的原则。福禄培尔吸收并发展了卢梭、裴斯泰洛齐等教育家的教育遵循自然的思想,把教育顺应自然作为最主要的教育原则。他认为儿童的发展是"内发"过程,不是"外铄"过程,不要压抑儿童的自由。福禄培尔把教育顺应自然作为儿童教育的基点和中心。

第四,创造的原则。创造的原则是与统一的原则相联系的。在福禄培尔看来,上帝是富有创造精神的。"上帝创造了人,即创造了他自己的摹本,他按照自己的形象创造了人,因而人应当像上帝一样进行创造和发生作用"[①]。福禄培尔批评当时的学校教育脱离

---

① 〔德〕福禄培尔著,孙祖复译:《人的教育》,人民教育出版社1991年版,第22页。

生活,指出"通过生活和从生活中学习,要比任何方式的学习更深入和更容易理解"①。

（三）论教育的分期

根据儿童身心发展特点,福禄培尔把受教育者划分婴儿期、幼儿期、少年期、青年期四个阶段。他特别论述了前三个时期儿童身心发展的特点及教育任务。

1. 婴儿期

福禄培尔把婴儿时期看做"吸收"的时期。这个时期人类从外界吸进富有多样性的事物。所以,这一时期的活动应以感官的发展为主,听觉、视觉以及身体的运用,主要教育方法是活动性游戏。

2. 幼儿期

幼儿期是真正的教育的开始。幼儿期的儿童的身体培育减少了,智力培育加强了。游戏仍是幼儿教育的主要内容,儿童在游戏中表现出创造性与主动性。福禄培尔认为,游戏是儿童发展的最高阶段,它是内在本质的自发表现,是内在本质出于其本身的必要性和需要的向外表现。

3. 少年期

这个时期仍然是指学前期的儿童。这一阶段的主要特征是有意识地使外部的东西成为内部的东西,即学习。家庭生活和家庭教育仍然是主体。通过激发和养成坚强的意志,使纯洁的人性得以实现和表现,是教育的主要目的。借助实例和言语进行的教学是达到这一目的的途径和手段。

（四）幼儿园教育理论

1. 幼儿园教育的意义与任务

福禄培尔认为,婴儿期是生活的时期,幼儿期则是学习和教育的时期,这个时期的教育影响人的一生。因此,真正的人的教育在这个时期就开始了。家庭虽然在幼儿期的教育中具有重要作用,但是大多数父母或成人没有受过教育的训练,不懂得教育方法,难以胜任幼儿教育的工作。为此,福禄培尔曾尝试改革家庭教育,推广游戏材料。但最终他意识到,与其致力于消除传统的陈规陋习,不如建立新型的幼儿教育机构——幼儿园。

福禄培尔将幼儿园的任务归纳为4个方面:(1)专司幼儿教育。他认为,当时普通教育比较注重儿童智力和直觉的发展,忽视了其他各方面能力的培养。要使儿童的能力与知识同样得到充分的发展,必须协调统一知与行、理论与实践、能力与意志品格的发展。(2)培训幼儿师资。为其他幼儿教育机构训练幼儿教育工作者。(3)宣传幼儿教育。他创办了幼儿教育刊物,发表幼儿教育论文,推广幼儿教育经验。(4)研究幼儿教育。

2. 幼儿园教育的内容和方法

福禄培尔认为,游戏和作业是幼儿教育的主要内容,同时它们为幼儿提供了自我活动的条件,因而也是幼儿教育的主要方法。

(1)游戏。福禄培尔高度评价了游戏的作用,认为游戏是幼儿时期最纯洁、最神圣的

---

① 〔德〕福禄培尔著,孙祖复译:《人的教育》,人民教育出版社1991年版,第24页。

活动,是组成儿童学习和生活的一个重要因素,是人类在童年时代生活中快乐的一种现象。为此,福禄培尔开发了一个从简单到复杂、从统一到多样、循序渐进的不可分割的游戏体系。另一方面,福禄培尔主张儿童的游戏需要进行合理的、有意识的指导。他设想把幼儿园变成社会的缩影,以培养幼儿服从、温顺、忍耐、节制等品质。他还重视动作、唱歌和语言的训练,并且经常把它们结合起来进行训练。然而,他把游戏解释为儿童内部本能的表现,带有神秘主义的色彩。

(2)"恩物"(Gifts)。"恩物"是福禄培尔为儿童精心设计的游戏材料,即玩具。他之所以这样命名是因为在他看来世界上的万事万物都是上帝创造的,自然界是上帝给人的礼物,儿童可以通过这些"恩物"认识自然,进而认识上帝。因此,这些"恩物"是上帝恩赐给儿童的礼物。"恩物"作为自然的象征,能帮助儿童由易到难,由简及繁,循序渐进地认识自然。福禄培尔的"恩物"共有 8 种:第一种是 6 只柔软的彩色毛线球,用于帮助幼儿认识各种颜色和数目,以发展其辨色的能力及空间观念;第二种是木制的球体、立方体和圆柱体,用于帮助幼儿认识物体的形状与几何形体;第三、四、五、六种都是由不同数目的小立方体、长方体、长方板、三角形板等组成的一个大立方体,用于帮助幼儿认识部分和整体的关系;第七、八种也是一个大立方体,可分为 64 个小立方体或长方体,用于帮助幼儿认识事物的统一和组合。

(3)作业。作业与恩物的关系十分密切,它主要体现福禄培尔关于创造的原则。但创造不是臆造或滥造,它必须以对客观世界的认识为其前提,否则可能不具有什么教育的价值。实际上,作业是要求将恩物的知识运用于实践。作业的材料包括各种色彩各异的纸和纸板,供绘画、雕塑、编织用的材料,沙、黏土和泥土等。作业与恩物的区别在于:其一,从安排的顺序说,恩物在先,作业继后;其二,恩物的作用主要在于接受或吸收,作业则主要在于发表和表现;其三,恩物游戏不改变物体的形态,作业则要改变材料的形态。

三、幼儿园教育思潮的特点与影响

由福禄培尔所倡导的幼儿园教育逐渐成为 19 世纪西方教育中一股新鲜而充满朝气的思潮,扩展了西方教育的新领域,为世界范围内幼儿园教育运动到来奠定了理论基础。

(一) 特点

(1)幼儿园教育思潮突出学前教育在整个教育体系中的地位。福禄培尔把幼儿期看成是人的发展过程中的一个极为重要的阶段。他主张把学前教育有机地列入整个教育体系,从这一年龄阶段起,就应该开始对儿童进行人的真正教育。

(2)幼儿园教育思潮强调游戏在幼儿教育中的作用。福禄培尔认为,人生来就有一种活动的本能,而游戏则是内部存在的自我活动的表现。游戏会直接影响儿童的生活和教育,使儿童的创造性得到充分的发展。他呼吁家长和教师要尽量设法创造条件,培养儿童游戏的能力,保护和指导儿童的游戏。

(3)幼儿园教育思潮具有比较浓厚的宗教色彩。福禄培尔认为,人是以上帝的形象创造出来的,因此在人身内部存在着神的统一性。教育的任务就是要揭露蕴藏在人的身体内部的"神的本源",儿童的发展决定于其天赋本能。①

(二)影响与意义

福禄培尔对欧美国家幼儿教育思想和实践的影响最为深远。他一生致力于幼儿教育的实践和理论研究,不仅使幼儿教育成为一个独立的社会职能部门,第一个创立了幼儿园,而且提出了一个完整的幼儿园教育思想体系。他的幼儿园教育思想虽然带有比较浓厚的宗教色彩和形式主义的局限性,但却包含着许多合理的因素。他强调教育要遵循自然,要以儿童的自我活动作为教育过程和教学方法的出发点。他特别重视儿童的兴趣、需要和倾向;重视游戏、作业、手工劳动和园艺等创造性活动;重视儿童的集体活动、共同作业对培养儿童的责任心、社会义务感以及道德品质的意义。

福禄培尔的思想在世界各国得到广泛的传播。1854年,幼儿园首次传入英国,为一些社会知名人士所提倡。1855年,美国的福禄培尔门徒舒尔茨(Margarethe Schurz,1833~1876)夫人在威斯康星州的沃特敦建立了第一所私立的用德语教学的幼儿园。受其影响,皮博迪(Elizabeth Peabody,1804~1894)女士于1860年在波士顿开设了第一所私立的用英语教学的幼儿园。美国第一所公立幼儿园是1873年由布洛(Susan Blow,1843~1916)女士在圣路易斯设立的,她因此被称为是美国的"幼儿园之母"。福禄培尔创建的幼儿园,作为一种学前教育机构的形式一直沿用到现在。

第五节 教育心理学化思潮

教育心理学化的构想来源于自然主义教育思想,最早可追溯到古希腊亚里士多德时期。近代的夸美纽斯、卢梭、裴斯泰洛齐、赫尔巴特等教育家都有相关论述,裴斯泰洛齐第一次明确提出"教育心理学化"口号。

一、教育心理学化思潮产生的理论基础

教育心理学化的理论萌芽于古希腊哲学家的灵魂学说,受到近代自然主义教育的催化,在近代哲学和心理学发展的基础上,着眼于教育教学实践的需要,成为西方近代一股影响深远的教育思潮。

(一)古希腊哲学家的"灵魂说"

在古希腊时期,心理学思想主要依附于哲学论断之中,是对人的灵魂的关注,许多哲

---

① 单中惠主编:《西方教育思想史》,山西人民出版社1996年版,第357~358页。

学家常以"灵魂说"描述心理现象和教育问题。柏拉图认为教育的最终目的是促使"灵魂转向",即灵魂在环境刺激下的演变。亚里士多德在他的《论灵魂》著作中,将灵魂按照"自然等级"区分为三种水平,即植物灵魂、动物灵魂和理性灵魂,并分别实施三方面的教育,即体育、德育和智育。他的"灵魂说"为体育、德育和智育的和谐发展提供了哲学、心理学依据。这种由灵魂认识演绎出来的教育理论就成为"教育心理学化"的起源和萌芽。

(二) 自然主义教育思想

文艺复兴运动继承和发展了古希腊文明。17世纪夸美纽斯把人视为自然的一部分,强调人的教育应遵循自然的普遍规律。他从感觉论出发论证了直观教学,要求教育要考虑儿童的年龄特征。18世纪,许多启蒙思想家高举人性解放和人的自由发展的旗帜,猛烈抨击封建专制对人的压制和禁锢,要求教育教学活动尊重自然法则,重视儿童心理特征和心理发展规律。卢梭在《爱弥儿》中阐述了儿童各时期身心发展的特点以及与之相适应的教育任务、内容和方法,要求按照儿童身心的自然发展施教,使人们对儿童的自然本性的探讨进一步具体化为对儿童心理的认识。后来的教育家秉承卢梭的自然主义教育思想,从有计划的教育实验中探讨和研究儿童的心理特点与发展规律。赫尔巴特、福禄培尔和第斯多惠对裴斯泰洛齐的教育思想都有所发展。所以,夸美纽斯的实在论、卢梭的自然主义都是教育心理学化思潮的早期表现形式,也可以说是教育心理学化思潮的直接思想渊源。

(三) 哲学与心理学理论

哲学、心理学为教育心理学化思潮提供了重要理论支撑。在哲学领域,以洛克为代表的经验主义哲学、以莱布尼茨为代表的理性主义哲学和以康德为代表的德国唯心主义,都集中研究认识活动中的主体因素,即人的认识能力、认识过程和认识界限,这些都成为教育心理学化思想的重要理论基础。比如,莱布尼茨和康德关于人类心理和认识能力的观点,给予裴斯泰洛齐教育心理学化构想以重要启示。福禄培尔的哲学观深受德国古典唯心主义,尤其是费希特、谢林的影响。而第斯多惠的真理观则吸收了费希特、康德等人的思想。

19世纪,心理学领域已形成了多种学派并存的局面,如联想主义心理学、理性主义心理学、生理心理学、实验心理学、机能主义心理学等等,这些都对教育心理学化思想有着直接或间接的影响。从19世纪开始,一些教育家逐渐认识到,教育学除了必须从哲学上进行论证以外,还必须以心理学作为其理论基础。裴斯泰洛齐高度评价心理机制在人类教育中的作用,1800年他在《方法》一文中,首次提出了"教育心理学化"口号。赫尔巴特最早将心理学与哲学、生理学分开,并宣称心理学是一门科学,明确指出教育学必须以心理学为基础。1806年《普通教育学》问世,标志着赫尔巴特完成了教育学和心理学在理论上的结合,也使教育心理学化思潮的发展达到了理论化的阶段。福禄培尔修正了裴斯泰洛齐机械论的心理学观点,深入揭示了幼儿的心理特点及其发展的本质规定性,从根本上推动了教育心理学化思想的发展。第斯多惠把心理发展作为教育的直接目标和教学工作的首要目的。

二、主要代表人物的教育心理学化思想

裴斯泰洛齐提出了教育心理学化的概念,开启了教育心理学化思潮;赫尔巴特为教育心理学化奠定了理论基础,使教育心理学化思想系统化;福禄培尔将心理学应用于幼儿研究之中,使教育心理学化思潮进一步深化;第斯多惠借用心理学理论解释人的自然本性及其发展规律,推动了教育心理学化的应用。

（一）裴斯泰洛齐

裴斯泰洛齐把人的本性发展更确切地理解为人的心理发展,并在《葛笃德如何教育她的孩子》著作中阐述了教育心理学化思想。

1. 教育目标的心理学化

裴斯泰洛齐主张把教育的目的和教育的理论指导建立在儿童本性发展的自然法则基础上。他根据自然主义思想及其衍生出来的教育心理学化思想,将教育教学的目标规定为通过和谐教育发展人性。在他看来,人生来具有天赋的潜能,心、脑、手三种基本能力的发展既有统一性,又有阶段性,因此,只有探索和遵循儿童的心理活动和心理发展规律,循序渐进,因材施教,才能最终达到人各种能力的全面和谐发展。

2. 教学过程的心理学化

在裴斯泰洛齐看来,人一出生就具有通过感官获得感觉印象的能力,但只有通过训练、教育,才能成为一种处于高级状态的能力。教育过程就要从一些最简单的、为儿童熟悉和接受的"要素"开始,逐步过渡到更加复杂的"要素",促使儿童天赋能力的和谐发展。教育者要适应儿童心理,调动儿童的自我能动性和积极性,培养其独立思考能力,使他们懂得积极教育自己。

3. 教学原则和教学方法的心理学化

裴斯泰洛齐认为,教学艺术就是要遵循自然的规律,与自然活动的规律相协调,最重要的是使教学程序与学生的认识过程相协调。他认为各门学科的教学都要从根本上对其教学方法进行心理学的分析,考虑教学方法的可行性和可操作性,重视儿童的年龄特征。他强调要把直观教学作为训练感官的手段,把循序渐进作为心理化教学的重要原则。

裴斯泰洛齐的教育心理化思想是建立在他的丰富的教学经验的基础上的,是其核心教育思想的理论基础,对科学教育的发展产生了深远影响。他的理论直接为赫尔巴特提出"教育建立在心理学的基础上"的命题做了准备,使教育家开始自觉地把教育教学建立在心理学的基础上,开启了 19 世纪遍及欧美的教育心理化运动,推进了教学科学化进程。

（二）赫尔巴特

赫尔巴特极力主张教育学必须以心理学为其理论基础,并毕生致力于教育心理化的探索。

1. 教学过程应以"统觉"原理为基础

赫尔巴特把观念视为心理活动最基本的要素,没有观念就不存在心理。心理学就是

研究观念的科学，是关于观念的出现、结合、积聚、分散、斗争和削弱的科学。

赫尔巴特认为，学生在原有观念基础上把一些分散的感觉刺激纳入意识领域，吸收、融合、同化新观念，并构成观念体系，即"统觉团"，这一过程就是"统觉"。他认为，进入意识的任何观念都可以引起统觉，统觉团一经建立后就能从中产生正当的兴趣和欲望。他要求教师掌握统觉的原理和规律，在教学过程中创设多种机会激发旧观念的再现，使新观念能够被统觉团及时接纳和同化。

2. 兴趣赋予统觉以主动性

赫尔巴特认为，兴趣是可以包含注意在内的内涵更丰富的概念，是指学生心理、观念的积极广泛的运动以及对事物产生的高度吸引力和高度注意力的内部心理状态。在赫尔巴特看来，兴趣是内心的主动意向，兴趣变成欲望或意愿，内心的主动才变为外表的主动。欲望所企求的是当下尚未占有、须努力才能获取的未来的对象，兴趣则专注于现在的对象。兴趣能激起人们的爱好而占有人的心灵，继而过渡到欲望或意愿。

3. 培养多方面兴趣的课程

赫尔巴特认为，课程设置必须建立在"多方面的兴趣"的基础之上。他把兴趣分为六种，为培养儿童多方面兴趣，学校应设置广泛的课程。赫尔巴特强调培养儿童多方面兴趣，其意图在于实现教学的另一个目的，即促进道德发展，只不过他从心理学的视角来论证而已。

4. 教育过程应遵循儿童心理发展规律

赫尔巴特把儿童教育过程划分为管理、教学和训育三个方面，而且在每一方面都体现了教育心理学化的倾向。首先，教学过程必须遵循儿童心理的顺序。基于统觉理论，赫尔巴特提出了教学四阶段论，并以注意、期待、探究和行动四种心理活动作为教学活动的外在形态的内在依据，力图使教学过程与学生的心理活动联系起来，要求教师据此采用不同的教学方法，完成每个阶段的教学任务。其次，训育与管理是直接在儿童的心理上发生作用，培养一种有利于教学的心理状态。赫尔巴特主张依据学生的心性，寻找阻力最小的管理途径，讲究教育效果。他认为，一旦威胁、监督、作业及权威与爱都不能奏效时，应采用命令、禁止、惩罚甚至体罚等手段维持学校纪律。这种管理理念以伦理学和心理学为理论依据，体现了教育心理学化的倾向，较之独断主义还是具有进步意义。

赫尔巴特试图在心理学和伦理学的基础上创立系统的教育学体系，以便使教育学成为一门严谨的科学，开辟了教育学发展的新途径，并为19世纪后半叶蓬勃发展的教育心理学化运动奠定了基础。

（三）福禄培尔

福禄培尔的教育心理学化思想可归结为三点：

第一，教育必须重视儿童个性的发展。福禄培尔认为，尽管在每一个人身上包含着并体现着整个人性，但整个人性在每个人身上是以完全固有的、特殊的、独一无二的方式得到表现和塑造的。第二，人的心理不是固定和静止的，总是由一个阶段向着另一个阶段前进。福禄培尔认为，人的心理发展既有阶段性又有连续性，各个阶段是有机联系的，而不是相互割裂的。第三,儿童心理发展具有"自动性"。福禄培尔认为,自动性既是人的表现,也是神性的要求。他认为,儿童的四种本能皆有自我发展的内在动力。人只有在活动中,自身所存在的主动性(自动性)才能显现出来,与外界的相互作用才能实现。

(四) 第斯多惠

第斯多惠力图运用当时心理学研究成果揭示人的自然本性及其发展规律。他要求教育要遵循人的自然发展规律,教师要充分考虑学生的年龄特征和个性差异。

首先,儿童的发展乃是潜在的自然本性和力量的开展。第斯多惠认为,人生来就具有渴望发展的本性,这是人的心理的本质。他认为,为了使儿童的天赋能力由可能性变为现实性,就需要激发。由此,他强调教育对儿童的引发作用。其次,儿童心理的发展顺序潜存于天性之中,随着生理的成熟而自然表现出来。第斯多惠认为,凡自然的都是正确的,本性发展之自然是一种客观存在,违背它的发展顺序和规律就会出现恶果。他把儿童心理发展作为教育工作的目标和教学工作的目标,提出"发展性教学"原则,并把它当做全部教学理论的核心。在第斯多惠以后,随着儿童心理学和教育心理学的建立与发展,教育学著作中一般不再使用"教育的自然适应性"这一术语,而直接运用生理学、心理学等学科的原理论证和阐明教育要遵循人的本身发展规律的思想,从而使这一思想更加科学。

三、教育心理学化思潮的特征与影响

赫尔巴特、福禄培尔和第斯多惠等教育家从理论和实践上发展了教育心理学化思潮,使之成为19世纪上半期具有重要影响的教育思潮,形成了一场教育心理学化运动,对欧洲乃至世界教育思想和教育实践的发展,产生了深远影响。

(一) 教育心理学化思潮促进了教育理论科学化

教育心理学化思想的倡导者都主张将心理学作为教育学的理论基础,积极开展对儿童发展和教育的关系的探讨,促进了对儿童主体性、儿童心理、儿童个性的关注和研究,强化了以个人发展为基础的教育理念,确立了教育就是帮助或引导儿童发展的思想。教育心理学化思潮逐步渗透到教育研究的各个领域,形成了教学内容、教学方法和教学程序心理学化的开端,这标志着以单纯经验和纯粹思辨为依据进行教育教学理论研究的时代的终结,标志着一个把教育问题作为独立的学术问题加以研究、并努力提供可靠和确定的理论基础这样一个新阶段的开始。

在教育心理学化思潮形成和发展中出现的一些教育学和心理学理论,使教育工作者对儿童的心理活动特征和规律有了更深入全面的认识,教育对象在教育和教学过程中的地位得到了提高,儿童的兴趣和能力受到了重视,实验研究方法得到运用。同时,也拓展了教育学和心理学研究领域,使近代教育理论体系变得更为丰富和严谨,很大程度上奠定了科学教育学的基础。

(二) 教育心理学化思潮推动了教学过程与方法的研究

强调教育心理学化的教育家都坚信,教育教学过程与方法必须遵循一定的"法则",

这些"法则"首先应从人的心理活动规律中去探索，有些甚至为揭示这些"法则"进行了创造性的教育实验和研究。他们在探索中初步形成了较为完整的教学原则和方法体系，对改变传统学校那种机械的、模仿的教学方式起到了重要推动作用，也使教育教学过程和方法更趋向科学化和艺术化。裴斯泰洛齐将"感觉印象"作为论证直观教学和循序渐进教学法的心理学依据，对初等学校教学方法的研究和改进作出了很大贡献；赫尔巴特根据自己的"统觉"心理学理论，提出了教学形式阶段；福禄培尔提出了以幼儿的心理特点为依据，以儿童的积极活动和创造力为基础，以游戏为主要内容，以达到儿童发展为目的的教育教学理论。

（三）教育心理学化思潮提高了教师培训的质量

教育心理学化思潮的形成与发展，促进了心理学和教育学成为训练未来教师的必然学科。裴斯泰洛齐非常重视教学的专业训练，他曾创办了真正以教育学科为基础的师范学校，并很快被欧洲其他地区模仿，尤其对德国影响较大，赫尔巴特、福禄培尔和第斯多惠都曾拜访过他。赫尔巴特曾在哥廷根大学讲授过教育学、心理学、逻辑学等学科，并于1810年首次在格尼斯堡大学内创办了设置教学学科、培养中学师资的教育学院。一般认为，从19世纪开始，现代师范学校首先在普鲁士，随后在法国、英国得到迅速发展，这除了政治、经济原因外，也与当时教育学术的兴起有直接关联。

教育心理学化思潮也有其局限性。教育的对象是一定社会的人，人的发展方向和个性内容的形成是由社会和国家确定的目标决定的，而不是人的心理活动规律。教育心理学化思潮的倡导者和实践者在促进心理学和教育学的结合上进行了有益尝试，但由于认识水准和科学水平的限制，他们不可能真正科学地揭示心理学方面的规律，都或多或少地带有唯心主义和形而上学的缺陷，他们对一些教育问题的解读是机械的和片面的。所以，教育心理学化并不等于教育科学化。

第六节　空想社会主义教育思潮

空想社会主义教育思潮源于19世纪欧洲空想社会主义的崛起。空想社会主义产生于16～17世纪，早期主要代表人物有英国的莫尔、意大利的康帕内拉和德国的安德里亚（Johann Valentin Andreae，1586～1654）。19世纪以后，随着资本主义制度在英、法的建立，资本主义制度所固有的缺陷开始显露出来，空想社会主义者尖锐批评资本主义制度，提出建立一个公正的社会制度的理想，强调发展教育，提倡人的全面发展和劳动相结合，形成了空想社会主义教育思想。19世纪空想社会主义的主要代表人物是圣西门、傅立叶和欧文。空想社会主义成为马克思主义理论的来源之一。

一、空想社会主义教育思潮产生的背景

19世纪初,英、法等国建立了资本主义制度,形成相对发达的资本主义生产方式,促进了社会政治、经济以及社会生活发生实质的变化,也为空想社会主义思想的出现提供了社会物质基础。虽然无产阶级作为一支独立的阶级力量尚未登上社会政治和经济舞台,但是无产阶级和广大工农群众的遭遇以及他们同资产阶级的斗争引起了英国和法国一些思想家的关注和同情,他们批判揭露和批判资本主义的罪恶,积极探索变革社会的道路,勾勒着未来理想社会的蓝图。

18世纪法国的启蒙思想为19世纪空想社会主义思想的产生和发展提供了直接的理论基础。18世纪启蒙思想家高举理性的大旗,批判封建制度的腐朽,呼吁推翻封建王朝,建立一个自由、平等、博爱的资产阶级理性社会。19世纪空想社会主义者圣西门、傅立叶、欧文继承和发展了启蒙思想,依然以理性为武器批判资本主义制度的腐败和堕落,要求建立一个理性的和永恒正义的王国。与18世纪启蒙思想家不同的是,19世纪空想社会主义者提出了未来的社会主义和共产主义的社会理性。但他们的自然史观是一样的,都是唯物的,社会发展观却是唯心的。空想社会主义者认为,世界受意志支配,只要改变意志,一切社会弊端便可消除;改变意志的力量来自于教育,教育在改变社会中起决定作用。

二、空想社会主义教育思潮的主要代表人物

19世纪空想社会主义教育思想的代表人物主要是圣西门、傅里叶和欧文。

(一)圣西门

亨利·圣西门(Claude Henri de Saint-Simon,1760~1825)是法国空想社会主义者。早年接受法国启蒙思想家的影响,对科学和唯物主义哲学产生兴趣。1789年参加了法国资产阶级革命,宣传政治平等和自由思想,要求废除贵族和僧侣的一切特权。1791年他因不赞成革命中的暴力行为而退出革命活动。从1797年起,圣西门转向自然科学研究,并与当时的一些进步思想家建立了密切联系,他还著书立说,宣传自己的空想社会主义主张。

1. "实业体系"与教育

圣西门设想的社会新制度是"实业制度"。在这种制度下,一切人都要劳动,每个人都有义务用自己的力量为人类造福。劳动成为平等的前提,而劳动者之间的区别在于从事手工劳动或从事脑力劳动。

圣西门认为,在实业体系内,道德的一般目的在于从物质上改善人类的物质生活,从精神上改进人类的智力活动。他所讲的物质生活的幸福是指人们"吃得最好、穿得最美、

住得最好、能够随意旅行、到处都可以得到生活必需品和生活上的美好东西"①;而精神生活的幸福是指"人们的智力得到了广泛的发展,以致他们能够欣赏艺术、知道支配自然现象的规律和掌握改造自然的方法"②。在他看来,新社会的活动内容是宗教或道德、知识以及实业。

圣西门指出,为满足社会的物质需要和精神需要,教育担负的任务就是使人民学会过新的生活,学会人际协作。他呼吁要由最有才能的学者管理国民教育工作。他还要求学者们制订出能够使得实证知识尽快地在一切社会阶级和各等级人士当中传播的国民教育计划。

2. 论青少年教育

圣西门认为,青少年教育应该分成3个阶段:

(1) 小学阶段(7~14岁):儿童的国民教育应从7岁开始,让他们进入小学学习。从7岁到14岁,教养的作用大于教学的作用。教学大致是指传授各种知识,而教养就是培养习惯,陶冶情感,锻炼一般的预见能力。

(2) 中学阶段(14~21岁):圣西门认为,14岁左右的青少年情欲达到最旺盛时期,他们想摆脱对于父母的依赖,按照自己的选择建立他同外界的联系。因此,在这一阶段,应注重物理、化学、博物学、天文学、生理学等实证科学和实验科学知识。这既有助于生产劳动,又有助于社会改革。他指出,3种专门学校可以提供中等教育,即传授人文科学知识的学校;训练工业人才的工业学校;进行科学活动的科学学校。

(3) 大学阶段(21岁后):圣西门指出,到21岁的时候,人的身心发展已经完全成熟:他形成了自己的性格,他的各种特点互相协调起来,已达到成人的水平。这时的青年可以进入高等学校,进一步学习和发展智力,培养独立自主的精神。

3. 论成人教育

圣西门非常重视成人教育。他提出了成人教育的三大职责,即"三大教职"。一是"一般教职",即教导各行各业实业家学习他们应当持有的政治和实业行为,以保护他们的自身利益,最充分地满足本阶级的需要,发展他们的强烈自尊感。二是"道德学教职",即教导每个人如何将个人利益同公共利益结合起来;应该让学员明白:如果一个人在有害于社会的方面寻找个人的幸福,他将自作自受;如果他努力在有利于大多数人的方面改进自己的个人命运,他会得到无上的快乐。三是"实证科学教职",即向人们传授以最有利于人的方式改变、人可以施加影响的自然现象的一般方法。总之,通过这三方面的教育,使人民群众在道德、科学和实业三大方面互相竞赛,不断前进。

(二) 傅立叶

夏尔·傅立叶(Charles Fourier,1772~1837)是法国空想社会主义者。少年时被送入耶稣会学校读书,中学毕业后,遵照家庭意愿学习经商。后在里昂、巴黎等地先后当过会

---

① 〔法〕傅立叶著,赵俊欣、吴模信译:《傅立叶选集》(第2卷),商务印书馆1981年版,第45页。
② 〔法〕圣西门著,董果良译:《圣西门选集》(第2卷),商务印书馆1982年版,第14页。

计、出纳员、发行员、推销员和经纪人等,前后达 30 多年,因此有机会了解资本主义制度的种种弊端。

1. "和谐制度"与教育

傅立叶认为,人的欲望分为感性的、感情的、创造的三类,这三类欲望相互作用,使人性得到和谐的结合。他从人的欲望理论出发,设想通过社会改良,建立一种新的社会制度——"和谐制度"或"协作制度"。协作制度的基层单位是"法郎吉"(Phalange),它是以农业为主、工业为辅的生产和消费协作组织。在法郎吉中有工业、农业、商业、教育、科学、艺术、家务 7 种劳动,每个人按照自己的性格与爱好参加不同的劳动,以满足其欲望,并获得生活和劳动的乐趣。

傅立叶认为,法郎吉新生一代的培养和教育是巩固和完善和谐制度的重要环节,是实现未来理想社会的重要基础。他说:"必须从教育开始,特别是因为教育将是人们首先要加以组织的结构部门。"①他认为,教育具有双重任务,即养成儿童的劳动习惯和培养儿童的社会感情。最佳的教育方式是不同性格和欲望的人所组成的劳动小组。

2. 论教育的阶段及其任务

傅立叶把和谐社会的教育分成"一个序曲"和"四个阶段"。

序曲:稚龄或婴儿时代——从出生到 2 岁。傅立叶认为,婴儿从摇篮时期起就应进入公共教育机构,由专门的保育员和乳母来精心照料。对幼儿的训练从半岁后开始,要使幼儿养成灵巧的用手习惯。因此,这一阶段的主要任务是训练感官,这是智力教育的萌芽。

第一阶段:幼儿时代的先行教育——从 2 岁到 4.5 岁,这也是劳动教育的发轫时期。傅立叶认为,从 2~3 岁起,儿童就是热爱劳动的。随着年龄的增长,儿童开始参加由轻到重的劳动,培养劳动技能、习惯和热爱劳动的思想。

第二阶段:幼儿时代中期的初步教育——从 4.5 岁到 9 岁。又称"中级童年时代"的教育。这是体力发展的时期。

第三阶段:幼儿时代后期的进一步教育——从 9 岁到 15.5 岁。又称"高级童年时代"的教育,包括初中和高中。这是有效发展智力的阶段。

第四阶段:半儿童半青年时代的最后教育——从 15.5 岁到 20 岁。傅立叶认为,在第四阶段,青少年已进入青春期,应让男女青年在劳动竞赛中相互了解,真诚相爱,这样会使他们在文化和学习的竞赛中干劲倍增。

总之,在各个阶段的教育过程中,孩子们既参加各种生产劳动,又学习文化科学知识,通过教育与生产劳动的结合,培养出手脑并用的新人,也培养出适宜于协作制度的全面发展的公民,同时儿童在劳动中获得收益和快乐。

(三) 欧文

罗伯特·欧文(Robert Owen,1771~1858)是 19 世纪英国空想社会主义者。1771 年 5 月出生于一个手工业者家庭,9 岁离开家庭独自谋生。后在伦敦、曼彻斯特等地做过店

---

① 〔法〕圣西门著,董果良译:《圣西门选集》(第 2 卷),商务印书馆 1982 年版,第 2 页。

员。20岁时,欧文担任曼彻斯特一个棉纺织厂的经理,显示了较强的管理才能。1800年,他担任苏格兰新拉纳克棉纺厂经理,立志改革以"寻求改善贫民和劳动阶级的生活并使雇主获得利益的方法"①。他在该厂修建工人宿舍,创办幼儿园、初等学校和青少年工人夜校,并为成年工人及家属开设讲座等。1816年,他将这些文化教育机构合并为"性格形成学院"(The Institution for the Formation of Character),构建起完整的学校教育制度。同年,欧文出版了他的主要教育论著《新社会观,或论人类性格的形成》(*A New View of Society*; *Or Ewways on The Principle of the Formation of the Human Character*,简称《新社会观》),具体介绍了新拉纳克的教育实验。欧文在新拉纳克的改革获得巨大成功,新拉纳克成为模范移民区。1824~1828年,欧文在美国印第安纳州建立了"新和谐公社",该实验最终失败。1829年欧文回到英国参加工人运动。

1. 性格形成学说

人的性格形成学说是欧文教育思想和实践的出发点,也是其论著《新社会观》中的主题。他认为,教育人,就是培养他的性格。他反对性格形成的"意志自由论"。在他看来,自古以来存在的关于每一个人的性格是由他自己形成的观点,是一个天大的错误。"人的感情、信念和行为是他天赋的能力和出生后就对这种能力发生影响的环境的必然产物"②。欧文这里所说的"天赋能力"实际上就是指人的遗传因素。人先有身体的遗传因素,之后通过环境,即自然界和社会的作用而形成性格。社会环境是形成人的性格的决定性因素。他认为,只要改变不良的环境,给人们提供一种良好的环境,就能改变人的不良性格,形成优良的性格。不良的性格的存在是由培养人的制度造成的,所以必须改变不合理的社会制度,建立合乎理性的社会制度。

欧文基于"环境决定论",强调教育在形成性格、培养理性和改造环境中的作用,宣扬"教育万能论"。他指出:"教育那些没有受过教育或所受教育很差的人,对于社会的福利来说便是头等重要的事情了。"③他还进一步指出:"儿童们可以经过教育而养成任何一种情感和习惯。这些习惯和情感同每个人身心两方面的天性倾向和能力,以及他所处的一般环境结合起来就形成一个人的全部性格。"④从"环境决定论"出发,欧文认为个人不用对自己的行为负责,也不必因自己的行为而受到相应的奖惩。

2. 论人的全面发展

欧文认为,资本主义制度的社会分工导致工人尤其是童工的片面发展。童工被禁锢在室内,长期进行单调的劳动,他们的天性受到极大摧残,智力和体力都被束缚和麻痹了,得不到正常和自然的发展。同时周围的一切又使他们的道德品质堕落并危害他人。因

---

① 〔英〕欧文著,柯象峰等译:《欧文选集》(第1卷),商务印书馆1979年版,第196页。
② 〔英〕欧文著,柯象峰等译:《欧文选集》(第1卷),商务印书馆1979年版,第165页。
③ 〔英〕欧文著,柯象峰等译:《欧文选集》(第1卷),商务印书馆1979年版,第50页。
④ 〔英〕欧文著,柯象峰等译:《欧文选集》(第1卷),商务印书馆1979年版,第143页。

此,"要培养体、智、德全面发展的有理性的男男女女"①。为了实现全面发展,就要使每个人受到各种相应的教育。

欧文认为,在体育方面,学龄前儿童要多参加户外活动,多呼吸新鲜空气。儿童从6岁起学习体操,男学生从10岁起学习军事体操,使他们具有挺拔匀称的体形,养成精神集中、行动迅速和遵守秩序的习惯。在智育方面,欧文主张教学从孩子最熟悉的事情开始,逐渐涉及将来各阶层的人所必须知道的最有用的知识,尤其要注重自然科学知识的传授。在德育方面,应该用集体主义精神教育学生,使学生认识到个人幸福必须和社会幸福相统一,培养学生团结友爱的行为,使其养成守秩序、讲规矩、克己稳重、勤勉耐劳等品德。在美育方面,可以通过唱歌、跳舞、绘画、诗歌朗诵以及刺绣、雕刻等活动,使儿童养成优雅的仪表和审美的感觉。

欧文认为,要真正实现人的全面发展,须通过教育与生产劳动结合的途径来实现。欧文在新拉纳克已开始实行教育与生产劳动相结合,后来他在"新和谐"公社继续这方面的实践。他在《新道德世界书》中,详细描述了教育与生产劳动相结合,培养全面发展的人的思想。他把未来社会的成员按年龄分为8个组,分别从事不同的活动。例如,5~10岁的儿童,学习某些最容易的日常生活方面的实际技能;10~15岁的儿童,学习掌握处理比较复杂的重大问题的原则和实践方法,学习的范围包括农业、矿业、渔业、食品制造方面的各类生产以及保管食品的技能。总之,"在重新划分的社会中,一切新人都将受到良好的教育和合理的训练"②。

3. 论儿童教育

欧文十分重视幼儿教育。他开办了幼儿学校,并在他的《自传》中提出了幼儿学校的10条原则。主要内容可以概括为以下几个方面:

(1) 教育目标:通过音乐、跳舞、军事训练等教学活动,增进学生的仪表、风度和健康状况;养成遵守秩序、服从指挥和严格要求自己的习惯;形成良好的、合乎理性的和幸福的性格。

(2) 教学内容:知识教育、音乐、舞蹈、军训、博物学等。

(3) 教学过程:室内上课不要固定时间;教师根据天气和儿童情况安排室内和室外活动,活动课和心智课可以交替进行。

(4) 教学方法:用观察种种现象及其性质的方法实施教学,由施教者和受教者双方无拘无束的交谈方式作出解释,学生可以经常提出他们自己的问题,以求得理解或额外的知识;把儿童带到户外,让他们熟悉花园、果园、田地和树林中的产品以及家禽、家畜和一般的博物学。③

---

① 〔英〕欧文著,柯象峰等译:《欧文选集》(第2卷),商务印书馆1979年版,第133页。
② 〔英〕欧文著,柯象峰等译:《欧文选集》(第2卷),商务印书馆1979年版,第38页。
③ 吴式颖、任钟印主编:《外国教育思想史》(第7卷·上),湖南教育出版社2002年版,第218~220页。

(5)对教师的要求:不责骂或处罚儿童;对学生一视同仁,语调、神色、话语和行为表现出亲切的感情;必须经常用和蔼可亲和合情合理的态度回答学生的提问;对不懂的问题,教师应当坦诚承认,以免把学生引入歧途。

三、空想社会主义教育思潮的特征与影响

空想社会主义教育思潮作为19世纪上半叶西方的一种重要教育思想,具有以下几个主要特征:

一是批判当时资本主义制度及其教育的弊端。欧文的共产主义和谐公社、傅立叶的和谐制度以及圣西门的实业制度,就是他们所设想的未来理想社会的模式。欧文、傅立叶提出消灭旧的分工和城乡对立以及保证儿童公共教育的建议。圣西门提出"人人应当劳动"的原则,用有计划、有组织的生产劳动代替无政府状态。他们认为,资本主义的教育制度不平等,贵族垄断公共教育,穷人享受不到真正良好的教育;教育内容落后于时代,充满谬误,缺乏科学;教育方法体现强制性,动辄惩罚或体罚学生。这种教育的目的就是麻痹人民,使人民永远处于无知状态。

二是以18世纪法国启蒙思想家的理论为基础。欧文接受并丰富了爱尔维修的观点;傅立叶的理论受法国唯物主义学说以及伏尔泰、卢梭的影响较深;圣西门则受到法国启蒙思想家的影响。18世纪法国启蒙思想家的"环境决定论"和"教育万能论",为19世纪空想社会主义者所继承和发展。

三是提出教育是实现未来理想社会的重要工具,未来的新社会实行平等的、普及的和公共的教育。他们主张通过教育宣传、示范等方式渐进地改良社会,教育应该培养把个体和其他社会成员连接起来的那种互相同情的感情,为未来理想社会做准备。

四是提出教育目标是培养全面发展的人。空想社会主义者要求未来的新一代在德、智、体、美、劳诸方面得到和谐发展,以促进整个社会的改造和发展。同时将教育与生产劳动相结合作为促进人的全面发展的基本途径和手段。欧文、傅立叶、德萨米等人还详细地制订了教育与生产劳动相结合的实施方案。

五是强调采用正确的教育和教学方法。他们主张尊重儿童的爱好,采用积极的方法引导儿童主动地、活泼地学习。强调学习要理论联系实际。

空想社会主义者有许多极具进步性的见解和观点,其中不乏天才的预见。但对后世的最大影响在于为马克思主义教育思想的形成提供了丰富的材料和启示。19世纪空想社会主义者对世界教育乃至对整个人类社会发展作出了重大贡献,也确立了他们在人类思想发展史(包括教育思想发展史)上的重要地位。

结　语: 经过18世纪所谓"理性时代"、"启蒙时代"和"革命时代"之后,19世纪的自然科学获得突飞猛进的发展,发明创造大量涌现,从而加快了产业革命和工业化的进程,促进了资本主义经济进一步发展,资本主义制度得以巩固。这不仅对学校教育提出新的

要求,而且对学校教育的变革和发展提供了必要的物质条件,在此基础上,近代西方国家教育制度开始建立起来。同时,哲学和心理学等学科也获得了很大发展,成为推动教育思想发展的重要理论基础。在这样一种社会背景下,19世纪欧美国家的教育家和思想家从社会改革、哲学伦理、心理学等不同视角,对教育问题进行了深入的思考和探讨,出现了主张各异的教育思想。瑞士教育家裴斯泰洛齐秉承卢梭的教育观点,使自然教育思想得以进一步发展;他倡导的"教育心理学化"主张,经赫尔巴特、福禄培尔、第斯多惠等教育家的积极推动,演变为一场19世纪重要的教育运动。形成于18世纪的法国、兴盛于19世纪的德国的国家主义教育思想,主张国家加强教育管理,实施普及的、义务的及免费的教育,推动了各国国民教育的建立和完善。以福禄培尔为代表的幼儿园教育理论,丰富了世界教育理论体系,使得学前教育成为近现代教育制度中不可或缺的组成部分。以斯宾塞和赫胥黎为代表人物的英国科学教育思想,强调科学知识和科学教育,倡导以科学知识为核心的课程体系,体现了时代发展的方向,它不但使英国教育发生了根本性变化,也对世界其他国家的教育教学改革产生了重要影响。此外,以英国的欧文、法国的圣西门和傅立叶为代表的空想社会主义教育思想,在继承18世纪法国唯物主义者教育思想的基础上,凸显教育在社会改革和实现理想社会中的作用,提倡人的全面发展以及教育与生产劳动相结合。尽管这种思想的"乌托邦"色彩较浓厚,但它却包含了科学社会主义教育思想的萌芽,对马克思主义教育理论产生了直接影响。总之,19世纪的教育思想,较之以前的教育理论更为深刻、全面和丰富,充分体现了19世纪社会和时代对教育的期望,表明人类对教育的认识进一步深化,并对20世纪教育思想的形成和发展产生了重要作用。

【讨论与思考】

1. 试述自然主义教育思潮的基本主张及其对现代教育的影响。
2. 试比较夸美纽斯自然教育思想与卢梭自然主义教育思想的异同。
3. 研讨西方教育心理学化的历程和意义。
4. 思考斯宾塞倡导科学教育有何历史意义。
5. 小组讨论福禄培尔幼儿园教育理论的意义与影响。
6. 剖析国家主义教育思潮的特征与不足。
7. 试评述空想社会主义教育思潮。
8. 总结近代西方教育思潮的特征。

【扩展阅读书目】

1. 任钟印选编,任宝祥等译:《夸美纽斯教育论著选》,人民教育出版社2005年版。
2. 〔英〕赫胥黎著,单中惠、平波译:《科学与教育》,人民教育出版社2005年版。
3. 〔英〕斯宾塞著,胡毅、王承绪译:《斯宾塞教育论著选》,人民教育出版社2005年版。

4. 〔德〕福禄培尔著,孙祖福译:《人的教育》,人民教育出版社2001年版。
5. 单中惠等编译:《福禄培尔幼儿教育著作精选》,华东师范大学出版社2009年版。
6. 吴式颖、任钟印主编:《外国教育思想通史》(第7卷),湖南教育出版社2002年版。
7. 张斌贤、褚宏启等著:《西方教育思想史》,四川教育出版社1994年版。
8. 王天一、方晓东编著:《西方教育思想史》,湖南教育出版社1996年版。
9. 戴本博主编:《外国教育史》(上、中、下)人民教育出版社1994年版。
10. 吴式颖主编:《外国教育史教程》,人民教育出版社1999年版。
11. 中国教育史研究会编:《杜威赫尔巴特教育思想研究》,山东教育出版社1985年版。
12. 〔英〕欧文著,柯象峰等译:《欧文选集》(1、2、3),商务印书馆1984年版。

第十一章　近代亚非主要国家的教育

【内容提要】

近代亚非各国的教育是外国近代教育发展史的重要组成部分,其中近代日本、印度和埃及的教育改革具有代表性。日本通过明治维新成功地进行了带有资产阶级性质的教育改革,从而实现了经济、教育和社会生活的成功转型。印度和埃及处于殖民地时期,在主动或被动学习西方教育的同时,努力保持和发展本国的民族教育特色。

【学习目标】

本章重点掌握日本明治维新时期进行的教育改革,以及日本教育对其经济和社会发展的促进作用;了解殖民化对印度和埃及近代教育的影响。

【核心术语】

教育近代化;殖民化教育;民族教育运动;《学制令》;《教育敕语》;《劝学篇》;《伍德教育急件》;寇松教育改革

近代亚洲、非洲各国教育的变革是外国教育发展史上重要的一页,它既是亚非各国古代文明发展的继续,又是亚非各国教育近代化的尝试。其中日本力图顺应世界资本主义发展的潮流,改革封建主义的教育制度,迈向近代化教育的道路;印度在殖民化教育和民族教育之间艰难前行;埃及在民族领导者的大力推动下,仿照西方模式开办学校教育,民族教育发生了巨大变化。

第一节　近代日本教育

近代日本教育以"明治维新"为开端。"明治维新"指19世纪后半期日本明治天皇在位时期从封建社会向资本主义社会转变而进行的资产阶级改革运动,具有日本民族主义的鲜明特点。在这个时期,日本政府进行了一系列具有资产阶级性质的改革,确立了"殖产兴业"、"文明开化"和"富国强兵"三大政策,对教育产生了深远的影响。经过明治维新,日本建立起近代教育制度。

一、明治维新时期的教育改革

与西方发达资本主义国家相比,明治时期的日本教育水平很低,远远不能适应资本主义因素发展的需要。因此,1871年明治政府派遣以右大臣岩仓具视(1825~1883)为首的由48位政府高级官员组成的大型使团,从美国到欧洲,进行了历时两年的全面考察,同时收集了10多个欧美国家的教育制度资料。岩仓具视表示,要使日本进入世界文明列强行列,走向富国强兵,关键在于启发人智;人才培养是国家的根本大计,教育改革势在必行。但是日本国内在指定什么样的改革方针上引起了很大的争议,为实现思想认识上的统一,1868年明治政府颁布改革的纲领性文件《五条誓文》,提出了"破从来之陋习"、"求知识于世界"的改革目标,成为教育改革的基本方针。

(一) 设立文部省、颁布《学制令》

1871年明治政府设立文部省,作为全国教育领导机构,掌管各府县的学校和一切教育事业,1872年又颁布《学制令》,指出"学问乃立身之资本",把个性和个人的事业放在首位,日本近代教育改革由此拉开了序幕。文部省颁布的《学制令》把全国划分为八大学区,各设一所大学;每个大学区又分成32个中学区,各设一所中学;中学区又分成210个小学区,各设一所小学。这样日本就确立起文部省领导下的中央集权式教育管理体制。《学制令》是明治政府成立后所颁布的第一个教育法令,在日本教育史上具有重要的意义,它的颁布被看成"日本近代教育的黎明"。

(二) 普及初等教育

《学制令》要求实行普及教育,规定教育应该普及于全体人民,无论是贵族、武士,还是农民、手工艺人、商人,无论男子还是妇女,做到农村中没有文盲家庭,家庭中没有文盲成员,父母有义务保障子女接受教育。

明治维新前,日本初等教育已经取得一定的发展。江户时代出现的寺子屋和乡学,主要为平民子弟提供初等教育,讲授读、写、算等基础知识。寺子屋最初设于寺院,学生称为寺子,由僧人主持讲授,除进行读写算基本学习外,还诵读佛经。明治维新时期,政府对关乎国民素质的初等教育的普及极为重视,将国民素质的提高上升到事关国家强盛的战略高度来认识并予以经费支持;教育界人士因地制宜,因时而动,适时调整初等教育的发展战略和相应措施。为发展初等教育,文部省曾提出以初等教育为主体的思想,各府县也发出告示,奖励小学,鼓励儿童入学。依据《学制令》规定,寺子屋和乡学被废除,全国设小学53760所,初等教育得到迅速普及。小学课程设置偏重知识传授以及向学生灌输忠孝思想、忠君意识和神道观念。

(三) 发展中等教育

《学制令》的颁布催生了日本近代中等学校。1886年的《中学校令》明确了中等教育发展的目标,指出中学主要承担两大任务:实业教育和为升入高等学校做准备的基础教育。中学分为寻常中学和高等中学,寻常中学属普通教育学校性质,修业5年,由地方政府设置和管理,每一府县设一所;高等中学属于大学预科性质,修业2年,由文部大臣直接管辖,每一学区设一所,全国设五所。相应的,在课程设置上,两类中学也有所差异:寻常中学主要开设基础和实用课程,服务于学生直接就业;高等中学实施分科教学,开设文、理、法、医、农商五科,为学生升入大学做准备。随后《实业补习学校令》(1893)、《实业学校令》(1899)和《高等女子学校令》(1899)的颁布与实施,使明治维新时期的中等教育结构呈现多样化。到19世纪末,日本中等教育的结构已经趋于完整,包括中学(寻常中学和高等学校)、中等技术学校和女子中学。

（四）兴办高等教育

明治政府非常重视技术和科研人才的培养,因而开始大力发展高等教育。为此明治政府向欧美派遣大批留学人员,而且借鉴德国经验着力创办新式大学。

1877年,明治政府决定将文部省所辖的昌平板学校、东京开成所和东京医学校合并成立东京大学。这是日本教育史上的第一所近代大学。它分为法学部、理学部、文学部和医学部,以为国家培养管理干部和技术人才为己任,享受政府特殊优惠待遇。每年政府拨出教育经费的40%给东京大学,不仅高薪聘请外籍教师来此任教,还选送大批学生出国留学深造。因此,东京大学一开始就保持了很高的学术水平并成为当时日本近代化的中心。

（五）重视师范教育

明治政府高度重视师范教育,把开办师范学校、培养小学师资的工作置于重要位置。根据《学制令》规定,明治政府首先设立师范学校,到1874年已创办了包括东京师范学校在内的7所师范学校,同年又创办了女子师范学校。与此同时,政府还制定一系列政策保障师范教育的发展,规定师范学校的发展必须与学龄儿童数目的增长相适应,严格教师审定制度,只有经过相关机构认证合格者才能聘任。

（六）振兴实业教育

为了贯彻"殖产兴业"的改革方针,适应资本主义经济发展的需要,明治政府还颁布了一系列相关法令,建立中等职业技术学校。1883年,文部省制定了《农业学校通则》;1884年制定了《商业学校通则》;1893年,颁布了《职业补习学校条例》;1894年又公布了《简易农业学校条例》、《徒工学校条例》和《国家津贴职业教育法令》。一般认为《农业学校通则》的颁布是日本近代职业教育制度的开端。1899年,日本政府颁布了新的《职业学校令》,把农业学校、商业学校、商船学校、徒工学校和职业补习学校等都包括在这个职业学校系统之中。这些中等技术学校主要招收读完8年小学的毕业生,然后再进行3年的职业训练。到1903年时,中等技术学校已有200所,还有职业业余补习学校约200所。

（七）选派留学生、聘请外籍教师

在岩仓具视一行访问欧美时,就有59名留学生随行。为了进一步学习西方的先进科学技术和文化知识,明治政府增加了出国留学的人数,扩大了留学的范围。据1872年调查,日本在欧美国家的留学生人数已达380人。从1868年至1874年,共有550多名留学生到欧美国家学习。这些留学生回国后,对日本教育和科技等方面的发展发挥了很大的推动作用。

在积极选派留学生的同时,明治政府的文部省还聘请了欧美国家的教师到日本任教,并给予优厚的待遇。从1868年到1911年,约有170位外国教师在日本大学水平的学校里任教,其中人文科学领域的外籍教师以英国人为多,自然科学领域的外籍教师以德国人为多。东京大学成立之初,所聘请外籍教师的薪金约占其全年预算的1/3。以后,随着本国师资的培养,所聘请的外籍教师人数逐步减少。

然而,《学制令》制定的教育制度和教学计划脱离实际,引起民众普遍不满,纷纷建议政府加以改变。1879年日本政府颁布了《教育令》,以取代《学制令》。《教育令》以美国的自由主义教育制度为样本,参照英、法、德、俄等国的经验,在日本实施非强制性的自由主义教育。《教育令》把学校的种类规定为:小学校、中学校、大学校、师范学校和专门学校,废除学区制,精减教育内容,贯彻实用性和自由主义精神。但是《教育令》并没有切实执行,同年,明治天皇颁布了《教育大旨》,指出全盘西化的弊病,强调继承日本固有道德和文化的重要性。1880年发布了《改正教育令》,强调国家干预教育,反对自由教育倾向。1882年,以天皇名义颁布了具有保守主义色彩的《幼学纲要》,要求对儿童进行道德教育,内容包括孝行、忠节、和顺、友爱、信义等20项儒家道德标准,强调应以"忠孝为本","仁义为先"实施教育,向学生灌输尊皇爱国思想,为日本近代的国民道德教育定了基调。

明治维新时期的教育改革,开启了日本教育近代化的历程,为日本的现代化和工业化创造了有利的条件,特别是为日本经济的飞跃发展提供了强大的人才基础。然而,在"富国强兵"和"大振皇基"的指导思想下,这次教育改革也带有浓厚的军国主义和皇权主义的色彩,并在明治维新后的学校教育领域中表现得越来越明显。

二、国家主义教育制度的确立

从19世纪末开始,在明治维新教育改革成果的基础上,日本结合西方资本主义国家教育发展的经验和本国民族文化、社会价值的传统与现实需要,颁布了一些重要法令,逐步建立起近代国家主义教育制度。

(一)《学校令》

1885年,日本进行官制改革,成立了第一届内阁,森有礼任文部大臣。在他的主持下,1886年,日本颁布了各种教育法令,统称为《学校令》,其中包括《帝国大学令》、《师范学校令》、《中学学校令》和《小学校令》。

《帝国大学令》规定原东京大学改名为帝国大学。帝国大学由大学院(研究生院)和分科大学组成,其任务是适应国家发展需要,教授学术、技术理论及研究学术、攻克技术奥秘。大学院专门研究学术、攻克技术奥秘;分科大学教授学术理论、技术理论及实用知识,设法科、医科、文科、理科四类。帝国大学的校长由文部大臣任命并受其委托统辖学校校务及定期向文部大臣汇报工作。法学院院长由帝国大学总长兼任。

《师范学校令》把师范学校分为寻常师范学校和高等师范学校两类。前者由地方设立,招收小学毕业生,主要为公立小学培养校长和教师。后者由国家设立,由国库支出学校经费,主要招收寻常师范学校的毕业生,为寻常师范学校培养校长和教师。该法令要求师范学校必须以"培养教员应有的品德和学识",使之具有"顺良、信爱、威重的气质"为己任。

《中学学校令》规定中学是为实业教育和高等教育培养人才而进行的基础教育,分为普通中学和高等中学两类。前者修业5年,由各府县设置和管理;后者修业2年,由文部大臣管辖,实行分科设置,设有法学、医科、工科、文科、理科、农业科、商业科等,属于大学预科性质。

《小学学校令》把小学分为寻常小学和高等小学两种,6岁至14岁为学龄期,学龄期儿童必须接受4年义务教育。1890年10月,日本重新公布了修改后的《小学学校令》,不仅确立了小学4年义务教育制度,还进一步明确规定了小学教育的目的和任务。它指出小学教育的目的在于注重儿童身体的发育,实施道德教育和国民基础教育,以及传授生活中必须具备的普通知识与技能。此外,它特别指出在德育、智育和体育之外,还应该进行国民教育,突出国家主义教育色彩。

可见,森有礼以及《学校令》把学术研究与教育、英才教育与国民教育严格区别开来:帝国大学是最高学府、学术研究中心和培养英才的教育机关;小学是培养顺良臣民的教育机构;高等中学是通向英才教育的必由之路。这为日本教育的双轨制打下了基础。最终,日本正式建立起以小学为基础的双轨制学校体系:一轨为"高等小学——寻常中学——高等中学——帝国大学";另一轨为"寻常小学——寻常师范学校——高等师范学校"。至此,充满浓厚国家主义色彩的国民教育制度初具规模。

(二)《教育敕语》

1890年10月,日本明治天皇签署颁布了《教育敕语》。它包括国民必须遵守的三部分内容:日本国体的精华、教育的渊源来自天皇的德化与臣民的忠诚;日本伦理道德的具体目标;日本伦理道德条目的普遍意义。由此可以看出,《教育敕语》重申了日本教育的目标是培训天皇的忠顺臣民和父辈的孝子,在忠君孝亲的前提下,也重视学习富国强兵所需的知识和技能。在道德教育方面,爱国教育是和维护皇朝的长治久安紧密结合的。这样一来,无论在政治上还是在道德上,天皇都是绝对的权威,成为神圣不可侵犯的君主。

《教育敕语》在日本近代教育史上占有极其重要的地位,对日本教育界、思想界和理论界都产生了深远的影响。它是日本近代教育发展的总指导纲领,从颁布之日起直到第二次世界大战结束,都起到了规定日本教育方向的教育基本法的作用。

日本近代教育的发展过程,既不是西方资本主义国家所走过的道路,也不同于亚非其他国家所走过的道路,它在学习欧美资本主义国家教育发展经验的同时,仍然保留了封建主义的东西和"武士道"精神。因此,日本近代资本主义教育具有两重性:一方面具有崇尚知识和科学技术、广泛吸取外国文化教育的资本主义气息;另一方面,又把封建儒学教育和军国主义教育也保留了下来。这二者相互融合、相互妥协,形成了日本近代资本主义教育的显著特征。

三、近代日本教育思想

对日本教育近代化和教育思想的形成影响较大的教育家主要是森有礼和福泽谕吉。

(一) 森有礼

森有礼(1847~1889)是日本明治维新时期的著名政治家、启蒙思想家和教育家,在日本近代教育史中占有重要地位。1865年森有礼被选派到英国伦敦大学留学,专攻数、理、化学科。1867年,又赴美国考察。森有礼目睹了西方列强崛起的步伐,视野不断开阔,产生了强烈的报国兴国愿望和民族意识,这成为他后来致力于教育事业的精神动力。1868年6月,森有礼回国参与明治维新变革,被任命为政府制度调查员,1870年被派往美国担任公使,监护日本留学生,并广泛征询美国各界人士对改革日本教育的建议。1873年,森有礼回到日本,宣扬民主、自由、民权等资产阶级思想,促进了日本近代化进程,1885年在伊藤博文(1841~1909)内阁出任第一任文部大臣,负责建立日本国家主义教育制度,主导颁布了一系列教育法规。

森有礼的教育思想主要表现在三个方面:

第一,推崇国家主义教育思想。其内涵包括三方面的内容:(1)教育以国家利益为最高目的;(2)贯彻"忠君爱国"思想,对国民进行公民训练;(3)以国家办学为主。

第二,将高等教育与国家主义教育相结合。森有礼受德国大学影响重视高等教育,笃信学术自由,但又认为必须以国家主义教育思想为前提,受国家利益的制约,提出不能仅仅为学术而学术,应该为国家而研究学术。森有礼把大学学问分为"纯正学"和"应用学"两种:纯正学专门研究事物的真理,以培养硕士、博士等国家高级人才为目的;应用学研究实用学问,以养成从事专门职业的人才目标。

第三,强调师范教育的重要性。在日本近代历届文部大臣中,森有礼最重视师范教育,他认为一个国家振兴的第一件要事就是必须拥有众多的优秀教师。师范教育还是连接高等教育和初等教育的纽带,普通教育能否成功也取决于师范教育培养的师资质量。在任期间,森有礼制定了许多专门针对师范教育改革的法令。

森有礼的国家主义教育思想、高等教育思想和师范教育思想为日本近代教育制度的确立提供了一些理论依据,对日本教育从近代化走向现代化有着十分重要的影响。

(二) 福泽谕吉

福泽谕吉(1835~1901)是日本明治维新时期著名的启蒙思想家和教育家。他毕生从事著述和教育活动,形成了富有启蒙意义的教育思想,对日本迈向资本主义发展道路起了推动作用,也为日本近代教育制度的确立奠定了基础,因而被称为"日本近代教育之父"。

福泽谕吉自幼接受传统儒家教育,后就学于私塾学习兰学。1858年他在江户开设兰学塾,随后于1860、1861、1867年三次随同幕府使节考察欧美列强,对西方近代文明留下深刻印象。明治初年,福泽谕吉将所设兰学塾改名为庆应义塾("庆应"是当时的年号,

"义塾"含有英国"公学"的含义,意在为国家的公共利益而设立),并以此为中心致力于近代化的教育工作。其代表作是《文明论概略》(1875)、《劝学篇》(1876)。

福泽谕吉的教育理论基础是"文明开化"论和"崇实致用"论。在代表作《文明论概略》一书中,他详细阐述了自己关于"文明"的基本思想,认为人类文明按固有的规律,从低到高发展——"野蛮—半开化—现代文明"。文明是衡量社会历史发展的标准,其发展永无止境。而只有个人文明,国家才能文明;只有个人独立,国家才能独立。他的教育思想就是以文明开化理论为基础,谋求个人身心的全面发展,以实现国家独立的目标。福泽谕吉还把掌握实学知识作为国家振兴和民族独立的新途径,所谓实学就是西方先进的科学技术,具体指数理化等自然科学知识。他积极提倡用实学来代替"虚学",即传统"儒学"。他用"天不生人上之人,也不生人下之人"的著名论断鼓舞人民立志笃学,使日本早日进入世界强国之林。

在教育目标上,福泽谕吉主张"和谐发展",把德智体的均衡发展作为教育的根本宗旨,提倡三育并重。他把体育放在首位,主张儿童的教育从体育开始。因为身心健康的人才能克服所有困难,独立自主创造生活。在智育方面,他重视发展学生的智力,认为学校不只是传授知识的场所,更是开发人的天资的地方,学校教育可以使人的各项能力得到均衡发展。在道德教育上,他认为,德育的目的在于不妨碍儿童天生的善的发展,教给他如何排除阻碍向善的方法,达到自我完善。

在学校教育、家庭教育和社会教育三者的关系上,福泽谕吉认为理想的教育在于把这三者协调起来,成为一个相互促进的整体。家庭教育在于培养习惯,陶冶心灵;学校教育在于普及文化,培养人才;社会教育在于增长知识,养成道德。他还破除习俗,提倡尊重女性和实施女子教育。

福泽谕吉被视为日本明治维新的精神导师,其《劝学篇》曾被指定为教科书,对日本教育的近代化发挥了启蒙作用,促进了近代日本开启民智、学习西方先进文化与技术的进程,对近现代日本教育思想的形成具有直接而深远的影响。但是,在他的思想中包含效忠天皇制、国家主义教育和对外扩张的因素,助长了20世纪上半叶日本军国主义的泛滥。

第二节 近代印度教育

从17世纪起,印度就开始遭到英国东印度公司的殖民入侵。一般认为,1757年的普拉西战役使印度沦为英国的殖民地。1877年英国女王加冕印度帝国皇帝,组成了由13个英国直辖省和700多个印度土邦构成的英属印度。印度近代教育即殖民地时期的教育从此开端。随着印度近代化的缓慢深入,印度知识阶层意识到由英国统治带来的民族尊严的丧失,民族主义逐渐开始流行,一些知识分子于1885年成立了印度国大党,印度民族教育运动也随之展开。

一、殖民化教育政策与措施

为巩固殖民统治,英国当局在印度建立起庞大的"公用事业",在经济掠夺和政治统治的同时,也在教育领域推行了一系列殖民化教育政策。

(一)推行英国教育模式

1792年,东印度公司监督委员会主席查理·格兰特(Charles Grant,1746~1823)撰文提出在印度推行西式教育,从而挑起了印度近代教育史上的"东学派"和"英学派"之争。1835年,时任印度总督的威廉·本廷克(William Bentinck,1774~1839)签署决议,提倡以英语为主的具有功利主义性质的西方教育,尔后采取一系列措施确保英语教育顺利展开。1813年,东印度公司章程第一次规定了有关殖民地教育的条款。1835年,当时担任国民教育委员会主席的麦考莱(Baron Macaulay,1800~1859)起草了一个教育备忘录,宣扬西方文明和教育制度的先进性,声称英国政府的教育政策是在印度人中间推广欧洲的学术和科学,目的在于培养一批"新印度人":他们具有印度的血统与肤色,但却具有英国人的道德、才智、见解和情趣,并且由这些受过英国教育洗礼的人将其"渗透"到普通百姓之中。很明显,这是一种不折不扣的文化殖民教育。

(二)成立殖民地教育管理机构

为了满足殖民地当局对各类行政人员的需求,改善教育管理,整顿教育秩序,1854年东印度公司颁布了一个以当时殖民部门负责人伍德(Charles Wood,1800~1885)命名的《伍德教育急件》(Wood's Educational Despatch),第一次明确指出英国政府有责任在印度发展教育,以提高印度人的知识与道德,要求在孟加拉、孟买、马德拉斯、旁遮普和西北省建立国民教育局,负责管理地方教育,并设置学校视察员,强调建立正规的学校系统,并对符合下列条件的教育机构予以财政补助:(1)使政府对学校的稳定性感到满意;(2)传授良好的世俗教育;(3)公开接受国家的视导。《伍德教育急件》的颁布是英国政府第一次以立法形式制定针对印度的教育政策,它奠定了英属印度英式教育制度的基础,对印度近代教育的形成与发展产生了极为深远的影响。

(三)弱化本土学校教育

在殖民统治初期,天主教和新教各派的传教士被大量派到印度。他们修筑教堂,建立各种宗教团体,开办教会学校,严重排挤和削弱了传统印度教和穆斯林教的本土学校制度。到19世纪末,原有的本土学校教育系统已不复存在。殖民地的教育中心均在城市,大中学校实施英国式的文科教育,国民教育十分落后。这既有殖民化教育政策推行的原因,又有印度种姓制度的阻挠。

可见,虽然英国殖民主义者在印度兴办了近代学校,客观上对印度近代教育的觉醒和发展起到了一定的促进作用,但却以牺牲印度传统文化教育为代价,其目的是推行殖民化政策,输入宗主国的价值观念和思想意识,培养殖民主义统治与管理所需要的各种人才。

至于普通民众的教育则流于空洞的许诺和空泛的文件。据统计,在印度独立前夕,全国共有3亿多文盲,占当时全国总人口的84%,大量学龄儿童无法入学。这是导致印度在殖民地时期文化教育长期落后的重要原因之一。

二、殖民地教育改革

从《伍德教育急件》开始,殖民地当局和印度政府先后进行了一些教育改革,制定教育发展规划,确定英语为教学语言,建立相互衔接的学校制度,加速印度教育的殖民化。

(一) 高等学校的设立

1857年,印度模仿英国伦敦大学创办了加尔各答大学、孟买大学和马德拉斯大学,以后以此为基础开办了旁遮普大学(1882)和阿拉哈巴德大学(1887)。仿照英国大学的办学模式,近代印度大学只是一种考试机构,主要为附属学院设定课程、举行考试并授予学位,各学院受大学的制约没有自己的特色。这种学院隶属于大学的制度被称为附属学院制,是这一时期印度高等教育的主要类型,一直延续至今。与此同时,私立学院和私立中学取得了进步,基本上形成了公立和私立中学——大学的高等和中等教育系统。到1916年印度又陆续创办了4所大学,大学的职能也扩展到进行教学以及为学生提供住宿。

(二) 汉特委员会报告书

1882年印度政府成立了一个以英国历史学家汉特爵士(William Wilson Hanter, 1840~1900)为主席的教育委员会,称"汉特委员会"(William Hanter's Commission),负责调查印度教育状况并提出针对性建议。该委员会以加尔各答为中心,进行了为期7周的调查,然后又在全国巡回调查8个月,于1883年提交了一份长达600页、包含222条建议的报告书。该报告的调查内容主要包括:(1) 政府是否过于关注高等教育而忽视了初等教育?(2) 公立教育机构在印度教育制度中的地位如何?(3) 政府对私立学校应采取怎样的政策?据此,委员会提出以下主要建议:第一,政府减少对公立教育的管理,建立相应的补助金制度以促进私立学校的发展;第二,强调初等教育的重要性并采取措施促进其发展;第三,中等学校开设升学和职业两种课程。该报告所提建议最终未被采纳,但在印度教育史上第一次提出中等教育应具有双重职能。

(三) 寇松教育改革

寇松(George Nathaniel Curzon, 1859~1925)是英国著名保守党政治家,曾任英国印度事务部次官、外交大臣、保守党领袖,1898年被任命为印度总督。他长期对英帝国的东方事物有浓厚兴趣,竭力维护大英帝国的海外殖民地和霸权,将印度当做打开东方殖民统治的门户。寇松在20世纪初先后召开教育会议,任命大学委员会,试图改革印度教育。1904年,在寇松的主持下印度政府颁布了教育政策决议和《印度大学法》,这就是印度教育史上的"寇松教育改革"。

寇松认为,教育改革不仅可以使教学质量得到提高,学校办得更好,而且能为社会政治作出贡献,因而他主要从政治效果和教学质量两个方面着手进行教育改革。其主要措施有:(1)放弃国家不干预高等教育的学说,根据大学委员会的建议颁布《印度大学法》,提出印度大学教育所面临的主要问题并做出相应规定;(2)加强对中等教育的控制,提高质量;(3)强调既要发展初等教育的规模又要重视其教育质量。寇松教育改革加大了官方对教育的干预,提高了学校教育的社会效应。但是,这种宗主国官办教育的方式进一步加强了民族国家教育殖民化的倾向。

三、民族教育运动

19世纪末20世纪初的印度民族教育运动是印度民族独立运动的重要组成部分,这个时期可以说是印度民族教育的萌芽和初步发展时期。

(一)民族教育思想的萌芽

由于印度旧经济结构的解体和西方文化的冲击,印度的传统教育体制受到破坏。西方教育的传播客观上推动了印度教育的发展。许多印度人在接受具有民主、自由思想的西方文化的同时,开始对原有的印度教育进行了反思,致力于建立印度本民族的近代教育制度。最先觉悟的是一批受西方文化影响、具有爱国思想的印度知识分子,他们首先意识到传统印度教的颓废与落后是印度衰败的根本原因,因此必须改革印度教,激发人民的民族精神。可以说,印度民族主义者对印度教的改革是印度近代民族教育建立的最初动力。

1. 罗易

罗姆·莫罕·罗易(Rām Mohan Roy,1772~1833)是印度近代启蒙思想的先驱者,宗教和社会改革的倡导者,也是印度近代教育的开拓者。他坚定地反对宗教蒙昧主义与封建专制主义,致力于传播西方先进思想和民族崛起事业,为印度复兴和民族觉醒作出了贡献。罗易认为,西方国家之所以有强盛的国力,正是因为他们掌握了社会科学和自然科学知识,印度要实现民族复兴,就必须抛弃传统的教育体系,转而采取以英语为媒介和重视现代科学方法、精神、思想的西方教育制度。早在1817年,他就在加尔各答建立了印度学院,这是印度人开办的第一所兼施西方教育和印度文化教育的近代学院。1828年,孟买商人共同资助建立了类似的爱尔芬斯顿学院。这两所学院的建立标志着印度民族教育制度变革的开端,成为近代培养民族知识分子的摇篮。

2. 泰戈尔

泰戈尔(Rabīndranath Tagore,1861~1941)是印度著名诗人和哲学家,他博学多才,著作丰硕,1912年获诺贝尔文学奖。泰戈尔把兴办教育事业当做实现人道主义和民族主义理想的最佳场所。1901年,他在桑蒂尼盖登(Santiniketan,意为"和平村")创办实验学校,代表印度民族教育的萌芽。到1921年这所学校已发展成为一所闻名的国际大学,泰戈尔将诺贝尔奖金全部捐献给学校并巡回募捐。

泰戈尔的教育思想可以归纳为四点:第一,确立教育目标的核心是"和谐"。他提出了求韵律、求和谐、求完整和统一的理想目标,相信人类具有追求完美的天性,要尊重自我和个性的价值,重视生命的创造力和丰富的艺术表现。第二,人道主义教育。他力图把教育与普通劳动人民的利益结合起来,寄希望于教育救国救民。第三,尊重儿童的天性。他批判了殖民教育的弊端,提出融合印度文明和西方教育思想,理解和洞察儿童的天性,使儿童自由充分地生长。第四,教育与社会实践相结合。泰戈尔希望通过自然教育、生活教育、艺术教育,为儿童自由成长提供最佳途径,他认为教育应密切联系自然、联系社会生活,强调教育必须适应社会的需要。

3. 提拉克

印度国大党也致力于建立印度近代民族教育。有"印度革命之父"之称的民族运动领导人提拉克(Bāl Gangādhar Tilak,1856~1920)认为,发展教育、培养新人是实现印度自治的重要内容。在他看来,英国人在印度建立的各种英式学校和教会学校对印度的未来具有破坏性,因为在这些学校培养出来的都是洋奴,他们早已忘却了印度的光荣历史和丰富的文化遗产。所以,提拉克主张建立民族学校,发展民族语言,加强传统文化和爱国主义教育,培养新一代具有自力更生精神、能够开拓印度未来的青年人。

4. 甘地

印度民族独立运动的领导人圣雄甘地(Mohandas Karamchand Gandhi,1869~1948)主张发扬民族文化,注重民族教育,反对种族歧视。他认为教育应该面向贫民、大众和民族,必须更好地结合本地的自然和社会环境,联系学生的实际生活。他还提出实施免费义务教育,实行母语教育,采用"做中学"教学方法,让儿童参与到与民族传统有关的活动中。

1905年,在民族独立运动中,振兴民族教育、抵制殖民化学校的呼声越来越高涨。1906年,印度民族教育委员会成立,宣布建立一个包括文、理、工科在内、具有民族主义特色的独立的教育体系,以区别于殖民教育体系。1906年,促进技术教育协会成立。这两个委员会的成立标志着印度第一次有组织的民族教育全面展开。然而,由于民族独立运动在1908年受到重创,以及殖民当局禁止一切官方机构和殖民化学校录用民族学校的学生,民族教育运动未能持久开展,到1909年开始衰落。

(二)近代女子教育的发展

近代生产方式的变革促使印度传统的家庭经济方式瓦解,越来越多的妇女走出家门从事生产劳动,妇女就业成为一种纯粹的经济需要;西方教育在精神领域的冲击也成为女子教育的内在动力。

印度近代女子教育的发展主要表现在:(1)早期传教士和印度进步人士的努力。早期传教士为了宣传基督教,一方面在学校里接纳印度女性,另一方面开办一些女子学校。1849年在加尔各答建立的贝休恩女子学校是印度近代女子教育史上的转折点。印度进步人士也认识到女子教育的重要性,创办了女童学校。(2)《印度教育大宪章》推动政府重视女子教育。1854年颁布的《印度教育大宪章》是印度近代女子教育发展的里程碑。(3)大学招收女生入学。从1877年开始,各大学允许女性入校学习,1877年加尔各答大学、1883年孟买大学开始招收女生,1878年在加尔各答成立了第一所女子大学。还有一些思想先进的妇女开始出国深造。(4)民族教育运动的兴起推动了女子教育。1916年印度女子大学在孟买成立标志着印度妇女教育的进一步发展,成为印度妇女教育发展史上的重要里程碑。1930年全印妇女大会教育基金会在新德里创办了欧文女子学院。

第三节　近代埃及教育

埃及作为古代文明的奇葩和阿拉伯伊斯兰文明的承载者和传承者,享有无可替代的历史地位和影响。但是,近代的埃及长期被列强殖民统治,19世纪之前埃及一直是奥斯曼帝国的属地,1798年法国入侵埃及遭到反抗,1805年穆斯林领袖穆罕默德·阿里实施社会政治改革,获得了实际独立。但1840年英国迫使埃及走上了半殖民地道路,并于1882年使埃及完全沦为英属殖民地。第一次世界大战爆发后,埃及人民开展了全国性的争取民族独立运动。在18世纪以前的几个世纪里,埃及的文化教育几乎与世隔绝。直到18世纪末19世纪初,穆罕默德·阿里建立了第一批近代医学、工程、会计、兽医等专科学校,使得埃及在穆斯林世界中独树一帜,稳步发展。

一、19世纪的教育碰撞

埃及社会长期处在一种闭关自守、愚昧落后的状态,人们的思想被禁锢在宗教意识形态和道德规范之中,一切都必须依照《古兰经》而定。1798年法国的入侵在客观上冲破了窒息的宁静,使埃及人看到了另一种文化,两种思想、两种文明产生了激烈的碰撞,埃及人在殖民生活中思索着怎样富国强兵、振兴国家。正是这种碰撞和思变构成了埃及改革旧教育制度、兴办新教育的社会背景。18世纪埃及的教育十分落后,高等院校只教授伊斯兰神学和法学,初等教育要求背诵教义,缺乏教育应有的责任和意义。这种教育落后状况已到了必须改革的地步。

（一）西方教育的渗透与伊斯兰教育

19世纪埃及教育的最大变化就是西方教育的引入。西方教育打破了埃及在教学上只求记忆、不求甚解的弊端,要求学思并举,发挥学生主观能动性,发展独立思考能力;西方教育扩充了教学内容,增设数学、物理、化学、医学、文学、音乐、美术、工程技术、兽医等科目,从而开阔了知识面,打破了宗教教育的藩篱;在学校教学中增设体育课,作为对学生进行品行、修养教育的辅助课目,培养学生刻苦锻炼、吃苦耐劳的精神。

传统的伊斯兰教育向埃及人灌输伊斯兰教的道德伦理思想,把他们培养成为虔诚的信徒,以此保证伊斯兰教作为一种思想方式、文化方式、行为方式和社会生活方式绵延不断。其教育思想虽适合埃及社会发展状况和文化背景,但这种教育既不完备,也不深刻。19世纪西方教育在埃及的发展和留学生的派遣,使埃及人的教育思想获得了极大解放。

他们认为,教育的目的应该是使人们具有自己的性格、风度和气质,而不是只简单传授知识;应该反复灌输身体健康的重要性、家庭与责任的重要性、友谊的重要性以及对祖国的爱、高于一切的爱国主义精神;应该引导人们去建设一个文明的社会。

(二)世俗学校的设立

在这样的教育思想指导下,19世纪埃及设立了各类专科学校,如工程技术学校、炮兵学校、步兵学校、医药学校、兽医学校和农业学校等。同时,还创办了世俗性小学和中学。到伊斯梅尔时代,各类世俗性中小学由1862年的185所增加到1879年的4817所,而且大都实行免费教育,国家承担教育经费。与此同时,埃及社会渴求知识,探索真理,学习技术,蔚然成风。一些西方国家在埃及兴办世俗性中小学校和高等院校以及广泛接纳埃及人留学欧洲,不仅为埃及培养了一批具有西方思想的新人,而且还大大有助于埃及人提高教育水准。

(三)翻译运动

19世纪西方学校教育的渗透掀起了翻译运动,客观上又促进了埃及对阿拉伯语言文字的研究。由于阿拉伯文中没有西方科学、艺术、政治术语,翻译工作者遇到了很多困难,于是许多埃及学者展开对阿拉伯语的研究,创造了大量新词汇和术语,同时又把古代阿拉伯语的词汇、语法加以修正改革,使之适合于表达新科学、新技术的含义。19世纪上半叶,埃及在语言革新方面的成就非常显著,直到今天,阿拉伯各国还一致承认埃及的语言是标准的阿拉伯语,各国不断派遣留学生到埃及学习。

总而言之,整个19世纪埃及在教育上破除陈规,学习西方先进教育,设立大批世俗学校,使教育得到显著发展,为智力的觉醒和社会的进步准备了坚实的思想基础和物质基础。

二、教育改革的推动者

影响19世纪埃及育改革和发展的因素多种多样,但统治者和政治家的积极推动是其中一个重要原因。穆罕默德·阿里和伊斯梅尔就是其中的两位。

(一)穆罕默德·阿里

穆罕默德·阿里(Muhammad' Ali,1769~1849)是阿拉伯国家近代史上的著名穆斯林君主,19世纪奥斯曼帝国的埃及总督。他锐意改革,励精图治,为建立一个以埃及为中心的阿拉伯主权国家,以富国强兵为方针,在政治、经济、军事、文化等领域进行了自上而下的全面改革,被称为"现代埃及之父"。

在教育方面,穆罕默德·阿里致力于建立一套完整的世俗教育制度。他成立了埃及教育部和教育委员会,负责世俗教育事务,创办了许多世俗性学校和各类专科学校,如1826年建立的财会学校,1829年成立的工程学校,1834年创办的行政管理学校等。这些学校除设置阿拉伯语、土耳其语、波斯语等科目外,还教授算术、几何、音乐、艺术、医学、技术等课程。为了尽快培养出一批人才,穆罕默德·阿里一面聘请外国专家到埃及讲学和帮助管理学校,一面选派优秀人才到欧洲各国留学深造,培养和造就了埃及第一代新型的知识分子。这些人回国后在政府各部门和军队中担任各级要职,渐渐取代了外国人的地位。

1837年,穆罕默德·阿里又建立了独立于传统教育体制之外的新型小学和预科学校。他责令刚刚组建的教育行政部门制定应急教育规划,设立50所小学,在校生达到5500人。儿童7岁入学,实行寄宿制,服装、食宿全部免费,学制三到四年,实施准军事管理。同时建立两所预科学校,从小学毕业生中选拔学生,学制四年,开设语文、代数、几何、历史、地理书法和绘画等课程,实行严格的军事化管理。穆罕默德·阿里还重视翻译出版事业,开办外语学校培养翻译人员,组织力量把大批外国军事和科技书籍译成阿拉伯文和土耳其文,创办印刷厂出版、发行阿拉伯、波斯和土耳其等文字的书籍、报纸。

(二) 伊斯梅尔

伊斯梅尔(Isma'il Pasha,1830~1895)是埃及皇室后代,穆罕默德·阿里的孙子,幼年在欧洲接受西方教育,深受西方文化的影响,1863年成为埃及总督,1879年因试图摆脱殖民控制,在英法两国的施压下被废黜。伊斯梅尔执政期间,改革政体,设立代议议会,改造关税制度、刺激商业、振兴工业,重视城市和铁路建设,大力促进教育事业发展。

伊斯梅尔的教育改革措施主要有两项:

其一是设立了一大批新型学校和教育设施。1866年开设第一所世俗法律高校,1891年培养出第一批埃及法官和司法工作者;开办工程、师范、医学类高等院校,兴办艺术、工艺、电讯、测绘、财会、农业等技术学校;新建许多世俗中小学;派遣172名埃及学生到欧洲留学;鼓励民间机构、个人和外国宗教团体参与办学;兴建规模宏大的国家图书馆和阿拉伯历史博物馆等;恢复了1850年被关闭的语言学校和管理学校。更为重要的是,伊斯梅尔将兴办教育事业看做是国家重建的需要、民族振兴的必由之路,而不是单纯的军事与政治需要。

其二是大力发展女子教育。伊斯梅尔深受西方文化影响,重视提高妇女的社会地位,创办了一批女子学校,使埃及妇女初步获得受教育的机会。1873年他鼓励和支持妻子创办了埃及第一所女子学校,取名为"索优菲亚女子学校",开设算术、地理、历史和宗教知识等基础课,还对学生进行诸如缝纫、纺织等女工手艺的实际训练。该校的设立打破了千年禁锢,使从小就被伊斯兰教道德规范所束缚、紧锁深闺、足不出户的埃及穆斯林妇女获得了基本权利。这不仅对埃及19世纪末20世纪初掀起的妇女解放运动具有重要意义,而且对整个穆斯林世界的妇女解放都具有深远的影响。

结　语: 以日本、印度和埃及为代表的近代亚非国家的教育发展呈现出不同的特点。日本是一个独立国家,在"富国强兵"、"殖产兴业"、"文明开化"三大方针指引下,伴随政治、经济、军事、文化领域的资本主义改革,实施了明治维新教育改革,广泛吸收欧美资本主义国家先进的教育思想和教育制度,并与本国固有的民族文化教育逐渐融合,从而建立起具有近代化特色的日本教育制度,使日本走向近代化教育的发展道路,避免沦为西方列强的殖民地。近代印度和埃及的教育基本上属于殖民化教育,西方教育方式的引入对落后的教育状况带来了前所未有的冲击。如何继承传统文化教育和借鉴西方先进教育理念成为这些国家教育改革的主要问题。在殖民主义政府的主导下,印度进行了自上而下的教育改革,觉醒的先进人士推动了民族教育运动;埃及则在两位极其重视教育的总督穆罕默德·阿里和伊斯梅尔的主导下,进行了旨在富国强兵、重建民族文化、借鉴西方文明的教育改革,使埃及教育发生了显著变化。

【讨论与思考】

1. 阐述明治维新时期教育改革的主要内容及其对日本近代发展的影响。
2. 比较森有礼和福泽谕吉教育思想的异同。
3. 试论印度近代殖民教育与民族教育运动之间的关系。
4. 分析殖民化对近代亚非主要国家教育发展的影响。

【扩展阅读书目】

1. 滕大春主编:《外国教育通史》(第4卷),山东教育出版社2005年版。
2. 〔美〕萨义德著,李琨译:《文化与帝国主义》,三联书店2003年版。
3. 瞿葆奎主编:《教育学文集·印度、巴西、埃及的教育改革》,人民教育出版社1991年版。
4. 王素著:《埃及教育》,吉林教育出版社2000年版。
5. 王长纯著:《印度教育》,吉林教育出版社2000年版。
6. 〔日〕福泽谕吉著,群力译:《劝学篇》,商务印书馆1984年版。
7. 张其学著:《后殖民主义语境中的东方社会》,中国社会科学出版社2008年版。
8. 〔日〕筑波大学教育学研究会编,钟启泉译:《现代教育学基础》(修订版),上海教育出版社2003年版。

第三编　现代教育史

本编重点讲述了19世纪末至20世纪初欧美教育革新运动的产生与发展;杜威教育思想的深刻内涵和寓意,对世界教育发展的深远影响;20世纪外国主要国家教育发展与改革的历程,教育理论发展与教育改革的关系;苏联社会主义教育模式的形成以及俄罗斯教育面临的机遇与挑战;现代欧美主要教育思潮及其影响与意义。

　　第十二章　欧美教育革新运动
　　第十三章　杜威的教育思想
　　第十四章　20世纪前期世界主要国家的教育发展
　　第十五章　20世纪前期苏联的教育改革
　　第十六章　20世纪后期世界主要国家的教育改革
　　第十七章　20世纪后期苏联(俄罗斯)的教育改革
　　第十八章　现代欧美教育思潮

第十二章　欧美教育革新运动

【内容提要】

19世纪末20世纪初的欧洲新教育运动和美国的进步教育运动是塑造现代教育的重要力量,它们均以改革传统学校和教育为主要目的,强调儿童中心主义,革新课程设置,探索新的教学方法,加强教育教学内容与现实社会生活的联系,重视吸收相关学科研究成果,从而为现代教育的科学化奠定了深厚的理论基础。

【学习目标】

了解新教育运动和进步教育运动形成背景、发展历程和主要代表人物;重点掌握主要教育教学实验;理解两个运动的影响及局限。

【核心术语】

新教育运动;阿博茨霍尔姆学校;德可乐利教学法;进步教育运动;昆西教学法;文纳特卡制;有机教育学校;杜威学校;设计教学法;道尔顿制;劳作学校;实验教育学;自由教育;《童年的秘密》;儿童之家;萨默希尔学校

第一节　新教育运动

新教育运动(The New Education Movement)是指19世纪末20世纪初发生在欧洲的一场反对传统教育理论和方法,倡导以现代教育的教育形式、内容和方法改造或重建传统学校的教育改革运动,又称为"新学校运动"。初期代表人物有英国教育家塞西尔·雷迪、德国教育家赫尔曼·利茨和法国教育家埃德蒙·德莫林等人,他们在推进各自国家新学校的建立中发挥了重要作用。进入20世纪后,新教育运动的代表人物主要有瑞典的艾伦·凯(Elley Key,1849~1926)、比利时的德可乐利、意大利的蒙台梭利等。新教育运动对欧美国家乃至世界许多其他国家的教育理论和实践产生了深远影响。

一、新教育运动的兴衰

19世纪后半期,新的科学技术在欧洲各国工业中广泛应用,资本主义经济发展更为迅速,促使社会生活发生巨大变化,同时对学校教育提出了更高的要求。虽然这一时期欧洲各国相继颁布了普及义务教育的法令,儿童入学率有了较大增长,然而,在欧洲国家学校教育中占统治地位且历史久远的传统教育理论、教学组织形式、课程内容和教学方法,已不能适应新时代的需求。另外,这时期自然科学的发展,尤其是生物学和心理学的研究成果,为"新教育"思想提供了科学依据和方法论基础。例如,受达尔文进化论影响,心理学拓展了研究领域,把心理现象作为一个过程进行综合研究,促使了科学心理学理论的诞生。更重要的是,卢梭、裴斯泰洛齐等教育家倡导的"自然教育"思想已在欧洲国家广为传播,为西方新的教育理论的诞生和发展奠定了初步基础。

(一) 兴起时期(1889~1914)

在共同背景下,欧洲不同国家的新教育家联合对传统学校教育发动抨击,提出新的教育观点和主张,以期建立教育的新秩序和人类生活社会的新生活。

早在19世纪90年代,新教育思潮已在英国占据了统治地位。1889年,被称为"新教育之父"的英国教育家雷迪创办的阿博茨霍尔姆学校标志着欧洲新教育运动的兴起。1912年在瑞士成立国际新学校事务局,作为各国新学校互相联络的中心。在这个阶段,新教育理论初步形成。

(二) 发展时期(1914~1944)

第一次世界大战后,新教育运动进一步发展。1921年"新教育联谊会"(New Education Fellowship)在法国的加雷市成立,并决定出版《新时代教育》杂志,宣传新教育理论。1922年,新教育联谊会章程正式颁布,提出新教育的七项原则,即增进儿童的内在精神力量;尊重儿童个性发展;使儿童的天赋自由发展;鼓励儿童自治;培养儿童为社会服务的合作精神;发展男女儿童教育间的协作;要求儿童尊重他人与民族,保持个人尊严等。这七项原则实际上成为新教育运动的国际宣言。由此,欧洲新教育运动出现了联合和国际化的趋势。从1921年起,新教育联谊会每两年召开一次国际讨论会,并在欧洲、亚洲和非洲部分国家和大部分英语地区建立了分会。新教育运动已扩展到德国、法国、比利时和意大利等国,在欧洲形成了20世纪前半期盛极一时的新教育运动。需要指出的是,新教育联谊会进入美国后,迅疾与进步教育运动联袂行动,成为与传统教育分庭抗礼的重要力量。

(三) 衰落时期(1944~1966)

随着世界经济、政治形势的发展,新教育联谊会的章程、宗旨不断修订。1932年,新教育联谊会章程中提出通过教育改良社会的要求,教育应使儿童领会当时社会和经济的复杂性。1942年,新教育联谊会通过《儿童宪章》,突出所有各阶层儿童均应有权平等享受义务教育,以符合世界性普及教育的趋势。第二次世界大战以后,新教育联谊会主要关注战后教育的改革问题,这标志着新教育联谊会开始进入一个新的时期,也意味着新教育运动开始走向衰落。1966年,新教育联席会改名为"世界教育联谊会"(World Education Fellowship),这标志着新教育运动的终结。

二、新教育运动中的著名实验

在"新教育运动"中,新教育家们积极开展教育实验活动。英国教育家雷迪的阿博茨霍尔姆学校、德国教育家利茨的乡村教育之家、法国教育家德摩林的罗歇斯学校、比利时教育家德可乐利的隐修学校等比较有影响。

(一)雷迪的阿博茨霍尔姆学校

英国教育家雷迪(Cecil Reddie,1858~1932)于1889年创办了阿博茨霍尔姆(Abbotsholme)乡村寄宿学校,该学校也被誉为欧洲新学校的典范,它的创办标志着新教育运动在欧洲的开始。学校位于乡村优美的自然环境中,有田庄、牧场、果园、木工场地,校舍自修自建,招收11~18岁男孩。其办学目的是提供"一种完全现代和有合乎情理特点的适应社会'领导阶段'需要的全面教育"①。为实现其办学目的,阿博茨霍尔姆学校强调促进儿童身心全面发展,重视培养儿童个性特征和开展创造性活动。课程包括农艺、体育与手工劳动、艺术、文学、语言、科学、社会教育、道德和宗教教育等,以训练儿童的体力、智力和手工技巧。采用家庭式教育管理方式。1889~1899年为其全盛期,后逐渐衰退。经雷迪后人的努力,10年后又有所发展,开始招收女孩,并发展许多分支学校。雷迪的新学校理想曾吸引利茨、德摩林等一批年轻人到阿博茨霍尔姆学校访问或任教。他们后来也建立了类似的学校,传播和发展了雷迪的新教育理想。

(二)利茨的乡村寄宿学校

1898年,德国教育家利茨(Hermann Lietz,1868~1919)在伊尔森堡创办德国最早的乡村寄宿学校,被称为"乡村教育之家"(Landerziehungsheime für Jungen)。乡村教育之家是一种私立学校,一般设在远离城市的乡村或森林中,招收9~19岁的学生,偶尔设有适合年龄较小学生的低级班。乡村寄宿学校注重学生的身体健康和人格发展,为学生提供完备的生活、学习条件;尤其注重师生间及学生间融洽和谐的关系,注重精神和审美价值,强调科学、现代语、艺术、手工和体育活动。学校渗透着新教育的精神。

利茨创办乡村寄宿学校的实践在德国产生了巨大影响。曾在这里任教过的教师后来在德国其他地区建立了类似的学校,至第一次世界大战前这类学校已达12所。

(三)德摩林的罗歇斯学校

1899年,法国教育家德摩林(Edmond Demolins,1852~1907)在巴黎郊外诺曼底风景区德勒创办法国第一所新学校——"罗歇斯学校"(École of the Roches)。该校基本仿照英国教育家雷迪的阿博茨霍尔姆学校和巴德利(J. H. Badley,1865~1967)的贝达尔斯学校的办学思想②,目的在于养成学生强壮之身体、诚实之道德、富于自由独立之精神,成为

---

① 〔澳〕康内尔著,张发琨等译:《二十世纪世界教育史》,人民教育出版社1990年版,第264页。
② 巴德利是英国教育家,原为阿博茨霍尔姆学校教师,1893年,他在英格兰南部创办了贝达尔斯学校(Bedales School)。

对社会有用的、发展健全的人。该校为男子寄宿中学，男生自八九岁入学，先上小学课程，然后接受中等教育，中学毕业后或入大学或从事行政等职业。学校设备完善，建有良好的学生宿舍，实行寄宿制。学生分在5幢宿舍楼，每幢楼住25~35名学生，教师5人。起居、饮食、课堂教学都在楼内，组成一个和谐的社会团体，又叫"小家庭"，制定"家庭生活"规则。每个"家庭"住一幢楼房，附有花园，养有家畜；教师与学生同住，指导小家庭生活。学生实行自治，由学生自己组织各种委员会，主持出版校报，开展体育运动和工厂劳动等活动。学校课程包括三大类：第一类是古典科，开设希腊语、拉丁语等科目；第二类是现代科，主要学习现代语、数学、自然科学、历史、地理等科目；第三类是特别科，为从事农业和其他实业者开设各门必要的科目。除了开设正规课程，罗歇斯学校还组织体力劳动和小组游戏，尤其重视体育运动，因此该校也被称为"运动学校"（The Sport School）。

（四）德可乐利的隐修学校

1907年，比利时教育家和心理学家德可乐利（Ovide Decroly，1871~1932）在布鲁塞尔近郊创办了一所推行新教育的实验学校，取名为隐修学校（The Hermitage School），又名"生活学校"、"德可乐利学校"。校园宽敞明亮，适宜儿童的活动和作业；学生一律走读；推行一套新教学制度，进行教学和课程改革，形成著名的"德可乐利制"（Decroly Plan），又称"德可乐利教学法"。该教学制度具有六个特点：第一，取消分科教学，以儿童对食宿、保护、防御和活动的四种兴趣为中心安排综合课程和教学体系；第二，学校根据儿童的三种心理程序即观察、联想和表达，采用整体化的教学方法，引导和组织学生的观察、联想（时间和空间的联想）、具体表达（制作模型、绘画、剪纸及各种手工劳动）和抽象表达（讲故事、谈话、写字、阅读、作文等）；第三，学校不是学生听讲的课堂，而是学生的工作场地和实验室；第四，教学中培养儿童互助合作、自觉遵守纪律和为团体服务的品质；第五，课桌不是前后排列，而是布置成马蹄铁的形状；第六，学生的学习成绩不用分数单形式报告家长，而是写成综合报告，分析儿童身体、体育、游戏、智力、观察能力、表达能力等各方面的发展情况。

德可乐利的新教育实验，极大地推动了比利时乃至整个欧洲新教育运动的发展。1936年比利时官方制订的教育改革计划，整体采纳了德可乐利的思想。法国教育史学家罗格·加尔（Roger Gal）在总结新教育运动的历史意义时指出，德可乐利对儿童的观察和实验"在繁忙活跃的气氛中进行，在实行互助和自我纪律的学校共同体之中进行。这无疑是'学校为生活，学校依靠生活的最完整、最平衡的范例'"①。

三、新教育运动的特征和影响

倡导新教育的教育家根据各自对新教育的理解兴办了各具特色的新学校，他们大多数在办学模式、目的、课程及方法等方面，都吸收和借鉴了雷迪的新教育思想，有许多一致

---

① 转引自戴本博主编：《外国教育史》（下册），人民教育出版社1990年版，第49页。

的特征。

（一）特征

第一，新学校大多设在乡村或大城市的郊区，办学条件优良，自然环境优美，有利于儿童了解自然，在自然中发展智力和体力。

第二，新学校一般采用家庭式的教育管理方式，在管理、教育和教学中体现浓厚的民主和自由的氛围；师生拥有自治权，师生之间、学生之间互相关爱，关系融洽。

第三，新学校把学生的各种活动与学习融为一体，重视体育、手工、文艺活动，以此培养学生的观察能力、审美能力和独创精神，使儿童得到全面发展。

第四，教育内容上重视现代人文科学和自然科学，重视活动和经验，鼓励合作的团队学习活动；教学以儿童兴趣和需要为基础，反对体罚，重视儿童个性和思维能力的发展；道德上灌输资产阶级民主、协作的观念，从而培养儿童的责任心和进取心。

第五，新学校的办学目的是为资产阶级培养新一代管理人才，招收对象仅限于中上层阶级的子女，规模小，学费昂贵，学校完全独立于国家教育系统之外。

（二）影响

第一，新教育思潮促使人们对西方教育传统进行全面反思，推动了人们对于教育现象的重新认识。

第二，新教育家们创办的新学校对现代教育改革提供了崭新的视角和模式，新教育运动中形成的思想和开展的教育实践活动，对20世纪欧美国家的教育产生了广泛而深刻的影响，构成了20世纪西方教育的重要起点。"新学校"自然的学校环境和优越的学校设备有利于儿童的个性发展；"新学校"非常重视体育运动，增强儿童身体健康；教学活动培养儿童独立精神，强调儿童的兴趣和满足儿童的创造性要求；学校的自治也有助于儿童养成组织社会生活的能力。

第三，新教育运动促进了欧美各国教育家的交流，推动了新教育思想的传播。早在新教育思想产生之初，瑞士教育家费列尔于1899年在日内瓦成立了国际新学校局，到1913年，注册加入国际新学校局的"新学校"已达100所左右。它的建立一定程度上加快了新教育思想在欧洲各国的传播以及新学校的发展。1914年，一些新教育家在英国开会，讨论和交流新教育思想，之后，他们每年举行一次会议。1921年夏，新教育联谊会成立，每两年召开一次国际会议，并出版《新时代》杂志，促进了欧洲各国新教育家之间的了解和交流。

但是，新教育也存在一些局限性。新教育家们只关注儿童个人的发展，注重精英教育，始终未能解决好教育过程中的一些基本矛盾，如儿童主动性与教师工作的矛盾、活动与系统知识的矛盾、自由与纪律的矛盾以及个性与社会合作的矛盾等。当然，这些问题至今仍然是教育教学理论和实践努力探究的课题。

第二节 进步教育运动

进步教育运动(Progressive Education Movement)是19世纪70年代至20世纪50年代在美国出现的以杜威教育哲学为主要理论基础,以进步教育协会为组织中心,以改革美国学校教育为宗旨的教育革新运动。它与欧洲新教育运动一起,共同成为19世纪末20世纪初世界教育思想的主流,同时又是世界现代教育思想的重要开端。进步教育思潮顺应美国工业化、城市化和民主化对教育的要求,抨击传统教育的弊端,强调教育与社会、教育与生活、教育与实践的联系,重视儿童的地位,倡导以经验和活动为核心的课程设置,主张从"做中学"的教学方式,是迄今为止美国历史上持续时间最长、影响最广泛的一种教育思潮。其主要代表人物有帕克、杜威、拉格(H. Rugg,1866~1960)、康茨(George sylvester Counts,1889~1974)、克伯屈等人。

一、进步教育运动兴起的社会背景

进步教育运动的出现主要有三大社会背景。其中西方教育学和教育思想的学科化和系统化,是进步教育产生的内在动力,并为其提供了理论基础;20世纪初美国社会的大转折和传统教育的衰弱是进步教育产生的客观需要。

(一)社会大转折

南北战争后,美国逐步由农业国向工业国、由自由资本主义向垄断资本主义、由殖民地文化向独立文化转变。工业化导致物质财富的激增和人口向城市的高度集中,刺激了自由市场经济的发展,同时也带来了一系列社会问题,如经济生活混乱,经济危机频繁;贫富分化加剧,劳资对立;道德文化衰落,精神文明未能与经济发展同步前行等。此外,边疆开发速度加快,移民人数剧增等也带来许多问题,在这种背景下,引发涉及各领域的社会改革,进步教育改革运动是19世纪末在美国广泛兴起的社会改良运动——进步主义运动的一部分。

(二)西方教育思想的发展

首先,进步教育运动源自于卢梭、裴斯泰洛齐和福禄培尔等人的具有现代教育特征的新思想。卢梭主张教育应遵循人的自然本性,使人得到自由的发展;自然教育的目的是培养自然人,教育要根据儿童的身心发展特点施教。裴斯泰洛齐的"教育心理学化"和"要素教育"的理论要求教育依据自然的法则。福禄培尔的幼儿园教育理论同样强调,教育需遵循自然的法则,即适应儿童的本性,适应儿童的自然环境,在自然界中对儿童进行教育。卢梭、裴斯泰洛齐和福禄培尔的教育思想确立了一种自然教育和儿童本位的教育观,对杜威的教育思想和实践产生重要影响,促使儿童中心主义在美国迅速传播,奠定了欧美新教育改革的思想基础。

其次,赫尔巴特的教育教学理论推动了美国教育科学运动,使进步教育对传统教育有了深刻认识。赫尔巴特将教育学建立在伦理学和心理学基础上,致力于教育学的科学化和普及化,顺应了当时世界教育运动对教育理论和培训教师的需要。赫尔巴特所领导的教学论研究所、教育研究所吸引了来自世界各地的教育者,成了19世纪末20世纪初世界教育思想的中心。这个时期,美国兴起了赫尔巴特运动,1895年,成立了全国赫尔巴特教育研究学会(1910年改名为全国教育研究学会),杜威是该学会成员之一。可以说,没有赫尔巴特就没有美国的教育科学运动,就没有帕克的教育心理化的努力,也就没有杜威对传统教育的深刻分析。

再次,19世纪末的儿童研究运动直接推动了进步教育运动的发展进程。1894年,美国建立儿童研究会,并在23个州成立分会。1887年,心理学家霍尔(Granville Stanley Hall,1844~1924)创办《美国心理学杂志》,美国成为世界儿童研究运动的引领者。这场运动促进了美国进步教育的发展并为其提供了理论基础。

最后,杜威的教育理论对进步教育产生了很大影响。杜威将实用主义哲学、生物科学以及进化论等观点运用到教育理论研究和教育实践探索,提出"教育即生活"、"教育即生长"、"教育即经验的改造"的教育本质论观点,强调教育与生活的联系;阐述了以"做中学"为中心的活动性和经验性的课程论思想;教学方法上倡导"五步教学"等等,这些思想成为进步教育运动的主要指导理论。

(三)旧教育的不适应性

当时美国沿袭的欧洲形式主义课程,教材教法因循守旧,清规戒律繁多;教育内容与生产严重脱节,教育不适应当时社会需要;教育过分强调"重塑",严重忽视了教育中人的主观能动性,没有认识到教育的"改造"功能等等。旧教育遭到有识之士的抨击,呼吁对美国教育进行一场变革。

二、进步教育运动的发展历程

一般而言,进步教育运动经历了四个时期:形成期、拓展期、转折期和衰落期。

(一)形成期(1883~1918)

这个时期在实践上以进步教育之父帕克的昆西学校和库克实习学校的出现为标志,在理论上则以帕克1883年的《关于教学的谈话》、1894年的《关于教育的谈话》以及杜威的《我的教育信条》、《学校与社会》、《明日之学校》、《民主主义与教育》为基础。帕克和杜威的著作共同促进了进步教育运动的兴起及其思想的形成,在他们的带动下,出现了众多的进步教育实验学校,如约翰逊的有机学校,沃特的葛雷制学校等,进步教育课程和教法的基本模式的原则从此建立起来,这是进步教育思潮得以成立的内在依据。这些原则包括:(1)重视学校与社会的联系;(2)以儿童兴趣为中心;(3)开设综合课程(学术课程和活动课程);(4)强调个别教学等等。这些原则的建立直接为下一阶段各种课程模式的出线奠定了基础。此外,这一时期的进步教育运动还得到包括中产阶级和大资产阶级在内的社会各界的推动和认可。正是在各种力量的推动下,在不到30年的时间内就形成了从内容到体制都得到更新的美国进步教育体系。

(二) 拓展期(1919~1929)

从1919年3月进步教育协会(Progressive Education Association)成立到1929年经济危机爆发为进步教育思潮的拓展期。

美国进步教育协会的成立标志着进步教育思潮在整体上走向了专业化和组织化,使得教育运动从分散走向了集中。1920年,进步教育协会制定"进步教育七项原则":(1) 给儿童本性自然发展的自由;(2) 兴趣是一切活动的动力;(3) 教师是引导者,不是监督者;(4) 科学地研究学生的发展;(5) 关注影响学生身体发展的一切因素;(6) 为满足儿童生活的需要,学校和家庭应进行协作;(7) 进步学校应该成为教育运动的先导。1924年,协会的会刊《进步教育》(Progressive Education)杂志创刊。这些组织和宣传工作为进步教育思想的传播、交流和发展奠定了深厚基础。这一时期的教育研究和实验依然集中在初等教育,重点仍然是儿童发展,道尔顿制、文纳特卡制、设计教学法等即是围绕这一倾向而产生的几种著名课程和教学模式。

(三) 转折期(1929~1938)

从1929年经济大萧条到1938年,是进步教育运动发展的重大转变时期。这一时期出现的"八年研究",使进步教育运动达到了一个新的巅峰。同时,受社会变革的影响,进步教育也出现了研究重心的转变,即从以往对教育的批判向妥协转变,从初等教育向中等教育转变,从以前强调儿童中心和个人自由发展转变为强调学校的社会职能。这种转变使得进步教育思想开始出现分裂,并开始走向衰落。

(四) 衰落期(1938~1957)

1938年,俄亥俄州立大学教授博德(Boyd Henry Bode,1873~1953)出版《进步教育在十字路口》(Progessive Education at the Crossroads)一书,标志着进步教育思潮衰落时期的到来。1944年,进步教育协会改名为"美国教育联谊会";1955年,进步教育协会解散;1957年《进步教育》杂志停刊,标志着美国教育史上一个时代的终结。

进步教育运动衰落的原因主要是:(1) 不能与美国社会的进步保持同步,1957年苏联卫星上天导致社会对进步教育的质疑和批评;(2) 进步教育理论和实践存在诸多内在的矛盾和局限,使其没有很好地处理好活动与系统知识、自由与纪律、教师与学生等教育基本矛盾;(3) 具有传统主义色彩的教育思潮,如要素主义、永恒主义以及从进步教育思潮分化出来的改造主义,对进步教育思潮的批判,也加速了其衰落。

三、进步教育运动的主要实验

进步教育运动中出现了一批以改革旧教育为宗旨的教育实验和实验学校,涌现出了一批有创新思想的教育家,并形成了一些教育理论,促进了进步教育运动的繁荣和发展。

（一）帕克的昆西教学法

帕克（Francis Wayland Parker，1837～1902）是美国教育家，1869 年开始担任师范学校校长，进行了一系列教育改革活动。1875～1880 年，他就任马萨诸塞州昆西市督学，致力于昆西的教育改革。他提出"教育要使学校适应儿童，而不是使儿童适应学校"的原则，对课程、教材和教法进行了改革。帕克主张放弃背诵，提倡理解；反对割裂的课程中心，提倡以儿童为中心设置综合课程；注重各科间的联系并用报纸、杂志、活页读物代替教科书；增设科学、艺术、音乐、手工、体育和图画课及郊游，培养学生自我发现，不依赖课本而主动学习等等。帕克推行的一系列教育教学改革受到当时美国教育界的广泛关注，被誉为"昆西教学法"（Quincy Plan），又称"昆西制度"。

帕克的昆西教学法引用了裴斯泰洛齐注重儿童内心发展、实物教学、教育家庭化的主张；福禄培尔的游戏和活动教学；赫尔巴特的兴趣和统觉等观念。因此，昆西学校成为美国第一批新教育理论实验的代表。通过这些实验，帕克认识到新教育的核心是关心儿童的成长，研究儿童应该通过他的自然的活动和活动倾向来进行，形成了他的儿童中心的观点。1883 年，帕克任芝加哥库克县师范学校校长，进一步发展昆西教学法，积极发起反对传统学校机械教学方法的运动。1883 年，帕克出版《关于教学的谈话》，对昆西教学法作了总结；1894 年，他又出版《关于教育的谈话》一书，这两本著作成为美国早期向科学教育学过渡的标志之一。帕克的实验对杜威产生了较深的影响，他称帕克为"进步教育之父"。

（二）杜威的芝加哥实验学校

1896 年 1 月，杜威创办芝加哥实验学校（即"杜威学校"，Dewey School），旨在检验他根据哲学和心理学原理提出的教育学假设。这些假设是如何使儿童的家庭生活与学校教育密切联系；如何使儿童在学校学到的知识与经验相互联系；如何激发儿童的动机和兴趣；如何使教材与儿童的活动相联系；如何处理发展个性与社会合作的关系。基于上述假设，杜威为芝加哥实验学校制定了基本原则：（1）注重教育的社会性；（2）重视活动；（3）采用社会性作业课程；（4）注重应用科学方法。

芝加哥实验学校的经费来自私人捐款和芝加哥大学拨款。杜威夫人任校长。最初有学生 16 人，教师 2 人；1902 年达到鼎盛期，学生 140 人，教师 23 人，另有 10 名研究生担任助理教师。学生年龄为 4～14 岁，班级规模通常为 8～10 人，各班再根据学生兴趣分成小组。

课程以杜威的儿童心理学为依据。杜威认为，儿童的本能有四种类型：一是社交的本能，表现为与人交谈和分享经验；二是制作的本能，表现为游戏、活动和制造物品；三是探究的本能，表现为对周围环境的好奇和调查；四是表现的本能，表现为以艺术的方式进行交流。他主张，学校课程应为儿童本能的合理展现选择和提供合理的材料，以儿童为依据组织课程。因此，杜威设计了三种类型的课程：与职业相关的课程，包括木工、金工、厨艺等科目；与社会生活背景相关的课程，包括历史、地理等科目；与智力活动相关的课程，包括阅读、书写、算术等科目。

芝加哥实验学校的基本方法是活动,而活动的具体表现形式是作业。所谓作业,是指复演社会生活中进行的某种工作或与之平行的活动方式。杜威认为,作业具有多方面的优越性:它可以密切学校与生活的联系;使经验的智力方面和实践方面保持平衡、内在生活和外在生活保持统一;可以激发儿童的学习兴趣,等等。

1904年,杜威辞去芝加哥大学哲学、心理学和教育系主任职务,实验学校活动亦告终止,未能延伸到中等教育阶段。但杜威实验学校在进步教育运动中占有重要地位,它的最大意义在于对杜威教育理论的贡献。通过杜威学校的实验,帮助杜威实现了建立科学教育学的愿望,形成了一套完整而系统的教育理论,从而成为进步教育的指导思想。

(三) 约翰逊的有机教育学校

有机教育学校(The School of Organic Education)是1907年美国女教育改革家约翰逊(Maritta Johnson,1864~1938)在阿拉巴马州的菲尔霍普镇创办的一所由私人赞助、免收学费、包括从幼儿园到中学阶段的实验学校。

约翰逊进行教育实验的主要理论依据是卢梭的教育思想,同时她也吸收了纽约普拉特学院院长亨德森(C. H. Henderson,1861~1941)的"有机教育"理念、儿童心理学家霍尔以及杜威的有关思想。约翰逊认为,教育者的责任就是尊重儿童在其生长阶段的需要和兴趣,为其生长提供适当的条件,而不是为遥远的未来做准备而牺牲他眼前的需要和快乐;教育教学活动应注重、关心儿童现在的生长,尊重儿童人格,顺应其自然发展;要重视培养学生的利他精神、坦率性格和创造性,以适应社会生活的需要。

基于这种认识,约翰逊组织了不同的教学内容和形式,按儿童需要安排教学过程,通过各种形式的活动课程,在活动和做的过程中获得经验、掌握知识;教学中强调儿童兴趣,取消了背诵、指定作业、考试、升留级等制度,教师成为辅导者;学校不分年级,仅根据学生年龄分组。她将学生分成了6个生活班级,即幼儿班(6岁以下)、第一生活班(6~7岁)、第二生活班(8~9岁)、第三生活班(10~11岁)、初级中学(12~13岁)、高级中学(14~18岁)。在生活班里主要安排了体育、自然研究、音乐、手工、野外地理、讲故事、感觉教育、戏剧表演、数的基本概念等活动课程。这些课程一般都是在室外进行。儿童8~9岁之前学习体操、音乐、手工、常识,进行感觉训练;8~9岁开始阅读和写字,随着年龄增长,课程也相应增加。到初级中学后,课程才逐渐系统化。

杜威在《明日之学校》一书中称该校"教育为自然发展的一个实验"。一般将该校看做儿童中心学校的一个典型。

(四) 沃特的葛雷制

1907年,杜威的学生沃特(William Wirt,1874~1938)被印第安纳州葛雷市教育委员会任命为督学,他上任后就立即设计了一种从幼儿园到中学的学校制度并组织实施,史称"葛雷制"(Gary Plan)。这种制度实际上是杜威教育思想的一种整体的有机体现。

沃特认为,学校的教学活动应包括知识教育、体育、手工训练、科学教育和艺术教育,并为所有儿童提供多方面的机会。为此,学校必须增设游戏场、健身房、图书馆、科学实验室、商场、博物馆、公共食堂及其他公共运动场所,这样不仅可以促进儿童多方面的发展,还有利于密切联系儿童的校内生活与校外生活。为了提高学校效率,减少教学资源浪费现象,沃特采取了三种方法:(1)延长学生在校时间,从5小时延长到8小时;(2)采用"分团学制"(the platoon system),又称"工读游戏制"(work-study-play system),即多收一倍的学生,将学生分成两部分,一部分在教室上课,另一部分则分散在图书馆、体育场、工厂、商店及其他公共场所进行各项活动,上下午对调;(3)利用夜间、周末、暑假举办各种形式的成人教育,提高学校的利用率。在教学组织形式方面,葛雷制采用了更灵活有效的办法,即不按年龄分班而以能力分班,分为快班、普通班、慢班,采用小班上课。学生可能在不同科目的三种不同班级中学习,充分体现了学生的个别差异,是真正意义上的对所有学生都平等的分层次教学。

葛雷制旨在建立学校与社会的联系,培养学生的自主和社会精神,真正提高教育的效益。因此,葛雷制学校受到杜威的关注。同时,葛雷制也被认为是进步主义教运动早期最具代表性、最为完整地反映了进步教育思潮的基本精神和特征的实验。

(五)帕克赫斯特的道尔顿制

道尔顿制(Dalton Plan)是美国著名女教育家帕克赫斯特(Helen Parkhurst,1887~1973)在马萨诸塞州的道尔顿中学推行的一种新的课程和教学计划。

道尔顿制的主要内容包括:(1)指定作业。教师以书面的形式把指定作业确定下来,并根据不同学科和学生的不同特点进行安排,还要充分考虑每一个学生的特殊需要和爱好。指定作业通常以一个月为时间单位,内容包括所学科目的主要内容、每周学习主题、书面作业、记忆作业、参考书目等。(2)工作合同。每个学生与导师之间都有一本工作合同手册,上面印有某科、某日的学习问题。课程采用单科独进,每一科大约有20天时间。学生以合同形式认领学习任务,在制定作业要求的范围内按照自己的能力和兴趣,自由支配时间、自由确定学习的进度。学生如能提前完成工作,可以进入下一门科目的学习。(3)实验室或工作间。实验室是按照学科计划划分的取代传统教室的综合场所,也是学生学习的场所,配备教师指导学生,学生可自由出入。(4)表格法。每个学生有一张工作卡,用于记录学生完成指定作业的情况,以帮助学生掌握学习进度和时间。

道尔顿制主要是针对班级授课制的缺点而提出的,强调给儿童自由、师生合作、照顾个别差异及独立工作能力的培养。因此在20世纪20、30年代影响巨大。先盛行于美国,后扩大到欧洲和苏联。1921年10月,英国成立道尔顿协会,至20年代中期,英国约有2000所学校施行道尔顿制。1922年,道尔顿制传入中国,曾在部分中小学试行。20世纪30年代末,道尔顿制走向衰落。

(六)华虚朋的文纳特卡制

文纳特卡制(Winnetka Plan)是进步教育家华虚朋(Carleton W. Washburne,1889~1968)于1919~1943年间在担任伊利诺斯州文纳特卡镇公立学校校长和学区负责人期间实施的一种个别教学实验。

华虚朋认为,学生掌握知识和技能的速度存在显著差异,教师要选择学生可以接受的方式培养他们自我学习、自我教育和创造的能力,发展他们的社会意识和合作精神,帮助他们内心与社会的调适,从而实现学生的全面发展。因此,集体教学法应让位于促进个体发展的方法。在他看来,每个儿童要经历三个教育阶段:一是掌握基本的知识和技能;二是有充分的机会表现自己,从事创造性活动;三是逐渐认识自己是社会的一名成员。基于此,文纳特卡制的主要内容是:将课程分为两部分,一部分为所有学生需掌握的共同知识和技能,包括读写算等。通过个别教学,按学科进行,以学生自学为主,适当进行个别辅导;每个学生要求按自己的能力和可能的进度拟订学习计划,按计划学习,并要求学生在工作簿上记录其进展情况;最后以考试形式检查学生学习结果,并由学生自己根据考试成绩决定下一步的学习方向。另一部分集体活动和创造活动,以小组为背景开展活动或施教,目的是发展儿童社会意识。通过手工劳动、音乐、艺术、运动、集会以及商业、编辑、出版等团体活动随机进行,无一定程序,也不考试。

文纳特卡制与道尔顿制基本一致。但它强调基本知识和技能在儿童个性发展中的作用,突出培养儿童自我教育能力和社会感,提倡教学个别化、学校社会化,被认为是对道尔顿制的改进。

(七)克伯屈的设计教学法

克伯屈(William Heard Kilpatrick,1871~1965)是杜威的学生,杜威教育理论的主要推广者。他继承了杜威实用主义教育哲学并使之通俗化,变成一种广义的教学法,即将教育看做是与整个生活相关的整体,以生活为中心确定教育目的、课程和教法的方法。同时他又在研究美国教育心理学家桑代克(Edward Lee Thorndike,1874~1949)的学习理论的基础上,创造出了一种狭义的教学法,即一般意义上的传授知识和技能的方法。在两者的基础上,克伯屈提出了独特的设计教学法(Project Method)。

设计教学法是一种由学生在实践中自动、自发进行有目的、有计划、手脑并用、获得完整经验的活动。它废除传统班级授课制,摒弃教科书,打破学科体系,儿童根据自己的兴趣决定学习目的和内容,在学生自己设计、自己负责实行的单元活动中获得有关知识和解决实际问题的能力。教师的作用在于激发学生的学习动机,帮助学生获得活动所需要的教材。

克伯屈把设计划分成四种类型:一是生产者的设计,目的是以外在的形式体现某一思想或计划,即建造或生产某物;二是消费者的设计,即以消费为目的,吸收与享用别人所生产的东西,又称"欣赏设计";三是问题的设计,旨在解决一个问题,澄清某种理性的困难;四是练习的设计,或称"具体学习设计",旨在获得某种技能或知识。他认为,无论是哪一类型的设计,都必须具备四个特征:(1)设计必须是一个由学生自己意识到的、有待解决的实际问题;(2)设计必须是有目的、有意义的单元活动;(3)设计必须由学生负责计划和执行;(4)设计必须包括一种有始有终可以促进经验增长的活动。

克伯屈认为,在上述四种设计中,生产者的设计是重点,因为它最能体现教育的社会化。但四种设计的分类不是固定的,一个具体的学习单元可以包含两个或两个以上的设计。设计既可以是个人的,也可以是集体的。

克伯屈根据杜威的五步教学法,提出设计教学法的四个阶段:(1)决定目的;(2)拟订计划;(3) 实施工作;(4) 评判结果。在这个过程中,克伯屈特别强调了教师的指导和决定作用,教师应保证活动的目的具有教育的价值。但四个阶段的实施则以学生为主,由他们自己找材料、自己研究。此外,这四个阶段的次序不是固定不变的,可以根据具体情况从某个阶段开始。

设计教学法充分发挥儿童的主动性和积极性,使儿童成为学习的主人;力求使教学符合儿童的心理发展规律,以提高学习效率;注重培养儿童合作精神,加强儿童与实际生活的联系。但设计教学法的方法步骤主要是针对生产者的设计而言的,没有为学习知识的设计教学确定明确的步骤,因此,设计教学法实施的结果容易导致系统知识学习的削弱。

设计教学法问世后,在美国迅速传播,20世纪30年代,它不仅为西欧国家和苏联所采用,也对中国、印度和埃及等国家的教育有较大影响。

四、进步教育运动的影响与局限

进步教育运动是20世纪西方教育发展中具有里程碑意义的一种教育思潮。历时半个世纪的进步教育运动对美国乃至世界教育产生了深刻而广泛的影响。

(一) 影响

进步教育运动是一次既有理论又有实践基础的教育运动,它塑造了美国的现代教育,使美国适应了新时代的发展。

1. 对美国的影响

在这场教育运动中出现的新式学校,在教学方法、教育目的、课程改革等方面都做了有益探索,形成了美国学校教育的基本特征。第一,修订和扩大课程设置,关注职业、文化和课外活动;第二,以智力和成绩测验为依据,划分学生,加强学生编组的多样性和灵活性;第三,强调教学过程应从儿童的个别现实的生活经验和需要出发,突出他们学习的积极性、主动性、独立性和创造性,使课堂充满机动性和灵活性;第四,改进教学设施,为学生营造舒适宽松的学习环境;第五,重视教育与现实生活的联系,强调了教育的社会功能,等等。这些特征通过传播影响了世界教育,标志着具有美国特色的教育理论体系的初步形成,也标志着美国教育从步欧洲后尘走向了成熟发展的道路。

2. 对世界的影响

美国进步教育运动与欧洲新教育运动的理论相互借鉴交流,共同奠定了现代教育思想的重要基础。欧洲新教育运动比较集中地反映了资产阶级尤其是大资产阶级对教育的要求,美国进步教育思潮代表的是中产阶级的利益,甚至还联合了下层大众的力量。尽管两者存在差异,但因时代的共同特征如工业革命和资产阶级对教育的迫切需求,二者有着许多相似之处,如强调个性化的儿童中心的教育,注重实际知识的学习和掌握,等等。这使得二者自始至终都处于相互学习和交流中。

进步教育思潮对苏联社会主义教育制度的建立发挥了积极作用。美国进步教育思潮在十月革命前已传到俄国。1917至1930年是苏联将旧教育制度改造为社会主义教育制度阶段,这时期杜威的思想受到高度重视,其每一本新著都被翻译。道尔顿制、综合教学法、设计教学法在苏联流行,苏联的学校制度体现出灵活并重视教育实验,教育与社会生活、与生产劳动的联系较为紧密等特点。1928年,杜威和克伯屈先后访问苏联,这是进步教育思潮在苏联的影响达到顶峰的标志。

进步教育思潮对中国教育同样产生了重要作用。1919年五四运动前夕,杜威到中国进行考察访问,宣传其政治和教育观点。陶行知、黄炎培、晏阳初、梁漱溟、胡适等教育家深受杜威及进步教育的影响。陶行知在杜威的"教育即生活"、"学校即社会"的基础上,提出"生活即教育"等主张。陶行知认为,让学生在真正的生活中学习,学生生活与真正的生活不断摩擦,便受到真正的教育,对生活真正起到改造的作用;晏阳初、梁漱溟等人开展乡村平民教育实验,试图走社会改良主义和教育救国的道路,这一点与进步教育思潮的本质有相似之处。另外,当时中国的《新教育》大量登载关于进步教育的文章,道尔顿制、设计教学法等在一些学校施行。

此外,进步教育思潮还对日本、墨西哥、印度等国的教育改革产生了积极影响,促进了世界教育发展。

(二)局限

进步教育运动对现代教育的贡献毋庸置疑,但其理论上的片面性、局限性也非常明显:(1)仅强调儿童的直接经验学习,忽视间接经验的重要性;(2)过于强调儿童经验,丧失教师在教学中的主动性和主导性;(3)对学科和课程系统注意不够,导致学生在学科之间建立不起应有的联系,基础知识欠缺;(4)始终未能解决好教育过程中的一些基本矛盾,如儿童主动性与教师工作的矛盾、活动与系统知识的矛盾、自由与纪律的矛盾以及发展个性与社会合作的矛盾等等。

在苏联第一颗人造卫星上天后,进步教育遭到美国举国上下的抨击,人们普遍认为,进步教育降低了美国的基础教育水平。这些批判导致从进步教育内部分化出改造主义教育思潮,同时也催生了来自外部的作为对立面的新传统教育思潮,如"要素主义"、"永恒主义"等。这些教育思潮更多地从西方传统思想中汲取营养,对进步教育的责难相当激烈。

第三节　实验教育学

实验教育学(experimental pedagogy)是19世纪末20世纪初兴起的一种新教育思潮,它强调在教育研究中通过实验研究儿童以确定科学的教育方法,扩宽了新教育理论的基础,对20世纪教育科学化历程作出了重要贡献。其主要代表人物是德国心理学家、教育家梅伊曼(Ernst Meumann,1862~1915)和德国教育家拉伊(Wilhelm August Lay,1862~

1926)。1901年,梅伊曼首次提出"实验教育学"的概念。他把对儿童学习疲劳、学习经济性问题的研究称为"实验教育学",其代表作是《实验教育学讲义》。1905年,梅伊曼和拉伊共同主编《实验教育学》杂志,刊登实验教育学的研究成果,宣传推广实验教育。1908年,拉伊出版了《实验教育学》(Experimentelle Pädagogik)一书,系统阐述了实验教育学的性质、目标、体系和方法。拉伊反对将实验教育学与其他教育学科对立起来,他强调"行动"在教育过程中的价值,因此也被称为"行动教育学"。

一、实验教育学产生的背景

实验教育学的产生,有其多方面的原因和背景。

其一,19世纪自然科学的勃兴促成了实证主义哲学思潮的产生和发展。实证主义哲学反对思辨的哲学,强调对于一切事物都应从事实上得到实证,实验被视为验证假说的一种最有效的手段。

其二,19世纪30年代,在德国生理学家米勒(Johannes Miller,1801~1858)的倡导下,生理学成为一门实验科学,为儿童研究提供了许多基础研究成果,也为心理实验和教育实验提供了理论依据和方法。

其三,实验心理学的产生为实验教育学提供了科学基础。在实证主义哲学和实验生理学的影响下,实验心理学得以产生和发展。1879年,德国心理学家冯特(Wilhelm Wundt,1832~1920)在莱比锡大学建立了世界上第一个心理学实验室,以生理学、生物学和医学为依据,用归纳的、实验的和统计的方法研究人的各种心理现象。实验心理学为实验教育学提供了理论依据和具体研究方法,没有实验心理学的产生,就没有实验教育学。

其四,学生课业负担过重以及精神疲劳等问题成为实验教育学产生的直接原因。一方面,在19世纪,许多自然科学被引进到学校而成为课程内容的重要组成部分;另一方面,当时新人文主义者主张人格的陶冶,反对狭隘的片面的教育,因而这一时期中学的主要科目除了原有的拉丁语、希腊语之外,还大量增加了人文科学、自然科学和现代外语,有些学校甚至还增加了一些职业性课程以适应社会的需要。科目的大量增加,造成学生课业负担过重,精神过度疲劳,身体健康恶化。鉴于此,一些国家的教育和心理学者便开始采用实验和统计的方法寻找解决此问题的途径和依据。

其五,社会政治、经济和文化的发展促使各国进一步发展和改革教育。19世纪末20世纪初,主要资本主义国家已普遍实施了初等义务教育,中等教育也得到迅速发展。但许多国家的教育体制仍沿袭传统的做法,占主导地位的教育理论依然是赫尔巴特的"主知主义教育"。传统教育的儿童观和机械的教学模式,很大程度上限制了儿童身心的自由发展。因此,一批教育改革家在抨击传统教育弊端的同时,或尝试创办新式学校,如雷迪、德摩林、利茨,等等;或创立一种新的教育学说,如梅伊曼和拉伊,等等。

二、实验教育学的主要思想

20世纪初,实验教育学思想与欧洲的"新学校"运动、美国的"进步教育"运动相互呼应,共同推动了西方教育现代化的进程。它采用科学的实验方法研究教育问题,为改造旧教育和建设新教育提供了方法论依据。具体讲,实验教育学包含以下几方面观点:

第一,反对以赫尔巴特为代表的传统的主知主义教育思想,认为传统教育学中的概念和准则是建立在教育家主观思辨和臆想之上的,缺乏科学依据,对检验教育方法的优劣毫无意义。

第二,提倡把实验心理学的研究成果和方法运用于教育研究,强调从实验的结果中寻找教育的途径和方法,通过测量和统计等方法进行研究,努力将教育学建立在自然科学的基础上,使教育理论由传统的纯粹经验和逻辑思辨走向科学化。

第三,重视儿童研究。实验教育学家所进行的教育实验几乎都是围绕儿童而展开的,诸如儿童的兴趣、爱好、情感、记忆、身体发展、智力和智慧类型、性别差异等。同时,他们主张用实验、统计和比较的方法探索儿童发展过程的特点及智力发展水平,用实验数据作为学制、课程和教学方法改革的依据。实验教育学对儿童研究的重视以及取得的研究成果,加之当时所盛行的儿童研究运动,为儿童真正成为教育实践的逻辑起点提供了精确依据,有力地推动了教育科学化进程。

第四,认为教育实验与心理实验的差别在于,心理实验是在实验室进行的,而教育实验则要在真正的学校环境和教学实践活动中进行。因之,他们也认为实验教育学不同于儿童心理学。前者对儿童的研究是从教育所面临的问题出发,考察教育与儿童发展的关系;后者往往研究儿童心理的单一机能,并时常与实际生活脱离。

三、实验教育学的影响及评价

梅伊曼和拉伊所倡导的实验教育学理论及研究方法,成为新教育家们进行教育革新的基本思维方式,为教育科学的研究开辟了新视野。它与儿童研究运动、学校调查运动一起成为新教育运动和教育科学化的重要组成部分。实验教育学的定量研究模式也成为教育研究的一个基本范式,近百年来得到广泛应用和发展,极大地推动了教育科学的发展。

但是,实验教育学并不等于教育科学。它的不足在于片面强调儿童的生物性,忽视了社会因素;把实验方法推崇到极端,忽视了社会科学与自然科学之间的差异。教育科学作为一门综合性科学,既需要实验的研究,也需要理论的思辨,将两者对立起来是不能建立一种真正科学的教育学的。

第四节　劳作教育思想

劳作教育思想是德国教育家乔治·凯兴斯泰纳(Georg Kerschensteiner,1854~1932)在19世纪末20世纪初所倡导和推动的一种重要的新教育理论流派。他在1912年发表的《劳作学校要义》(*Begriff der Arbeitsschule*)等著作中系统表述了劳作教育理论,该理论对德国乃至世界许多国家的普通教育及职业教育发展产生了巨大的影响。

一、劳作学校的作用

凯兴斯泰纳认为,培养有用的国家公民是国家公立学校的教育目的,也是一切教育的目的。他认为,国家公民要具备三项品质:具有一定的职业技能;具备相当的国家知识;有崇高的爱国情感。学校培养出这种公民后,学校自身即成为伦理的集体。为实现公民教育的目的,必须将德国的国民学校由"书本学校"改造成"劳作学校",据此实施的教育即为"劳作教育"。

在凯兴斯泰纳看来,劳作学校是一种古老而富有新意的新型国家学校,也是一种最理想的学校组织形式,是为国家培养有用公民的重要教育机构,其基本精神就是让学生在自动的创造性的劳动活动中得到性格的陶冶。也就是说,劳作学校要对学生进行道德教育的训练,培养学生具有爱国心,对国家集体有忠诚精神,训练学生的意志力、判断力及应变力。他指出:"劳作学校的意义在于,以最少的知识素材,去换取为国民信念服务的最大量的熟练技能、各项技能和劳作热情。"[①]

二、"劳作"在教育学上的定义

凯兴斯泰纳阐述了"劳作"在教育学上的定义。

第一,"劳作"不只是体力上的,而且是一种身心并用的活动。

第二,"劳作"与游戏、运动、活动不同,它既有客观的目的,又必须经受艰辛,所以富有教育意义。他指出:"只有那些带着完成旨趣的,有客观形体的,且是能受考验的,由此考验渐渐引人到客观的精神中的工作,才算是有陶冶价值的工作。"[②]

第三,"劳作"应能唤起个人的客观兴趣,使学生有内心要求,按照自己的计划想方设

---

① 〔德〕凯兴斯泰纳著,郑惠卿选译:《凯兴斯泰纳教育论著选》,人民教育出版社1993年版,第54页。

② 〔德〕凯兴斯泰纳著,刘钧译:《工作学校要义》,商务印书馆1935年版,第52页。

法去完成,并检验自己的劳动成果。

三、劳作学校的三大任务

凯兴斯泰纳认为劳作学校有职业陶冶的预备、职业陶冶的伦理化和团体的伦理化三项任务。

（一）职业陶冶的预备

凯兴斯泰纳主张把学校办成学生将来职业的预备场所。职业陶冶即国民个人将来职务的预备营,这成为劳作学校的第一项基本任务,目的是"帮助学生将来能在国家的组织团体中,担任一种工作或一种职务,并且把这种职务或工作做得能够多么好就多么好"①。他认为,就业前的预备教育要强调手脑并用,心智技能与动作技能紧密结合;以学生实践为中心继而过渡到激发学生对纯粹理论的兴趣;培养严谨的习惯和劳动热情,以便为将来的体力劳动和脑力劳动做好充分的准备。

（二）职业陶冶的伦理化

这项教育任务在于使每一个人养成将其职业视为一种职责的习惯,把所担任的职务看做是郑重的公事,不只是专为个人去做,要把个人的工作与社会的进步联系一起,把职业陶冶与性格陶冶结合起来。职业教育伦理化的根本目的在于培养学生的职业道德,具体包括从事本职工作的自觉性、责任感和对同事的关心体贴。

（三）团体的伦理化

具体讲就是,在开发受教育者的兴趣和能力,实现学生个人伦理化的基础上,把学生组成工作团体,培养其互助互爱、团结工作的精神。

四、劳作学校的办学方向和原则

为保证劳作学校三项教育任务的完成,凯兴斯泰纳还就劳作学校的具体办学方向和应遵循的原则提出了一些建议。

第一,改革传统科目的教学,把主要精力放在思维、道德判断和手工操作能力的培养上,而不应该只注重知识的积累。

第二,在教育财富允许的情况下,课堂教学必须走创造教育财富的道路。

第三,必须把劳作课当做一门独立的专业课开设,并聘请专门的技术教员。

第四,必须遵循劳动集体教育原则,即建立符合劳动集体精神的学校管理组织,让学生在劳动集体中学习、生活、成长。

第五,要发展学生的公民意识和社会技能,发展利他主义,强调社会利益。

第六,劳作学校理论强调公民教育、职业教育和劳作学校的关系是三位一体的有机统

---

① 〔德〕凯兴斯泰纳著,刘钧译:《工作学校要义》,商务印书馆 1935 年版,第 13~14 页。

一体,相互印证,相互实现。公民教育是目的,职业教育是手段,劳作学校是实施机构。劳作学校三项任务将国民教育和劳作教育有序地组织起来,组成一个更为丰满的国民教育思想体系。

五、劳作教育思想的影响

在凯兴斯泰纳时期,大多数西欧新教育家的教育思想和教育实验活动往往以精英教育为中心,而凯兴斯泰纳则以国民教育为中心,他以裴斯泰洛齐的思想为立足点,长期致力于劳作学校理论研究和实验,提出了不少值得借鉴的观点。他的教育理论不仅对德国,而且对世界许多国家的学校教育产生了较大影响。在凯兴斯泰纳的影响下,欧洲不少国家如瑞士、英国、法国和俄国也采取了"劳作学校"的做法。所以,凯兴斯泰纳本人被誉为是"一位富有开创精神的全民教育家"①。当然,因凯兴斯泰纳的教育成就主要完成于德意志帝国时代,其教育理论观点带有明显的历史局限性,民族主义色彩较为突出,其出发点是维护资产阶级的经济利益和国家主义的政治制度。

第五节 自由教育思潮

19世纪末20世纪初,欧美社会经济、政治以及科学文化都发生了重大变化。由于科学技术的新发现和新发展,出现了以电力代替蒸汽机为标志的第二次科技革命。物质生产领域所发生的变化呼唤并推动着精神领域的相应变革,人们以乐观主义的态度对教育寄予较大的希望,希冀借助改进教育解决各种社会矛盾,培养新时期经济政治发展所需要的人才,实现社会重建。于是,在欧洲的"新教育"思想中,一些强调尊重儿童个性自由发展的教育家和思想家尖锐地批判了传统教育理论,亲自进行了教育实践,提倡新的教育思想和方法。他们在各自的实验学校中,强调儿童个性自由,提倡在学校中给儿童最大的自由和爱。

1907年,意大利教育家蒙台梭利出于对儿童自由发展的教育的浓厚兴趣,在罗马创办了一所幼儿学校,提出了热爱和尊重儿童、使儿童的个性在自由和自发的活动中得到发展的思想。此后,英国哲学家和教育家罗素出于对儿童自由的尊重和热爱在伦敦郊区创办了皮肯希尔学校,大力提倡"自由教育"思想。另一位英国教育家尼尔在新教育运动理论和实践的影响下,创办了萨默希尔学校,形成了激进的自由教育思想。

---

① 〔摩洛哥〕扎古尔·摩西主编,梅祖培、龙治芳等译:《世界著名教育家》(第2卷),中国对外翻译出版公司1995年版,第34页。

一、蒙台梭利

意大利教育家玛丽亚·蒙台梭利(Maria Montessori,1870~1952)出生在意大利一个天主教家庭。1882年她举家迁往罗马,1890年秋天考入罗马大学医学院,并于1896年成为意大利第一个女医学博士。毕业后,蒙台梭利在罗马大学附属医院精神病诊所从事身心缺陷儿童的诊断和治疗工作,并开始集中研究低能儿童的教育问题。1899年,蒙台梭利受命在罗马创办一所国立特殊儿童学校,招收了22名弱智儿童入学接受教育。蒙台梭利依照自己对低能儿童的观察与认识,全身心投入到低能儿童的教育和训练工作。

1907年,蒙台梭利在罗马创办了一所名为"儿童之家"的幼儿学校。她将以前运用于低能儿童教育和训练的方法加以整改后运用于正常儿童,获得巨大成功,并引发广泛的社会关注。此后,蒙台梭利对自己的教育方法进行了总结,并在1909年出版了《蒙台梭利方法》一书。1911年,蒙台梭利离开"儿童之家",先后在意大利、美、英、法、荷兰、西班牙、奥地利、斯里兰卡、巴基斯坦和印度等国开办国际训练班。1929年,蒙台梭利任在丹麦成立的"国际蒙台梭利协会"的会长,并在此后连任9届大会主席。蒙台梭利较有影响的教育著作还有《教育人类学》(1908)、《高级蒙台梭利方法》(1917)、《童年的秘密》(1933)、《儿童的发现》(1948)等。

(一) 论幼儿的发展

蒙台梭利批评传统教育不了解儿童的本性,忽视儿童的精神需要,使教育成为灌输和惩罚的同义语。从发展的观点出发,蒙台梭利强调,幼儿发展时期是人的一生中最重要的时期。

首先,幼儿身上存在着天赋的"内在的生命力",这种"内在的生命力"表现出无尽的发展可能性,始终处于一种积极的、活跃的、发展的状态中。蒙台梭利坚信,幼儿的"内在的生命力"在幼儿的发展中占有重要地位。"内在生命潜力"的主要表现形式是幼儿的自发冲动,教育的职责在于发现幼儿的"内在生命潜力",顺应天赋的倾向、提供必要的训练,实现幼儿自然的和自由的发展。

其次,幼儿发展是一种精神生命实体化的过程。在连续的自然发展过程中,幼儿的发展包括了生理和心理两方面的发展。在生理方面,幼儿的个性是不断发展的,并使潜伏的生命力逐渐显现出来,应该赋予它积极的生命力,促使它不断地发展;在心理方面,幼儿的心理发展既有一定的进程,又具有隐藏的特点。通过适宜的环境刺激,幼儿逐渐表现出令人惊叹和不可思议的心理活动,呈现出自己特有的个性。

再次,幼儿发展是一个连续性与阶段性并存的过程。蒙台梭利认为,幼儿与环境之间所存在的交互作用的连续性,决定了幼儿发展的连续性。她把这种内在连续性分为三个阶段:第一阶段从出生至6岁,又可分为"心理胚胎期"(3岁前)和"个性形成期"(3岁至6岁);第二阶段从6岁至12岁,属于比较平稳的发展阶段,稳定性是该时期的一个显著特征;第三阶段从12岁至18岁,又称之为"青春期",这是人生发展过程中变化最为剧烈的时期。蒙台梭利指出,在体现内在连续性的同时,幼儿发展还表现出阶段性特征。阶段性首先体现为处于不同发展阶段的幼儿具有不同的发展重点,刚出生至6岁的婴幼儿主要凭借"吸收心理"形成自己的心理意识和个性,获得一定的记忆、理解思维能力;6岁至12岁儿童的主要发展任务在于增长学识和艺术才干;12岁至18岁的儿童已步入青春期,知识与技能、道德观念以及身体的发展成为发展的主要方面。

最后,儿童发展存在着敏感期。根据对儿童的观察与实验,蒙台梭利试图区分儿童发展过程中的不同敏感期,如儿童从出生到5岁是感觉发展的敏感期;1岁至4岁左右是秩序的敏感期;出生后2个月到8岁是语言的敏感期;出生到5岁是动作的敏感期。儿童通过各个敏感期及不同活动的交替进行,逐渐形成自己的个性。

(二)论自由、纪律和工作

蒙台梭利把幼儿早期教育的"自由"概念理解为幼儿所处的环境必须适合幼儿个性最有利的发展,最有利于幼儿生理、心理的最大限度的发展。根据蒙台梭利的儿童发展学说,儿童的生命潜力是通过自发冲动表现出来了,这种外在的表现就是儿童的自由活动。因此自由活动是蒙台梭利学说最基本的特征之一。在蒙台梭利的"儿童之家"里,所有的一切都有利于幼儿的自由活动,有利于儿童的发展。幼儿可以根据自己的倾向和需要自由地选择教具和物体,根据自己的兴趣和爱好自由地选择各种学习活动。蒙台梭利认为,在一个良好的活动环境中,幼儿应该可以自由进出,幼儿可以任意使用为他提供的各种教具。

同时,蒙台梭利又提出自由并不是"让儿童想干什么就干什么","自由与纪律如同一枚徽章的两个面,因为科学的自由会导致纪律"①。给儿童以极大的自由活动的权力,并不意味着儿童可以任意妄为,尤其当儿童尚未发展起控制能力时。在蒙台梭利看来,解决自由与纪律矛盾的关键就是工作。她认为,自由活动可分两类:身心分离的和身心结合的。身心结合的活动就是心理活动和肢体活动协调的活动,表现为活动时全神贯注。只有身心结合的活动,才真正有助于养成良好的纪律。蒙台梭利称这种协调的活动为工作,各种感官和实际生活技能的练习都是工作。儿童的自由与纪律是并行成长、相互依赖的。

(三)论幼儿教育的内容

蒙台梭利认为,"儿童之家"幼儿教育的内容应该包括以下四个方面:

1. 肌肉训练

幼儿期是肌肉训练的一个重要时期,应该为幼儿设计各种有助于肌肉训练的体操。为了帮助儿童进行肌肉训练,蒙台梭利设计了一些专门的器械和设施。例如,平行木栅、摇椅、球摆、螺旋梯、绳梯、攀登架等。

2. 感官训练

蒙台梭利认为,感官训练的目的在于通过反复练习改善对不同刺激的感觉能力。感

---

① 〔意〕蒙台梭利著,任代文主译校:《蒙台梭利幼儿教育科学方法》,人民教育出版社1993年版,第68页。

官训练可以为幼儿智力发展奠定可靠的基础;感官训练能够发现并纠正学校里未发现的缺陷;感官训练可以把幼儿培养成为一个观察者,提高幼儿适应环境的能力;感官训练还可以为智力发展提供实践机会。

蒙台梭利的感官训练内容主要包括触觉、视觉、听觉、嗅觉和味觉等感官的训练,并以触觉作为感官训练的主导性内容。蒙台梭利认为,触觉训练的目的在于帮助儿童辨别物体的光滑度、轻重、大小、厚薄、长短以及温度高低的差别;视觉训练则在于指导儿童提高鉴别度量的视知觉,鉴别形状、颜色大小、高低、长短以及不同形状的几何体;听觉训练则主要在于训练儿童辨别声音的高低。

蒙台梭利认为,为保证感官训练的实施效果,必须遵循一些基本原则,主要包括:(1)教具设计的内在系统性和等级性原则。蒙台梭利指出,教具的根本价值在于使儿童的自我教育成为可能,教具应该具备内在的系统性和合理的刺激等级。(2)循序渐进性原则。感官训练的一个基本前提是儿童发展的敏感期,表现出个体发展的节律现象。感官训练的实施必须按照儿童的敏感期要求,循序渐进地实施。(3)自我教育原则。蒙台梭利认为,作为认识主体的儿童在学习与训练活动中发挥着重要作用。学习与训练只有转化为儿童主动开展、自觉参与的活动,才能取得较好的效果。儿童们借助于教育者所提供的教具,按照自己的兴趣和需要,独立操作、自我校正,实现相应的感觉敏锐性和精细性训练。(4)针对性原则。在感官训练实践中,要尽可能排除其他感官的干扰,以保证受训练的感官获得清晰准确的印象。

3. 实际生活的练习

实际生活练习包括日常生活技能练习:得体的坐、卧、行、走姿态、正确呼吸、语言表达、剪指甲、洗澡以及开门锁、系鞋带等;园艺活动:植物种植、喂养小鸡、鸽子、兔子等小动物;手工作业主要指绘画和泥工;体操主要是练习走路,此外,还有"坐式秋千"、"爬小圆梯"、"绳梯"、"摆球"等游戏作为参与的体操类型。它们既符合幼儿的兴趣,又有助于幼儿生理和心理的发展。

4. 初步知识教育

在感官训练的基础上可以对幼儿进行初步知识教育,包括阅读、书写和计算。

(四)论教师的作用

蒙台梭利认为,蒙台梭利式的教师必须有所准备,意识到在儿童内心深处隐藏着神秘的力量,"需要学会沉默的能力以取代表达的技能,她必须用观察取代灌输式教学,必须以谦恭取代那种自诩为一贯正确的骄傲感"[①]。这是传统学校教师与蒙台梭利式教师的主要区别。蒙台梭利要求教师必须做好三个方面的准备工作。第一方面,教师应成为环境的保护者和管理者;第二方面,要激发儿童的兴趣,使其人格与活动融为一体;第三方面,当儿童获得专心于某件事的能力之后,教师才可在实际生活的练习中向儿童呈现教

---

① 〔意〕蒙台梭利著,任代文主译校:《蒙台梭利幼儿教育科学方法》,人民教育出版社1993年版,第690页。

具。

在蒙台梭利的教育思想中,传统幼儿教育中的师生关系得到根本的改变。在自由教育和自我教育原则的支配下,师生关系由直接交往而变成教师——教具——儿童的关系。儿童为教育活动的中心和主体。教师因人施教,成为儿童活动的观察者和指导者。

二、罗素

英国哲学家和教育家伯特兰·罗素(Bertrand Russell,1872~1970)是自由教育思潮的另一位代表人物。他出生于英国威尔士的一个贵族家庭,1890年进入剑桥大学三一学院后,先学数学,后改学哲学。1916年,他出版了《社会改造原理》一书,全面阐述了对国家、战争和教育等问题的看法。1926年他撰写了《教育和美好生活》一书,系统地论述了儿童教育问题,并于1927年9月创办了皮肯希尔学校(Beacon Hill School)。

罗素认为,教育的目的就是培养有理想的人,教育的作用在于引导和改造人的本性,以达到改造社会和成就美好生活的目的。罗素指出,有理想的人就是具备了理想品格的人,而理想的品格表现为4种特性:(1)活力(Vitality)。所谓活力就是正常的健康人具有的精力,是形成理想品格的首要基础。(2)勇气(Courage)。在罗素看来,人只有在内心深处真正彻底克服恐惧情绪,而不是出于外部压力的要求去压抑恐惧,才算具有"真正的勇气"。(3)敏感(Sensitiveness)。敏感是理想品格的一个必备要素,敏感性具有矫正和指导徒有勇气者的行动的功能。(4)智慧(Intelligence)。智慧既指实际的知识又指接受知识的能力。

怎样才能培养有理想的人?罗素的回答是:实施自由教育。他认为,儿童情感的发展依赖充分的自由,理智的发展也离不开自由,所以儿童只有获得更多的自由,才能使其天性得到充分发展。他坚决反对在教育中采用压制的方法,因为压制不仅会使儿童对周围一切怀有敌意和仇恨而最终导致一系列恶果,而且会使儿童的创造性和理智兴趣招致毁灭。但是,罗素强调学校的自由并不是绝对的,教育中的自由是有一定限制和具体规范的。也就是说,凡是对别人或本身有损害的自由都要受到限制,绝对的自由不利于儿童养成良好的习惯和品性。在他看来,自由与纪律之间的巧妙结合才是自由教育的关键,而自律是纪律的前提。

三、尼尔

英国苏格兰进步教育家尼尔(Alexander Sutherland Neill,1883~1972)在年仅16岁时就开始在乡村学校里担任教师。后来,他就读于爱丁堡大学,毕业后担任英国边境地区一所公立学校的校长。1920年,尼尔受聘担任了欧洲新教育联谊会刊物《新时代》杂志的编辑,广泛接触了新教育的实践和理论。1920年8月,尼尔与一位法国教师在德国合办了一所国际性的自由学校。后于1920年10月迁到英国的莱姆里季斯,正式命名为"萨默希尔学校"(Summerhill School)。在20世纪30年代,这所学校成为欧洲新学校的一个典范,也成为自由教育思潮最有影响的实践楷模。在萨默希尔学校实践的基础上,尼尔于1960年撰写了最有影响的著作:《萨默希尔——一种激进的儿童教育方法》(Summerhill: A Radical Approach to Child Rearing)。

在尼尔看来,生活的目的就是教育的目的。既然幸福是生活的目的,那么,幸福也就是教育的目的。教育的目的应该是把儿童身上失落的东西——自由还给儿童,使儿童拥有充分的自由,使他们的人格得到健全的发展。实现这种教育目的的最佳途径就是尊重儿童的兴趣。

实现幸福教育目的的途径就是自由教育,同时它也是最理想的教育模式。尼尔认为,自由是每个人的权利,所以,应该给与每个人最大可能的选择,以便实现自己理想的幸福。儿童的天赋与人格的发展需要自由。然而,尼尔认为,自由并不是对儿童的溺爱,而是表明儿童与儿童、儿童与成人之间的平等和尊重。真正的自由教育应该是,一方面把对儿童的控制减少到最低的程度,另一方面对儿童的发展提供最积极的影响,使儿童享受有与成人平等的权利,具有充分的自由并懂得尊重他人的自由。学校应该通过自然的环境、自由的气氛,提供儿童充分表现自己的机会和可能以及以教师的行为为榜样来对儿童施加影响。尼尔强调指出,在自由教育中,自治是十分重要的。只有当儿童享有完全的自由来管理他们的集体生活时,他们才有真正的自由。因此,一所自由学校必然是一所实行自治的学校。此外,尼尔把情感教育作为一种有效的教育手段,强调把爱作为情感教育的核心。

四、自由教育思潮的主要特点与影响

自由教育思潮的主要特点包括以下三个方面:

第一,自由教育思潮强调儿童个性的自由发展。这是自由教育思潮最主要的特点。蒙台梭利、罗素和尼尔都表示,教育的基本原则是尊重儿童的自由,注重儿童天性的发展,为儿童提供最大可能的自我表现。

第二,自由教育思潮以现代生物学和心理学理论为依据。自由教育思潮的倡导者均强调对儿童的观察和研究,主张以现代生物学和心理学理论为依据,借鉴精神分析学说和行为主义学说的理论,研究儿童生理和心理的发展进程,揭示了儿童的身体活动与心理活动、生理发展与心理发展的关系。

第三,自由教育思潮以教育实验为基础。自由教育思潮的提倡者大多注重教育实验。无论是蒙台梭利,还是罗素和尼尔,都创办了自己的实验学校。"儿童之家"、"皮肯希尔学校"和"萨默希尔学校"都是自由教育思潮的著名教育实验场所,并在此基础上形成了教育理论。

"自由教育"思潮是19世纪末20世纪初欧美教育革新运动中重要的一环。它是欧洲教育家在总结教育实践经验的基础上提出的一种新的教育理论,曾对20世纪前半期世界许多国家的教育实践和理论产生过重大影响。自由教育思潮批判了传统学校教育中存在的弊端和问题,促使人们去思考和探索新的教育原则和途径;同时提示了现代教育应该注意的教育问题和原则,在一定程度上对现代教育的改革和发展具有启迪意义。自由教育思潮是围绕着如何使儿童的天性自然发展而展开的,是把尊重和热爱儿童作为教育的立足点的。

但是,自由教育思潮的不恰当运用会导致学校教育陷入混乱状态,忽视社会对学校教育的要求,把学校变成一个纯粹为个人的发展而存在的机构。可见,以蒙台梭利、罗素和尼尔为代表的自由教育思潮存在着基本的偏颇,需要进一步修正。

结　语: 欧美教育革新运动标志着现代教育的开端,它们在工业化社会发展的背景下兴起和发展;它们抨击旧的教育制度、教育内容与方法及其理论依据,以建立符合现代社会要求的新型教育为共同目标,体现了教育对人的全面发展的追求,揭示了教育革新与社会发展的互动关系,呈现出尊重儿童、彰显个性、注重自由和民主、强调科学和开放等特征。无论是西欧新教育运动,还是美国进步教育运动,都进行了新的教育实验,提出了崭新的教育思想和教学方法,进一步强化了儿童中心主义,推动了教育科学化和心理学化进程,实践了教育民主化和教育平等理念,从而奠定了现代教育的理论基础。

【讨论与思考】

1. 试述欧洲新教育运动发展的历程及其特征。
2. 研讨进步教育运动的发展历程、主要观点、特征及影响,并分析其衰落的原因。
3. 以新教育运动和进步教育为史实,评价教育实验与教育理论发展之间的关系。
4. 思考欧洲新教育运动与美国进步教育运动的异同。
5. 探讨实验教育学的产生对教育科学的发展有何种影响。
6. 比较蒙台梭利幼儿教育思想与福禄培尔幼儿教育思想的异同。
7. 萨默希尔学校所实施的教育属于素质教育吗?

【扩展阅读书目】

1. 吴式颖、任钟印主编:《外国教育思想通史》(第9卷),湖南教育出版社2002年版。
2. 〔美〕帕克赫斯特著,陈金芳、赵钰琳译:《道尔顿教育计划》,北京大学出版社2005年版。
3. 吴明海著:《欧洲新教育运动的历史研究》,教育科学出版社2008年版。
4. 张斌贤著:《社会转型与教育变革——美国进步主义教育研究》,湖南教育出版社1997年版。
5. 杨汉麟主编:《外国教育实验史》,人民教育出版社2005年版。
6. 〔美〕梅林著,王承绪等译:《杜威学校》,教育科学出版社2007年版。

7. 〔美〕克雷明著,单中惠、马晓斌译:《学校的变革》,上海教育出版社1994年版。

8. 〔德〕拉伊著,沈剑平、瞿葆奎译:《实验教育学》,人民教育出版社2005年版。

9. 〔德〕凯兴斯泰纳著,郑惠卿选译:《凯兴斯泰纳教育论著选》,人民教育出版社2003年版。

10. 〔意〕蒙台梭利著,马荣根译、单中惠校:《童年的秘密》,人民教育出版社2005年版。

第十三章 杜威的教育思想

【内容提要】

杜威结合生物学、进化论、机能主义心理学、实用主义哲学等思想,批判传统教育的弊端,提出了较为完整的理论体系,奠定了现代教育的基石。杜威的教育理论成为美国进步教育运动的指南,对美国中小学的发展和教育的普及起了很大的推动作用。同时,其教育思想对世界教育进程产生了深远影响。

【学习目标】

了解杜威的学术背景及教育思想的理论基础;重点掌握杜威关于教育本质、教学方法及教学内容的观点;明晰杜威教育理论的历史地位和影响;比较分析杜威教育理论与赫尔巴特教育理论之间的异同。

【核心术语】

民主主义;经验;教育无目的;教育即生活;教育即生长;学校即社会;做中学;活动课程;五步教学;现代教育;新个人主义;《民主主义与教育》

约翰·杜威(John Dewey,1859~1952)是美国著名哲学家、教育家,实用主义哲学的创始人之一,功能心理学和教育哲学的先驱。他一生著述等身,形成一个涉及认识论、逻辑学、伦理学、美学、教育哲学和科技哲学等领域的实用主义思想体系,对美国乃至世界教育产生了巨大影响。

第一节 杜威的学术生涯

杜威1859年出生于美国佛蒙特州柏林顿市。1875年,杜威进入佛蒙特大学,1879年毕业后在一所中学和一所乡村学校任教。1882年他进入约翰·霍普金斯大学成为哲学研究生,受到新黑格尔主义的主要倡导者莫里斯(Charles William Morris,1901~1979)教授的影响,对新黑格尔主义哲学产生兴趣,同时,美国哲学家、逻辑学家皮尔斯(Charles Sanders Peirce,1839~1914)的逻辑讲座对他亦有较大启发。

一、密歇根大学——教育思想的酝酿期

1884 年杜威以《康德的心理学》论文取得哲学博士学位。同年秋,被聘为密歇根大学哲学和心理学讲师,在此任职 10 年(1888～1889 年曾在明尼苏达大学任哲学教授)。在此期间,他主要致力于新黑格尔主义哲学研究,受美国心理学家霍尔和哲学家、心理学家詹姆斯(William James, 1842～1910) 的影响也研究心理学,主张用心理学观点去研究教学,认为应当把教育实验当做哲学在实际生活中的运用。他发现多数学校依然按照早先的传统思想开展教学,没有适应儿童心理学的最新发现和变革的民主社会秩序的需要,他希望寻找一种能补救这些缺陷的教育哲学。

二、芝加哥大学——教育思想的形成期

1894 年,杜威应聘到芝加哥大学任哲学教授,后任哲学、心理学和教育学系主任。这时进化论的生物学和心理学在他思想中占据优势,导致他抛弃黑格尔的理论,接受工具主义的认识论。他和同事共同撰写的《逻辑理论研究》(1903)一书是工具主义学派的"第一个宣言",它标志着杜威已经抛弃了新黑格尔主义而完全转向了实用主义。1896 年他创办了芝加哥大学实验学校,使其教育理论得到实验。这个学校摒弃传统的教学法,不注重书本而注重接触实际生活,不注重理论知识的传授而注重实际技能的训练。杜威后来一再倡导的"教育即生活,而不是生活的准备"、"从做中学"等命题就是对这种教学法的概括。

三、哥伦比亚大学——教育思想的成熟期

从 1905 年起,杜威转到哥伦比亚大学任哲学教授,直到 1929 年以荣誉教授退休。其间,他发表了一系列重要教育著作,进一步阐释了自己的教育理念,并访问了许多国家,宣扬自己的教育哲学思想。

杜威的主要教育著作有《教育中的道德原理》(Moral Principles in Education, 1909)、《我们怎样思维》(How We Think, 1910)、《明日之学校》(School of Tomorrow, 1915)、《民主主义与教育》(Democracy and Education, 1916)、《经验与教育》(Experience and Education, 1938)、《今日之教育》(Education Today, 1940)、《人的问题》(Problems of Men, 1946)等。其中《民主主义与教育》是杜威教育思想的代表作。1952 年,杜威于纽约逝世,享年 94 岁。

第二节 教育思想的理论基础

杜威教育思想体系的理论基础是经验自然主义、工具主义、社会政治观和机能心理学。

一、经验自然主义

杜威以改造传统哲学为己任,具体而言就是超越包括唯物唯心对立在内的以往哲学中各种二元对立,建立一种以人的生活、行动、实践为核心的新哲学。为此,杜威继承和发展了皮尔士创立、詹姆士使之通俗化的实用主义哲学,吸纳了自然主义等思潮的主张,提出了经验自然主义(或称自然主义的经验主义),并把它们具体应用到社会事务和教育领域。他认为,哲学就是教育的最一般方面的理论,"教育乃是哲学上的分歧具体化并受到检验的实验室"①。

在杜威的教育哲学中,"经验"是最重要的概念,也是其教育思想体系的核心。杜威认为,经验是人的有机体与环境相互作用的结果,是人主动尝试的行为与环境的反作用而形成的一种特殊的结合。经验"不仅包括人们做些什么和遭遇些什么,他们追求些什么、爱些什么、相信和坚持些什么,而且也包括人们是怎样活动和怎样受到反响的,他们怎样操作和遭遇,他们怎样渴望和享受以及他们观看、信仰和想象的方式——简言之,能经验的过程"②。显然,杜威所说的经验包括自然以及经验的过程和经验的对象,他把人(经验的主体)和环境(经验的客体)看成是同一个过程的两个侧面,两者相互联系以至合而为一。在他看来,人的主观经验是客观存在的基本前提。没有主体的存在,就谈不上客观世界中一切事物的存在。这意味着人的情感、意志等是经验的更重要的内容。杜威的这种经验观同詹姆士一样具有相当强烈的非理性主义以至唯意志主义的倾向。

从"存在即被经验"的观点出发,杜威认为一切事物都是作为过程、活动而产生和存在的。能经验的过程首先是指希望、畏惧、沮丧、欢愉、信仰等情感意志的过程,因此他主张"从经验中学习"、"做中学"。杜威还认为,经验就是一种主动而又被动的事情,如果把经验的主动的行动一面和被动的经受结果一面割裂开来,就会破坏经验的极其重要的意义。

总之,杜威的经验自然主义把整个客观的自然消融在人的主观经验之中,而把客观的自然变成主观经验的东西,甚至是虚幻的东西,这就必然导致唯心主义。

---

① 赵祥麟、王承绪编译:《杜威教育论著选》,华东师范大学出版社1981年版,第231页。
② 〔美〕杜威著,傅统先译:《经验与自然》,商务印书馆1960年版,第10页。

二、工具主义

广义上讲,工具主义是杜威实用主义哲学的别称,狭义地说是指他关于认识和真理的理论。杜威从实用主义经验论出发,认为思想、观念、理论是人的行为工具,其真理性的标准在于能否指引人们的行动取得成功。

杜威认为,人的认识是一个不断变动的、未完成的、不确定的和有疑难的经验的过程。任何思想、概念都既不可能是独立存在的精神实在,也不可能是对于客观实在的描写,只能看做是应用的假设,而假设是人们按照自己的意愿提出的。因此,思想、概念、理论等不过是人们为了达到某种预期的目的而设计的工具。如果它们对达到人们预期的目标有用,能使他们成功便是真理,否则便是谬误。这样,杜威实际上就否定了真理的客观性和决定性,一定程度上倒向了相对主义。

杜威认为,人的思维就是在疑难的情境中产生的,思维是指导人的活动的工具;人借助思维和经验,寻求自己通向世界的路径。因此,在杜威的教学理论中,特别强调学生思维能力的培养,要求教育教学应提供疑难情景,训练学生解决疑难问题和批判性思维的技巧。

三、社会政治理论

杜威在"哲学的改造"的口号下,要求运用在自然科学中行之有效的实验探索方法对以往社会政治理论加以根本改造,把这些领域的研究都变成对有关问题的行为方法的探索,促使这些领域的研究也发生一场"真正的哥白尼变更"。

杜威认为,社会政治理论所涉及的无非是社会和个人以及它们之间关系的问题。处理这些问题上的见解可归结为三类:一类主张个人至上,社会必须服从个人;另一类主张社会至上,个人应服从社会,尊奉社会为他所规定的各种目的和生活方式;再一类是主张社会和个人是一个有机体,相互关联,社会需要个人的效用和从属,同时也要为服务于个人而存在。杜威认为第三类见解可以避免个人至上论者和社会至上论者的片面性,比较适当。

杜威被西方思想界称为"民主和自由的哲学家",关于民主和自由的理论是其社会政治理论中最重要的组成部分。杜威指出:"民主主义不仅是一种政府的形式;它首先是一种联合生活的方式,是一种共同交流经验的方式。"[①]他认为,民主主义的特征是共同参与的事业的范围的扩大和个人各种能力的自由发展。每一个人都是国家、社会的主人,都有权利发表意见、提出要求、参与社会政策的决定。实行民主制度的目的和结果就是利用科学给我们的大量资料,去开创一个不仅物质丰裕和物质安全的时代,而且是文化的机会平

---

① 〔美〕杜威著,王承绪译:《民主主义与教育》,人民教育出版社2001年版,第97页。

等的时代,是每个人有充分发展其能力的平等机会的时代。

杜威认为,民主主义与教育之间存在着内在的有机联系。民主主义是教育活动遵循的原则,民主主义的问题是个人尊严和价值的道德问题。要使民主自由的思想成为人民素质的一部分,使人认识到个人的尊严与道德价值,根本途径是进行道德教育。因此,教育是实现民主自由的首要工具。通过教育,"使每个人都有对社会关系和社会控制的个人兴趣,都有能促进社会的变化而不致引起社会混乱的心理习惯"①。在他看来,教育应成为民主观念的仆人,发挥如同警察和消防队对社会的作用。必须把民主主义作为教育行动的出发点,作为教育的一个参照点。总之,在杜威整个教育思想体系中,民主主义和教育是统一的、密不可分的。

四、机能心理学

在心理学上,杜威秉承了詹姆士的心理学观点。1896年,杜威在《心理学评论》杂志上发表了《心理学中的反射弧概念》一文。他指出,心理活动是一个连续的整体,人的动作是由一系列相互联系的反射弧构成的;在反射弧中的刺激与反应之间、感觉与反应之间并不存在一条鸿沟,两者也不能单独存在。在他看来,心理是有机体适应环境的有用工具,有机体就是通过反射弧这个器官的协调来适应环境的;心理学就是研究动作的协调技能,它的真正对象是在环境中发生作用的整个有机体的适应活动。

杜威认为,儿童心理活动的实质在于其本能发展过程,而本能与冲动是潜藏在儿童身体内部的一种生来就有的能力。儿童身上潜藏着四种本能:语言和交际的本能、研究和探索的本能、制作的本能、艺术的本能,其中制作是最重要的本能。儿童的能力、兴趣、需要和习惯都是建立在他的原始本能基础上的。他指出:"每一兴趣都产生于某一本能或某一习惯,而习惯最后仍然是以某一原始本能为基础。"②杜威把心理看成生物本能活动的产物,否定了心理是客观世界在人的头脑中的反映,这显然是实用主义哲学在心理学中的体现。

基于上述主张,杜威强调指出:"教育必须从心理学上探索儿童的能量、兴趣和习惯开始。它的每个方面,都必须参照这些加以考虑。"③同时,杜威还要求儿童直接参与社会生活的各种活动,这是他们适应社会环境、保持心理活动的协调性和连续性以及取得与社会合作的基本手段。

---

① [美]杜威著,王承绪译:《民主主义与教育》,人民教育出版社2001年版,第110页。
② 赵祥麟、王承绪编译:《杜威教育论著选》,华东师范大学出版社1981年版,第73页。
③ 赵祥麟、王承绪编译:《杜威教育论著选》,华东师范大学出版社1981年版,第3页。

第三节　教育本质论

教育是什么？杜威的回答是：教育即生活；教育即生长；教育即经验的改造。这三个命题始终贯穿于杜威的教育思想，标示出其教育观是一种不同于以往教育家的崭新的教育学说。

一、教育即生活

19世纪末20世纪初，美国处于激烈变革的时代，而当时美国学校教育却沿袭过去传统，既脱离社会生活，又脱离儿童生活，因此，杜威提出"教育即生活"的主张，其意图在于克服学校生活与家庭生活、与社会生活的隔离；在于使学校更多地顾及儿童的生活，使学校不用成人生活的标准去要求儿童。

（一）教育是生活的过程

杜威认为，教育不是生活的预备，而是儿童现在生活的过程。学校课程的主要内容不是文学、历史、地理等学科，而是着眼于儿童现在的生活经验。他指出："学校必须呈现现在的生活——即对于儿童来说是真实而生气勃勃的生活。像他在家里，在邻里间，在运动场上所经历的生活那样。"①因此，杜威强调的学校生活首先应该是与儿童自己的生活相契合，教育应重视儿童现在生活的内在价值，使儿童从目前的生活中得到乐趣和满足，而不仅仅将现在的生活视为另一种生活准备的工具与手段。其次学校生活应该与学校以外的社会生活相联系，适应现代社会变化的趋势并成为推动社会发展的重要力量。简言之，本命题的核心要求就是：教育本身应该是一种美好的生活，教育应与现实生活相联系，教育应成为促进美好生活的积极手段。

（二）学校即社会

在"教育即生活"的基础上，杜威又提出了"学校即社会"的论断。他认为，教育既然是一种社会生活过程，那么学校就是社会生活的一种形式，就必须呈现儿童现在的社会生活，如同他们在家庭里、在邻里间、在运动场上所经历的生活。否则学校就不能保证使儿童养成一种社会精神；教育不能脱离社会变革，学校生活应该是一种经过选择的、净化的、理想的社会生活，使学校成为一个合乎儿童发展的雏形社会；学校与社会生活相联系的基本保证就是将代表社会生活的活动性课程引入教学中，使学生"从做中学"、"从经验中学"；加强教育和社会的联系，满足儿童的需要。杜威希望通过教育来改造社会生活，推动社会进步，使之更完善、更美好。

---

① 王承绪、赵祥麟编译：《西方现代教育论著选》，人民教育出版社2001年版，第8页。

关于"学校即社会",杜威还提出两点要求:一是学校本身必须是一种社会生活,具有社会生活的全部含义;二是校内学习应该与校外学习连接起来,两者之间应有自由的相互影响。因此,学校的全部机构设置,特别是它的具体工作,都需要时时从学校的社会地位和功能来加以考虑。

二、教育即生长

"生长"本属于生物学概念,杜威将其借用过来,赋予丰富的社会内涵,实质是提倡一种新的儿童发展观和教育观。

(一) 生长是儿童发展的过程

杜威认为,生长是指有机体与环境相互作用的过程和结果,是一个持续不断的社会化的过程,而教育也是人的一生持续不断的生长、发展过程。他指出:"生活就是发展,而不断发展,不断生长,就是生活。……教育过程是一个不断改组、不断改造和不断转化的过程。"①"因为生长是生活的特征,所以教育就是不断生长"②。在杜威所处的时代,学校无视儿童本性的发展,"儿童被置于被动的、接受的或吸收的状态中","结果造成阻力和浪费"③。因此,杜威提出"教育即生长"的根本目的在于将儿童从被动的、被压抑的状态下解救出来。

(二) 生长是儿童成熟的过程

在杜威看来,生长的基本条件是未成熟的状态,习惯是生长的表现。未成熟状态意味着一种积极的东西,即向前生长的能力。儿童因为具有极大的依赖性和可塑性,也就是有从经验中学习的能力,才能随着与环境的相互作用,形成种种能力和习惯,预见到事态发展的进程,从而调节自己的行为。他反复强调要使儿童形成习惯,因为主动的习惯包含思维、发明和使自己的能力应用于新的目的的首创精神,从而使个体能主动地调整自己的活动,以加强应付新情况的能力。

(三) 生长是尊重儿童身心发展特征的过程

杜威认为,"教育即生长"就是要求摒除压抑、阻碍儿童自由发展之物,使一切教育和教学适合儿童的心理发展水平和兴趣需要的要求。但尊重儿童绝非放任自流,任儿童率性发展。教育过程应该成为儿童自身的本能、兴趣和能力的生长过程。"既然实际上除了更多的生长,没有别的东西是与生长相关的,所以除了更多的教育,没有别的东西是教育所从属的"④。学校教育的价值及其标准,就看它创造继续生长的愿望到什么程度,看它为实现这种愿望提供方法到什么程度。

---

① 王承绪、赵祥麟编译:《西方现代教育论著选》,人民教育出版社2001年版,第30页。
② 〔美〕杜威著,王承绪译:《民主主义与教育》,人民教育出版社2001年版,第61页。
③ 赵祥麟、王承绪编译:《杜威教育论著选》,华东师范大学出版社1981年版,第38页。
④ 王承绪、赵祥麟编译:《西方现代教育论著选》,人民教育出版社2001年版,第31页。

"生长论"成为杜威"儿童中心"说的重要依据,也是其民主理想的反映。他不仅仅把儿童个体的充分生长视为达到社会目的的一种手段和工具,而且认为儿童充分生长本身就是民主主义的要求,蕴含丰富的价值意义。

三、教育即经验的改造和重组

经验是西方哲学史中的一个历史悠久的重要概念,但与传统的经验主义不同,杜威引进了生物学和心理学的概念,赋予"经验"许多新内涵。

（一）经验的改造是生活的手段

杜威认为,经验是人的有机体与环境相互作用的过程,有机体不仅受到环境的影响,还主动地对环境加以改造;观念、知识和经验都是在行动中,在人的有机体和环境相互作用的过程中得来的;在人与环境相互作用的过程中,由于环境始终处于变化的状态之中,所以,经验的改造乃是使生活得以继续的手段。

（二）教育存在于经验之中

根据对经验的理解,杜威认为,一切教育都存在于经验之中。教育的过程即是个人亲身获得的经验的不断改造和改组的过程,而不是学习前人和别人经验过程。在获得经验的过程中,新的经验和原有的经验结合达到对经验的改组和改造,"经验的改造"不只是知识的积累,也包括构成人的身心的各种因素的全面改造、全面发展、全面生长。他认为,在经验的任何阶段,真正学到的东西,都能够构成经验的价值,使生活过得更有意义。杜威明确指出:"教育就是经验的改造或改组。这种改造或改组,既能增加经验的意义,又能提高指导后来经验的进程的能力。"[①]经验的特性就是这种前后连贯的不断改造。"所有这种持续不断地经验或活动是具有教育作用的,一切教育存在于这种经验之中"[②]。

杜威提出的"教育即经验的改造"为其教学论奠定了理论基础。教育应当紧密联系社会生活,应当尊重儿童的天性和发展潜能。学生应当从经验中、从活动中、从做中学习,这是杜威的教育本质论所揭示的主要内容。

四、杜威教育本质论评析

杜威的教育本质论具有较强的现实意义。首先,关于教育本质的三个论断旨在解决三个重要问题,即教育与社会的脱离、教育与儿童的脱离以及理论与实践的脱离。因此,要求加强教育、学校与社会生活的联系,学校不能消极地适应社会的变化,应该积极参与社会生活的优化;加强理论与实践的联系,在实践中发挥理论的指导作用,并在实践中检验和发展理论。其次,他的教育本质论主张克服个人与社会的对立,要求将教育的工具价

---

① 王承绪、赵祥麟编译:《西方现代教育论著选》,人民教育出版社2001年版,第34页。
② 赵祥麟、王承绪编译:《杜威教育论著选》,华东师范大学出版社1981年版,第161页。

值和内在价值结合起来,要求克服教学论中知识与行为、知识与道德、理智与情感等方面的对立,这些至今对教育改革仍具有重大理论价值和实际意义。

不过,杜威的教育本质论也体现出他的改良主义唯心史观。他对教育抱有过高的期望,企图通过教育、通过改变每个人的心智来达到变革社会的目的;他反对暴力革命,认为智慧的方法较暴力的方法是一个更佳选择,民主的目标应以民主的方式去达成,其中改良主义性质十分明显。这也导致他的一些教育理论不能在实践中有效发挥作用,一些问题解决方案存在不切实际的弊端。

第四节 教育目的论

在杜威的哲学和教育理论中,他曾提出了"教育无目的"主张,但又提出教育过程之中的目的以及实现民主主义的教育社会目的论。

一、"教育无目的"论

杜威反对外在的、固定的、终极的教育目的。他认为外在的目的不能顾及儿童的兴趣和需要;固定的目的不具灵活性,不能适应变化了的具体情况;终极目的是一种理论上的虚构,因为世界是变动不居的。他明确指出:"教育的过程,在它自身以外没有目的;它就是它自己的目的。"①"教育本身并无目的。只是人,即家长和教师等才有目的;教育这个抽象概念并无目的。"②因此,有人断定杜威是"教育无目的论"的持有者。实际上,这是对杜威本意的误解。"教育无目的"论只不过是杜威对教育目的的主体问题做的一点提示,说明了教育这一活动的目的必须以人为依托。因为从严格意义上讲,所有的目的都是人的目的,没有人的参与和介入,任何活动不会有目的,活动本身就根本不会存在。如果杜威在理论上承认教育无目的,那么他的整个教育理论既无建立的必要,也无建立的可能。

二、生长目的论

从教育本质出发,杜威反对外在的、固定的、终极的教育目的,认为教育无目的。但他又主张教育有目的,他说:"教育一事,不可以无目的。无目的则如无舵之舟,无羁之马,

---

① 〔美〕杜威著,王承绪译:《民主主义与教育》,人民教育出版社2001年版,第58页。
② 〔美〕杜威著,王承绪译:《民主主义与教育》,人民教育出版社2001年版,第118页。

教育的精神从何发展,其结果必不堪设想。"①显然,杜威所希冀的是教育过程内的目的,这个目的就是"生长"。杜威指出:"因为生长是生活的特征,所以教育就是不断生长;在它自身以外,没有别的目的。"②"我们探索教育目的时,并不要到教育过程以外去寻找一个目的,使教育服从这个目的。我们整个教育观点不允许这样做"③。在杜威看来,在非民主的社会里,教育目的是外在于并强加于教育过程的,饱含着权威与专制的色彩;而在民主社会里,教育目的应内在于教育过程之中。因此,杜威主张以生长为教育的目的,其意图在于反对外在因素对儿童发展的压制,要求教育尊重儿童的需要和兴趣,使儿童从教育本身、从生长过程中得到乐趣。

三、社会目的论

杜威是社会改良主义者,他的社会理想是民主主义,而这种民主是美国资本主义发展过程的产物。杜威在其《教育的社会目的》(1923)、《教育的方向》(1928)、《教育与新的社会理想》(1936)等文章中,论述了教育的社会性目的,那就是民主。

杜威认为,教育是社会进步及社会改革的基本方法和有效工具,如果没有教育,民主便不能维持下去,更谈不上发展;教育应该为民主服务、为民主制度的完善服务,同时教育也应该是民主的,民主为教育提出了一个奋斗目标,也对教育提出了民主的要求。他提出的生长论,要求尊重儿童,建立新型师生关系,都体现了杜威民主主义的理想。

杜威的民主主义理想还要求个人得到充分自由的发展。生长不是自然发展,生长具有强烈的社会性。杜威认为,使个人得到充分生长、全面发展是民主主义社会对教育的要求和体现,也是民主主义社会得以持续和发展的保证。在他看来,个人发展与民主的社会目标是一致的。在民主主义社会的旗帜下,个人与社会的对立、个人本位与社会本位论的对立归于消失。可见,杜威意在为美国式的民主社会培养充分生长和发展的人,但不是虚无的抽象的人,而是现实的人。杜威主张教育要注重培养人的以下几方面的素质。

第一,具有良好的公民素质,具有民主理想和具有参与民主政治生活的能力。他认为,只有这方面的素质,才能够避免民主政治的滥用和失败。他还建议把平等参与社会与互相交流的能力、艺术创作和艺术欣赏的能力、娱乐的能力、有意义地利用闲暇的能力等,都作为公民训练的重要内容。

第二,具有广泛的职业素养,能通过从事某种职业发展个人能力,并为社会作出贡献。美国的工业化对人的素质提出了新的要求,教育要适应这种变化,就必须加强职业训练。杜威认为,职业训练是教育适应正在形成的社会新生活的需要的一种努力,也是教育上的革新。他反对把职业训练看做一种单纯的职业技能训练或谋生手段,职业训练应该与文

---

① 赵祥麟、王承绪编译:《杜威教育论著选》,华东师范大学出版社1981年版,第439页。
② 〔美〕杜威著,王承绪译:《民主主义与教育》,人民教育出版社2001年版,第61页。
③ 〔美〕杜威著,王承绪译:《民主主义与教育》,人民教育出版社2001年版,第111页。

化修养结合起来,使个人能从职业中获取乐趣,并通过从事一种职业服务于社会。

第三,掌握科学思维的方法,具有解决实际问题的能力,能适应变动不居的社会。

第四,具有良好的道德品质,能处理好个人与社会的关系,形成社会服务的精神。

概括地讲,杜威的教育目的理论体现出民主主义、工具主义和改良主义的特征。他强调教育目的应更民主、更人道而不受外在因素的强制;教育应更有成效,而不流于美好的空想。

第五节　课程与教学论

在经验论哲学的基础上,杜威批判了传统课程忽视儿童个体需要的弊端,提出活动课程的概念,并依据人的思维过程提出了五步探究教学法。

一、课程论

杜威的课程理论是在19世纪末美国完成近代工业化的背景下提出的,是建立在丰厚的文化成果和对现代社会问题关切的基础之上的。他剖析传统课程理论的不足,提出从做中学,强调直接经验的学习以及教材的心理学化。

(一) 对传统课程的变革

杜威的课程论是以其经验论哲学为基础的。他针对传统课程存在的弊端,提出课程改革的三项要求。

第一,课程要适合儿童心理需要、兴趣与能力。杜威认为,传统课程与教材是由前人积累起来的系统的间接经验构成的,是一种符号和文字构成的系统。它们超出了学习者已有的经验范围,以至于与学生的需要和目的脱离,代表知识的言词成为纯粹感觉的刺激,没有什么意义,仅仅变成供人记忆、在需要时被送出来的东西。教育因之变得机械和死板,儿童读书也就因此失去了积极的动力而成为一种不得已而为之的事情,并且那些"即使用最逻辑的形式整理好的最科学的教材"也失去了应有的价值。[①]

第二,课程应该是统一的,具有整体性,而不是支离破碎的。杜威认为,传统教育中分门别类的学科把具有统一性和完整性的儿童生活和经验肢解了,导致儿童对世界的认识有失全面。

第三,课程应具有社会性。杜威认为,学科不能只从本身出发,而应与社会生活相联系。他指出:"一个课程计划必须考虑课程能适应现在的社会生活的需要;选材时必须以

---

① 赵祥麟、王承绪编译:《杜威教育论著选》,华东师范大学出版社1981年版,第91页。

改进我们的共同生活为目的,使将来比过去更美好。"①

(二)"做中学"与教材心理化

在经验论的基础上,杜威要求"从做中学"、"从经验中学",主张以活动性、经验性的主动作业来取代传统的书本式教材,这种活动性的、经验性的作业包括园艺、烹饪、缝纫、印刷、纺织、油漆、绘画、游戏、演剧、讲故事、阅读、书写等。在他看来,这些作业既能满足儿童的心理需要,又能满足社会性需要,还能使儿童对事物的认识具有统一性和完整性。

杜威批判以系统知识为表现形式的课程,倡导活动性、经验性的课程,但他并没有因偏重直接经验而轻视间接经验。实际上,他非常强调间接经验(系统知识)的重要性。他指出:"直接观察自然比较生动活泼,但是也有局限性。无论如何,一个人应能利用别人的经验,以弥补个人直接经验的狭隘性,这是教育的一个必要组成部分。"②他并不反对间接经验本身,他反对的是传统教育中那种不顾儿童接受能力的直接灌输、生吞活剥地获取间接经验的方式。问题的关键在于怎样使儿童最终能获取系统的知识同时又能在学习过程中顾及儿童的心理水平。

杜威提出的方案就是教材心理化和经验的组织。杜威主张教材心理化,即把逻辑性的、间接经验性的教材直接经验化。因此,"就需要把各门学科的教材或知识各部分恢复到原来的经验。它必须恢复到它被抽象出来的原来的经验,它必须心理化"③。然后,将已经经验到的东西逐步发展成为更充实、更丰富、更有组织的形式,即逐渐地接近于提供给熟练的人的那种教材的形式。

杜威认为,由成年人和专家编制的教材为教育提出了一个应当不断前进的目标,但不能当做起点,新的教育必须以直接经验为起点,并对直接经验加以组织、抽象和概括,不然,经验将支离破碎,以致混乱不堪。

(三)杜威课程论的不足之处

杜威提出的以经验为基础的课程理论似乎论证缜密,但从实践层面考量,则存在几个难以解决的问题。

首先,系统知识并非都可以还原为直接经验。因为系统知识具有很强的概括力和包容性,因此,有些系统知识所反映的内容不可能还原为儿童个人的直接经验,即便一些能还原的系统知识,在程度上和数量上相当有限。

其次,教材心理化不等于教材直接经验化。杜威的假设是:只要把系统知识化作直接经验,儿童的心理就能承受和理解。实际上,儿童要真正理解其本人所直接经验的东西,许多情况下需要系统知识的介入,需要先前形成的间接经验的参与。可见,杜威将教材等同于教材直接经验化,一定程度上忽视了系统知识在理解直接经验中的条件作用。

---

① 〔美〕杜威著,王承绪译:《民主主义与教育》,人民教育出版社2001年版,第209页。
② 〔美〕杜威著,王承绪译:《民主主义与教育》,人民教育出版社2001年版,第172页。
③ 赵祥麟、王承绪编译:《杜威教育论著选》,华东师范大学出版社1981年版,第56页。

最后,怎样将学生获得的直接经验"组织"成为系统的知识是一个非常难解决的问题。一方面,学生个人直接经验有限,将其组织成系统知识缺乏宽厚基础;另一方面,将个人直接经验组织为系统的知识非常费时,而学校教育时间是有限的,同时儿童本人组织知识的能力和教师指导的能力是否能够完成两种经验的转化也是不容忽视的问题。

尽管杜威的课程论实施起来困难,但他提出的解决课程问题的思路是正确的,即课程既符合儿童心理发展水平又能使儿童最后获得知识,并能在理解的基础上有效地应用于生活经验。他对传统课程及其教学的批判也是有价值的。

二、教学方法论

杜威认为,传统教学方法沿袭甚久,积弊甚深。作为一个经验主义者和实用主义者,他认为,要使经验、行动更有效能,必须培养人的思维能力,掌握科学的思维方法。

（一）对传统教学方法的批判

教学活动在专门设定的教室里进行,教师在讲台上向学生灌输书本知识,而这些知识脱离现实生活,不考虑儿童的理解力,系统性和逻辑性过强;学生坐在固定的位置上,静听和记诵教科书。学生处于消极、被动的地位,兴趣、爱好受到剥夺和压制,主动性受到束缚;教室如同牢狱,儿童如同囚犯,教师如同看守,书本如同刑具,教学和学习如同服役,整个教育、整个学校缺少生机和活力,毫无乐趣可言。这种以教师、教科书、教室为中心的教学方法一直受到杜威的尖锐批判。他希望变革的是,由教师讲授、学生静听的教学方式变为师生共同活动、共同经验的教学方式;把书本降到次要地位,活动居主要地位,教学不能仅局限在教室之内。

19世纪后半期,裴斯泰洛齐的实物教学和感觉训练法、赫尔巴特学派的五段教学法在美国有相当大的影响,对传统教学有较大促进作用。杜威认为,这两种教学理论既有长处,也有不足。直观教学在反对只重视书本知识方面发挥了有益作用,但往往把感觉活动孤立起来,容易忽视思维能力培养,杜威对这种教学方法持否定态度。杜威指出,赫尔巴特的伟大贡献在于使教学工作摆脱陈规陋习和全凭偶然的做法。他使人们意识到教学方法必须以明确的哲学和心理学理论为指导,教学方法必须注意揭示新教材的方法和顺序,保证新教材和旧教材的恰当的相互作用。但在杜威看来,赫尔巴特的方法的缺陷在于:一是在实践中常常成为枯燥的常规,他指定的教学阶段与步骤,使得处理问题缺乏主动性和灵活性;二是强化了教师的作用,低估儿童主动的心理因素,如需要、情感、兴趣等,导致教学对儿童而言依然是一个被动的过程。所以,杜威认为赫尔巴特的教育哲学依然是坚持古旧的和过去的东西。

（二）五步探究教学方法

杜威将思维理解为反省思维(Reflective Thinking),即对某个问题进行反复的、严肃的、持续不断的深思,思维的功能在于将经验到的模糊、疑难、矛盾和某种纷乱的情景,转化为清晰、连贯、确定以及和谐的情景,把困难解决,疑虑解除,问题解答。因此,思维的方法也就是解决问题的方法。解决问题的过程共有五步：感觉到的困难；困难所在和定义；设想可能的解决办法；通过推理选择一个能解决这个疑难的假设；通过观察或实验证实结论是否可信。这就是杜威的"思维五步法"。杜威认为，思维也是明智的学习方法和具有教育意义的经验的方法，教学法的要素和思维的要素是相同的。

杜威根据科学实验主义探究方法和反省思维方式，提出了五步探究教学法。（1）创设疑难情境；（2）确定疑难所在；（3）提出解决问题的种种假设；（4）推断哪个假设能解决这个困难；（5）验证这个假设。这在教育史上被称为是"五步教学"。杜威强调，这五个阶段的顺序是不固定的，有时两个阶段可以合并为一，有时需要特别强调某一阶段，"怎么处理，完全依靠个人的理智的机巧和敏感性"①。这样，教学方法具有灵活性，使之避免赫尔巴特教学方法呆板机械的程式。

（三）杜威教学方法论评析

杜威倡导的思维方法是一种综合性的方法、行动的方法。在这种思维过程中包含观察、分析、综合、想象、抽象、概括等多种能力的运用，还涉及知识的参与、各种观念和假设的检验。因此，他所说的经验的改造更像是一种科学的"实验"，他的经验主义也被称为"实验主义"。他对教学方法的分析再次证明经验的改造包含知识、理性的因素，是一个不断超越直接经验的过程，一个解决实际问题的过程。

杜威提出的教学方法论不仅是教学方法和教学论的变革，而且是整个教育观的变革。正是这种新的教学方法揭示了他的教育理论与传统教育理论的根本区别，表现为以获取知识为目的还是以培养智慧为目的。杜威要培养的是人的智慧，即明智的行为、行动的能力以及解决实际问题的能力。以知识增进智慧，相对于活动而言，知识永远是从属的。相反，传统教育以知识为目的并以知识来扼杀智慧。

杜威认为科学方法具有深远的社会意义。因为科学的方法反对因循守旧，反对任何外部的权威，强调创造和验证，这是与民主主义相通的。科学方法构成民主制度的深层文化心理基础，如果人们掌握了这种方法，形成新的心理与行为习惯，那么所谓的真正的民主主义就到来了。简言之，杜威既把民主视为一种政治形式，也将其视为一种生活方式，并且与科学思维方法息息相关，而教育是帮助人们掌握科学思维方法的最重要的手段，基于此，他宣布：科学、教育和民主目标应合而为一。

但是，杜威的教学方法论也存在进一步值得讨论的地方。首先，他强调教学方法以培养智慧为目的，也重视系统知识的作用，但如何获得系统知识在他那里仍是一个悬而未决的现实问题。其次，他坚持只有科学的方法才是认识的途径，但在他的著作中，从来没有令人信服地证明过。再次，他将思维过程、经验改造过程、知识获得过程皆与解决问题联系。实际上，情境中的"问题"对边际无限的知识的包容度和涵盖力是很有限度的，将知识的获得，将儿童的充分全面生长只寄托于"解决问题"的过程，是远远不够的。最后，杜威对科学方法（思维方法）给予的期望过高。他认为只要通过教育将思维方法植入人心，

---

① 〔美〕杜威著，姜文闵译：《我们怎样思维·经验与教育》，人民教育出版社1991年版，第95页。

就可以达到彻底改造社会的目的,这是其改良主义社会观的体现。

第六节 道德教育论

19世纪末20世纪初,美国已由农业社会过渡到工业化社会,原先的民主、自由观念以及道德观念发生了重大变化。从民主主义社会建设的目的出发,杜威论述了道德教育,这种道德教育也是建立在杜威的经验论和心理学理论之上的。杜威的道德教育思想与美国社会生活的变化息息相关,反映了价值伦理观念变迁的时代要求。

一、个人与社会

在美国文化中,个人主义占据重要地位。传统的个人主义强调个人独立性、独创性和毅力,反对政府对个人自由的控制。到19世纪末,传统的个人主义发展到自由放任主义,在经济和政治生活中走向无政府主义,少数在经济竞争中成功的人凌驾于多数人之上,侵害了绝大多数人的自由。

杜威认为,道德教育的主要任务是协调个人与社会的关系。他反对个人至上论和社会至上论,认为个人与社会存在不可分离,个人与社会发展相得益彰,个人充分发展是社会进步的必要条件,社会的进步为个人的发展提供良好的基础。杜威反对过分强调个人自由和竞争的旧个人主义,而提倡人与人之间的合作,强调社会责任的和理智作用的新个人主义。落实到教育上,他要求为新时代培养一种新的个人,这种个人不为追逐个人利益而忽视公益,也不会因头脑僵化、固守陈规而对变动不居的社会熟视无睹,抑或手足无情;个人自由与社会制约,个人活动与集体行动,都表现出个人智慧和道德的特性,即都充分体现个人理智的创造力、独立的观察力和正确的判断力。总之,杜威希望通过培养个人品质来改良资本主义制度,缓和社会矛盾。

二、道德教育的途径和方法

在道德教育的原则和方法上,杜威强调道德教育与社会生活的联系。他认为,离开了社会生活,学校就没有道德的目标,也没有什么目的。道德教育应该在社会生活中进行。学校生活"社会化"是道德教育最基本的要求,社会上的道德原则与学校中的道德原则应是统一的。学校本身必须是一种社会生活,社会的观念和社会兴趣只有在一个真正的社会环境中才能发展;校内学习应与校外学习联系起来,因为学校的社会生活还不能完全代表学校以外的生活。在杜威看来,"学校即社会"不仅是教学改革的要求,也是道德教育变革的要求。

杜威认为,道德教育除了通过学校生活进行以外,还应通过教材与教学方法进行,这三者相互影响,构成"学校道德的三位一体"(Moral Trinity of the School)。这样,获得知识、发展能力与道德发展之间建立起了有效联系,消除了理性与道德、知与行之间的对立。

三、道德教育的原理

杜威还对道德教育的原理进行了探讨。在《教育中的道德原理》一书中,他将道德教育的原理分为社会方面和心理方面。社会方面包括道德教育的社会性情景、社会性的内容和社会性的目的;心理方面是指道德教育应建立在学生本能冲动、道德认识和道德情感的基础上,这样道德教育才能取得成效。如果忽视道德教育的心理条件,道德行为可能会变成机械的模仿或外在的服从。换言之,社会方面的道德原理侧重道德教育的"目的和内容",决定应当做"什么"(What),心理方面的道德教育则关乎道德教育的"方法和精神",决定应当"如何"(How)做。

总之,杜威希望道德教育能够成为调节社会中人与人关系的重要手段,促使社会利益分配更加均衡,缓和甚至消除利益冲突,达到人与人、人与社会之间和谐与友好。

第七节 杜威教育思想的历史地位与影响

杜威在对前人学说进行系统批判与吸收的基础上,以经验主义哲学、心理学和社会政治观为理论基础,结合美国社会工业化、民主化的现实,建立了一种与传统教育观迥然不同的崭新的教育理论体系,奠定了现代教育理论大厦的基石。

一、杜威教育思想的历史地位

杜威教育思想的产生标志着现代教育的开端,构成了新旧教育理论的分水岭,成为现代教育改革和学校变革的理论指导。

(一)现代教育的开启

杜威提出"教育即生长",试图从心理学角度探索教育、教育方法论问题和教育与儿童脱离的问题,成为儿童中心论的基础之一;"教育即经验"的命题是从认识论角度探讨知识、经验的获得及心理与社会、过程与目的的协调问题,试图解决理论与实践脱离的问题;"教育即生活"、"教育即社会"的观点则是从社会角度出发,将个人与社会统一起来,将学校生活与学生的生活经验联系起来,力图解决教育与社会脱离的弊端。杜威提出的教材心理化,适合学生经验的心理发展,而不是逻辑顺序的观点更新了传统教学论观点,开启了现代教育教学的新开端。杜威使用科学的探究方法以及所体现的探究精神使得科学精神成为教育发展的组成因素,教学方法得以科学化改造。

(二) 新旧教育的分水岭

杜威教育观的基本要求是实现教育的内在价值和工具价值的结合,使教育过程既充满乐趣,有利于儿童个人生长,又富有实效,有益于国计民生。这种教育观的直接目的是试图通过活动性、经验性的课程和教学方法使学生掌握科学的思维方法。这种教育观体现了现实主义与理想主义的结合,它源于现实又高于现实,他希望通过教育使美国社会走向更加完美的理性之境。这种价值观的历史价值在于它立足于新现实、新理论的基础上,宣告了教育理论旧时代的终结和新时代的开始。①

(三) 教育改革的理论基础

杜威的教育理论虽然产生在美国社会并且为完善美国资本主义制度服务,但它是立足于现代社会物质文明和精神文明基础之上的现代教育理论,充满着浓厚的现代气息,是现代教育改革的一个主要学派,其价值是超越国界的。

杜威提出并致力于解决的三大教育问题,即教育与社会生活脱离、教育与儿童生活脱离、理论与实践脱离,不仅杜威的时代存在,而且现在乃至将来依然会存在,可以说它们一直困扰着每个时代的教育研究者。他对现代教育问题的思考及建议,诸如,教育、学校与社会之间应加强联系,学校不仅要适应现代社会的变化,而且要积极参与社会生活的优化;尊重儿童心理发展水平,使教育过程既有成效,又充满乐趣;加强理论与实践的联系,使理论能有效地指导实践并使自己受到检验和发展;要求以道德文化的力量规范与调控经济(尤其是市场经济)活动,使教育的工具价值与内在价值结合起来,克服教育教学中知识与行为、知识与道德、理智与情感、感性与理性诸方面的对立,等等,这些思想直接或间接地涉及现代教育改革的许多根本问题,至今仍具有重大理论价值和实际意义。可以说,现代教育改革的各种理论无不与杜威学说相联系。

二、杜威教育思想的影响

杜威教育思想不仅对美国教育有重要影响,而且也深深地影响到世界上许多国家的教育改革。

(一) 对美国教育的影响

杜威对教育的真正影响是在其《民主主义与教育》出版以后开始的,该书使美国教育由赫尔巴特主义转入杜威主义,并影响到其他国家。19 世纪末至 20 世纪 50 年代,美国出现的进步教育运动,就是以杜威的实用主义教育哲学为理论指南和基石的。这场运动

---

① 吴式颖,任钟印主编:《外国教育思想通史》(第 9 卷·上),湖南教育出版社 2002 年版,第 372 页。

以及出现的进步教育实验,对美国中小学的发展和教育的普及发挥了巨大的推动作用。

杜威的《民主主义与教育》曾经是美国最为流行的教育哲学教科书和中小学教师改革教育教学工作的基本理论依据。杜威的得意门徒克伯屈等人所设计和编辑的有关教育原理和教学方法的实际课程和教科书等,对20世纪二三十年代乃至后来的美国学校改革与发展起过有益的调节作用。

从杜威到其门徒,形成了美国最主要的教育思想流派,与其他教育流派相互作用,为美国的教育政策提供理论依据,或成为它们的舆论工具。每当美国进行教育改革的时候,都会涉及杜威的教育思想及其影响问题。所以,杜威被认为是20世纪影响最大、争议最多的教育家。20世纪初,杜威及杜威学派的教育思想在与赫尔巴特及赫尔巴特学派的教育思想相互斗争、相互借鉴的过程中逐渐兴起和发展起来;在30年代,杜威的教育思想受到巴格莱等要素主义教育家的激烈批判;第二次世界大战后,杜威的教育思想的影响逐渐萎缩。不过,在50年代,布拉梅尔德等人仍信奉杜威的理论,宣扬改造主义教育思想;60年代美国发起的课程改革运动,主要以布鲁纳的结构主义和科南特为代表的要素主义为理论指导,杜威的理论受到责难;70年代以后,随着"终身教育"、"终身学习"、"学习化社会"等国际教育思潮在美国的传播,美国流行"开放教育",其内涵和具体实施措施与杜威的教育主张相似,杜威的教育理论重新受到关注。

(二) 对世界教育的影响

杜威的教育思想和教育改革的影响并不局限于美国,他被公认为是当代世界教育史上最有影响的人物。杜威一生访问过许多国家,有日本、中国、土耳其、墨西哥和苏联。他的不少教育著作被译成多种文字,在世界各国广为流传。他的门徒包括来自世界各地的几千名学生,其中许多人后来成为著名教育家或政治家。

1919年3月,杜威应邀到日本进行了为其两个半月的访问。他在东京大学先后八次发表了关于哲学的改造问题的讲演,这些讲演稿后来经过整理以《哲学的改造》为名出版。第二次世界大战后,日本教育"美国化",杜威思想对日本的影响达到了顶峰。日本成立了杜威学会,翻译出版了许多杜威的哲学著作和教育著作。

1929年6月,应苏维埃教育人民委员部的邀请,杜威作为美国非官方团体25名成员之一,访问列宁格勒和莫斯科的学校,参观了沙茨基指导下的实验站。回国后,杜威在《新共和》杂志上发表了6篇文章:《列宁格勒给予的启示》、《处于不断变化中的一个国家》、《在形成中的一个新世界》、《俄国的学校在做什么?》、《新时代的新学校》、《伟大的实验及其将来》,盛赞苏联的学校改革,称其教育制度"最完全地体现了我们号称进步民主的理想,我们可以从中看到比其他国家多得多的东西"[①]。

1924年,杜威到土耳其进行了为期两个月的访问,考察该国教育制度。杜威建议土耳其的教育制度改革要多注意多样性而避免统一性,后来,土耳其按照杜威的建议进行了学制改革。1926年,杜威到墨西哥讲演,被聘为墨西哥政府的教育顾问。

---

① 赵祥麟主编:《外国教育家评传》(第2卷),上海教育出版社1992年版,第542页。

在杜威造访过的国家中,中国是受其影响最深的国家。从1919年4月30日至1921年7月11日,杜威应邀到我国讲学,长达两年零两个月之久。他先后在北京大学、南京高等师范学校和沿海各城市发表演说,宣传他的实用主义教育思想,他的足迹遍布中国13个省市。他的每一篇讲演都被译成中文,汇辑成五大讲演集,主要内容有《社会与政治哲学》、《教育哲学》、《伦理学》、《现代西方三大哲学家——詹姆士、柏格森、罗素》、《现代教育的趋势》等。当时有几百种杂志转载杜威的讲演。

在杜威的影响下,美国的"六三三学制"、课程、教材和教学方法,包括设计教学法、道尔顿制等,大量介绍进来,一些高等学校把杜威的《民主主义与教育》作为教育哲学课程的教科书。教育家陶行知还对杜威的部分教育理论加以改造,在一些城市设立"实验学校",推行"活教育"、"生活教育"等理论,还成立"生活教育社"、"平民教育促进会"、"儿童教育社"等团体。

需要指出的是,杜威的理论过于强调儿童中心、活动中心和经验中心,使得在教育实践中忽视了系统知识的传授,引发了自由与纪律、教师与学生等矛盾。此外,杜威根据经验和教材心理化原则编写新型教材的设想过于理想,难以实现,这至今仍是现代教育发展和改革过程中的难点。但杜威所提出的问题以及解决这些问题的思路直到今天仍具启发意义。

结 语: 杜威是西方现代教育派的理论代表,他在《民主主义与教育》等代表著作中提出了完整的教育理论体系,奠定了现代教育理论的基石。他在很大程度上提高了教学专业化程度,确立了教育学的学科地位,增强了教育教学的学术性。他的教育理论对世界教育进程发挥了巨大作用,对日本、中国、苏联等国都产生了直接影响。作为现代教育史上的巨人,杜威及其学派的教育理论推动了20世纪世界教育的发展,在现代乃至当代教育史中,其影响无人堪与媲美。因此,美国教育家克伯屈认为杜威是"世界上未曾有过的最伟大的教育家"①。

【讨论与思考】

1. 述评杜威关于教育本质的观点。
2. 怎样理解杜威的"教育无目的论"?
3. 述评杜威教学理论和课程理论。
4. 讨论杜威教育思想的历史地位以及对20世纪前半期中国教育的影响。
5. 比较杜威教育思想与赫尔巴特教育思想的异同。

---

① 赵祥麟主编:《外国教育家评传》(第2卷),上海教育出版社1992年版,第540页。

【扩展阅读书目】

1. 褚宏启著:《杜威教育思想引论》,湖南教育出版社1998年版。
2. 单中惠著:《现代教育的探索》,人民教育出版社2007年版。
3. 〔美〕罗伯特著,彭国华译:《杜威》,中华书局2002年版。
4. 〔美〕杜威著,王承绪译:《民主主义与教育》,人民教育出版社2001年版。
5. 〔美〕杜威著,赵祥麟等译:《学校与社会·明日之学校》,人民教育出版社2005年版。
6. 〔美〕杜威著,姜文闵译:《我们怎样思维·经验与教育》,人民教育出版社2005年版。
7. 〔美〕杜威著,彭正梅译:《民主·经验·教育》,上海人民出版社2009年版。
8. 孙有中著:《美国精神的象征》,上海人民出版社2002年版。
9. 〔美〕杜威著,吕达等主编:《杜威教育文集》(5卷本),人民教育出版社2008年版。
10. 王彦力著:《走向"对话":杜威与中国教育》,教育科学出版社2008年版。

第十四章 20世纪前期世界主要国家的教育发展

【内容提要】

20世纪初,为适应经济、政治、科技、军事竞争的需要,世界主要国家都对教育实施了较大幅度的调整与改革,逐步形成并建立起现代教育制度。这一时期各国教育发展的主要任务是:改革初等教育从而使其更见成效;组织和扩大中等教育;迅速发展职业技术教育和高等教育。20世纪前半叶爆发了两次世界大战,教育遭受了空前的浩劫,战争所及的欧、美、亚各国教育的发展都受到了极大干扰。

【学习目标】

了解世界主要国家20世纪前期教育发展的基本史实,认识英国、法国、德国、美国、日本和印度现代教育制度形成的基本脉络和基本特征,理解现代教育制度形成的缘由,掌握历次主要教育改革运动。

【核心术语】

《巴尔福教育法》;《费舍教育法》;《哈多报告》;《斯宾斯报告》;走读制学院;统一学校运动;《阿斯蒂埃法》;德意志中学;古典教育;《中等教育的基本原则》;《史密斯-休斯法》;六三三学制;八年研究;初级学院运动;军国主义教育;基础教育运动;《萨金特报告》;双轨学制

第一节 英国教育的发展

20世纪初,为了与其他资本主义国家继续竞争,同时也是迫于国内社会各界争取教育权的斗争,英国进行了一系列教育改革。公共教育制度随着《巴尔福教育法》得到发展,中等教育由于《哈多报告》和《斯宾斯报告》的提出在20世纪三四十年代开始有了较大的发展,师范教育开始引入了大学教育的因素。

一、《巴尔福教育法》与教育行政体制的变革

19世纪末,英国尚未形成对学校进行有效的统一管理体制。1899年,英国成立了教

育委员会,主要职责是管理和检查初等、中等和职业教育,分配教育补助金。这种中央一级教育管理机构的成立,为英国初等和中等教育制度统一管理奠定了基础。

1902年,由英国首相巴尔福(Arthur James Balfour,1848~1930)颁布的《巴尔福教育法》(Balfour Education Act)对英国教育行政管理体系产生了重大影响。该法的主要内容包括:(1)废除原来独立于地方政府的地方教育委员会和督促就学委员会,设立地方教育当局(Local Education Authorities,简称 LEA)。(2)授命郡和郡级市议会为地方教育当局,负责本地区除初等教育外的其他各类教育。(3)地方教育当局具有否决学校管理委员会选择的不合格的校长和教师的权力。(4)对私立学校和几乎所有的教会学校提供资助,以便进一步加强监督和控制。

《巴尔福教育法》是英国进入20世纪后所制定和颁布的第一部重要的教育法案。它的颁布标志着英国教育一个新时期的开始。这一法案颁布的重要性与意义是:(1)促成了英国政府教育委员会和地方教育当局的结合,形成了以教育当局为主体的英国教育行政管理体制,对此后英国教育行政体制有重要的影响。(2)第一次把初等教育和中等教育的发展放在一起论述,使国民教育变为完整的初等义务教育。(3)把中等教育纳入地方管理,结束了英国教育长期的混乱状态,提供了建立国家公共教育的可靠保障。

二、《费舍教育法》与初等教育的发展

1870年《初等教育法》的颁布使英国的国民教育得到了较快发展,但其教育的双轨制使初等教育与中等教育分别在两条不同的轨道上运行。在大众化的初等教育轨道上的儿童,一般仍进不了中等教育轨道,初等教育存在的根本问题仍未解决。

1918年,英国国会通过了教育大臣费舍(Herbert Fisher,1865~1940)提出的议案,制定了新的初等教育法,称为《费舍教育法》(Fisher Education Act)。其主要内容包括:(1)加强地方当局发展教育的权利和国家教育委员会制约地方当局的权限。规定地方教育当局应负责本地区教育的发展,全面组织本地区的教育。(2)地方教育当局应当为2~5岁儿童开设幼儿学校或幼儿班,并对接受监督的私立幼儿学校提供资助。(3)规定5~14岁为义务教育阶段,公立初等学校一律实行免费。初等学校分为5~7岁和7~11岁两个阶段。(4)地方教育当局应建立和维持继续教育学校,特别是中等职业技术学校,向14~16岁的年轻人免费提供适当的学习课程、教学和体育训练。(5)改革考试制度。精简后的校外考试分为"学校证书考试"(16岁)和"高级学校证书考试"(18岁)。(6)改善学校卫生设备,设置校医,定期对儿童进行免费体格检查,以增进儿童的身体健康。(7)强调"儿童中心"的思想,提出初等学校要采用道尔顿制、设计教学法等教学组织形式,重视发挥学生的主动性和培养学生的能力。(8)禁止雇用12岁以下的儿童做工。(9)扩大地方教育当局的权力,规定地方教育当局有权作出教育发展规划的决定。(10)地方教育当局应当注意提高学校教师的工资。

《费舍教育法》在英国历史上首次明确宣布教育立法的实施"要考虑到建立面向全体

有能力受益的人的全国公共教育制度",在建立完整的国家教育制度方面迈进了一步,初步确立了一个包括幼儿学校、小学、中学和各种职业学校在内的公立学校系统,特别是加速了初等教育的发展和普及。据统计,到1934年,公立初等学校的学生人数已达385万人,超过私立初等学校的学生人数1倍以上。

三、中等教育制度的改革

随着英国初等学校的较快发展,初等学校的毕业生能进入中学学习的比率太少,因此,中等教育的改革和发展问题越来越引起人们的关注。社会对中等教育的普及性和适应性提出了更高的要求,改革传统的中等教育势在必行。

(一)《哈多报告》

1924年,英国工党上台执政,出于政治上的需求,尤其为了顺应社会上普遍对中等教育的要求,首次提出"人人有权受中等教育"(Secondary Education for All)的口号。随即任命以哈多爵士(W. H. Hadow,1859~1937)为主席的咨询委员会对英国的初等教育展开调查,提出发展中等教育的建议。该委员会在1926~1933年间提交了三次《关于青少年教育的报告书》(The Education of the Adolescent),通称《哈多报告》(Hadow Report),其中影响较大的是1926年报告书。

《哈多报告》提出的主要建议包括:(1)小学教育应称为"初等(primary)教育",取消"基础(elementary)教育"一词。儿童在11岁以前所受到的教育为"初等教育",分为两个阶段:幼儿学校(5~8岁);初级小学(8~11岁)。(2)建立适合于所有青少年的中等教育。中等教育阶段分设四种类型的学校:一是以学术课程为主的文法中学(11~16岁);二是具有实科倾向的选择性现代中学(11~14岁);三是相当于职业学校的非选择性现代中学(11~14岁);四是略高于初等教育水平的公立小学高级班或高级小学(11~14岁)。(3)义务教育延长到15岁,完成中等教育的最低年限也是15岁。(4)教育应为一个连续的过程,可分为初等学校阶段和中等学校阶段。

《哈多报告》被视为现代英国教育发展的里程碑之一。它极大地扩展了中等教育的概念,第一次从国家角度阐明了使中等教育成为面向全体儿童的教育的思想,并从儿童心理发展特点的角度,明确提出了初等教育的重点和初等教育后的教育分流的主张,以满足不同阶层人们的需要。而事实上,当时英国劳动人民子弟真正受到中等教育的只占极少数。在整个30年代,初级小学毕业生的90%只能进入高级小学,是不能继续升入中等学校。而且,这些建议在当时由于学校设施、教师、经费等原因,以及20世纪30年代世界经济危机的影响并未能实施。尽管如此,它反映了英国改革中等教育的客观要求,对后来英国教育的发展与改革产生了重要影响。

(二)《斯宾斯报告》

随着第一次世界大战后经济发展对技术人才的广泛需要,1938年以斯宾斯(Will Spens,1882~1962)为首的教育咨询委员会提出了以改革中等教育为中心的《斯宾斯报告》(Spens Report)。这一报告的主要内容包括:(1)确定将技术教育作为中等教育一部分的原则,在中等学校里加强技术教育,以适应科学技术的发展,并建议保留初等技术学校。(2)广泛建立现代中学,使社会中下阶层的青少年受到中等教育。(3)重申各种类型的中等学校享有平等地位,青少年入哪种类型学校取决于智力水平。(4)中等学校课程除普通学科外还应包括具有直接职业价值的训练,并给学生选择学科的最大自由。(5)每所学校的规模可达800名在校生或更多一些。(6)建议设立多科性中学(Multilateral School),使其兼有文法中学、现代中学和技术中学的特点。

整体上看,《斯宾斯报告》是对《哈多报告》的补充和发展,它坚持了《哈多报告》的改革方向,把中学类型扩大为三种——文法学校、现代中学和技术中学,强调在各类中学之间建立对等关系。《斯宾斯报告》更强调社会需要和学校的社会职能以适应战后英国对中等技术人才的需求,推动了英国中等教育的发展。据统计,1936年中等学校的学生人数达48.2万人,比1913年增加了2.5倍左右。① 到1938年,英国全国11岁以上的青少年在各种类型的中等学校里学习的人数又增加到56.9万人。此后,英国又先后提出了一些重要的中等教育改革报告,推动了英国中等教育的改革。如1941年的《诺伍德报告》(Norwood Report)重申三类学校适合于不同类型的学生的发展是今后的发展方向;1944年的《弗雷明报告》(Fleming Report)的主要目标是调整传统的公学。到第二次世界大战前,英国基本上形成了三种类型的中学,"人人受中等教育"的观念已经为英国公众广泛接受。

四、师范教育的改革

从1890年开始,英国师范教育开始引入大学教育的因素,从19世纪90年代开始一直持续到20世纪80年代。这个过程主要通过两种途径来实现:20世纪20年代以前表现为大学在其内部设置师资培养机构;20年代以后大学对原来独立设置的师范学院的影响和控制逐渐加强,成为整个师范教育的"领头羊",70年代后师范学院与大学脱离联系,通过改组自身发展成为新的综合性大学。当然,大学向整个师范教育领域的扩展不是大学积极主动参与的结果,而是在政府的干预下完成的。

(一)大学内设置师范教育机构

19世纪90年代,英国政府开始在大学里开办走读制学院(Day Training College),从而拉开了英国师范变革的帷幕。大学走读制学院的建立与英国克罗斯委员会(Cross Committee)的努力有着密切的关系。成立于1886年的克罗斯委员会是监督初等教育法实施的皇家委员会,其职责是考察见习生制以及师范学院的工作效率。1890年,英国教育署颁布了允许大学和大学学院建立走读制学院的法令,规定凡获得女王奖学金的见习教师可以选择进入寄宿制师范学院或大学走读制学院学习。截止到1900年,新成立的

---

① 〔英〕奥尔德里奇著,褚惠芳等译:《简明英国教育史》,人民教育出版社1987年版,第126页。

18个走读制学院就拥有1355名学生。这些走读制学院是英国现代大学教育系或教育学院的前身,它们的共同点是教师不必遵循教育署的教学大纲或考试内容来讲课,只是每所机构都要配备"师范教师",其职责就是讲授教育理论和教育史课程。

（二）大学教育系取代走读制学院

大学教育系与大学走读制学院的不同之处在于,大学走读制学院的学生大都是走读的,而大学教育系开始和大学其他院系一样实施寄宿制;同时,大学教育系开始转而主要培养中等学校教师。大学教育系在日后的发展中逐渐稳定下来,成为今天英国师范教育的主要机构。

20世纪初,大学走读制学院纷纷改称为大学教育系。1925年,卡迪夫大学的两个走读制学院合并成为一个教育系。在1920年到1940年间,有四个新的教育系成立：威尔士大学于1921年建立了教育系;1922年德拉姆学院成立了教育系并任命了系主任;莱斯特大学的教育系于1929年成立;赫尔大学于1930年成立了教育系,并于1934年为62名学生开设了研究生教育证书课程;剑桥大学于1938年成立了教育系。[1]

大学教育系所承担的责任由大学走读制学院时期的培训初等学校教师逐渐转变为培训中等学校的教师。英国中等学校的教师培训走的是与初等学校的教师培训完全不同的道路。英国传统普遍认为,中等学校的教师不需要培训。培训中等学校的教师等于降低了他们的社会地位,使之与低级的初等学校受过培训的教师联系在了一起。然而,随着义务教育年限从初等教育阶段延长到了中等教育阶段,英国逐渐建立了中等教育国民体系,中等教育得到了发展,中学大量增加,中学教师开始缺乏。人们普遍认为,大学是承担中等学校教师培训的合适机构。

（三）原有师范教育机构向大学转变

1902年的《巴尔福教育法》授权地方教育当局可以开办公立的师范学院,至此,英国形成了公、私立师范学院和大学走读制学院共同培养师资的局面。随着英国师范教育体制的不断发展,中小学教师的培养途径也渐次分野,中学教师主要由大学来培养,而公、私师范学院则主要培养小学教师。1920年代后,公、私立师范学院逐渐与大学相结合,利用大学的优势来共同培养教师。

1928年,英国政府制订了一个联合考试委员会(Joint Examining Boards)方案,该方案把全国的师范学院划分到11个地区之中,每个地区的师范学院与一所大学或大学学院建立联系,成立一个联合考试委员会来主持"教师证书"的考试,以取代教育署在这方面的职能。联合考试委员会的成员由师范学院、地方教育当局、教师团体和大学的代表组成。到1929年,大学里已设立了19个联合考试委员会并于1930年正式运作。这些联合考试委员会在师范学院实施考试并根据考试成绩编写课程考试大纲以及总的考试规则。大学教育系以前主要负责实施他们自己的考试,现在则要在这种由大学和师范学院的代表共

---

[1] John. B. Thomas. *Day Training College to Department of Education*. In: John. B. Tomas(Ed.). British Universities and Teacher Education: A Century of Change. Lewes: Falmer Press,1990. p31.

同组成的联合考试委员会里发挥中心作用。联合考试委员会为大学与师范学院以后的合作奠定了基础,并一直持续到1946年地区师资培训组织的成立。

第二节　法国教育的发展

20世纪以来法国在现代教育制度的发展中形成了鲜明的特色。义务教育制度的建立、教育中科学性的加强和宗教性的削弱,都直接规范了20世纪初法国教育的走向,并为20世纪后期法国教育的发展奠定了基础。

一、教育体制的改革

19世纪初拿破仑第一帝国时期,法国就形成了以帝国大学和大学区制为特色的中央集权的教育领导体制,此后,法国虽政权更迭频繁,但这种中央集权的教育管理体制一直得以延续和强化。

（一）中央集权式教育管理体制

到20世纪初,法国在教育管理上继续实施大学区制,其基本框架与拿破仑时期相比并没有实质性的变化,只是机构名称和组成有所变化而已。中央政府设置公共教学部,部长由总统亲自任命。在公共教学部的统一管辖之下,全国被划分为17个大学区。每个学区分管几个普通行政区的教育行政领导工作。全国教育在公共教学部的领导下实施整齐划一的管理,对学制、课程设置、教材内容、学年安排、考试制度与升留级规定、教师资格与任命、教师工资乃至公立和私立学校每周、每日的教学安排等都作出统一规定,在全国范围内执行。

（二）教会与教育分离

为了进一步强化政府对教育的控制,在20世纪初,法国政府采取了一系列措施逐步解除教会对教育事业的控制和影响。早在1881年的《费里教育法》中就规定初等学校不得上宗教课,取消教会监督公立学校的权力和教士任教的特权。1902年,法国政府宣布解散了50多个从事传教和教育等活动的教会组织,封闭了3000多所教会学校。1904年,法国政府又颁布一项法令,废除了1850年的《法卢法案》,重申教会与国家分离,禁止教会在法国境内实施各种教育,停办教会学校。这些举措打击了教会在教育领域中的传统势力,强化了中央集权的教育领导体制,加强了国家对教育事业的控制。

（三）双轨学制的形成

自《费里教育法》确立了法国国民教育发展的世俗、义务、免费三大原则之后,法国初等教育得到了较快发展。到1920年,法国已有公立初等学校3579所,学生数占小学生总数的80%,私立学校2960所,学生数只占小学生总数的20%。在初等学校之上,设有三年制的高等小学,实际上这是一种类似于市立中学第一阶段的普通教育学校,它从二年级起分为农业、工业和商业三组。高等小学在1918年以前数量并不多,1941年后高等小学并入市立中学。

这样,在19世纪末已具备雏形的法国现代学制——双轨学制在20世纪前期最终确立。其中一轨包括:母育学校——初等学校——高等小学或职业学校,学生大多是社会下层子弟,在接受最基本的知识技能教育和训练后,就进入劳动市场,成为新一代的体力劳动者。另一轨包括:家庭教育或中学预备班——中等学校(国立或市立中学)——大学或高等技术学校。由于这些学校收取高额学费,只有社会中、上层子弟才可以进入,学习传统的经典性学科,毕业后成为劳心者阶层。两种学校教育之间互不衔接。这种双轨学制成为这一时期法国教育制度的一个主要特征,并一直实行到20世纪前半期。

二、统一学校运动与中等教育改革

20世纪前半期法国普通教育改革的目标是建立一个相互衔接、公平民主的统一学校制度,摈弃以往的双轨学制,增加学校教育内容中现代科学、技术知识的成分,以适应新时期法国社会变革的需求。

(一) 统一学校运动

1919年,法国出现了一个激进的,具有自由主义色彩的组织——"新大学同志会",他们在批判双轨学制的斗争中提出了建立统一学校的主张,以实现教育的民主化。以"新大学同志会"的活动为先导,法国很快掀起了"统一学校运动"。

所谓"统一学校",就是属于所有人并且为了所有人的共同学校,具体包含的基本思想是:(1) 所有儿童毫无区别地在统一开设的小学中接受延续到14岁的基础教育(以后降低到13岁)。(2) 中等学校与初等学校相互衔接。中等学校选择学生的标准应该是学生的智力水平和才能,而不是家庭出身、父母职业或社会地位。(3) 高等学校的大门向所有中学毕业生开放,不管他们学习的是古典科目还是现代学科,有天赋有潜力的学生都可以进入大学。

统一学校运动有力地冲击了法国的双轨学制教育,极大地推动了法国教育民主化的进程,对法国教育产生了积极的影响。由统一学校所代表的新教育思想也为越来越多的人所接受,这迫使政府必须进行某种改革,以缓解来自各方面的压力。1923年政府决定在初等教育阶段实行统一学校制,即所有初等学校,无论是公立小学还是中学预备班都必须遵循同样的教学大纲、开设同样的课程;所有6~13岁儿童不管在何种学校里读书,原则上都能接受同样的教育。

(二) 中等教育改革

到20世纪30年代初,随着统一学校运动所代表的教育民主化进程在初等教育领域日益发展,社会进步力量强烈希望把在初等教育领域中取得的进步扩展到中等教育领域。

围绕着中等教育的改革,法国采取了一系列措施。

1. 建立统一中等学校的尝试

1926 年,法兰西第三共和国激进政治家埃里奥(Édouard Herriot,1872~1957)执掌教育部后实施了一系列改革,例如统一高级小学、市立中学和国立中学课程计划中同一科目的内容,实施免费中等教育,使中等教育在大众化道路上迈进了一大步。1937 年,教育部长让·扎伊(Jean Zay,1904~1944)提出在中学(国立中学和市立中学)的初级阶段实行统一学校制度的方案,使统一学校运动延伸到中等教育领域。其要点包括:将国立中学和市立中学的初级阶段改为独立的公立学校,以实现初等中学教育的统一化,并与初等统一学校衔接起来;为所有持初等教育证书的小学毕业生设一年的方向指导班,依学生的能力和表现于第二年实行分流,升入古典、现代和技术三类中学。这项改革把中学归入统一学校中,变双轨制为阶梯制,使中等教育成为初等教育的延续。

2. 古典课程与现代课程之争

法国教育素有古典主义的传统,人文学科在课程中占很大比重,是为培养政府文职官员服务的。1898 年成立的里博委员会研究了中等教育的课程设置和培养方向问题,提出研究报告认为:要把中等教育的传统智育目标与现代的科学教育目标结合起来,把传统学科与现代学科结合起来。基于此,1902 年新的改革方案要求学生学了 4~5 年的预备课程后,再学 7 年中学课程,强调古典学科和现代学科的并行和相互补充,确立了法国中学课程的基本模式。

但在法国教育以后的发展中,中等教育仍以古典语言为主。1923 年,法国教育部长莱昂·贝拉尔(Léon Bérard,1876~1960)反对 1902 年的课程改革,主张以拉丁语、希腊语为核心的古典教育作为法国文化教育的基础与核心,指出中等教育是传播这种文化传统精髓的最好场所,重新恢复了以古典为基础的文字教育传统。在前 4 年中,学生用 1/3 的时间学习拉丁、希腊文,用另外 1/3 的时间学习法语和现代外语,而学习自然科学课程的时间只有 5% 左右。这次改革加重了法国教育的古典主义色彩。

三、《阿斯蒂埃法》

法国社会长期存在重文轻理、重古典轻实用学科的观念和思想,19 世纪后半期法国的职业技术教育与欧美很多国家相比,发展速度比较缓慢。1905 年,由法国高等技术教育评议会提出了一个关于职业教育的法案,却一直未能被正式通过。第一次世界大战使法国经济蒙受巨大的损失,战后恢复和发展经济的需要,以及社会各界要求改革传统教育的呼声,使职业技术教育再一次成为重点。

1919 年,由阿登省议员阿斯蒂埃(P. Astier)提出的职业技术教育法案被议会正式通过,通称为《阿斯蒂埃法》(Loi Astier)。它成为法国历史上"技术教育的宪章",构建起法国职业技术教育的基本框架。该法案提出:(1) 在职业技术教育的管理上,由国家代替个人承担职业技术教育任务,使发展职业技术教育成为政府行为。(2) 在职业技术教育机构的设置上,规定职业学校可有公立和私立之分,全国每一市镇必须设立一所职业学校,其经费由国家和雇主各负担一半。(3)为了使学习者在理论与实践上掌握各门科学知识和各种工艺知识,要求18岁以下的青年有免费接受职业教育的义务。(4)规定职业技术教育的内容应包括三部分:补充初等教育的普通教育、作为职业基础的各门学科、获得劳动技能的劳动实习。

由于传统观念及经济发展不景气等因素的影响,《阿斯蒂埃法》在实施中被打了折扣。尽管如此,《阿斯蒂埃法》的颁布使法国的职业技术教育第一次获得了较为系统的改革,成为一种由国家管理的事业。之后,法国政府又多次颁布补充法令,进一步完善职业技术教育的体制。1937年制定的《德布利法》继承了《阿斯蒂埃法》的宗旨,强化了国家对技术教育采取的财政措施。

第三节 德国教育的发展

1871年,德意志帝国宣告成立,德国的社会经济、文化教育等开始步入一个新的发展时期。统一后的德国,经济迅速发展,工业生产于20世纪初跃居世界第二位。在此后的20多年时间里,德国经历了从专制帝制到资产阶级共和国、从共和政体到纳粹专制的变化。这一时期德国教育的发展可分为三个阶段:德意志帝国时期(1870~1918)、魏玛共和国时期(1919~1933)和纳粹统治时期(1933~1945)。

一、德意志帝国时期的教育发展

德意志帝国是指普鲁士霍亨索伦王朝统治下的君主立宪制时期,始于1870年普鲁士统一德国,止于霍亨索伦王朝结束,属于容克-资产阶级专政的国家,具有君主主义、容克主义和军国主义的特征。

(一)《普通学校法》的颁布

德国在统一前,各邦都比较重视教育,尤其重视初等教育。1872年在帝国建立之初,就开始着手对教育进行改革。这次教育改革,是以普鲁士的教育制度为基础进行的。由于资本主义经济的迅速发展和对外实行扩张主义侵略的政策,既需要一定数量的有能力的管理人员,更需要大量具有一定知识和技能的劳动者及为帝国利益而战的士兵,因此改革一再强调要实施强迫义务教育。

1892年帝国公布了《普通学校法》,提出把6至14岁的8年初等教育定为强迫义务教育阶段,并要求已经就业、年龄在18岁以下的青年,要尽可能继续受职业补习教育,使之适应生产劳动和技术革新的要求。在这一基本思想指导下,德国对原有的初等教育系统进行了调整和改革,为8年强迫义务教育所设的学校称为国民学校,分成前后各为4年的两个阶段,前四年称为基础学校,后四年称为高等国民学校,高等国民学校之上是职业补习学校。8年毕业既可就业,也可直接升入职业学校、专门学校和师范学校,但不能升中学、大学。此外,在基础学校之上,增设了六年制的中间学校,以实施普通的教育。名义上规定学生可以自由转入各类中学的相应年级,实际上在各种条件的限制下真正能转到中学学习的人很少。中间学校与高等学校的不同之处是要交纳学费,又不像中学那样昂贵,所以它最适合小资产阶级的要求。这是对劳动者子弟就学的教育轨道所进行的调整和改革。

(二) 中等学校改革

到19世纪末,受新人文主义的影响,德国中学也酝酿着新的改革,改革的焦点是教学内容是以古典课程为主还是以现代课程为主。

1. 古典教育与现代教育的妥协

古典教育与现代教育之争反映了德国容克贵族与资产阶级在中等教育上的不同要求以及两者之间的矛盾。1892年,德国对中等学校进行了改革,其改革的主要内容是减少古典中学即文科中学中古典语言所占的课程分量,在其他中学中增加自然科学和现代语言的课程。但同时也增加了德语和德国史的教学。改革后的德国中学,德语、德国历史和地理、宗教在教学计划里都占有很大的比重,其目的是培养学生的"德意志精神",使他们成为效忠国王和国家的德意志民族主义者。

2. 三种类型的中学

19世纪末德意志帝国的教育改革最终促使这一时期出现了三种类型的中学:

文科中学,以古典语言即拉丁语和希腊语为主要课程,其目的是使学生毕业后直接升入大学,这种中学仍然是德国中学的主要类型,是德国中等教育制度的支柱;

文实中学,以学习现代语、数学和自然科学为主,在古典语言方面只教拉丁语,希腊语由英语取代,其主要目的是使学生毕业后能在大学里学习数学和自然科学方面的专业课程,它实质上是调和古典教育和实科教育矛盾的产物;

实科中学,以学习现代语、数学和自然科学为主,这类中学的毕业生不能升入大学,其目的是培养高级的技术和商业人才,为毕业后参加实际生活事务做好准备。

于是,这一时期德国出现了三种类型的中等学校:文科中学、实科中学和文实中学。到1901年,政府又颁布法令宣布这三类中学在智力培养方面具有同等价值,其毕业生都有资格报考大学。法令还对这三类中学的教学计划做了一些调整,但指导思想并没有太大变化,课程设置和内容侧重也没有很大的变动。

二、魏玛共和国时期的教育改革

魏玛共和国(Weimar Republic)是形容1919年至1933年期间统治德国的共和政体。由于共和国的宪法(一般称之为《魏玛宪法》)是在魏玛召开的国民议会上通过的,因此这个共和政府被称为魏玛共和国。共和国时期德国已初步形成了国民教育体系,初等教育与中等教育之间有了一定的衔接,建立了一些新型的高等技术学校。这一时期对于德国的现代学校教育发展来说是一个很重要的时期,它对由以前各时期演变下来的德国各级学校教育制度,做了具有重大意义的变动,同时,这一变动对以后联邦德国的教育改革也产生了明显和深远的影响。

(一) 初等教育

初等教育的改革,是魏玛共和国时期德国教育发展进程中具有重要意义的事件之一。如果说德国近代初等教育起于宗教改革时期,而真正现代意义上的初等教育,则是在这个时期发展起来的。

《魏玛宪法》要求废除等级的双轨制学校教育制度,建立单一的学校系统。凡 6~10 岁的儿童不论出身贫富均须进入 4 年制的基础学校学习。这是强迫义务教育的第一阶段。读完基础学校,再通过考试,少数成绩优异者进入中学,为升大学做准备,大多数则进入高等国民学校继续学习 4 年,完成义务教育。4 年基础学校再加上 4 年高等国民学校,构成了全部的强迫义务教育阶段(6~14 岁的 8 年义务教育)。这体现了自由主义的思想原则,在一定程度上保证了社会各阶层在享受初等教育权利上的平等,也为在根本上废除教育的双轨制奠定了基础。

(二) 中等教育

这一时期中等教育的改革与发展主要体现在两个方面。一是取消了中学的预备阶段,使中学能够建立在统一的基础学校之上。这一措施使双轨制受到了一定冲击,从而为教育机会的均等和教育的民主化开辟了广阔的前景。二是在继续保持原有的九年制的文科中学、实科中学和文实中学外,增设了两种中学——德意志中学与上层建筑中学。

德意志中学的创立是与德国教育长期存在民族沙文主义和军国主义情绪紧密联系。在学制上,它与基础学校相衔接,与其他三类九年制中学一起被称为完全中学。德意志中学的课程以"德意志学科"为主,如德语、德国文学、德国历史、德国地理等,还注重现代史、公民学、艺术欣赏以及英语和拉丁语的教学。

上层建筑中学与高等国民学校七年级相衔接,读完高等国民学校七年级的学生,成绩优异者可以被选拔到上层建筑中学,继续学习六年,将来有资格报考高等学校。这种独立的新型中等学校被称为非完全中学。这两类学校是魏玛共和国时期一次重要的教育实验,也是德国中等学校历史上的一次革新。它们为有才能的儿童接受完全的中等教育提供了机会。

(三) 师范教育

魏玛共和国十分重视中小学教师的培养。20 世纪 20 年代前,小学教师主要是由中等师范学校培养,中等学校的教师由四年制大学培养。从 1924 年起,它关闭所有原来建立在八年国民学校之上的教师讲习班和预备班,规定师资训练一律采用高等教育的形式。师范教育从原来的初等教育轨道提高到中等教育轨道,只有中等学校毕业生通过严格考试选拔才能作为未来小学教师进行培养,学制 4 年,其中后 2 年为实习年。中学教师则由四年制大学培养。担任中等学校教师需经学业考试合格才能获得见习教师资格,然后再见习与试教 2 年后,经专业考试合格者担任助理教师,以后再经正式任命才能成为任期终身的中学教师。魏玛共和国时期的师资训练制度对提高中小学教师的素质起了一定的作用,德国学校的师资水平有了明显提高,进而推动了普通教育的发展。

(四)高等教育

这一时期德国高等教育的发展主要体现在两个方面。一方面,恢复并进一步落实洪堡为柏林大学确立的办学原则。大学自治、教学与科研相结合的原则受到重视,并再次得到恢复和重申。另一方面,开放高等教育,满足公众对接受高等教育的要求。高等教育面向大众的思想在 1920 年 6 月的第一次德国教育工作者会议上发表的《关于民众高等学校和自由民众教育的指导原则》中,就明确要求建立民众高等学校,为更多的人接受高等教育创造条件,为更多的人提供享受高等教育资源的机会。

总体来看,《魏玛宪法》中有关教育的条款与帝制时期的有关法律相比,具有显著的资产阶级自由主义的倾向。这种倾向对魏玛共和国时期的教育产生的影响是非常广泛的,也是极其重要的。在共和时期,德国各级各类教育均有较快发展,泾渭分明的双轨学制也略有改变,但教育中始终贯穿着沙文主义、军国主义和宗教神学的精神,这就为德国法西斯主义教育的产生埋下了祸根。

三、纳粹统治时期的法西斯教育

1933 年阿道夫·希特勒(Adolf Hitler,1889~1945)上台掌握了德国的政权,进而在德国实行法西斯专政。从此,德国的教育被纳入法西斯化的轨道,成为纳粹实施法西斯专政统治的工具。在这一时期,德国教育中原有的民族主义倾向急剧膨胀,教育成为宣传极端民族主义、民族沙文主义和法西斯主义的工具,成为希特勒维护纳粹统治、不断进行对外侵略扩张的工具。

(一)初等教育

希特勒政府对初等教育的普及很重视,其热情远远超过了对中等和高等教育的关心。他要求每一名德国儿童必须受完初等教育,并规定为每一个公民应尽的义务。通过初等教育要求达到:养成绝对遵守纪律和服从国家元首的精神;提高民族自信心,树立德意志民族是世界最优秀民族的思想;能立志充当帝国的士兵,执行消灭劣等民族的任务。国民学校仍然是实行义务教育的场所,学制仍为 8 年,分为两个阶段。不同的是,在国民学校的高级阶段,教学科目从原来的 12 门减少到 10 门,而且,教学内容的重点主要在德语和体育等科目。

(二)中等教育

中等教育衰落和蜕化的程度更为严重。中等学校的学习年限普遍缩减,中等学校的招生数和在校人数压缩。1935~1939 年间德国中等学校的数目减少了一半,学校类型由原来的 5 种减少为 3 种,学习时间由原来的 9 年缩短为 8 年。德意志中学作为中等学校的主要类型,取代了文科中学成为主要的中等学校,德意志中学的数目比原来有更大的增加,这种学校在1938年招收的学生数占中学生总数的83.8%。德意志中学的畸形发展表明,纳粹教育的宗旨即在于把极端民族主义、民族沙文主义作为重要的教育内容。同时,"乡村生活年"和"劳动服役"等被引入学校教育之中,还建立了各种法西斯青少年组织,例如少男团、少女团和希特勒青年团等。

(三) 高等教育

纳粹统治时期,德国的大学也处于压缩和政治化的时期。主要表现为:(1) 大学的入学人数大大削减。大学生人数由1933年的127920人减少到1939年的58325人。[①] (2) 原来在高等学校所实行的大学自治、教授治校等民主管理原则,一概被废弃,而代之以纳粹法西斯式的野蛮专制统治。凡具有进步思想的学者,不是被迫流亡,就是被关进集中营,学术研究空气被涤荡一空。大学被当做维护纳粹党统治和传播极端民族主义的工具。(3) 大学的教育内容也被改造,成为宣扬纳粹主义和证明德意志民族"种族优越性"的工具。体育、种族学成为大学最重要的教学科目;哲学、历史学、法学、政治学经过纳粹党的改造,成为宣扬纳粹主义和证明德意志民族的"宗族优越性"的工具。(4) 大学精神被庸俗化。大学设立了"军事奖学金",号召大学生把更多的时间和精力花在希特勒青年运动、纳粹党和军事活动上,学生知识水平大大下降。

总之,与魏玛共和国时期相比,尽管在纳粹统治时期德国教育制度的总体结构上没有重大的变化,但在教育的具体实施上却发生了实质性的变化,学校教育呈现全面的倒退。各级学校教育教学的重点都放在贯彻法西斯主义和军国主义上,各级学校成为法西斯专政的工具,极大破坏了德国的教育事业,严重腐蚀了德国教育的精神。如何从根本上消除纳粹对德国教育的灾难性影响,成了第二次世界大战后联邦德国教育改革的基本出发点。

第四节 美国教育的发展

进入20世纪以后,美国的工业总产值已跃居世界首位。这为教育的发展奠定了物质基础。这一时期,美国建立了独具特色的教育管理制度和公立学校制度,变革集中体现在中等教育的改革、职业技术教育的发展以及高等教育体系中初级学院的发展。

---

① 〔英〕博伊德、金合著,任宝祥、吴元训主译:《西方教育史》,人民教育出版社1985年版,第482页。

一、地方分权教育管理体制的完善

19世纪美国最终确立的以地方分权为特色的教育管理体制在20世纪前期继续沿用并得以不断完善。

（一）地方分权模式

美国各州教育的领导权归各州政府教育委员会，联邦政府并不具备领导全国教育的职责，各州教育委员会依照本州教育法来确定教育政策的制定与实施，州下面设学区作为地方教育行政机构。

（二）国家干预教育事业的方式

20世纪以来，美国也开始加强对全国教育的宏观控制，其主要途径并不是通过教育行政手段而是通过各种"教育基金会"和全国性教育组织的间接干预和引导。

1. 联邦教育机构

1929年美国的全国教育行政机构为联邦教育局，属于国会内政部联邦安全总署的一个部门，它并不领导各州教育的实施，没有教育决策权，而仅限于搜集各州教育资料、发布统计数字和情报、报导各州教育工作情况和发展国际教育关系、管理联邦教育经费、提供咨询帮助等。

2. 教育基金会

美国教育的实权，一直掌握在财团手中，他们通过各大金融资本集团设立的"教育基金会"对学校及各种教育机构的赠款实现对教育的控制，直接对教育方针和目标的确定、学校的课程设置、科研内容乃至教师的聘请等施加影响。

3. 全国性教育组织

国家还通过一些全国性的教育组织来左右美国教育发展的方向。如1857年即已始创的"全国教育协会"（NEA）和属于这一组织的成立于1935年的"教育政策委员会"等，这些虽然不是官方组织，却对美国教育的发展起决定性的作用。尤其是"教育政策委员会"提出并制定的教育政策，往往在州的教育实践中产生较大影响。

二、普通教育的改革

20世纪初，美国已完成普及初等义务教育的任务。这一时期，学校教育制度的改革成为美国教育发展的主要任务。改革比较集中地体现在六三三学制的形成、《中等教育的基本原则》和《史密斯－休斯法》的颁布以及"八年研究"的实施中。

（一）六三三学制的形成

从19世纪末起，美国社会的政治经济运行出现了有别于欧洲的方式，代表教育民主化的公共教育思想、公立学校运动、公立中学成为美国教育的特色，如何科学合理地安排各级学校的学习年限和课程内容，怎样使学校教育体系符合学生生理与心理发展的规律以及社会需要,如何使学校充分体现教育民主的思想,成为建立新学制的出发点和动力。

1. 艾略特与"十人委员会"

最先提出学制改革设想的是当时哈佛大学校长艾略特。1888年,他在美国全国教育协会作了题为《美国学校能否缩短年限而内容丰富?》的报告,首次提出中小学课程有必要缩短与丰富,以便提高中学毕业生的水平,让学生早日参加社会工作或研究工作。在他的倡议下,美国全国教育协会组成了以艾略特为首的"十人委员会"。1893年12月,该委员会发表报告。其主要内容是:(1)统一中学的课程。中学课程分为四科:古典语言科、拉丁语－自然科学科、现代语科和英语科。每一科都包含有外国语、数学、科学、英语和历史等科目。(2)仍然确定初等教育为8年,中等教育为4年;或者使中等教育提前2年开始,使小学改为6年。这是第一次提出小学实行六年制的设想。"六三三学制"思想由此发端。

2. "十五人委员会"与"十三人委员会"

1893年,美国全国教育协会组织了"十五人委员会",并于1895年发表研究报告,支持多数州采用"八四制",但同时也主张建立中小学相衔接的学制,赞成将中学教育的部分内容放到小学最后两年去教授。此外,青少年心理学的最新研究成果也显示,初等学校的界限应该重新划分。然而,当时关于中小学学制的变革早已超出了普通教育的界限,而与大学有实质性的关系。1895年,美国全国教育协会又任命了一个"十三人委员会"。该委员在1899年提出的报告中也建议设立与六年制小学相衔接的六年制中学,认为小学的第七学年是学生生活和心理的转折期。因此,这份报告较早地从心理学角度为"六三三制"提供了依据。

3. 哈珀与六年制中学

1902年,美国教育家、芝加哥大学第一任校长哈珀提出了具体缩短学制的方案,明确建议将小学修业年限压缩为6年,将中学修业年限延长为6年。1905年,美国全国教育协会设立六年课程委员会,分别于1907年、1908年和1909年发表报告书,指出赞成六年制小学和中学的人不断增多,肯定了六年制小学和中学的优点,并安排了必修的课程。由于教育界权威人士和全国性教育团体的影响和社会需要,六年制中学在20世纪初得到发展。据统计,到1920年,全国的六年制中学已有828所。但是,设立六年制的中学虽解决了小学年限过长的问题,但它尚未涉及将六年制中学进行分段的问题;而且,初等学校退学现象严重的问题不仅仅是修改学制所能解决的。事实上,当时美国社会许多家庭经济上的困难,需要子女尽早地参加生产活动,获得谋生的基本条件,即便是免费的八年制初等小学都不能完成,更何况六年制的中学。

4. 三年制初中的产生

三年制初级中学的出现是"六三三学制"在美国开始变成现实的标志。1905年,美国全国教育协会成立了"节省教育时间委员会",并于1912年发表了相关报告,肯定小学七、八年级划归为中学的做法,同时明确提出中等教育分为两个阶段的主张,即三年制初级中学和三年制高级中学。这是关于中学分段问题的最早提议。1913年,该委员会又首次提出建立单独的初级中学。1909年,加利福尼亚州的伯克利市首先批准按照"六三三学制"设立学校。至此,作为新学制最为重要的一个阶段——初级中学的产生,标志着初等学校和中等学校之间的桥梁已经建立起来,构成了"六三三学制"的核心部分。

1913年成立的"中等教育改组委员会"重新研究了中等教育的职能、目的和学制问题。该委员会于1918年提出了《中等教育的基本原则》的报告。该报告指出,中等教育必须以全体青年的完善和有价值的生活为宗旨;并建议要改组学制:中等教育由初级阶段和高级阶段两种水平构成,每个阶段3年。《中等教育的基本原则》充分肯定了"六三三学制"的作用和地位,正式确立"六三三学制"为美国基本学制。

(二)《中等教育的基本原则》

随着美国社会和教育改革的进行,美国中学原有的强调选择性和突出智力的教育模式开始受到社会各方面的批评。人们指责中学只注重为学生升学做准备的职能,没有适应美国社会快速发展对一定文化知识和熟练技能劳动力的需求,于是,要求改组中等教育的呼声日益高涨。正是在这些背景下,1913年,美国全国教育协会成立了"中等教育改组委员会"(Commission on the Reorganization of Secondary Education),重新研究中等教育的目的、职能和内容,并于1918年发表了一份报告《中等教育的基本原则》(Cardinal Principles of Secondary Education)。

《中等教育的基本原则》的主要内容是:(1)教育应当由一种确切的民主观念所引导。(2)中等教育应当根据社会的需要、个人的发展以及教育理论和实践的知识来决定。(3)中等教育必须以使青少年能够完满地和有价值地生活为目的。(4)确立中等教育的七项原则:健康;掌握基本方法;职业;有价值的家庭成员;公民资格;有价值的休闲;道德品质。(5)强调教材不应当拘于纯粹的文化价值标准,而应当具有功利的目的。(6)建议重新组织中等学校制度,把中学分为初级和高级各3年的两个阶段,以适应12~18岁学生的需要。(7)强调为了更好地实现中等教育的专门化和统一的职能,中学应当尽量适应学生的能力、兴趣和需要,同时也要适合于社会的需要。(8)建议"综合中学"(comprehensive high school)成为美国中学的标准模式。(9)教师的职责不仅仅是引导学生去掌握一门特殊的科目,而应把学习的科目和学校的活动作为实现具体教育目标的方法。

《中等教育的基本原则》指出了整个美国教育未来发展的方向,对美国中等教育产生了深刻的影响。1938年,美国全国教育协会所属的教育政策委员会提出了新的中等教育目标:自我实现、人际关系、经济效能、公民责任。这四个目标的精神实质与上述七大原则基本一致,但更强调中等教育在培养美国公民的责任和发展经济效率方面的作用。1944年,教育政策委员会在吸取《中等教育的基本原则》思想的基础上,又发表了一本题为《为所有美国青少年的教育》的小册子,对美国青年提出了十条要求,除了强调培养学生的公民责任外,又把对学生进行一定的职业训练放在重要的位置上。

(三)《史密斯-休斯法》

随着中等教育结构的多样化,职业教育必然成为中等教育结构中的一个重要组成部分。20世纪初正是美国进入机器工业生产的高潮时期,以工厂经济为主的社会生产模式需要大批的熟练技术工人。为此,1914年美国国会成立的"职业教育国家补助委员会"发布了"普罗瑟报告"(Prosser's Report),阐释了职业教育的重要性和联邦政府资助职业教育的必要性。普洛瑟(Charles Allen Prosser,1871~1952)时任"全美促进实业教育协会"负责人,有"美国职业教育之父"之称,被认为是《史密斯-休斯法》的设计师。他长期致力于职业教育的发展,领导了职业教育法的起草工作,并积极推动获得国会的批准。1917年他被任命为美国"联邦职业教育委员会"首任执行负责人。

1917年初,美国国会终于通过了由国会议员史密斯(Hoke Smith,1855~1931)和休斯(Dudley M. Hughes,1848~1927)共同提案的《史密斯-休斯法》(Smith-Hughes Act),该法案的主要内容是:(1)联邦政府有责任采取措施促进职业教育的发展,联邦政府应拨款补助各州发展职业教育和职业学校。(2)联邦政府与各州合作,提供农业、工业、商业和家政等科目的师资培养,并对职业教育师资培养机构提供补助。(3)每个州对职业教育的拨款数额与它从联邦政府得到的补助款相等。(4)公立中学开设职业科,设置选修的职业课程,把普通中学改造为兼具升学和就业准备双重目的的综合中学。(5)联邦政府应设立联邦职业教育委员会。

《史密斯-休斯法》的颁布极大地推动了美国中等职业教育的制度化,使得普通教育开始由传统单一的升学目标,转向升学和就业的双重目标,加强了普通教育与现实的联系。美国职业教育的发展也不再是行业的一种自发行为,而成为联邦与州合作、共建的政府行为,美国中等职业教育的发展进入了一个新的时期。特别是20世纪30年代时,因遭受经济大危机的冲击,急需迅速培养各行各类职业人才,职业教育获得更快发展。到1940年,美国职业学校的在校学生已高达2429万多人,同一年,美国国会还通过了《国防职业教育法案》(The National Defense Vocational Educational Act),由政府拨专款举办军事工业方面的职业技术教育。这些都为第二次世界大战后美国职业教育的加速发展奠定了基础。

(四)"八年研究"

"八年研究"(The Eight-Year Study)是20世纪30年代由美国进步教育协会发起的一项大规模教育实验,目的在于通过实验建立中学与大学的有机衔接,协调中学升学与就业的双重目标,验证或确立进步教育所提出的教育目标,以期建立新型的中等学校模式;同时也为了证明在整个学校教育系统中推行进步教育理念和实践的可行性与合理性。

"八年研究"的时代背景是20世纪前半期美国所处的进步主义时代和中等教育的嬗变。它是30年代进步教育协会兴盛和发展的主要标志之一,也是进步教育一系列教育实验活动的延续。

1. 实施过程

1930年,美国进步教育协会在第十届年会上正式讨论了协调中学与大学关系的主题,并成立了以巴勒斯中学校长艾金(Wilford M. Aikin,1882~1965)为主席的"中学与大学关系委员会",从而拉开了"八年研究"的序幕。该委员会经过调查研究和广泛征询意见,详细制定了一项由合作中学和大学共同参与的为期八年(1933~1941)的教育实验研究。

这项实验研究分为两个阶段。第一阶段从1933年到1936年,参与研究的中学在"中学与大学关系委员会"和指导委员会的督导和协调下,在实验中学内部实施教育革新,主要是按照进步教育的原则自由制订学校教学计划,编制课程,实施民主管理,鼓励教师参与实验研究,并与学生合作开展各项活动。指导委员会及其分支委员会、进步教育家和专业人士负责提供指导、咨询和帮助。第二阶段从1936年到1941年,参与合作实验的近300所大学同意不经过传统的大学入学考试,依据合作中学校长的推荐信和学生在中学表现的详细记录录取学生,然后,由大学跟踪委员会进行为期4年的大学跟踪研究,并分别挑选合作中学的毕业生和传统中学的毕业生组成实验组和对照组,按照事先确定的大学成功标准进行评估与比较,并最终得出实验结论。

2. "八年研究"的主要内容

"八年研究"的主要内容包括5个方面:

(1) 教育目标的确定

1937年,参加实验的合作学校逐渐开始确定的教育目标。这个目标来源于美国社会生活方式和民主理想,那就是:"一个民主的社会是一个最适合个人最佳发展的社会。可以说,民主是一种生活方式。任何时候它都包括:理智地自由运用;尊重个人价值;所有的人都参与包含所有人际关系的社会生活。学校对民主的主要作用是保存和完善民主的生活方式。"①在"八年研究"中,合作中学所形成的主要教育目标就是源于这种崭新的民主生活和教育的理念。

(2) 课程编制

20世纪30年代的大萧条使许多美国中学毕业生既找不到工作,又没有进入大学学习的准备。为此,许多美国中学和校长提出或赞成重新制订中学的课程和教学计划,同时又避免使学生完全失去升入大学的机会。于是,进步教育协会率先在"八年研究"中开始进行课程改革的实验。

根据课程编制的方式,合作中学主要实施了三种课程编制模式:综合课程、核心课程、学科重组。

综合课程是一种学科内容来自一个独立的学科领域,但同时又打破了学科领域内不同学科间界限的课程。在具体编制这类课程时有两种方法:一种是通过分析学科领域的内容来确定,称之为"学科内容分析法";另一种是通过分析日常生活中所常见的问题来确定范围,称之为"社会需要方法"。

在合作中学的课程改革中,最为普遍和影响最大的还是"核心课程",其主要特征是按照生活原则将有关学科组合成一种范围更大的课程。核心课程分为两类:以成人和社会需要为基础的核心课程;以青少年需要为基础的核心课程。

---

① The Progressive Education Association, *Thirty Schools Tell Their Story*, New York, Harper & Brother, 1942, pp. 720~721.

以成人和社会需要为基础编排核心课程的方式主要有两种：① 统一学科法。"核心课程"最早就是以"统一学科"一词表述和命名的。在这类课程中，两个或更多的被认为具有相同点或相似之处的学科融合或统一在一起。合作中学最经常使用的方式就是把社会学科和英语、数学和自然学科融合在一起。② 文化历史法。其做法是：课程编制顺序采取编年体的顺序，范围的基本框架选自历史领域，每个单元设置都是为了学习不同文化而组织的。

以青少年需要为基础的核心课程强调课程设置应以青少年的兴趣为基础，尝试着围绕学生的需要编制课程。其目的是有助于学生更好地了解和处理个体生活中遇到的各种人与人之间的关系以及人与社会之间的相互作用。这种课程编制被称之为"青少年需要法"。

学科重组主要指单一课程内容的扩展修订。一些中学分别对美国历史、化学、几何学、英语、世界历史和其他课程进行了重新修订。单一课程修订的方法与其他编制课程类型的技术基本相同；唯一不同的就是，单一课程把所选择的教学内容限制在一门学科内。

（3）学校的民主管理

实验指导委员会分析了美国二三十年代的学校教育状况，认为学校教育管理基本上还是较为专制的，即便是具有进步教育倾向的进步学校也缺乏应有的民主气氛。因此，指导委员会要求按照进步教育的理念开展实验研究，形成"管理就是民主领导"的理念。主要措施是：树立民主管理的理念；教师参与学校教育政策的制定；发挥任课教师的教育指导作用；加强学校与社区的联系；学生参与学校事务。

（4）教师的专业发展

指导委员会坚信，教育实验的成败取决于教师的专业水平，教育目标的制定、学校的民主管理、课程设置都是教师直接参与的过程。"八年研究"中教师的专业发展是基于两个假设：其一是所有有价值的发展都始于挑战；其二是教师所有的发展都源于探索和新发现。实验指导委员会认为：教师必备的职业特征是教师专业发展的先决条件。它们包括：自信；自由感；信心；丰富的经验；分析和综合的习惯。而教师专业发展的途径和方式大致可以分为两种类型：第一种是"日常生活方式"，主要是在教师的日常工作和生活中进行的；第二种是"专门或制度化组织方式"，主要是通过专门机构或指定的周密培训计划来实施。其中，"日常生活方式"被认为是"八年研究"中促进教师专业发展的最重要途径，主要通过8种方式来实现：课堂实践；学科讨论；制定学校政策；学校工作协调与课程编制协调；学校和社区的联系；教育调查；丰富的教育实践；参与社区生活。

"八年研究"的各种委员会和合作中学还为教师专业发展提供了在职教育和进修机会，具体是：专门学习；研讨班；大学和专门课程；校内"习明纳"；角色转换；专业协会；专业咨询人员。合作中学的教师和学校管理者都从中受益匪浅，这大大提高了合作中学教师的专业和理论水平。

（5）大学跟踪研究与评估

早在1932年5月，中学与大学关系委员会就与全美300多所大学签订了一份协议，规定对参加实验的合作中学的毕业生不设入学考试,以中学校长的推荐信和证明材料为准。合作中学有高度的自主权,可以根据本校的具体情况制订教学计划。在1936年第一个实验阶段结束后的秋季,2000余名合作学校的毕业生进入大学学习。为了最终检验是否达到了预期的目标,该委员会希望获得一项客观的实验结果。

1936年7月,评估委员会成立了"大学跟踪研究委员会",负责跟踪研究工作。大学跟踪研究委员会的工作主要是:首先,确定学生在大学成功的标准。这些标准是:智力水平;文化素养;实践能力;人生观;性格特征;情感健康;社会适应性;社会敏锐性;身体健康等9项内容。其次,选择合作大学和对照组。主要工作就是筛选参与实验的大学和对照组。再次,收集信息资料。跟踪研究人员获取资料的主要方式是面谈、咨询、问卷调查、大学辅导员的报告、咨询处、家政辅导站、大学出版物和公众媒体等。通常取样采用设计的取样表格、问卷、测验以及采访记录。最后,实验资料的分析。经过为期5年的跟踪研究,大学跟踪委员会对大量收集的数据进行了概括、制表和解释,解决了一些极其复杂和富有挑战性的难题。他们需要对所有合作中学的毕业生以及配对的实验组和对照组进行分析、比较。跟踪研究的主要内容由5个方面,即学业成绩、智能、团体与个人活动、学生与社会以及如何看待学校教育。

3. "八年研究"的结论

在对1475对学生的比较中,大学跟踪委员会发现30所中学的毕业生在18个方面平均总成绩高于对照组,个别项目上两者趋同。在1940年初的全美大学联合会会议上,哥伦比亚大学校长霍克斯(Herbert E. Hawkes, 1872~1943)在报告中指出:"这项研究的结果似乎表明,那种专门为大学入学考试做准备的学校课程模式并不是唯一使所有学生适应大学生活的令人满意的方法。看起来由那些中等学校教育的非传统方法所带来的促进因素和进取心,给大学提供了比以前更好的人才。"[①]

通过分析实验研究所获取的数据和资料,大学跟踪委员会坚信,中学与大学之间是可以建立良好的合作关系的,大学不必怀疑进步教育为大学预备教育所做努力的效果。所有的实验结果均表明,大学完全可以放弃对预备教育的要求,将选择权完全交给中学,中学因此会更加认真地运用这种权利,中学生可能会更加乐意去做大学所希望的事情。

4. "八年研究"的意义与影响

1942年,艾金委员会发表了"八年研究"的实验报告,题为"美国教育的冒险尝试",共分5卷,分别是:《八年研究史》;《他们在大学里成功吗?——三十所学校毕业生的追踪研究》、《课程研究》、《学生进步的评估与记录》和《三十所学校自述》。

"八年研究"最有意义的影响涉及两个方面:一是作为一场意义深远的进步教育改革实验;二是作为现代课程改革的最直接的先驱。"八年研究"所涉及的主要内容、手段和方法以及结果对现代世界教育的发展,特别是对教育实验、教育基本理论、课程改革实验、

---

① W. M. Aikin, *The Story of the Eight-Year Study*, New York and London, Harper & Brother, 1942, p. 150.

教育评价理论等产生了深远的影响。它开创了现代教育实验的范式;确立了美国普通学校制定教育目标的原则;奠定了现代课程理论的基础;最早提出了教师专业发展的思想;奠定了现代教育评估理论的基础。尽管进步教育协会认为他们已经成功地完成了中等教育的实验,然而随后接踵而至的批评改变了这种观点,这项实验研究开始被认为至多是有条件的成功。

四、初级学院的发展

19世纪末,美国高等教育在学术自由、文理兼收并蓄、提倡百家争鸣等方面逐步摆脱了欧洲大学的保守特性,然而,在高等教育结构模式上仍然是仿照欧洲传统,保持大学在学术上的象牙塔地位。随着大众化中学普及运动的开展,教育民主化浪潮的高涨,以及社会上对不同职业技术水平人才的需求,高等教育结构的单一模式也开始发生变革,高等教育扩展的一个直接结果是初级学院运动。

(一)初级学院运动

初级学院运动(Junior College Movement)是19世纪末20世纪初在美国兴起的一场以建立两年制初级学院为标志的高等教育变革运动。初级学院出现的根本动力来自美国高等学校结构调整的需要。

1901年,美国建立了第一所公立初级学院。1920年,美国联邦教育总署召开了全美第一次初级学院会议,成立了"美国初级学院协会"。初级学院是一种介于中等教育与高等教育之间的教育类型,或者说是一种从中等教育向高等教育过渡的教育,它的重要任务是扩展高等教育,使本地区希望进学院和大学学习的青年在中学毕业后能有机会接受高等教育。

(二)初级学院的办学模式

初级学院的办学形式和特点主要是:(1)招生对象是高中毕业生,学制两年,向学生提供较高中更宽广的普通教育和职业教育科目。重视设置职业课程,把提供有关农业、工程技术、手艺等科目作为办学宗旨之一。(2)多由地方社区及私人团体、教会开办,所收学费低廉,使社会经济地位较低家庭的高中毕业生有机会接受高等教育,接受实际生活所需的训练。(3)学生就近入学,可以实施走读制,没有年龄限制,也没有入学考试。(4)课程设置多样化,学生可根据自己的兴趣、能力和需要自主选择。(5)办学形式多样化,学生毕业后可以直接就业,也可以转入四年制学院和大学继续学习。

(三)初级学院的蓬勃发展与影响

由于初级学院能够满足希望进入大学学习的人数急增的需求,能够适应美国社会生活的实际需要,具有多方面的适应性,因此,它不仅在规模、专业设置、课程、师资和设备上不断得到改善和扩充,而且它的数量也急剧增加。据统计,从1915年的54所,到1920年增加为200所,学生1.2万人;1929年达到400多所,学生5万人。①

美国初级学院运动的产生和发展是高等教育适应美国社会政治、经济和文化发展的产物。初级学院的出现使美国高等教育结构中增加了一个新的层次。第二次世界大战以后,美国的初级学院得到更快发展,更加倾向于面向地方经济发展的需要,公立初级学院一般改称为社区学院,有力地推动了高等教育的普及和进展。

五、师范学院的崛起

虽然马萨诸塞州早在17世纪就以法令的形式规定建立了公立学校,但实际上并没有一所机构专门为公立学校培养师资。当时人们普遍认为,作为教师,只要掌握所教学科就能够胜任教学工作,根本不需要任何专门的职业训练。

(一)师范学校

19世纪初的公立学校运动将师资培养问题提上了议事日程。一些美国教育家在考察了法国、普鲁士等欧洲国家开办师范学校的历史和经验之后,把师范学校的概念引进到了美国。1823年,佛蒙特州考得市的牧师塞缪尔·赫尔(Samuel R. Hall,1795~1877)首先创立了私立师范学校(Normal School)——"哥伦布学校"(Columbian School),还设立了附属小学,供实习之用,自此揭开了美国师范教育的序幕。1827年,马萨诸塞州议员詹姆士·卡特(James G. Carter,1795~1849)创立了一所私立中等师范学校,1839年莱克星顿市建立了美国第一所州立师范学校,开美国公立师范教育之先河。

(二)师范学院

19世纪末20世纪初,由于美国工农业生产的迅速发展,急需中等水平的实用人才,促使美国教育迎来了又一个大发展时期。随着义务教育的发展和教育水平的提高,中等师范学校已经不能满足美国社会对小学教师的要求。为了提高教师的教育水平和专业地位,美国开始出现由专门的高等师范学院来代替中等师范学校的倾向。阿拉巴马州的州立师范学校率先于1882年升格为师范学院,成为美国师范学院的先行者。此后,1893年,纽约州奥尔巴尼市也把原有的师范学校升格为州立师范学院。

1908年,美国全国教育协会师范学校部发表了《师范学校政策声明》,它成为将师范学校升格为师范学院的重要依据。该声明强烈要求将师范学校改为"师范学院"(Teacher's College)。各种教育认证协会以及全国教育协会都主张把中小学师资提高至大学教育程度。因此,到20世纪上半期,美国各州普遍开始设立师范学院,并逐步形成了以四年制本科为主的高等师范教育体系。1900年全美仅有两所师范学院,1916年共有15所州立师范学院,1928年州立师范学院达131所,而州立师范学校由137所减至69所。到1945年,全美仅存师范学校14所,到20世纪40年代末,"师范学校"一词几乎成为历史名词。与此同时,州立师范学院在1933年增为164所,1936年增为175所,1941

---

① 符娟明主编:《比较高等教育》,北京师范大学出版社1987年版,第23页。

年增至 185 所,1948 年增至 250 所。到 1950 年,美国师范学院发展达到巅峰。①

第五节 日本教育的发展

20 世纪初,为缓和国内社会矛盾,适应增强国力以实行对外扩张的需要,日本对明治末期的教育制度进行调整,也从极端的集中化、国家主义转向了军国主义的法西斯化。

一、20 世纪 20 年代的教育改革

在第一次世界大战后形成的国际形势冲击下,日本为缓和国内社会矛盾,增强国力,对教育制度进行了调整和改革。这时期日本的教育体制基本沿袭明治后期的传统,同时,强调培养忠于天皇的臣民,灌输天皇的《教育敕语》和国家主义思想,使大正时期(1912~1926)的日本教育形成了为军国主义服务的体系。

(一) 初等教育

日本在 19 世纪末就已确立了免费义务教育原则,初等教育发展迅速,到 1905 年,初等教育入学率已提高到 95.6%。1907 年日本颁布了《再改正小学校令》,把全国的私立小学改为公立小学,加强现代课程的改革,确立义务教育为 6 年。日本在 20 世纪 20 年代初期基本普及了 6 年义务教育,小学的设施和设备逐步有了改善。由于小学教育已完全普及,教育内容的改革就成为小学教育改革的主要课题。为了提高初等教育的质量和加强国家主义意识的灌输,日本于 1919 年 2 月颁布《修改小学校令》及《小学校令施行规则》,加强对初等教育的课程改革力度,使初等教育的课程体系更好地适应日本社会发展的需要。

1924 年日本重新修改了这两个法令,目的是要提高高等小学的教育质量,强化实科教育在高等小学中的地位,把图画、手工、实业、珠算规定为高等小学的必修课,把家政和缝纫规定为高级小学女生的必修课。

(二) 中等教育

日本的中等教育在大正初期基本沿袭明治后期的体制,是一种多轨制的教育。学校类型主要有:以升大学为目标的中学校、高等女子学校、中等师范学校、中等职业技术学校、各种补习学校。因此,日本中等教育的改革与发展也主要从以上几类学校入手进行。

1919 年,日本文部省公布了《修正中学校令》,其基本内容是重视课程中的理科设置;允许初级中学设立两年的中学预科制度;加强小学与中学的联系,取消原来的初中入学年

---

① 滕大春著:《美国教育史》,人民教育出版社 1994 年版,第 425 页。

龄必须是12岁以上的这个规定,允许学习优秀者提前一年升入中学。同时,为保证教育质量,日本开始在中等教育领域建立严格的考试制度。女子学校一般学制为4年,但此类学校的学习重心并非文化知识的学习,而是强调家政、装饰艺术和有关子女养育方面的教育。1920年修订的《高等女子学校令》强调改善和加强女子教育,女子与男生一样具有升入高一级学校的资格。1920年,日本颁布了《修订实业学校令》,强调职业教育应当与初等教育衔接并加强与社会的联系,允许职业学校的毕业生具有与中学相同的升入大学的权利。

(三)高等教育

为了加速培养专门人才,提高大学和专科学校的教育质量,这一时期日本政府十分重视高等教育的改革与发展。1918年,日本颁布了修订的《大学令》,强调大学的任务就是向学生传授国家所需要的思想和知识,注重人格熏陶,培养高水平的人才;大学除国家办外,也允许私人团体和地方创办;大学可设立综合大学,也可设立单科大学等。《大学令》颁布以后,日本的大学得到较快的发展,出现了像东京帝国大学之类的规模较大的综合性大学和一些声誉较高的单科性大学。同时,专科学校在《大学令》颁布后升格为单科大学。这类学校的发展为日本培养了大批实用技术人才,其经济效益和社会效益都比较显著。

总体来看,大正时期是日本各级各类学校教育大发展的时期,也是对明治时代建立起来的近代教育制度进行改革、重新修订的时期。从历史发展来看,日本政府在这个时期所进行的教育改革取得了一定的成效,但各级各类教育机构都强调国家主义、天皇至上思想,因此涂上了军国主义的色彩,其教育发展过程是向军国主义教育转化的过程。

二、军国主义教育的形成

大正时期确立的军国主义教育体制在昭和前期得到进一步强化。1926年,日本裕仁天皇继位后,日本军国主义法西斯势力逐渐加强,教育制度从具有浓厚的封建性质和军国主义性质的教育制度,演变为军国主义的法西斯化教育制度。为此,日本政府推行了一系列法西斯政策。

(一)加强对师生民主进步运动的控制和镇压

把法西斯主义明确为学校的教育准则,加强对学生和教师的言行控制和监督。日本在监控师生民主思想和进步活动的过程中,还动用了警视厅的力量实行镇压,甚至建立了警察对教师的监督制度,密切注视一切不符合军国主义政体的动向。1937年,在日本对外侵华战争全面展开之际,文部省又设立了教学局。该机构的目的是力图把学校的教学工作严格控制起来,使教学内容按照培养天皇臣民的宗旨加以更新,并在教学过程中处处体现所谓国体观念、大日本精神以及军国主义思想等。同时,在全国全面公开推行学校兵营化政策,军事训练占课时的四分之一。

(二) 灌输军国主义思想

把"共存共荣"的大东亚新秩序"武备第一"、"天皇万岁"等军国主义思想编写在日本政府刊印的书籍资料中,渗透到各级各类学校的教育内容中;整个日本意识形态领域充斥了"尽忠天皇"、"做皇国臣民"等狭隘民族主义和军国主义思想的宣传。学校教育也完全置于军国主义政府的严密控制之下。1932年,日本"学生思想问题调查委员会"提交了咨询报告,其中提出学生"左倾"原因是多方面的,因此对策也应从多方面考虑:社会上各阶层人士都应重视民族主义和法西斯主义的宣传;学校教育要以培养皇国主义精神及法西斯主义意识为重点;对学生严格管理,加强锻炼。从中可以看出,日本军国主义政府十分注重动员社会各方面力量协同参与学校的思想教育,把法西斯主义确定为学校的准则,加强对学生思想的严密控制。

(三) 军事训练学校化和社会化

1925年,日本决定中等学校以上的各级学校普遍推行军事训练课,采取军队生活方式,数千名军官被派往学校任教官,学校变成了兵营和精神训练营。学生必须参加军事课程学习和操练。这是军国主义教育具体实施的一个重要步骤。另外,还建立了"青年训练所",凡16~20岁的青年必须接受军事训练,参加过训练的青年入伍后可缩短在军队的期限,对青年的训练由军部统一负责。军事训练的核心是向学生灌输军国主义思想。各级各类学校的军国主义思想灌输还采取了开设专题讲座,编写歌谣,印发宣传品,举行各种仪式和庆祝活动等形式。

三、战时教育体制的形成

1937~1945年是日本历史上最黑暗的法西斯统治时期。这期间日本的教育被完全捆在了法西斯军国主义的战车上,成了为侵略战争服务的工具。

(一) 战时教育体制

1937年,日本政府开始对教育体制做进一步调整,建立了战时教育体制,成立了教育审议会,其任务是审议日本的教育制度、教育内容、监督执行军国主义教育政策,全面改革各级教育,使教育适应战时对外扩张的需要。从1938年起,教育审议会先后通过了关于青年学校义务教育、国民学校教育、师范教育、中等教育、高等教育等多方面的文件和建议。以这些文件为基础,形成了日本战时教育体制。

(二) 《国民学校令》

1941年,文部省公布了《国民学校令》,自此,自明治初年以来沿用了70年的"小学校"这一名称,被改称为"国民学校"。这不仅是名称上的变更,而且在制度、目的、内容等方面为适应战时体制的要求都做了重大改革。文件规定,国民学校的教育目的是以皇国之道为准则,对国民进行基础训练。随后,又公布了《国民学校令实行规则》,明文规定学校一切工作必须遵守"皇国之道",向学生进行皇国主义教育,体育课备受重视,增加了武士道教育内容,借以培养武士道精神和法西斯军人应具备的身心素质。该文件加快了对小学进行皇国主义、军国主义和法西斯主义教育的步伐。

（三）简化中等学校类型

教育审议会在1939年的咨询报告中指明了中等教育的改革方针，即遵照教学之本义修炼皇国之道；将中学校、实业学校和高等女学校合并为中等学校；谋求学科的整合；重视实践锻炼等。基于这一方针，1943年，日本颁布了教育审议会参与制定的《中等学校令》。这一文件决定合并当时日本初级中学的三种学校类型，即把中学校、高等女子学校和实业学校统一改称为"中等学校"。这是通过简化学校类型，统一部署推行军国主义教育的第一个措施。经过改革，原先的三种中等教育机构之间的区别和各自的特色消失了。普通高中这时也和中等学校一样，其教育宗旨改为学习皇国之道，培养忠于天皇的臣民和专门人才。高中仍分文科和理科，修业年限仍为3年，形式上与过去没有区别，但在课程设置和教育内容上有很大变化，如增设了国民科，增加了体育课教学时数等。

（四）大学教育军国主义化

为适应战时局势的需要，1940年，政府采纳了教育审议会对大学教育提出的20项建议，对大学教育进行了改革，把军国主义国家意识的灌输和宣传作为学校各项工作的基础，承担起培养军国主义军政高级人才的任务，同时也注重对各类高级人才的培养，以保证军国主义政府统治能延续下去。1943年修改了《高等学校令》。这次改革的主要方面是：规定高等学校高等科的修业年限为2年；对学科进行了整合，加强了道义和体育锻炼，减少了外语的教学时数；重视实验、实习和演示，以磨炼实践能力；加强了教科书审定和选择指导，教学和训练依照文部大臣的规定进行。

1945年，《战时教育令》宣布国民教育进入紧急状态，规定除了国民学校初等科外，其他学校一律停止授课。中学以上的学生一律到工厂劳动或应征入伍，为国"奉公牺牲"，日本教育陷入瘫痪。直到日本军国主义政府宣布投降后，日本的教育才得以复苏和重建。

第六节 印度教育的发展

20世纪前半期既是印度民族觉醒和斗争的时期，也是印度民族教育萌芽和蓬勃发展的时期。随着印度反对英国殖民统治、谋求民族独立运动的兴起和发展，印度一方面不断将民族教育运动推向新的水平，另一方面也促使殖民政府在教育政策上采取某些改变和调整，从而使印度教育在复杂境况中得到一定的发展。

一、20世纪20年代民族教育运动的发展

1905年至1908年的印度民族解放运动是印度民族斗争的新高潮，它在印度资产阶

级民族运动发展史上具有突出的地位和影响。但是,随着1907年国大党的分裂,这场运动最后以失败告终。但1906年,以提拉克为代表的国大党极端派提出了一个包括"自治、抵制英货、使用国货和民族教育"的四点纲领对20世纪初印度的民族运动包括教育运动产生了重大影响。

(一)教育管理权的下放

在20世纪初的民族教育运动推动下,初等教育领域出现了两个重要变化。一是初等教育法的颁布。1917年的《孟买初等教育法》是印度最早的、也是第一个初等教育法。二是初等教育的部分管理权力下放。1921年,旨在逐步建立自治政府的改革方案——"蒙太古-切姆斯福德改革"(Montagu – Chelmsford Reforms)实行后,印度人第一次在各省教育部门中取得了一定程度的控制权。初等教育法的颁布和初等教育管理权的下放,促进了20年代印度初等教育的发展。至1931~1932学年,初等学校数达到210470所,这是印度独立前的最高数字。同时,由于民族教育运动的高涨,也迫使殖民政府对中等和高等教育进行了某些调整和改革。印度的中等和高等教育在20年代也得到了较快的发展。

(二)民族学校的发展

1920年,国大党在那格普尔年会上通过了甘地的主张,提出了非暴力不合作运动,以新的形式开始了争取民族独立的斗争。"非暴力不合作策略"要求儿童逐渐退出由政府资助或管理的学校。为取代这些学校和学院,要在各省创办民族学校和民族学院。为响应这一决议,学生大批离开殖民政府的官办学校,私立学校则拒绝接受殖民政府的补助金和认可。各地在抵制官办教育的同时,纷纷成立民族学校;民族大学也在一些中心城市成立。一方面,官办学校的学生人数急剧下降;另一方面,民族教育发展迅速。

二、基础教育运动

在20世纪20年代发展起来的印度民族教育基础上,20世纪30年代后期又形成了一场新的教育运动。这场教育运动是以甘地的基础教育思想为指导而展开的,因而又称做"基础教育运动"(Basic Education Movement),构成了20世纪30年代后期和40年代印度教育发展的主线。

1937年,印度历史上第一届"全印民族教育大会"(All India National Educational Conference)根据甘地的教育思想制订了一份计划。会议认可并采纳了甘地为国大党拟定的四项教育原则:(1)在全国范围内为所有儿童实施七年制免费义务教育;(2)教学用语必须采用民族语;(3)教育应以手工劳动和生产性工作为中心,其他一切活动要尽可能考虑到儿童的环境并与手工劳动密切联系起来;(4)学校实现经济自给,逐渐负担教师的工资。

根据大会建议而成立的一个委员会依据上述原则制订了一份计划,史称"瓦尔达基础教育方案"(Wardha Scheme of Basic Education)或"基础教育方案"。自国大党在1938年批准了这一方案后,基础教育运动在印度全国范围蓬勃展开。在国大党执政的一些省份建立了许多基础学校和基础教育教师培训中心。一些民族教育机构也创办了他们自己的基础学校。

基础教育运动以一个完整的教育思想为理论指导,开展范围很广。基础教育运动要求改革整个教育制度,强调教育应以手工劳动和生产性工作为中心,建立一种从根本上有别于西方的教育模式。基础教育运动力图改革整个印度的传统学校教育制度,尝试建立一种符合印度当时社会实际的新教育体制。这不仅对20世纪三四十年代印度教育特别是普及义务教育具有重大的历史意义,而且对战后印度教育也有深刻的影响。

三、官办教育的发展

印度民族教育运动是作为官办教育的对立面产生和发展的,它同时又促使印度殖民政府不得不改变和调整其教育政策,来缓和争取民族独立的斗争和纠正教育中存在的问题。

这一时期初等教育上的主要变化是,将初等教育交由地方负责以及初等教育法的颁布。早在1882年,印度殖民政府的教育委员会鉴于中央政府无暇顾及初等教育,曾建议将初等教育交由地方负责。但这一建议直到1921年才得到落实。

殖民地时期印度的中等教育实际上是作为高等教育的附庸而存在的,并未成为一个独立的阶段。为了改变这种状况,一些委员会对中等教育阶段的课程设置提出了建议,其基本点是增设职业技术教育的课程以利于学生毕业后就业。1917~1919年,以英国历史学家、教育家萨德勒(Michael Sadler,1861~1943)为首的委员会建议:中等教育应提供多样化的课程,升大学不应是中等学校学生的唯一目的。1936年《伍德-艾伯特报告》就着重分析了印度中等教育阶段中普通教育和职业技术教育关系方面存在的问题,建议在印度建立一个与实施普通教育的学校系统相平行的职业技术教育系统。

这一时期印度高等教育的发展尤为引人注目,从1857年到1947年间,印度共创办了20所大学,其中12所大学是在1921年以后创办的。第二次世界大战期间,印度被纳入到英国的战时轨道。印度中央和各省政府为规划战后发展,由当时印度政府教育顾问的英国政治家萨金特(John Philip Sargent,1888~1972)领导的中央教育咨询委员会于1944年对印度战后的教育发展提出了一份报告,名为《印度战后教育发展报告》,又称《萨金特报告》。该报告提出要在今后40年中达到当时英国教育已经达到的水平,其具体内容主要如下:(1)为3~6岁儿童合理发展学前教育设施;(2)将初等教育纳入基础教育轨道,分初级基础阶段(6~11)和高级基础阶段(11~14);(3)中学教育学制六年,为11~17岁学生设立两类可供选择的学校即学术中学和技术中学;(4)高等教育的修业年限至少为3年;(5)因地制宜发展各类工商职业技术教育机构,扩大职业性和非职业性成人教育;(6)提供充分的师资培训设施等。这一报告是殖民地时期最后一份重要的教育报告,也是印度第一个力图结合国情的全国性教育发展蓝图。

结　语：20世纪前期教育的发展是在19世纪教育发展基础上的深化与调整,在现代教育发展中占有十分重要的地位。这一时期的改革虽因各国的教育传统、经济条件和发展水平不同而有差异,但受时代发展的影响和制约,也呈现出一些共同的阶段性特征:在教育行政上国家加强对公共教育的控制;统一学制成为各国教育发展的共同趋向;传统的双轨制逐渐被形式上的单轨制取代;中等教育结构的调整;职业技术教育有了较快发展;师范教育的扩充。经过一系列的改革,各级教育得到进一步的完善和发展,各国初步形成了国民教育体系和现代教育管理体制的基本框架,在实现教育机会均等和教育的民主化的道路上迈出了一大步。同时,民族主义开始成为各国教育关注的焦点,为第二次世界大战后被殖民国家教育的崛起奠定了重要基础。

【讨论与思考】

1. 20世纪前期世界主要国家在普及义务教育方面进行了哪些改革?
2. 分析20世纪前期世界主要国家教育改革所要解决的基本问题。
3. 试分析英国通过教育立法推进教育变革的措施和经验。
4. 为什么说"《阿斯蒂埃法》是法国历史上'技术教育的宪章'"?
5. 研讨西方学校教育制度由双轨制演变为单轨制的途径与意义。
6. 探究美国地方分权教育管理体制形成的缘由与特点。
7. 阐述美国进步教育"八年研究"的主要内容与贡献。
8. 思考德日法西斯教育形成的条件以及危害和教训。

【扩展阅读书目】

1. 滕大春主编:《外国教育通史》(第5卷),山东教育出版社1995年版。
2. 吴式颖主编:《外国现代教育史》,人民教育出版社1997年版。
3. 〔澳〕康内尔著,张法琨等译:《二十世纪世界教育史》,人民教育出版社1990年版。
4. 赵祥麟主编:《外国现代教育史》,华东师范大学出版社1987年版。
5. 〔美〕韦恩·厄本等著,周晟等译:《美国教育:一部历史档案》,中国人民大学出版社2009年版。
6. 瞿葆奎主编:《教育学文集·美国教育改革》,人民教育出版社1990年版。
7. 瞿葆奎主编:《教育学文集·英国教育改革》,人民教育出版社1993年版。
8. 瞿葆奎主编:《教育学文集·法国教育改革》,人民教育出版社1994年版。
9. 瞿葆奎主编:《教育学文集·日本教育改革》,人民教育出版社1991年版。
10. 瞿葆奎主编:《教育学文集·联邦德国教育改革》,人民教育出版社1991年版。

第十五章 20世纪前期苏联的教育发展

【内容提要】

苏联建立了具有社会主义特色的教育体系，创立了新型的教育制度，为社会主义国家政治、经济、文化的发展储备了大量人才，也为卫国战争的胜利奠定了坚实的基础。同时涌现出一批以克鲁普斯卡娅、马卡连柯为代表的教育思想家，他们的教育理论成为苏维埃政府制定教育政策的依据，成为社会主义教育早期的代表。

【学习目标】

掌握苏联教育在不同发展时期的改革成就与不足；了解教育改革过程中所颁布的重要教育立法；分析马卡连柯、克鲁普斯卡娅的教育思想体系，认识其对苏联乃至世界教育的影响。

【核心术语】

统一劳动学校；莫斯科方案；综合教育大纲；劳动教学法；儿童学；集体主义教育；"九·五决定"；劳动教育；不完全中学；社会主义教育；《国民教育和民主主义》；平行教育理论；《教育诗篇》

1917年11月7日（俄历10月25日），俄国人民在列宁的领导下爆发了十月革命，建立了世界历史上第一个由无产阶级掌握的政权——苏维埃政府，开创了人类历史的新纪元，为建立新的社会主义教育体制创造了有利条件。

根据教育体制的发展，苏联20世纪前期的教育可以分为三个时期：建国初期的教育重建；20年代的教育改革；30年代的教育调整。

第一节 建国初期的教育重建

十月革命胜利之前，俄国的教育落后，呈现出浓重的等级性与宗教性，民族歧视严重，男女教育极不平等，教育内容陈旧，教育体制落后。十月革命胜利后的最初几年，国内外环境十分恶劣，国外帝国主义列强虎视眈眈，国内战争不断，教育事业百废待兴。然而，新生的苏维埃政府从未忽视教育的发展，采取了一系列措施，对旧的教育体制进行了革命性的变革,建立了新型社会主义教育体制的雏形。

一、苏维埃教育体制的确立

十月革命前,俄国的国民教育管理体制混乱,学校成为统治阶级的工具,所推行的愚民反动政策,剥夺了广大人民群众的受教育权利,导致文盲普遍存在,国民素质整体低下,极大地影响了俄国国民经济的发展。因此,新政权成立后,建立无产阶级的领导机构,改革旧的管理体制,改变教育的等级性与宗教性,成为新政府亟待解决的问题。

(一) 成立苏维埃教育领导机构

1917 年 11 月 8 日,全俄苏维埃召开第二次代表大会,大会通过《关于成立工农政府的法令》,随后成立了以卢那察尔斯基为首的教育人民委员部,11 月 9 日根据《关于成立国家教育委员会的法令》,成立了国家教育委员会,取代过去的国民教育部,成为苏联的教育领导机关,并任命卢那察尔斯基为教育人民委员。

(二) 实施教育的世俗化

针对俄国带有浓厚宗教色彩的教育,为了促进教育的世俗化进程,苏维埃政权主要采取了两方面的措施:第一,剥夺教会对学校的领导权。1917 年 11 月,教育人民委员部通过了《关于将教育和教养事业从宗教部门移交给教育人民委员部管理的决定》,将沙皇时期的教会学校改组为普通学校,交由人民委员会管理,剥夺教会对学校的领导权。第二,教会与教育相分离。1918 年 1 月,人民委员会发布了列宁签署的《关于信仰自由、教会和宗教团体的法令》,规定教会同国家分离,教会同学校分离;确立宗教信仰自由原则,公民可以不信仰任何宗教;禁止在学校中教授宗教课和举行任何宗教仪式,教会不能干涉学校事务。此项法令进一步清除了教会对学校的影响。

(三) 教育管理的民主化

为了保障教育的民主化,苏维埃政权从 1918 年 1 月起开始对旧的国民教育管理体制——学区制进行改革,以国家教育委员会取而代之,撤销了学堂管理处和视察处等机构,地方的国民教育事业移交给由各级工人、农民和红军战士代表所组成的相应机构统一管理。同年,人民委员会相继出台了《关于把各部门的教学和教育机关移交给教育人民委员部管理的法令》和《俄罗斯苏维埃联邦社会主义共和国国民教育事业组织条例》。前者规定将过去由各部门所属的所有大、中、小学校和专业教育学校及其所有房屋、财产和设备等,都转交教育人民委员部管理。后者明确了国家教育委员会和教育人民委员部等机构的组成及职责范围,国民教育总的领导由国家教育委员会负责,而各地则由省、县、乡的工农兵代表苏维埃执行委员会的国民教育部门负责。国民教育各部门建立了由各种劳动者团体的代表、教师和学生代表组成的咨询机关——国民教育委员会,改变了过去学校管理方面的分散与混乱的现象。

(四) 确保教育权的平等

为了确保各民族、男女国民平等的受教育权,在十月革命胜利之初,政府机关通过了

《俄国各民族权利宣言》,明确了处理俄国民族问题的4个基本方针,宣布俄国境内所有的民族享有自决的权力。1918年5月31日,教育人民委员会又发布了《关于一律实行男女合校制的决定》,改变了妇女在受教育方面受到的不平等待遇。

二、统一劳动学校制度的确立

在苏联的学校教育史上,始终伴随着劳动教育与普通学校教育的关系的不断演变,劳动教育在学校教育中占据着十分重要的地位。十月革命胜利之后,苏联开始对国民教育进行改革,旨在建立统一的劳动学校制度。

（一）"莫斯科方案"和"列宁格勒方案"

为了制定新的章程,当时的苏俄国家教育委员会,委托位于莫斯科的苏俄教育人民委员部和位于列宁格勒的北方公社联盟教育人民委员部各起草了一份方案以供讨论,随后分别形成了"莫斯科方案"和"列宁格勒方案"。"莫斯科方案"主张新式学校应当是免费的、统一的、男女合校的、非宗教的、各阶层都能进入的学校,劳动是学校的基础,应在学校中处于首位。"列宁格勒方案"赞同"莫斯科方案"的前半部分,但反对其对劳动的极端看法,主张劳动只是学生掌握系统知识的一种手段,而非基础。1918年8月两种方案在全俄教育工作者第一次代表大会上引起了激烈争辩,史称"苏联第一次教育大辩论"。争论的焦点集中在劳动在学校教育中的地位问题,出于与旧学校彻底决裂的心情,代表们通过了"莫斯科方案"。

（二）《统一劳动学校规程》

依据"莫斯科方案",1918年9月30日,国家教育委员会颁布了苏联教育史上第一个重要的教育法案《统一劳动学校规程》和《统一劳动学校的基本原则》(又称《统一劳动学校宣言》)。

根据《统一劳动学校规程》的规定:(1) 设立统一劳动学校。除了高等学校外,全国的所有学校都更名为"统一劳动学校",整个学校系统从幼儿园到大学是一个连续的统一体,废除了旧时等级分明的复杂学校类型,所有的儿童都进入同一种类型的学校。(2)"生产劳动应当成为学校生活的基础"。"教学是要用知识来阐明周围的全部生活,生产劳动应当同这种教学有机地结合起来"①,让学生在生产劳动的过程中学会劳动和生活。(3) 取消现行的教学制度。为了更加紧密的联系学生的学习与生活,学校全年的活动分为正课(即通常的学校课程)、露天课业(即在户外进行的学校活动)和假期,取消了家庭作业和一切考试,并禁止实行任何惩罚措施。《统一劳动学校的基本原则》又对《规程》的基本精神和条款进行了具体的补充说明。

两个文件的发布具有十分重要的意义,它们为苏联的学制绘制了美好的蓝图,改变了过去陈旧的学习内容,实践了马克思恩格斯有关把教育与生产劳动相结合的理论,尊重学

---

① 瞿保奎主编:《教育学文集·苏联教育改革》(上册),人民教育出版社1993年版,第28~30页。

生的人格,发挥学生的主动性与创造性。但也存在很多问题,如过高估计劳动的作用,错误地提出了将生产劳动作为学校生活的基础,取消了必要的教学计划和教学制度,忽视教师的主导作用,这些做法对20年代的苏联教育产生了消极影响。

(三) 统一劳动学校

统一劳动学校分为两个阶段:第一级学校招收8~13岁的儿童,学习年限为5年;第二级学校招收13~17岁的少年和青年,学习年限是4年。两级学校均为免费,试图实现普及义务教育的设想,但是在实际执行中,当时的苏联根本无力完成,同时人们往往把"统一"混同于"划一",使得理想与现实之间的矛盾日益突出,后来不得不建立各种过渡性质的学校作为补充。

三、争取旧教师与培养新教师

革命胜利之后,教师队伍的建设问题显得刻不容缓。列宁非常重视教师的地位和作用,他指出,应当把人民教师提高到从未有过的崇高的地位。对于教师队伍的发展问题,苏维埃政府主要采用了两种方式。

(一) 吸收教师加入苏维埃教师队伍

当时,被资产阶级派别控制的、具有反动性质的"全俄教师联合会",极力阻碍教育改革的进行。一些思想先进的教师按照列宁的指示,于1917年12月成立"国际主义教师协会",在1918年6月和1919年1月举行的第一、二次全俄国际主义教师代表大会上,列宁列席参加并号召教师摆脱资产阶级的束缚,脱离反人民的"全俄教师联合会",参加到"国际主义教师协会"中来,广大教师纷纷响应号召,退出"全俄教师联合会"。1918年12月,人民委员会下令解散"全俄教师联合会",对旧教师的吸收工作基本完成,之后又对旧教师进行教育和思想改造,稳固了教师队伍。

(二) 发展师范教育培育新型教师

与此同时,苏维埃政府通过发展师范教育培养新的教师队伍。革命前,俄国总共有2所师范学院、19所师范专科学校和150所师范学校。十月革命后,随着教育事业的蓬勃发展,教师的数量和质量都远远不能满足现实的需要。苏维埃政府在很艰难的情况下,大力开办和改组了各种类型的师范学校,到1920年止,仅在俄罗斯联邦就有57所高等师范学校和10000名以上的大学生;154所培养一级学校师资的三年制师资培训班和90所一年制师资讲习班,共有24000名学生。教师队伍在短时间内得到了快速发展,保证了教育改革的顺利进行。

四、开展扫盲运动

革命胜利前,在愚民政策之下,俄国的男子70%是文盲,女子近90%是文盲。居住在沙俄的71个民族,有48个没有文字,80%的儿童是文盲。这种状况极大地限制了苏维埃的经济建设和社会发展。

在1917年11月11日发布的《告居民书》中,卢那察尔斯基把扫除文盲当做"自己在教育领域中的目标",号召通过各种途径,使居民在短时间内达到普遍识字,并大力支持工农群众的教育运动,建立符合现代教育学要求的学校网,实施普及义务教育和免费教育。1919年12月,苏联人民委员会更是颁布了列宁签署的《关于扫除俄罗斯联邦居民中文盲的法令》,目标是使一切不会读写的8~50岁之间的共和国公民,学会用本民族文字或俄语读写。并成立了一个直属教育人民委员部的全国扫盲非常委员会,进一步保障扫盲工作的顺利进行。全国人民响应政府的号召,"每个识字的人都应教不识字的人",积极参加扫盲运动,一场全国范围的扫盲运动铺展开来。

总之,整个建国初期是一个破旧立新的新时期;无产阶级从资产阶级手中夺回了教育领导权,建立了新的领导机构;设立了新的学校制度;对旧时期的教师进行引导、教育并积极培养新教师;为改变国民文盲遍地、愚昧无知的状况开展大规模的扫盲运动。所有的这些措施都为苏联在20年代教育事业的发展奠定了良好的基础。

第二节 20世纪20年代的教育改革

20世纪20年代,国内战争基本结束,苏维埃的国内外环境稳定下来,政权得到稳固,为国家的发展提供了很好的机遇。但是,长期的战争使得国民经济受到重创,生产力水平倒退了好几十年,经济上的危机引发了社会动荡,人民对苏维埃政权的不满情绪不断积聚。这就迫切需要发展国民经济,全国的工作重心必须尽快转移到经济建设与文化建设上来。同时对教育工作也提出了新的要求,政府重新审视建国初期的教育变革,并在此基础上开展进一步的教育改革。

一、20年代的学制改革

随着时间的推移,统一劳动学校逐渐暴露出许多问题。苏联国民经济的恢复和发展迫切需要大量技术人才,但是统一劳动学校年限过长,学生在校又没有受到任何专业方面的训练,满足不了社会的需求,因而备受指责。普通教育与职业教育的关系也引起了人们的激烈争论,职业技术教育委员会强烈要求将教育工作的重心,转移到为国民经济提供从低级到高级的技术人员的职业技术教育方面来。同时,由于当时苏联的国民经济实力根本无力实现《统一劳动学校规程》中所提出的对所有儿童实施免费的九年义务教育的规定,学制急需改革。

（一）关于学制改革的讨论

1920年12月31日至1921年1月4日，俄共（布）召开第一次党的国民教育会议，针对学制问题和普通教育与职业教育的关系问题，展开了激烈讨论。其中，乌克兰、白俄罗斯和共青团中央代表坚决主张在七年制学校的基础上开办职业学校，而以卢那察尔斯基为首的教育人民委员部的代表则强调职业教育应当以广泛的普通教育为基础，坚持九年制的普通学校，反对过早进行职业教育。经过激烈的讨论后，会议考虑到国民经济艰难的实际情况，将原有的九年制学校改为七年制学校（也分为两个阶段：第一阶段4年，第二阶段3年），把它作为普通学校的基本类型；并在七年制学校的基础之上建立3~4年制的技术学校，在四年制学校的基础上组织职业学校；将四年制初等义务教育作为普及教育的第一个奋斗目标。

会后不久，列宁又起草文件，同意把第二级学校的高年级组改组为职业技术学校。根据第一次党的国民教育会议和列宁的指示，高年级（8、9年级）改革开始进行，但因缺乏必要的设备和专业的教师，改组工作并没有普遍推行。俄罗斯联邦由于缺乏技术装备与合格的教师，仍然保留第二级学校，分为两段，第一段3年，第二段2年。

（二）新学制的调整

20年代的苏联形成了一种相对于建国初期更加灵活的学制系统：四年制的小学，招收8~12岁的儿童；七年制的学校，招收8~15岁的儿童；九年制的学校（以俄罗斯联邦为代表，第一级学校4年，第二级学校分为两段，分别为3年、2年），招收8~17岁的儿童；中等技术学校（3年或4年）。同时在20年代前期还出现了一些新型的学校，如，1921年由工厂企业开办的工厂艺徒学校；1923年由共产主义青年团发起的农村青年学校；工农速成中学等等。

新学制的改革使得学校教育与社会需要之间的矛盾得到缓和，学校的种类也不断丰富。灵活的学制形式及不断丰富的新型学校，有利于在短时间内为国家培养出大量各类技术人才，满足了经济建设的需要，部分解决了学生的就业问题，对苏联经济发展起了推动作用。

二、普通学校的教育改革

20世纪20年代，统一劳动学校建立之后，随之而来的就是教育内容和教育方法的改革问题。苏联一方面吸收了部分西方的教育经验，实践了多种教学方法；另一方面，对教育内容进行大胆改革。然而由于急于求成，违背了教育规律，直接导致了20年代教育质量普遍低下。

（一）早期的教育内容调整

1920年，教育人民委员部颁布了第一个九年制的统一劳动学校计划，教育内容的改革主要表现为：删除宗教课程和古代语文，增加九年制学校中第二级的生物学、物理、化学、地理等自然科学的分量，同年，还编写了一、二级学校各门学科的参考性教学大纲，突出了系统知识的传授,强调理论联系实际。但是,无论是教学计划还是教学大纲都没有很好地体现综合技术教育思想,甚至没有列出劳动课。列宁一直将综合技术教育视为重要的教育内容,认为它是贯彻教育与生产劳动相结合的重要形式,并且在《统一劳动学校规程》中明确指出,统一劳动学校在两个阶段的教学"都具有普通教育和综合技术教育"。

1920年的教学计划与大纲从改革的内容来说,并没有很好地体现劳动与教育相结合的思想,不能代表整个20年代教育改革的趋势。

(二) 综合教学大纲的颁布

在苏联20年代的教育改革中,具有突破性的改革是综合教学大纲的颁布。1921年6月,教育人民委员部国家学术委员会成立教育科学组,旨在从根本上改革旧的教学内容和教学方法。

克鲁普斯卡娅亲自担任组长并组织编写新的教学大纲。克鲁普斯卡娅是劳动教育的拥护者,她与列宁都积极提倡劳动教育和综合技术教育。受她的思想影响,苏联国家学术委员会确立了制定教学大纲的原则:劳动是学校生活的组成部分,研究人类劳动活动乃是整个教学大纲的基础和重心。

1921~1925年间,苏联公布了《国家学术委员会教学大纲》,包括一系列关于各年级的教学大纲,如《一级统一劳动学校教学大纲(1~4年级)》(1924)、《二级学校第一阶段(5~7年级)教学大纲》(1925)等,这些大纲完全取消了学科界限,以劳动为中心,将学习内容按照自然、劳动和社会三个方面的综合形式排列,又按季节、节日和地区的情况组成一些单元,要求学校按照单元组织教学。这在苏联教育史上被称为"综合教学大纲"或"单元教学大纲"。

综合教学大纲的出发点是试图通过单元教学的方式把学生的学习与实际生活紧密的联系起来,加强各学科之间的联系;但是却破坏了各门学科之间的内在逻辑,降低了基础知识的学习和基本的读写技能的训练,不能保证学生获得系统和完善的知识体系。1926年至1927年,苏联对综合教学大纲进行了修订,增加了自然科学教育和社会科学教育,规定了一些学科必须掌握的最低限度的知识,但综合教学大纲的基本精神没有改变。综合教学大纲的颁布是整个20年代的苏联教育改革的基础。

(三) 教学方法和教学组织形式的改革

建国初期,苏联学校教育的主要教学方法是教师讲解,配合图表演示、实验室作业和参观旅行,教学组织形式主要为班级授课制。20年代以后,杜威的教育思想、西欧新教育思想和美国进步教育运动对苏联产生了很大的影响,苏联试图运用这些新的教育思想来实践具有社会主义性质的苏联教育。

综合教学大纲颁布后,在教学方法上,要求抛弃过去传统的讲授法,采用在自然环境中、在劳动和其他活动中进行教学的"劳动教学法",主张"废除教科书",广泛推行"工作手册"、"活页课本"和"杂志课本";在教学组织形式上废除班级授课制,采用"分组实验法"和"设计教学法",试图发挥儿童的主动性,培养儿童的创造性。设计教学法和分组实验法流行于20年代的苏联,克鲁普斯卡娅认为,对设计教学法的批判利用有利于培养学生的设计能力,使学生学会做工作计划,学会权衡各种手段和条件。为了实践这些方法,苏联还建立了许多实验学校,以便于进一步的推广。但事实上并没有对这些教学方法进行分析批判而只是简单的照搬照抄,给苏联20年代的教育改革带来了很大的消极影响。

总的说来,综合教学大纲、教学方法与教学组织形式的变革扭转了过去知识陈旧、脱离实际生活的局面,但却走了极端:完全打破分科制,过分重视劳动教育,忽视教师的指导作用,教学效率较低,基本知识传授难以得到保障。

三、高等教育的改革与建设

与建国初期相比,苏联高等教育在20世纪20年代取得了很大的发展。

(一) 高等教育的民主化

社会主义性质的苏联在十月革命胜利后的最初十年,十分关注高等教育的民主化问题,目的是使无产者和农民有机会接受高等教育。对此,苏联主要解决了两个方面的问题:(1)工人子弟的入学问题;(2)妇女在接受高等教育时的公平问题。

革命胜利之后,沙俄时期的高校招生制度被废除,苏维埃政府强调社会主义国家的高等院校首先要向工农大众及其子女开放,取消了高等学校的入学考试,实行由党组织、工会和经济组织联合推荐的办法招生。1919年2月,莫斯科商学院开办了第一个工人系,为他们提供中等普通教育。1919年9月,教育人民委员部做出了《关于组织附设工人系的决定》,在一些高等院校附设工人系,并且为他们提供助学金,解决有志于学习的青年工人和农民进入高等院校学习的问题。1924年以后还为少数民族的工农子弟开办了少数民族的工人系或附设于一般工人系的少数民族班。在1925~1926学年,全苏联已有108个工人系,在校学生47174人。在1926年,工人系毕业生在高校所招新生中的比例为26.8%。与此同时,妇女的教育问题也得到了改善,1926年的高校学生中,妇女占到了28.1%。①

(二) 高等院校培养目标与类型的改革

沙俄时代高等院校主要以培养官僚为主,革命胜利之后,高等教育的培养方向发生了根本转变。1921年9月颁布的《高等学校规程》确立了高等院校应担负的三项责任:(1)为国民经济各部门培养专门人才;(2)为高等院校和科研机构培养科学工作者;(3)向人民群众普及科学知识。

与此同时,高等院校类型发生了巨大变化:第一,加大综合性大学建设的力度。综合性大学可为社会输送多种方向的人才,新政府采取了一系列措施加强综合性大学的建设,促进人才培养。经过努力,到1921~1922学年,在综合大学就读的学生达69200人,比革命前增加了28400人。1926~1927学年苏联已拥有18所综合大学,学生人数为5.3万

---

① 〔苏〕叶留金著,张天恩译《苏联高等学校》,教育科学出版社1983年版,第301~302页。

人,其中出身于劳动人民家庭的学生占48.5%。① 第二,大力发展以工程技术为核心的专业学院。20年代后期,苏联的经济建设以优先发展重工业为核心,并从一些大学和多系科的高等院校中分出若干独立的专业学院。1928年7月,联共(布)中央会议通过了《关于培养新专家的改进措施》,要求自1928年起大力兴办新型高等技术学校和中等技术学校,尽快培养出一批"专业性更强并富有生产经验的工程师和技术员",实施劳动教育和理论教学相结合。第三,高等院校的分布更加广泛。1921~1922学年,在白俄罗斯已开办了7所高等学校,在阿塞拜疆开办了5所高校,在乌兹别克斯坦开办了4所高等院校,亚美尼亚和哈萨克各开办了1所高等学校。

（三）高等院校教学工作的改革

20年代的苏联教育教学非常强调劳动以及生产实践的作用,高等教育也不例外。1925年1月,联共(布)中央专门做出了《关于当前高等学校在确定同生产部门联系工作中的任务与决定》,把大学生的生产实习作为教学计划的一个组成部分,强调高等学校的教学应当尽可能的同实践结合起来。同时也注意到了高等教育中存在的不足,提出在全力加强劳动教育的同时,进一步提高学生的学术理论水平和知识修养,注意保持劳动教育和理论教学的适当比例;支持和发展一种能在更短时期内培养出一批专业性更强并富有生产实践经验的工程师和技术员。

总之,苏联20年代高等教育取得了很大的成就。高校的数量迅速增加,到1930~1931学年学校数增为579所,在校生为287900人;工农子弟学生的入学问题得到了改善;高等学校网得到了发展;高校机构设置紧随时代的发展而有所调整,加强了教育理论与实践的联系。但也存在着一些过失,诸如初期采取推荐入学的方法,影响到高等教育生源的质量;大学教师的师资培养不足,影响了大学的教学工作;过分强调理论与实际联系而导致学生缺乏系统的理论知识;某些学校办学条件不足很难完成培养专家的任务等。

第三节 20世纪30年代的教育调整

1932年底,苏联提前完成了第一个国民经济五年计划,从一个农业国逐渐变为一个工业国。在第一个五年计划期间,国民收入从244亿卢布增加到455亿卢布,增长率为86%,劳动生产率提高约38%。② 这些成就为教育事业的稳定发展奠定了坚实的基础,提供了必要的物质保证。苏联30年代的教育改革,重点在于加强基础知识教育,普及初等义务教育,发展师范教育,强化专业人才的培养。

---

① 〔苏〕叶留金著,张天恩译《苏联高等学校》,教育科学出版社1983年版,第85~86页。
② 周尚文等著:《苏联兴亡史》,上海人民出版社1993年版,第225页。

一、普通中小学教育

在苏联社会主义初期,经济发展需要提高全民的文化水平和大批专业人才,初等教育的普及工作被提上日程。同时中等教育由于长期基础不牢造成教育质量低下,需要进一步改革。因此,对普通教育的调整是20世纪30年代苏联教育改革的主要方向。

(一) 确立教育改革方针政策

尽管30年代之前的苏联教育得到一定的发展,但是仍然存在很多问题,如废除班级授课制、废除教科书,无止境的设计教学法,对劳动教育的过度强调,忽视教师的主体地位等等,导致教育质量与经济发展的需要相脱节。对此,苏联首先确立了调整教育发展的方针政策。

1931年9月5日,联共(布)中央颁布《关于小学和中学的决定》(又称为"九·五决定"),开始整顿中小学教育工作,此决定成为苏联30年代国民教育改革的指导性文件,此后颁布的若干方针政策都是对此决定的进一步贯彻和执行。

"九·五决定"主要内容包括:(1)要求总结十月革命胜利以来的教育经验和教训,肯定成绩、指出缺点,要求即刻组织人员钻研教学大纲,规定在1932年1月1日前制定出新的教学大纲,明确知识的范围。(2)着重批判了20年代流行的"设计教学法"和"学校消亡论"。(3)要求正确执行综合技术教育原则,加强基础知识教育,在贯彻教育与生产劳动相结合的原则时一定要使生产劳动服从学校的教学和教育目的。

"九·五决定"是苏联30年代教育改革的开端,它纠正了20年代某些鲁莽而急于求成的做法,开始关注基础知识和基本技能的教学,力争遵循教育规律。但是,由于并未摆正生产劳动和传授基础知识和基本技能之间的关系问题,此后,苏联的教育开始走向另一个方向:加强基础知识与理论教育而忽视学生的劳动教育。

(二) 提高教育质量

30年代期间,苏联先后颁布了《关于中小学教学大纲和教学制度的决定》(1932)、《关于中小学教科书的决定》(1933)、《关于苏联中小学结构的决定》(1934),指出了综合教学大纲规定的教材内容过多或过难,各学科与劳动教学大纲之间联系过少或没有联系等问题;严厉批判了"分组实验法";提出班级授课制应当是教学组织的基本形式;要求充分发挥教师的主导作用;系统地教授各科知识,培养学生独立完成作业,钻研各种教材的能力;学年结束时对全体学生进行检查性的测验;提高教师的教育水平,改善教师待遇,要求在最短时间内安排好师范教育;提出从1932~1933年起把七年制学校发展为十年制学校。

根据《关于苏联中小学结构的决定》的规定,苏联普通学校的类型定为三种:小学,1~4年级;不完全中学,1~7年级;中学,1~10年级。不完全中学的毕业生优先进入中等技术学校,中学毕业生优先进入高等学校。

20世纪二三十年代,苏联曾一度流行"儿童学",教育人民委员部完全依赖儿童学来解决儿童入学、升学以及其他的教育问题,儿童学的学者在学生和家长中滥用问卷调查的方法对教育事业也带来了很大的危害。1936年7月4日联共(布)中央通过《关于教育人民委员部系统中的儿童学曲解的决定》,纠正此前的做法,揭露了儿童学理论和问卷法的伪科学性及其危害;完全恢复了教育学和教师的地位,撤销了学校中儿童学者小组,取缔儿童学教科书,及时终止了对儿童学的不恰当支持。但同时政府采用了极端的方式取缔了儿童学、相关学术活动和团体,完全放弃对儿童心理及成长规律的研究,也是非常不恰当的。

(三) 普及义务教育

早在1918年颁布的《统一劳动学校规程》中就提出了普及义务教育的设想,但是落后的经济条件、紧缺的师资、学校数量的缺乏,使得义务教育根本无法完全实现。在1930年6月7日举行的联共(布)第十六次代表大会上,斯大林(Иосиф Виссарионович Сталин,1879~1953)将普及初等义务教育确定为"主要的问题",把普及义务教育提上了议事日程。苏联30年代普及义务教育的发展主要分为三个时期。

1. 第一个五年计划期间(1932年以前)

1930年7月和8月,联共(布)中央执行委员会和苏联人民委员会先后通过了两份《关于普及义务教育的决定》。第一份决定对义务教育的年限、步骤和条件都做了具体的规定,设立了普及义务教育促进委员会,要求动员更多的财力和人力,促进义务教育的普及。第二份决定为初等义务教育的普及提供了法律依据。该决定规定从1930~1931学年起:(1)对所有8、9、10岁的儿童实施不少于4年的义务教育。(2)为没有完成劳动学校中前4个年级义务教育的11~15岁男女儿童,开办速成的二年制和一年制短期学校或在一般学校中附设短期班。(3)在工业城市、工厂地区和工人住宅区应对男女儿童实施七年制学校课程的普及义务教育。(4)为了使经济困难的工人和农民子女真正能够顺利完成学业,从1930~1931学年起,政府和有关机构对这类儿童免费提供教科书、文具、鞋袜、衣服、伙食及交通工具。

这两项决定颁布后,学校的数量和儿童入学数迅速增加,到了1932年末第一个五年计划完成时,全苏8~11岁年龄段儿童入学率已达98%,普及初等义务教育工作基本完成。① 第一个五年计划期间,在城市和工业区基本完成了普及七年制义务教育,农村有一半的学生进入七年制学校。

2. 第二个五年计划期间(1933~1937)

在联共(布)举行的第十七次代表大会上通过的第二个五年计划,将普通教育的任务定为完全普及义务教育。在第一个五年计划期间已在城市和工业区普及七年制义务教育的基础上进一步实现在农村地区普及七年制义务教育。农村七年制义务教育的普及需要扩建和新建更多的农村学校,由于农村地区的学校均为小学,所以必须将学校扩建为七年制学校。在第二个五年计划期间投入使用的新校舍达18778所,其中15107所建在农村,

---

① 吴式颖主编:《俄国教育史》,人民教育出版社2005年版,第337页。

占新建校的80.5%,农村七年制学校网增长了142.8%。

3. 第三个五年计划的前期(1938~1940)

在1939年3月的第十八次代表大会上,联共(布)审议并批准了第三个五年计划,要求在城市普及十年制的义务教育,在农村和民族共和国完成普及七年制义务教育,预定到第三个五年计划结束时全苏中小学人数达到4000万人。其结果是,到战前的1940~1941学年,七年制学校数和学生数比1933~1934年分别增加了60%和160%,同时,中等学校数量增加了近7倍,8~10年级学生数增加了16倍。

二、师范教育

苏联政府将普及义务教育和师范教育作为一揽子工程对待,在普及义务教育的同时推动师范院校的发展,同时举办各种师训班和讲习班来补充严重缺乏的师资,第一个五年计划期间通过短期培训班培养了15万名教师。

经过努力,本时期苏联的师范教育体系逐渐形成:中等师范学校,学制2至3年,招收七年制学校毕业生,培养小学教师;师范学院,学制4年,招收十年制学校的毕业生,培养中等学校教师;师范专科学校,培养中学5~7年级的教师。师范学校的数量也极大的增多,俄罗斯联邦在1928~1929学年时只有师范学院20所,在校生仅17345名,而到了1932年已有65所,在校生达29124名;中等师范学校数则由254所增加至564所,在校生由3.7万人增至14.3万人。[①] 同时还规定凡是没有接受完整的师范教育或高等教育的中小学教师,都需在1938~1939学年之前完成教师培训教育。

三、高等教育

1930年,苏联高等院校根据联共(布)中央全会决议的要求,对院系进行了调整,形成了三种类型的高等学校,即综合大学、多科性工学院和各种专业学院。由于高等院校各项建设都不太成熟,20年代后期至30年代前期高等院校数量发展过快也留下了很多的问题,有些学校的办学条件根本无法完成专家型人才的培养。

(一)恢复招生考试制度

20年代工人系采用推荐的方式入学,为高等院校输送了大量的人才,但是由于学生基础知识欠缺,生源质量得不到保障。20年代后期俄罗斯联邦开始实验,部分高校允许学生自由报考,取得了明显的效果。为此,苏联在俄罗斯联邦实验的基础上,废除了十月革命胜利后广泛施行的推荐制,决定从1932年起在高等院校实施"自由报考,择优录取"的考试制度。

新的招考制度规定所有苏联公民不分家庭出身、财产状况、宗教信仰等一律享有接受

[①] [苏]帕纳钦著,李子卓等译:《苏联师范教育》,文化教育出版社1981年版,第72页。

高等教育的权利。为了确保招生的质量,规定所有想进入高等院校学习的人,包括工农速成中学的毕业生都需要参加高等院校组织的入学考试,考试科目为语文、政治常识、数学、外语、物理、化学等。高等院校招生考试的成绩是学生进入高等院校的唯一通行证,所有高等院校均按照高考的成绩择优录取,1938年还统一了各个高校招生考试的时间。

（二）调整高等院校结构

20世纪20年代中后期,由于在多科性工业学院和综合大学系科的基础上过多注重专业的发展,苏联教育改革事实上削弱了一些大学的实力,忽视了综合大学的作用。对此,1932年颁布的《关于高等院校和中等技术学院教学大纲和教学制度的决议》强调了综合大学的作用,要求"要在那些没有大学的各加盟国发展大学"。此项决议的颁布促进了综合院校的发展,截止到1940年,苏联综合大学由1926~1927学年的18所发展到了1939~1940学年的29所。综合性大学在高校教师和干部的培养以及研究生教育方面发挥着十分重要的作用。针对30年代初专业性院校数量大增所带来的师资缺乏、设备缺乏、教育质量低下的情况,苏联政府开始对高等院校的办学条件、办学状况进行检查,合并了高等院校的一些专业,专业数目由1932年的900个缩减为1933年的345个,停办了一些不具备办学条件的学校,高等院校由1933~1934学年的714所,减至1934~1935学年的688所。①

（三）完善学位学衔制度

1934年,苏联政府在完成了对国民经济的社会主义改造之后,为了调动广大教师的积极性,颁布了《学位学衔授予条例》,在高校施行新的学位和学衔制度。规定学位分为:博士和副博士;学衔分为:教授、副教授、助教三级。高等院校和科研机构的研究人员的学衔分为:高级研究员和初级研究员。这些称谓与工作资历紧密联系,工作年限不足,学位达不到要求,则不授予相应学衔。

（四）改进研究生教育制度

20世纪中后期,苏联的研究生教育从无到有、发展迅速,研究生人数由1925年的30人发展到1929年的3000人,但是生源质量不佳制约着研究生教育的进一步发展。苏联政府为此采取了一系列措施改进研究生教育:严格审查招生单位的资格与办学条件;建立严格的研究生入学考试制度;建立健全研究生培养制度,取消了"小组设计法",实行导师制;严格要求研究生的毕业论文;1934年专门颁布了《学位学衔授予条例》,完善研究生的学位授予制度。

除此之外,在党和政府的直接干预下,苏联各地还建立了许多高等函授学校和夜间大学,着力提高苏联国民的科学文化素养,培养经济建设和社会发展中急需的各类人才。这个时期高等教育的发展,为苏联国民经济部门输送了大批专业人才,客观上为后来战胜德国法西斯做好了必要的人才准备。

总之,整个20世纪30年代是苏联国民经济和教育腾飞的时代,国民经济计划和教育

---

① 吴式颖主编：《俄国教育史》,人民教育出版社2005年版,第373页。

发展稳步地齐头并进,各级教育发展速度都非常快,调整了20年代教育改革的某些方向。在大力发展科技与普及义务教育的30年代,苏联人民"充满了前所未有的对知识的渴求,教师教学生,学生教父母,青年团教少先队,少先队和共青团教村民和工人,作者教读者……整个国家似乎就是一个庞大的学校"①。但是普通教育仍存在些许问题,尚未能够正确处理劳动教育和知识教育的关系,综合技术教育的任务无法落实,劳动教学的课时越来越少;义务教育普及之后,中学毕业生越来越多,而高等院校所能吸收的学生却十分有限,这些都成为政府所面临的难题。

第四节 20世纪前期的苏联教育理论

在苏联社会主义教育建设初期,围绕怎样建立一个社会主义的教育体系,怎样使苏维埃教育为广大工农阶层服务,怎样摆脱旧的教育体制,怎样处理好传统文化与无产阶级文化之间的关系以及怎样理解和贯彻马克思主义教育思想等一系列问题,摆在了无产阶级导师和早期教育理论工作者面前。因此,探索建立社会主义教育思想体系的理论与方法是苏联早期教育理论的主要任务。

一、列宁的教育思想

无产阶级的导师列宁(Владимир Ильич Ленин,1870~1924)领导俄国人民建立了世界上第一个无产阶级专政的社会主义国家。在革命胜利之后的社会主义建设进程中,他十分关注教育事业的发展,始终将教育看做是无产阶级革命和社会主义建设的重要组成部分,他的教育思想对苏联的教育改革与发展起着重要的指导作用。

(一)论文化革命

针对苏联社会主义建设初期生产力水平低下,经济、文化和教育落后的现状,列宁提出了进行无产阶级"文化革命"的号召。所谓文化革命,既指纯粹的文化方面,也包括物质文明方面。文化方面包括扫除文盲,普及义务教育,实施广泛的政治思想教育,改革旧的教育制度和建立新的社会主义教育制度,造就新型的知识分子和培养各种社会主义建设人才等;物质文明方面的任务是组织和建立发达的物质生产资料的生产,使社会主义获得可靠的物质基础,两者相辅相成。

列宁指出,实施文化革命、建设社会主义文明,绝非彻底的否定过去的一切文化。少

---

① 〔澳〕康内尔著,张法琨等译:《二十世纪世界教育史》,人民教育出版社1990年版,第482~483页。

数所谓的无产阶级文化专家独自创造了"纯粹的无产阶级文化",自诩为无产阶级文化派,主张在全盘否定资本主义所创造的一切文化成果的基础上,建设纯粹的社会主义文化事业。列宁严厉地批评了这种思想,揭露了无产阶级文化派的本质,指出无产阶级文化应当是在人类所创造的所有文化之上合乎规律的发展;旧的教育应当进行改造,而非简单否定,只有利用旧社会所留下人力和物力才能很好地完成社会主义建设任务。后来他又提出"苏维埃政权＋普鲁士的铁路秩序＋美国的技术和托拉斯＋美国的国民教育等等＋＋＋＝总和＝社会主义"这一公式,鲜明地体现了列宁对待各种文化的态度。

（二）论教育与政治的关系

马克思和恩格斯曾阐述了教育由社会决定、由社会关系决定的原理,列宁继承并发展了这一思想,解释了教育同政治的密切联系,指出社会主义教育必须同无产阶级的政治相联系。

列宁指出,资产阶级所宣扬的教育超政治、超阶级的观点完全是虚伪性的表现,不论是教育的目的、内容、方法,还是办学原则,无不受到政治的制约。与资产阶级相反,列宁反复强调,所谓学校可以脱离生活、脱离政治,完全是撒谎骗人,苏维埃共和国的整个教育事业都必须贯彻无产阶级精神和共产主义道德的培养,对受教育者在思想、组织、教育等方面产生影响,为实现无产阶级专政服务,最终实现共产主义。

（三）论新一代青年人的教育

列宁非常重视青年一代的教育,他指出无产阶级革命的胜利只是为实现社会主义和共产主义奠定了基础,而担负着建设社会主义和共产主义重任的则是一代代的新人,因此必须重视对青年人的教育,强调教育、训练和培养出全面发展的、受到全面训练的人,即会做一切工作的人。

为此,列宁提出青年一代的教育应遵循三个原则:(1) 社会主义教育与无产阶级政治相联系的原则。列宁继承了马克思和恩格斯关于社会关系决定教育性质的论点,提出社会主义教育与无产阶级政治相联系的原则,社会主义教育事业必须接受共产党的领导。(2) 教育与生产劳动相结合的原则。列宁将现代教育分为普通教育和综合技术教育,强调教育必须同生产劳动相结合,并立即实施综合技术教育。(3) 实践共产主义道德观的原则。列宁在谈论共产主义的道德教育时,尤其重视集体主义精神、自觉纪律和共产主义劳动态度的培养,强调这就是共产主义道德的基础。

（四）论教师

列宁认为,改变文化落后的状况和扫除文盲都离不开优秀的人民教师,他亲自为教师的培养和发展制定了方针和政策。

在如何对待教师问题上,列宁主张采取两种策略。首先,改造旧教师,培养新教师。十月革命初期,并非所有的教师都忠于苏维埃政权,有些教师顽固地站在旧教育立场上,要求保存旧教育,阻碍了苏维埃教育改革。列宁对此十分关注,坚信经过党耐心细致的工作,绝大多数教师都会拥护新政权。与此同时,列宁指示教育人民委员部从发展教育的迫切需要出发,通过多种途径发展师范教育培养新教师。其次,提高教师的地位和待遇。列宁反复指出,应当把苏维埃人民教师提高到从未有过的崇高地位。

列宁继承和发展了马克思和恩格斯的教育理论,提出了一系列重要的教育理论学说,参与并领导了诸多教育改革,为共产主义教育的发展指明了方向。列宁的教育思想对苏联教育的发展一直起着引领和指导作用。

二、卢那察尔斯基的教育思想

卢那察尔斯基(Анатолий Васильевич Луначарский,1875～1933)是早期苏联著名的教育家、革命活动家和政治家。十月革命胜利的第二天,他就被任命为苏联第一任教育人民委员,在任时间长达12年,期间参与了一系列教育改革文件的制定,如1917年11月发表的《教育人民委员关于国民教育的宣言》、《告学生书》和《告教师书》等,为苏联破除旧的教育制度,创立新的教育体系作出了杰出的贡献。

(一)论教育与政治、经济的关系

卢那察尔斯基认为拥有统治权、经济权和教育权是人民政权得以实现的三个必备条件。首先,愚昧无知的大众不可能掌握政权。一个充斥着文盲的国家,不可能懂得如何去治理、管理好国家,愚昧很可能会把共产党人与人民群众隔离开来,对全体人民进行普通教育和技术教育是执政党人不可推卸的责任。因此,他十分关注扫盲运动,倡导各阶层人民参与普及教育。其次,卢那察尔斯基认为教育反映了一个国家的经济发展水平。国民教育与国民经济密切联系,经济的发展可以提供更多的教育资金促进教育的进步,教育的发展为经济提供更多的人力资源,经济与教育相互依存。他多次疾呼苏联的文化发展与经济发展严重脱节,经济的发展并不能代替教育的发展,国家应当拨出更多的资金用于文化的建设。

(二)论苏维埃学校的建设

卢那察尔斯基将改革旧的学校制度看做是苏维埃整个教育改革的重要组成部分,主张从根本上改造旧式学校。首先,正确对待旧学校。他认为,旧学校中也存在着先进的教师和一些有益的经验。对这种资产阶级式的学校应当认真考察,应向西方资产阶级国家学习,事实上无论是在知识水平还是技术水平上,新生的苏维埃政权都需要向资本主义学习。其次,明确了新学校的任务。卢那察尔斯基认为新学校的任务就是:(1)传授过去所获得的所有知识,特别是传授新文化、新科学;(2)切断旧思想影响儿童的渠道,防止旧思想中不良的内容侵蚀儿童的灵魂。最后,确定新学校的内涵。新学校是"统一的劳动学校",应充分的体现"统一"和"劳动"两个原则,"统一"是指每个儿童享受教育的权利和受教育的水平是同等的,"劳动"是指学生参加各式各样的劳动,这是获得自然科学和社会科学知识的基础,这是社会主义普通学校的两个基本原则。

(三)论全面和谐发展的教育

卢那察尔斯基认为,苏维埃学校应该实施全面和谐发展的教育,培养和谐发展的人,这种教育包含德育、智育、体育、美育、劳动教育和综合技术教育等多方面的和谐发展。他特别指出,通过智育把新时代的学生培养成为一名集体主义者,使学生成长为有学问的人;加强劳动教育和综合技术教育,但反对将劳动教育看做学校的基础,反对过早的、狭隘的职业化,应该理性看待普通教育。

三、克鲁普斯卡娅的教育思想

苏联著名的革命活动家和最早的马克思主义教育家克鲁普斯卡娅(Надежда Константиновна Крупуская,1869～1939)长期领导苏维埃教育改革事业,孜孜不倦地开展社会主义教育理论的探索,为苏联社会主义教育事业和教育理论的发展作出了很大贡献。十月革命胜利之后,克鲁普斯卡娅先后担任了教育人民委员部的社会教育司司长、政治教育总委员会主席等许多重要职务,被称为是"教育人民委员部的灵魂"。她十分重视对教育问题的研究,仅在1901～1939年期间就发表了160多篇论文、演说和评论,逐渐形成了一套自己的社会主义教育理论体系。1915年编撰出版的《国民教育和民主主义》一书是克鲁普斯卡娅教育思想的代表作。

(一) 论苏维埃学校的教育目的和任务

克鲁普斯卡娅明确指出,与弥漫着宗教色彩和等级性的旧学校不同,苏维埃学校是全体居民都能进入的男女同校的学校,学校的生活与实际紧密联系,教学内容丰富多彩。学校的教育目的是培养全面发展的人,使其具有自觉和有组织的社会本能、成熟的世界观、能从理论上认识并在实践中从事各种劳动(既有体力劳动又有脑力劳动),建立合理多彩的社会生活。学校教育的任务是:(1) 进行共产主义教育,使学生仇视一切剥削、压迫与愚昧无知,成为用知识武装起来并能深刻理解生活意义的人;(2) 教会学生学习,真正掌握科学文化知识;(3) 实施劳动教育和综合技术教育,以利于培养全面发展的人。

(二) 论劳动教育与综合技术教育

克鲁普斯卡娅一直主张将劳动教育视为学校教育的重要组成部分,强调教育与生产劳动相结合,突出劳动在认识自然界过程中的作用。"综合教学大纲"的颁布就体现了她的劳动教育思想。但是,克鲁普斯卡娅也告诫人们在开展劳动教育时需注意的一些问题:(1) 教会学生制订合理的劳动计划,掌握一定的劳动方法;(2) 儿童不单单是劳动的参与者,而且是经验的获得者;(3) 学校要根据儿童的年龄特点来组织劳动;(4) 劳动教育应当能使学生的学校生活与社会生活有效地联系起来。

克鲁普斯卡娅详细论述了综合技术教育的内容、途径与方法。她指出,综合技术教育是一个完整的教育体系,主要通过对各种技术进行研究,之后再用理论来说明生产过程,使学生掌握其基本原理。它绝非一个特殊的学科,应当把它融入各个学科中间,通过各门学科的相互联系来解释这些技术的基本原理。克鲁普斯卡娅还指出了综合技术教育与职业教育的区别与联系:前者重在理解基本原理,后者重在获得某种技术。

(三) 论少先队组织

1922年5月19日,苏联建立了少先队组织,克鲁普斯卡娅担任少先队中央局成员长达10年,向少先队员演讲100余次。她认为少先队的发展具有非常重要的意义,这种群体性的少年组织,通过共同的学习、集体朗诵、群众性表演、参观、旅行、公益性活动等,可以使青少年学会集体生活,培养他们的意志、性格和自觉纪律。克鲁普斯卡娅指出,新型的苏维埃学校离不开少先队组织的活动,少先队活动与学校教育相结合才能培养出全面和谐发展的人。

(四)论学前教育

自苏维埃成立之初,苏联教育人民委员部就成立了学前教育处,克鲁普斯卡娅便开始投身于学前教育的建设和探索之中。在她看来,早期教育对一个人的影响是终身的,早期的经验会使人终身难忘,苏维埃政府应当保证学前教育的顺利开展。十月革命后,她专程考察了瑞士和法国的幼儿园,学习有关幼儿教育的理论,并提出了苏维埃幼儿园教育的任务,即维护儿童的身体健康,养成文明的卫生习惯;通过幼儿园的学习与游戏,培养儿童初步的共产主义的道德品质,遵守纪律热爱劳动;丰富儿童的生活经验,激发生活的兴趣。她还十分重视游戏和玩具的作用,指出儿童的主要活动应当是游戏,通过游戏可以发展儿童的智力,形成学生学习所必备的技能。

克鲁普斯卡娅丰富的教育遗产是苏联教育学的重要组成部分,也是世界教育史上不可或缺的一页。作为早期的无产阶级革命战士和马克思列宁主义教育家,她率先系统地整理和研究了马克思教育学说,把自己毕生的精力献给了苏维埃教育事业,为建立人类历史上前所未有的社会主义教育作出了巨大的贡献。

四、马卡连柯的教育思想

苏联教育理论家和教育实践家马卡连柯(Антон Семёнович Макаренко,1888~1939)17岁时就开始了他的教师生涯,积累了丰富的教育教学经验。1920年秋,马卡连柯受命组织和领导少年违法者工团(后改名高尔基工学团),专门负责收容和教育流浪无家可归的儿童,1928年又转任捷尔仁斯基公社的领导,同样负责流浪儿童的教育工作。在16个年头的卓越工作中,马卡连柯创造性地建立了社会主义新型教育模式,创立了集体主义教育理论,把3000多名社会流浪儿和问题少年培养成了将军、工程师、医生、教师等对社会有用的人才,创造了教育史上的奇迹。1935年之后,他开始全身心投入文学和教育创作中,总结和宣传自己的教育经验,其代表作有:《教育诗篇》(1925~1935)、《塔上旗》(1938)、《论共产主义教育》(1937)等。

(一)论教育目的、原则和方法

马卡连柯强调教育目的应当具有社会性和时代性,反对设置抽象的教育目的。在他看来,教育目的应当是可理解的、可实践的。根据当时苏联的具体需求,他将苏联的教育目的表述为:培养有文化的苏维埃工人,并给予良好的中等教育,教以熟练的技术,使其遵纪守法,拥有良好的政治修养、强烈的义务感和荣誉感,能够很好地约束自己并影响他人,勇敢的捍卫无产阶级革命事业。

在总结多年教育实践经验的基础上,马卡连柯提出了著名的教育原则:(1) 通过集体进行教育的原则;(2) 通过劳动进行教育的原则;(3) 要求和尊重相结合的原则。在教育教学方法上,马卡连柯运用辩证唯物主义进行分析,认为任何一种单一的方法发挥作用都是有限度的,问题在于如何最佳地选择和安排各种方法,所选方法的目的性是选择方法的"第一原则"。任何一种方法如果脱离了其他方法单独使用,既不能认为是好的,也不能认为是坏的,譬如在不同的情景下,惩罚既可以培养出奴隶,也可以培养出人的尊严,关键在于使用的情景和运用的方式。

(二) 论集体主义教育

集体主义教育理论是马卡连柯教育思想体系的基础和核心。何为集体？他认为集体是以社会主义社会的结合原则为基础的人与人相互接触的总体。集体的特征是:具有共同的奋斗目标;集体中个人的目的和利益必须服从集体;具有一定的管理机构和组织制度;具有正确的集体舆论。

1. 平行教育理论

马卡连柯指出,当我们对个人施加某种影响的时候,必定也会对集体产生影响,同时当我们对集体施加某种影响的时候,也必定会对个人产生影响,所以应当把集体作为教育对象,通过集体来影响个人,教育者对集体和集体中的每一个人的影响是同时的、平行的。平行教育理论充分突出了集体的作用,要求把学生们看做是一个整体,而非只是多个单独的个体,通过集体的力量教育个人。

2. 前景教育理论

马卡连柯认为,集体的活力在于不断地前进,因此教育者要不断地向集体提出新的奋斗目标,这种新的目标就是前景,是人的美好希望,集体的发展需要目标"前景"的刺激。马卡连柯还将前景教育分为3个步骤:近景教育、中景教育和远景教育,通过前景教育的刺激而焕发出整个集体的朝气与活力。

(三) 论家庭教育

马卡连柯认为早期的家庭教育对儿童的成长影响极大,家庭教育的优劣关系到儿童甚至国家的未来。在马卡连柯看来,第一,家庭的完整是进行家庭教育的基本条件。所谓完整是指不存在父母离异或不和,家庭非独生子女。父母关爱的缺失会使儿童变得孤僻冷漠,独生子女会使他成为家庭的中心而变成"真正的暴君"。第二,树立父母的威信。马卡连柯指出,父母的公民活动、公民感、对儿童的了解及对儿童教育所付的责任,才是父母获得真正威信的基础。第三,游戏的意义。马卡连柯认为游戏在人类的生活中具有非常重要的意义,它是劳动的准备,并将逐渐由劳动来代替。第四,儿童承担部分家庭劳动的意义。马卡连柯坚持认为,儿童参与家庭劳动可以养成良好的劳动习惯,培养他们独立生活的能力。

（四）论劳动教育

马卡连柯指出"正确的苏维埃教育如果不是劳动的教育,那是不可想象的"[①]。他始终坚持在教育中实施生产劳动教育,无论是在高尔基工学团,还是在捷尔仁斯基公社,都十分重视劳动教育的作用,强调劳动教育就是人的劳动品质的教育。马卡连柯否认单纯消耗体力的劳动,认为只有复杂的劳动才能满足儿童的兴趣和爱好,充分发挥他们的聪明才智。按照教育原则组织的、作为教育过程中的一部分的劳动才具有教育意义,而最理想的劳动就是参加那些用最新技术装备起来的大规模的生产劳动。马卡连柯反对学校与生产之间的机械相互配合,认为学校教育与劳动教育之间不需要任何一致性,不能机械地结合,教学和劳动结合主要表现在培养什么样的人,而不是它的组织形式。

马卡连柯的教育思想蕴涵着深刻的教育哲理与教育智慧,体现了教育的普遍规律,其主要的贡献就在于创立了集体主义教育理论和相关的劳动教育理论,对苏联后期的教育家也产生了很大的影响,至今仍具有现实意义。马卡连柯的教育思想体系尽管尚未尽善尽美,但正如苏联教育学者们所说,对待马卡连柯的教育遗产,不能停留在高度的评价上,而要开展深入的研究。

结　语: 从十月革命胜利到第二次世界大战爆发的几十年间,苏联的教育改革取得了很大的成就。在建立新政权的过程中确立了新的社会主义教育体系,探索了社会主义教育的发展模式,制定了新的教育方针和政策,逐步建立了具有社会主义特色的教育系统,极大地改善了旧教育落后的状况。总体来看,20世纪前期苏联教育的发展主要体现出五个特征:

第一,教育更加民主,受教育权趋向平等,教育与宗教相脱离。新政权建立不久,苏联就夺回了教育的领导权,由苏维埃政权统一管理;宗教学校改组为普通学校,教育内容与宗教教育分离,禁止开设宗教课和举行宗教仪式,清除了教会对学校的影响。

第二,劳动教育成为社会主义教育中不可或缺的一部分。从苏联教育史上第一个教育法案——《统一劳动学校规程》的颁布开始,就确立了劳动教育的重要地位。虽在不同的时期有所调整,但是它始终都是苏联教育体系中非常重要的一部分,充分实践了马克思和恩格斯有关教育与生产劳动相结合的理论。

第三,综合技术教育得到提倡与推崇。列宁、克鲁普斯卡娅和卢那察尔斯基等人都是综合技术教育的提倡者,综合技术教育是一种使青少年认识并掌握现代生产的一般基本知识和技能的教育,苏联的教育理论工作者将其看做是工人阶级掌握现代工业生产技术基础的一个重要因素。

第四,基础教育获得优先发展。20世纪早期苏联社会主义教育刚刚起步,基础教育的发展比高等教育的发展成效更加显著,普及义务教育工作的进行和扫盲运动的开展为

---

① 〔苏〕马卡连柯著,吴式颖等译:《马卡连柯教育文集》(下卷),人民教育出版社1985年版,第179~180页。

提高整体国民素质作出了很大的贡献,国民教育突飞猛进,直接支撑了国民经济的发展并为苏联赢得第二次世界大战的胜利奠定了知识基础。

第五,社会主义教育理论初步形成。列宁、克鲁普斯卡娅等教育家以教育实践为基础逐步总结出了社会主义的教育理论,马卡连柯在高尔基工学团的教育实践以及他的集体主义教育理论和原则在世界范围内引起了很大的反响。

【讨论与思考】

1. 从十月革命到第二次世界大战之前,苏联教育改革与发展有哪些经验与教训?
2. 结合20世纪前期苏联教育的发展,分析教育与生产劳动相结合的内涵与意义。
3. 分析20世纪30年代苏联对普通教育调整的结果与影响。
4. 畅谈《教育诗篇》读后感。
5. 研讨20世纪前期苏联教育理论的主要特征。

【扩展阅读书目】

1. 吴式颖著:《俄国教育史》,人民教育出版社2005年版。
2. 王天一等编著:《外国教育史》(下),北京师范大学出版社1993年版。
3. 〔苏〕马卡连柯著,吴式颖等译:《马卡连柯教育文集》(上、下),人民教育出版社2004年版。
4. 〔苏〕克鲁普斯卡娅著,卫道治译:《克鲁普斯卡娅教育文选》(上、下),人民教育出版社2004年版。
5. 华东师范大学《列宁教育文集》编辑组:《列宁教育文集》(上、下),人民教育出版社1984年版。
6. 〔苏〕康斯坦丁诺夫著,吴式颖等译:《苏联教育史》,商务印书馆1996年版。
7. 〔苏〕康斯坦丁诺夫著,李子卓等译:《教育史》,人民教育出版社1958年版。
8. 〔俄〕格奥尔吉耶娃著,焦东健、董茉莉译:《俄罗斯文化史:历史与现代》,商务印书馆2006年版。

第十六章　20 世纪后期世界主要国家的教育改革

【内容提要】

第二次世界大战后,世界教育进入重建和振兴的时期。新的时代为各国教育的恢复重建带来了不同的发展机遇,各国战后的教育任务主要是医治教育的创伤、争取教育的重建,民族解放运动后的发展中国家则主要面临教育的民族化再建。20 世纪 80 年代以来,随着新一轮国际竞争转向知识经济,各国教育面临新的危机和挑战,从而掀起了又一轮教育改革的高潮,使现代教育发生了日新月异的变化。

【学习目标】

结合第二次世界大战后政治、经济、文化发展的特点,理解美国、英国、法国、德国、日本和印度等国教育改革的主要历程及其特点;了解世界主要国家各个领域教育改革举措的实施,理解现代教育改革与发展的趋势。

【核心术语】

《国防教育法》;社区学院;生计教育;"返回基础";综合中学运动;《巴特勒教育法》;罗宾斯原则;地区师资培训组织;师范教育大学化;《雷沃休姆报告》;《郎之万一瓦隆方案》;《富尔法案》;《哈比法案》;《萨瓦里高等教育法》;《课程宪章》;双元制职业教育;《总纲计划》;《汉堡协定》;《高等学校总纲法》;《教育基本法》;《学校教育法》;《大学教育报告》;《国家教育政策》

第一节　美国的教育改革

自第二次世界大战后至 20 世纪 80 年代末,随着美国社会生活和经济结构的变化,无论是在中小学教育和高等教育方面,还是在职业教育和师范教育方面,美国教育都有很大的变化和发展。20 世纪 50 年代《国防教育法》指导下的中小学教育改革,旨在加强学科科目的教学,培养高级技术人才;70 年代初兴起的生计教育运动,目的在于改变普通教育与职业教育分离的现象;70 年代中期出现的返回基础教育热潮,强调基础知识和基本技能的训练,恢复了传统教育的一系列做法;80年代掀起的教育改革,着眼于教育的综合改革。

一、普通教育的改革

20世纪50年代美国教育改革的最重要事记就是《国防教育法》。它开启了战后美国教育改革的大幕,并直接促成了科学主义教育倾向的确立。

(一)《国防教育法》

第二次世界大战之后,1957年苏联人造地球卫星上天,引起了美国社会和教育界的极大震惊,在指责美国学校教育水平落后的同时,强烈要求对美国学校教育进行改革。美国联邦政府于1958年颁布了《国防教育法》(National Defense Education Act)。该法令的主要内容有:(1)加强"新三艺"(即自然科学、数学和现代外语)的教学。为提高这些学科的教学水平,要求大力更新教学内容,设置实验室、视听设备、计算机等现代教学手段;加强外语教学中心,提高师资的质量。(2)加强职业教育。要求各地区设立职业技术教育领导机构,有计划地开办职业技术训练,使更多的青年和成年人成为具有一定科学技术的专门人才或熟练工人。(3)加强天才教育。鼓励有才能的学生完成中等教育,攻读必需的课程,以便接受更深的教育,从他们中间培养出拔尖人才。(4)增拨教育经费。增拨的经费主要用于加强普通学校的"新三艺"教学;资助高等学校提高教学和科研水平;发放大学生学习贷款,建立"国防奖学金"等。

《国防教育法》对20世纪50年代末和60年代美国的教育改革和发展产生了很大的影响。它力图摆脱实用主义教育思想对学校的影响,强调理智训练的重要性。自此,美国的教育不仅在发展的速度方面加快了步伐,而且在教育制度、内容、教学方法以及教育组织形式和指导思想方面都发生了重大的变化。1964年,美国国会又通过了《国防教育法修正案》,把《国防教育法》的有效期延长到1968年,把历史、地理、公民、英语等学科也列为须改进的重要学科,还增加了学生贷款和奖学金名额。

(二)学科结构运动

学科结构运动是美国20世纪60年代掀起的一场以要素主义教育、结构主义教育为理论基础、以课程改革为主线的教育变革。学科结构运动的目的在于摆脱实用主义教育思想对学校的影响,恢复传统教育的某些做法。所以,运动一开始就对学校的教育目标进行了调整,接着对教材也做了大幅度的修改,编写了新教材,对教学方法也进行了改革。

第一,教育目标从"生活适应"教育转向抓紧基础科学知识的教育,培养未来的科学工作者。以科南特、布鲁纳等为首的有识之士认为,理智训练的重要性和价值高于一般日常经验和生活能力的重要性和价值。

第二,中小学教学内容的改革。目的是探讨和确定每门主要学科的基本结构要素及该学科特有的研究方法,设计最佳的课程。新教材具有内容现代化、理论化的特点,打破了分科体系,把一些概念统一起来,并把课程内容逐级下放,教学内容更加系统化、科学化,程度更深。

第三,对教学方法进行改革。随着教学内容的改革,教学方法和手段出现了相应的改革。20世纪50年代以来,许多组织学生的新计划层出不穷,主要表现为:强调启发式教学;加快教学手段的现代化,发展广播电视教学,使用教学机器;重视个别化教学;注重个别差异,提倡天才教育等。

二、社区学院的发展

社区学院是第二次世界大战后美国在初级学院的基础之上发展起来的一种正式的两年制高等教育机构。它以美国的社区为中心,同社区的生活实际紧密相连,以提高社区的文化水平和发展社区的经济为目标,构成了美国高等教育的第一个崭新的层次。

(一) 为社区服务的理念

早期初级学院以转学教育为主,与当地社区的关系并不密切。20世纪20年代,美国进步教育协会就主张实施学校与社区生活相结合的进步教育,从而促使"社区学校"(community school)概念的诞生,其主要目标就是以社区为中心,为社区服务。第二次世界大战后,初级学院的职能发生了巨大变化,成为以社区为中心的教育机构。许多教育家和社区学院的热心拥护者深感"初级学院"一词已不能表达这一新型教育机构的真正含义。

(二)《为民主服务的高等教育》

1946年,杜鲁门(Harry S. Truman,1884~1972)总统下令成立总统高等教育委员会,对美国高等教育的职能、目标和组织进行考察。1947年,该委员会发表了题为《为民主服务的高等教育》的报告。该报告并不具有法律效力,但对"社区学院"性质、功能和使命的界定确立了两年制学院在美国高等教育体系中不可替代的地位。报告的主要内容包括:(1) 用"社区学院"(Community College)代替"初级学院"名称。理由是两年制学院的主要任务之一是为大多数学生提供"终结性教育",原有名称已不能涵盖所有职能;两年制学院已经以社区生活为中心并服务于社区。(2) 社区学院应该属于地方性质。(3) 社区学院以实施终结性教育为主。(4) 社区学院的目的是为社区服务,具备多种功能和计划。

(三) 社区学院崛起的缘由

1960年,加利福尼亚州公布了《加利福尼亚高等教育总体规划》,在美国教育史上首次把高等教育划分成两年制的社区学院系统、四年制的州立学院系统和授予博士学位的大学系统三个层次,从而使两年制学院第一次在法律上成为高等教育系统中一个重要的组成部分。

社区学院之所以能很快获得美国社会的认可并取得应有地位,主要是因为战后美国社会发展的客观条件提供了适宜的环境。首先,战后美国综合国力迅速增强,经济实力居世界首位并得到持续发展。其次,战后美国人口剧增,高中毕业生和接受高等教育的适龄人口成倍增长,高等教育民主化和大众化备受关注。这些都使社区学院获得了前所未有的机遇。最后,1944年美国国会颁布了《军人权利法案》(Servicemen's Readjustment Act,即著名的《G. I. 法案》)。该法规定联邦政府战后对在军队服役超过90天的美国公民的工作和生活做出妥善的安排,其中涉及教育的条款规定所有符合该法案要求的人都有权在一所得到批准的教育或训练机构接受教育或训练,时间一般为一年,不超过四年,并有权从政府得到学费和其他补助费。《军人权利法案》虽不是专门的教育法案,但却成为影响战后美国社区学院发展最有效、最成功的法案。1944~1951年,该法使780万名退伍军人受益进入社区学院或技术学院学习。

(四)社区学院的职能

从第二次世界大战到20世纪70年代是美国社区学院发展的"黄金时期",这集中体现在社区学院职能的完善和多样化方面,形成了三种主要职能:(1)学院教育职能。学院教育职能主要包括转学教育、普通教育和补偿教育。(2)职业教育职能。职业教育职能是社区学院从单一功能到多元化功能的开始,也是社区学院职业化的过程。职业教育职能使社区学院的职责从以转学教育为主转变为以职业教育为主,彻底改变了社区学院的性质,确立了自身在美国高等教育体系中的不可或缺的独立地位。(3)社区教育职能。社区教育是社区学院最后出现但又发展最为强劲的职能,包括成人教育、继续教育以及各种形式的社区服务。

社区学院已成为美国高等教育体系中最能体现社区教育精神和高等教育大众化的机构,美国高等教育家克拉克·克尔(Clark Kerr,1911~2003)称其为"20世纪美国高等教育的伟大革新"[①]。

三、20世纪70年代的教育改革

进入20世纪70年代,美国教育面临许多新的问题,1973年"石油危机"导致美国经济衰退,劳动力过剩,失业现象严重;狭隘的职业教育已难以适应社会需求;中小学教育因数量发展过快导致教育质量出现问题。这一时期改革的主要特点是根据终身教育理论改革职业教育,并针对中小学改革中的问题提出了返回基础教育运动。

(一)生计教育

20世纪60年代美国职业教育理论和观念已经有了很大的变革,职业教育实践也迅速发展,但是职业教育的内容仍旧比较狭窄,而且主要是为中学在校生谋生和就业做准备,致使职业教育与普通教育脱节。因此,在20世纪70年代初"终身教育"理论形成后,美国教育总署署长马兰(Sidney P. Marland,1914~1992)于1971年提出了"生计教育"(Career Education)。生计教育是一种综合性的教育计划,其重点放在人的全部生活,即从幼儿园到成年,按照生计认知、生计探索、生计定向与生机准备、生计熟练等步骤逐一实施,使学生获得谋生的技能并形成个人生活方式。生计教育把幼儿园、中小学、大专院校

---

① 万秀兰著:《美国社区学院的改革与发展》,人民教育出版社2003年版,第8页。

学生和成人都作为教育对象,中小学阶段是生计教育的重点实施阶段。1~6年级是学生了解和选择职业的阶段,7~10年级是探索和学习阶段,11~12年级是职业决定阶段。生计教育重视与劳动实践活动结合,与企业、社区和家庭结合,在一定程度上消除纯职业和纯学术之间的鸿沟。

生计教育的实质是以职业教育和劳动教育为核心,适应瞬息万变社会的教育。它对传统的职业教育观念起到了变革的作用,要求普通教育与职业教育的结合,要求美国教育彻底改革,培育和训练每个人具有适应社会变化的知识、技术和态度,既保证每个人的生存也促进社会的发展与繁荣。1974年国会通过了《生计教育法》,许多州也相继颁布了法令,采取了实际步骤推行生计教育。1977年,美国国会众议院还专门通过了一个"生计教育五年计划",并拨款4亿美元支持其实施。

(二)"返回基础"教育运动

"返回基础"(Back to Basics)是美国20世纪70年代教育改革的另一项重要内容。这一教育运动旨在消除进步教育造成的学生知识水平下降、基本技能不足的后果;纠正20世纪60年代教育改革教材难度过大、忽视基础知识与基本技能的倾向;重新启用学科结构运动中编写的新教材,压缩选修课;对学生实行严格的管理和加强纪律教育。这就是所谓的"返回基础"教育运动。

"返回基础"的主要内容有:在初等学校强调阅读、写作和算术等基本技能的教学,强调把大部分时间用于这些基本技能的练习上;在中等学校,主要强调新三艺,即英语、自然科学、数学的教学;教师要在学校教育的一切阶段起主导作用,取消学生的自主活动;在教学方法上要包括练习、背诵、日常家庭作业、经常性测验等;在考试制度上,成绩报告单使用传统的等第评分法;严明纪律,允许使用体罚;恢复爱国精神的教育。该运动在70年代中期达到高峰,在客观上恢复了"传统教育"的某些做法,是对生计教育的矫正,也是20世纪80年代美国教育改革的前奏。

四、20世纪八九十年代的教育改革

进入20世纪80年代后美国经济回升,为适应新技术革命的挑战和国际经济、科技竞争的需要,为扭转教育滑坡和质量下降的局面,美国开始了一场全面的教育改革浪潮。这次改革以《国家在危急中:教育改革势在必行》这一报告为开端,着眼于教育的综合改革,涉及教育标准、课程结构、师资培养等方面,其目标是实施优异教育,培养一流人才,致力于改革教育系统,关注终身学习,创造一个学习化社会。

(一)《国家在危急中:教育改革势在必行》

1983年4月,美国联邦教育部成立了"全国教育优异委员会"(The National Commission on Excellence in Education),通过对全国的学校教育状况进行了长达18个月的调查,向美国教育部长提出了一份《国家在危急中:教育改革势在必行》(A Nation at Risk: The Imperative for Educational Reform)的报告书。报告指出美国处在危急之中,不仅表现在美国的工业、商业、科学、技术方面已失去了世界领先地位,而且教育质量也急剧下降。这个报告是美国20世纪80年代中期开始的教育改革的纲领性文件,核心是提高教育质量。

这份报告对美国教育提出了以下几点改革建议:(1)加强中学五门"新基础课"的教学。中学必须开设数学、英语、自然科学、社会科学、计算机课程。(2)提高教育标准和要求。小学、中学、学院和大学都要对学生的学业成绩和行为表现采取更严格的和可测量的标准,提出更高的期望。(3)改进师资的培养,提高教师专业训练标准、地位和待遇。(4)各级政府加强对教育改革的领导和实施。报告中所指出的美国教育存在的严重问题及其改革建议迅速引起了全美人民的广泛关注和讨论,各州纷纷采取改革措施。这些措施包括充实和提高课程要求、提高毕业要求、增加测试、整顿教师队伍等。

(二)《普及科学:美国2061计划》[①]

20世纪80年代以来,美国的教育改革可以说是紧锣密鼓,教育改革的报告或文献接二连三地出台。1985年,美国科学促进协会(American Association for the Advancement of Science, AAAS)聘请400位国内外著名的科学家、教授、中小学教师以及科学、教育机构的负责人,完成并公布了一份题为《普及科学:美国2061计划》(Project 2061:Science for All Americans)的报告。目的是通过有步骤的教育改革,提高美国科学教育的质量,使美国的基础科学教育能够适应21世纪科学技术和社会发展变化培养合格的美国公民。

这份长达200页的总体报告详细地论述了全面改革美国初、中等学校教育体系的设想、步骤、目标和科学依据,指出改革的重点不应只放在天才学生或特定的科目上,而是应为使所有青少年儿童都得到基本的科学(包括自然科学和社会科学)、数学和技术教育。这场以中小学课程为核心的改革计划分为三个阶段:第一阶段提出中小学课程改革的主导思想、一般理念和总体方案,即强调课程体系的整体价值,强调课程内容与学生发展和社会进步的有机整合等等;第二阶段的主要任务就是开发课程模式,其主要成果即《科学文化的标准》;第三阶段的主要任务就是在前两个阶段的理念指导下,进行全面的实践以推动改革的进程。《普及科学:美国2061计划》是美国教育界在20世纪80年代美国教育改革的基础上,针对美国基础教育质量低下等问题,试图提高科学教育质量,实现教育优异的一系列后续努力中十分重要的一个步骤。

(三)《美国2000:教育战略》

1989年,美国总统布什(George H. W. Bush,1924~)召集各州州长举行了史无前例的两党的教育高峰会议。这次会议被称为"历史性的转折"。会议决定在1990年为全美中小学制定一个"野心勃勃的、现实的工作目标"。1991年,《美国2000:教育战略》(America 2000:An Educational Strategy)出台,这份纲领性文件提出了美国教育改革的四项

---

① 《普及科学:美国2061计划》于1985年发布,这一年恰逢哈雷彗星返回地球。哈雷彗星每76年环绕太阳一周,因此人类将在2061年才能再次观测到这颗彗星。曾担任过卡特政府教育部副部长的美国科学促进会(AAAS)教育分会负责人、自然科学教授卢瑟福(F. James Rutherford,1924~)以"2061"年命名这项计划,意在说明这次科学教育改革的目标和实施具有长远性、持久性和坚韧性。

"教育战略"和六项"国家教育目标"。

四项教育战略是:(1)为今日之学生,必须从根本上改进现有的全部11万所学校;(2)为明日之学生,要创建满足一个新世纪需要的新型学校——新一代美国学校;(3)对那些已经离开学校,进入劳动力行列的人来说,必须学习不止,使美国变成"全民皆学之邦";(4)为保证学校取得成功,要超越课堂,把眼光放到社区和家庭上,每个社区都要成为可以进行学习的地方。

六项"国家教育目标"的具体内容是:到2000年,(1)所有的美国儿童都能做好学习的准备,入学时乐意学习。(2)高中生毕业率至少提高到90%。(3)所有的中小学生的核心学科都能合格,具体地说就是,学生在4、8、12年级毕业时,要证明有能力在英语、数学、自然科学、历史和地理学科内容方面应付挑战。(4)美国学生在自然科学和数学方面的成绩居世界首位。(5)每个成年美国公民将能读书识字,并将担起在全球经济中进行竞争的责任。(6)每所美国学校将没有毒品和暴力,提供一个秩序井然的、益于学习的环境。这一报告力图提高基础教育水平,是一项全国性教育改革行动计划,这份文件对新世纪美国教育改革起到了重要的指导作用,为美国教育发展提供一份具有前瞻性的教育改革蓝图,这是一个力求提高基础教育水平的改革计划。

(四)《2000年目标:美国教育法》

克林顿(Bill Klinton,1946~)政府基本全面接受布什政府提出的教育战略,于1993年宣布《2000年目标:美国教育法》(Goals 2000:Educate America Act)。这一法案的提出是为了使美国进一步摆脱危机,以迎接日益激烈的国际竞争的挑战。法案基本内容包括:对六项教育目标完成立法程序;面向全体学生编制供各地自愿采用的课程标准;编制"学习机会标准";建立国家技能标准委员会;使管理者、教师、家长和社会各界人士更多地介入学校工作中;提高各州和学区的灵活性。

第二节 英国的教育改革

第二次世界大战后,英国的教育经历了恢复、大发展和调整改革等几个阶段。从《1944年教育法》到《1988年教育法》,英国在教育各个领域进行了全面系统的改革。

一、现代教育制度的确立

战后英国现代教育制度确立的标志是《巴特勒教育法》的颁布以及师范教育制度的重大变革。

(一)《巴特勒教育法》

战争使英国受到重创,同时也激发了英国民众的民主意识,开始要求建立公正、合理、民主、平等的公共教育制度,为战后教育民主化浪潮的兴起打下了基础。1944 年,英国议会通过了教育大臣巴特勒(Richard A. Butler,1902~1982)递交的教育法案,称《1944 年教育法》,即《巴特勒教育法》(Butler Education Act)。该法确立了包括初等教育、中等教育及继续教育的公共教育体系,对中央和地方教育行政体制进行了重大的改革,它的实施确立和完善了中央与地方在教育行政管理体制上的相互合作的"伙伴关系"。

该法具体规定:(1)设立教育部作为全国教育行政领导机构。(2)规定郡与自治市议会为地方唯一负责教育事业的机构,详细规定了地方教育当局的职责。(3)法定公共教育体系分为初等教育(5~11 岁)、中等教育(11~18 岁)和继续教育三个阶段。(4)将民办学校纳入地方教育体系,即公共教育体系;教会学校纳入国家教育体制,并规定所有公私立学校进行宗教教育。(5)所有私立学校须在教育部注册、备案并接受检查。

《巴特勒教育法》在英国教育史上具有划时代的意义,是英国教育制度发展的里程碑。它一方面加强了国家对教育的控制,另一方面也在一定程度上完善了地方教育管理体制,成为战后 50 多年来英国教育体制的法律基础,决定了英国战后教育发展的基本方针和政策,对英国教育的进一步发展产生了重要影响。

(二)地区师资培训组织的诞生

地区师资培训组织是第二次世界大战之后成立的师范教育机构,其目的在于改进师范教育的质量以及在区域范围内规划师范教育的发展。

1.《教师与青年领袖报告》

第二次世界大战对英国师范教育造成了严重破坏,因此,在 1939~1945 年间,政府成立了若干委员会进行考察以便对英国社会进行重组。1942 年,由英国教育大臣巴特勒任命成立的麦克奈尔委员会(McNair Committee),负责调查人力资源现状的供给现状、教师和青年领袖的招聘和培训方法,并向教育署报告未来他们应采用什么样的原则来指导这些事情。

1944 年以利物浦大学副校长麦克奈尔(Arnold McNair,1885~1975)为主席的委员会发布了《教师与青年领袖报告》(Teacher and Youth Leaders),又称《麦克奈尔报告》。报告认为英国师范教育质量低下,其原因主要有两个:其一是贫穷,其二是规模小。委员会成员认为,师范学院之间缺乏合作是一种机会的浪费,应当成立地区师资培训组织使各个师范学院形成更加密切的联系。但是,委员会成员就大学在地方培训组织中的作用议题难于达成一致意见,最终形成两种难以调和的观点——"伍德方案"和"麦克奈尔方案",委员会不得不将两种可供选择的方案一并在报告中表述,让大学自己选择。

"伍德方案"赞成在大学内设大学教育学院(University Schools of Education)负责监管该地区的师范教育,理由是大学和师范学院在工作质量和工作范围上存在着差异,而大学教师能够提升师范学院的培训水平;大学处于领导地位,其经费来源于大学拨款委员会;大学也应该打破教育(Education)和培训(Training)的差异。

"麦克奈尔方案"赞同在联合考试委员会的基础上成立一个新的独立机构来管理该地区的师范教育,反对大学开展师范教育。理由是大学的主要职责在于教授基础课程、传授知识,大学不能承担各种职业培训;一旦由大学确立师范教育的标准,未来的教师将会增加学术观念,而他们认为教师的人性比学术更重要;大学与其他师范学院是平等互助的伙伴关系,其经费直接来自教育署。

最后的结果是,大多数英国大学最终选择了"伍德方案"。地方教育当局、师范学院和教育大臣也都支持该方案。于是,大学在师范教育中的责任和作用得到了肯定。这意味着英国大学冲破了过去只局限于教学和科研两种职能的局限,从此明确大学应在师范教育,乃至整个国家教育事业的发展方面发挥其特有的职能。

2. 地区师资培训组织的管理

《麦克纳尔报告》发布之后,英国一共成立了17个地区师资培训组织,各地区师资培训组织基本上都是根据便于协作、至少有一个大学教育系参加的原则因地制宜组建的。其中,13个是按"伍德方案"组建的,另外4个是按"麦克奈尔方案"组建的。"教育学院"(School of Education)是由麦克奈尔委员会提出来的,但只有两个新成立的组织使用了这个名称,大多数新成立的组织都使用"教育中心"(Institution of Education)。英国教育署对这些新成立的组织的称谓比较中性——"地区师资培训组织"(Area Training Organization)。随着新大学的成立以及师范学院数量的成倍增加,地区师资培训组织的数量也不断增加。后来,为了优化地区师资培训组织所负责的地区,一些规模较大的地区师资培训组织被分成了若干小的地区师资培训组织,最终共形成了大约23个地区师资培训组织。

地区师资培训组织的管理机构是由地方教育当局、大学、师范学院、教师行业的代表组成的"代表团",大学副校长或其代表通常是"代表团"的主席。后来,"代表团"确保其成员有1/3来自地方教育当局代表需求方,1/3来自大学和师范学院代表提供方,还有1/3来自教师行业本身。地区师资培训组织不仅负责职前教师的培养,而且还负责该地区在职教师的进修。到1960年,地区师资培训组织的地位得到确立巩固,成为师范教育体制的发展中心。

二、20世纪60年代的教育改革

第二次世界大战结束后,英国社会经济逐步得到了恢复和发展。至50年代末60年代初,英国社会和经济状况出现了一个令人振奋的局面,这为60年代英国教育的大发展奠定了良好的物质基础。

(一) 综合中学运动

《1944年教育法》确立了三轨中学(文法学校、技术中学和现代中学)并存的局面。早在第一次世界大战后,许多有识之士就提出扩大中等教育机会,甚至提出了"人人受中等教育"的口号,但传统的古典教育和公学情结并没有为革新提供土壤。同时,20世纪20年代兴盛的智力测验又使许多人相信人的能力和兴趣存在着某些差异,通过不同类型的学校适应这种差别既是必要的,也是可能的。在这种背景下,从二战结束到20世纪50年代中期,英国学校教育仍然是用这种"三分制"(The Tripartite System)来满足经济发展的需要和人们不断增长的中等教育需求。但这三类学校在教育质量、课程内容标准等方面存在很大差异,因此在中等教育问题上再次引起社会的争议。

进入20世纪60年代以后,以英才教育思想为基础的"三分制"中等教育结构受到教育民主化和教育机会均等社会思潮的挑战。早在1942年,英国工党提出中学一体化主张,提倡取消"三分制",实现中学综合化。20世纪60年代初,英国一些地区逐步开始综合化改组,但由于保守党政府的反对,综合中学发展缓慢。

1965年,英国教育大臣克罗斯兰(Anthony Crosland,1918~1977)向各地方当局发布了题为"中等教育的组织"的通告,提出综合中学的六种形式供各地方教育当局选择,包括一贯综合制、各种两段制综合中学和两级制中等教育等,一贯制综合中学占大多数。但是,1970年保守党执政,废止了工党的教育政策,而工党1974年重新上台后又否定了保守党的决定,继续推行综合中学政策。英国综合学校运动到了70年代已呈现出不可逆转的态势,进入80年代,综合中学已基本成为英国中学的主要类型,"三分制"基本瓦解。从1965年到1981年,文法学校和现代中学分别减少了83%和89%。① 英国中等教育逐步从选择性的传统的英才教育转向综合性的、面向全体学生的大众教育。

(二)"罗宾斯原则"与高等教育发展

20世纪60年代初,英国为了改变经济、科技发展的迟缓状态,加强自身在国际竞争中的地位,并解决广大适龄青年要求接受高等教育这一社会问题,决定加快高等教育的发展速度。

1.《罗宾斯报告》

1960年,英国首相任命经济学家罗宾斯勋爵(Lionel Robbins,1898~1984)组成高等教育委员会,根据国家的需要与资源,研究英国全日制高等教育的形式,并就其长期计划提出建议。1963年,该委员会的调查报告提交议会并发表,这就是对60年代英国高等教育的发展产生重大影响的《高等教育报告》,即《罗宾斯报告》(Robbins Report)。

该报告规划了1960~1980年高等教育的发展方向以及高等教育的社会目标及办学指导方针,并提出了多达178条的建议,其中最为著名的是称为"罗宾斯原则"(Robbins Principle)的建议,即为所有具备入学能力和资格并希望接受高等教育的青年提供获得高等教育的机会。这一体现高等教育机会均等的原则为当时的英国政府和各派政治力量所接受,成为20世纪60年代英国高等教育大发展的政策依据。《罗宾斯报告》是英国高等教育从传统模式走向现代模式、从精英型走向大众型的转轨宣言书。

2. 高等教育的双重制

20世纪60年代英国高等教育改革的另一重大举措是建立高等教育的双重制。1966年,工党政府正式提出双重制(Binary System)构想,即把高等教育分为"自治"部分(即大

---

① 王承绪主编:《英国教育》,吉林教育出版社2000年版,第375页。

学)和"公共"部分(即除大学以外的各种学院)。其目的是促使高等教育朝多样化发展,避免大学处于完全支配的地位;增加高等教育的应用性和职业性的专业和课程,密切与社会的联系;增加非全日制和非学位课程的大学生人数,满足各种类型的学生需要。60年代一批新型大学的出现,突破了英国大学的传统办学模式。这些大学在系科设置、课程安排、教学和科研等方面开展了各种实验和创新,为整个高等教育注入新的血液。而多科技术学院的出现和发展更使高等教育在结构上大大改变了长期以来大学重人文学科和理论研究、轻应用科学和技术的状况,加强了科学、技术和工程等在高等教育中的比重,为解决社会经济中的实际问题、培养实用型人才作出了很大贡献。

3. 大学教育学院的设立

《罗宾斯报告》追述了地区师资培训组织成立以来获得的发展,并就地区师资培训组织及其成员——师范学院提出了两个重要的建议:一是将地方师范学院改称为"教育学院",并将其界定为高等教育,教育学院应为师范生开设由相关大学授予学位的4年制教育学士(Bachelor of Education)课程。二是大力发展能实施地区师资培训组织功能的大学教育学院,且它应为授予教育学院的师范生教育学士学位而做出新的相应安排。罗宾斯委员会意识到,师范学院层次的提升不仅仅可以通过师范学院开设学位课程实现,而要通过把它们的整个地位实际融入大学结构中来进行提高。因此,罗宾斯委员会认为,仅仅使师范学院在专业培训方面与大学建立密切的联系是不够的,它们还需要在管理层面向高等教育机构靠拢。所以,该报告除了拒绝将师范学院与大学分开而继续坚持麦克奈尔报告所提出的建议外,还认真考虑了高等教育领域未来的行政安排。对现有的地区师资培训组织提出的最为重要的改革是"学术和行政责任应该是共同的",师范学院本身应该对自己的管理负更大的责任。师范学院与大学教育学院之间应形成联邦式的关系并通过大学教育学院与大学建立联系。尤其是,师范学院的财政支持不应该再来自地方教育当局,而应该来自大学拨款委员会下拨给大学教育学院的专门款项,大学教育学院应该有其自己的行政和财务官员,从而减少大学本部的行政管理负担。

这些建议具有极为深远的意义。《罗宾斯报告》把大学和教育学院更紧密地联系在一起,一方面促进了大学开发创新课程,开辟了学术研究的新领域;另一方面又使教育学课程取得了真正的大学学位水平,确立了师范教育在高等教育中的地位,提高了教师的学术水平,从而保证了师资队伍的质量。

三、20世纪70年代的教育改革

20世纪70年代英国教育改革目标集中在初等教育和师范教育之上。

(一) 初等教育的改革

进入20世纪70年代以后,英国初等教育的社会和思想背景发生了重大的变化,对教育的途径及目标提出争论。教育问题主要集中在英国学校中的种种不良现象,如教师的无能、敷衍塞责、破坏性的教学方法以及追求时尚的心理、无力教育和控制那些不守纪律的学生或对此熟视无睹。

1976年,英国教育和科学部发表了一份名为《英格兰的学校教育:问题和倡议》(School Education in England:Problems and Initiatives)的黄皮书,向政府提出了一系列政策建议,包括设立国家统一课程,以削弱教师的自主权;扩大成绩评定机构的职权范围;加强学校和职业的联系。

1977年,英国政府发表了一份题为《学校中的教育》(Education in Schools)的绿皮书,对1976~1977年教育大辩论进行了总结。第一,在课程和学业标准方面,英国长期以来实行学校自主的政策,学校和教师在学校教学中拥有很大的自主权。到了70年代,社会各界要求加强对学校教学和管理的控制的呼声日趋强烈,设立全国统一的"核心课程"提上日程。第二,加强对学校的评估,并委托1975年成立的学校评估机构开展一项全国性的学校评估计划。第三,加强对学校校长的考核和监督。总体来看,70年代英国对初等教育质量和进步教育方式的反思,导致政府考虑采取措施加强对学校管理和教学的控制,改变以往学校课程设置的随意性,设立国家统一课程就是其中的一项核心工作。

(二) 师范教育改革

这一时期围绕提高中小学教育质量展开的讨论,促使英国师范教育进行了新的改革。从1960年起地区师资培训组织的学制由2年延长到3年;1967年的《普洛登报告》(Plowden Reports)①建议对英国师范教育体制进行全面调查研究;1972年发表的《詹姆斯报告》(James Report)②提出一个全新的职前教育和在职培训计划,把师资培训分成由个人高等教育、职前教育专业训练和在职进修三阶段构成的统一体,即著名的"师资培训三段法"。

英国的师范教育体系在20世纪70年代发生了明显变化。第一,1975年"地区师资培训组织"被撤销,师范院校成为"公共"部分高等教育机构。这标志着英国师范教育管理模式的改变,既提高了师范教育的地位,又增强了政府对师范教育的宏观调控。第二,师范教育由定向与非定向相结合的体制转向非定向体制。教育学院不再是单科性的,学生不一定都以教师为职业,支持关闭部分教育学院。经过几年的调整,到20世纪80年代初,英国已基本不存在独立的师资培养机构,师范教育作为一个专业并入大学教育院系、多科技术学院和高等教育学院。

---

① 该报告是1967年英格兰中央教育咨询委员会(The Central Advisory Council for Education)经过为期3年的研究提出的初等教育报告,题为《儿童与初等学校》(Children and their Primary Schools)。由于该委员会的主席是英国女教育改革家普洛登(Bridget Horatia Plowden,1910~2000),故名《普洛登报告》。

② 该报告是1972年英国教育和科学部部长任命的一个咨询委员会所做的教师教育报告,题为《教师教育和培训》(Teacher Education and Training),由于该委员会的主席是英国教育家、约克大学第一任副校长詹姆斯(Baron James of Rusholme,1909~1992)勋爵,故名《詹姆斯报告》。

三、20 世纪 80 年代的教育改革

20 世纪 80 年代是英国社会各界对整个教育领域中的各种问题进行深入反省和广泛讨论的时期,各种专门的研究机构和组织对教育开展了全面系统的调查研究,相继提出了一系列改革的设想和建议,立足点是为 90 年代和下一世纪初英国教育的发展方向提供各种政策选择。改革主要涉及以《雷沃休姆报告》推动下的高等教育发展和《1988 年教育改革法》指导下的课程改革两个方面。

(一)《雷沃休姆报告》

1981~1983 年,在雷沃休姆基金会(Leverhulme Trust)①的赞助下,英国高等教育研究会连续发表了 10 份对高等教育的调查报告,这些报告被称为《雷沃休姆报告》(Leverhulme Report)。报告的内容主要有:采取灵活多样的方式,扩大高等学校的入学途径;调整高等教育课程的内容和结构;加强高等学校内部的专业化管理,提高教学质量和科研水平。此外,还提出了对高校学生的资助方式,以贷款和助学金相结合的方式代替原来的助学金资助的方式。《雷沃休姆报告》针对当时教育发展存在的问题提出了 20 世纪 80 年代英国高等教育所应采取的对策,为正在酝酿中的高等教育改革揭开了序幕,对英国高等教育的改革和发展产生了重大的影响。

(二)《1988 年教育改革法》

1988 年,在保守党教育大臣贝克(Kenneth Baker,1934~)提交的一份议案的基础上,国会通过了一份重要的教育改革方案,称为《1988 年教育改革法》(1988 Education Reform Act)。该法被认为是继《1944 年教育法》之后英国战后最重要的一部教育法,其核心内容是课程改革,即实施全国统一课程和新的成绩评定制度。

《1988 年教育改革法》的主要内容包括:(1) 把 5~16 岁义务教育阶段的课程分为三类:核心课程、基础课程和附加课程。全国统一课程只是对学生学习内容的广度作出规定,学生的学习水平需要有统一的要求。(2) 为各学科制定了明确的成就目标。每个成就目标划分与年级相对应的 10 个水平,学生要分别在义务教育的 4 个关键年龄阶段(7 岁、11 岁、14 岁、16 岁)参加四次全国性的考试,根据各门国家课程的成就目标对学生的学习成绩作出评定。(3) 要求设立两种新型的中等教育机构:城市技术学校、城市艺术技术学校。这两种学校为当地 11~18 岁年龄段的不同能力的学生提供教育,办学经费由中央直接提供,不受地方教育当局的管辖。

英国的中小学课程设置具有灵活性的传统,长期以来没有全国统一的课程模式,《1988 年教育改革法》改变了这种状况,打破了英国长期以来初等教育课程的随意性以及

---

① 雷沃休姆基金会成立于 1925 年,由于英国实业家、慈善家和殖民主义者利弗(William Hesketh Lever,1851~1925)子爵设立,专门资助以研究和教育为目的的项目,主要采用研究计划资助、奖学金、助学金和奖励等方式,每年提供大约 5000 万英镑的资助。

教师在课程方面的自主性,使英国学校课程有了基本统一的全国性框架。

进入20世纪90年代,英国教育面临的主要问题是如何将20世纪80年代后期开始的改革在实践中得到落实。英国教育改革在全面推行国家统一课程和全国统一考试的基础上,继续在立法上贯彻注重质量、多样化、增加家长的选择权、加强学校的自主权及提高学校的责任心等重要原则。

第三节　法国的教育改革

战后法国各个方面都受到严重创伤,教育也同样面临着延续战前的学制改革和使教育适应战后需要的紧迫任务。因此,法国政府在医治战争创伤、恢复和发展经济的过程中,进行了多次教育改革工作。改革的总目标是追求教育的民主化、现代化和职业化。

一、《郎之万－瓦隆方案》

第二次世界大战后法国教育面临两个问题:一个是如何实现教育的民主化,使每个青少年都有相同的受教育机会;另一个是如何实现教育的个性化。著名的《郎之万－瓦隆方案》就是这些方案的综合与延伸。

1947年法国教育改革计划委员会在物理学家郎之万(Paul Langevin,1872~1946)和儿童心理学家瓦隆(Henri Wallon,1879~1962)研究的基础上,向议会提出了教育改革法案,史称《郎之万－瓦隆方案》(Plan Langevin－Wallon)。该方案批评了当时的教育制度不适应社会和经济发展,既不公正又不平等,不重视科学的进步,主张彻底重建法国教育,实施全面的改革。方案提出了战后法国教育改革的6项基本准则:(1)强调人人都有受教育的权利;(2)各种类型的教育和培训方式,居于同等地位;(3)尊重儿童的性格,发展每个人的才能;(4)普通教育是一切专门教育和职业教育的基础;(5)各级学校教育实行免费;(6)加强师资培养,提高教师的地位。在此基础上,方案首次明确提出了"教育民主化"的口号,呼吁维护社会正义;强调"以儿童为中心",尊重个性,主张根据儿童不同的心理和生理特点设计学校,帮助他们发展,这在法国官方文件中尚属首次。

《郎之万－瓦隆方案》设计了一个按两个大层次实施教育的设想。第一个层次是实施6~18岁的免费义务教育,其目标是尽可能地开发每个人的能力,为儿童完成最适合他的职业任务并为集体服务做好准备。具体学制如下:6~11岁为第一个阶段,又称基础教育阶段,是幼儿教育的继续,实施统一的基础教育;12~15岁为第二阶段,又称方向指导阶段,教师在课堂教学的过程中观察学生的兴趣爱好,并对学生的发展方向予以指导;16~18岁为分别教育阶段,也叫定向教育阶段。对学生分别实施理论学术性教育和职业技术教育。第二个层次的高等教育分为大学预科和高等教育两个阶段。方案强调每个阶段的教学组织要灵活,给学生以自由转换的余地,加强自然科学、经济科学和技术科学的比重。由于受到法国教育界保守主义的影响,这一改革方案在当时未能付诸实施,但一些具体的建议为战后法国教育改革提供了重要依据,成为法国战后历次教育改革的重要思想基础。

二、戴高乐执政时期的教育改革

为适应战后经济发展对人才培养的需要,并缓解法国教育领域中的诸种尖锐矛盾,法国在戴高乐(Charles André Joseph Marie de Gaulle,1890~1970)执政期间,对教育进行了一系列重大的改革,基本坚持了已有的改革成果,并进一步制订了新的改革计划。其中《教育改革法》和《高等教育方向指导法》(简称《富尔法案》)奠定了20世纪60年代以来法国教育制度的基础。

(一)《教育改革法》

1959年1月颁布的《教育改革法》吸收已有各种教育改革方案中有益的改革措施,成为至今仍被遵守的法国教育制度的法律基础。这次改革的重点是中等教育,主要内容是:

(1) 决定把义务教育的期限延长两年,实施十年义务教育(由原来的6~14岁延长到16岁);义务教育的最后3年可在各种类型的职业技术学校或工商企业办的艺徒学校中完成。

(2) 规定中学一、二年级为观察和指导期,为日后的方向指导做准备,以在受教育面扩大,个人能力和志趣的差别显著的情况下,增加成功的机会和选择的科学性。

(3) 取消小学升中学时的入学考试,以有利于中下阶层子弟就学,加强教育的民主化。

这次改革具有决定意义,它反映了人们对教育认识的变化,可视为《郎之万-瓦隆方案》在普通教育阶段的一次局部实施。从此,法国儿童可以在小学和初中前两年这七年时间里,接受相同的普通教育,义务教育向着单轨制的方向又迈进了重要一步。通过这次改革,法国初中教育阶段的入学率明显提高,中学生平均年龄下降,职业技术教育的地位也有所改善,被纳入正规中等教育范畴。但是,在这一体制下,传统势力和偏见仍使不同的学校、学生和教师处于隔绝状态,公共基础只是一种形式。特别是两年的观察阶段被保留在原来的学校,实际上很难对方向指导起重要作用。按照社会出身进行选拔的制度仍然故我,每类学校继续面向自己的传统生源。直到20世纪60年代中期,这一情况才开始发生根本变化。

(二)《富尔法案》

法国的高等教育制度由于受到政府计划和控制,一向保守和呆板。同时法国的大学又具有很大的独立性,社会的其他部门很难影响它们的运转与活动,这就导致课程内容陈旧,考试制度严酷,不适合现代社会发展。

1968年由中学生引起的最终导致大学生和法国工人罢工的"五月风暴",向政府和社会揭示了法国教育制度乃至整个社会体制的内在矛盾,使政府不得不考虑改革法国的高等教育,戴高乐总统批准了以当时教育部长埃德加·富尔(Edgar Faure,1908~1988)命名的《高等教育方向指导法》,即《富尔法案》(Faure Act)。该法案提出了三条重要改革原则:(1)自主、自治:按自主、自治的原则重新建立新的教学与科研单位,教学活动、研究计划、教学方法、学生知识和能力的考察方法等均由大学决定。(2)民主参与:在教育部长及学区总长的领导下,教授、讲师和一般教员、职员甚至学生都可以参加管理学校委员会,实行民主管理,还要吸收一定比例的校外人士,这样也有助于加强大学与社会的横向联系。(3)学科结构:打破学科阻隔、互不联系的传统,发展各学科之间的联系,重新组合各种相近的学科,创立新型课程,使大学更好地适应当代科学技术高度分化和综合的特点。

按照以上原则,戴高乐政府对法国大学的体制和结构进行了调整和改组,但在法国长期的中央集权化管理体制下,这三项原则在实施过程中遇到不少困难,法国高等教育所存在的问题并未能因此而得到解决。然而,这次改革奠定了法国现代高等教育与管理体制的基础,自此法国的高等教育开始真正进入了它的现代化发展阶段。

三、《哈比法案》与20世纪70年代教育变革

进入20世纪70年代以后,席卷整个西方世界的经济危机也深深地影响到法国。以提高教育经费投入来扩大教育规模,从而使教育持续增长的局面很难再继续维持。法国的教育发展需要新的动力与资源,教育改革也需要新的思路与尝试。法国第六个教育规划(1971~1975)提出,教育要与经济、社会发展相协调,使人力的开发利用与就业教育训练之间相协调。所有这一切都要求加强职业技术教育的改革,进一步优化中小学教育体制,实现学校体制现代化。

1975年法国议会通过了当时教育部长哈比(René Haby,1919~2003)提出的《法国学校体制现代化建议》,又称《哈比法案》(Haby Act)、《哈比改革》(Haby Reform),对法国普通中小学教育管理体制、教学内容、教学方法等方面提出了改革建议。首先,《哈比法案》对法国的教育目标作了新的界定,即促进儿童的发展,使其获得文化知识,并为其未来的职业生活和行使人与公民的义务做准备。其次,提出了具体改革措施:(1)中小学教育应重视学生个性差异和运用个别化教学。学生入学与升级应根据个人智力发展和接受知识能力而不是年龄而定。(2)推动教学内容和教学方法的现代化。(3)重视职业教育。在初中三、四年级开设职业教育选修课;在高中设置高度专门化的技术选修课。(4)学校教育管理应更加开放灵活。

《哈比法案》通过建立初中阶段非选择性的4年制综合学校等措施,促进了法国普通教育结构和管理的民主化。这是法国继统一小学以后,在教育民主化进程中又迈出的重要一步,开始较为彻底地改变法国中等教育的性质,最终确立义务教育的单轨制。这项法令的实施使初中教育得到普及,为法国当代普通教育奠定了基础,因此,又被看做是法国

的"教育基本法"。

四、20世纪八九十年代的教育综合改革

自20世纪70年代末开始,法国政府在不断调整经济政策的同时,寄希望于教育、科技事业的发展,要求教育能够应付国际经济竞争和技术发展的挑战。法国社会党上台后,针对教育存在的问题,继续对教育做出新的调整与改革,其基本指导思想是实现教育的民主化、现代化。

(一)《萨瓦里高等教育法》

1981年5月,法国社会党领袖密特朗(Francois Mitterrand,1916~1995)当选总统,提出实现"法国式的社会主义",要求高等教育机构积极参与经济和社会发展,参与技术进步,注重培养青年人适应未来职业。1984年1月,密特朗总统签署了以当时教育部长萨瓦里(Alain Savary,1918~1988)命名的新的《高等教育法》,即《萨瓦里高等教育法》(Savary Act),它是法国现阶段正在执行的高等教育法律文件。这次改革的侧重点是提高高等学校的质量,调整高等学校的办学方向。

该法案坚持了1968年《高等教育方向指导法》的改革方向,重申了高等教育的"自治"、"参与"、"多科性"原则,并进一步将高等教育现代化、职业化和民主化作为改革的目标。其主要内容有:(1)扩大了高等教育法的权限。该法明确规定适用于整个中学后教育。(2)重新规定了高等学校的性质。该法规定高等学校为"公立科学、文化、职业性机构"。(3)加强高等学校的自主权。

这次改革的深度超过1968年的高教改革,它触及了现代高等教育的许多根本问题。《萨瓦里高等教育法》以改进高等教育的质量为核心,围绕高等教育要"现代化、民主化和职业化"的三大问题,积极着手进行新的改革,预示着法国高等教育的发展趋向。

(二)《教育方向指导法》

《哈比法案》实施后引起许多新的矛盾,引起社会的不满,如被指责过早职业化、学生两极分化更为严重、语言和人文课程减少,教育水平降低等弊端,法国教育迫切需要适应欧洲及世界的经济、技术、社会的发展要求。为此,1989年,法国国会通过了教育部长诺斯潘(Lione Jospin,1937~)制定的《教育方向指导法》。该法案主要是针对未来社会发展需要培养什么样的人才而构思的。

该法的主要内容包括:(1)着重强调教育在国家发展中的重要地位,明确教育是国家的第一重点。(2)国家保证青少年受教育的权利和接受教育机会的均等,规定10年之内将使80%的适龄青年达到高中毕业水平,其余20%的青年应至少取得职业学习证书或职业能力证书。(3)成立国家教学大纲委员会,负责指导和协调各阶段和各学科之间的教学计划和教学内容,并定期进行检查和修改。(4)重新明确教师的职责,同时强调优先考虑教师的招聘和培训,提高教师素质,改善教师地位。(5)进一步采取措施增强学校活力,鼓励各类学校与地方机构和企业建立合作关系。这次改革的基本思想就是要让学校

采用更加灵活的方式去组织教育和教学,使它能够适应儿童的身心发展,使教育更加主动地去适应未来社会发展的需要。

(三)《课程宪章》

提高教育的质量是20世纪80年代法国教育政策的一个优先目标。进入90年代以来,法国政府提高教育质量的一个重要举措是以课程改革为主题。1990年,法国成立了"国家课程委员会"作为全国课程和教学大纲的编写机构,1992年,该委员会公布了《课程宪章》这一纲领性文件。《课程宪章》指明了法国基础教育课程编制的基本原则,确定坚持中央集权制的课程管理体制,课程大纲以政府公报的形式颁布,地方教育部门和学校必须认真实施;规定课程编制应以学生为中心,使全体学生具备较高的素质;对学科体系进行综合改革。

第四节　德国的教育改革

第二次世界大战结束后,德国一分为二,联邦德国基本上沿袭了以前德国的教育,特别是共和时期德国教育的传统。战后联邦德国的教育发展大体分为三个时期:重建教育体系、恢复传统学制时期(1945~1959);教育改革的酝酿时期(1959~1965);教育改革与扩展时期(1965年以后)。

一、战后联邦德国教育的重建

战后联邦德国的教育面临两个问题:一是在战争的废墟上重建学校,恢复教育;二是改造纳粹教育政策实施非纳粹化、非军事化、民主化的教育。

(一)重建学校设施和师资队伍

在第二次世界大战中,德国教育遭受了很大的破坏,许多学校彻底被毁,尤其是在遭到轰炸的城市和战争后期争夺非常激烈的地区。面对这种情况,联邦德国采取了许多应急措施。一方面加强校舍与设备的建置,另一方面因陋就简,在农村、山区发展只有一两个教师的单级或两级国民学校。到1949年,学校数量大幅度增加,基本上满足了学生入学的需要。在师资方面,除了聘任兼职教师,招聘一些具有一定文化的家庭妇女充实师资队伍以外,还开设了各种师资短训班。由于采取了一系列有效的措施,到1950年,教师数量恢复到了战前的水平。

(二)实施教育民主化

在联邦德国,经历了艰难的医治战争创伤与非纳粹化的"再教育"运动的过程。1947年,盟国管制委员会综合了各占领当局的对德教育政策,发布了题为"德国教育民主化基本方针"的指令,要求德国进行学校结构的改革。该指令基本内容可概括为如下6点:(1)应当为所有人提供同样的教育机会。(2)所有实施义务教育的公立学校应当免费向学校提供教育、教科书和其他必需的教学用品。(3)对所有6~15岁学生实行普通义务教育;实行义务教育的学校应当组成一个连贯的教育体系。(4)所有学校应重视教育学生具有公民责任心与民主作风;教学计划应把培养学生具有民族谅解、尊重其他民族等态度作为出发点。(5)应当向所有中小学生与大学生提供就学指导与职业方向指导。(6)所有学校的教师都应当在大学中培养。

(三)实行地方分权制

随着联邦德国1949年《基本法》的制定与各州学校法规的先后颁布,德国教育的重建工作基本完成。重建后的联邦德国学制在行政管理方面取消了纳粹统治时期实行的中央集权制。《基本法》规定教育立法权属于各州的权力范围,各州教育部是各州教育事务的最高权力机关。

(四)恢复和发展各级各类教育

在义务教育方面,联邦没有作具体规定,各州自行颁布了有关法规,确定义务教育年限,但各州之间有不少共同点。一般儿童都必须先受共同的基础学校教育,然后分流进教育性质有别、质量不同的三轨学校,即国民学校高级阶段、中间学校和高级中学。随着普通教育学校系统的重建,职业教育与高等教育也得到了复兴。历来受到重视的职业教育在战后初期得到了迅速恢复和发展。一些州陆续对本州职业教育作了规定,据统计,职业学校学生在1950年总计为1733000人,占同龄青年总数的80%左右。① 在高等教育的重建过程中,联邦德国在各地新建了一批大学,如1946年新建了美因兹大学,1948年新建了萨尔布吕肯大学,重建的大学在教学、科研体制上以及管理体制上,都基本上保持了洪堡创建的大学特色。与此同时,许多州恢复并新建了不少培养国民学校教师的师范学院。

可以说,战后初期,联邦德国的教育处于恢复重建的局面,其改革甚微,发展也相当缓慢。联邦德国教育的重建基本上恢复了魏玛共和国时期的教育制度。

二、《总纲计划》与20世纪50年代的改革

20世纪50年代后期联邦德国经济得到了奇迹般的发展。但教育与经济高速度发展的矛盾尖锐起来。另一方面,随着人民生活水平的提高,越来越多的家庭希望自己子女升读中间学校和完全中学。德国教育委员会经过长期探索后于1959年公布了《改组和统一公立普通学校教育的总纲计划》,简称《总纲计划》。

该计划的主要内容有两方面:第一,在初等教育上,计划建议所有的儿童均应先接受四年制的基础学校教育,然后再接受两年的促进阶段教育。在这两年中,由教师根据学生

---

① (德)克里斯托弗·福尔著,肖辉英等译:《1945年以来的德国教育:概览与问题》,人民教育出版社2002年版,第121页。

各自不同的能力、兴趣,进行定向指导。两年促进阶段教育旨在给学生充分发展能力和特长的机会,以便通过考试遴选进入不同类型的中等教育机构。这样的学制改革有助于克服过早分轨造成儿童不恰当分流的弊端,同时又可以通过"促进阶段"的分组教学进行因材施教,对一些有才华的儿童进行高要求教育,从而避免延误他们智力发展的弊病。

第二,在中等教育上,《总纲计划》建议设置三类中学,即主要学校、实科学校和高级中学,从而培养不同层次的人才,同时"似乎也是符合现代生活所形成的三个主要职业层次的:即符合一个在思想上起领导作用的阶层和一个劳动阶层,以及一个起中间调节作用的、具有较高责任的从事实际职业的阶层"①。主要学校的职能是培养学生掌握初步的文化知识和生产技能,并为接受职业教育做准备;实科学校的任务是使学生熟悉科学知识及其在实际中的应用;高级中学则包括完全中学和学术中学:完全中学接受经过促进阶段教育符合入学条件者,而学术中学则吸收基础学校毕业生中具有特殊才能的学生,经考试合格方可入学。《总纲计划》还提出了使三类型中学学生转换学校类型变得容易起来的措施,以改变过去学生进入一种中学就定终身的做法,建议根据学生及其家长的愿望允许学生经过一次考试从主要学校考入实科学校,从实科学校考入完全中学。同时要求使反方向的转学也可以进行。

《总纲计划》的颁布,适应了战后德国社会经济发展对学校培养规格和档次的不同要求,但仍旧保留了德国传统的等级性,标志着联邦德国全面教育改革刚刚开始。

三、20 世纪六七十年代的教育改革

20 世纪六七十年代,德国教育进入新的发展时期。教育一方面与日益加强的欧洲一体化倾向相适应,另一方面则更好地适应德国现代工业社会的需要。

(一)《汉堡协定》

1964 年 10 月 28 日联邦德国各州州长在汉堡签订了《关于统一学校教育事业的修正协定》,简称《汉堡协定》。《汉堡协定》采纳了《总纲计划》中的部分建议,对德国普通教育制度的结构作出了全面、详尽的规定,为统一联邦德国的学校教育制度和确立公共教育制度奠定了基础。

《汉堡协定》规定:(1) 联邦各州的所有儿童应接受九年制义务教育,义务教育阶段应是全日制学校教育。(2) 基础学校教育为 4 年,是义务教育的第一阶段,基础学校学习期满后,还需要 2 年的"观察期",在"观察期"中,经过指导和"选择",确定学生上哪一种学校。(3) 中学包括三种不同的类型,即主要学校、实科学校和完全中学。主要学校也叫高等国民学校,主要招收普通劳动者的子女。实科学校程度介乎二者之间,主要培养工、商业的专业人员,政府机关和企业的职员,重点讲授实用学科,加强对学生进行基本训练,学生毕业可以直接参加实际工作。完全中学吸收学生要经过严格选拔,还要交纳很高的

---

① 瞿葆奎主编:《教育学文集·联邦德国教育改革》,人民教育出版社 1991 年版,第 284 页。

学费。只有上层社会的子女才能到完全中学学习,毕业生一般都可以升入大学学习。

《汉堡协定》是联邦德国战后教育巩固和发展时期的总结,也是教育改革时期的起点,从传统学校恢复时期向教育改革时期过渡的转折点,起着承上启下的作用。

(二)《教育结构计划》

1970年2月联邦德国教育咨询委员会提出教育改革建议,即《教育结构计划》。这一计划被公认为是根本改革德国教育制度的蓝本,其主要内容包括:(1)大力发展学前教育,将其列入学校教育系统,称之为"初步教育领域";(2)改革基础学校,入学年龄由6岁提前到5岁,这一阶段为"初等教育领域";(3)将中等教育分为两个阶段,统称为"中等教育领域";(4)三个领域再加上高等教育领域和继续教育领域,形成统一的学校系统;(5)在完全中学的高年级实行必修课和选修课的制度;(6)在中等教育第一阶段的第11年级,向学生提供基础职业知识和基本技能;(7)按各教育领域的不同要求,组织和实施师范教育。

1973年由"联邦与州教育计划委员会"提出的《教育总计划》是使《教育结构计划》可操作化的详细规定,特别是对教育改革的步骤与财政经费做了明确规划。1973年6月《教育综合计划》出台,重申了《教育结构计划》所提出的目标和构想,提出了一个为期15年的包括从初等教育直到继续教育领域的教育改革方案,对联邦德国的教育发展起到了重要作用。该计划建议设立一种新的普通学校类型——综合学校,打破了原有主要学校、实科学校、完全中学的不平等的等级划分,把三种学校合为一体。到80年代,综合学校逐渐赢得与主要学校、实科学校、完全中学同等的地位。

(三)《高等学校总纲法》

高等教育改革是20世纪70年代联邦德国教育改革的重要领域。1973年的《综合教育计划》涉及各级各类教育的改革目标、教育发展和改革的财政预算等。其中以很大篇幅论述了大学教育的改革,指出大学改革的目标是制定一个分阶段的而又相互联系的教育体系。

1976年,联邦政府颁布了《高等学校总纲法》,这个法案是战后联邦德国第一个有权威的高等教育方面的法案。该法案规定正规高等学校修业年限为4年;规定了大学的任务、入学条件、学校组织和管理、学历的认定等;规定德国高等教育的基本精神是:在保留传统大学民主自治的基础上,注重挖掘大学潜力,以适应新的国际竞争的需要。

1985年11月,联邦德国又对《高等学校总纲法》进行了修订,删去了高等教育机构统一模式的内容,仍坚持高等学校多层次、多样化的办学原则。承认各高校在教学工作和接受企业委托从事科研方面享有更大的自主权;鼓励各高等院校之间展开竞争,建设名牌大学;加强高校教师的责任,为学习成绩优异的学生举办研讨班,促进其特殊才能的发展;加强教育的实习、实践环节。

四、20 世纪 80 年代以来的教育发展

20 世纪 80 年代联邦德国的教育又出现了一些新的发展,较为突出的有以下几个方面:

(一) 普通教育

在普通教育方面,第一,学校竭力主张扩大办学自主权,充分调动学校和教师的创造性,促进教育质量的提高。第二,主张强化实践教学环节,注重学生实践能力的培养与综合能力、创造能力的提高。第三,强调现代信息教学技术与传统教学方式的关系,加强校际网络建设,促进校际课程资源的共享。第四,实施具体改革措施,主要有:(1) 发掘儿童智力潜能,进行 5 岁入学的实验,促进幼儿园与基础学校有效的衔接;(2) 在基础学校开设英语课和计算机课,在初等和中等教育的学校中增加环境教育的内容;(3) 普通中等教育和职业技术教育课程互相渗透;(4) 进一步加强个别化教学,遵循因材施教的原则合理组织教学内容和教学形式;(5) 加强尖子学生培养。

(二) 职业教育

在职业教育方面,联邦德国的职业教育是在联邦议院 1969 年通过的《职业教育法》的基础上,形成了统一体制发展起来的。20 世纪 80 年代以来,职业教育中流行"双元制职业教育",反映了联邦德国职业教育的特色。双元制是指接受了九年义务教育之后的青年,一面在工厂企业培训中心参加操作性训练,一面在职业学校学习有关的理论知识。参加双元制教育和训练的青年同某个工厂企业签订三年职业培训合同,这三年为职业义务教育。第一年称为基础教育年,第二、三年为专业培训。整个三年中要进行两次国家考试。毕业考试合格者可以获得合格工人证书,作为企业招工的依据。这种职业教育模式为培养大批合格的技术工人,为德国经济的发展作出了重要贡献。

(三) 高等教育

在高等教育方面,主要从结构、组织和内容上进行了改革。通过对《高等学校总纲法》的第五次修改,一方面突出强调今后大学教授的工资将按他们的业绩给予,并使优秀人才不至于外流;另一方面国家为了鼓励工人子女读大学,增加了大学生的奖学金和贷学金的发放额。在大学学制上,为了与国际接轨,大学开始使学位课程分出层次,以有利于学生提早毕业。同时在大学专业设置上大力发展信息技术领域的课程。

第五节 日本的教育改革

20 世纪 70 年代末,日本奇迹般地成为世界第二经济大国。正如日本前首相福田康

夫所说:"(作为)资源小国的日本,经历了诸多考验得以在短期内建成今日之日本,其原因在于教育水平和教育普及的提高。"①日本始终将教育作为发展的一个坚实支柱,采取教育民主化和大众化的发展方针,创造着一次次奇迹。

一、战后初期的教育改革

日本政府从1947年到1950年进行了全面教育改革,包括清除军国主义教育,提出新日本建设的教育方针,一系列法令的颁布。这次教育改革被称为是日本"第二次教育改革"。经过这次改革确立了与战后社会政治、经济制度相适应的新教育体制。

(一) 清除军国主义教育影响

1946年,美国教育使节团经过近一个月的调查研究,提交了《美国教育使节团报告书》。报告书指出了以往日本教育制度中存在的弊病,制定了清除军国主义教育、实行教育民主化的方针。这一报告书的主要内容归纳起来有下列7点:(1) 在教育目的上,强调尊重学生的个性,给予教师和学生最大限度的自由;(2) 在教育行政上,要改革中央集权的行政制度,削减文部省权限、取消视学制度,采取教育机会均等原则;(3) 在教育方法上,打破划一主义,重视儿童的经验,强调成人教育的重要性;(4) 关于高等教育,给予所有有才能的男女以享受高等教育的权利。这一报告书虽然出自美国教育家之手,但它为战后全面教育改革提供了指导方针,为建立新教育制度勾画了蓝图。

同年,文部省发布的《新教育指针》把清除军国主义影响作为日本建设的根本问题。在实施教育民主化方面,提出了4个方面的措施:(1) 教育制度民主化。扩大受教育的机会均等,实行男女同校,延长义务教育年限,改善与扩充教育机构,保证教育经费。(2) 教育内容民主化。实施民主主义教育,在教学中体现尊重个人、信仰与言论自由。(3) 实行适应个性、尊重学生人格的教育。(4) 加强教师的民主化修养。这些措施体现了战后日本教育改革的总方针,为日本战后全面教育改革提供了指导计划。

(二)《教育基本法》和《学校教育法》

战后,日本政府根据占领当局的旨意,并迫于国内民主势力,在改革日本社会政治、经济的同时,也对战前教育进行了全面改革,其中1947年颁布的《教育基本法》和《学校教育法》两部法令拉开了日本战后教育的系统改革与重建的帷幕。

《教育基本法》的正文共有11项条款,概括起来主要包括以下5点:(1) 阐明了教育目的,即教育必须以陶冶人格为目标,培养和平的公民及社会的建设者,培养爱好真理和正义、尊重个人的价值、注重劳动和责任、充满独立自主的精神的身心健康的国民;(2) 确立采取尊重学术自由的方针,培养国民的理智;(3) 规定全体国民接受九年义务教育,确定了教育机会均等的原则,以及男女同校的原则;(4) 在国立及地方公立学校中,禁止实施宗教教育或其他宗教活动;(5) 尊重教师,并给予教师良好的待遇。

---

① 梁忠义著:《战后日本教育与经济发展》,人民教育出版社1981年版,第31页。

《教育基本法》首次以立法形式确立了日本教育和平与民主的性质,以法律主义取代敕令主义,标志着日本教育从军国主义、国家主义教育向和平、民主教育的转变,对战后教育民主改革的全面展开与民主化教育体制的确立起了决定性的作用。

《学校教育法》依据日本国宪法及《教育基本法》的思想,一方面废止了战前作为敕令的各种学校令,另一方面制定了新学校制度的基本法规,成为战后日本教育改革的法律依据。其主要内容有:(1)废除中央集权教育管理体制,改为地方分权制,在中央仍设立文部省,但削弱其权力,设地方教育委员会管理学校事务;(2)学制改为单轨的"6-3-3-4"制,义务教育年限由6年延长为9年;(3)高中既设普通科又设职业科,以实施普通教育和专门教育为目的,设立单一类型的三年制高中;(4)把原来多种类型的高等教育机构统一改革成为单一类型的大学。

《教育基本法》和《学校教育法》颁布后,文部省又发布了一系列文件和法令,对教育课程的设置、教材的编制和应用、师资培养和认可等制度作了更为具体的规定。这为确立战后的资产阶级民主教育体制、促进战后教育改革、发展教育事业提供了法律依据。

(三)《文部省设置法》与教育行政体制改革

战前,日本实行中央集权制的教育行政管理体制,文部省是最高的教育行政机关。战后,在教育民主化的思想指导下,采取了地方分权制,扩大和加强了地方教育委员会的权限。随着教育管理体制的变化,文部省自身也相应的进行了改组,并重新明确了管辖权限。

1949年公布的《文部省设置法》中明确规定了文部省的任务:(1)对教育委员会、大学、研究机构及其他教育机关予以专门的技术性的指导和建议;(2)为确立民主教育体制而制定教育最低基准的法令;(3)编制教育预算,确定教育经费的分配比例,确保教育物质援助等。实际上,文部省由领导、监督机关变成了指导性、服务性机关,即在宏观上贯彻政策法令、指导整个国家教育的同时,为地方教育委员会的工作提供指导和帮助。文部省的权力下放,激励了地方办教育的积极性,也促进了教育改革工作。

二、20世纪五六十年代的教育变革

20世纪40年代末日本经济进入恢复时期,从1956年到1972年日本经济快速发展,发展速度大大超过同一时期美、英、法、西德等国家,在资本主义世界中跃居第二位,仅次于美国。这一时期,日本连续制订并实施了一系列经济发展计划,并把教育发展计划纳入其中,按经济发展和社会进步的需要调整教育结构,提高全民素质,培养各种层次的人才。

1956年,日本政府在《经济白皮书》中宣布,经济恢复时期已告结束,从此转入经济现代化高速发展时期。伴随着经济计划、社会发展计划的实施,日本政府和经济界越来越重视教育事业的发展与教育结构的改革,将教育计划纳入经济计划是这一时期教育发展的主要特点之一。

1957年颁布的《新长期经济计划》(1958～1962),首次把教育发展计划和教育政策纳入国民经济计划中。该计划强调加强科技教育,提高科技人员素质和确保科技人员数量。

1960年池田内阁制订的《国民收入倍增计划》是日本战后最有影响的经济发展计划。该计划用了很大篇幅论述日本的教育政策,强调普及提高中等教育,充实科技教育,加强职业教育和职业指导等。

1965年佐藤内阁以经济调整为目标,制订的《中期经济计划》(1964~1968),进一步强调"提高人的能力和振兴科学技术"的重要性及紧迫性,同时提出扩充后期中等教育,普遍提高国民文化素质,充实研究生院和大学本科,以培养高才能的人。

1968年文部省提出了"高中职业教育多样化"的方针,调整了职业高中内部结构,大量增加适应产业结构变化所需的新兴学科。同时,为满足经济发展对中高级技术人才的迫切需要,日本在高等教育结构方面采取了多种措施。(1)扩大理工科招生规模。(2)确立短期大学制度,创建高等专门学校。(3)扩大大学规模,兴办"巨型大学"。(4)充分调动社会力量兴办私立大学。

综上所述,日本自1956年以来在经济高速发展时期始终把培养科技人才、发展各项教育事业作为国民经济、社会发展计划的重要组成部分,列入国民经济社会发展计划中;并根据经济发展、技术革新的需求,制订出科技人才培养政策和计划。这是日本经济高速发展时期教育事业发展的特点之一。

三、20世纪七八十年代的教育改革

进入20世纪70年代之后,日本已实现了经济强国、技术大国的目标,但同时日本教育也面临着新的挑战,暴露出种种问题和局限性:培养目标上的划一性、模仿型以及围绕升学考试所进行的应试教学;学制单一性和平均主义,压制了儿童个性、兴趣和能力的发展;校内暴力和青少年犯罪等问题越来越严重。全面改革教育迫在眉睫。

(一)20世纪70年代的改革

日本中央教育审议会多次召开会议,提出各级各类学校的教育改革方案,1971年6月提出的《关于今后学校教育综合扩充、整顿的基本措施》咨询报告拉开日本"第三次教育改革"序幕。该报告以培养自主性和创造性的人作为教育目标;从终身教育观点出发,对整个教育体系进行综合性整顿;在综合协调家庭教育、学校教育、社会教育的基础上改革学校教育。这次改革重点在中小学教育和高等教育两方面。

1. 中小学教育改革

在中小学教育方面,中央教育审议会的咨询报告提出三个基本目标:(1)初等和中等教育目的是为每一个人终身成长与发展打下基础;(2)政府有责任促进提高公立学校课程内容水平,提供均等的教育机会,建立长期的经过充分论证的教育政策;(3)对教育改革发挥巨大威力的是教育者本身。

具体实施主要包括以下内容:(1)针对教育体制内部的问题逐步进行改革;(2)学校教育各阶段的课程应构成一体,课程内容应是成人公民必备的普通基础知识与技能,并能体现个体化需要;(3)在家庭、社区以及学校内部提供咨询服务,帮助学生选择课程;(4)改革教育评价机制;(5)为实现教育机会均等,教育条件应逐步改善;(6)扩充幼儿园,加强幼儿园早期教育研究;(7)纠正特殊教育倒退的局面,制定多样化的特殊教育政策;(8)私立学校应由校长领导规划校内管理体系;(9)通过多种措施保证教育工作者的质量。

2. 高等教育改革

高等教育的中心课题是适应科技发展以及产业结构变化的需要,为企业和社会培养高水平、高质量的各类人才。为此,要改革旧体制,建立新体制:实行高等教育结构的分类化,培养多种人才;配合高等教育向大众化方向发展,实行课程内容综合化的方针;使国民在高度复杂的社会生活中养成独立自主的生存能力。

该咨询报告提出了5个方面的高等教育改革要求:(1)高等教育一方面是为人们提供多种多样接受高等教育的机会,另一方面是为了提高学术研究水平;(2)高等教育课程的综合化;(3)高等教育机构具有开展教育和研究活动的自由;(4)使高等教育更加向社会开放;(5)在高等教育改革过程中,既要鼓励大学的自然发展,也要进行综合规划,体现社会与高等教育的联系。

为达到上述诸方面的要求,提出了多项具体措施,主要包括:实现高等教育结构分类化,培养各层次的多规格的人才;创立筑波大学、长冈技术科学大学等;改善教师待遇,提高教师的业务水平;兴办专修学校,筹建广播大学,满足在职人员和成年人的教育要求。

这一报告为文部省采纳后,对日本教育改革起了重要的指导作用。随后在20世纪70年代,日本政府还颁布了《关于改善中小学教学计划的标准》(1977)、《小学初中教学大纲》(1977)、《高中教学大纲》(1978)等法规。但改革力度和步伐都不是很大,进展也很缓慢,到了20世纪80年代后,深层次教育改革进一步展开。

(二) 20世纪80年代以来的改革

20世纪80年代以后,日本教育改革基本上延续70年代的做法,但更加深入和具体。1984年8月日本正式组建临时教育审议会,这标志着日本第三次教育改革进入全面展开的阶段。"临时教育审议会"从长远的战略的角度对教育各领域的改革进行了认真而慎重的研究。

自1984年至1987年"临时教育审议会"四次发表关于教育改革的咨询报告。第一次报告提出了教育改革的基本方向和应当审议的主要课题;第二次报告具体分析了自明治维新以来,一百多年中两次教育改革的历史经验,并展望21世纪的教育改革。第三次报告提出了向终身学习体制过渡的问题,重新评价教育的内涵;第四次报告具有总结意义,特别强调了当前国内、国际形势下进行教育改革的必要性与着眼点,并指出了具体的改革步骤。

进入20世纪90年代,日本的教育改革还在不断地向纵深发展。教育改革措施主要表现在以下几个方面:(1)完善终身学习体系;(2)颁布新的中小学教学大纲,改革教科书检定制度;(3)改革教师进修制度和教师许可制度;(4)改组大学审议会,重新制定"大学设置基准";(5)加强基础研究,充实研究生院,增加科学研究补助金;(6)增设终身教育局。

第六节 印度的教育改革

印度于1947年宣布独立,1950年成立共和国,从此,印度不再是英帝国隶属的殖民地,而成为独立的国家。独立后印度的教育改革和发展大致可分为三个阶段:独立初期的教育改革;60年代的教育改革;七八十年代的教育改革。印度教育改革的目标是建立一个符合本国实际的、民主的、现代化的教育体系。

一、独立初期的教育改革

这一时期印度政府进行教育改革的基本原则是遵循甘地所提出的基础教育计划,努力建立一个较为合理的学校体系,减少文盲,使教育兼顾社会的各个阶层。

(一) 基础教育改革

甘地提出的基础教育计划在民族独立过程中一度付诸实施,但由于第二次世界大战的爆发和国大党退出政府而中断。战后,印度独立和国大党的全面掌权给基础教育的发展提供了良好的机会。

首先,基础教育被列入国家发展计划中。印度政府在第一个五年计划(1951~1955)中要求重新确定教育制度的方向,尤其是要发展基础教育。对普及初等教育作了如下规定:"国家应努力在自本宪法生效起10年内为所有儿童提供免费义务教育,直到他们年满14岁为止。"[1]

其次,设立"基础教育评定委员会"等专门机构,推动基础教育向纵深方向发展。为了使基础教育得到进一步的巩固和发展,印度提出使整个初等教育都成为基础教育,即所有的小学要转为基础学校。1959年召开了"小学转向基础学校模式全国研讨会",把基础教育定位为全国初等教育的基本模式。基础教育在一定程度上促进了初等教育的发展,但随着印度社会政治经济的发展和变化,到60年代时,基础教育已不适应社会的需求,终于在60年代后期被取消。

(二) 大学教育委员会和中等教育委员会的设立

印度独立后在教育方面采取的一个重要行动,是在1948年组建了以印度哲学家、政治家拉达克里希南(S. Radhakrishnan,1888~1975)为主席的大学教育委员会。委员会对

---

[1] 赵中建著:《战后印度教育研究》,江西教育出版社1992年版,第34页。

印度高等教育进行调查后,于1949年8月提出了印度高等教育发展史上具有极其重要意义的《大学教育报告》(University Education Report),即《拉达克里希南报告》。该报告除了对高等教育的培养目标做了专门论述外,还提出了涉及如下13个方面的建议:教学人员;教学标准;学习的课程;研究生的培训和研习;专业教育;宗教教育;教学语言;考试;学生及其活动和福利;妇女教育;宪法和控制;财政;农业大学。这些建议对独立后印度高等教育的发展起了指导作用。

印度的中等教育机构是在殖民地时期建立起来的。其任务是传授西方文化,重视人文学科,为升大学做准备。实际上它是大学的预备校,失去了作为一个独立教育阶段应有的培养目标。这样的中等教育难以适应独立后印度政治、经济和文化建设等方面的客观要求,亟须进行改革。为此,印度于1952年又成立了中等教育委员会,随即提出了一份报告,对改革中等教育结构及提高教学质量、改进教学管理等都提出了建议,并建议改革中等学校的结构及类型。

二、20世纪60年代的教育改革

印度独立初期的教育改革成效不甚显著,教育基本上仍未打破旧的体制,各级教育也都未能满足社会政治经济的需要。印度政府为了适应国家文化和经济发展的需要,自1964年开始着手改革教育制度,设立了印度教育史上第一个专门考察教育问题的委员会。1968年,印度议会又通过了印度历史上第一个《国家教育政策》,并在印度全国建立统一的"十·二·三"学制。所有这些构成了20世纪60年代印度教育发展和改革的最主要内容。

(一)《国家教育政策》

经过约2年的工作后,印度教育委员会在1966年提交了题为《教育和国家发展》的4卷报告。该报告阐释的基本理念是:(1)改革教育制度使它与国家的需求和希望相联系;(2)提高教育质量,使其达到高标准,而且在某些方面达到世界先进水平;(3)扩充与增加教育设施,以人民的需求为基础,并注重教育机会的均等。《教育和国家发展》报告是独立后印度教育发展上的一个重要里程碑。

1968年,印度总理英迪拉·甘地(Indira Grandhi,1917~1984)公布了经议会审议并正式通过的《国家教育政策》(National Policy on Education),从而使印度有了第一份教育基本法性质的教育文书。该文件再次强调重建教育对国家的经济和文化发展的重要作用,并指出重建教育将包括:改革教育制度,使其同人民的生活更加密切;继续努力扩大教育机会;持续地大力提高各级教育质量;重视发展科学技术;培养道德观和社会价值观念。

《国家教育政策》还提出17项原则来促进教育的发展,其中主要部分有:(1)向所有14岁以下的儿童提供免费义务教育;(2)提高教师的地位和报酬,大力加强培养教师的工作;(3)实行教育机会的均等;(4)发现并培养天才儿童;(5)加强科学教育和科学研究工作;(6)改革考试制度;(7)努力扩大中等教育的机会,尤其发展中等技术教育和职

第一节 苏联的教育改革

第二次世界大战中断了苏联刚刚有所发展的教育事业,使其蒙受了巨大损失,教育设施遭受到严重破坏,师资力量大大减弱。战后,学校的恢复和重建工作迅速展开,并在短时间内取得了一些成就。随后,苏联在冷战背景和国际社会竞争的大环境下,进行了多次教育改革,形成了完善的社会主义教育体系。

一、卫国战争后的教育恢复

卫国战争结束之后,苏联人民在苏联共产党和苏联政府的领导下,迅速投入到恢复和发展国民教育事业中来,大力发展学校教育,改进教育教学工作,使苏联的普通教育、师范教育、高等教育得以迅速恢复。

(一)恢复重建普通教育网与教师队伍

1946年3月苏联政府批准了战后的第一个国民经济五年计划,要求迅速恢复和发展普通学校网。到1950~1951年,苏联七年制学校和中学总数已达201628所,其中七年制学校增加17953所,中学增加2125所,在校学生总数达到3331.4万人。师范教育也有了长足的进步,在整个战后第一个五年计划期间,苏联新增了60多万名高级或中级师范教育的教师,教师总数由1940年的123.7万增加到1950年的147.5万。

(二)普及义务教育成果显著

到1952年,苏联全国基本实现了七年制普及义务教育,到1955年各加盟国又基本实现了各共和国首都、直辖市、中心城市和大工业中心由七年制普及义务教育向普及完全中等教育的过渡,为在下一个阶段实现农村和其他城市的十年制义务教育打下了良好基础。在教育内容上,为了解决越来越多的中学毕业生不能进入高等院校学习,同时也得不到有效就业技能培训的现状,从1954年开始,苏联大力实施综合技术教育和劳动教育,各年级开始增设劳动课和实习作业课。

(三)恢复与发展高等教育

经过短暂恢复,到1947年底,苏联高等学校的总数已经达到了战前水平,部分类型的高校甚至超过了战前水平,在战后第一个五年计划期间,高等学校学生数量在苏联历史上第一次超过了100万。由于卫国战争期间部分高校东迁,东部地区的经济发展逐步超过了中心地区,学校的分布网得到了改变,基本适应了各地区的经济发展。夜校、函授教育也得到了很大的发展,到1950年,以不脱产的方式在高等院校学习的学生为429500人,占当年大学生总数的34.4%。① 从1954年开始,根据苏共中央做出的有关决议,开始对高等教育进行改革,逐步取消了师范专科学校,增设师范学院,整顿、合并了一些教学条件差的高等院校,在一定程度上保证了高等教育的质量。

整个卫国战争后的十多年里,教育事业加速恢复、不断发展,改革成果显著,基本恢复到有些还超过了战前的发展水平,教育工作转入稳定时期。

二、1958~1964年的教育改革

20世纪50年代前期,苏联普通中小学教育大多是为升入高一级的学校做准备,导致中等学校的教学计划脱离实际生活的需要,劳动教育被忽视,学生轻视从事体力劳动的工作,把进入高等学校和当普通工人对立起来,但同时又有越来越多的毕业生不能进入高等院校,就业问题凸显,矛盾有所加剧。

在这种情况下,1958年9月21日,苏共中央总书记赫鲁晓夫(Никита Сергеевич Хрущёв,1894~1971)提出了《关于加强学校同生活的联系和进一步发展全国国民教育制度的建议》,确立了"加强学校与生活联系"的基本指导思想,提出了一系列教育改革政策,开始进行大规模的教育改革运动。同年11月12日,苏共中央和苏联部长会议发表了内容一致的教育改革纲要,最高苏维埃主席团正式通过此项文件,并于同年12月24日,正式颁发了《关于加强学校同生活的联系和进一步发展全国国民教育制度的法律》(以下简称为《法律》),以立法的方式确保了教育改革的进行。《法律》所涵盖的内容非常广泛,主要涉及三个领域。

(一)普通教育

《法律》的第一章确立了普通教育领域的改革措施,主要内容包括:(1)实施八年普及义务教育代替七年普及义务教育。(2)改变学校的分段模式。把原来的10年制学校变为11年制的学校,1~4年级是初等教育,5~8年级称为不完全中等教育,9~11年级为中等教育的第二个阶段。(3)学制的前两个阶段为义务教育阶段。(4)扩大寄宿学校网。

为了增强学生的就业技能,中等教育的第二个阶段主要通过3种方式分流:第一,进入青年学校和农村青年学校,招收不完全中学教育后准备参加工作的学生,属于在职学习机构,采用夜校或函授的方式教学。第二,进入兼授生产教学的劳动综合技术普通中学,不完全中学的毕业生可进入此类学校,接受完全中等教育和综合技术教育,属于全日制中学。第三,进入中等职业技术学校或其他中等专业学校,此类学校兼顾普通教育与职业教育。

(二)职业技术教育和中等专业教育

《法律》的第二、三章规定了职业技术教育和中等专业教育的改革,主要内容有:(1)

---

① 〔苏〕叶留金主编,张天恩等译:《苏联高等学校》,教育科学出版社1983年版,第55~56页。

强调发展职业技术教育的意义。规定在3~5年内将各类职业技术学校改组为学习期限为1~3年的城市职业技术学校和学习期限为1~2年的农村职业技术学校。(2)废除提供免费的住宿和服装的办法,改为向学生支付工资。逐步扩大和增加学生在学校生产活动中的收益,对入学的孤儿、多子女家庭等则保留原来的做法。(3)进一步完善中等专业教育,除了提供中学程度的普通教育之外,使学生接受必要的专业理论知识和实践的训练。

(三)高等教育

《法律》第四章体现了高等教育的改革措施,主要有以下几个方面的内容:(1)高等学校应接近生活、接近生产。(2)高校招生应当优先录取具有工作经验的人。(3)增加高校的函授和夜校教育。(4)调整高等学校网,在新的工业区增加高校的数量,合并专业相同的学校,注重重点大学和尖端专业的发展。

(四)1958年教育改革的成就与不足

从1958年开始的教育改革一直持续到了1964年,改革的成效主要有:原来七年制中等学校改组为八年制,开始实施八年义务教育;十一年制兼施生产教学的劳动综合技术普通中学和寄宿学校迅速增加,到1961年已经达15000所;职业技术教育得到加强,函授和夜校数量增加,缓解了由于普通中等教育发展过快对高等教育产生的压力。

然而,从总体上来说1958年教育改革是失败的。此次教育改革事实上是苏联当局在纠正30年代后过分重视文化基础知识教学、忽视生产技能教学后走入的另一个极端。普通学校用于生产教学和生产劳动的时间占据了总学时的1/3,由于没有处理好普通教育兼施职业训练的良好愿望,导致普通教育质量严重下降。同时,在缺乏必要的师资、经费、教学设备的情况下,通过把中学修业年限延长一年用于生产教育,使生产教学变成无谓地延长学制;对青年在岗学习的规定,由于学员本身和企业的利润至上双重原因的影响,改革往往只是流于形式,根本得不到实施。

1964年8月10日,苏共中央和苏联部长会议通过了《关于改变兼施生产教学的综合技术普通中学的学习年限的决定》,八年制学校不变,将中学的后三年减为两年,普通教育又重新变为10年,并要求在第五个五年计划(1966~1970)期间基本完成普及十年制义务教育的任务。至此1958年开始的教育改革暂告一段落,苏联教育迈入了新的变革阶段。

三、1966~1973年的教育改革

1957年苏联人造卫星上天,引发了冷战时期两大阵营的又一次竞争,也激起了世界范围内的教育改革浪潮。西方教育改革的成果反过来又对苏联产生了很大影响,苏联认识到教育制度中存在的问题,同时为了消除1958年教育改革的消极影响,促生了新一轮教育改革的开展。

（一）《关于进一步改进普通中学工作的措施》

1966年11月10日，苏共中央和苏联部长会议通过了《关于进一步改进普通中学工作的措施》（以下简称《措施》），强调了提高教学质量的迫切性，指出学校的主要任务就是"使学生获得牢固的科学基础知识，具有高度的共产主义觉悟，培养青年面向生活并能自觉的选择职业"①。《措施》指出，为了进一步完善普通中等教育，实施教学计划和教学大纲时必须遵循以下规定和原则：（1）教学内容要符合科学、技术和文化发展的要求；（2）各年级科学基础知识的学习要互相衔接，把教材按学年作较合理的分布，从第4学年开始系统地讲授科学基础知识；（3）删除教学大纲和教科书中过于繁琐和次要的材料，克服学生负担过重的现象；（4）1~4年级每周课时不超过24学时，其他各年级为每周30学时；（5）七年级开始开设选修课，加强数理学科、自然学科和人文学科知识的学习，发展学生多方面的兴趣和才能；（6）普通学校的班额：1~8年级每班不多于40人，9~11年级每班不多于35人。

（二）普通中学开设选修课

1967年4月8日，苏联教育部专门发布了《关于为普通中学七至十（十一）年级学生开设选修课的通告》，强调了开设选修课的重要性，指出了开设选修课的目的，即加深科学基础知识的学习，全面发展他们的认识能力，形成对个别学科和某些实际活动的稳定而目的明确的兴趣，并对学校毕业后的进修做好准备。②

（三）开展新学制实验

1969年，在心理学家和教育学家赞科夫等人长期试验的基础上，苏联对小学的学制进行了调整，由原来的4年减为3年，整个普通教育变为了3-5-2制。到1970年，苏共中央和部长会议先后通过了三项决议：《关于完成向青年普及中等教育的过渡和进一步发展普通学校的决议》、《关于进一步改进职业教育体系的决议》、《关于进一步改进全国高等教育的措施的决议》，巩固并深化了1966年以来的教育改革，对普通教育、职业教育、高等教育提出了更高层次的要求，为1973年的教育改革做好了铺垫。

1973年7月19日，苏联最高苏维埃通过了《苏联和各加盟共和国国民教育立法纲要》，总结了第二次世界大战胜利以来的教育改革，并用立法的形式肯定了所取得的成绩，指出普通中等学校的任务是对儿童和青少年进行符合现代化社会进步和科学技术要求的普通中等教育，使学生具有渊博而牢固的基础知识。然而，随着科学技术发展对人才市场的新要求，又出现了学校教育培养目标与社会生产部门所需人才不相符的新矛盾。

四、1977年至苏联解体的教育改革

到1975年，苏联基本上普及了八年义务教育，教育质量有了很大提高。但是，由于普

---

① 瞿保奎主编：《教育学文集·苏联教育改革》（下册），人民教育出版社1988年版，第90页。
② 顾明远主编：《战后苏联教育研究》，江西教育出版社1991年版，第49页。

业教育;(8)加强大学教育;(9)大力开展扫盲和成人教育工作;(10)改革学制,在全国各地建立一个大体一致的学制结构,以"十·二·三学制"为最终目标。《国家教育政策》一经颁布,即成为印度教育发展和改革的指导性文件。

(二)"十·二·三"学制

20世纪60年代中期,为了加强教育与社会、经济与人民生活的紧密联系,印度教育委员会提出"五点计划"作为各级教育行政和学校管理的基本方针:一是教育应与生产发展相适应;二是通过教育促进社会和民族的融洽;三是通过教育巩固印度的民主制度;四是通过教育提高社会道德水平;五是通过教育促进印度的现代化。

根据这一基本教育方针,1968年印度政府制订了一个新的学制改革计划,组成全国统一的"十·二·三"学制:即第一级的基础教育从8年延长为10年。第二级的中等教育(高中)由3年压缩为2年,原来从9年级开始选科改为从11年级选科,扩大选修科的门类。选修科分为普通学术科目和职业教育科目。改革后的第二级教育的课程,对一些学生来说是结业性和职业性的;而对另一些学生则是大学的预科。第三级属于高等教育:学生学完10年基础学业后举行一次考试;完成2年学业后再举行一次中间考试,完成3年学位课程后即可获得学士学位。经过独立后几十年的努力,印度终于第一次有了全国统一的学校制度。

三、20世纪七八十年代的教育改革

印度20世纪70年代政治生活出现了巨大的变化。自独立时一直执政的印度国大党在1977年大选中让位给人民党,人民党提出了自己的教育主张和教育计划。

(一)《印度高等教育发展政策框架》

印度政府要求大学拨款委员会对高等教育做全面的检查,并对高等教育的未来发展提出一个计划。大学拨款委员会为此于1978年公布了规划高等教育未来发展的基本方针、指导思想和策略的《印度高等教育发展政策框架》。该政策框架的基调是:高等教育最重要的改革是改变教育制度的价值体系、基本结构和过程,以使这一制度具有灵活性和活力,为每一个人提供终身学习机会。因此,政策框架在认同印度教育制度取得巨大成就的同时,指出印度教育继续为殖民统治期间采用的模式和价值系统所控制,继续维持着一种双重标准,教育系统的受益者依然主要是社会中上阶层,并对教育制度的改革、标准的提高、成人教育、初等教育普及、中等教育尤其是它的职业化等都一一作了分析并提出建议。这份政策文件与10年制学校课程检查委员会和全国高级中等教育检查委员会的两份研究报告一起,构成人民党政府关于印度教育发展的完整的政策规划。

(二)《新教育政策》

进入20世纪80年代,印度教育部首先发动了一场与制定教育政策有关的教育改革的辩论,继而发布了题为《教育的挑战——政策透视》的文件,对教育问题展开全面讨论与批评。正是在这一广泛讨论的基础上,1986年,印度人力资源开发部公布了经议会通过的《国家教育政策》,由此揭开了印度 80 年代教育改革的帷幕。为有别于 1968 年颁布的《国家教育政策》,新颁布的《国家教育政策》又被称做《新教育政策》。《新教育政策》的主导思想是追求教育机会均等和提高教育质量,培养优秀人才,明确指出发展教育是为了表现和促进其独特的社会文化同一性,并依靠教育来迎接时代的挑战,同时,规定了今后印度教育改革的重点。为贯彻执行政策的各项规定,同年印度经议会又通过了《国家教育政策行动计划》,计划根据教育改革中的 23 个重点领域制定出广泛的实施策略。

（三）教育改革运动

印度自 1986 年起,依照《新教育政策》所制定的指导思想,全面展开了教育改革运动。

印度在普及初等教育时所面临的主要问题是流失率高和教育设施欠佳。针对这些问题,印度采取了诸如推行非正规教育、不留级制、操作黑板计划等。

在中等教育领域,失业人数的不断增加、职业技术教育发展缓慢成为印度中等教育首先需要解决的问题。政府提出自我就业教育以及创办新式学校,这种学校的主要目的是:在保证平等和社会公正的前提下,以培养优异人才为目标;为了促进国家的一体化,招收以农村地区为主的有天赋的儿童,以便挖掘他们的潜力;新式学校成为印度中等学校的模范,也成为改进中等教育的催化剂。

印度高等教育的改革是多方面的,改革的重点在巩固现有的院校和扩充它们的设备方面,并要采取紧急措施提高质量;发展高等函授教育,办好开放大学;实行学位与职位分离。最主要的是把自治学院作为高等教育改革的一项重要措施。印度成立自治学院的主要目的是为了提高教育质量,使学院更好地为当地的社会经济发展服务。

在师范教育方面也采取了一系列措施,如淘汰不符合标准的师资培训机构;建立中学师资培训中心;在师资培训机构和大学教育系之间建立联络网等。

结　语:第二次世界大战之后,世界政治、经济形势和格局发生了重大变化。面对一个急剧变化的社会,世界上的发达国家和发展中国家无不注重改革教育、培养人才,以图在竞争中占有更大的优势。战后到 50 年代末,各国纷纷发布新的教育法令,实行全面改革。欧美发达国家和日本实现了中等教育的普及和高等教育的大众化,印度的基础教育也有了很大的进展。20 世纪五六十年代的教育大发展带来了教育数量和质量的矛盾,教育质量问题成为各国关注的焦点。进入 20 世纪 80 年代以来,在日趋激烈的国际竞争中,各国都把提高教育质量当做一项紧迫的任务,掀起一轮轮追求高质量、追求卓越优异的教育改革运动,并以此作为克服面临的诸多矛盾,走出困境的一个重要方面和手段。这一时期的教育改革对各个国家教育改革和发展产生重要和长远的影响。

【讨论与思考】

1. 试析 20 世纪后半叶以来,世界主要国家教育改革的基本趋势。

2. 分析第二次世界大战后世界主要国家教育改革所要解决的基本问题是什么？哪些因素影响了教育改革的进程？
3. 讨论西方发达国家现代师范教育转型的意义。
4. 思考美国《国防教育法》颁布的客观原因和历史意义。
5. 讨论英国师范教育大学化的路径。
6. 评述西方国家综合中学运动及其影响。
7. 试析日本第三次教育改革的成功之处与不足。
8. 讨论外国教育史对当代教育改革的历史借鉴和指导意义。

【扩展阅读书目】

1. 滕大春主编：《外国教育通史》（第6卷），山东教育出版社1989年版。
2. 单中惠主编：《外国大学教育问题史》，山东教育出版社2006年版。
3. 〔法〕米亚拉雷、维亚尔著，张人杰等译：《世界教育史——1945年至今》，上海译文出版社1991年版。
4. 〔德〕克里斯托弗·福尔著，肖辉英等译：《1945年以来的德国教育：概览与问题》，人民教育出版社2002年版。
5. 梁忠义主编：《战后日本教育研究》，江西教育出版社1993年版。
6. 王承绪、徐辉主编：《战后英国教育研究》，江西教育出版社1992年版。
7. 邢克超主编：《战后法国教育研究》，江西教育出版社1993年版。
8. 马骥雄主编：《战后美国教育研究》，江西教育出版社1991年版。
9. 赵中建著：《战后印度教育研究》，江西教育出版社1992年版。
10. 〔美〕亚伯拉罕·弗莱克斯纳著，徐辉、陈晓菲译：《现代大学论——美英德大学研究》，浙江教育出版社2001年版。
11. 〔美〕伯顿·克拉克著，王承绪译：《探究的场所——现代大学的科研和研究生教育》，浙江教育出版社2001年版。
12. 〔美〕克拉克·克尔著，王承绪译：《高等教育不能回避历史——21世纪的问题》，浙江教育出版社2001年版。
13. 吕达、周满生等主编：《当代外国教育改革著名文献·美国卷》(4卷本)，人民教育出版社2004年版。
14. 吕达、周满生等主编：《当代外国教育改革著名文献·英国卷》(2卷本)，人民教育出版社2004年版。
15. 吕达、周满生等主编：《当代外国教育改革著名文献·德国、法国卷》，人民教育出版社2004年版。
16. 吕达、周满生等主编：《当代外国教育改革著名文献·日本、澳大利亚卷》，人民教育出版社2004年版。

第十七章 20世纪后期苏联(俄罗斯)的教育改革

【内容提要】

第二次世界大战后苏联教育首先进入恢复时期,后经近40年的不断革新,教育理论日渐成熟,教育事业飞速发展,形成了完善的教育体系。1991年苏联解体后,俄罗斯承袭了苏联的主体,教育改革按照市场化的原则在艰难环境中逐步展开,开始迈向多元化的教育道路。

【学习目标】

了解第二次世界大战后苏联的教育改革与教学实验;理解苏联解体后俄罗斯教育的市场化转型;掌握凯洛夫、赞科夫、苏霍姆林斯基的教育思想。

【核心术语】

1958年教育改革;1966年教育改革;1977年教育改革;社会主义教育体系;《俄罗斯联邦教育法》;凯洛夫教育学;发展性教学;教学过程最优化;合作教育学;市场化教育;《教学与发展》;《帕夫雷什中学》

1945年5月9日,纳粹德国无条件投降,苏联人民的卫国战争取得胜利。20世纪前期苏联教育事业的发展也是战争取得胜利的重要因素之一。

卫国战争的胜利和随后国民经济的恢复和飞速发展,使苏联在1950年前后成为世界上除美国之外最强盛的国家,形成了美苏两大阵营对峙的局面。此后美苏两国在政治、军事、科技、教育等各个方面都展开了激烈的竞争。1991年,国际形势发生巨大动荡,东欧社会主义国家出现巨变,苏联宣告解体。解体后,俄罗斯继承了苏联的主要遗产,实施自由化的市场经济,但发展的道路充满曲折。1992年经济"休克疗法"的失败使俄罗斯的GDP几乎削减一半,教育经费根本得不到保障,教育改革在艰难的环境中逐步进行。

四、师范教育的改革

根据《俄罗斯联邦教育法》的规定，师范教育属于职业教育体系。1992 年俄罗斯教育部通过了《关于在俄罗斯联邦建立多层次高等教育的决议》，并于同年 6 月发布了《关于建立多级结构师范教育体制》的号令，逐渐形成了连续的师范教育体系。目前俄罗斯师范教育体系包括由中等、高等和补充师范教育共同构成的综合体系。

（一）中等师范教育

中等师范教育涵盖师范中专和师范专科两个层次的教育，学制为 3 年，主要培养学前教师、小学教师和部分初中教师。师范专科毕业的学生可以选择继续进入高等师范院校学习也可以选择就业，近年来还出现了"师专－高师教育联合体"，给师范教育系统带来了很大的灵活性。

（二）高等师范教育

高等师范教育涵盖师范学院和师范大学两个层次的教育，主要培养教育学学士（4 年），教育专家（5 年）和教育学硕士（6 年）。1992 年起俄罗斯的师范教育领域出现了综合大学化现象，很多师范学院升格为师范大学，增设非师范专业或联合其他学校成立综合性大学。同时在教师培养水平上也有了新的提高，能够培养副博士层次教师的师范院校已达 78 所，有资格开设研究生部的院校也在不断增加。

1995 年，俄罗斯国家高等教育委员会颁布了《高等职业国家教育标准》，规范了高等师范教育专业培养内容和水平的最低标准与要求。将课程设施分为 4 个部分："一般文化课程"，用以提高师范生的认知水平和思维能力以及经济学方面的修养，占总课时的 21%；"医学－生物学课程"和"心理学－教育学课程"，用以形成师范生的职业意识，并提供职业定向学习，共占总课时的 20%；"专业课程"，用以保证师范生所学专业必需的课程和专业教育活动，占总课时的 59%。

（三）补充师范教育

按照 1992 年颁布的《俄罗斯联邦教育法》规定，补充师范教育机构由普通教育机构、职业教育机构和补充教育机构共同实施，目的是不断提高专业人员的技能，以适应社会发展的需要。主要实施机构包括：教师进修学校、教育技能大学、教师技能提高及再培训学院、地方教育发展中心、教学－科研－师范综合体等等。

90 年代俄罗斯的师范教育体系呈现出了多样性、衔接紧密性的特点，各类师范学校衔接比较灵活，逐步形成师范机构教、学、研一体化的系统。然而资金的匮乏，成为师范教育最大的障碍。教师工资长期得不到保障，师资队伍不稳，师资大量流失，师范专业的声誉和威信也受到了很大的影响；一些师范学校的教学设备陈旧，根本达不到教学的要求；同样由于缺乏资金，一些层次的师范教育改革也成了一纸空文。

整个 20 世纪 90 年代，由于时局不稳、经济不景气，俄罗斯对教育的投入十分匮乏，产生了许多消极结果。但是，也应当看到在这个时期非国立教育取得了长足发展，部分缓解了国家教育经费不足的问题,学校获得了更大的办学自主性,教育体系的完整性、有效性和生命力正在逐渐恢复。

第三节　苏联的教育理论

20世纪后期,苏联教育理论主要指苏联解体前所涌现出的现代教育理论,具体包括凯洛夫的教育学理论、赞科夫的发展性教学理论、苏霍姆林斯基的全面和谐发展理论、巴班斯基的教学过程最优化思想和阿莫纳什维利等人的合作教育学。

一、凯洛夫及其《教育学》

凯洛夫(И. А. Каиров,1893～1978)是苏联教育学家和教育理论家,1935年获得教育学博士学位,曾先后担任过俄罗斯联邦教育科学院院士、苏共中央监察委员会委员、最高苏维埃代表,对苏联教育事业和教育学理论的建设作出了杰出贡献,受到苏联党和政府的高度评价,曾获得乌申斯基勋章、克鲁普斯卡娅勋章。凯洛夫的教育思想主要体现在所主编的《教育学》一书中,该书分别于1939、1948、1956年三次修订出版,长期作为苏联师范学校的教科书,对苏联和我国教育理论界产生过很大影响。

(一) 教学论思想

凯洛夫有关教学论的论述是其思想的精华所在,集中探讨了教学过程的本质、教养和教学的内容、教学原则与教学组织形式等问题。

1. 教学过程的本质

凯洛夫在《教育学》一书中提出,教学过程是一种特殊的认识过程。首先,学生在教学过程中接受的是前人已经获得的真理;其次,学生是在有经验的教师指导下获得认识的;最后,在教学过程中需要强调巩固知识的工作,教学过程中还应有计划地实现发展儿童智力、道德和体力的任务。

2. 教养和教学的内容

凯洛夫强调,所谓教养和教学的内容,"我们理解为知识、技能、熟练技巧三者的连环,为了适应共产主义教育的目的,使青年参加社会主义社会各种关系复杂的体系,必须把知识、技能、熟练技巧三者传授给他们。教学内容具体表现于教学计划、教学大纲和教科书中"①。教学计划应确保学生所学知识是从整个科学知识中精选出来的基本知识。凯洛夫将共产主义教育分为智育、综合技术教育、德育或共产主义道德教育、体育、美育五

---

① 〔苏〕凯洛夫主编,沈颖、南致善译:《教育学》,人民教育出版社1953年版,第93页。

个部分,其中智育占第一位。

3. 教学原则与教学组织形式

凯洛夫在《教育学》一书中按照教学过程的基本环节提出了五条指导教学工作的基本原则,即直观性原则、自觉性与积极性原则、巩固性原则、系统性与连贯性原则、通俗性与可接受性原则。关于教学组织形式,凯洛夫指出班级授课制是教学工作的基本组织形式,并充分肯定了这一组织形式对提高苏联普通学校教育质量的意义。在班级授课制的教学组织形式下,最好的教学方法就是讲授法。

(二)德育论思想

凯洛夫提出,苏维埃学校应该培养用共产主义道德精神来思想和行动的人。德育主要内容包括:第一,培养苏维埃爱国主义精神;第二,培养社会主义的人道主义精神;第三,培养集体主义、友爱和团结互助精神;第四,培养对于劳动和社会公共财产的社会主义态度;第五,培养自觉性的纪律;第六,培养布尔什维克的意志与性格特征。根据道德教育涵盖的内容,凯洛夫还提出了一系列有关道德教育的原则、实施方法。

(三)《教育学》的影响

凯洛夫的《教育学》总结了 20 世纪三四十年代苏联在普通教育改革中所取得的经验。它力图运用马克思主义来揭示教育的本质、作用、目的、任务等问题,初步揭示了社会主义教育的规律,建构起了比较系统的教学论体系,详细阐述了共产主义道德教育的内容、原则和方法。

《教育学》是第一本比较系统的马克思主义教育理论体系的教育学著作。但是,由于当时社会主义教育理论尚处于构建初期,很难摆脱教条主义、机械主义、绝对化的影响。1957 年凯洛夫曾访问中国,《教育学》被翻译为中文,成为我国师范教育的必备教材,对我国的教育理论和教育实践产生了很大的影响。

二、赞科夫的发展性教学理论

赞科夫(Л. В. занков,1901~1977)是苏联教育家和心理学家,苏联教科院院士,曾担任过小学教师,后从事缺陷儿童学习特点和心理研究。1952 年俄罗斯联邦教育科学院成立"实验教学论"研究室,赞科夫被任命为主任,进行有关教师语言与直观手段相结合的教学研究。1957 年,赞科夫开始领导俄罗斯教育科学院教学与发展实验室,专门从事教学与发展的研究,提出了发展性教学理论。其主要代表作有《论小学教学》(1963)、《教学论与生活》(1968)、《和教师的谈话》(1975)、《教学与发展》(1975)等。

(一)教育实验的背景与过程

20 世纪 50 年代中期,俄罗斯教育科学院指出了苏联"教育学中无儿童"的缺陷,要求加强心理学与教育学的研究。赞科夫和其他一些教育家、心理学家提出要从教学过程中探讨学生的发展问题。同时从 1956 年开始,苏联掀起了一场批判个人崇拜和教条主义的运动,儿童学、设计教学法以及曾遭受批判的心理学家维果茨基和教育家沙茨基等人获得重新评价的机会。20世纪60年代中期,国际竞争日益激烈,受世界教育改革潮流的影响,如何提高教育质量成为苏联教学与发展研究的主要课题。

赞科夫从1957年开始主持教学与发展研究的实验室,这项实验研究分为四个阶段:第一阶段(1957~1961)是实验的初始阶段,只有一个实验班,两个对照班。第二个阶段(1961~1965)实验规模开始扩大,实验班级增加到371个,小学学制由4年改为3年,编制出了劳动教学、俄语等学科的实验教学大纲,编写了3本教学参考书。第三个阶段(1965~1969)是实验的高峰期,开展了更大规模的实验,实验班在1966~1967学年达到1281个,编写了实验班的教科书。第四个阶段(1970~1977)实验班的数目逐渐减少,到1970年具体的教学实验工作基本结束,开始对实验结果进行总结。

(二)发展性教学的基本理论

通过长期的实验,赞科夫提出了"一般发展"的概念,即"一般发展是指这样一些个性属性的形成和质变,这些个性属性是学生顺利地掌握一门学科材料的基础,而在从学校毕业以后,又是在人类活动的任何一种领域里从事创造性劳动的基础。如果能使一个人在观察力、思维、言语、记忆、意志品质方面取得重大的进步,那么这些就会成为他的不可剥夺的财富"①。

赞科夫指出,以往的教学只倾向于知识和技能的训练,忽视了教学的一般发展职能,知识水平的增加不等于发展水平的提高,教学要促进智、情、意多种心理机能的全面发展,他认为教学的最终目的就是使"教学促进发展","发展促进教育"。为此,他提出了五条发展性教学原则,即以高难度进行教学的原则;以高速度进行的原则;理论知识起主导作用的原则;使学生理解学习过程的原则;使所有的学生(包括最差的)都得到发展的原则。这五条教学原则相辅相成、相互联系,可以有效激发学生的学习与进步。

关于教学方法,赞科夫指出只有触及学生的情感生活、意志领域才能使教学方法发挥其高效的作用,实验教学论体系的教学方法具有如下两个特征:(1)多面性,即方法的多种功能,调动和发展智、情、意等方面。(2)过程性,学科的每个片段前后都是有机联系的,只有切实掌握了前面的片段,才能转向下面的片段。衡量一般发展的标准包含三方面:学生观察能力、思维能力和实际操作能力。

(三)教育实验的影响

在教育实验中,赞科夫制订了实验教学体系的教学计划、教学大纲和教科书,分别编写出了实验班的教学计划与普通小学的教学计划。赞科夫指出,认识活动的多样化对儿童的一般发展具有重要的意义,实验班的教学计划从一年级就开始开设自然和地理,二年级开设历史课,其目的就在于促进学生一般发展。

赞科夫的教育实验拥有非常完整的指导思想,取得了卓越的成绩,提出了新颖的实验教学论体系,形成了一般发展理论。1969年,根据赞科夫等人的实验结论,苏联将原有小学的学制由4年改为3年,按照新的教学计划、教学大纲和教科书进行教学,取得了良好

---

① 〔苏〕赞科夫主编,俞翔辉译:《论小学教育》,教育科学出版社1982年版,第22~23页。

及义务教育的全面实施,普通学校毕业生的就业去向呈多元状态,普通学校实施的劳动教育和职业指导并不符合社会生产和科技进步的要求,很多十年制学校的毕业生因为缺乏应有的劳动训练,对普通职业没有足够认识,入职时感到非常困难。对此,20世纪70年代苏联采取了一系列措施改革各级各类教育。

(一)普通教育领域

1977年12月22日,苏共中央和苏联部长会议通过了《关于进一步完善普通教育学校学生的教学、教育和劳动训练的决议》,掀起了70年代教育改革的序幕。决议的主要内容有4个方面:第一,肯定了苏联60年代以来教育改革的成就。第二,指出了教育体系中存在的问题。诸如教材中充斥着许多不必要的信息和次要的材料,不利于学生形成创造性活动的技巧,没能充分发挥集体的作用等。第三,明确了普通学校的主要任务。即彻底地实现中等义务教育的普及工作,进一步完善教学教育过程,保证培养出全面发展的共产主义社会建设者,中学毕业生应在毕业前学到深厚的科学基础知识和适当的劳动技巧,并掌握一定的职业技能。同时,为了保证普通学校的劳动教育和劳动教学以及职业指导工作顺利开展,要求各个部门安排有效的劳动教学和职业指导。第四,为了减轻学生的负担,规定了各年级的每周学时数。要求在1980年以前,实现学生学时的最高限额为:1~3年级24学时,4年级27学时,5~7年级29学时,8年级30学时,9~10年级32学时。这次颁布的决议强调了普通教育的质量问题,注重职业教育的指导,试图建立一个既能使学生掌握牢固的基础知识,又可以将其与职业定向、劳动教育有机结合的普通学校教育体系。

(二)职业技术教育领域

1984年4月12日,苏联最高苏维埃最终通过《普通学校和职业学校改革的基本方针》,当天,苏共中央和苏联部长会议又通过了6项有关贯彻基本方针的系列决议,使基本方针更具操作性。基本方针所倡导的教育改革目的是把学校工作提高到一个崭新的水平,主要包含了以下内容:(1)明确了普通教育学校和职业学校改革的主要任务,从根本上改进普通学校的劳动教育、劳动教学和职业指导工作,扩充职业技术教育中培养熟练工人的内容,培养学生各方面的责任感。(2)确定了中等普通教育和职业教育的结构,儿童提早一年(6岁)入学,初等学校由3年延长为4年,整个普通学校学制改为11年,职业学校包括中等职业技术学校和中等专业学校。(3)提高教学和教育过程质量,对劳动教育、劳动教学、职业指导、家庭教育、教师等做出了详细的规定。

(三)高等教育领域

1987年3月21日,苏共中央公布了经过全民讨论的《苏联高等教育和中等专业教育改革的基本方针》。文件的中心思想是确保专家的培养质量,指出当时的高等学校和中等学校教育不能适应社会和经济的发展需要,说明了高等教育存在的问题,要求对教学方式、专业设置进行改革;加强思想教育,倡导利用高校解决国民经济中的问题,以加强学校与社会的联系;提高研究生教育质量,对研究生的教育提出了具体的要求。至此,苏联的教育改革开始由普通教育和职业教育为主转到以高等教育为主。

从卫国战争胜利到1991年苏联解体期间,苏联政府根据时代的特点及社会的需要做出了许多行之有效的教育改革措施,当然其中也不免有许多挫折与失误。历史是面镜子,社会主义国家是一个新生事物,在建设社会主义的过程中需要不断的探索,社会主义教育事业存在着如何处理普通教育与劳动教育、职业教育关系的问题,苏联教育改革的历程为社会主义国家发展教育事业提供了宝贵的经验和教训。

第二节 俄罗斯的教育改革

1991年12月26日,苏联正式宣布解体,各加盟国相继独立,俄罗斯继承了苏联的主要遗产,成为一个拥有独立主权的国家。苏联的突然解体给整个俄罗斯带来了极大的创伤,经济危机、社会动荡、通货膨胀不断加剧。然而,俄罗斯从未放弃对教育的改革,十余年来各种教育法律文件不断出台,仅在1992～1997年的五年间俄罗斯联邦有关教育改革的法令文件就达250余个。①

一、《俄罗斯联邦教育法》

1991年7月,叶利钦(Борис Николаевич Ельцин,1931～2007)就任俄罗斯第一任总统,上任后第一号总统令就是《关于发展俄罗斯苏维埃社会主义联邦共和国教育的紧急措施》,明确了教育在俄罗斯经济、文化等方面的重要作用和特殊意义,要求必须确保教育领域发展的优先地位,并提出制定国家教育发展纲要,大力发展教育事业。

1992年7月,俄罗斯历史上第一部《俄罗斯联邦教育法》出台,主要内容包括:第一,将俄罗斯联邦的教育体制由苏联时期的普通教育、中等职业教育、中等专业教育和高等教育四个部分,改为普通教育和职业教育两个部分,分别颁布普通教育大纲和职业教育大纲。将学前教育纳入到普通教育之中,职业教育涵盖初等职业教育、中等职业教育、高等职业教育和高等教育后职业教育。第二,确立了开放式的办学机制。针对当时国民经济惨淡、各种教育资金得不到保障的状况,规定不但国家、地方权力机关和管理机关可以创办教育机构,本国和外国各种所有制形式的企业、机关、协会、宗教团体等都可以创办教育机构。此后,俄罗斯非公立教育机构首次得到了长足的发展,成为国民教育体系中不可或缺的一部分。第三,扩大了教育机构的管理权,允许教育机构在一定范围内从事经营性活动和获取补充资金的非经营性活动。

《俄罗斯联邦教育法》为俄罗斯新时期的教育指明了方向,奠定了国家教育政策的基

---

① 肖甦、王义高著:《俄罗斯教育10年变迁》,北京师范大学出版社2003年版,第6页。

础。但是由于国家政治时局动荡,该法律并未得到彻底执行,其中关于将义务教育年限缩短两年,从 11 年改为 9 年的规定,还引起了极大的争议。1996 年 1 月颁布了经过修订的《俄罗斯联邦教育法》,恢复了 11 年义务教育的规定。

二、普通教育的改革

根据《俄罗斯联邦教育法》的规定,学前教育体系被归入普通教育体系之中,传统意义上的普通教育分成了四个部分:学前教育;初等普通教育(小学 1~3 或 4 年级,即 7 岁入学的 3 年制和 6 岁入学的 4 年制);基础普通教育(初中 5~9 年级);中等(完全)普通教育(高中 10~11 年级)。其中学前教育和普通中等教育领域的改革与成就最为突出。

(一) 学前教育

在苏联时期,学前教育发展的速度很快,80 年代中、后期苏联公共学前教育机构对学前儿童平均覆盖率达到了 60% 左右。它并非普及义务教育,因此有相当一部分学前儿童在家里接受教育,然而,国家给与了很多的补贴,家庭情况差的还可以免费送孩子入托。苏联解体后,俄罗斯基本沿用苏联时期有关学前教育的体系,1992 年颁布的《俄罗斯联邦教育法》具体阐述了学前教育的五项原则,肯定了父母作为孩子第一任教师的作用,地方行政部门有责任对在家中进行学前教育的家长进行指导和帮助,国家从财力和物力上支持幼儿教育,并设立学前教育网。

俄罗斯的学前教育领域所发生的变化主要体现在以下两个方面:(1) 规模和数量。90 年代的俄罗斯,幼教机构经费严重不足,加上俄国的低出生率和动荡的局势,导致幼儿园的生存极其困难,数量大量锐减,规模不断缩小。(2) 幼教机构的多样化。与苏联相比而言,俄罗斯拥有多样的幼教机构,私立幼稚园、特长幼儿园、家庭幼儿园、特殊教育幼儿园等相继出现。同时,由于社会秩序的动荡、经济的滑坡和生活水平下降等多方面的原因,俄罗斯的残疾人口大量增加,政府开始逐步重视残疾儿童的教育,并相对增加了特殊幼教师资的培养。

(二) 普通中等教育

初等普通教育、基础普通教育和中等(完全)普通教育,这三者构成了俄罗斯普通中等教育的主体,由不同类型学校实施。如:普通中等教育学校(九年制学校和十一年制学校);一般重点中学(多数从四、五年级开始);高级重点中学(一般从八或十年级开始)等。

在普通中等教育领域,俄国近 10 年来所取得的成绩,主要表现在以下几个方面:(1) 教育体制的种类多样化。基础普通教育与中等普通教育,基础普通教育与初等、中等职业教育等各类教育的衔接变得更加灵活、多样。(2) 改变了过去的教育管理模式。由过去纵向的上下等级制度的集中管理模式,改为分散的分权管理、区域化管理、广泛吸收社会机构参与管理、发展目标管理,逐渐过渡到灵活的功能性管理模式。(3) 发展多层次的师范教育体系,努力满足教师提高职业和专业素质水平的需要,实施教师劳动报酬的奖励机制。(4) 在学校教育领域中引入新的经济机制。除了国家拨款外,还逐步建立规范的个人缴费和吸引预算外资金以保障办学的拨款方式。

在1992年颁布了《俄罗斯联邦教育法》之后，俄罗斯的现行学制才得以确立。但从1994年开始，社会各界对将普通学制变为12年的呼声越来越高，世界上近80%的国家实行的都是12年以上的普通中等教育，一些教育学专家还出版了相关著作。政府对其持积极的态度，但因其各方面条件都不太成熟而不能操之过急，需要10多年的过渡期。

三、职业教育的改革

1992年的《俄罗斯联邦教育法》为职业教育的改革和发展提供了法律支撑，扩大了原有的职业教育的概念范围，原有的师范教育和高等教育也涵盖在职业教育体系之中。

(一) 各级职业教育的培养目标

为了适应社会的发展，培养出更多不同层次和种类的人才，1992年的《俄罗斯联邦教育法》详细规定了各级职业技术教育的机构、教学目的和教育目标：(1) 初等职业教育，招收初中或初中未结业者，学制两年以内，培养目标是在普通教育的基础上培养社会各领域熟练的工人，主要教育机构是普通职业技术学校。(2) 中等职业教育，培养目标是培养中级技术人员，满足个人在初等普通教育、基础普通教育或中等普通教育基础上加深和扩大知识面的需求，并分为初级中等职业教育和高级中等职业教育两个层次。(3) 高等职业教育，目标是培养和再培训相应水平的专业人才，满足个人在中等(完全)普通教育、中等职业教育的基础上加深和提高教育程度的需求。其受教育的年限与学历相当于大学本科，生源主要是高中毕业生和中等职业学校的毕业生。(4) 高等教育后职业教育，在高等职业教育基础上进一步提高职业教育程度、学术水平和学位，属于研究生教育。

(二) 课程与专业设置

为了适应新时代对人才的需求，俄罗斯改变了过去国家统一制定教学大纲的集权式做法，允许各地区和职业学校在遵循联邦基本教学计划的前提下，根据实际需要制订或增加富有地方特色的教学计划，确定专业、课程和教学内容。在参考发达国家的教育经验的基础上，俄罗斯政府推出了全国42个综合部门的527个专业，取代了过去的1200多种专业，到了1997年又减少为257种。1994年和1995年还分别颁布了《高等职业教育国家教育标准》和《俄罗斯中等职业教育国家标准》，对培养方向、教学内容、专业设置都做了规定，不断完善了课程与专业设置。

俄罗斯的职业教育改革体现了较强的市场化趋势，注重学习西方职业教育的经验。然而，由于经济滑坡，职业教育经费得不到保障，许多教师开始另谋出路，职业教育自身偏重技能培养忽视人的个性成长，不能满足社会的需求，造成动力市场的结构特征与社会对劳动力的需求不相吻合。

的教学效果。但是,赞科夫主要是从心理学的角度去考察和建立教学结构,忽视了社会因素;在其实验教学论体系中,重视教师的教学,忽略了学生怎样学习的问题;赞科夫的教育实验主要侧重学生智力水平的发展,忽视了德育与体育等。

三、苏霍姆林斯基的全面和谐发展理论

苏霍姆林斯基(В. А. Сухомлинский,1918～1970)是苏联教育实践家和教育理论家。他出生于乌克兰一个农民家庭,先后在工农速成中学、师范学院师资培训班学习,1935年开始担任小学教师。卫国战争开始后苏霍姆林斯基曾奔赴前线参加战斗并负伤,1942年重新回到教育岗位,担任地区教育局长。1947年他申请到学校工作,开始担任帕夫雷什中学的校长,长达23年。在35年的教师生涯中,苏霍姆林斯基总是怀着满腔的热情对待每个学生,关心学生每一步的成长,在一生辛勤的教育实践中,积累了极其丰富的教育经验。其教育代表作有《给教师的一百条建议》(1965～1967)、《把整个心灵献给孩子》(1969)、《帕夫雷什中学》(1969)、《公民的诞生》(1971)等。

苏霍姆林斯基生活在苏联教育发展的钟摆过程之中。由于自身理论建设的缺乏和教条主义猖獗,苏联教育在历次改革中均未能很好地解决德、智、体、美、劳诸育全面和谐发展的问题。正是在这诸多的矛盾之中,苏霍姆林斯基开始尝试解决这些问题,并在长期教育实践之后提出了全面和谐发展的教育理论。

(一) 学校教育的目标

苏霍姆林斯基认为,教育目的就是学校教育的理想,学校教育应使受教育者达到个性全面和谐的发展。全面和谐的发展"意味着人显示为:第一,是社会物质生产领域和精神生活领域中的创造者;第二,是物质和精神财富的享有者;第三,是有道德和文化素养的人,是人类文化财富的鉴赏者和细心的保护者;第四,是积极的社会活动者、公民;最后,是树立于崇高道德基础上的新家庭的建设者"①。全面和谐发展作为一个教育过程,其决定环节就在学校,学校教育整个过程中的方法、内容、理念都十分重要,要想实现人的全面和谐发展,就必须对整个学校教育过程进行改革。

(二) 和谐教育

苏霍姆林斯基指出,实现全面和谐发展的唯一途径就是实施和谐教育。所谓和谐教育"就是如何把人的活动的两种职能结合起来,使两者达到平衡:一种职能就是认识和理解客观世界;另一种职能就是人的自我表现,在积极的劳动、创造及集体成员的相互关系中的表现和显示"②。这就要求学生能将认识世界与改造世界的活动很好地结合起来。具体来说,首先,将德、智、体、美、劳五育相互渗透和结合,呈现为一个统一的过程;其次,

---

① 蔡汀、王义高、祖晶主编:《苏霍姆林斯基选集》(第4卷),教育科学出版社2001年版,第13页。
② 〔苏〕苏霍姆林斯基著,杜殿坤译:《给教师的建议》(上),教育科学出版社1980年版,第147页。

在学校中形成丰富多彩的精神生活;最后,学校需要创造出一种环境,能够将家庭教育、学校教育和社会紧密联系起来。

(三) 全面发展的教育

苏霍姆林斯基指出,和谐教育的实现必须使德育、智育、体育、美育、劳动教育相互渗透成为统一的整体。

第一,德育在整个教育体系中占据核心的位置,始终贯穿于学校教学、教育工作的各个方面。苏霍姆林斯基强调道德教育应当设计独立的大纲,编写专用的教材。第二,智育主要是获取知识,形成世界观、发展认识和创造能力,培养脑力劳动的文明,培养对脑力劳动和将科学知识运用于实践的兴趣。智育的主要目的是开发智力,最完善的教学就是开发智力的教学。第三,体育是和谐教育的基础。苏霍姆林斯基经过20多年的调查研究发现85%的差生是由于健康状况不佳引起的。他认为,良好的环境、合理的作息制度、适当的户外活动、有计划的体育教学与体育锻炼,都可以促进学生的健康。第四,美育即"情感教育",旨在培养美的情感和塑造美的心灵,美育在潜移默化之中发挥它的作用。第五,劳动教育与德育一样都是整个教育思想的核心支柱,没有劳动的教育是片面的教育,劳动教育对智育、美育、体育、德育具有促进作用。

苏霍姆林斯用一生的时间来实践他的教育思想,他力图用马克思列宁主义的观点方法来阐述教育问题,同时继承和发扬了马卡连柯的教育思想传统,将劳动教育和道德教育有机结合起来。在帕夫雷什中学,他把外部环境、学校结构、师生集体三者有效的结合为一体,促进了全面和谐教育的开展,并取得了极大的成就。苏霍姆林斯基的教育理论和教育实践,对苏联20世纪七八十年代的教育工作者产生了很大的影响,巴班斯基和阿莫纳什维利等人都受到了他的启发。

四、巴班斯基的教学过程最优化思想

巴班斯基(Юрий Констинович Бабанский,1927~1987)是苏联教育家和教学论专家,曾被选为苏联教育科学院通讯院士和副院长,长期从事教育科学研究,最为著名的是有关教学过程最优化的理论。其代表作有《教学过程最优化——一般教学论方面》(1977)、《教学教育过程最优化——方法基础》(1982)。

(一) 教学过程最优化的定义和标准

巴班斯基认为,所谓教学过程最优化并非是某种特殊的教学方法或方式,而是科学地指导教学、合理组织教学过程的方法或形式,具体来说是指"在全面考虑教学规律、原则、现代教学的形式和方法、该教学系统的特征以及内外部条件的基础上,为了使过程从既定标准看来发挥最有效的(即最优的)作用而组织的控制"[①]。

[①] 〔苏〕巴班斯基著,张定璋等译:《教学过程最优化——一般教学论方面》,人民教育出版社1986年版,第57~58页。

教学是否达到了最优化的效果,巴班斯基提出了两个评判的标准:第一个标准是每一个学生在教养、教育和发展三个方面是否都达到他在该时期内可能达到的水平,而且不得低于所规定的评分标准的水平;第二个标准是学生和教师都遵守有关课堂教学和家庭作业的时数规定。

(二) 教学过程最优化的方法体系

巴班斯基指出,教学过程最优化的方法体系是指相互联系的、导致教学最优化的方法的总和。这一方法体系强调教学双方最优化方法的有机统一,它既包括教学过程的五个基本成分,即教学任务、教学内容、教学方法、教学形式和教学效果,又包括教学过程的三个阶段即准备、进行、分析结果;既包括教师活动,又包括学生活动。

巴班斯基认为,最优化的教学需要最优化效果的方法,需要教学过程中所有基本成分的各单项的有机整合,即便是任何一个部分的非优化都会破坏掉整个体系。教师实现最优化教学的具体措施包括:(1) 教学任务的综合化和具体化。即在教学前应当综合考虑如何在课堂上解决学生的教养、教育和发展三方面的问题,统筹兼顾,任务细化和具体化。(2) 教学内容的优选。要求划分出各学科最主要的、本质的因素,减轻学生负担,合理分配材料。(3) 教学方法和教学手段的优选。巴班斯基认为,没有任何一种方法是适合所有的教学的,要达到教学过程的最优化就必须把合理的方法结合起来。(4) 教学形式的优选。针对不同的学生采取班级授课制、区别教学和个别教学的形式,并要掌握各种教学形式的优缺点。(5) 教学条件的优选。它所涵盖的范围非常广泛,是各种外部条件的总和。(6) 分析教学效果确定最优速度。主要是从最优化标准的角度,分析教学结果是否符合预先提出的教学任务的目标,分析时间的消耗量是否符合学校所规定的时间额。

(三) 最优化的教学规律和原则

依据系统论的观点,巴班斯基分析了教学的规律性,提出了九大教学规律:(1) 教学和教育过程受社会主义社会需要的制约;(2) 教学过程与整个教养、教育和一般发展过程相联系、相统一;(3) 教学过程依存于学生实际的学习可能性;(4) 教学过程依存于一定的外部条件;(5) 教学过程内部教与学是相互联系、辩证的相结合;(6) 教学内容取决于教学任务;(7) 教学方法和手段取决于教学任务和内容;(8) 教学组织形式取决于教学的任务、内容和方法;(9) 教学过程中所有成分相互联系,保证了相应条件下取得巩固的、可理解的、积极的教学效果。同时,他还从中引出了相应的11条教学原则。

巴班斯基的教学过程最优化理论曾经对苏联和世界教育产生很大影响,其著作被翻译成多种文字出版。他的教学过程最优化理论拥有完整的方法论体系,将辩证的系统方法作为他整个教学过程最优化理论的方法指南;提出了最优化教学的标准,详细阐述了教学过程中每个阶段的最优化效果,还形成了规律、规则、规定这三个渐进的独特的控制体系。不足之处在于他对整个教学过程的改革只是局限于对教学模式的改善,没有触及教育教学本质的东西。

五、阿莫纳什维利等人的合作教育学

合作教育学产生于20世纪50年代,80年代逐渐成熟,主要代表人物有苏联教育家阿莫纳什维利(Ш. А. Амонашвили,1931~)、雷先科娃(С. Н. Лысенкова,1924~)、沙塔洛夫(В. Ф. Шаталов,1927~)。他们长期从事教育理论和实践的探索,形成各自独特的理论体系,但都是在强调合作的基础上建立师生关系,因而形成"合作教育学"。1986年10月,苏联《教师报》邀请这些从事教育实验的代表人物在莫斯科郊区进行了为期两天的会晤,并用《合作教育学》作为标题发表了阿莫纳什维利、雷先科娃、沙塔洛夫等7人署名的一篇文章,引起了人们对"合作教育学"的关注。

合作教育学的核心是师生之间的"合作",形成"教师热爱、尊重、信任、严格要求学生——学生卓有成效的学习、信任和尊重教师——教师热爱学生"的"合作"的循环。

(一) 师生冲突的根源

阿莫纳什维利将师生之间常有的冲突称为"教育的悲剧",其原因有三方面:第一,教师只顾完成既定的教育任务,没有顾及到学生特定的年龄、生理和心理特点。第二,学生有自我发展的要求,但是教师往往将学生看做教育的客体,使其失去了主动性。第三,教育者态度专横,没能在特定条件下对学生进行分析,致使学生产生固有的对抗教师的意向和本性。怎样消除这种冲突呢?合作教育学者提出通过"没有强制的学习"来实现。所谓"没有强制的学习"就是采取自由选择的原则,创造条件让学生在自愿的基础上完成任务,改革传统的评价标准,取消小学中的"分数"(阿莫纳什维利),或避免低分数的评价(雷先科娃)。

(二) 超前学习和大单元教学

合作教育学的研究者认为,给学生提出尽可能复杂的学习任务,并使他们相信自己的能力,可以保持学生高度的合作精神,与此相联系的是超前学习的思想。沙塔洛夫提出超前一两年完成教育大纲所规定的教学任务,雷先科娃在她的课堂上安排出时间传授一些以后需要学习的教材,锻炼学生的思维能力。

合作教育学的研究者主张对教材进行综合处理,把所学内容整合为一个统一的大单元,同时,平行地学习和掌握单元的各种内容,确立教材之间的逻辑关系,发挥教师的创造性作用,减轻学生的负担。

(三) 提供学习依靠点

合作教育学的研究者们十分注重保护儿童的心理健康成长,反对把学生按能力进行分组,反对根据不同能力的学生布置不同程度的作业,尤其反对为低年级学生补课。总之,反对一切能引起儿童猜疑的做法。他们提出,应该为学生提供学习依靠点,即给学生的学习提供引导性的叙述线索、解题的规则和方法,使能力最差的学生也能流利地回答教师的提问,同时又不影响全班学生的学习,也不打乱课堂的进程。依靠点的具体含义就是根据教材精心编制出纲要图、示意性图表、卡片等教学辅助工具,简明扼要地将需要掌握的知识表现出来,使学生在充分理解教材结构的基础上进行记忆和运用。比较有影响的方法有两种:纲要信号图表教学法;依靠性示意图或卡片。

(四) 集体创造性教育和创造性自治

合作教育学提倡集体创造性教育,训练从一年级至毕业班的学生从事集体的公益性创造活动,其基本原则就是一切都要有创造性。创造性的自治是集体教育得以顺利进行的前提,实施创造性自治的主要原则是:(1) 充分信任集体;(2) 开诚布公;(3) 班干部轮班制。

合作教育学继承了马卡连柯、苏霍姆林斯基带有社会主义人道主义色彩的教育学说,肯定了学生个性发展的重要性,尊重每一个学生的选择,不允许任何一个学生意识到自己落伍;培养了学生的集体主义精神,创新地发展了师生关系;打破了僵化的教学机制。这些做法都具有十分重要的意义。

结　语:如果说20世纪前期苏联教育发展是以破旧立新为特征的,那么20世纪后期苏联(俄罗斯)教育发展则是以重建和深化为特征。第二次世界大战的爆发与最终胜利激发了苏联人民的顽强精神和重建热情,在战后很短的时间内恢复和发展了国民经济,到了50年代,苏联成为世界上唯一可以在政治、经济和军事上与美国抗衡的国家。教育事业也在短时间内得到了修缮并飞速发展,教育结构得到了较为合理的调整,教育与现代科学技术的结合变得更为紧密。普及义务教育的工作由七年义务教育向八年义务教育转变,中等技术教育的办学形式更加灵活多样,高等教育的质量得到进一步的加强。经过几轮的改革,苏联的教育发展步伐越发紧凑,改革范围愈加宽广,改革内容越发国际化。20世纪90年代后的俄罗斯在经过阵痛之后,教育事业取得了明显成绩。教育体制划分为普通教育与职业教育两个部分,各种水平的职业教育与普通教育衔接多样化,除此之外,学前教育得到了国家的重视并有了长足的发展。同时,私有化教育开始逐渐渗入过去全盘公有制的教育体制之内,教育经费来源呈现多元化,办学形式更加灵活。

20世纪后半期,苏联呈现出了一大批在世界范围内更具影响力的教育学家,其中以凯洛夫、赞科夫、苏霍姆林斯基等人最为著名,他们的教育理论和思想不仅成为指导苏联各个时期教育改革的依据,而且受到世界各国教育理论界的广泛重视和借鉴吸收,为现代教育理论的发展作出了特有的贡献。

【讨论与思考】

1. 比较第二次世界大战前后苏联教育改革的异同。
2. 试评述苏联1958年教育改革。
3. 分析俄罗斯在市场经济下教育发展的新趋向。
4. 研讨第二次世界大战后苏联教育理论发展的特征。
5. 思考凯洛夫的《教育学》对新中国教育学形成的影响。

6. 试分析赞科夫发展性教学理论的成就与影响。
7. 讨论苏联合作教育学的内涵和意义。

【扩展阅读书目】

1. 肖甦、王义高著:《俄罗斯教育10年变迁》,北京师范大学出版社2003年版。
2. 瞿保奎主编:《教育学文集·苏联教育改革》(上册),人民教育出版社1993年版。
3. 瞿保奎主编:《教育学文集·苏联教育改革》(下册),人民教育出版社1988年版。
4. 吴式颖等编:《外国教育史简编》,教育科学出版社1988年版。
5. 〔苏〕巴班斯基著,张定璋等译:《教学过程最优化——一般教学论方面》,人民教育出版社1986年版。
6. 〔苏〕赞科夫著,杜殿坤译:《教学与发展》,人民教育出版社2008年版。
7. 〔苏〕苏霍姆林斯基著,杜殿坤编译:《给教师的建议》,教育科学出版社1984年版。
8. 〔苏〕阿莫纳什维利著,朱佩荣译:《学校无分数教育三部曲》,教育科学出版社2002年版。
9. 吕达、周满生等主编:《当代外国教育改革著名文献·苏联—俄罗斯卷》,人民教育出版社2004年版。
10. 王义高、肖甦著:《苏联教育70年成败》,北京师范大学出版社1999年版。
11. 顾明远主编:《战后苏联教育研究》,江西教育出版社1991年版。

第十八章 现代欧美教育思潮

【内容提要】

本章主要介绍了 11 种现代欧美教育思潮，阐述了各种教育思潮产生的社会背景和哲学基础，重点论述了各种教育思潮的主要观点和教育理念，分析了各种教育思潮对教育改革与发展的影响与意义。

【学习目标】

了解各种欧美教育思潮形成的背景，掌握主要教育思潮的核心观点和影响，把握不同教育思潮对外国教育改革的理论指导意义，提高分析、评价教育思潮的能力。

【核心术语】

教育哲学；新传统教育；要素主义教育；改造主义教育；结构主义教育；人本化教育；终身教育；后现代主义教育；建构主义教育；科学主义；人文主义；永恒学科；《教育过程》；发现学习；程序教学；教学机器；《学会生存》；学习化社会；非指导性教学

进入 20 世纪后，欧美教育发展呈现加速趋势，各国纷纷采取各种教育改革措施，试图构建符合本国特点和时代精神的现代教育制度。但是，采用何种价值取向和以何种思想观念为指导去改革教育，成为教育家们首先考虑和深思的问题。于是，各种教育思潮此起彼伏，汇成了一部教育思潮的交响曲。特别是第二次世界大战结束之后，围绕如何重建民主主义的教育秩序掀起了战后教育改革的浪潮，出现了教育思潮异彩纷呈的局面。

第一节 新传统教育

从 20 世纪 30 年代起，围绕着对进步教育思潮的争论就已产生。特别是第二次世界大战以后，欧美各国的社会政治、经济文化和社会生活均发生了巨大的变化，新的世界格局和态势迥然有别于以往。人们考察教育的视角与取向也发生了微妙的变化。许多人开始怀疑占主导地位的进步教育改革是否适应新形势的需要，并提出了新的教育理念与思想。这些新的教育理论试图纠正进步教育的偏差，汲取传统教育中的思想内核，反对过分关注儿童个人的经验和忽视学校传授系统科学文化知识。因此，它们开始对教育的作用、目的、过程、内容与方法,乃至教学的组织形式等进行新的探讨,形成不同体系的教育思想流派。要素主义教育、永恒主义教育和新托马斯主义教育被认为秉持传统教育的基本精神,同时又进一步发展了传统教育的核心理念,因而被归为"新传统教育"思潮。

一、要素主义教育

要素主义教育(Educational Essentialism)是20世纪30年代末至60年代在美国兴起的一种"保守"的教育思潮,它是作为实用主义教育和进步教育的对立面出现的。其主要代表人物有巴格莱(William Chandler Bagley, 1874~1946)、科南特(James Bryant Conant, 1893~1979)、贝斯特(Arthur Bestor, 1908~1994)、里科夫(Hyman G. Rickover, 1900~1986)等人。代表性著作有巴格莱的《要素主义者促进美国教育的纲领》(1938)和《教育与新人》(1934)。

(一)要素主义教育的兴衰

从20世纪30年代起,一些教育家指出进步教育运动降低了普通教育质量,反对以儿童个人经验为课程中心和"从做中学",批评了过分强调儿童自由和兴趣的做法。起初,这种观点并没有引起重视。但是,30年代的全球性经济危机催化了人们对传统教育合理因素的向往和推崇,他们强调学习人类共同文化遗产的重要性,肯定教师在学校教育中的地位,要求个人必须服从社会、国家和民族的需要,主张重视智力水平和英才教育。

1938年,一批持有这种观点的教育界知名学者在新泽西州大西洋城成立了"要素主义者促进美国教育委员会",这标志着要素主义教育思想流派的形成。巴格莱在会上发表了《要素主义者促进美国教育的纲领》,第一次系统地阐述了要素主义教育思想的基本观点,被称做"要素主义者的宣言"。50年代,要素主义教育成为当时美国教育的主流思潮,"为60年代后美国的中、小学课程改革运动提供了理论武器,课程改革运动中许多教育理论家和实践家都是从要素主义教育观点中受到启示而投入改革的"[①]。美国的《国防教育法》就吸纳了要素主义教育的核心精神。但是自20世纪60年代末开始,随着美国教育改革的失败以及美国社会转向要求学校教育有助于解决社会贫困、种族歧视等问题,智力训练的目标遭到冷遇,于是要素主义教育思想逐渐走向了衰落。

(二)要素主义教育的主要观点

1. 学校教育的首要任务是发展学生的智力

要素主义教育针对进步教育过分强调个人经验和"从做中学"的弊端,认为在民族生活、文化历史发展过程中存在着基本的、永恒不变的、共同的文化要素。面对社会发展的日新月异和科学技术的迅猛发展,学校不应是生活适应或职业训练的场所,而应把人类文化遗产中共同的文化要素传递给青年一代。通过引导学生系统地学习和掌握人类文化的共同要素,把提高学生的文化素质和智力水平作为学校教育的首要任务,并制定严格的智

---

① 张斌贤,褚洪启等著:《西方教育思想史》,四川教育出版社1994年版,第679页。

力训练标准,对学生实行传统的智力训练和天才教育。

2. 学校课程的核心内容是人类文化遗产的共同要素

要素主义教育者认为,人类文化遗产的共同要素是人类种族文化经验和民族文化遗产的根基。巴格莱认为,在民主社会中,教育最重要的作用就是尽可能高水平地保持共同的文化。教育的首要任务就是继承、传递和学习人类文化遗产的共同要素,并将其作为课程的核心内容和教育的主要内容。因此,要素主义教育者主张按照学校课程和教学计划,向学生提供所需的知识、真理、技能和情感发展;在学科设置中,恢复各门学科在教育过程的地位,加强各门课程的系统学习,重视读写算、数学、自然科学、哲学、历史等基础学科的学习;学校要按照教学的逻辑体系和学术性编订教材,并制订严谨的教学计划、学校纪律、学生学业标准、考核制度和重新组织师资培训工作等。

3. 学习过程是一种艰苦的努力

要素主义教育者反对进步教育所持的只强调学生的自由和个人兴趣以及学生的学习是学生个体经验的总结的学习观。他们认为,学生一定要刻苦努力,要在严格的学校纪律和学业标准的约束下专心致志地学习。学生的兴趣不是生来就有的,而是经过培养的结果。然而培养兴趣的过程并不一定是充满乐趣的,而是在学生强迫自己克服学习枯燥的过程中逐渐培养的,因此,如果学生对学习不感兴趣,就需要强迫其学习。在要素主义者看来,只有保持刻苦努力的学习态度,学会自我克制与约束,才能不断地克服眼前的困难,提高学生的学习能力,从而实现更加长远的目标。

4. 教师在教育过程中居于核心地位

要素主义教育者认为,进步教育的儿童中心论忽视了教师的指导作用。对于儿童来说,成人的指导与控制是其健康成长的重要因素,儿童只有在成年人的指导和教育下,才能发挥儿童所具有的个人潜能,因此教师在整个教育体系中应处于核心地位。因为教师是文化共同要素的继承者和传递者,他们掌握学科的逻辑体系,具有广博的学科知识和相当的学术水平,了解教育过程,熟悉学生学习过程和儿童心理状态,掌握知识传递的教学方法和教学技能。因此,学校应该限制学生依靠个人经验的"非正式学习",学生应在严格的学校纪律的管理下,在教师的指导和监督下,刻苦努力地学习,顺利地完成各门学科的学习。总之,教育过程的主动权不在学生而在教师,教师在教育过程中应处于核心地位。

5. 学校教育具有社会功能

要素主义教育认为,学校是传递文化遗产的有组织的社会机构,学校培养出来的学生最终要进入社会,为社会服务,因此,学校还是为社会培养公民和人才的机构。学校通过系统、严格的教育,使学生学会各项基本技能和知识,并且经过严格的心智训练过程,把他们培养成为具有高水平文化素养、智能、广博知识和专业技能的人才,从而更好地适应社会和为社会、国家服务,保证民主社会的稳定与发展。

(三)要素主义教育评析

在美国传统教育和现代教育之间进行钟摆运动的过程中,要素主义教育与进步教育是两种对立的教育思潮。要素主义教育的主张对于匡正进步教育所带来的问题和弊端，促进教育教学理论框架的形成，提高教育质量和进行课程教学改革等，都具有重要的积极意义和价值。

但是要素主义教育本身也存在着局限性：首先，要素主义教育过于重视知识的逻辑体系，忽视学生的个体经验和实践能力；其次，要素主义教育强调教育以智力训练为基础，突出学习者的认知发展，忽视了学生个体差异和能力水平；再次，要素主义教育忽略了教师与学生之间的互动与交流以及学生的学习动机和兴趣，压抑了学生学习的自主性和创造能力；最后，要素主义教育提倡"天才教育"，忽略了普通学生的教育，不利于民主社会教育的发展。

二、永恒主义教育

永恒主义教育（Educational Perennialism）亦称为"新古典主义教育"，是20世纪30年代至50年代在美国兴起的一种保守的教育思想流派。

（一）永恒主义教育形成的背景

永恒主义教育产生的背景有两个方面：一方面，由于进步教育和实用主义教育本身的缺陷，导致了社会公众对进步教育进行反思，对此永恒主义教育严厉批判了进步教育的种种弊端，并提出了基于古典实在论的复古教育观念，宣扬宇宙精神、人性和教育都是永恒不变的，主张恢复古希腊、罗马以及中世纪的传统教育，复兴西方古典人文教育；另一方面，美国20年代末的经济危机导致社会经济问题呈恶化趋势。一些高等院校的学者站在传统人文主义的立场上，呼吁人们注重古典人文主义教育，认为拯救危机的办法就是要进行"道德的、理智的、精神的革命"，通过教育的力量恢复古希腊、罗马以及中世纪的传统教育。

永恒主义教育的主要代表人物有美国的赫钦斯（Robert Maynard Hutchins，1899~1977）和阿德勒（Mortimer J. Adler，1902~2001），英国的利文斯通（Richard Livingstone，1880~1960）和法国的阿兰（Emile Chartier Alain，1868~1951）。代表作有赫钦斯的《美国高等教育》（1936）、《民主社会中的教育冲突》（1953），阿德勒的《教育宣言：派迪亚建议》（1982）、《教育改革：走向开放的美国精神》（1988），利文斯通的《保卫古典教育》（1916）。赫钦斯和阿德勒等人合编的《西方名著丛书》（*Great Books of the Western World*，1952）被永恒主义教育者称为一项标志性的"智力工程"。

（二）永恒主义教育的主要观点

1. 教育的性质永恒不变

永恒主义教育以欧洲古典实在论哲学为基础，认为宇宙中存在着一种永恒不变的实在，万物被一种永恒的普遍法则所支配，个体也是一种永恒不变的实在。人自身存在着共同的最主要的永恒不变的特性——理性。因此，建立在永恒不变的人性基础上的教育，也是固有不变的，在任何情况下教育的性质都是永恒不变的。

2. 教育的目的是培养和发展人的理性

永恒主义者认为,理性是人区别于动物的特性,是人的本质力量之所在。因此教育的首要目的就是通过理智地训练,培养和发展人的理性。赫钦斯认为,虽然教育肯定要在不同的时代和不同的地点实施各种各样的教育措施,但是教育的首要作用始终是塑造人,而不管这个人是生活在20世纪还是生活在2世纪,教育的任务就是表现和发展人所具有的潜在能力。现实社会美好的生活和完善的人性均是人的理智表现,人在发展理性的过程中,同时也获得了真正的美好生活和社会,这样人类才会真正懂得什么是幸福,什么是最好的公民。

3. 教育就是传授永恒不变的真理

永恒主义教育者认为,教育不应是适应眼前所需,对于一个人可能遇到的问题来说,能够熟悉"永恒不变"的真理才是真正解决问题的更好途径,教育应该培养人掌握固有不变的真理,汲取前人的智慧,学到文化遗产中最好的东西,从而更好地继承并发扬人类社会的文化遗产。再者,教育并不是生活本身的完全复制,或者将"真实生活的情境"或真实的社会面貌仿造出来展现在学生面前,而是应该教会学生如何更好地为生活做准备。学校是一个真实的、有社会价值的机构,其重要任务就是传授给学生真理,让他们更充分地认识社会、认识生活,用理性面对生活,用真理为更好的生活做准备。

4. 教育内容是永恒的古典学科

永恒主义教育者认为,教育就是要让学生掌握永恒不变的真理,培养和发展人的理性,因此就必须学习永恒的古典学科(亦称为"永恒学科"),并将其作为普通教育的核心内容。"永恒学科"是稳定不变的,是适合于任何时代、任何人的学科,具体来说就是以西方伟大观念为基础的经典名著,在永恒主义教育者看来,这些经典名著集历代名人思想之精华,超越了时空地域的限制,涵盖了一切知识领域,包含着对人和事物本质的最深刻见解,蕴藏着人类的"共同要素",能够帮助学生学习到高深的知识和形成"共同观念",有助于他们学会观察认识世界和与人沟通交流,从而去追求最为美好幸福的生活。

5. "通过教学进行学习"是一种有效的教学方法

永恒主义教育者认为,学生在学习与读书时要积极思考,这是一种有效的理智训练方式,这将有助于锻炼学生的思维与智慧以及培养和发展人的理性。阿德勒提倡永恒主义教育的教学方法,将其称为"通过教学进行学习"。在教学过程中,教师发挥着主导作用,并按照学生的学习速度和接受能力,指导学生有针对性地和主动地阅读、思考与讨论名著,积极发挥学生的能动作用,引起学生的不断反思,激发其内在的倾向性,从而达到培养和发展学生理性的目的。

(三)永恒主义教育评析

由于永恒主义教育试图通过恢复古代中世纪文明的绝对标准来解决现代文明,因此被看做是复古教育的保守流派。在新传统教育的营垒中,虽然永恒主义教育与要素主义教育都倾向于传统教育,但是永恒主义教育对进步教育的批评比要素主义教育更加激进。永恒主义教育在经济危机的背景下,倡导自由教育和经典名著的学习,在一定程度上对进步教育改革带来的问题与弊端起到了弥补作用,对美国高等教育和成人教育的发展产生了广泛影响。

但是由于永恒主义教育把古典名著置于学校教育的主要内容,不利于现代社会所需人才的培养;只注重人的理性、道德和精神的培养,却忽略了人的身体和情感方面的教育;其影响只是局限在大学和上层知识界的少数人以及成人教育领域,影响范围有限。因此,自20世纪60年代之后,永恒主义教育逐渐走向了衰落。

三、新托马斯主义教育

新托马斯主义教育(Educational Neo-Thomism)是一种以托马斯·阿奎那的经院哲学宗教神学理论为思想基础的教育思潮。它脱胎于19世纪后半期出现的、试图恢复中世纪经院哲学核心理念的"新经院哲学"(Neo-Scholasticism)思潮。

(一)新托马斯主义教育的由来

新托马斯主义教育产生于20世纪30年代的意大利、法国、西班牙等国,第二次世界大战后开始在美国盛行起来。法国的马里坦(Jacques Maritain, 1882~1973)是新托马斯主义教育公认的代表人物,其主要教育著作有《十字路口的教育》(1943)、《托马斯主义教育观》(1955)等。

新托马斯主义教育源于中世纪的经院哲学。经院哲学随着文艺复兴的洗涤和资本主义的发展逐渐衰落。到19世纪末,新托马斯主义作为一种宗教唯心主义开始复活。1879年罗马教皇利奥十三世(Leo XIII, 1810~1903)发布了一道名为《永恒之父》的通谕,号召"重建托马斯主义"。进入20世纪以来,新托马斯主义努力调和科学与宗教、理性与信仰之间的矛盾,试图回答现代自然科学和认识论对天主教神学哲学的挑战。1929年教皇庇护十一世(Pius XI, 1857~1939)发布了《青年的基督教教育》通谕,全面地论述了"教育就应是基督教教育"的宗教教育观,奠定了新托马斯主义教育的基本思想。20世纪30年代,以马里坦为代表的一批学者,以新托马斯主义哲学为理论依据对实用主义和进步教育的理论与实践提出了批评,试图建立一套完整的宗教教育哲学理论。

(二)新托马斯主义教育的主要观点

1. 教育目的是培养真正的"基督教徒"和"有用的公民"

教皇庇护十一世提出:"基督教教育的正当的与直接的目的是与神恩合作培养真正的与完全的基督教徒。"[①]在新托马斯主义者看来,这种基督教徒是一种超自然的人,他们在"基督的榜样与教导的超自然的光明"照耀下,进行思维、判断与行动。但是他们并不放弃现世生活的活动,不阻碍自然功能的增长,而是将它们与超自然协调起来,使这些功能得到发展并使之圆满。在新托马斯主义者看来,虔诚的基督教徒与忠诚的公民两者是

---

① 〔美〕白恩斯、白劳纳著,瞿菊农译:《当代资产阶级教育哲学》,人民教育出版社1964年版,第92页。

完全一致的,一个好的天主教徒因坚持天主教原则而成为更好的公民,热爱自己的国家,效忠于合法的政府和政治权威。

2. 宗教教育是教育的核心和道德教育的最高形式

新托马斯主义教育者一方面试图调和信仰与理性,但又强调理性要服从宗教信仰。他们认为,每个人都是上帝的后嗣,因此应该培养统一于神性之上的共同人性。为了对学生进行道德上的再教育和培养他们的宗教信仰,学校的一切课程都应该贯穿宗教教育;各级学校的教学与组织、教师、教学大纲和教科书都要受基督教精神的约束。为了使各级学校的学生接受宗教教育,形成基督教的虔诚信仰,所有学校必须开设神学课程。马里坦非常重视道德和宗教教育的结合。他认为,在人的道德生活中有两种美德,一种是神学美德,一种是道德美德,神学美德高于道德美德。因此,进行道德教育必定要进行宗教教育,宗教教育是道德教育的最高形式。

3. 教会是教育的主导者和所有者

新托马斯主义教育者强调教育应该属于教会,因为教会具有上帝专赐的权利,具有家庭和公民社会所没有的那种使人们灵魂得救的"超自然"的权力。教会的使命就是把神的信仰教给人们,人们按照神的启示陶冶纯洁的道德情感,实现完美的生活。在新托马斯主义教育家看来,人生下来就要受到家庭、学校和教会的三种教育,构成一个以宗教教育为核心的完整的教育体系。教会要监护上帝的后嗣在所有公私教育机构里学习,不仅包括宗教教育,而且包括一切课程的学习。新托马斯主义教育者还认为,父母应该根据他们作为基督教徒的义务来控制自己子女的教育,不要把自己的子女送到那些不虔信宗教的学校里去。

4. 教育过程是人的内在精神活动的过程

马里坦认为,由于教育过程本质上是人的内在精神活动的过程,故此教育就是自我教育和自我解放的过程,教育不应只局限于家庭和学校,而应贯穿于人的一生。在马里坦看来,儿童是有自然和自发活动的"自然倾向"的,儿童的天性与精神是教育的主要动力,或者说是教育的主体。教育的作用在于唤醒作为儿童天性的基本气质,如爱真理、爱善良、爱正义、乐于生存、与他人合作等,培养儿童对生活的积极态度,创造以爱和关注为中心的共同生活的环境和气氛。这种爱和关注必须具备两个特征:一是指向儿童的精神深处;二是以鼓励的方式表现出来。

5. 教师的首要职能是使学生自由和自主

马里坦认为,教师的任务是解放而不是压制,鼓励儿童认识自身的可臻于完善的潜力比压制不良的精力更为重要,鼓励学生在根本上是必要的,羞辱则有害于学生。"单单去阻止孩子做坏事并不会比启发他们做好事更有效于遏止坏事的发生。真正的艺术在于使儿童深刻注意他们本身的资源,以及他们可臻于完美的潜力"[①]。教学应该是使智慧释放而不是加重其负担,换言之,教学是利用对所学的事物做到理性的支配,导致心灵的自由。

---

① 〔法〕马里坦著,简成熙译:《十字路口的教育》,台湾五南图书出版公司1996年版,第48页。

学习永远不是被动或机械式的接受,教学应是借助了解而主动地转变成心灵的生命,并使心灵生活发展壮大。教师必须培养学生如何思考、如何表达和如何利用一切新的成就和发现,使他们真正获得自由和真正可以自主。

(三) 新托马斯主义教育评析

新托马斯主义教育虽然带有浓厚的宗教神学色彩,但是,它并不是托马斯主义在教育领域的直接移植,而是具有明显的调和色彩,表现出一种开放的姿态。由于在认识论上坚持"双重真理"的标准观,新托马斯主义教育既强调人之为人的本质力量,又把这种力量看做是上帝的恩赐和神性的表现;既把神学看做至高无上的学科,又顾及民主的观念,主张神学教学的自愿原则,并强调神学与其他哲学和科学思潮的平等性;既积极提倡自由教育,又不忽视专业化趋势。

然而,作为一种强调宗教教育的理论,新托马斯主义教育存在着难以自圆其说的矛盾。他们既期待通过教育来解决资本主义社会的危机,又不希望触动资本主义社会的痼疾;既竭力维护宗教教育的地位,又难于化解与西方现代社会文化价值观的矛盾。马里坦曾这样说:"关于当代世界的社会变动,教师既不要使学校成为既成秩序的堡垒,又不要使它成为改变社会的武器。"[①]

第二节 改造主义教育

改造主义(Reconstructionism)教育是 20 世纪 30 年代从进步教育和实用主义教育中逐渐分化出来,到 50 年代在美国形成的一种独立的教育思潮。其主要代表人物是美国教育家西奥多·布拉梅尔德(Theodove Brameld,1904~1987),主要代表作有《教育哲学的模式》(1950)、《趋向改造的教育哲学》(1956)和《危机时代的教育》(1961)等。

一、改造主义教育的形成

改造主义教育是在资本主义世界发生经济危机的过程中产生的,因此自称为是"危机时代"的教育理论,它反映了 20 世纪 30 至 50 年代美国社会的经济和政治。1929 年经济危机之后,一些教育理论家为配合推行"新政",开始寻求建立一个没有经济危机的"理想社会"的方法与途径,开始关注学校的社会责任。早在 1932 年进步教育协会全国代表大会上,康茨(George Sylvester Counts,1889~1974)就作了题为《学校敢于建立一个新的社会秩序吗?》(Dare the School Build a Nea Social Order?)的著名演讲,向学校教育提出了

---

① 王承绪、赵祥麟编译:《西方现代教育论著选》,人民教育出版社 2001 年版,第 320 页。

大胆而明确的挑战,"为改造主义者提供了理论的信条"①。1934年10月,康茨又和拉格(Harold Ordway Rugg,1886~1960)等人组成了名为"拓荒思想家"的团体,对进步教育和实用主义教育的一些具体观点做了修正,主张少强调"儿童中心",多强调"社会中心";少关心"个人生长",多关心"社会改造"。

第二次世界大战后,改造主义教育逐渐从进步教育和实用主义教育中分化出来,成为一种独立的现代教育思潮。不过,改造主义教育一直被看成是进步教育和实用主义教育的一个分支,是进步教育的真正继承者和同盟军。

二、改造主义教育的主要观点

改造主义教育认为,美国和世界正经历着人类历史上的一个最大的危机时期,而进步教育和实用主义教育只适用于"社会稳定"的时代,因此只有改造主义教育能在"危机时代"对"社会改造"给予指导,它是适应"改造"时代的新理论,能够为未来社会发展绘制"蓝图"。

(一)教育的目标是"社会改造"

改造主义教育强调教育要把"社会改造"作为教育目标,提出学校要参与社会改造,在社会的改造工作中发挥重要的作用,主张学校必须立足于当前教育和社会现实问题,鼓励学生参与到社会中去,积极从事社会上有意义的工作。同时,学校还要培养学生的社会责任感,促进社会成员思想观念与时俱进,为实现全世界和谐的人类秩序作出贡献。布拉梅尔德认为,进步教育过分强调手段、方法和过程,不仅缺乏目标,而且还缺乏社会目的;要素主义教育是"危机时代"教育哲学中守卫传统文化遗产的保卫者,是"文化落后"的典型,永恒主义教育则是试图通过恢复古代中世纪文明的绝对标准来解决现代文明,也是一种倒退。在他看来,教育的目的就是达到"社会一致"。所谓"社会一致",就是指不分阶级的人与人之间的合作关系,即通过共同协商来消除阶级分歧的一致意见。通过人们的同心协力,就能够使"社会一致"成为发展共同生活的目的与手段,从而实现"理想社会"的目标。

(二)行为科学对教育改造具有重要作用

布拉梅尔德认为教育的改造必须建立在两个前提上:前提之一是人类生活正处在一个危机时代,人类能够在一夜之间毁灭文明;前提之二是行为科学正在发生前所未有的革命性变革。这就要求教育重新考虑:(1)编排教材的新方法;(2)组织教学过程与学习过程的新途径;(3)确定学校和社会的目的的新方法。行为科学对教育改造起着重要的作用,为达到"社会一致",在学习和教育过程中,要以行为科学为指导,更好地发挥和利用行为科学。

---

① 单中惠主编:《西方教育思想史》,山西人民出版社1996年版,第708~709页。

（三）学习过程以情感因素为基础

改造主义教育者认为，学习是与环境相互作用的，学习就是学会怎样用积极主动的手段改造社会文化环境，并与环境一起有益于社会的改造和发展。布拉梅尔德受美国心理学家弗洛伊德（Sigmund Freud,1856~1939）的精神分析学说的影响，认为人总会无意识地受到情感和非理性因素的影响，因为人不是纯理性的动物。因此，在学习的过程中，绝对不可以忽视和回避情感因素。为达到"社会一致"的教育目的，就必须以环境相互作用和情感因素为基础，使学生不仅在学校内外的活动中，也在获取直接经验和间接经验的过程中进行不断地学习。在此过程中，布拉梅尔德认为必须注意以下三点：第一，学习应该从经验开始，不仅重视直接经验，还要注重间接经验；第二，学习应该强调"一致意见"，并将它作为学生学习的知识，不仅在口头上而且在行动中都要达到"社会一致"；第三，在学习过程中培养学生的"民主精神"，将实施民主的过程作为学校本身的一项基本实践活动。

（四）课程设置以人文学科和社会问题为中心

改造主义教育提出要对传统教育的"不相连贯的教材的大杂烩"的课程设置进行改革，强调课程上要以人文社会科学为主，教学上以社会问题为中心，重视学科之间在一个统一的整体中的有机联系。布拉梅尔德设计了一种与"理想社会"相对应的课程模式，包括经济、政治、科学、艺术、教育以及人际关系等领域。这种课程模式的目标要与"理想社会"的总目标保持一致，以"社会改造"为原则，学习关于政治、经济、科学、艺术、道德、宗教等许多方面的知识；所学习的各门学科的内容要统一于与"社会改造"有关的社会问题；课程课时的安排要统一于解决问题的活动。布拉梅尔德提倡使用"问题解决法"，他认为这是一种基本的方法，教师应该使用适合学生年龄和环境的方法，利用实验研究、教具和社会实验等方式，开展以问题为中心的"活动课程"或"经验课程"，使之互相连贯，有机联系，形成一个统一的课程模式。

（五）教师应积极引导和严格要求

改造主义教育家反对传统教育强调教师只是传授知识、学生只是接受知识的观点，主张教师不仅要对学生传授文化知识和技能，还要注意教导学生怎样批判地和主动地应对整个生活环境；教师不仅要拥有自己的观点，而且还要允许和鼓励学生对自己的观点进行讨论、批评与质疑；在学生愿意接受的前提下，教师可以对学生灌输某种学说或者观念。在学校生活里，教师对学生应该采取民主讨论和劝说的教育方式，这样才能真正体现出"民主社会制度"下的教育。但是此"民主"并非是对学生的放纵，学校在民主的基础上应该有严格的纪律。

三、改造主义教育评析

改造主义教育实质上是美国教育界应对"危机"的一种态度和对策。它与进步教育、实用主义教育既有联系又有区别。进步教育和实用主义教育更注重手段，而改造主义教育更注重目的;进步教育和实用主义教育立足于学生的眼前问题,而改造主义教育要植根于未来"理想社会"。改造主义教育重视吸收不同教育思潮的观点,并将其应用到自己的教育模式中去,因此具有"折中主义"的特点。但是,改造主义教育终究不能解决美国社会的危机问题,最终在 20 世纪 60 年代后期受到社会冷落并逐渐衰退。

第三节 结构主义教育

结构主义(Structuralism)教育是 20 世纪五六十年代在西方产生的一种以结构主义思想为方法论和理论基础,突出培养认知能力和掌握学科结构的重要性,进而改进教学和课程的教育思潮。

一、结构主义教育的产生与发展

结构主义教育是在结构主义的基础上产生和发展起来的。结构主义是将语言学中使用的结构主义方法应用于其他学科的研究而形成的一种研究方法,20 世纪中期开始运用于社会学、人种学、心理学、历史学和教育学等学科,成为一种影响广泛的西方哲学思潮。结构主义教育源于皮亚杰(Jean Piaget,1896~1980)于 20 世纪 30 年代所创立的发生认识论。第二次世界大战后,美国心理学家和教育家布鲁纳(Jerome S. Bruner,1915~)等人在皮亚杰认知结构理论的基础上,对知识结构和学科结构进行了深入研究,把认知发展心理学理论应用于美国中小学的课程改革,直接发动了 20 世纪五六十年代的西方结构主义课程改革运动,这标志着结构主义教育的正式确立。

结构主义教育的主要代表人物是皮亚杰和布鲁纳。1959 年美国科学院在伍兹霍尔召开了中小学数理学科教育改革会议,布鲁纳以会议主席的身份主持了会议并作了报告。1960 年布鲁纳在总结会议教育改革精神的基础上,出版了《教育过程》(*The Process of Education*)一书,该书被视为 60 年代美国课程改革运动的纲领性文件和结构主义教育最重要的、最有影响的代表作。

二、结构主义教育的主要观点

结构主义教育并不是一个完全统一的教育思想流派,结构主义教育家的观点也不尽相同。但是,一般而言,大多数结构主义教育家持有以下观点:

(一)教学的任务是发展儿童的认知能力

结构主义教育认为,知识是人们构造起来的一种模式,这种模式是人所塑造的,追求知识就是发现知识具有的结构。认知是人们通过心理内部机制获得知识的过程,知识在认知过程中被转化为个体的经验和智慧,人的认知结构是在主客体相互作用中通过对所获得知识进行同化和顺应而形成的。教育是教育者引导学习者实现知识的转化,并使学习活动内化的构造过程。教育过程的核心就在于为受教育者的认知发展创造条件和提供帮助,教育和教学的任务就是促使学生的认知能力得到发展。

（二）掌握学科基本结构

结构主义教育认为,知识是人们给经验中有规律的事物以意义和结构而组成的一种模式,任何知识都是由结构构成和通过结构体现出来的。每一门学科的概念或知识都可以用一种极其简单的形式来表示,都存在着学科的基本结构。学科基本结构包括一门学科的基本概念、定义、原理、原则和方法,它揭示了这门学科的主要内容,并制约着这门学科的学习和探索活动。基本结构是学科的核心和概要,因此掌握学科的基本结构有助于理解和把握整个学科的内容;学科基本结构是一种经过高度提炼的简化知识,掌握学科基本结构有助于学生记忆;掌握学科基本结构,便于理解和认识整体学科,能够提高学习的迁移;学科基本结构可以缩小知识难度的差异,保持学习和知识的连贯性。所以,教学应围绕着学科基本结构来编排课程和教材,从而提高教学的效果。

（三）尽早教授学科基础知识

结构主义教育家从知识表象分类和儿童认知结构发展阶段理论出发,认为儿童认知发展的每个阶段都有认识和理解世界的独特方式,只要将学科内容转换为符合学生认知发展阶段性特点的知识形式,使之与儿童的认知结构和学习兴趣相吻合,任何一门学科的基础知识都能以一定的形式教给任何阶段的任何儿童。结构主义教育家批评了以往学校教育过于注重儿童学习的成熟因素,采取消极等待儿童学习时机到来的做法,认为儿童的学习准备状态并不是随生理年龄一成不变的。儿童的学习准备状态取决于环境与教育等多种因素,儿童自身具有内在的学习动机,内在动机是维持学习的基本动力,它对学生的选择性探索活动具有重要影响,是教学成败的主要因素。因此,尽早让学生掌握学科的基本结构是有效、便捷进行教学的主要途径,可以大大提高教学效率。尽早学习学科基础知识必须将知识改造成为与儿童认知发展水平相符合的形式,同时安排好具体的教学活动程序,使教学有利于儿童认知能力的发展和提高。

（四）倡导发现学习

结构主义教育家认为,学习一门科目不仅是掌握多少知识,更重要的是学会如何学习。学习是一种过程,而不是结果。学习的过程就是一个探索知识的过程,儿童的智力和科学家的智力并无本质区别,仅仅有程度上的差异,儿童学习的过程类似于人类发现新知识的过程,发现学习就是模拟真正的科学研究方法。发现法的实质是把现象重新组织或转换,使学生能超越现象进行再组合,从而获得新的领悟,包括寻找正确结构和意义。教育和教学中的发现学习并不局限于对未知世界或新知识的发现,学生通过认知活动而获得知识的一切形式都可以称为发现学习。发现学习就是引导儿童从事物表面现象去探索具有规律性的潜在结构的一种学习途径。结构主义教育家认为,有效运用发现法有四个前提:第一,鼓励儿童积极思考和探索;第二,要激发儿童学习的内在动机;第三,创设良好的学习情景;第四,培养学生运用假设、对照、操作的发现技能和思维习惯。

三、结构主义教育的特点与影响

结构主义教育具有显著的特点和影响。第一,结构主义教育家将现代信息社会的系统科学概念和方法引入教育领域;第二,结构主义教育将现代心理学和教育学相结合;第三,结构主义教育以课程和教学改革为核心推动教育改革;第四,结构主义教育思想具有时代感和创新性。结构主义教育为世界范围内的教育改革提供了心理学依据和理论基础,对现代教学与课程理论的改革与发展产生了深远的影响,直接推动了20世纪60年代的"结构主义课程改革运动"。

但是结构主义教育过分强调认知结构和知识结构对儿童发展的作用,导致课程、教学内容过于理论化、抽象化,造成教学内容和现实生活的脱节,一味追求儿童智力的发展,忽视了情感、道德等因素对儿童认知发展的影响。这也是以结构主义教育为指导的课程改革运动未能取得预期效果的主要原因。

第四节 新行为主义教育

新行为主义(Neo-Behavioralism)教育是一种试图以新行为主义心理学为基础来解决教育和教学问题的教育思潮。

一、新行为主义教育的由来

新行为主义教育产生于20世纪30年代后期的美国,60年代达到鼎盛。主要代表人物是美国心理学家、教育家斯金纳(B. F. Skinner,1904~1990)和加涅(Robert M. Gagne,1916~2002),主要代表作有斯金纳的《科学与人类行为》(1953)、《学习的科学和教学的艺术》(1954)、《教学机器》(1958),加涅的《学习的条件》(1962)和《教学设计的原理》(1969),其中《学习的科学和教学的艺术》被认为是新行为主义教育思想的宣言书。

新行为主义是相对于以美国心理学家华生(John Broadus Watson,1878~1958)为代表的行为主义心理学而言的,两者代表了行为主义两个不同的发展阶段。从20世纪初开始,以华生为代表的行为主义心理学家否定了传统心理学的研究对象——意识,认为心理学是一门行为科学。20世纪30年代,一批行为主义心理学家试图对行为主义进行改造,于是产生了新行为主义。同时20世纪30年代后风行于美国的操作主义客观上推动了新行为主义的发展。新行为主义教育的兴起与当时美国面临的教育困境也有着直接的关系。20世纪50年代后,实用主义教育导致美国教育质量严重下降,1957年苏联人造地球卫星上天,美国教育急需寻找出路和对策。在此情况下,结构主义教育力图从课程和教材的改革着手,而新行为主义教育则力图从教学方法和技术上有所突破。

二、新行为主义教育的主要观点

新行为主义心理学认为心理形成过程就是"刺激-有机体-反应"的模式,存在着主体内部的中介作用;主张研究儿童的操作性行为;强调强化的作用,行为受强化刺激所控制。依据这种认识,斯金纳等人将新行为主义心理学理论应用到教育理论探索之中。

(一)新行为主义心理学是解决教育和教学问题的基础

新行为主义教育对教学目的、课程、教学方法以及教师和学生的看法,都打上了新行为主义的烙印,否定认知科学在提高教学效果和教学质量方面的作用。按照斯金纳的意见,认知科学主张"行为起自有机体内部。我们先思考,然后再行动;我们先有观念,然后再把它们翻译成言词;我们先体验各种感情,然后再把它们表达出来;我们在行动以前先做出要行动的打算、决定和选择"。而"行为主义者则着眼于人类和个体的环境及环境史中以前发生的事件"[①]。这表明,在认知科学那里,行动的方向是从有机体到环境;而在行为主义者这里,行动的方向则是相反的。

(二)教学过程具有可操作性

新行为主义教育家并没有依据某种哲学理论来阐述诸如教育本质和教育目的等教育问题,而是着力于研究教学过程中具有操作性的学习理论以及教学方法和技术。斯金纳的"操作性条件反应"和"积极强化"理论以及他设计的教学机器和他所倡导的程序教学充分反映了这一特点。同时加涅的学习过程、学习结果分类和学习条件等理论也反映了这一特点。由于新行为主义者强调任何有意义的概念都应该能够通过操作得到验证,因此,他们在教育上的注意力必然会放在那些具有操作性的问题上。

(三)学习过程就是操作性条件反射的过程

斯金纳依据他对鸽子、白鼠、猴子的实验研究,认为有机体的一切行为都是由反射构成的,它可分为基于刺激性条件反射的应答行为和基于操作性条件反射的操作性行为。所谓操作性行为,即有机体作用于环境而产生某种结果的行为,其规律表现为:如果一种操作发生后接着给予强化,就会增加这一操作的强度和概率。在斯金纳看来,学习过程就是操作性条件反射过程,人的一切行为几乎都是操作性条件反射和积极强化的结果,任何行为也都是能够设计、塑造和改变的。因此,教育通过精心组织和安排行为强化的偶然性条件,可以达到保障人与社会良性生存的目的。对于个人来讲,它强调职业能力的培养,要求人学会学习,以保证人生存于竞争社会之中,因为这是一种适应富有多变性环境的必

[①] 瞿葆奎主编:《教育学文集·教学(上)》,人民教育出版社1988年版,第496页。

备能力。

（四）推行程序教学和教学机器

斯金纳认为,教育是按照"刺激—反应—强化"的程序进行的,按照这一程序进行教育训练,可以随意塑造一个有机体的行为。学生的思维最终必须用行为解释,而这种行为又都是由外界引起和受外界控制的。根据新行为主义操作条件反射学习理论,斯金纳提出了程序教学理论,并提出了开展程序教学的基本原则：一是小步子原则；二是积极反应原则；三是即时反馈原则；四是自定步调原则；五是低错误率原则。依据程序教学理论,斯金纳精心设计了程序化的教学机器,他认为,在学习过程中,对学生最积极的强化条件就是依靠教学机器的帮助,进行程序的控制和有效的强化。新行为主义教育家认为,教学机器具有许多优点。例如,能对学生正确的答案及时强化并有足够的强化次数和作用；能使学生按照自己可以接受的进度前进；能使教师从批改作业等烦琐事务中摆脱出来等。

三、新行为主义教育评析

20世纪60年代,以新行为主义学习理论为核心、以程序教学为鲜明特征的新行为主义教育,在美国以及世界上其他国家产生了很大的影响。由于新行为主义教育强调程序、操作(自主反应)、反馈(强化)在人的行为塑造中的作用,因而在很大程度上反映了人类学习的一些规律和要求；有助于学习理论的发展,并为计算机辅助教学的发展开辟了道路；以新行为主义学习理论为基础的程序教学为提高教学效率也起了一定的作用。

然而,由于新行为主义教育家忽视人类学习和动物学习的本质差别,把人类的学习归结为操作性条件作用,并据此设计的程序教学和教学机器,明显具有机械主义的特征；新行为主义教育家坚持认为心理学的研究只能以外显行为为研究对象才能成为像自然科学那样的客观化的学说,否定意识的意义,从而使他们的学习理论只局限在对外部行为的控制、塑造上,而忽略了对学习的内部过程及内部条件的研究,程序教学也没有取得原先所预想的教学效果。

第五节　终身教育

终身教育(Lifelong Education)是20世纪60年代兴起的一种旨在强调终身学习、教育整体化、教育民主化和教育革新,建立学习化社会的国际教育思潮。

一、终身教育思潮的形成

具有现代意义的终身教育思想发端于20世纪初。一般认为,英国成人教育思想家耶克斯利(Basil A. Yeaxlee,1883～1967)是最早明确提出终身教育概念的人。1926年,耶克斯利出版了代表作《终身教育》一书,明确提出教育应该贯穿于人的一生。美国教育家林德曼(Eduard C. Lindeman,1885～1953)于1926年撰写了《成人教育的意义》,认为将教育局限在青年时期是一种僵化的观念,主张教育即生活,生活就是学习,教育是没有止境的。1919年,英国成人教育委员会发布了《1919年成人教育报告》,明确提出成人教育是一种普遍的、终身的教育。该文件被认为是最早具有终身教育理念的官方报告。1956年,法国议会则首次在立法文件中使用了"终身教育"的概念。1965年联合国教科文组织在巴黎召开国际成人教育促进会第三次会议,法国教育家保罗·朗格朗(Paul Lengrand,1910～2003)以"终身教育"为题作了总结报告。会议把法文"终身教育"("L'education Permanente")一词译成英文"Lifelong Education",并且建议联合国教科文组织批准终身教育的原则。这次会议被看做是"终身教育"成为国际教育思潮的开端。

朗格朗是终身教育思潮的主要代表人物。1962年他成为联合国教科文组织下属的成人教育局负责人,并负责经济合作与发展组织(OECD)中与成人教育有关的项目。1970年他撰写的《终身教育引论》(An Introduction to Lifelong Education)作为联合国国际教育年的专著出版,其教育主张成为许多国家阐述和实施终身教育的主要依据。该书被认为是终身教育思想的代表作。

二、终身教育的主要观点

至今为止,人们对终身教育的认识和理解尚未取得一致,目前较为普遍的解释是,从时间上看,教育应贯穿人的一生;从教育形式上看,包括正规教育、非正规教育、学校教育和社会教育等。

(一)终身教育是现代社会应对多种挑战的需要

第二次世界大战以后,科学技术日新月异,发达资本主义国家经济增长迅猛,多角度的国际竞争加剧,教育受到前所未有的重视。但传统教育的缺陷在激烈的国际竞争中暴露无遗。据此,终身教育思想家们分析认为,现代社会需要终身教育。朗格朗认为,终身教育是现代社会应对人类所面临各种新挑战的需要。这些挑战包括:(1)世界变革速度加快的挑战;(2)人口增长压力的挑战,不仅要求学校教育在数量上有所发展,而且在教育的职能和性质上也有所改变;(3)科学技术的挑战;(4)政治挑战;(5)信息社会的挑战;(6)闲暇的挑战;(7)生活方式的挑战;(8)身心和谐的挑战;(9)思想意识形态的挑战。朗格朗认为,所有的挑战所具有的广泛性、复杂性和不可预测性动摇了传统的教育观念和教育方法,要求教育在目标、内容和方法上进行更新,建立一种新的教育模式,这就是终身教育。

(二) 终身教育是一个开放的概念

终身教育认为,学校教育并不能为人们提供终身生活或工作所需的知识和技能。理想的教育在于能使个人获得连续的发展和充分的自我实现。教育改革的目标是建立适当的结构和方法,保证个体学习和训练的连续性,同时使自我教育真正成为自我发展的对象和手段。因此,朗格朗认为,终身教育就是"一系列很具体的思想、实验和成就,换言之,是完全意义上的教育,它包括了教育的所有各个方面,各项内容,从一个人出生的那一刻起一直到生命终结时为止的不间断的发展,包括了教育各发展阶段各个关头之间的有机联系"①。其具体含义包括5个方面:第一,教育过程必须持续地贯穿在人的一生之中;第二,教育过程应该具有统一性和整体性;第三,终身教育没有固定的内容和方法;第四,终身教育强调人的个性发展,注重个性发展的连续性;第五,终身教育要求打破传统教育的体制。

(三) 终身教育的目标是实现美好的生活

朗格朗认为,终身教育的目标在于"实现更美好的生活",在于"从中吸取一切有益的东西,使人过一种更和谐、更充实、符合生命真谛的生活"②。终身教育的目标包含两方面内容:一是培养新人。终身教育认为教育的真正对象是人,既使人能够适应各种变化的挑战,又能培养富有个性的人,实现人的自我发展。二是实现教育民主化。朗格朗认为教育民主化的核心内容是教育机会均等,终身教育是"实现真正平等的手段",因为终身教育不仅在学校教育阶段,而且在人的整个一生中提供教育机会均等的可能。

朗格朗认为,制定终身教育的战略需遵循两项原则:第一,既要面向成人又要面向儿童与青少年。面向成人,必须根据具体情况发展成人教育,提供成人教育经费,加强成人教育立法,扩大成人教育网,改革成人教育的内容;面向儿童与青少年,必须根据现代社会的目标和要求来检验并改进普通教育的原则和方法。第二,设立长期目标和短期目标。长期目标就是按照终身教育的思想全面彻底地改造教育制度,最终达到一种"对于人性和人的愿望更加尊重的更有效和更开放的社会"③;短期目标是大力发展成人教育,以满足新的挑战所带来的教育需求;加强师资培训,突出教师作为教育者的作用。

(四) 终身教育的模式具有多样性

朗格朗认为,每个国家都有其自身的特点,要提出一种终身教育的模式是不可能的,但是可以遵循一定的原则,从中寻求解决问题的办法。这些原则主要包括:(1)要保证教育的连续性以防止知识的过时;(2)使教育计划与教育方法适应每个社会的具体要求;(3)在各个教育阶段都要努力培养新人,使之能适应充满进步、变化和改革的生活;(4)充

---

① 〔法〕朗格朗著,周南照等译:《终身教育引论》,中国对外翻译出版公司1985年版,第15~16页。

② 〔法〕朗格朗著,周南照等译:《终身教育引论》,中国对外翻译出版公司1985年版,第31页。

③ 〔法〕朗格朗著,周南照等译:《终身教育引论》,中国对外翻译出版公司1985年版,第74页。

分地运用各种训练手段和信息,摆脱传统教育在定义和组织形式上的限制;(5)要在各种措施(技术的、政治的、工业的、商业的活动等)和教育目的之间建立紧密的联系。根据这些原则可以建立许多终身教育模式,使教育成为生活的工具,成为使人成功地履行生活职责的工具。

三、终身教育思潮的发展

终身教育自20世纪60年代确立以后,经历了不断发展、丰富和完善的过程。联合国教科文组织在推动终身教育成为一种国际思潮方面起了重要作用。继《终身教育引论》之后,以埃德加·富尔为主席的联合国教科文组织国际教育发展委员会于1972年出版了《学会生存》(Learning to Be)一书,更为深入地论证和阐述了终身教育的思想,较为完整地表述了终身教育的概念,提出了"学习化社会"和"终身学习"的概念。1973年,联合国经济与合作发展组织出版了研究报告书——《回归教育——为终身教育的战略》,进一步丰富了终身教育理论。1996年,由雅克·德洛尔(Jacques Delors,1925~)任主席的国际21世纪教育委员会向联合国教科文组织提交了堪称里程碑式的报告——《教育——财富蕴藏其中》(Learning:The Treasure Within),该报告较为准确而理性地探讨了终身教育理论,明确表示终身教育是21世纪的关键所在,提出终身教育应该建立在四种学习支柱之上:即学会认知、学会做事、学会共同生活和学会生存,从而引发了以终身教育为基础创建终身学习社会的讨论和遐想。

但是,由于自身理论的不完善性和过分理想化,终身教育也遭到来自各方面的批评和非议。有学者认为终身教育是一个没有确切含义的"弹性思想",在政策和实践操作中没有可遵循的客观依据;有的教育家认为终身教育不过是指向成人教育的一个新名词;还有学者还认为,终身教育是一种"乌托邦",只是停留在理论或思想层面,是一种美好的理想。朗格朗本人也认为终身教育是一个非常复杂的概念,还不能为其下确切的定义。可见,终身教育的实施必然需要整个社会相关条件的必备和理论的不断成熟。然而,终身教育在很短时间内已成为一种影响广泛的国际教育思潮的事实,充分说明了其理论价值和现实意义。

第六节 新马克思主义教育

新马克思主义(Neo-Marxism)教育产生于20世纪60年代后期,盛行于20世纪70年代中期。其主要代表人物是德国的马尔库塞(Herbert Marcuse,1898~1979)和哈贝马斯(Jürgen Habermas,1929~),法国的布迪厄(Pierre Bourdieu,1930~2002),美国的鲍尔斯

(Samuel Bowles, 1939~)和金蒂斯(Herbert Gintis, 1940~)。他们运用马克思主义阶级斗争等理论观点和辩证法,对资本主义社会及其教育进行了深刻地分析与无情地批判,其思想具有一定的理论深度和见地,被称为"新马克思主义派"、"激进主义派"与"冲突派"。

一、影响新马克思主义教育形成的因素

新马克思主义教育的形成受三个方面的影响。(1)新马克思主义哲学思想的影响。20世纪初,虽然俄国十月社会主义取得了胜利,但是欧洲其他无产阶级革命却都以失败告终。面对这种境况,西欧的一些马克思主义者开始反思,力图重建马克思主义,这被看成是新马克思主义思潮发端的标志。(2)美国历次教育改革的失败。第二次世界大战后,美国为了与苏联争霸、缓和国内阶级矛盾,进行了多次教育改革,然而都以失败告终。鲍尔斯与金蒂斯于1968年在福特基金会的支持下,对美国教育改革进行了历时7年的考察,于1976年出版《美国:经济生活与教育改革》(Schooling in Capitalist America: Education Reform and the Contradictions of Economic Life),此书被称为"最著名的新马克思主义"代表作。(3)自由派教育理论解释功能的失败。在美国"向贫穷开战"的教育改革中,自由派曾兴盛一时。但是随着美国教育改革的失败,社会中长期存在贫困与不公正现象,使公众对自由派教育产生怀疑,致使其不断走向衰败。新马克思主义教育正是在这样的背景下形成与发展的。

二、新马克思主义教育的主要观点

新马克思主义教育并不是一个十分统一的教育思潮,但归纳起来主要观点包括以下几点:

(一)教育与社会是对应关系

新马克思主义教育者认为,教育不是一个封闭的独立系统,而是社会系统的组成部分,是由国家、统治阶级或者劳动市场控制的系统。"教育系统与其说是按照教师和行政管理人员在日常生活中的自觉意图来运转,不如说是通过影响劳动场所个人关系的社会关系,与教育系统的社会关系之间的紧密对应来运行的"[①]。鲍尔斯和金蒂斯的教育与社会对应的观点,充分展示了资本主义社会的经济、政治与教育之间的控制与被控制的关系,社会与个人之间的控制与被控制的关系,有利于理解资本主义社会教育与经济、教育的实用主义与功利主义的特点。但是其教育与社会关系的分析观点简单、肤浅,只停留在制度层面上,没有深入到经济基础与上层建筑、生产力与生产关系的内在关系,从根本上

---

① [美]鲍尔斯、金蒂斯著,王佩雄等译:《美国:经济生活与教育改革》,上海教育出版社1990年版,第16页。

否定了教育的内在规律,视教育为政治和经济的傀儡。

(二) 教育属于上层建筑

新马克思主义教育家认为,资本主义社会的主要目的是创造剩余价值,而学校就是将个人需要纳入剩余价值生产过程的一种机构与组织。教育其实是在传递技术与技能,提高劳动者的生产能力,以及在缓和生产过程中阶级矛盾的掩盖下,传递阶级意识的工具。教育的真正作用就是作为维护资本主义政治与经济的不平等、不公正的工具,目的是为资本主义经济的剥削性质与不平等做掩护。新马克思主义教育者把教育视为上层建筑,国家意识形态的工具,并对此进行了深入的分析,揭露了教育作为国家、阶级意识形态传递的工具,批判了美国教育促进个人机会均等的虚伪。

(三) 教育具有生产关系再生产的职能

新马克思主义教育家强调,在资本主义社会中,统治阶级有两大教育目标:一是劳动力的再生产;二是生产关系的再生产。这也是新马克思主义教育"再生产"理论的核心要点。在他们看来,教育具有三大职能:一是生产关系再生产职能,主要目的是缓和阶级冲突关系,强化资本主义的阶级意识,使劳动者服从并受阶级控制与支配;二是个人发展的综合职能,目的是为了让学生适应现实生活的不平等;三是加大个体差异的职能,目的不是缩小而是扩大阶级差异。

(四) 教育变革的基础是经济民主制

新马克思主义教育的最终目的就是在考察美国历次教育改革失败的基础上,寻求教育变革的出路,从而摆脱美国教育的困境。通过对美国教育改革史和社会变革史的考察与分析,新马克思主义教育家确定了教育变革的方向、基础与动力。这种教育是"美国式社会主义"的有机组成部分,在这种社会和政治经济环境下的教育将有利于促进个人能力的圆满发展,在发展中不断地形成合作、民主、平等和共同参与的人际关系,形成平等、民主和充满人道主义的教育,这就是教育变革的方向。新马克思主义教育家认为,只要经济上存在不平等,政治上存在不平等,教育就必定是再生产不平等的工具。因此他们指出教育变革的基础就是经济民主制。而教育改革的动力就是家长、学生和教师的平等主义、人道主义的政治意识。

三、新马克思主义教育评析

总之,新马克思主义教育作为批判资本主义社会与教育的理论,以其新颖的观点和尖锐地批驳,对西方教育思想产生了极大的冲击与影响。其对资本主义社会学校教育的阶级属性、教育本质以及教育与社会经济、政治、文化之间的关系所进行的深入考察与分析,观点新奇,视角独特,具有一定的时代意义。

但是,新马克思主义教育者在理解与运用马克思主义理论和方法的同时,又混杂了大量其他非马克思主义的思想,并且借口当代资本主义社会的新情况对马克思主义进行了不适当地曲解,对教育问题的分析过于片面肤浅,因此新马克思主义教育并不是真正的马克思主义教育。有的学者这样客观评价了新马克思主义教育:"它从正统马克思主义那儿借用了其所需要的东西,如概念、范畴,甚至命题,以构建自身,因此它'形'似马克思主义。实质上由于面对的是新的对象、新的问题、新的时代,它批判地重新诠释了马克思的许多范畴与命题,并宣称是对马克思主义的发展和修正。虽然它逐渐远离了正统马克思主义,有偏激和不妥的一面,但它的理论却为这个时代带来了新思维和新方法。"[①]

第七节 存在主义教育

存在主义(Existentialism)教育是一种以存在主义哲学为价值取向进而阐述教育思想的思潮。

一、存在主义与教育

存在主义首先产生于德国,其主要代表人物是海德格尔(Martin Heidegger,1889~1976)和雅斯贝斯(Karl Jaspers,1883~1969)。1927年海德格尔发表了《存在与时间》一书,被认为是存在主义产生的标志,第二次世界大战后存在主义的中心由德国转移到法国。存在主义虽不是一个统一的哲学流派,但具有某些共同的理论倾向。"存在先于本质"是存在主义的基本论点,将人的主体性看做是认识事物的出发点。存在主义哲学家很早就开始关注教育问题。1923年奥地利的布贝尔(Martin Buber,1878~1965)撰写的《我与你》,论述了教育目的和教育方式等问题,1939年他又发表了存在主义教育的重要代表作《品格教育》,提出了存在主义教育的道德教育思想。因此,布贝尔被看成是存在主义教育的主要代表人物。

存在主义教育是存在主义哲学思想的引申,是以存在主义哲学为基础对教育进行研究而形成的一股潮流。它以存在主义的"存在先于本质"、人的主体性、自我选择、自我发展和自我实现等核心命题为基础,对现实学校教育进行反思和诘问,提出了一些颇具价值、令人深思的教育观点,表现为人本主义、主观主义、非理性主义和个人主义的色彩。

二、存在主义教育的主要观点

存在主义教育并不是一个完整和系统的教育思想体系。但是,存在主义哲学对教育领域具有十分强烈的冲击作用,许多存在主义思想家对教育的分析研究影响了教育理论

---

① 唐莹著:《元教育学》,人民教育出版社2002年版,第319页。

和实践指向,并形成了一些基本的教育观点。

(一)教育的目的就是认识到自我的存在

存在主义教育是以"人的存在先于本质"为基本命题来研究教育的。存在主义者认为教育的目的就是使每一个人都认识到自己的存在,并通过绝对自由、自我选择和自我创造,从而达到"自我完成"。人是教育的主体,教育要使学生认识到"人的存在",人是在存在的过程中创造自己的。教育应该使学生通过自我表现、自我肯定,从而意识到自我的存在。存在主义教育反对传统的教育目的观,主张抛弃三种传统观念:即教育首先是为了使文化遗产永存而建立的社会机构;教育是传递永恒真理的途径;教育是使青年适应社会生活的工具。因为传统的教育观单纯强调教育的社会功能,忽视了教育促进个人自由发展的功能。所以,教育应该为个人而存在,发展个人意识,形成真诚、自由选择和负责的生活态度。

(二)教学就是形成人的品格

存在主义认为,人的存在体现为人的自由,知识可以增进人的自由,知识并不是外在于人的因素,而是人实现自由的工具。所以,学校不能将知识作为教育的中心,更不能将教育变成某种职业训练,掌握知识不是学校教育的目的,学校教育的主要任务是形成学生的品格。只有那些能使学生从中得到自我实现并且认识世界的知识才是重要的教学内容。知识的教学还应该与学生的情感世界相联系,知识只是培养自我的手段,教学内容的重点应该从事物世界转移到人格世界。大多数存在主义者主张以人文学科作为教学的主要内容。人文学科,诸如历史、文学、哲学、艺术、宗教等有助于学生进一步认识人的本质与人存在的意义,能够使学生的心灵受到震撼,从而激发学生的思想感情。人文学科比其他学科更深刻地、直接地表现人的本性和人与世界的冲突。人文学科包含创造性的活动,绘画、艺术、创作等活动可以使人通过自己的自由选择,发现自我,形成创造精神。

(三)教育方法应是个别教学和师生对话

存在主义教育认为,从本质上讲,教育就是学生个体认识自我和发展自我的过程,属于个人的事情。教育就是为了学生认识到自己的存在。而以往的团体教学方法过分强调教育的标准化和一致性,用团体精神掩盖个人的存在,实际上制约和阻碍了个人的发展,不利于学生认识自我和发展自我。教育者应该把学生当做一个独立自主和自由发展的人,积极鼓励学生独立思考。存在主义教育运用教育方法的基本要求是允许学生最大限度地自我表现和自我选择,因此,在教学组织形式上重视个别教学,在教育方式上提倡师生对话,在具体运用过程中主张采用苏格拉底法。存在主义教育家认为个别化的教学适应了学生的个性和个别差异,为学生探索认识自我的存在提供了可能。团体教学应该以教育个人为目的,促使个体通过利用团体教学达到自我发展的最终目标。

(四)道德教育就是教会学生自由选择

存在主义教育家对西方社会精神与道德领域的颓废深感忧虑和不安,强调道德教育或品格教育在人的自我发展中的作用。他们认为道德是人所具有的行为和态度的内在精神品质和德行,是人的外在行动和内在本质之间的纽带。所谓传统的永恒道德准则实际上是不存在的,真正的道德教育是帮助学生学会自由选择。道德教育主要应该让学生在自由的活动中,去自觉地感受社会责任感的约束,去进行自我抉择,培养个人的道德判断力和行为抉择能力。有效的道德或品格教育必须建立在师生对话的基础上。教师应将那些根植于人的正常生活需要中最基本的、稳定的道德因素列为道德教育的范畴;要明确指出个人的自由行为可能对他人的影响以及对自由抉择的行为负全部责任;教师在道德教育中不宜带任何明显或隐含、诡秘的动机,更不要进行伦理说教;师生之间的共同相处应该建立在相互信任的基础之上;学校应该明确纪律和自由的关系。

（五）师生关系就是对话的关系

存在主义教育反对以往的教师观:实在论者将教师视为知识的灌输者;实用主义者将教师视为指导学生解决疑难问题的指导者;唯心论者将教师视为学生仿效的表率。存在主义教育则认为教师是学生自我实现的影响者和激励者,教师的任务是引导学生走向自我实现。在教育和教学过程中,教师是创造者和引导者,既要尊重学生的主观性,又要维护自身的主观性。学生是自由的选择者,享有对教育内容和教师创造活动的选择权。教师与学生之间的关系是"我与你"的"对话"与"交流"。在教育和教学中,教师与学生呈现为一种"对话"关系,师生互为主体,是平等的"相遇",彼此相互信任,又不相互迁就。优秀的教师既能够对自己的自由负责,也能为学生的自由负责,对学生的影响是直接而又持久的。师生之间需要建立一种相互信任的、民主的平等关系,相互信任是教师了解、影响和教育学生的唯一途径,是形成良好教育气氛的前提,真诚的对话是建立平等的信任关系的途径,教师所具有的亲切、快乐、明朗、忍耐和希望等美德是开展有效对话的条件,善于处理师生之间的冲突是使对话具有教育意义的保证。

三、存在主义教育评析

存在主义教育不是一种系统、广泛和统一的教育思潮。存在主义者并没有刻意地去建立自己的教育思想体系,所谓的存在主义教育多为受到存在主义哲学思想影响的教育家们对存在主义哲学思想的引申或描述性的注释。存在主义教育家的观点并不完全一致,早期存在主义的教育观与后期的存在主义教育观也不尽相同。

存在主义教育对西方现实制度化的教育和传统教育理念予以完全否定,认为现有的教育是以社会化的需要为目的,学生个体自由发展的必然性受到压抑;学校以理性的发展为目标,灌输抽象的概念和科学的客观性价值观,泯灭了学生独立的个性和创造性。存在主义教育提出了许多颇具价值的教育主张,但夸大了人的自由、自我设计、自我发展在教育中的地位,使其教育主张客观上带有偏激性和片面性;忽略了客观事物和外在因素对人的发展的影响,过高估计了学生个体的主动性,降低了学校和教师的教育作用;过分强调教育依附于个人的意志和自我选择,社会和教育服从于个人的自我发展和个人的生成,表现出极端个人主义的倾向。

第八节 分析教育哲学

分析教育哲学(Analytic Philosophy of Education)是一种将分析哲学的方法和原则应用于教育研究领域的教育哲学思潮。

一、分析教育哲学的由来

分析教育哲学是在分析哲学的基础上产生和发展的。分析哲学产生于19世纪末20世纪初,是现代西方哲学主要思潮之一。分析哲学主张运用分析的方法对基本概念和语义进行澄清,反对逻辑研究中的心理主义,认为哲学的任务就是对语言的意义进行描述和解释,以达到"清思"的目的,从而促成哲学研究从认识的内容转向了认识的表述、从心理概念转向了语言形式的"语言转向"。

分析哲学学派林立,其中有代表性、对教育影响较大的两个分支是逻辑实证主义和日常语言学派。1942年,分析教育哲学的先驱哈迪(Charles D. Hardie,1905~)出版了《教育理论中的真理与谬误》,成为第一本正式运用分析哲学方法研究教育问题的著作,20世纪50年代至60年代分析教育哲学成为西方教育哲学的主流并达到鼎盛,70年代后期开始逐渐衰落。分析教育哲学的主要代表人物有英国著名分析教育哲学家奥康纳(Daniel J. O'Connor,1914~)、美国著名分析教育哲学家、"美国派"主要代表人物谢夫勒(Israel Scheffler,1923~)、英国教育哲学家、"伦敦派"代表人物彼得斯(Richard S. Peters,1919~)等。

二、分析教育哲学的主要观点

分析教育哲学是分析哲学渗透到教育研究领域的结果。教育家们纷纷借助分析哲学的方法研究教学过程和课堂实践等实际问题,促使分析哲学进入教育研究领域。

(一)教育哲学是一种"清思"活动

分析教育哲学认为教育哲学并不是一个知识体系,而是用分析哲学的方法对教育理论中的概念和命题进行检验,帮助教育工作者辨明教育理论和教育实践中所遇到的先验的、模糊不清的概念、术语和定义的一种方法和工具。

(二)教育哲学的任务是澄清教育领域的概念和命题

分析教育哲学认为教育哲学并不能为教育工作者提供教育准则,设计教育方案,更不能发布指令,而是对教育领域的概念和命题进行澄清,使教育概念清晰明了,避免教育研究和实践中概念混乱、争论不休,使教育理论科学化,促进教育的发展。分析教育哲学对来自教育理论和实践的概念和术语进行了缜密的分析,如"教育"、"教学"、"课程"、"知识"、"兴趣"、"训练"、"发展"等,认为这些概念是"元教育概念",具有普遍性,只有澄清这些概念,才能为进一步深入探讨教育问题做好必要的准备。

（三）用逻辑和语言的分析方法研究教育

分析教育哲学认为教育理论和实践的纷争与混乱是由于对语言的误用、误解和表达不确切,应当对教育理论和实践中的语言进行分析,使教育概念、术语和命题更加清晰、合乎逻辑,避免因对语言的意义使用不当和理解歧义而产生混乱和不必要的争论。分析教育概念、术语和定义充分与否的标准有两方面:逻辑实证主义运用逻辑的标准,要求澄清教育问题的不同逻辑类型,考察逻辑陈述的连贯性;日常语言学派强调日常语言的标准,要求教育问题的概念、术语的意义要与日常语言的法则一致。

三、分析教育哲学的意义和局限性

分析教育哲学的意义在于使教育理论研究重视语言和逻辑在表述教育概念或命题中的规范,注重澄清教育思想和概念的意义,消除由于概念的含糊不清或模棱两可而引起的不必要的争论和讨论,避免教育理论中的常识性错误和情绪性指令,使教育理论更加科学化。分析教育哲学重视教育的实践意义,将教育哲学作为动词理解,充分发挥了教育哲学的分析批判功能,主张教育哲学应尽可能少用玄虚的思辨哲学术语,重视对课堂教学和教育实践中所使用的术语和概念进行分析,使教育哲学朝着贴近教育实践的方向发展。

但是,分析教育哲学也有其必然的局限性。许多分析教育哲学家没有考虑教育中的价值和道德问题,放弃了价值判断,忽视教育自身的特点,一味强调教育理论的价值中立。分析教育哲学的分析方法把判断分析充分与否的标准确定为所分析的概念、命题与日常语言的使用是否符合,忽视了日常语言自身的不确定性和语义的多样性。分析教育哲学的语言分析往往成为繁琐哲学的一种新形式,实际上是脱离了教育实践的发展。

第九节 人本主义教育

人本主义教育(Humanistic Education)教育是20世纪中期产生于美国的一种以人本主义心理学、西方人文主义教育为思想基础,以存在主义和现象学为认识论和方法论基础,以人性为本位,以培养自我实现的、完整的人为教育目的的教育思潮。

一、人本主义教育的产生和思想基础

人本主义教育产生于20世纪50年代的美国,并很快传到西方其他国家,60年代趋于成熟,70年代进入鼎盛期,此后,逐渐开始对西方教育理论和实践产生广泛而又深刻的影响。

人本主义教育产生的社会背景是第二次世界大战后西方国家经济与科学技术迅速发展而带来的新问题。战后资本主义经济的迅速振兴和科学技术革命导致人的异化现象日趋严重,科学技术和知识成为工具,人失去了自我而异化为物,社会价值观念体系面临瓦解。许多思想家和教育家试图从人的内心世界寻求价值目标,从而找到摆脱精神困境的思想和方法。美国教育自身所面临的变革需求是人本主义教育思想产生的直接诱因。人本主义教育的思想基础是人本主义心理学、存在主义和现象学。人本主义心理学家从反对行为主义和精神分析出发,主张通过研究人的创造性、主动性和自我实现来揭示人的真正本性,从而提高人的尊严和价值,为人本主义教育产生提供了直接的理论基础。

人本主义教育的主要代表人物是美国的马斯洛(Abraham Harold Maslow,1908~1970)和罗杰斯(Carl R. Rogers,1902~1987)。

二、人本主义教育的主要观点

人本主义教育并不是一个系统的教育理论,而是一种以人本主义心理学为基础、突出"以人为本"理念的教育思潮。

(一)教育的目标是培养自我实现的人

人本主义教育家认为,自我实现是人对天赋、能力、潜能的清晰认识和充分表现,并努力去实现之。它是人的健康思想行为和精神状态的标志,是人类需要的最高层次和潜能的体现,是人格发展的终极目标。自我实现具有利他性、超越自我性和社会性,表现出人类所具有的完美人性和极致的境界。教育的最终目标就是培养自我实现的人,完整性、动态性和创造性是自我实现的人的最显著特征。首先,人本主义教育者认为自我实现是培养"完整的人"(Whole Man),"完整的人"是指在身体、智力、精神和心灵诸方面融为一体并能自由地用理智和情感去认识和处理事务的人,具体包括人自身内部的整合和与外部的整合。其次,自我实现的人是动态中的人。自我实现是人的潜能不断得以彰显的一种动态形成过程,完整的人只有与形成过程中的人相结合才能达到自我实现的目标。最后,自我实现的人是具有创造性的人。创造性是人的一种固有潜能和与生俱来的特质,体现了完整的人的整体性和动态性,它作为一种特殊的洞察力、创新的人格、活动和态度,潜移默化在日常生活之中,表现为一种过程而不是具体的成就。

(二)以个体的自我实现为基础编排课程

针对传统学校和主知主义因片面追求知识传授和学科中心课程所导致的教育弊端,

人本主义教育将课程理解为满足个体自由生长和人格整合需要的过程,要求课程的编排从学科中心主义转向重视个体的自我实现。人本主义教育家认为,人本化课程以尊重完整的人的特征为原则,使自我实现的人在语言、身体、精神、情感等诸方面达到一体化,使课程建立在学生的需要、生长的自然模式和个性特征的基础上,将理智和情感和谐地结合在一起。因此,课程的设置应与学习者的生活经验相联系,创设学习者积极参与和选择的氛围。同时,自我实现既有认知的发展又有情感的发展,知识教育的人本化要从知识本身内含的人性因素入手去建立认知和情感之间的内在联系,而人的审美需要是促进人格完善的重要因素和途径,对美感的高度敏感的体验就是高峰体验,是美育的重要内容。所以美感教育是培养自我实现的人的最佳途径和方法,实施情感教育是人本化课程的主要特征之一。

（三）教师是学生自我实现的促进者

人本主义教育认为,人具有发展的潜能,学习是自我促进的过程,教育的作用就是为学习者创造最佳的学习条件,即创设一种自由的学习和发展的氛围。故此,在教学中创造积极的学习环境是人本主义教育的一项基本教学原则和方法,即创设一种真实的、关心的和理解性倾听的学习氛围。教师是学生自我实现的促进者,而不是知识的占有者和传授者。教师的促进作用表现在帮助学生成为完整的人、有利于学生潜能的实现、重视学生的情感教育以及使学生发现学习经验的个人意义。故此,作为促进者的教师应该是一个具有积极自我概念(包括自信、乐观、良好的心境、对自我能力的信任和亲和力)、善于接受他人(包括认同、理解、尊重和平等地对待他人)、个性特征明显、掌握教学机智的健康而优秀的人。人与人之间的互助关系是每个人情感体验所依赖的基础,并体现出尊重他人的价值取向,建立这样的人际关系有利于人的幸福与健康的实现。所以,学校教育和教师要在与学生的相互作用中帮助学生,重视健康的心理氛围对学生学习的影响和作用,关注积极的情感体验对学生学习的价值与意义,要求教师必须真诚地对待学生,充分地相信学生,以转变角色的移情性来理解学生。

（四）倡导非指导性教学

人本主义教育坚持认为,教学理论要适应未来社会发展的需要,适应社会未来变化的趋势,学校必须真正按照人本主义的精神,为社会培养完全能够适应社会变化需要的有用人才,使所学知识与未来发展之间处于一种和谐的平衡。人本主义教育批评传统教育将学生置于被动、服从的地位,教师实际上起着控制性的"指导"(Direction)作用,学生的潜能得不到充分的释放和实现。因而,在教学过程中就必须为学生提供一个能使个人潜能充分实现的、和谐的、自由的学习环境,实施自由的、情感性的"非指导性教学"(Nondirective Teaching)。这种教学不仅仅是一种教学方法,更重要的是,它是一种哲学信仰和价值观的选择,即学生有权利选择他们自己的生活和学习目标。人本主义教育要求师生共同参与学习过程,使学习渗透到学生的活动、态度和个性之中,学生自我指导的能力可以在学校提供的经验中获得。以学生为中心的教学过程反对使用外部评价标准,提倡寻求一种内部标准,鼓励学生自己参与评价,从而促使学生的创造性得以提高。

三、人本主义教育的特征和影响

人本主义教育的主要特征是将人的主体性作为教育的出发点和归宿,通过使学习者的理智和情感的和谐一致以及人性内在潜能的显现,达到个人的自我实现和完整人格的养成。人本主义教育受存在主义和现象学的影响将人性作为理解教育的根本所在,以完整的人的发展为教育的价值取向;把自我实现当做教育的核心概念,认为人的自我实现是人性固有的潜能得以不断实现的一种动态形成过程;把人的发展看成是内在潜能的充分实现。

人本主义教育对西方教育理论和实践具有重要影响,对当代西方学校教育的发展方向具有牵引作用,已经成为当代教育理论不可或缺和回避的价值取向。人本主义教育理论对西方教育改革特别是课程改革具有深远影响。人本化课程理论取代了结构主义教育对西方教育改革的主导地位,逐渐成为70年代后西方课程改革的理论依据之一,课程的人性化已经演化为一种具有共识性和普遍意义的教育理念。不过,人本主义教育过分强调个体的重要性和个人主义的价值观,夸大了人的内部潜能的作用,把个人的自我实现理解为绝对的、唯一的,排斥了社会价值的重要性,其结果是导致个人的自我超越社会的整体,忽视了社会环境等后天因素对个体发展所起的制约性。

第十节 后现代主义教育

后现代主义(Postmodernism)教育是20世纪后半叶在西方社会广泛流行的一种教育哲学思潮。

一、后现代主义

后现代主义是后现代社会对当代西方文明进行反省批判的产物,反映了西方文化转型过程中的新动向和新观念。后现代主义具有以下共同特征:一是反基础主义、反本质主义;二是对科学合理性的质疑;三是对传统话语的解构;四是不确定性及可能性。主要代表人物有法国的福科(Michel Foucault, 1926~1984)、拉康(Jacques Marie Lacan, 1901~1981)、德里达(Jacques Derrida, 1930~2004)、利奥塔(Jean-Francois Lyotard, 1924~1998),德国的哈贝马斯,美国的贝尔(Daniel Bell, 1919~)、理查德·罗蒂(Richard Rorty, 1931~2007)等。

后现代主义教育作为整个后现代主义思潮的一部分,是在人们为了使教育适应"后工业社会",对教育"现代性"进行深刻反思的基础上形成的。

二、后现代主义教育的基本观点

在西方教育理论界,属于后现代主义教育的理论和学者并不是一个统一的学派,也很难用一句话概括后现代主义教育的思想或主张,它对教育的影响主要体现在教育研究方法论、教育目的观、课程观、教师作用及师生观等方面。

（一）教育研究

后现代主义教育强调多元,崇尚差异,主张开发,重视平等,推崇创造,否定中心和等级,质疑绝对真理的合法性。德里达的"解构"概念对后现代主义教育学者影响很大,后现代主义教育学者运用"解构"方法对现行教育研究方法进行全面否定。

首先,消解"同一性",强调差异性。具体表现为:一是用差异取代普遍性而表明事物的不确定性;二是鼓励多元的思维风格;三是消解权力话语的一统性。它不是寻求教育的规律和正确理念,而是强调教育上的"差异性"和"不同的声音"。其次,"去中心"和"边界松散"。"去中心"不仅是指学科知识的"去中心",而且还包括教育权威、教育控制和教育措施的"去中心";"边界松散"指的是以往教育狭隘的定义和范围是不合理的。再次,向往一种新的教育方式。现代性的教育倾向于英才教育,后现代的教育使不同文化背景下的学习者能够以不同方式、最大限度地享受教育。最后,研究范式的转变。后现代主义教育以语言范式取代了以往的意识范式,强调研究焦点不再集中于认识主体和意识内容,而转向语言学的讨论,讨论主体群之间的活动及关系。

（二）教育目的观

后现代主义教育认为,"现代性"教育目的往往是为了培养优势文化的支持者,强调教育的"文化中立性",以此推演出一套教育民主和平等的理念。后现代主义教育学者在对"现代性"教育目的反思和批判的基础上提出教育目的的多元性。首先,教育应该造就一批具有批判能力的公民,这种公民能够认清优势文化的独霸性以及文本的集权性,通过对多元文化的认识跨越文化边际。第二,教育最重要的目标就是促进学生对社会的认识和了解,建立各种社会责任感。教育是取得个人及社会权力的工具,教育过程中应该确立一个先决条件,把自我及社会权力的获得的重要性放在知识积累之前。第三,教育目的在于建立一种文化与社会环境和睦相处的社会文化氛围,培养具有教育生态意识的未来公民。教育需要以生态为本建立自身理论,因此,教育要摆脱理性主义的统治地位,摆脱欧洲优势文化的控制,建立一种与自然相和谐的环境教育。第四,教育目标应在于求得一种内部和平。这种教育要把家庭中的平和、安定及各社会成员之间的和平相处扩充到整个社会乃至国家,以避免一种利益的相互冲突状态,使整个社会充满和谐。

（三）课程观

后现代主义教育从不同的角度提出了各种各样的后现代课程观,其中较有影响和具有代表性的有三种:一是以注重相互依存和维持生态为主题的课程观。这种课程观主要是针对现代主义和科学主义倾向,以及人为导致的生态环境的严重恶化和整个人类生存危机的现状提出来的。二是以平等、民主等思想为主题的课程观。主张构建一种注重物质生产、意识形态价值、阶级关系、社会权力关系中的种族、性别和政治经济关系,以及由这些问题对人的意识形成的影响的课程理论。三是以混沌学和无限宇宙观为基础,以批判改造为宗旨的课程观。这种课程观吸收了自然科学、改造主义教育和经验主义思想,提出后现代课程是建构主义的、非线性的,具有四个替代泰勒原理的基本课程标准,即丰富性(Richness)、回归性(Recursion)、关联性(Relation)和严密性(Rigor)。据此课程目标不是预先设定的,课程内容不应是绝对客观的和稳定的知识体系,课程实施不应注重灌输和阐释,所有课程参与者都是课程的开发者和创造者,课程是师生共同探索新知识的发展过程。

(四)师生观

后现代主义教育认为,教师的任务不仅仅是传达知识,而在于"转化智慧",协助学生认清各种意识形态、权利与知识之间的关系,借以培养一种批判能力,最终解放自己。教师是学习共同体中的一个领导者,是学习者团体中的一个首席平等成员;教师的地位和权威没有被抛弃,而是得以重新建构,从外在于学生情景转向与情景共存;教师的作用不在于传授真理,而在于激发学生的想象力,教师与学生必然产生对话。总之,后现代主义教育的师生关系是合作对话、平等民主和互惠式关系,而非单一的先知与后知、控制与被控制、主体与客体关系。

三、后现代主义教育简评

后现代主义教育对现行的教育研究方法进行了颠覆,对"启蒙时代"以来科学的"神话"也做了无情的鞭挞。后现代主义教育引起人们重新思考对"科学"的看法;更注重教育的对话性和理解性;强调教育的多样性与差异性,寻求教育的不同声音;更是通过学校的课程来具体扩大其影响的。后现代主义教育是一种理想的追求:一方面,在教育系统中,它重视学习者的主动性和自主性;另一方面,要求教育者具有超前的思想观念和高超的教育教学水平,而且还要有充分完备的物质条件。后现代主义教育以其犀利的批判锋芒,对现代西方教育的种种弊端进行了揭露和批判,刺激了现行教育理论研究。然而,后现代主义教育对差异性、多元性和边缘性的提倡有过于绝对化之嫌,往往会使人忽视一些共同性的规律,最后有可能沦为一种新的教育乌托邦。

第十一节 建构主义教育

建构主义（Constructivism）教育是当代西方思想界运用建构主义哲学认识论来解释教育现象的一种思潮。建构主义是20世纪80年代在美国兴起的一种哲学认识论，最早明确提出建构主义概念的是瑞士心理学家皮亚杰，此后的维果茨基（Lev Vygotsky,1896~1934）和库恩（Thomas S. Kuhn,1922~1996）等人也从不同的角度补充和丰富了建构主义理论。

一、建构主义教育的基本观点

建构主义在其产生和发展的过程中，呈现出各种不同的倾向和范式，但都与传统认识论模式不同。它们普遍采用一种超二元论的方式来看待知识，每一种范式都十分重视知识是如何在动态互动中形成的。建构主义理论将注意力放在了人的认知问题上，提供了关于学习过程的新观点。

（一）知识观

建构主义注重知识的客观性与主观性的辩证统一，注重以建构为主导的知识的结构与建构的辩证统一，注重以发现为主导的知识的接受法与发现法的辩证统一，注重明确知识与默会知识的统一。

建构主义者强调：第一，知识的建构性。建构主义者认为知识主要是个人对知识的构建，每个人都是在自身基础之上来建构知识的。第二，知识的社会性。个人和社会是知识的又一个十分重要的维度。前者将知识看做是居于个体内部的，而后者则认为知识是内含在团队或共同体中的。知识正是通过个人与社会之间的互动与转化的形式构建一个完整的、发展的知识观。第三，知识的情境性。知识并不是问题的最终答案，而是立足于对现有问题的猜测性解释，是人们目前对现实世界的一种较为可靠的解释和假设，是在不断的猜测和反驳中发展起来的。第四，知识的复杂性。知识不是信息，知识要比信息复杂的多。复杂知识的主要特征是结构的开放性、不良性，知识的建构性、情境性和引用的不规则性。第五，知识的默会性。默会知识（tacit knowledge）是明确知识（explicit knowledge）的基础，明确知识是由默会知识转化来的，默会知识和明确知识不仅互为前提，而且还在一定条件下互相转化。

（二）学习观

建构主义者认为，学习是学习者基于自身原有经验主动建构的过程。首先，它强调学习是以学习者主动为前提的；其次，强调学习是以个体已经拥有的知识、经验为基础的，而不是以"白板"和"空洞"等为隐喻的心理为前提；最后，强调学习是一种学习主体的自我构建,而不是一种单一的、外部的"装载"或"输入"。

（三）课程观

建构主义课程观强调课程是一种参与者主体意义的构建,是与建构主义知识观、学习观相适应的一种新的课程观。建构主义对知识与学习的概念重建,必然导致观念与课程设计原则的更新。

首先,建构主义的课程观强调用情节真实、复杂的故事呈现问题,营造问题解决的情境,以帮助学生在解决问题的过程中活化知识,把事实性知识变为解决问题的工具。其次,建构主义课程观强调课程目标的"生成－表现性"。这种目标是指在教育情境中随着不同问题的不断解决而生成的与教师和学生个体的主观价值紧密相连的目标,其特点是强调目标的"非终极性"和与参与者个性紧密相关的"个体性"。再次,建构主义课程观强调课程内容的意义建构性。这种观点强调教学的"非终极性"目标,因而在课程内容的设计上非常灵活。最后,建构主义课程观强调课程评价的过程性和情境性。建构主义者主张以真实任务为标准的评价,努力使教育更加关注真实任务的解决;以知识的建构为标准的评价,鼓励学习者积极参与知识的建构;以经验的建构为标准的评价,重视对知识建构过程而不是结果的评价,并同时注意有效评价与教学的整合。

（四）教学观

建构主义教学论是为实现一定的社会和个体发展目标,依据一定的建构主义知识观和学习论为主要理论指导,综合其他有关教育教学中的规律性认识而确立的。

建构主义强调教学是学习者在一定的情境即社会文化背景下,借助于教师和教学伙伴的帮助,利用必要的教学资料,通过意义建构的方式而获得的。个人主要通过自身的经历和图式不断地建构个体对世界的认识,个体所掌握的有意义的知识是在与其他知识的不断的互动教学中建构起来的。学习者的学习不是简单的知识接受,而是一个主动的建构内部心理表征的动态生成过程,在教学过程中学习者根据自己的经验背景,主动对新知识进行选择、加工和处理,从而建构自己的知识结构。总之,教学是以学生为中心,强调学生对知识的主动探索、主动发现和对所学知识意义的主动建构。为此,建构主义提出了相应的教学原则和教学模式,教学原则主要是:(1) 主体性原则;(2) 情境性原则;(3) 互动合作原则;(4) 过程性评价原则。教学模式主要有:(1) 抛锚式教学模式;(2) 支架式教学模式;(3) 随机访问教学模式;(4) 认知学徒式教学模式;(5) 交互式教学模式。

二、建构主义教育简评

建构主义教育对现代教育教学观进行了革命性抨击,提出了许多富有创见性的思想,对当代教育理论与实践产生了广泛的影响,其富有创造性和时代性的教育理念对进一步深化学校教育教学改革无疑具有启发性。但是,建构主义教育的观点也有所偏颇,如过于强调学生对意义的主动建构,忽视了真理的绝对性;单纯强调学习知识时的意义建构,忽视了外部技能的训练;刻意强调情境的偶然性与重要性,忽视了间接经验的学习等。这说明建构主义教育者在诸多关系的认识和处理上还存在偏差,带有一定的相对主义和主观主义色彩。

结　语:现代欧美教育思潮形式多样,派别众多,观点各异,无论在教育思想或教育实践领域都产生了不同程度的影响,有的甚至成为某个时期主导教育改革与发展的理论依据。但是,抛开具体的思想认识和各种纷扰,现代欧美教育思潮的主要焦点实际上是科学主义与人文主义之争。

科学主义是20世纪欧美教育思潮中的一种价值取向。它以实用主义为其哲学基础,强调教育的功利性与实用性,重视科学教育;主张教育应该以社会需要为本,因而一切教育活动均应围绕社会的需要来展开。其主要代表就是改造主义教育、要素主义教育、新行为主义教育和结构主义教育。科学主义倾向的教育思潮以适应外在的、社会科技的和经济发展的需要为宗旨,努力把教育引向科技和经济发展。在两次世界大战前后,世界列强的竞争集中体现于科学技术的竞争,科技竞争直接导致以培养高质量科技人才为目的的科学教育竞争。美国与苏联率先实施教育改革,大力推行具有竞争性的教育科学化运动,从而激起了世界范围内教育科学化的改革,形成了世界性的教育科学化潮流。

人文主义是20世纪欧美教育思潮中的另一种价值取向,具有悠久的文化传统。它强调以人为中心,认为人乃是万物之本,一切教育活动必须围绕人的自身发展而展开,社会需要的满足必须以人自身需要的满足为前提,教育应更多的关注人文学科,以人文学科为主要的教育内容。其主要代表就是永恒主义教育、存在主义教育和人本化教育。人文主义倾向的教育思潮以适应内在的、受教育者自身精神的、道德的需要为宗旨,强烈要求教育改革为人的发展服务。当欧美各国积极推行教育科学化之际,科学发展在很大程度上也造成了人们对道德和价值体系实际处境的担忧,具有悠久历史与文化传统的人本主义精神重新抬头,并很快成为主流教育思潮之一。人文主义倾向的教育思潮认识到:对科学的过分乐观所带来的自我误解,将有限的科学原则无限地扩张必然会导致人类各方面的危机;现代科技把理性的智慧抬到高于其他一切之上,从而造成了一种人性的丧失,个人失去了自我和人性,成为社会和经济职能的一部分。

现代欧美教育思潮中所体现的科学主义与人文主义倾向均有其特定的历史和文化背景,是一定的社会历史发展的必然,两者都有其合理性和存在的价值,相互对峙,又相互依存,形成教育发展不可或缺的两极张力。在现代欧美教育思潮的科学主义与人文主义的交锋中,出现了相互融合和彼此借鉴的科学人文主义,即既信奉科学,又崇尚人文,力图在科学与人文之间达成某种平衡。由此,欧美各国教育变革便在科学主义与人文主义两种教育思潮的相互作用下,一方面试图将教育作为一种社会发展的基础事业加以对待,实现教育促进科学技术进步的任务;另一方面将教育作为一种塑造人的工程加以对待,完成促进人的完善和谐发展的任务。两种教育思潮的倾向此涨彼伏,呈钟摆现象,同时又相互补充。这既是教育发展自身组织机制的外在表现,也是教育发展内外部规律的必然要求。从这个意义上说,科学人文主义倾向代表了现代欧美教育思潮发展的趋势。

【讨论与思考】

1. 分析新传统教育流派的主要特征和各种思潮的不同之处。
2. 评述结构主义教育对美国20世纪60年代课程改革的理论指导意义。
3. 比较人本主义教育与后现代主义教育的异同。
4. 试述终身教育思潮的理想主义色彩与现实性。
5. 新托马斯主义教育与中世纪经院哲学有何不同?
6. 探究现代欧美教育思潮中科学主义与人文主义的互补性。
7. 运用案例分析方法说明现代欧美教育思潮对当代教育改革的影响。
8. 试析哲学对西方教育理论演变的牵引作用。

【扩展阅读书目】

1. 王承绪、赵祥麟编译:《西方现代教育论著选》,人民教育出版社2001年版。
2. 刘放桐编著:《新编现代西方哲学》,人民出版社2000年版。
3. 吴式颖、任钟印主编:《外国教育思想通史》(第10卷),湖南教育出版社2003年版。
4. 〔美〕杜普伊斯、高尔顿著,彭正梅、朱承译:《历史视野中的西方教育哲学》,北京师范大学出版社2008年版。
5. 联合国教科文组织:《学会生存》,教育科学出版社2000年版。
6. 〔美〕斯金纳等著,刘范等译:《程序教学和教学机器》,人民教育出版社1980年版。
7. 〔法〕朗格朗著,周南照等译:《终身教育引论》,中国对外翻译出版公司1985年版。
8. 〔美〕布鲁纳著,邵瑞珍等译:《教育过程》,人民教育出版社1989年版。
9. 〔美〕鲍尔斯、金蒂斯著,王佩雄等译:《美国:经济生活与教育改革》,上海教育出版社1990年版。
10. 〔德〕雅斯贝尔斯著,邹进译:《什么是教育》,三联书店1991年版。
11. 〔巴西〕弗莱雷著,顾建新等译:《被压迫者教育学》,华东师范大学出版社2001年版。
12. 〔美〕古特拉著,陈晓端译:《哲学与意识形态视野中的教育》,北京师范大学出版社2008年版。